Библиотека Всемирной Литературы

Библиотека Всемирной Литературы

Серия основана издательством

ЭКСМО в 2002 году

Лев Николаевич Толстой

Война и мир

Книга 2. Том III–IV

Москва 2013
эксмо

УДК 82-3
ББК 84(2Рос-Рус)-4
Т 53

Оформление серии *А. Бондаренко*

Толстой Л. Н.

Т 53 Война и мир : роман : в 2 кн. Кн. 2 : т. III–IV / Л. Н. Толстой ; [вступ. ст. В. Боковой ; примеч. Г. Краснова]. – М. : Эксмо, 2013. – 928 с. – (Библиотека всемирной литературы).

ISBN 978-5-699-30784-5

«Война и мир», самый известный роман Л. Н. Толстого, как никакое другое произведение писателя, отражает глубину его мироощущения и философии. Эта книга из разряда вечных – в ней раскрыты основные составляющие человеческого бытия: жизнь и смерть, любовь и измена, подвиг и малодушие, война и мир.

УДК 82-3
ББК 84(2Рос-Рус)-4

ISBN 978-5-699-30784-5

Содержание

Том третий

Часть первая

I

С конца 1811-го года началось усиленное вооружение и сосредоточение сил Западной Европы, и в 1812 году силы эти – миллионы людей (считая тех, которые перевозили и кормили армию) двинулись с Запада на Восток, к границам России, к которым точно так же с 1811-го года стягивались силы России. 12 июня силы Западной Европы перешли границы России, и началась война, то есть совершилось противное человеческому разуму и всей человеческой природе событие. Миллионы людей совершали друг против друга такое бесчисленное количество злодеяний, обманов, измен, воровства, подделок и выпуска фальшивых ассигнаций, грабежей, поджогов и убийств, которого в целые века не соберет летопись всех судов мира и на которые, в этот период времени, люди, совершавшие их, не смотрели как на преступления.

Что произвело это необычайное событие? Какие были причины его? Историки с наивной уверенностью говорят, что причинами этого события были обида, нанесенная герцогу Ольденбургскому, несоблюдение континентальной системы, властолюбие Наполеона, твердость Александра, ошибки дипломатов и т.п.

Следовательно, стоило только Меттерниху, Румянцеву или Талейрану, между выходом и раутом, хорошенько постараться и написать поискуснее бумажку или Наполеону написать к Александру: Monsieur, mon frère, je consens à rendre le duché au duc d'Oldenbourg[1], – и войны бы не было.

Понятно, что таким представлялось дело современникам. Понятно, что Наполеону казалось, что причиной войны были интриги Англии (как он и говорил это на острове св. Елены); понятно, что членам английской палаты казалось, что причиной войны было властолюбие Наполеона; что принцу Ольденбургскому казалось, что причиной войны было совершенное против него насилие; что купцам казалось, что причиной войны была континентальная система, разорявшая Европу, что старым солдатам и генералам казалось, что главной причиной была необходимость употребить их в дело; легитимистам того времени то, что необходимо было восстановить les bons principes[2], а дипломатам того времени то, что все произошло оттого, что союз России с Австрией в 1809 году не был достаточно искусно скрыт от Наполеона и что неловко был написан memorandum за № 178. Понятно, что эти и еще бесчисленное, бесконечное количество причин, количество которых зависит от бесчисленного различия точек зрения, представлялось современникам; но для нас – потомков, созерцающих во всем его объеме громадность совершившегося события и вникающих в его простой и страшный смысл, причины эти представляются недостаточными. Для нас непонятно, чтобы миллионы людей-христиан убивали и мучили друг друга, потому что Наполеон был властолюбив, Александр тверд, политика Англии хитра и герцог Ольденбургский обижен. Нельзя понять, какую связь имеют эти обстоятельства с самым фактом убийства и насилия; почему вследствие того, что герцог обижен, тысячи людей с другого края Европы убивали и разоряли людей Смоленской и Московской губерний и были убиваемы ими.

Для нас, потомков, – не историков, не увлеченных процессом изыскания и потому с незатемненным здравым смыс-

1 Государь, брат мой, я соглашаюсь возвратить герцогство Ольденбургскому герцогу.
2 хорошие принципы.

лом созерцающих событие, причины его представляются в неисчислимом количестве. Чем больше мы углубляемся в изыскание причин, тем больше нам их открывается, и всякая отдельно взятая причина или целый ряд причин представляются нам одинаково справедливыми сами по себе, и одинаково ложными по своей ничтожности в сравнении с громадностью события, и одинаково ложными по недействительности своей (без участия всех других совпавших причин) произвести совершившееся событие. Такой же причиной, как отказ Наполеона отвести свои войска за Вислу и отдать назад герцогство Ольденбургское, представляется нам и желание или нежелание первого французского капрала поступить на вторичную службу: ибо, ежели бы он не захотел идти на службу и не захотел бы другой, и третий, и тысячный капрал и солдат, настолько менее людей было бы в войске Наполеона, и войны не могло бы быть.

Ежели бы Наполеон не оскорбился требованием отступить за Вислу и не велел наступать войскам, не было бы войны; но ежели бы все сержанты не пожелали поступить на вторичную службу, тоже войны не могло бы быть. Тоже не могло бы быть войны, ежели бы не было интриг Англии и не было бы принца Ольденбургского и чувства оскорбления в Александре, и не было бы самодержавной власти в России, и не было бы французской революции и последовавших диктаторства и империи, и всего того, что произвело французскую революцию, и так далее. Без одной из этих причин ничего не могло бы быть. Стало быть, причины эти все – миллиарды причин – совпали для того, чтобы произвести то, что было. И, следовательно, ничто не было исключительной причиной события, а событие должно было совершиться только потому, что оно должно было совершиться. Должны были миллионы людей, отрекшись от своих человеческих чувств и своего разума, идти на Восток с Запада и убивать себе подобных, точно так же, как несколько веков тому назад с Востока на Запад шли толпы людей, убивая себе подобных.

Действия Наполеона и Александра, от слова которых зависело, казалось, чтобы событие совершилось или не совершилось, — были так же мало произвольны, как и действие каждого солдата, шедшего в поход по жребию или по набору. Это не могло быть иначе потому, что для того, чтобы воля Наполеона и Александра (тех людей, от которых, казалось, зависело событие) была исполнена, необходимо было совпадение бесчисленных обстоятельств, без одного из которых событие не могло бы совершиться. Необходимо было, чтобы миллионы людей, в руках которых была действительная сила, солдаты, которые стреляли, везли провиант и пушки, надо было, чтобы они согласились исполнить эту волю единичных и слабых людей и были приведены к этому бесчисленным количеством сложных, разнообразных причин.

Фатализм в истории неизбежен для объяснения неразумных явлений (то есть тех, разумность которых мы не понимаем). Чем более мы стараемся разумно объяснить эти явления в истории, тем они становятся для нас неразумнее и непонятнее.

Каждый человек живет для себя, пользуется свободой для достижения своих личных целей и чувствует всем существом своим, что он может сейчас сделать или не сделать такое-то действие; но как скоро он сделает его, так действие это, совершенное в известный момент времени, становится невозвратимым и делается достоянием истории, в которой оно имеет не свободное, а предопределенное значение.

Есть две стороны жизни в каждом человеке: жизнь личная, которая тем более свободна, чем отвлеченнее ее интересы, и жизнь стихийная, роевая, где человек неизбежно исполняет предписанные ему законы.

Человек сознательно живет для себя, но служит бессознательным орудием для достижения исторических, общечеловеческих целей. Совершенный поступок невозвратим, и действие его, совпадая во времени с миллионами действий других людей, получает историческое значение. Чем выше стоит человек на общественной лестнице, чем с бóльшими людьми он связан, тем больше власти он имеет на других людей, тем очевиднее предопределенность и неизбежность каждого его поступка.

"Сердце царево в руце Божией".

Царь – есть раб истории.

История, то есть бессознательная, общая, роевая жизнь человечества, всякой минутой жизни царей пользуется для себя как орудием для своих целей.

Наполеон, несмотря на то, что ему более чем когда-нибудь, теперь, в 1812 году, казалось, что от него зависело verser или ne verser le sang de ses peuples[1] (как в последнем письме писал ему Александр), никогда более как теперь не подлежал тем неизбежным законам, которые заставляли его (действуя в отношении себя, как ему казалось, по своему произволу) делать для общего дела, для истории то, что должно было совершиться.

Люди Запада двигались на Восток для того, чтобы убивать друг друга. И по закону совпадения причин подделались сами собою и совпали с этим событием тысячи мелких причин для этого движения и для войны: укоры за несоблюдение континентальной системы, и герцог Ольденбургский, и движение войск в Пруссию, предпринятое (как казалось Наполеону) для того только, чтобы достигнуть вооруженного мира, и любовь и привычка французского императора к войне, совпавшая с расположением его народа, увлечение грандиозностью приготовлений, и расходы по приготовлению, и потребность приобретения таких выгод, которые бы окупили эти расходы, и одурманившие почести в Дрездене, и дипломатические переговоры, которые, по взгляду современников, были ведены с искренним желанием достижения мира и которые только уязвляли самолюбие той и другой стороны, и миллионы миллионов других причин, подделавшихся под имеющее совершиться событие, совпавших с ним.

1 проливать или не проливать кровь своих народов.

Когда созрело яблоко и падает, – отчего оно падает? Оттого ли, что тяготеет к земле, оттого ли, что засыхает стержень, оттого ли, что сушится солнцем, что тяжелеет, что ветер трясет его, оттого ли, что стоящему внизу мальчику хочется съесть его?

Ничто не причина. Все это только совпадение тех условий, при которых совершается всякое жизненное, органическое, стихийное событие. И тот ботаник, который найдет, что яблоко падает оттого, что клетчатка разлагается и тому подобное, будет так же прав, и так же неправ, как и тот ребенок, стоящий внизу, который скажет, что яблоко упало оттого, что ему хотелось съесть его и что он молился об этом. Так же прав и неправ будет тот, кто скажет, что Наполеон пошел в Москву потому, что он захотел этого, и оттого погиб, что Александр захотел его погибели: как прав и неправ будет тот, кто скажет, что завалившаяся в миллион пудов подкопанная гора упала оттого, что последний работник ударил под нее последний раз киркою. В исторических событиях так называемые великие люди суть ярлыки, дающие наименование событию, которые, так же как ярлыки, менее всего имеют связи с самым событием.

Каждое действие их, кажущееся им произвольным для самих себя, в историческом смысле непроизвольно, а находится в связи со всем ходом истории и определено предвечно.

II

29-го мая Наполеон выехал из Дрездена, где он пробыл три недели, окруженный двором, составленным из принцев, герцогов, королей и даже одного императора. Наполеон перед отъездом обласкал принцев, королей и императора, которые того заслуживали, побранил королей и принцев, которыми он был не вполне доволен, одарил своими собственными, то есть взятыми у других королей жемчугами и бриллиантами императрицу австрийскую и, нежно обняв императрицу Марию-Луизу, как говорит его историк, оставил ее огорченною разлукой, которую она – эта Мария-Луиза, считавшаяся его супругой, несмотря на то, что в Париже оставалась другая супруга, – казалось, не в силах была перенести. Несмотря на то, что дипломаты еще твердо верили в возможность мира и усердно работали с этой целью, несмотря на то, что император Наполеон сам писал письмо императору Александру, называя его Monsieur mon frère[1] и искренно уверяя, что он не желает войны и что всегда будет любить и уважать его, – он ехал к армии и отдавал на каждой станции новые приказания, имевшие целью торопить движение армии от запада к востоку. Он ехал в дорожной карете, запряженной шестериком, окруженный пажами, адъютантами и конвоем, по тракту на Позен, Торн, Данциг и Кенигсберг. В каждом из этих городов тысячи людей с трепетом и восторгом встречали его.

Армия подвигалась с запада на восток, и переменные шестерни несли его туда же. 10-го июня он догнал армию и ночевал в Вильковисском лесу, в приготовленной для него квартире, в имении польского графа.

На другой день Наполеон, обогнав армию, в коляске подъехал к Неману и, с тем чтобы осмотреть местность переправы, переоделся в польский мундир и выехал на берег.

Увидав на той стороне казаков (les Cosaques) и расстилавшиеся степи (les Steppes), в середине которых была Moscou la ville sainte[2], столица того, подобного Скифскому, государства, куда ходил Александр Македонский, – Наполеон, неожиданно для всех и противно как стратегическим, так и дипломатическим соображениям, приказал наступление, и на другой день войска его стали переходить Неман.

12-го числа рано утром он вышел из палатки, раскинутой в этот день на крутом левом берегу Немана, и смотрел в зрительную трубу на выплывающие из Вильковисского ле-

1 Государь, брат мой.
2 Москва, священный город.

са потоки своих войск, разливающихся по трем мостам, наведенным на Немане. Войска знали о присутствии императора, искали его глазами, и, когда находили на горе перед палаткой отделившуюся от свиты фигуру в сюртуке и шляпе, они кидали вверх шапки, кричали: “Vive l’Empereur!”[1] – и одни за другими, не истощаясь, вытекали, всё вытекали из огромного, скрывавшего их доселе леса и, растроясь, по трем мостам переходили на ту сторону.

– On fera du chemin cette fois-ci. Oh! quand il s’en mêle luimême ça chauffe... Nom de Dieu... Le voilà!.. Vive l’Empereur! Les voilà donc les Steppes de l’Asie! Vilain pays tout de même. Au revoir, Beauché; je te réserve le plus beau palais de Moscou. Au revoir! Bonne chance... L’as tu vu, l’Empereur? Vive l’Empereur!.. preur! Si on me fait gouverneur aux Indes, Gérard, je te fais ministre du Cachemire, c’est arrêté. Vive l’Empereur! Vive! vive! vive! Les gredins de Cosaques, comme ils filent. Vive l’Empereur! Le voilà! Le vois tu? Je l’ai vu deux fois comme je te vois. Le petit caporal... Je l’ai vu donner la croix à l’un des vieux... Vive l’Empereur!..[2] – говорили голоса старых и молодых людей, самых разнообразных характеров и положений в обществе. На всех лицах этих людей было одно общее выражение радости о начале давно ожидаемого похода и восторга и преданности к человеку в сером сюртуке, стоявшему на горе.

13-го июня Наполеону подали небольшую чистокровную арабскую лошадь, и он сел и поехал галопом к одному из мостов через Неман, непрестанно оглушаемый восторженными криками, которые он, очевидно, переносил только потому, что нельзя было запретить им криками этими выражать свою любовь к нему; но крики эти, сопутствующие ему везде, тяготили его и отвлекали его от военной заботы,

1 Да здравствует император!

2 Теперь походим! О! как он сам возьмется, дело закипит. Ей-богу... Вот он... Ура, император! Так вот они, азиатские степи... Однако скверная страна. До свиданья, Боше. Я тебе оставлю лучший дворец в Москве. До свиданья, желаю успеха. Видел императора? Ура! Ежели меня сделают губернатором в Индии, я тебя сделаю министром Кашмира... Ура! Император, вот он! Видишь его? Я его два раза как тебя видел. Маленький капрал... Я видел, как он навесил крест одному из стариков... Ура, император!..

охватившей его с того времени, как он присоединился к войску. Он проехал по одному из качавшихся на лодках мостов на ту сторону, круто повернул влево и галопом поехал по направлению к Ковно, предшествуемый замиравшими от счастия, восторженными гвардейскими конными егерями, расчищая дорогу по войскам, скакавшим впереди его. Подъехав к широкой реке Вилии, он остановился подле польского уланского полка, стоявшего на берегу.

– Виват! – также восторженно кричали поляки, расстроивая фронт и давя друг друга, для того чтобы увидать его. Наполеон осмотрел реку, слез с лошади и сел на бревно, лежавшее на берегу. По бессловесному знаку ему подали трубу, он положил ее на спину подбежавшего счастливого пажа и стал смотреть на ту сторону. Потом он углубился в рассматриванье листа карты, разложенного между бревнами. Не поднимая головы, он сказал что-то, и двое его адъютантов поскакали к польским уланам.

– Что? Что он сказал? – слышалось в рядах польских улан, когда один адъютант подскакал к ним.

Было приказано, отыскав брод, перейти на ту сторону. Польский уланский полковник, красивый старый человек, раскрасневшись и путаясь в словах от волнения, спросил у адъютанта, позволено ли ему будет переплыть с своими уланами реку, не отыскивая брода. Он с очевидным страхом за отказ, как мальчик, который просит позволения сесть на лошадь, просил, чтобы ему позволили переплыть реку в глазах императора. Адъютант сказал, что, вероятно, император не будет недоволен этим излишним усердием.

Как только адъютант сказал это, старый усатый офицер с счастливым лицом и блестящими глазами, подняв кверху саблю, прокричал: "Виват!" – и, скомандовав уланам следовать за собой, дал шпоры лошади и подскакал к реке. Он злобно толкнул замявшуюся под собой лошадь и бухнулся в воду, направляясь вглубь к быстрине течения. Сотни уланов поскакали за ним. Было холодно и жутко на середине и на быстрине теченья. Уланы цеплялись друг за друга, сваливались с лошадей, лошади некоторые тонули, тонули и люди, остальные старались плыть кто на седле, кто держась за гриву. Они старались плыть вперед на ту сторону и, несмотря на то, что за полверсты была переправа, гордились тем, что они плывут и тонут в этой реке под взглядами человека, сидевшего на бревне и даже не смотревшего на то, что они делали. Когда вернувшийся адъютант, выбрав удобную минуту, позволил себе обратить внимание императора на преданность поляков к его особе, маленький человек в сером сюртуке встал и, подозвав к себе Бертье, стал ходить с ним взад и вперед по берегу, отдавая ему приказания и изредка недовольно взглядывая на тонувших улан, развлекавших его внимание.

Для него было не ново убеждение в том, что присутствие его на всех концах мира, от Африки до степей Московии, одинаково поражает и повергает людей в безумие самозабвения. Он велел подать себе лошадь и поехал в свою стоянку.

Человек сорок улан потонуло в реке, несмотря на высланные на помощь лодки. Большинство прибилось назад к этому берегу. Полковник и несколько человек переплыли реку и с трудом вылезли на тот берег. Но как только они вылезли в обшлепнувшемся на них, стекающем ручьями мокром платье, они закричали: "Виват!", восторженно глядя на то место, где стоял Наполеон, но где его уже не было, и в ту минуту считали себя счастливыми.

Ввечеру Наполеон между двумя распоряжениями – одно о том, чтобы как можно скорее доставить заготовленные фальшивые русские ассигнации для ввоза в Россию, и другое о том, чтобы расстрелять саксонца, в перехваченном письме которого найдены сведения о распоряжениях по французской армии, – сделал третье распоряжение – о причислении бросившегося без нужды в реку польского полковника к когорте чести (Légion d'honneur), которой Наполеон был главою.

Quos vult perdere — dementat[1].

1 Кого хочет погубить – лишит разума (*лат.*).

III

Русский император между тем более месяца уже жил в Вильне, делая смотры и маневры. Ничто не было готово для войны, которой все ожидали и для приготовления к которой император приехал из Петербурга. Общего плана действий не было. Колебания о том, какой план из всех тех, которые предлагались, должен быть принят, только еще более усилились после месячного пребывания императора в главной квартире. В трех армиях был в каждой отдельный главнокомандующий, но общего начальника над всеми армиями не было, и император не принимал на себя этого звания.

Чем дольше жил император в Вильне, тем менее и менее готовились к войне, уставши ожидать ее. Все стремления людей, окружавших государя, казалось, были направлены только на то, чтобы заставлять государя, приятно проводя время, забыть о предстоящей войне.

После многих балов и праздников у польских магнатов, у придворных и у самого государя, в июне месяце одному из польских генерал-адъютантов государя пришла мысль дать обед и бал государю от лица его генерал-адъютантов. Мысль эта радостно была принята всеми. Государь изъявил согласие. Генерал-адъютанты собрали по подписке деньги. Особа, которая наиболее могла быть приятна государю, была приглашена быть хозяйкой бала. Граф Бенигсен, помещик Виленской губернии, предложил свой загородный дом для этого праздника, и 13 июня был назначен обед, бал, катанье на лодках и фейерверк в Закрете, загородном доме графа Бенигсена.

В тот самый день, в который Наполеоном был отдан приказ о переходе через Неман и передовые войска его, оттеснив казаков, перешли через русскую границу, Александр проводил вечер на даче Бенигсена – на бале, даваемом генерал-адъютантами.

Был веселый, блестящий праздник; знатоки дела говорили, что редко собиралось в одном месте столько красавиц.

Графиня Безухова в числе других русских дам, приехавших за государем из Петербурга в Вильну, была на этом бале, затемняя своей тяжелой, так называемой русской красотой утонченных польских дам. Она была замечена, и государь удостоил ее танца.

Борис Друбецкой, en garçon (холостяком), как он говорил, оставив свою жену в Москве, был также на этом бале и, хотя не генерал-адъютант, был участником на большую сумму в подписке для бала. Борис теперь был богатый человек, далеко ушедший в почестях, уже не искавший покровительства, а на ровной ноге стоявший с высшими из своих сверстников.

В двенадцать часов ночи еще танцевали. Элен, не имевшая достойного кавалера, сама предложила мазурку Борису. Они сидели в третьей паре. Борис, хладнокровно поглядывая на блестящие обнаженные плечи Элен, выступавшие из темного газового с золотом платья, рассказывал про старых знакомых и вместе с тем, незаметно для самого себя и для других, ни на секунду не переставал наблюдать государя, находившегося в той же зале. Государь не танцевал; он стоял в дверях и останавливал то тех, то других теми ласковыми словами, которые он один только умел говорить.

При начале мазурки Борис видел, что генерал-адъютант Балашев, одно из ближайших лиц к государю, подошел к нему и непридворно остановился близко от государя, говорившего с польской дамой. Поговорив с дамой, государь взглянул вопросительно и, видно поняв, что Балашев поступил так только потому, что на то были важные причины, слегка кивнул даме и обратился к Балашеву. Только что Балашев начал говорить, как удивление выразилось на лице государя. Он взял под руку Балашева и пошел с ним через залу, бессознательно для себя расчищая с обеих сторон сажени на три широкую дорогу сторонившихся перед ним. Борис заметил взволнованное лицо Аракчеева, в то время как государь пошел с Балашевым. Аракчеев, исподлобья глядя на государя и посапывая красным носом, выдвинулся из толпы, как бы ожидая, что государь обратится к нему. (Борис понял, что

Аракчеев завидует Балашеву и недоволен тем, что какая-то, очевидно важная, новость не через него передана государю.)

Но государь с Балашевым прошли, не замечая Аракчеева, через выходную дверь в освещенный сад. Аракчеев, придерживая шпагу и злобно оглядываясь вокруг себя, прошел шагах в двадцати за ними.

Пока Борис продолжал делать фигуры мазурки, его не переставала мучить мысль о том, какую новость привез Балашев и каким бы образом узнать ее прежде других.

В фигуре, где ему надо было выбирать дам, шепнув Элен, что он хочет взять графиню Потоцкую, которая, кажется, вышла на балкон, он, скользя ногами по паркету, выбежал в выходную дверь в сад и, заметив входящего с Балашевым на террасу государя, приостановился. Государь с Балашевым направлялись к двери. Борис, заторопившись, как будто не успев отодвинуться, почтительно прижался к притолоке и нагнул голову.

Государь с волнением лично оскорбленного человека договаривал следующие слова:

– Без объявления войны вступить в Россию. Я помирюсь только тогда, когда ни одного вооруженного неприятеля не останется на моей земле, – сказал он. Как показалось Борису, государю приятно было высказать эти слова: он был доволен формой выражения своей мысли, но был недоволен тем, что Борис услыхал их.

– Чтоб никто ничего не знал! – прибавил государь, нахмурившись. Борис понял, что это относилось к нему, и, закрыв глаза, слегка наклонил голову. Государь опять вошел в залу и еще около получаса пробыл на бале.

Борис первый узнал известие о переходе французскими войсками Немана и благодаря этому имел случай показать некоторым важным лицам, что многое, скрытое от других, бывает ему известно, и через то имел случай подняться выше во мнении этих особ.

Неожиданное известие о переходе французами Немана было особенно неожиданно после месяца несбывавшегося ожидания, и на бале! Государь, в первую минуту получения известия, под влиянием возмущения и оскорбления, нашел то, сделавшееся потом знаменитым, изречение, которое самому понравилось ему и выражало вполне его чувства. Возвратившись домой с бала, государь в два часа ночи послал за секретарем Шишковым и велел написать приказ войскам и рескрипт к фельдмаршалу князю Салтыкову, в котором он непременно требовал, чтобы были помещены слова о том, что он не помирится до тех пор, пока хотя один вооруженный француз останется на русской земле.

На другой день было написано следующее письмо к Наполеону.

"Monsieur mon frère. J'ai appris hier que malgré la loyauté avec laquelle j'ai maintenu mes engagements envers Votre Majesté, ses troupes ont franchis les frontières de la Russie, et je reçois à l'instant de Pétersbourg une note par laquelle le comte Lauriston, pour cause de cette agression, annonce que Votre Majesté s'est considérée comme en état de guerre avec moi dès le moment où le prince Kourakine a fait la demande de ses passeports. Les motifs sur lesquels le duc de Bassano fondait son refus de les lui délivrer, n'auraient jamais pu me faire supposer que cette démarche servirait jamais de prétexte à l'agression. En effet cet ambassadeur n'y a jamais été autorisé comme il l'a déclaré lui-même, et aussitôt que j'en fus informé, je lui ai fait connaître combien je le désapprouvais en lui donnant l'ordre de rester à son poste. Si Votre Majesté n'est pas intentionnée de verser le sang de nos peuples pour un malentendu de ce genre et qu'elle consente à retirer ses troupes du territoire russe, je regarderai ce qui s'est passé comme non avenu, et un accommodement entre nous sera possible. Dans le cas contraire, Votre Majesté, je me verrai forcé de repousser une attaque que rien n'a provoquée de ma part. Il dépend encore de Votre Majesté d'éviter à l'humanité les calamités d'une nouvelle guerre.

Je suis, etc.

(signé) *Alexandre*"[1].

1 "Государь брат мой! Вчера дошло до меня, что, несмотря на прямодушие, с которым соблюдал я мои обязательства в отношении к Вашему Императорскому Величеству, войска Ваши перешли русские границы, и только лишь теперь получил из Петербурга ноту, которою граф Ло-

IV

13-го июня, в два часа ночи, государь, призвав к себе Балашева и прочтя ему свое письмо к Наполеону, приказал ему отвезти это письмо и лично передать французскому императору. Отправляя Балашева, государь вновь повторил ему слова о том, что он не помирится до тех пор, пока останется хотя один вооруженный неприятель на русской земле, и приказал непременно передать эти слова Наполеону. Государь не написал этих слов в письме, потому что он чувствовал с своим тактом, что слова эти неудобны для передачи в ту минуту, когда делается последняя попытка примирения; но он непременно приказал Балашеву передать их лично Наполеону.

Выехав в ночь с 13-го на 14-е июня, Балашев, сопутствуемый трубачом и двумя казаками, к рассвету приехал в деревню Рыконты, на французские аванпосты по сю сторону Немана. Он был остановлен французскими кавалерийскими часовыми.

Французский гусарский унтер-офицер, в малиновом мундире и мохнатой шапке, крикнул на подъезжавшего Балашева, приказывая ему остановиться. Балашев не тотчас остановился, а продолжал шагом подвигаться по дороге.

ристон извещает меня, по поводу сего вторжения, что Ваше Величество считаете себя в неприязненных отношениях со мною, с того времени как князь Куракин потребовал свои паспорты. Причины, на которых герцог Бассано основывал свой отказ выдать сии паспорты, никогда не могли бы заставить меня предполагать, чтобы поступок моего посла послужил поводом к нападению. И в действительности он не имел на то от меня повеления, как было объявлено им самим; и как только я узнал о сем, то немедленно выразил мое неудовольствие князю Куракину, повелев ему исполнять по-прежнему порученные ему обязанности. Ежели Ваше Величество не расположены проливать кровь наших подданных из-за подобного недоразумения и ежели Вы согласны вывести свои войска из русских владений, то я оставлю без внимания все происшедшее, и соглашение между нами будет возможно. В противном случае я буду принужден отражать нападение, которое ничем не было возбуждено с моей стороны. Ваше Величество, еще имеете возможность избавить человечество от бедствий новой войны.

(подписал) Александр".

Унтер-офицер, нахмурившись и проворчав какое-то ругательство, надвинулся грудью лошади на Балашева, взялся за саблю и грубо крикнул на русского генерала, спрашивая его: глух ли он, что не слышит того, что ему говорят. Балашев назвал себя. Унтер-офицер послал солдата к офицеру.

Не обращая на Балашева внимания, унтер-офицер стал говорить с товарищами о своем полковом деле и не глядел на русского генерала.

Необычайно странно было Балашову, после близости к высшей власти и могуществу, после разговора три часа тому назад с государем и вообще привыкшему по своей службе к почестям, видеть тут, на русской земле, это враждебное и главное — непочтительное отношение к себе грубой силы.

Солнце только начинало подниматься из-за туч; в воздухе было свежо и росисто. По дороге из деревни выгоняли стадо. В полях один за одним, как пузырьки в воде, вспырскивали с чувыканьем жаворонки.

Балашев оглядывался вокруг себя, ожидая приезда офицера из деревни. Русские казаки, и трубач, и французские гусары молча изредка глядели друг на друга.

Французский гусарский полковник, видимо только что с постели, выехал из деревни на красивой сытой серой лошади, сопутствуемый двумя гусарами. На офицере, на солдатах и на их лошадях был вид довольства и щегольства.

Это было то первое время кампании, когда войска еще находились в исправности, почти равной смотровой, мирной деятельности, только с оттенком нарядной воинственности в одежде и с нравственным оттенком того веселья и предприимчивости, которые всегда сопутствуют началам кампаний.

Французский полковник с трудом удерживал зевоту, но был учтив и, видимо, понимал все значение Балашева. Он провел его мимо своих солдат за цепь и сообщил, что желание его быть представленну императору будет, вероятно, тотчас же исполнено, так как императорская квартира, сколько он знает, находится недалеко.

Они проехали деревню Рыконты, мимо французских гусарских коновязей, часовых и солдат, отдававших честь своему полковнику и с любопытством осматривавших русский мундир, и выехали на другую сторону села. По словам полковника, в двух километрах был начальник дивизии, который примет Балашева и проводит его по назначению.

Солнце уже поднялось и весело блестело на яркой зелени.

Только что они выехали за корчму на гору, как навстречу им из-под горы показалась кучка всадников, впереди которой на вороной лошади с блестящею на солнце сбруей ехал высокий ростом человек в шляпе с перьями, и черными, завитыми по плечи волосами, в красной мантии и с длинными ногами, выпяченными вперед, как ездят французы. Человек этот поехал галопом навстречу Балашеву, блестя и развеваясь на ярком июньском солнце своими перьями, каменьями и золотыми галунами.

Балашев уже был на расстоянии двух лошадей от скачущего ему навстречу с торжественно-театральным лицом всадника в браслетах, перьях, ожерельях и золоте, когда Юльнер, французский полковник, почтительно прошептал: "Le roi de Naples"[1]. Действительно, это был Мюрат, называемый теперь неаполитанским королем. Хотя и было совершенно непонятно, почему он был неаполитанский король, но его называли так, и он сам был убежден в этом и потому имел более торжественный и важный вид, чем прежде. Он так был уверен в том, что он действительно неаполитанский король, что, когда, накануне отъезда из Неаполя, во время его прогулки с женою по улицам Неаполя, несколько итальянцев прокричали ему: "Viva il re!"[2], он с грустной улыбкой повернулся к супруге и сказал: "Les malheureux, ils ne savent pas que je les quitte demain!"[3]

Но несмотря на то, что он твердо верил в то, что он был неаполитанский король, и что он сожалел о горести своих покидаемых им подданных, в последнее время, после того

1 Король Неаполитанский.
2 Да здравствует король! (*ит.*)
3 Несчастные, они не знают, что я их завтра покидаю!

как ему велено было опять поступить на службу, и особенно после свидания с Наполеоном в Данциге, когда августейший шурин сказал ему: "Je vous ai fait Roi pour régner à ma manière, mais pas à la vôtre"[1], – он весело принялся за знакомое ему дело и, как разъевшийся, но не зажиревший, годный на службу конь, почуяв себя в упряжке, заиграл в оглоблях и, разрядившись как можно пестрее и дороже, веселый и довольный, скакал, сам не зная куда и зачем, по дорогам Польши.

Увидав русского генерала, он по-королевски, торжественно, откинул назад голову с завитыми по плечи волосами и вопросительно поглядел на французского полковника. Полковник почтительно передал его величеству значение Балашева, фамилию которого он не мог выговорить.

– De Bal-macheve! – сказал король (своей решительностью превозмогая трудность, представлявшуюся полковнику), – charmé de faire votre connaissance, général[2], – прибавил он с королевски-милостивым жестом. Как только король начал говорить громко и быстро, все королевское достоинство мгновенно оставило его, и он, сам не замечая, перешел в свойственный ему тон добродушной фамильярности. Он положил свою руку на холку лошади Балашева.

– En bien, général, tout est à la guerre, à ce qu'il parait[3], – сказал он, как будто сожалея об обстоятельстве, о котором он не мог судит.

– Sire, – отвечал Балашев, – l'Empereur mon maître ne désire point la guerre, et comme Votre Majesté le voit, – говорил Балашев, во всех падежах употребляя *Votre Majesté*[4], с неизбежной аффектацией учащения титула, обращаясь к лицу, для которого титул этот еще новость.

Лицо Мюрата сияло глупым довольством в то время, как он слушал monsieur de Balachoff. Но royauté oblige[5]: он чувст-

1 Я вас сделал королем для того, чтобы царствовать не по-своему, а по-моему.
2 Очень приятно познакомиться с вами, генерал.
3 Ну что ж, генерал, дело, кажется, идет к войне.
4 Государь император русский не желает ее, как ваше величество изволите видеть... ваше величество.
5 королевское звание имеет свои обязанности.

вовал необходимость переговорить с посланником Александра о государственных делах, как король и союзник. Он слез с лошади и, взяв под руку Балашева и отойдя на несколько шагов от почтительно дожидавшейся свиты, стал ходить с ним взад и вперед, стараясь говорить значительно. Он упомянул о том, что император Наполеон оскорблен требованиями вывода войск из Пруссии, в особенности теперь, когда это требование сделалось всем известно и когда этим оскорблено достоинство Франции. Балашев сказал, что в требовании этом нет ничего оскорбительного, потому что... Мюрат перебил его:

– Так вы считаете зачинщиком не императора Александра? – сказал он неожиданно с добродушно-глупой улыбкой.

Балашев сказал, почему он действительно полагал, что начинателем войны был Наполеон.

– Eh, mon cher général, – опять перебил его Мюрат, – je désire de tout mon coeur que les Empereurs s'arrangent entre eux, et que la guerre commencée malgré moi se termine le plustôt possible[1], – сказал он тоном разговора слуг, которые желают остаться добрыми приятелями, несмотря на ссору между господами. И он перешел к расспросам о великом князе, о его здоровье и о воспоминаниях весело и забавно проведенного с ним времени в Неаполе. Потом, как будто вдруг вспомнив о своем королевском достоинстве, Мюрат торжественно выпрямился, стал в ту же позу, в которой он стоял на коронации и, помахивая правой рукой, сказал: – Je ne vous retiens plus, général; je souhaite le succès de votre mission[2], – и, развеваясь красной шитой мантией и перьями и блестя драгоценностями, он пошел к свите, почтительно ожидавшей его.

Балашев поехал дальше, по словам Мюрата предполагая весьма скоро быть представленным самому Наполеону. Но вместо скорой встречи с Наполеоном, часовые пе-

1 Ах, любезный генерал, я желаю от всей души, чтобы императоры покончили дело между собою и чтобы война, начатая против моей воли, окончилась как можно скорее.

2 Я вас не задерживаю более, генерал; желаю успеха вашему посольству.

хотного корпуса Даву опять так же задержали его у следующего селения, как и в передовой цепи, и вызванный адъютант командира корпуса проводил его в деревню к маршалу Даву.

V

Даву был Аракчеев императора Наполеона – Аракчеев не трус, но столь же исправный, жестокий и не умеющий выражать свою преданность иначе как жестокостью.

В механизме государственного организма нужны эти люди, как нужны волки в организме природы, и они всегда есть, всегда являются и держатся, как ни несообразно кажется их присутствие и близость к главе правительства. Только этой необходимостью можно объяснить то, как мог жестокий, лично выдиравший усы гренадерам и не могший по слабости нерв переносить опасность, необразованный, непридворный Аракчеев держаться в такой силе при рыцарски-благородном и нежном характере Александра.

Балашев застал маршала Даву в сарае крестьянской избы, сидящего на бочонке и занятого письменными работами (он поверял счеты). Адъютант стоял подле него. Возможно было найти лучшее помещение, но маршал Даву был один из тех людей, которые нарочно ставят себя в самые мрачные условия жизни, для того чтобы иметь право быть мрачными. Они для того же всегда поспешно и упорно заняты. "Где тут думать о счастливой стороне человеческой жизни, когда, вы видите, я на бочке сижу в грязном сарае и работаю", – говорило выражение его лица. Главное удовольствие и потребность этих людей состоит в том, чтобы, встретив оживление жизни, бросить этому оживлению в глаза свою мрачную, упорную деятельность. Это удовольствие доставил себе Даву, когда к нему ввели Балашева. Он еще более углубился в свою работу, когда вошел русский генерал, и, взглянув через очки на оживленное, под впечатлением прекрасного утра и беседы с Мюратом, лицо Балашева, не встал, не пошевелился даже, а еще больше нахмурился и злобно усмехнулся.

Заметив на лице Балашева произведенное этим приемом неприятное впечатление, Даву поднял голову и холодно спросил, что ему нужно.

Предполагая, что такой прием мог быть сделан ему только потому, что Даву не знает, что он генерал-адъютант императора Александра и даже представитель его перед Наполеоном, Балашев поспешил сообщить свое звание и назначение. В противность ожидания его, Даву, выслушав Балашева, стал еще суровее и грубее.

– Где же ваш пакет? – сказал он. – Donnez-le moi, je l'enverrai à l'Empereur[1].

Балашев сказал, что он имеет приказание лично передать пакет самому императору.

– Приказания вашего императора исполняются в вашей армии, а здесь, – сказал Даву, – вы должны делать то, что вам говорят.

И как будто для того чтобы еще больше дать почувствовать русскому генералу его зависимость от грубой силы, Даву послал адъютанта за дежурным.

Балашев вынул пакет, заключавший письмо государя, и положил его на стол (стол, состоявший из двери, на которой торчали оторванные петли, положенной на два бочонка). Даву взял конверт и прочел надпись.

– Вы совершенно вправе оказывать или не оказывать мне уважение, – сказал Балашев. – Но позвольте вам заметить, что я имею честь носить звание генерал-адъютанта его величества...

Даву взглянул на него молча, и некоторое волнение и смущение, выразившиеся на лице Балашева, видимо доставили ему удовольствие.

– Вам будет оказано должное, – сказал он и, положив конверт в карман, вышел из сарая.

1 Дайте мне его, я пошлю императору.

Через минуту вошел адъютант маршала господин де Кастре и провел Балашева в приготовленное для него помещение.

Балашев обедал в этот день с маршалом в том же сарае, на той же доске на бочках.

На другой день Даву выехал рано утром и, пригласив к себе Балашева, внушительно сказал ему, что он просит его оставаться здесь, подвигаться вместе с багажами, ежели они будут иметь на то приказания, и не разговаривать ни с кем, кроме как с господином де Кастре.

После четырехдневного уединения, скуки, сознания подвластности и ничтожества, особенно ощутительного после той среды могущества, в которой он так недавно находился, после нескольких переходов вместе с багажами маршала, с французскими войсками, занимавшими всю местность, Балашев привезен был в Вильну, занятую теперь французами, в ту же заставу, из которой он выехал четыре дня тому назад.

На другой день императорский камергер, monsieur de Turenne, приехал к Балашеву и передал ему желание императора Наполеона удостоить его аудиенции.

Четыре дня тому назад у того дома, к которому подвезли Балашева, стояли Преображенского полка часовые, теперь же стояли два французских гренадера в раскрытых на груди синих мундирах и в мохнатых шапках, конвой гусаров и улан и блестящая свита адъютантов, пажей и генералов, ожидавших выхода Наполеона вокруг стоявшей у крыльца верховой лошади и его мамелюка Рустана. Наполеон принимал Балашева в том самом доме в Вильне, из которого отправлял его Александр.

VI

Несмотря на привычку Балашева к придворной торжественности, роскошь и пышность двора императора Наполеона поразили его.

Граф Тюрен ввел его в большую приемную, где дожидалось много генералов, камергеров и польских магнатов, из которых многих Балашев видал при дворе русского императора. Дюрок сказал, что император Наполеон примет русского генерала перед своей прогулкой.

После нескольких минут ожидания дежурный камергер вышел в большую приемную и, учтиво поклонившись Балашеву, пригласил его идти за собой.

Балашев вошел в маленькую приемную, из которой была одна дверь в кабинет, в тот самый кабинет, из которого отправлял его русский император. Балашев простоял один минуты две, ожидая. За дверью послышались поспешные шаги. Быстро отворились обе половинки двери, камергер, отворивший, почтительно остановился, ожидая, все затихло, и из кабинета зазвучали другие, твердые, решительные шаги: это был Наполеон. Он только что окончил свой туалет для верховой езды. Он был в синем мундире, раскрытом над белым жилетом, спускавшимся на круглый живот, в белых лосинах, обтягивающих жирные ляжки коротких ног, и в ботфортах. Короткие волоса его, очевидно, только что были причесаны, но одна прядь волос спускалась книзу над серединой широкого лба. Белая пухлая шея его резко выступала из-за черного воротника мундира; от него пахло одеколоном. На моложавом полном лице его с выступающим подбородком было выражение милостивого и величественного императорского приветствия.

Он вышел, быстро подрагивая на каждом шагу и откинув несколько назад голову. Вся его потолстевшая, короткая фигура с широкими толстыми плечами и невольно выставленным вперед животом и грудью имела тот представительный, осанистый вид, который имеют в холе живущие сорокалетние люди. Кроме того, видно было, что он в этот день находился в самом хорошем расположении духа.

Он кивнул головою, отвечая на низкий и почтительный поклон Балашева, и, подойдя к нему, тотчас же стал говорить как человек, дорожащий всякой минутой своего времени и не снисходящий до того, чтобы приготавливать свои речи, а уверенный в том, что́ он всегда скажет хорошо и что нужно сказать.

— Здравствуйте, генерал! — сказал он. — Я получил письмо императора Александра, которое вы доставили, и очень рад вас видеть. — Он взглянул в лицо Балашева своими большими глазами и тотчас же стал смотреть вперед мимо него.

Очевидно было, что его не интересовала нисколько личность Балашева. Видно было, что только то, что происходило в *его* душе, имело интерес для него. Все, что было вне его, не имело для него значения, потому что все в мире, как ему казалось, зависело только от его воли.

— Я не желаю и не желал войны, — сказал он, — но меня вынудили к ней. Я и *теперь* (он сказал это слово с ударением) готов принять все объяснения, которые вы можете дать мне. — И он ясно и коротко стал излагать причины своего неудовольствия против русского правительства.

Судя по умеренно-спокойному и дружелюбному тону, с которым говорил французский император, Балашев был твердо убежден, что он желает мира и намерен вступить в переговоры.

— Sire! L'Empereur, mon maître[1], — начал Балашев давно приготовленную речь, когда Наполеон, окончив свою речь, вопросительно взглянул на русского посла; но взгляд устремленных на него глаз императора смутил его. "Вы смущены — оправьтесь", — как будто сказал Наполеон, с чуть заметной улыбкой оглядывая мундир и, шпагу Балашева. Балашев оправился и начал говорить. Он сказал, что император Александр не считает достаточной причиной для войны требование паспортов Куракиным, что Куракин поступил так по своему произволу и без согласия на то государя, что император Александр не желает войны и что с Англией нет никаких сношений.

— *Еще* нет, — вставил, Наполеон и, как будто боясь отдаться своему чувству, нахмурился и слегка кивнул головой, давая этим чувствовать Балашеву, что он может продолжать.

1 Ваше величество! Император, государь мой.

Высказав все, что ему было приказано, Балашев сказал, что император Александр желает мира, но не приступит к переговорам иначе, как с тем условием, чтобы... Тут Балашев замялся: он вспомнил те слова, которые император Александр не написал в письме, но которые непременно приказал вставить в рескрипт Салтыкову и которые приказал Балашеву передать Наполеону. Балашев помнил про эти слова: "пока ни один вооруженный неприятель не останется на земле русской", но какое-то сложное чувство удержало его. Он не мог сказать этих слов, хотя и хотел это сделать. Он замялся и сказал: с условием, чтобы французские войска отступили за Неман.

Наполеон заметил смущение Балашева при высказывании последних слов; лицо его дрогнуло, левая икра ноги начала мерно дрожать. Не сходя с места, он голосом, более высоким и поспешным, чем прежде, начал говорить. Во время последующей речи Балашев, не раз опуская глаза, невольно наблюдал дрожанье икры в левой ноге Наполеона, которое тем более усиливалось, чем более он возвышал голос.

– Я желаю мира не менее императора Александра, – начал он. – Не я ли осьмнадцать месяцев делаю все, чтобы получить его? Я осьмнадцать месяцев жду объяснений. Но для того, чтобы начать переговоры, чего же требуют от меня? – сказал он, нахмурившись и делая энергически вопросительный жест своей маленькой белой и пухлой рукой.

– Отступления войск за Неман, государь, – сказал Балашев.

– За Неман? – повторил Наполеон. – Так теперь вы хотите, чтобы отступили за Неман – только за Неман? – повторил Наполеон, прямо взглянув на Балашева.

Балашев почтительно наклонил голову.

Вместо требования четыре месяца тому назад отступить из Померании, теперь требовали отступить только за Неман. Наполеон быстро повернулся и стал ходить по комнате.

– Вы говорите, что от меня требуют отступления за Неман для начатия переговоров; но от меня требовали точно так же два месяца тому назад отступления за Одер и Вислу, и, несмотря на то, вы согласны вести переговоры.

Он молча прошел от одного угла комнаты до другого и опять остановился против Балашева. Лицо его как будто окаменело в своем строгом выражении, и левая нога дрожала еще быстрее, чем прежде. Это дрожанье левой икры Наполеон знал за собой. La vibration de mon mollet gauche est un grand signe chez moi[1], – говорил он впоследствии.

– Такие предложения, как то, чтобы очистить Одер и Вислу, можно делать принцу Баденскому, а не мне, – совершенно неожиданно для себя почти вскрикнул Наполеон. – Ежели бы вы мне дали Петербург и Москву, я бы не принял этих условий. Вы говорите, я начал войну? А кто прежде приехал к армии? – император Александр, а не я. И вы предлагаете мне переговоры тогда, как я издержал миллионы, тогда как вы в союзе с Англией и когда ваше положение дурно – вы предлагаете мне переговоры! А какая цель вашего союза с Англией? Что она дала вам? – говорил он поспешно, очевидно уже направляя свою речь не для того, чтобы высказать выгоды заключения мира и обсудить его возможность, а только для того, чтобы доказать и свою правоту, и свою силу, и чтобы доказать неправоту и ошибки Александра.

Вступление его речи было сделано, очевидно, с целью выказать выгоду своего положения и показать, что, несмотря на то, он принимает открытие переговоров. Но он уже начал говорить, и чем больше он говорил, тем менее он был в состоянии управлять своей речью.

Вся цель его речи теперь уже, очевидно, была в том, чтобы только возвысить себя и оскорбить Александра, то есть именно сделать то самое, чего он менее всего хотел при начале свидания.

– Говорят, вы заключили мир с турками?

Балашев утвердительно наклонил голову.

– Мир заключен... – начал он. Но Наполеон не дал ему говорить. Ему, видно, нужно было говорить самому, одному,

1 Дрожание моей левой икры есть великий признак.

и он продолжал говорить с тем красноречием и невоздержанием раздраженности, к которому так склонны балованные люди.

– Да, я знаю, вы заключили мир с турками, не получив Молдавии и Валахии. А я бы дал вашему государю эти провинции так же, как я дал ему Финляндию. Да, – продолжал он, – я обещал и дал бы императору Александру Молдавию и Валахию, а теперь он не будет иметь этих прекрасных провинций. Он бы мог, однако, присоединить их к своей империи, и в одно царствование он бы расширил Россию от Ботнического залива до устьев Дуная. Катерина Великая не могла бы сделать более, – говорил Наполеон, все более и более разгораясь, ходя по комнате и повторяя Балашеву почти те же слова, которые он говорил самому Александру в Тильзите. – Tout cela il l'aurait dû à mon amitié... Ah! quel beau règne, quel beau règne! – повторил он несколько раз, остановился, достал золотую табакерку из кармана и жадно потянул из нее носом. – Quel beau règne *aurait pu* être celui de l'Empereur Alexandre![1]

Он с сожалением взглянул на Балашева, и только что Балашев хотел заметить что-то, как он опять поспешно перебил его.

– Чего он мог желать и искать такого, чего бы он не нашел в моей дружбе?.. – сказал Наполеон, с недоумением пожимая плечами. – Нет, он нашел лучшим окружить себя моими врагами, и кем же? – продолжал он. – Он призвал к себе Штейнов, Армфельдов, Винцингероде, Бенигсенов. Штейн – прогнанный из своего отечества изменник, Армфельд – развратник и интриган, Винцингероде – беглый подданный Франции, Бенигсен несколько более военный, чем другие, но все-таки неспособный, который ничего не умел сделать в 1807 году и который бы должен возбуждать в императоре Александре ужасные воспоминания... Положим, ежели бы они были способны, можно бы их употреб-

1 Всем этим он был бы обязан моей дружбе. О, какое прекрасное царствование, какое прекрасное царствование!.. О, какое прекрасное царствование *могло бы* быть царствование императора Александра!

лять, – продолжал Наполеон, едва успевая словом поспевать за беспрестанно возникающими соображениями, показывающими ему его правоту или силу (что в его понятии было одно и то же), – но и того нет: они не годятся ни для войны, ни для мира. Барклай, говорят, дельнее их всех; но я этого не скажу, судя по его первым движениям. А они что делают? Что делают все эти придворные! Пфуль предлагает, Армфельд спорит, Бенигсен рассматривает, а Барклай, призванный действовать, не знает, на что решиться, и время проходит. Один Багратион – военный человек. Он глуп, но у него есть опытность, глазомер и решительность... И что за роль играет ваш молодой государь в этой безобразной толпе. Они его компрометируют и на него сваливают ответственность всего совершающегося. Un souverain ne doit être à l'armée que quand il est général[1], – сказал он, очевидно посылая эти слова прямо как вызов в лицо государя. Наполеон знал, как желал император Александр быть полководцем.

– Уже неделя, как началась кампания, и вы не сумели защитить Вильну. Вы разрезаны надвое и прогнаны из польских провинций. Ваша армия ропщет...

– Напротив, ваше величество, – сказал Балашев, едва успевавший запоминать то, что говорилось ему, и с трудом следивший за этим фейерверком слов, – войска горят желанием...

– Я все знаю, – перебил его Наполеон, – я все знаю, и знаю число ваших батальонов так же верно, как и моих. У вас нет двухсот тысяч войска, а у меня втрое столько. Даю вам честное слово, – сказал Наполеон, забывая, что это его честное слово никак не могло иметь значения, – даю вам ma parole d'honneur que j'ai cinq cent trente mille hommes de ce côté de la Vistule[2]. Турки вам не помощь: они никуда не годятся и доказали это, замирившись с вами. Шведы – их

1 Государь должен находиться при армии только тогда, когда он полководец.

2 честное слово, что у меня пятьсот тридцать тысяч человек по сю сторону Вислы.

предопределение быть управляемыми сумасшедшими королями. Их король был безумный; они переменили его и взяли другого – Бернадота, который тотчас сошел с ума, потому что сумасшедший только, будучи шведом, может заключать союзы с Россией. – Наполеон злобно усмехнулся и опять поднес к носу табакерку.

На каждую из фраз Наполеона Балашев хотел и имел что возразить; беспрестанно он делал движение человека, желавшего сказать что-то, но Наполеон перебивал его. Например, о безумии шведов Балашев хотел сказать, что Швеция есть остров, когда Россия за нее; но Наполеон сердито вскрикнул, чтобы заглушить его голос. Наполеон находился в том состоянии раздражения, в котором нужно говорить, говорить и говорить, только для того, чтобы самому себе доказать свою справедливость. Балашеву становилось тяжело: он, как посол, боялся уронить достоинство свое и чувствовал необходимость возражать; но, как человек, он сжимался нравственно перед забытьем беспричинного гнева, в котором, очевидно, находился Наполеон. Он знал, что все слова, сказанные теперь Наполеоном, не имеют значения, что он сам, когда опомнится, устыдится их. Балашев стоял, опустив глаза, глядя на движущиеся толстые ноги Наполеона, и старался избегать его взгляда.

– Да что мне эти ваши союзники? – говорил Наполеон. – У меня союзники – это поляки: их восемьдесят тысяч, они дерутся, как львы. И их будет двести тысяч.

И, вероятно, еще более возмутившись тем, что, сказав это, он сказал очевидную неправду и что Балашев в той же покорной своей судьбе позе молча стоял перед ним, он круто повернулся назад, подошел к самому лицу Балашева и, делая энергические и быстрые жесты своими белыми руками, закричал почти:

– Знайте, что ежели вы поколеблете Пруссию против меня, знайте, что я сотру ее с карты Европы, – сказал он с бледным, искаженным злобой лицом, энергическим жестом одной маленькой руки ударяя по другой. – Да, я заброшу вас за Двину, за Днепр и восстановлю против вас

ту преграду, которую Европа была преступна и слепа, что позволила разрушить. Да, вот что с вами будет, вот что вы выиграли, удалившись от меня, – сказал он и молча прошел несколько раз по комнате, вздрагивая своими толстыми плечами. Он положил в жилетный карман табакерку, опять вынул ее, несколько раз приставлял ее к носу и остановился против Балашева. Он помолчал, поглядел насмешливо прямо в глаза Балашеву и сказал тихим голосом: – Et cependant quel beau règne *aurait pu avoir* votre maître![1]

Балашев, чувствуя необходимость возражать, сказал, что со стороны России дела не представляются в таком мрачном виде. Наполеон молчал, продолжая насмешливо глядеть на него и, очевидно, его не слушая. Балашев сказал, что в России ожидают от войны всего хорошего. Наполеон снисходительно кивнул головой, как бы говоря: "Знаю, так говорить ваша обязанность, но вы сами в это не верите, вы убеждены мною".

В конце речи Балашева Наполеон вынул опять табакерку, понюхал из нее и, как сигнал, стукнул два раза ногой по полу. Дверь отворилась; почтительно изгибающийся камергер подал императору шляпу и перчатки, другой подал носовой платок. Наполеон, не глядя на них, обратился к Балашеву.

– Уверьте от моего имени императора Александра, – сказал он, взяв шляпу, – что я ему предан по-прежнему: я знаю его совершенно и весьма высоко ценю высокие его качества. Je ne vous retiens plus, général, vous recevrez ma lettre à l'Empereur[2]. – И Наполеон пошел быстро к двери. Из приемной все бросилось вперед и вниз по лестнице.

VII

После всего того, что сказал ему Наполеон, после этих взрывов гнева и после последних сухо сказанных слов: "Je ne vous retiens plus, général, vous recevrez ma lettre", Балашев

1 А между тем какое прекрасное царствование *мог бы иметь* ваш государь!
2 Не удерживаю вас более, генерал, вы получите мое письмо к государю.

был уверен, что Наполеон уже не только не пожелает его видеть, но постарается не видать его – оскорбленного посла и, главное, свидетеля его непристойной горячности. Но к удивлению своему, Балашев через Дюрока получил в этот день приглашение к столу императора.

На обеде были Бессьер, Коленкур и Бертье.

Наполеон встретил Балашева с веселым и ласковым видом. Не только не было в нем выражения застенчивости или упрека себе за утреннюю вспышку, но он, напротив, старался ободрить Балашева. Видно было, что уже давно для Наполеона в его убеждении не существовало возможности ошибок и что в его понятии все то, что он делал, было хорошо не потому, что оно сходилось с представлением того, что хорошо и дурно, но потому, что *он* делал это.

Император был очень весел после своей верховой прогулки по Вильне, в которой толпы народа с восторгом встречали и провожали его. Во всех окнах улиц, по которым он проезжал, были выставлены ковры, знамена, вензеля его, и польские дамы, приветствуя его, махали ему платками.

За обедом, посадив подле себя Балашева, он обращался с ним не только ласково, но обращался так, как будто он и Балашева считал в числе своих придворных, в числе тех людей, которые сочувствовали его планам и должны были радоваться его успехам. Между прочим разговором он заговорил о Москве и стал спрашивать Балашева о русской столице, не только как спрашивает любознательный путешественник о новом месте, которое он намеревается посетить, но как бы с убеждением, что Балашев, как русский, должен быть польщен этой любознательностью.

– Сколько жителей в Москве, сколько домов? Правда ли, что Moscou называют Moscou la sainte?[1] Сколько церквей в Moscou? – спрашивал он.

И на ответ, что церквей более двухсот, он сказал:

– К чему такая бездна церквей?

– Русские очень набожны, – отвечал Балашев.

1 святая?

– Впрочем, большое количество монастырей и церквей есть всегда признак отсталости народа, – сказал Наполеон, оглядываясь на Коленкура за оценкой этого суждения.

Балашев почтительно позволил себе не согласиться с мнением французского императора.

– У каждой страны свои нравы, – сказал он.

– Но уже нигде в Европе нет ничего подобного, – сказал Наполеон.

– Прошу извинения у вашего величества, – сказал Балашев, – кроме России, есть еще Испания, где также много церквей и монастырей.

Этот ответ Балашева, намекавший на недавнее поражение французов в Испании, был высоко оценен впоследствии, по рассказам Балашева, при дворе императора Александра и очень мало был оценен теперь, за обедом Наполеона, и прошел незаметно.

По равнодушным и недоумевающим лицам господ маршалов видно было, что они недоумевали, в чем тут состояла острота, на которую намекала интонация Балашева. "Ежели и была она, то мы не поняли ее или она вовсе не остроумна", – говорили выражения лиц маршалов. Так мало был оценен этот ответ, что Наполеон даже решительно не заметил его и наивно спросил Балашева о том, на какие города идет отсюда прямая дорога к Москве. Балашев, бывший все время обеда настороже, отвечал, что comme tout chemin mène à Rome, tout chemin mène à Moscou[1], что есть много дорог, и что в числе этих разных путей есть дорога на *Полтаву*, которую избрал Карл XII, сказал Балашев, невольно вспыхнув от удовольствия в удаче этого ответа. Не успел Балашев досказать последних слов: "Poltawa", как уже Коленкур заговорил о неудобствах дороги из Петербурга в Москву и о своих петербургских воспоминаниях.

После обеда перешли пить кофе в кабинет Наполеона, четыре дня тому назад бывший кабинетом императора Алек-

1 как всякая дорога, по пословице, ведет в Рим, так и все дороги ведут в Москву.

сандра. Наполеон сел, потрогивая кофе в севрской чашке, и указал на стул подле себя Балашеву.

Есть в человеке известное послеобеденное расположение духа, которое сильнее всяких разумных причин заставляет человека быть довольным собой и считать всех своими друзьями. Наполеон находился в этом расположении. Ему казалось, что он окружен людьми, обожающими его. Он был убежден, что и Балашев после его обеда был его другом и обожателем. Наполеон обратился к нему с приятной и слегка насмешливой улыбкой.

– Это та же комната, как мне говорили, в которой жил император Александр. Странно, не правда ли, генерал? – сказал он, очевидно не сомневаясь в том, что это обращение не могло не быть приятно его собеседнику, так как оно доказывало превосходство его, Наполеона, над Александром.

Балашев ничего не мог отвечать на это и молча наклонил голову.

– Да, в этой комнате, четыре дня тому назад, совещались Винцингероде и Штейн, – с той же насмешливой, уверенной улыбкой продолжал Наполеон. – Чего я не могу понять, – сказал он, – это того, что император Александр приблизил к себе всех личных моих неприятелей. Я этого не... понимаю. Он не подумал о том, что я могу сделать то же? – с вопросом обратился он к Балашеву и, очевидно, это воспоминание втолкнуло его опять в тот след утреннего гнева, который еще был свеж в нем.

– И пусть он знает, что я это сделаю, – сказал Наполеон, вставая и отталкивая рукой свою чашку. – Я выгоню из Германии всех его родных, Виртембергских, Баденских, Веймарских... да, я выгоню их. Пусть он готовит для них убежище в России!

Балашев наклонил голову, видом своим показывая, что он желал бы откланяться и слушает только потому, что он не может не слушать того, что ему говорят. Наполеон не замечал этого выражения; он обращался к Балашеву не как к послу своего врага, а как к человеку, который теперь вполне предан ему и должен радоваться унижению своего бывшего господина.

– И зачем император Александр принял начальство над войсками? К чему это? Война мое ремесло, а его дело царствовать, а не командовать войсками. Зачем он взял на себя такую ответственность?

Наполеон опять взял табакерку, молча прошелся несколько раз по комнате и вдруг неожиданно подошел к Балашеву и с легкой улыбкой так уверенно, быстро, просто, как будто он делал какое-нибудь не только важное, но и приятное для Балашева дело, поднял руку к лицу сорокалетнего русского генерала и, взяв его за ухо, слегка дернул, улыбнувшись одними губами.

– Avoir l'oreille tirée par l'Empereur[1] считалось величайшей честью и милостью при французском дворе.

– Eh bien, vous ne dites rien, admirateur et courtisan de l'Empereur Alexandre?[2] – сказал он, как будто смешно было быть в его присутствии чьим-нибудь courtisan и admirateur[3], кроме его, Наполеона.

– Готовы ли лошади для генерала? – прибавил он, слегка наклоняя голову в ответ на поклон Балашева. – Дайте ему моих, ему *далеко ехать*...

Письмо, привезенное Балашевым, было последнее письмо Наполеона к Александру. Все подробности разговора были переданы русскому императору, и война началась.

VIII

После своего свидания в Москве с Пьером князь Андрей уехал в Петербург по делам, как он сказал своим родным, но, в сущности, для того, чтобы встретить там князя Анатоля Курагина, которого он считал необходимым встретить.

1 Быть выдранным за ухо императором.

2 Ну-с, что ж вы ничего не говорите, обожатель и придворный императора Александра?

3 придворным и обожателем.

Курагина, о котором он осведомился, приехав в Петербург, уже там не было. Пьер дал знать своему шурину, что князь Андрей едет за ним. Анатоль Курагин тотчас получил назначение от военного министра и уехал в Молдавскую армию. В это же время в Петербурге князь Андрей встретил Кутузова, своего прежнего, всегда расположенного к нему, генерала, и Кутузов предложил ему ехать с ним вместе в Молдавскую армию, куда старый генерал назначался главнокомандующим. Князь Андрей, получив назначение состоять при штабе главной квартиры, уехал в Турцию.

Князь Андрей считал неудобным писать к Курагину и вызывать его. Не подав нового повода к дуэли, князь Андрей считал вызов с своей стороны компрометирующим графиню Ростову, и потому он искал личной встречи с Курагиным, в которой он намерен был найти новый повод к дуэли. Но в Турецкой армии ему также не удалось встретить Курагина, который вскоре после приезда князя Андрея в Турецкую армию вернулся в Россию. В новой стране и в новых условиях жизни князю Андрею стало жить легче. После измены своей невесты, которая тем сильнее поразила его, чем старательнее он скрывал ото всех произведенное на него действие, для него были тяжелы те условия жизни, в которых он был счастлив, и еще тяжелее были свобода и независимость, которыми он так дорожил прежде. Он не только не думал тех прежних мыслей, которые в первый раз пришли ему, глядя на небо на Аустерлицком поле, которые он любил развивать с Пьером и которые наполняли его уединение в Богучарове, а потом в Швейцарии и Риме; но он даже боялся вспоминать об этих мыслях, раскрывавших бесконечные и светлые горизонты. Его интересовали теперь только самые ближайшие, не связанные с прежними, практические интересы, за которые он ухватывался с тем бо́льшей жадностью, чем закрытее были от него прежние. Как будто тот бесконечный удаляющийся свод неба, стоявший прежде над ним, вдруг превратился в низкий, определенный, давивший его свод, в котором все было ясно, но ничего не было вечного и таинственного.

Из представлявшихся ему деятельностей военная служба была самая простая и знакомая ему. Состоя в должности дежурного генерала при штабе Кутузова, он упорно и усердно занимался делами, удивляя Кутузова своей охотой к работе и аккуратностью. Не найдя Курагина в Турции, князь Андрей не считал необходимым скакать за ним опять в Россию; но при всем том он знал, что, сколько бы ни прошло времени, он не мог, встретив Курагина, несмотря на все презрение, которое он имел к нему, несмотря на все доказательства, которые он делал себе, что ему не стоит унижаться до столкновения с ним, он знал, что, встретив его, он не мог не вызвать его, как не мог голодный человек не броситься на пищу. И это сознание того, что оскорбление еще не вымещено, что злоба не излита, а лежит на сердце, отравляло то искусственное спокойствие, которое в виде озабоченно-хлопотливой и несколько честолюбивой и тщеславной деятельности устроил себе князь Андрей в Турции.

В 12-м году, когда до Букарешта (где два месяца жил Кутузов, проводя дни и ночи у своей валашки) дошла весть о войне с Наполеоном, князь Андрей попросил у Кутузова перевода в Западную армию. Кутузов, которому уже надоел Болконский своей деятельностью, служившей ему упреком в праздности, Кутузов весьма охотно отпустил его и дал ему поручение к Барклаю де Толли.

Прежде чем ехать в армию, находившуюся в мае в Дрисском лагере, князь Андрей заехал в Лысые Горы, которые были на самой его дороге, находясь в трех верстах от Смоленского большака. Последние три года в жизни князя Андрея было так много переворотов, так много он передумал, перечувствовал, перевидел (он объехал и запад и восток), что его странно и неожиданно поразило при въезде в Лысые Горы все точно то же, до малейших подробностей, – точно то же течение жизни. Он, как в заколдованный, заснувший замок, въехал в аллею и в каменные ворота лысогорского дома. Та же степенность, та же чистота, та же тишина были в этом доме, те же мебели, те же стены, те же звуки, тот же запах и те же робкие лица, только несколько постаревшие. Княжна Марья была все та же робкая, некрасивая, стареющаяся девушка, в страхе и вечных нравственных страданиях, без пользы и радости проживающая лучшие годы своей жизни. Bourienne была та же радостно пользующаяся каждой минутой своей жизни и исполненная самых для себя радостных надежд, довольная собой, кокетливая девушка. Она только стала увереннее, как показалось князю Андрею. Привезенный им из Швейцарии воспитатель Десаль был одет в сюртук русского покроя, коверкая язык, говорил по-русски со слугами, но был все тот же ограниченно-умный, образованный, добродетельный и педантический воспитатель. Старый князь переменился физически только тем, что с боку рта у него стал заметен недостаток одного зуба; нравственно он был все такой же, как и прежде, только с еще большим озлоблением и недоверием к действительности того, что происходило в мире. Один только Николушка вырос, переменился, разрумянился, оброс курчавыми темными волосами и, сам не зная того, смеясь и веселясь, поднимал верхнюю губку хорошенького ротика точно так же, как ее поднимала покойница маленькая княгиня. Он один не слушался закона неизменности в этом заколдованном, спящем замке. Но хотя по внешности все оставалось по-старому, внутренние отношения всех этих лиц изменились, с тех пор как князь Андрей не видал их. Члены семейства были разделены на два лагеря, чуждые и враждебные между собой, которые сходились теперь только при нем, – для него изменяя свой обычный образ жизни. К одному принадлежали старый князь, m-lle Bourienne и архитектор, к другому – княжна Марья, Десаль, Николушка и все няньки и мамки.

Во время его пребывания в Лысых Горах все домашние обедали вместе, но всем было неловко, и князь Андрей чувствовал, что он гость, для которого делают исключение, что он стесняет всех своим присутствием. Во время обеда первого дня князь Андрей, невольно чувствуя это, был молчалив, и старый князь, заметив неестественность его состояния, тоже угрюмо замолчал и сейчас после обеда ушел к себе. Когда ввечеру князь Андрей пришел к нему и, стараясь расшевелить его, стал рассказывать ему о кампании молодого графа Каменского, старый князь неожиданно начал с ним разговор о княжне Марье, осуждая ее за ее суеверие, за ее нелюбовь к m-lle Bourienne, которая, по его словам, была одна истинно предана ему.

Старый князь говорил, что ежели он болен, то только от княжны Марьи; что она нарочно мучает и раздражает его; что она баловством и глупыми речами портит маленького князя Николая. Старый князь знал очень хорошо, что он мучает свою дочь, что жизнь ее очень тяжела, но знал тоже, что он не может не мучить ее и что она заслуживает этого. "Почему же князь Андрей, который видит это, мне ничего не говорит про сестру? – думал старый князь. – Что же он думает, что я злодей или старый дурак, без причины отдалился от дочери и приблизил к себе француженку? Он не понимает, и потому надо объяснить ему, надо, чтоб он выслушал", – думал старый князь. И он стал объяснять причины, по которым он не мог переносить бестолкового характера дочери.

– Ежели вы спрашиваете меня, – сказал князь Андрей, не глядя на отца (он в первый раз в жизни осуждал своего отца), – я не хотел говорить; но ежели вы меня спрашиваете, то я скажу вам откровенно свое мнение насчет всего этого. Ежели есть недоразумения и разлад между вами и Машей, то я никак не могу винить ее – я знаю, как она вас любит и уважает. Ежели уж вы спрашиваете меня, – продолжал князь Андрей, раздражаясь, потому что он всегда был готов на раздражение в последнее время, – то я одно могу сказать: ежели есть недоразумения, то причиной их ничтожная женщина, которая бы не должна была быть подругой сестры.

Старик сначала остановившимися глазами смотрел на сына и ненатурально открыл улыбкой новый недостаток зуба, к которому князь Андрей не мог привыкнуть.

— Какая же подруга, голубчик? А? Уж переговорил! А?

— Батюшка, я не хотел быть судьей, — сказал князь Андрей желчным и жестким тоном, — но вы вызвали меня, и я сказал и всегда скажу, что княжна Марья не виновата, а виноваты... виновата эта француженка...

— А присудил!.. присудил! — сказал старик тихим голосом и, как показалось князю Андрею, с смущением, но потом вдруг он вскочил и закричал: — Вон, вон! Чтоб духу твоего тут не было!..

Князь Андрей хотел тотчас же уехать, но княжна Марья упросила остаться еще день. В этот день князь Андрей не виделся с отцом, который не выходил и никого не пускал к себе, кроме m-lle Bourienne и Тихона, и спрашивал несколько раз о том, уехал ли его сын. На другой день перед отъездом, князь Андрей пошел на половину сына. Здоровый, по матери кудрявый мальчик сел ему на колени. Князь Андрей начал сказывать ему сказку о Синей Бороде, но, не досказав, задумался. Он думал не об этом хорошеньком мальчике-сыне в то время, как он его держал на коленях, а думал о себе. Он с ужасом искал и не находил в себе ни раскаяния в том, что он раздражил отца, ни сожаления о том, что он (в ссоре в первый раз в жизни) уезжает от него. Главнее всего ему было то, что он искал и не находил той прежней нежности к сыну, которую он надеялся возбудить в себе, приласкав мальчика и посадив его к себе на колени.

— Ну, рассказывай же, — говорил сын. Князь Андрей, не отвечая ему, снял его с колен и пошел из комнаты.

Как только князь Андрей оставил свои ежедневные занятия, в особенности как только он вступил в прежние условия жизни, в которых он был еще тогда, когда он был счастлив, тоска жизни охватила его с прежней силой, и он спешил поскорее уйти от этих воспоминаний и найти поскорее какое-нибудь дело.

— Ты решительно едешь, André? — сказала ему сестра.

— Слава Богу, что могу ехать, — сказал князь Андрей, — очень жалею, что ты не можешь.

– Зачем ты это говоришь! – сказала княжна Марья. – Зачем ты это говоришь теперь, когда ты едешь на эту страшную войну и он так стар! M-lle Bourienne говорила, что он спрашивал про тебя... – Как только она начала говорить об этом, губы ее задрожали и слезы закапали. Князь Андрей отвернулся от нее и стал ходить по комнате.

– Ах, боже мой! Боже мой! – сказал он. – И как подумаешь, что и кто – какое ничтожество может быть причиной несчастья людей! – сказал он со злобою, испугавшею княжну Марью.

Она поняла, что, говоря про людей, которых он называл ничтожеством, он разумел не только m-lle Bourienne, делавшую его несчастие, но и того человека, который погубил его счастие.

– André, об одном я прошу, я умоляю тебя, – сказала она, дотрогиваясь до его локтя и сияющими сквозь слезы глазами глядя на него. – Я понимаю тебя (княжна Марья опустила глаза). Не думай, что горе сделали люди. Люди – орудие его. – Она взглянула немного повыше головы князя Андрея тем уверенным, привычным взглядом, с которым смотрят на знакомое место портрета. – Горе послано им, а не людьми. Люди – его орудия, они не виноваты. Ежели тебе кажется, что кто-нибудь виноват перед тобой, забудь это и прости. Мы не имеем права наказывать. И ты поймешь счастье прощать.

– Ежели бы я был женщина, я бы это делал, Marie. Это добродетель женщины. Но мужчина не должен и не может забывать и прощать, – сказал он, и, хотя он до этой минуты не думал о Курагине, вся невымещенная злоба вдруг поднялась в его сердце. "Ежели княжна Марья уже уговаривает меня простить, то значит, давно мне надо было наказать", – подумал он. И, не отвечая более княжне Марье, он стал думать теперь о той радостной, злобной минуте, когда он встретит Курагина, который (он знал) находится в армии.

Княжна Марья умоляла брата подождать еще день, говорила о том, что она знает, как будет несчастлив отец, ежели Андрей уедет, не помирившись с ним; но князь Андрей отвечал, что он, вероятно, скоро приедет опять из армии, что непременно напишет отцу и что теперь чем дольше оставаться, тем больше растравится этот раздор.

– Adieu, André! Rappelez-vous que les malheurs viennent de Dieu, et que les hommes ne sont jamais coupables[1], – были последние слова, которые он слышал от сестры, когда прощался с нею.

“Так это должно быть! – думал князь Андрей, выезжая из аллеи лысогорского дома. – Она, жалкое невинное существо, остается на съедение выжившему из ума старику. Старик чувствует, что виноват, но не может изменить себя. Мальчик мой растет и радуется жизни, в которой он будет таким же, как и все, обманутым или обманывающим. Я еду в армию, зачем? – сам не знаю, и желаю встретить того человека, которого презираю, для того чтобы дать ему случай убить меня и посмеяться надо мной!” И прежде были все те же условия жизни, но прежде они все вязались между собой, а теперь все рассыпалось. Одни бессмысленные явления, без всякой связи, одно за другим представлялись князю Андрею.

IX

Князь Андрей приехал в главную квартиру армии в конце июня. Войска первой армии, той, при которой находился государь, были расположены в укрепленном лагере у Дриссы; войска второй армии отступали, стремясь соединиться с первой армией, от которой – как говорили – они были отрезаны большими силами французов. Все были недовольны общим ходом военных дел в русской армии; но об опасности нашествия в русские губернии никто и не думал, никто и не предполагал, чтобы война могла быть перенесена далее западных польских губерний.

1 Прощай, Андрей! Помни, что несчастия происходят от бога и что люди никогда не бывают виноваты.

Князь Андрей нашел Барклая де Толли, к которому он был назначен, на берегу Дриссы. Так как не было ни одного большого села или местечка в окрестностях лагеря, то все огромное количество генералов и придворных, бывших при армии, располагалось в окружности десяти верст по лучшим домам деревень, по сю и по ту сторону реки. Барклай де Толли стоял в четырех верстах от государя. Он сухо и холодно принял Болконского и сказал своим немецким выговором, что он доложит о нем государю для определения ему назначения, а покамест просит его состоять при его штабе. Анатоля Курагина, которого князь Андрей надеялся найти в армии, не было здесь: он был в Петербурге, и это известие было приятно Болконскому. Интерес центра производящейся огромной войны занял князя Андрея, и он рад был на некоторое время освободиться от раздражения, которое производила в нем мысль о Курагине. В продолжение первых четырех дней, во время которых он не был никуда требуем, князь Андрей объездил весь укрепленный лагерь и с помощью своих знаний и разговоров с сведущими людьми старался составить себе о нем определенное понятие. Но вопрос о том, выгоден или невыгоден этот лагерь, остался нерешенным для князя Андрея. Он уже успел вывести из своего военного опыта то убеждение, что в военном деле ничего не значат самые глубокомысленно обдуманные планы (как он видел это в Аустерлицком походе), что все зависит от того, как отвечают на неожиданные и не могущие быть предвиденными действия неприятеля, что все зависит от того, как и кем ведется все дело. Для того чтобы уяснить себе этот последний вопрос, князь Андрей, пользуясь своим положением и знакомствами, старался вникнуть в характер управления армией, лиц и партий, участвовавших в оном, и вывел для себя следующее понятие о положении дел.

Когда еще государь был в Вильне, армия была разделена натрое: 1-я армия находилась под начальством Барклая де Толли, 2-я под начальством Багратиона, 3-я под начальством Тормасова. Государь находился при первой армии, но не в качестве главнокомандующего. В приказе не было сказано, что государь будет командовать, сказано только, что государь будет при армии. Кроме того, при государе лично не было штаба главнокомандующего, а был штаб императорской главной квартиры. При нем был начальник императорского штаба генерал-квартирмейстер князь Волконский, генералы, флигель-адъютанты, дипломатические чиновники и большое количество иностранцев, но не было штаба армии. Кроме того, без должности при государе находились: Аракчеев – бывший военный министр, граф Бенигсен – по чину старший из генералов, великий князь цесаревич Константин Павлович, граф Румянцев – канцлер, Штейн – бывший прусский министр, Армфельд – шведский генерал, Пфуль – главный составитель плана кампании, генерал-адъютант Паулучи – сардинский выходец, Вольцоген и многие другие. Хотя эти лица и находились без военных должностей при армии, но по своему положению имели влияние, и часто корпусный начальник и даже главнокомандующий не знал, в качестве чего спрашивает или советует то или другое Бенигсен, или великий князь, или Аракчеев, или князь Волконский, и не знал, от его ли лица, или от государя истекает такое-то приказание в форме совета и нужно или не нужно исполнять его. Но это была внешняя обстановка, существенный же смысл присутствия государя и всех этих лиц, с придворной точки (а в присутствии государя все делаются придворными), всем был ясен. Он был следующий: государь не принимал на себя звания главнокомандующего, но распоряжался всеми армиями; люди, окружавшие его, были его помощники. Аракчеев был верный исполнитель-блюститель порядка и телохранитель государя; Бенигсен был помещик Виленской губернии, который как будто делал les honneurs[1] края, а в сущности был хороший генерал, полезный для совета и для того, чтобы иметь его всегда наготове на смену Барклая. Великий князь был тут потому, что это было ему угод-

1 был занят делом приема государя.

но. Бывший министр Штейн был тут потому, что он был полезен для совета, и потому, что император Александр высоко ценил его личные качества. Армфельд был злой ненавистник Наполеона и генерал, уверенный в себе, что имело всегда влияние на Александра. Паулучи был тут потому, что он был смел и решителен в речах. Генерал-адъютанты были тут потому, что они везде были, где государь, и, наконец, – главное – Пфуль был тут потому, что он, составив план войны против Наполеона и заставив Александра поверить в целесообразность этого плана, руководил всем делом войны. При Пфуле был Вольцоген, передававший мысли Пфуля в более доступной форме, чем сам Пфуль, резкий, самоуверенный до презрения ко всему, кабинетный теоретик.

Кроме этих поименованных лиц, русских и иностранных (в особенности иностранцев, которые с смелостью, свойственной людям в деятельности среди чужой среды, каждый день предлагали новые неожиданные мысли), было еще много лиц второстепенных, находившихся при армии потому, что тут были их принципалы.

В числе всех мыслей и голосов в этом огромном, беспокойном, блестящем и гордом мире князь Андрей видел следующие, более резкие, подразделения направлений и партий.

Первая партия была: Пфуль и его последователи, теоретики войны, верящие в то, что есть наука войны и что в этой науке есть свои неизменные законы, законы облического движения, обхода и т.п. Пфуль и последователи его требовали отступления в глубь страны, отступления по точным законам, предписанным мнимой теорией войны, и во всяком отступлении от этой теории видели только варварство, необразованность или злонамеренность. К этой партии принадлежали немецкие принцы, Вольцоген, Винцингероде и другие, преимущественно немцы.

Вторая партия была противуположная первой. Как и всегда бывает, при одной крайности были представители другой крайности. Люди этой партии были те, которые еще с Вильны требовали наступления в Польшу и свободы от всяких вперед составленных планов. Кроме того, что представители этой партии были представители смелых действий, они вместе с тем и были представителями национальности, вследствие чего становились еще одностороннее в споре. Эти были русские: Багратион, начинавший возвышаться Ермолов и другие. В это время была распространена известная шутка Ермолова, будто бы просившего государя об одной милости – производства его в немцы. Люди этой партии говорили, вспоминая Суворова, что надо не думать, не накалывать иголками карту, а драться, бить неприятеля, не впускать его в Россию и не давать унывать войску.

К третьей партии, к которой более всего имел доверия государь, принадлежали придворные делатели сделок между обоими направлениями. Люди этой партии, большей частью не военные и к которой принадлежал Аракчеев, думали и говорили, что говорят обыкновенно люди, не имеющие убеждений, но желающие казаться за таковых. Они говорили, что, без сомнения, война, особенно с таким гением, как Бонапарте (его опять называли Бонапарте), требует глубокомысленнейших соображений, глубокого знания науки, и в этом деле Пфуль гениален; но вместе с тем нельзя не признать того, что теоретики часто односторонни, и потому не надо вполне доверять им, надо прислушиваться и к тому, что говорят противники Пфуля, и к тому, что говорят люди практические, опытные в военном деле, и изо всего взять среднее. Люди этой партии настояли на том, чтобы, удержав Дрисский лагерь по плану Пфуля, изменить движения других армий. Хотя этим образом действий не достигалась ни та, ни другая цель, но людям этой партии казалось так лучше.

Четвертое направление было направление, которого самым видным представителем был великий князь, наследник цесаревич, не могший забыть своего аустерлицкого разочарования, где он, как на смотр, выехал перед гвардиею в каске и колете, рассчитывая молодецки раздавить французов, и, попав неожиданно в первую линию, насилу ушел в общем смятении. Люди этой партии имели в своих суждениях и качество и недостаток искренности. Они боялись Наполеона, видели в нем силу, в себе слабость и прямо высказывали это. Они говорили: “Ничего, кроме горя, срама и погибели, из всего этого не выйдет! Вот мы оставили Вильну, оставили Витебск, оставим и Дриссу. Одно, что нам остается умного сделать, это заключить мир, и как можно скорее, пока не выгнали нас из Петербурга!”

Воззрение это, сильно распространенное в высших сферах армии, находило себе поддержку и в Петербурге, и в канцлере Румянцеве, по другим государственным причинам стоявшем тоже за мир.

Пятые были приверженцы Барклая де Толли, не столько как человека, сколько как военного министра и главнокомандующего. Они говорили: “Какой он ни есть (всегда так начинали), но он честный, дельный человек, и лучше его нет. Дайте ему настоящую власть, потому что война не может идти успешно без единства начальствования, и он покажет то, что он может сделать, как он показал себя в Финляндии. Ежели армия наша устроена и сильна и отступила до Дриссы, не понесши никаких поражений, то мы обязаны этим только Барклаю. Ежели теперь заменят Барклая Бенигсеном, то все погибнет, потому что Бенигсен уже показал свою неспособность в 1807 году”, – говорили люди этой партии.

Шестые, бенигсенисты, говорили, напротив, что все-таки не было никого дельнее и опытнее Бенигсена, и, как ни вертись, все-таки придешь к нему. И люди этой партии доказывали, что все наше отступление до Дриссы было постыднейшее поражение и беспрерывный ряд ошибок. “Чем больше наделают ошибок, – говорили они, – тем лучше: по крайней мере скорее поймут, что так не может идти. А нужен не какой-нибудь Барклай, а человек, как Бенигсен, который показал уже себя в 1807-м году, которому отдал справедливость сам Наполеон, и такой человек, за которым бы охотно признавали власть, – и таковой есть только один Бенигсен”.

Седьмые – были лица, которые всегда есть, в особенности при молодых государях, и которых особенно много было при императоре Александре, – лица генералов и флигель-адъютантов, страстно преданные государю не как императору, но как человека обожающие его искренно и бескорыстно, как его обожал Ростов в 1805-м году, и видящие в нем не только все добродетели, но и все качества человеческие. Эти лица хотя и восхищались скромностью государя, отказывавшегося от командования войсками, но осуждали эту излишнюю скромность и желали только одного и настаивали на том, чтобы обожаемый государь, оставив излишнее недоверие к себе, объявил открыто, что он становится во главе войска, составил бы при себе штаб-квартиру главнокомандующего и, советуясь, где нужно, с опытными теоретиками и практиками, сам бы вел свои войска, которых одно это довело бы до высшего состояния воодушевления.

Восьмая, самая большая группа людей, которая по своему огромному количеству относилась к другим, как 99 к 1-му, состояла из людей, не желавших ни мира, ни войны, ни наступательных движений, ни оборонительного лагеря ни при Дриссе, ни где бы то ни было, ни Барклая, ни государя, ни Пфуля, ни Бенигсена, но желающих только одного, и самого существенного: наибольших для себя выгод и удовольствий. В той мутной воде перекрещивающихся и перепутывающихся интриг, которые кишели при главной квартире государя, в весьма многом можно было успеть в таком, что немыслимо бы было в другое время. Один, не желая только потерять своего выгодного положения, нынче соглашался с Пфулем, завтра с противником его, послезавтра утверждал, что не имеет никакого мнения об известном предмете, только для того, чтобы избежать ответственности и угодить государю. Другой, желающий приобрести выгоды, обращал на себя внимание государя, громко крича то самое, на что намекнул государь накануне, спорил и кричал в совете, ударяя себя в грудь и вызывая несоглашающихся на дуэль и тем показывая, что он готов быть жертвою общей пользы. Третий просто выпрашивал себе, между двух советов и в отсутствие врагов, единовременное пособие за свою верную службу, зная, что теперь некогда будет отказать ему. Четвертый нечаянно все попадался на глаза государю, отягченный работой. Пятый, для того чтобы достигнуть давно желанной цели – обеда у государя, ожесточенно доказывал правоту или неправоту вновь выступившего мнения и для этого приводил более или менее сильные и справедливые доказательства.

Все люди этой партии ловили рубли, кресты, чины и в этом ловлении следили только за направлением флюгера царской милости, и только что замечали, что флюгер обратился в одну сторону, как все это трутневое население армии начинало дуть в ту же сторону, так что государю тем труднее было повернуть его в другую. Среди неопределенности положения, при угрожающей, серьезной опасности, придававшей всему особенно тревожный характер, среди этого вихря интриг, самолюбий, столкновений различных воззрений и чувств, при разноплеменности всех этих лиц, эта восьмая, самая большая партия людей, занятых личными интересами, придавала большую запутанность и смутность общему делу. Какой бы ни поднимался вопрос, а уж рой этих трутней, не оттрубив еще над прежней темой, перелетал на новую и своим жужжанием заглушал и затемнял искренние, спорящие голоса.

Из всех этих партий, в то самое время, как князь Андрей приехал к армии, собралась еще одна, девятая партия, начинавшая поднимать свой голос. Это была партия людей старых, разумных, государственно-опытных и умевших, не разделяя ни одного из противоречащих мнений, отвлеченно посмотреть на все, что делалось при штабе главной квартиры, и обдумать средства к выходу из этой неопределенности, нерешительности, запутанности и слабости.

Люди этой партии говорили и думали, что все дурное происходит преимущественно от присутствия государя с военным двором при армии; что в армию перенесена та неопределенная, условная и колеблющаяся шаткость отношений, которая удобна при дворе, но вредна в армии; что государю нужно царствовать, а не управлять войском; что единственный выход из этого положения есть отъезд государя с его двором из армии; что одно присутствие государя парализирует пятьдесят тысяч войска, нужных для обеспечения его личной безопасности; что самый плохой, но независимый главнокомандующий будет лучше самого лучшего, но связанного присутствием и властью государя.

В то самое время как князь Андрей жил без дела при Дриссе, Шишков, государственный секретарь, бывший одним из главных представителей этой партии, написал государю письмо, которое согласились подписать Балашев и Аракчеев. В письме этом, пользуясь данным ему от государя позволением рассуждать об общем ходе дел, он почтительно и под предлогом необходимости для государя воодушевить к войне народ в столице, предлагал государю оставить войско.

Одушевление государем народа и воззвание к нему для защиты отечества – то самое (на сколько оно произведено было личным присутствием государя в Москве) одушевление народа, которое было главной причиной торжества России, было представлено государю и принято им как предлог для оставления армии.

X

Письмо это еще не было подано государю, когда Барклай за обедом передал Болконскому, что государю лично угодно видеть князя Андрея, для того чтобы расспросить его о Турции, и что князь Андрей имеет явиться в квартиру Бенигсена в шесть часов вечера.

В этот же день в квартире государя было получено известие о новом движении Наполеона, могущем быть опасным для армии, – известие, впоследствии оказавшееся несправедливым. И в это же утро полковник Мишо, объезжая с государем дрисские укрепления, доказывал государю, что укрепленный лагерь этот, устроенный Пфулем и считавшийся до сих пор chefd-d'œuvr'ом тактики, долженствующим погубить Наполеона, – что лагерь этот есть бессмыслица и погибель русской армии.

Князь Андрей приехал в квартиру генерала Бенигсена, занимавшего небольшой помещичий дом на самом берегу реки. Ни Бенигсена, ни государя не было там; но Чернышев, флигель-адъютант государя, принял Болконского и объявил ему, что государь поехал с генералом Бенигсеном и с маркизом Паулучи другой раз в нынешний день для объезда укреплений Дрисского лагеря, в удобности которого начинали сильно сомневаться.

Чернышев сидел с книгой французского романа у окна первой комнаты. Комната эта, вероятно, была прежде залой; в ней еще стоял орган, на который навалены были какие-то ковры, и в одном углу стояла складная кровать адъютанта Бенигсена. Этот адъютант был тут. Он, видно замученный пирушкой или делом, сидел на свернутой постеле и дремал. Из залы вели две двери: одна прямо в бывшую гостиную, другая направо в кабинет. Из первой двери слышались голоса разговаривающих по-немецки и изредка по-французски. Там, в бывшей гостиной, были собраны, по желанию государя, не военный совет (государь любил неопределенность), но некоторые лица, которых мнение о предстоящих затруднениях он желал знать. Это не был военный совет, но как бы совет избранных для уяснения некоторых вопросов лично для государя. На этот полусовет были приглашены: шведский генерал Армфельд, генерал-адъютант Вольцоген, Винцингероде, которого Наполеон называл беглым французским подданным, Мишо, Толь, вовсе не военный человек – граф Штейн и, наконец, сам Пфуль, который, как слышал князь Андрей, был la cheville ouvrière[1] всего дела. Князь Андрей имел случай хорошо рассмотреть его, так как Пфуль вскоре после него приехал и прошел в гостиную, остановившись на минуту поговорить с Чернышевым.

1 основою.

Пфуль с первого взгляда, в своем русском генеральском дурно сшитом мундире, который нескладно, как на наряженном, сидел на нем, показался князю Андрею как будто знакомым, хотя он никогда не видал его. В нем был и Вейротер, и Мак, и Шмидт, и много других немецких теоретиков-генералов, которых князю Андрею удалось видеть в 1805-м году; но он был типичнее всех их. Такого немца-теоретика, соединявшего в себе все, что было в тех немцах, еще никогда не видал князь Андрей.

Пфуль был невысок ростом, очень худ, но ширококост, грубого, здорового сложения, с широким тазом и костлявыми лопатками. Лицо у него было очень морщинисто, с глубоко вставленными глазами. Волоса его спереди у висков, очевидно, торопливо были приглажены щеткой, сзади наивно торчали кисточками. Он, беспокойно и сердито оглядываясь, вошел в комнату, как будто он всего боялся в большой комнате, куда он вошел. Он, неловким движением придерживая шпагу, обратился к Чернышеву, спрашивая по-немецки, где государь. Ему, видно, как можно скорее хотелось пройти комнаты, окончить поклоны и приветствия и сесть за дело перед картой, где он чувствовал себя на месте. Он поспешно кивал головой на слова Чернышева и иронически улыбался, слушая его слова о том, что государь осматривает укрепления, которые он, сам Пфуль, заложил по своей теории. Он что-то басисто и круто, как говорят самоуверенные немцы, проворчал про себя: Dummkopf... или zu Grande die ganze Geschichte... или s'wird was gescheites d'raus werden...[1] Князь Андрей не расслышал и хотел пройти, но Чернышев познакомил князя Андрея с Пфулем, заметив, что князь Андрей приехал из Турции, где так счастливо кончена война. Пфуль чуть взглянул не столько на князя Андрея, сколько через него, и проговорил смеясь: "Da muss ein schöner taktischer Krieg gewesen sein"[2]. – И, засмеявшись презрительно, прошел в комнату, из которой слышались голоса.

1 глупости... к черту все дело... *(нем.)*
2 "То-то, должно быть, правильно-тактическая была война" *(нем.)*.

Видно, Пфуль, уже всегда готовый на ироническое раздражение, нынче был особенно возбужден тем, что осмелились без него осматривать его лагерь и судить о нем. Князь Андрей по одному короткому этому свиданию с Пфулем благодаря своим аустерлицким воспоминаниям составил себе ясную характеристику этого человека. Пфуль был один из тех безнадежно, неизменно, до мученичества самоуверенных людей, которыми только бывают немцы, и именно потому, что только немцы бывают самоуверенными на основании отвлеченной идеи – науки, то есть мнимого знания совершенной истины. Француз бывает самоуверен потому, что он почитает себя лично, как умом, так и телом, непреодолимо-обворожительным как для мужчин, так и для женщин. Англичанин самоуверен на том основании, что он есть гражданин благоустроеннейшего в мире государства, и потому, как англичанин, знает всегда, что ему делать нужно, и знает, что все, что он делает как англичанин, несомненно хорошо. Итальянец самоуверен потому, что он взволнован и забывает легко и себя и других. Русский самоуверен именно потому, что он ничего не знает и знать не хочет, потому что не верит, чтобы можно было вполне знать что-нибудь. Немец самоуверен хуже всех, и тверже всех, и противнее всех, потому что он воображает, что знает истину, науку, которую он сам выдумал, но которая для него есть абсолютная истина. Таков, очевидно, был Пфуль. У него была наука – теория облического движения, выведенная им из истории войн Фридриха Великого, и все, что встречалось ему в новейшей истории войн Фридриха Великого, и все, что встречалось ему в новейшей военной истории, казалось ему бессмыслицей, варварством, безобразным столкновением, в котором с обеих сторон было сделано столько ошибок, что войны эти не могли быть названы войнами: они не подходили под теорию и не могли служить предметом науки.

В 1806-м году Пфуль был одним из составителей плана войны, кончившейся Иеной и Ауерштетом; но в исходе этой войны он не видел ни малейшего доказательства неправильности своей теории. Напротив, сделанные отступления от его теории, по его понятиям, были единственной причиной всей неудачи, и он с свойственной ему радостной иронией говорил: “Ich sagte ja, daß die ganze Geschichte zum Teufel gehen wird”[1]. Пфуль был один из тех теоретиков, которые так любят свою теорию, что забывают цель теории — приложение ее к практике; он в любви к теории ненавидел всякую практику и знать ее не хотел. Он даже радовался неуспеху, потому что неуспех, происходивший от отступления в практике от теории, доказывал ему только справедливость его теории.

Он сказал несколько слов с князем Андреем и Чернышевым о настоящей войне с выражением человека, который знает вперед, что все будет скверно и что даже не недоволен этим. Торчавшие на затылке непричесанные кисточки волос и торопливо прилизанные височки особенно красноречиво подтверждали это.

Он прошел в другую комнату, и оттуда тотчас же послышались басистые и ворчливые звуки его голоса.

XI

Не успел князь Андрей проводить глазами Пфуля, как в комнату поспешно вошел граф Бенигсен и, кивнув головой Болконскому, не останавливаясь, прошел в кабинет, отдавая какие-то приказания своему адъютанту. Государь ехал за ним, и Бенигсен поспешил вперед, чтобы приготовить кое-что и успеть встретить государя. Чернышев и князь Андрей вышли на крыльцо. Государь с усталым видом слезал с лошади. Маркиз Паулучи что-то говорил государю. Государь, склонив голову налево, с недовольным видом слушал Паулучи, говорившего с особенным жаром. Государь тронулся вперед, видимо желая окончить разговор, но раскрасневшийся, взволнованный итальянец, забывая приличия, шел за ним, продолжая говорить:

1 Ведь я же говорил, что все дело пойдет к черту *(нем.)*.

– Quant à celui qui a conseillé ce camp, le camp de Drissa[1], – говорил Паулучи, в то время как государь, входя на ступеньки и заметив князя Андрея, вглядывался в незнакомое ему лицо.

– Quant à celui, Sire, – продолжал Паулучи с отчаянностью, как будто не в силах удержаться, – qui a conseillé le camp de Drissa, je ne vois pas d'autre alternative que la maison jaune ou le gibet[2]. – Не дослушав и как будто не слыхав слов итальянца, государь, узнав Болконского, милостиво обратился к нему:

– Очень рад тебя видеть, пройди туда, где они собрались, и подожди меня. – Государь прошел в кабинет. За ним прошел князь Петр Михайлович Волконский, барон Штейн, и за ними затворились двери. Князь Андрей, пользуясь разрешением государя, прошел с Паулучи, которого он знал еще в Турции, в гостиную, где собрался совет.

Князь Петр Михайлович Волконский занимал должность как бы начальника штаба государя. Волконский вышел из кабинета и, принеся в гостиную карты и разложив их на столе, передал вопросы, на которые он желал слышать мнение собранных господ. Дело было в том, что в ночь было получено известие (впоследствии оказавшееся ложным) о движении французов в обход Дрисского лагеря.

Первый начал говорить генерал Армфельд неожиданно, во избежание представившегося затруднения, предложив совершенно новую, ничем (кроме как желанием показать, что он тоже может иметь мнение) не объяснимую позицию в стороне от Петербургской и Московской дорог, на которой, по его мнению, армия должна была, соединившись, ожидать неприятеля. Видно было, что этот план давно был составлен Армфельдом и что он теперь изложил его не столько с целью отвечать на предлагаемые вопросы, на которые план этот не отвечал, сколько с целью воспользо-

1 Что же касается того, кто присоветовал Дрисский лагерь...

2 Что же касается, государь... до того человека, который присоветовал лагерь при Дриссе, то для него, по моему мнению, есть только два места: желтый дом или виселица.

ваться случаем высказать его. Это было одно из миллионов предположений, которые так же основательно, как и другие, можно было делать, не имея понятия о том, какой характер примет война. Некоторые оспаривали его мнение, некоторые защищали его. Молодой полковник Толь горячее других оспаривал мнение шведского генерала и во время спора достал из бокового кармана исписанную тетрадь, которую он попросил позволения прочесть. В пространно составленной записке Толь предлагал другой – совершенно противный и плану Армфельда и плану Пфуля – план кампании. Паулучи, возражая Толю, предложил план движения вперед и атаки, которая одна, по его словам, могла вывести нас из неизвестности и западни, как он называл Дрисский лагерь, в которой мы находились. Пфуль во время этих споров и его переводчик Вольцоген (его мост в придворном отношении) молчали. Пфуль только презрительно фыркал и отворачивался, показывая, что он никогда не унизится до возражения против того вздора, который он теперь слышит. Но когда князь Волконский, руководивший прениями, вызвал его на изложение своего мнения, он только сказал:

– Что же меня спрашивать? Генерал Армфельд предложил прекрасную позицию с открытым тылом. Или атаку von diesem italienischen Herrn, sehr schön![1] Или отступление. Auch gut[2]. Что ж меня спрашивать? – сказал он. – Ведь вы сами знаете все лучше меня. – Но когда Волконский, нахмурившись, сказал, что он спрашивает его мнение от имени государя, то Пфуль встал и, вдруг одушевившись, начал говорить:

– Все испортили, все спутали, все хотели знать лучше меня, а теперь пришли ко мне: как поправить? Нечего поправлять. Надо исполнять все в точности по основаниям, изложенным мною, – говорил он, стуча костлявыми пальцами по столу. – В чем затруднение? Вздор, Kinderspiel[3]. –

1 этого итальянского господина, очень хорошо! *(нем.)*
2 Тоже хорошо *(нем.)*.
3 детские игрушки *(нем.)*.

Он подошел к карте и стал быстро говорить, тыкая сухим пальцем по карте и доказывая, что никакая случайность не может изменить целесообразности Дрисского лагеря, что все предвидено и что ежели неприятель действительно пойдет в обход, то неприятель должен быть неминуемо уничтожен.

Паулучи, не знавший по-немецки, стал спрашивать его по-французски. Вольцоген подошел на помощь своему принципалу, плохо говорившему по-французски, и стал переводить его слова, едва поспевая за Пфулем, который быстро доказывал, что все, все, не только то, что случилось, но все, что только могло случиться, все было предвидено в его плане, и что ежели теперь были затруднения, то вся вина была только в том, что не в точности все исполнено. Он беспрестанно иронически смеялся, доказывал и, наконец, презрительно бросил доказывать, как бросает математик поверять различными способами раз доказанную верность задачи. Вольцоген заменил его, продолжая излагать по-французски его мысли и изредка говоря Пфулю: "Nicht wahr, Exellenz?"[1] Пфуль, как в бою разгоряченный человек бьет по своим, сердито кричал и на Вольцогена:

– Nun ja, was soil denn da noch expliziert werden?[2] – Паулучи и Мишо в два голоса нападали на Вольцогена по-французски. Армфельд по-немецки обращался к Пфулю. Толь по-русски объяснял князю Волконскому. Князь Андрей молча слушал и наблюдал.

Из всех этих лиц более всех возбуждал участие в князе Андрее озлобленный, решительный и бестолково-самоуверенный Пфуль. Он один из всех здесь присутствовавших лиц, очевидно, ничего не желал для себя, ни к кому не питал вражды, а желал только одного – приведения в действие плана, составленного по теории, выведенной им годами трудов. Он был смешон, был неприятен своей ироничностью, но вместе с тем он внушал невольное уважение

1 Не правда ли, ваше превосходительство? *(нем.)*
2 Ну да, что еще тут толковать? *(нем.)*

своей беспредельной преданностью идее. Кроме того, во всех речах всех говоривших была, за исключением Пфуля, одна общая черта, которой не было на военном совете в 1805-м году, – это был теперь хотя и скрываемый, но панический страх перед гением Наполеона, страх, который высказывался в каждом возражении. Предполагали для Наполеона всё возможным, ждали его со всех сторон и его страшным именем разрушали предположения один другого. Один Пфуль, казалось, и его, Наполеона, считал таким же варваром, как и всех оппонентов своей теории. Но, кроме чувства уважения, Пфуль внушал князю Андрею и чувство жалости. По тому тону, с которым с ним обращались придворные, по тому, что позволил себе сказать Паулучи императору, но главное по некоторой отчаянности выражений самого Пфуля, видно было, что другие знали и он сам чувствовал, что падение его близко. И, несмотря на свою самоуверенность и немецкую ворчливую ироничность, он был жалок с своими приглаженными волосами на височках и торчавшими на затылке кисточками. Он, видимо, хотя и скрывал это под видом раздражения и презрения, он был в отчаянии оттого, что единственный теперь случай проверить на огромном опыте и доказать всему миру верность своей теории ускользал от него.

Прения продолжались долго, и чем дольше они продолжались, тем больше разгорались споры, доходившие до криков и личностей, и тем менее было возможно вывести какое-нибудь общее заключение из всего сказанного. Князь Андрей, слушая этот разноязычный говор и эти предположения, планы и опровержения и крики, только удивлялся тому, что они все говорили. Те, давно и часто приходившие ему во время его военной деятельности, мысли, что нет и не может быть никакой военной науки и поэтому не может быть никакого так называемого военного гения, теперь получили для него совершенную очевидность истины. "Какая же могла быть теория и наука в деле, которого условия и обстоятельства неизвестны и не могут быть определены, в котором сила деятелей войны еще менее может быть определена? Никто не мог и не может знать, в каком будет положении наша и неприятельская армия через день, и никто не может знать, какая сила этого или того отряда. Иногда, когда нет труса впереди, который закричит: "Мы отрезаны!" – и побежит, а есть веселый, смелый человек впереди, который крикнет: "Ура!" – отряд в пять тысяч стоит тридцати тысяч, как под Шенграбеном, а иногда пятьдесят тысяч бегут перед восемью, как под Аустерлицем. Какая же может быть наука в таком деле, в котором, как во всяком практическом деле, ничто не может быть определено и все зависит от бесчисленных условий, значение которых определяется в одну минуту, про которую никто не знает, когда она наступит. Армфельд говорит, что наша армия отрезана, а Паулучи говорит, что мы поставили французскую армию между двух огней; Мишо говорит, что негодность Дрисского лагеря состоит в том, что река позади, а Пфуль говорит, что в этом его сила. Толь предлагает один план, Армфельд предлагает другой; и все хороши, и все дурны, и выгоды всякого положения могут быть очевидны только в тот момент, когда совершится событие. И отчего все говорят: гений военный? Разве гений тот человек, который вовремя успеет велеть подвезти сухари и идти тому направо, тому налево? Оттого только, что военные люди облечены блеском и властью и массы подлецов льстят власти, придавая ей несвойственные качества гения, их называют гениями. Напротив, лучшие генералы, которых я знал, – глупые или рассеянные люди. Лучший Багратион, – сам Наполеон признал это. А сам Бонапарте! Я помню самодовольное и ограниченное его лицо на Аустерлицком поле. Не только гения и каких-нибудь качеств особенных не нужно хорошему полководцу, но, напротив, ему нужно отсутствие самых лучших высших, человеческих качеств – любви, поэзии, нежности, философского пытливого сомнения. Он должен быть ограничен, твердо уверен в том, что то, что он делает, очень важно (иначе у него недостанет терпения), и тогда только он будет храбрый полководец. Избави Бог, коли он человек, полюбит кого-нибудь, пожалеет, подумает о том, что справедливо и что нет. Понятно, что исстари еще для них подделали теорию гениев, потому что они – власть. Заслуга в успехе военного дела зависит не от них, а от того человека, который в рядах закричит: пропали, или закричит: ура! И только в этих рядах можно служить с уверенностью, что ты полезен!"

Так думал князь Андрей, слушая толки, и очнулся только тогда, когда Паулучи позвал его и все уже расходились.

На другой день на смотру государь спросил у князя Андрея, где он желает служить, и князь Андрей навеки потерял себя в придворном мире, не попросив остаться при особе государя, а попросив позволения служить в армии.

XII

Ростов перед открытием кампании получил письмо от родителей, в котором, кратко извещая его о болезни Наташи и о разрыве с князем Андреем (разрыв этот объясняли ему отказом Наташи), они опять просили его выйти в отставку и приехать домой. Николай, получив это письмо, и не попытался проситься в отпуск или отставку, а написал родителям, что очень жалеет с болезни и разрыве Наташи с ее женихом и что он сделает все возможное для того, чтобы исполнить их желание. Соне он писал отдельно.

"Обожаемый друг души моей, – писал он. – Ничто, кроме чести, не могло бы удержать меня от возвращения в деревню. Но теперь, перед открытием кампании, я бы счел себя бесчестным не только перед всеми товарищами, но и перед самим собою, ежели бы я предпочел свое счастие своему долгу и любви к отечеству. Но это последняя разлука. Верь, что тотчас после войны, ежели я буду жив и все любим тобою, я брошу все и прилечу к тебе, чтобы прижать тебя уже навсегда к моей пламенной груди".

Действительно, только открытие кампании задержало Ростова и помешало ему приехать – как он обещал – и жениться на Соне. Отрадненская осень с охотой и зима со святками и с любовью Сони открыли ему перспективу тихих дворянских радостей и спокойствия, которых он не знал прежде и которые теперь манили его к себе. “Славная жена, дети, добрая стая гончих, лихие десять – двенадцать свор борзых, хозяйство, соседи, служба по выборам!” – думал он. Но теперь была кампания, и надо было оставаться в полку. А так как это надо было, то Николай Ростов, по своему характеру, был доволен и той жизнью, которую он вел в полку, и сумел сделать себе эту жизнь приятною.

Приехав из отпуска, радостно встреченный товарищами, Николай был посылан за ремонтом и из Малороссии привел отличных лошадей, которые радовали его и заслужили ему похвалы от начальства. В отсутствие его он был произведен в ротмистры, и когда полк был поставлен на военное положение с увеличенным комплектом, он опять получил свой прежний эскадрон.

Началась кампания, полк был двинут в Польшу, выдавалось двойное жалованье, прибыли новые офицеры, новые люди, лошади; и, главное, распространилось то возбужденно-веселое настроение, которое сопутствует началу войны; и Ростов, сознавая свое выгодное положение в полку, весь предался удовольствиям и интересам военной службы, хотя и знал, что рано или поздно придется их покинуть.

Войска отступали от Вильны по разным сложным государственным, политическим и тактическим причинам. Каждый шаг отступления сопровождался сложной игрой интересов, умозаключений и страстей в главном штабе. Для гусар же Павлоградского полка весь этот отступательный поход, в лучшую пору лета, с достаточным продовольствием, был самым простым и веселым делом. Унывать, беспокоиться и интриговать могли в главной квартире, а в глубокой армии и не спрашивали себя, куда, зачем идут. Если жалели, что отступают, то только потому, что надо было выходить из обжитой квартиры, от хорошенькой панны. Ежели и приходило кому-нибудь в голову, что дела плохи, то, как следует хорошем военному человеку, тот, кому это приходило в голову, старался быть весел и не думать об общем ходе дел, а думать о своем ближайшем деле. Сначала весело стояли подле Вильны, заводя знакомства с польскими помещиками и ожидая и отбывая смотры государя и других высших командиров. Потом пришел приказ отступить к Свенцянам и истреблять провиант, который нельзя было увезти. Свенцяны памятны были гусарам только потому, что это был *пьяный лагерь*, как прозвала вся армия стоянку у Свенцян, и потому, что в Свенцянах много было жалоб на войска за то, что они, воспользовавшись приказанием отбирать провиант, в числе провианта забирали и лошадей, и экипажи, и ковры у польских панов. Ростов помнил Свенцяны потому, что он в первый день вступления в это местечко сменил вахмистра и не мог справиться с перепившимися всеми людьми эскадрона, которые без его ведома увезли пять бочек старого пива. От Свенцян отступали дальше и дальше до Дриссы, и опять отступили от Дриссы, уже приближаясь к русским границам.

13-го июля павлоградцам в первый раз пришлось быть в серьезном деле.

12-го июля в ночь, накануне дела, была сильная буря с дождем и грозой. Лето 1812 года вообще было замечательно бурями.

Павлоградские два эскадрона стояли биваками, среди выбитого дотла скотом и лошадьми, уже выколосившегося ржаного поля. Дождь лил ливмя, и Ростов с покровительствуемым им молодым офицером Ильиным сидел под сгороженным на скорую руку шалашиком. Офицер их полка, с длинными усами, продолжавшимися от щек, ездивший в штаб и застигнутый дождем, зашел к Ростову.

– Я, граф, из штаба. Слышали подвиг Раевского? – И офицер рассказал подробности Салтановского сражения, слышанные им в штабе...

Ростов, пожимаясь шеей, за которую затекала вода, курил трубку и слушал невнимательно, изредка поглядывая на молодого офицера Ильина, который жался около него. Офицер этот, шестнадцатилетний мальчик, недавно поступивший в полк, был теперь в отношении к Николаю тем, чем был Николай в отношении к Денисову семь лет тому назад. Ильин старался во всем подражать Ростову и, как женщина, был влюблен в него.

Офицер с двойными усами, Здржинский, рассказывал напыщенно о том, как Салтановская плотина была Фермопилами русских, как на этой плотине был совершен генералом Раевским поступок, достойный древности. Здржинский рассказывал поступок Раевского, который вывел на плотину своих двух сыновей под страшный огонь и с ними рядом пошел в атаку. Ростов слушал рассказ и не только ничего не говорил в подтверждение восторга Здржинского, но, напротив, имел вид человека, который стыдится того, что ему рассказывают, хотя и не намерен возражать. Ростов после Аустерлицкой и 1807 года кампаний знал по своему собственному опыту, что, рассказывая военные происшествия, всегда врут, как и сам он врал, рассказывая; во-вторых, он имел настолько опытности, что знал, как все происходит на войне совсем не так, как мы можем воображать и рассказывать. И потому ему не нравился рассказ Здржинского, не нравился и сам Здржинский, который, с своими усами от щек, по своей привычке низко нагибался над лицом того, кому он рассказывал, и теснил его в тесном шалаше. Ростов молча смотрел на него. "Во-первых, на плотине, которую атаковали, должна была быть, верно, такая путаница и теснота, что ежели Раевский и вывел своих сыновей, то это ни на кого не могло подействовать, кроме как человек на десять, которые были около самого его, – думал Ростов, – остальные и не могли видеть, как и с кем шел Раевский по плотине. Но и те, которые видели это, не могли очень воодушевиться, потому что что им было за дело до нежных родительских чувств Раевского, когда тут дело шло о собственной шкуре? Потом оттого, что возьмут или не возьмут Салтановскую плотину, не зависела судьба отечества, как нам описывают это про Фермопилы. И стало быть, зачем же было приносить такую жертву? И потом, зачем тут, на войне, мешать своих детей? Я бы не только Петю-брата не повел бы, даже и Ильина, даже этого чужого мне, но доброго мальчика, постарался бы поставить куда-нибудь под защиту", – продолжал думать Ростов, слушая Здржинского. Но он не сказал своих мыслей: он и на это уже имел опыт. Он знал, что этот рассказ содействовал к прославлению нашего оружия, и потому надо было делать вид, что не сомневаешься в нем. Так он и делал.

– Однако мо́чи нет, – сказал Ильин, замечавший, что Ростову не нравится разговор Здржинского. – И чулки, и рубашка, и под меня подтекло. Пойду искать приюта. Кажется, дождик полегче. – Ильин вышел, и Здржинский уехал.

Через пять минут Ильин, шлепая по грязи, прибежал к шалашу.

– Ура! Ростов, идем скорее. Нашел! Вот тут шагов двести корчма, уж туда забрались наши. Хоть посушимся, и Марья Генриховна там.

Марья Генриховна была жена полкового доктора, молодая, хорошенькая немка, на которой доктор женился в Польше. Доктор, или оттого, что не имел средств, или оттого, что не хотел первое время женитьбы разлучаться с молодой женой, возил ее везде за собой при гусарском полку, и ревность доктора сделалась обычным предметом шуток между гусарскими офицерами.

Ростов накинул плащ, кликнул за собой Лаврушку с вещами и пошел с Ильиным, где раскатываясь по грязи, где прямо шлепая под утихавшим дождем, в темноте вечера, изредка нарушаемой далекими молниями.

– Ростов, ты где?

– Здесь. Какова молния! – переговаривались они.

XIII

В покинутой корчме, перед которою стояла кибиточка доктора, уже было человек пять офицеров. Марья Генриховна, полная белокурая немочка в кофточке и ночном чепчике, сидела в переднем углу на широкой лавке. Муж ее, доктор, спал позади ее. Ростов с Ильиным, встреченные веселыми восклицаниями и хохотом, вошли в комнату.

– И! да у вас какое веселье, – смеясь, сказал Ростов.

– А вы что зеваете?

– Хороши! Так и течет с них! Гостиную нашу не замочите.

– Марьи Генриховны платье не запачкать, – отвечали голоса.

Ростов с Ильиным поспешили найти уголок, где бы они, не нарушая скромности Марьи Генриховны, могли бы переменить мокрое платье. Они пошли было за перегородку, чтобы переодеться; но в маленьком чуланчике, наполняя его весь, с одной свечкой на пустом ящике, сидели три офицера, играя в карты, и ни за что не хотели уступить свое место. Марья Генриховна уступила на время свою юбку, чтобы употребить ее вместо занавески, и за этой занавеской Ростов и Ильин с помощью Лаврушки, принесшего вьюки, сняли мокрое и надели сухое платье.

В разломанной печке разложили огонь. Достали доску и, утвердив ее на двух седлах, покрыли попоной, достали самоварчик, погребец и полбутылки рому, и, попросив Марью Генриховну быть хозяйкой, все столпились около нее. Кто предлагал ей чистый носовой платок, чтобы обтирать прелестные ручки, кто под ножки подкладывал ей венгерку, чтобы не было сыро, кто плащом занавешивал окно, чтобы не дуло, кто обмахивал мух с лица ее мужа, чтобы он не проснулся.

– Оставьте его, – говорила Марья Генриховна, робко и счастливо улыбаясь, – он и так спит хорошо после бессонной ночи.

– Нельзя, Марья Генриховна, – отвечал офицер, – надо доктору прислужиться. Все, может быть, и он меня пожалеет, когда ногу или руку резать станет.

Стаканов было только три; вода была такая грязная, что нельзя было решить, когда крепок или некрепок чай, и в самоваре воды было только на шесть стаканов, но тем приятнее было по очереди и старшинству получить свой стакан из пухлых с короткими, не совсем чистыми ногтями ручек

Марьи Генриховны. Все офицеры, казалось, действительно были в этот вечер влюблены в Марью Генриховну. Даже те офицеры, которые играли за перегородкой в карты, скоро бросили игру и перешли к самовару, подчиняясь общему настроению ухаживанья за Марьей Генриховной. Марья Генриховна, видя себя окруженной такой блестящей и учтивой молодежью, сияла счастьем, как ни старалась она скрывать этого и как ни очевидно робела при каждом сонном движении спавшего за ней мужа.

Ложка была только одна, сахару было больше всего, но размешивать его не успевали, и потому было решено, что она будет поочередно мешать сахар каждому. Ростов, получив свой стакан и подлив в него рому, попросил Марью Генриховну размешать.

– Да ведь вы без сахара? – сказала она, все улыбаясь, как будто все, что ни говорила она, и все, что ни говорили другие, было очень смешно и имело еще другое значение.

– Да мне не сахар, мне только, чтоб вы помешали своей ручкой.

Марья Генриховна согласилась и стала искать ложку, которую уже захватил кто-то.

– Вы пальчиком, Марья Генриховна, – сказал Ростов, – еще приятнее будет.

– Горячо! – сказала Марья Генриховна, краснея от удовольствия.

Ильин взял ведро с водой и, капнув туда рому, пришел к Марье Генриховне, прося помешать пальчиком.

– Это моя чашка, – говорил он. – Только вложите пальчик, все выпью.

Когда самовар весь выпили, Ростов взял карты и предложил играть в короли с Марьей Генриховной. Кинули жребий, кому составлять партию Марьи Генриховны. Правилами игры, по предложению Ростова, было то, чтобы тот, кто будет королем, имел право поцеловать ручку Марьи Генриховны, а чтобы тот, кто останется прохвостом, шел бы ставить новый самовар для доктора, когда он проснется.

– Ну, а ежели Марья Генриховна будет королем? – спросил Ильин.

– Она и так королева! И приказания ее – закон.

Только что началась игра, как из-за Марьи Генриховны вдруг поднялась вспутанная голова доктора. Он давно уже не спал и прислушивался к тому, что говорилось, и, видимо, не находил ничего веселого, смешного или забавного во всем, что говорилось и делалось. Лицо его было грустно и уныло. Он не поздоровался с офицерами, почесался и попросил позволения выйти, так как ему загораживали дорогу. Как только он вышел, все офицеры разразились громким хохотом, а Марья Генриховна до слез покраснела и тем сделалась еще привлекательнее на глаза всех офицеров. Вернувшись со двора, доктор сказал жене (которая перестала уже так счастливо улыбаться и, испуганно ожидая приговора, смотрела на него), что дождь прошел и что надо идти ночевать в кибитку, а то все растащат.

– Да я вестового пошлю... двух! – сказал Ростов. – Полноте, доктор.

– Я сам стану на часы! – сказал Ильин.

– Нет, господа, вы выспались, а я две ночи не спал, – сказал доктор и мрачно сел подле жены, ожидая окончания игры.

Глядя на мрачное лицо доктора, косившегося на свою жену, офицерам стало еще веселей, и многие не могли удерживаться от смеха, которому они поспешно старались приискивать благовидные предлоги. Когда доктор ушел, уведя свою жену, и поместился с нею в кибиточку, офицеры улеглись в корчме, укрывшись мокрыми шинелями; но долго не спали, то переговариваясь, вспоминая испуг доктора и веселье докторши, то выбегая на крыльцо и сообщая о том, что делалось в кибиточке. Несколько раз Ростов, завертываясь с головой, хотел заснуть; но опять чье-нибудь замечание развлекало его, опять начинался разговор, и опять раздавался беспричинный, веселый, детский хохот.

XIV

В третьем часу еще никто не заснул, как явился вахмистр с приказом выступать к местечку Островне.

Все с тем же говором и хохотом офицеры поспешно стали собираться; опять поставили самовар на грязной воде. Но Ростов, не дождавшись чаю, пошел к эскадрону. Уже светало; дождик перестал, тучи расходились, Было сыро и холодно, особенно в непросохшем платье. Выходя из корчмы, Ростов и Ильин оба в сумерках рассвета заглянули в глянцевитую от дождя кожаную докторскую кибиточку, из-под фартука которой торчали ноги доктора и в середине которой виднелся на подушке чепчик докторши и слышалось сонное дыхание.

– Право, она очень мила! – сказал Ростов Ильину, выходившему с ним.

– Прелесть какая женщина! – с шестнадцатилетней серьезностью отвечал Ильин.

Через полчаса выстроенный эскадрон стоял на дороге. Послышалась команда: "Садись!" – солдаты перекрестились и стали садиться, Ростов, выехав вперед, скомандовал: "Марш!" – и, вытянувшись в четыре человека, гусары, звуча шлепаньем копыт по мокрой дороге, бренчаньем сабель и тихим говором, тронулись по большой, обсаженной березами дороге, вслед за шедшей впереди пехотой и батареей.

Разорванные сине-лиловые тучи, краснея на восходе, быстро гнались ветром. Становилось все светлее и светлее. Ясно виднелась та курчавая травка, которая заседает всегда по проселочным дорогам, еще мокрая от вчерашнего дождя; висячие ветви берез, тоже мокрые, качались от ветра и роняли вбок от себя светлые капли. Яснее и яснее обозначались лица солдат. Ростов ехал с Ильиным, не отстававшим от него, стороной дороги, между двойным рядом берез.

Ростов в кампании позволял себе вольность ездить не на фронтовой лошади, а на казацкой. И знаток и охотник, он недавно достал себе лихую донскую, крупную и добрую игреневую лошадь, на которой никто не обскакивал его. Ехать на этой лошади было для Ростова наслаждение. Он думал о лошади, об утре, о докторше и ни разу не подумал о предстоящей опасности.

Прежде Ростов, идя в дело, боялся; теперь он не испытывал ни малейшего чувства страха. Не оттого он не боялся, что он привык к огню (к опасности нельзя привыкнуть), но оттого, что он выучился управлять своей душой перед опасностью. Он привык, идя в дело, думать обо всем, исключая того, что, казалось, было бы интереснее всего другого, – о предстоящей опасности. Сколько он ни старался, ни упрекал себя в трусости первое время своей службы, он не мог этого достигнуть; но с годами теперь это сделалось само собою. Он ехал теперь рядом с Ильиным между березами, изредка отрывая листья с веток, которые попадались под руку, иногда дотрогиваясь ногой до паха лошади, иногда отдавая, не поворачиваясь, докуренную трубку ехавшему сзади гусару, с таким спокойным и беззаботным видом, как будто он ехал кататься. Ему жалко было смотреть на взволнованное лицо Ильина, много и беспокойно говорившего; он по опыту знал то мучительное состояние ожидания страха и смерти, в котором находился корнет, и знал, что ничто, кроме времени, не поможет ему.

Только что солнце показалось на чистой полосе из-под тучи, как ветер стих, как будто он не смел портить этого прелестного после грозы летнего утра; капли еще падали, но уже отвесно, – и все затихло. Солнце вышло совсем, показалось на горизонте и исчезло в узкой и длинной туче, стоявшей над ним. Через несколько минут солнце еще светлее показалось на верхнем крае тучи, разрывая ее края. Все засветилось и заблестело. И вместе с этим светом, как будто отвечая ему, раздались впереди выстрелы орудий.

Не успел еще Ростов обдумать и определить, как далеки эти выстрелы, как от Витебска прискакал адъютант графа Остермана-Толстого с приказанием идти на рысях по дороге.

Эскадрон объехал пехоту и батарею, также торопившуюся идти скорее, спустился под гору и, пройдя через какую-то пустую, без жителей, деревню, опять поднялся на гору. Лошади стали взмыливаться, люди раскраснелись.

– Стой, равняйся! – послышалась впереди команда дивизионера.

– Левое плечо вперед, шагом марш! – скомандовали впереди.

И гусары по линии войск прошли на левый фланг позиции и стали позади наших улан, стоявших в первой линии. Справа стояла наша пехота густой колонной – это были резервы; повыше ее на горе видны были на чистом-чистом воздухе, в утреннем, косом и ярком, освещении, на самом горизонте, наши пушки. Впереди за лощиной видны были неприятельские колонны и пушки. В лощине слышна была наша цепь, уже вступившая в дело и весело перещелкивающаяся с неприятелем.

Ростову, как от звуков самой веселой музыки, стало весело на душе от этих звуков, давно уже не слышанных. Трап-та-та-тап! – хлопали то вдруг, то быстро один за другим несколько выстрелов. Опять замолкло все, и опять как будто трескались хлопушки, по которым ходил кто-то.

Гусары простояли около часу на одном месте. Началась и канонада. Граф Остерман с свитой проехал сзади эскадрона, остановившись, поговорил с командиром полка и отъехал к пушкам на гору.

Вслед за отъездом Остермана у улан послышалась команда:

– В колонну, к атаке стройся! – Пехота впереди их вздвоила взводы, чтобы пропустить кавалерию. Уланы тронулись, колеблясь флюгерами пик, и на рысях пошли под гору на французскую кавалерию, показавшуюся под горой влево.

Как только уланы сошли под гору, гусарам велено было подвинуться в гору, в прикрытие к батарее. В то время как гусары становились на место улан, из цепи пролетели, визжа и свистя, далекие, непопадавшие пули.

Давно не слышанный этот звук еще радостнее и возбудительнее подействовал на Ростова, чем прежние звуки стрельбы. Он, выпрямившись, разглядывал поле сражения, открывавшееся с горы, и всей душой участвовал в движении улан. Уланы близко налетели на французских драгун, что-то спуталось там в дыму, и через пять минут уланы понеслись назад не к тому месту, где они стояли, но левее. Между оранжевыми уланами на рыжих лошадях и позади их, большой кучей, видны были синие французские драгуны на серых лошадях.

XV

Ростов своим зорким охотничьим глазом один из первых увидал этих синих французских драгун, преследующих наших улан. Ближе, ближе подвигались расстроенными толпами уланы, и французские драгуны, преследующие их. Уже можно было видеть, как эти, казавшиеся под горой маленькими, люди сталкивались, нагоняли друг друга и махали руками или саблями.

Ростов, как на травлю, смотрел на то, что делалось перед ним. Он чутьем чувствовал, что, ежели ударить теперь с гусарами на французских драгун, они не устоят; но ежели ударить, то надо было сейчас, сию минуту, иначе будет уже поздно. Он оглянулся вокруг себя. Ротмистр, стоя подле него, точно так же не спускал глаз с кавалерии внизу.

– Андрей Севастьяныч, – сказал Ростов, – ведь мы их сомнем...

– Лихая бы штука, – сказал ротмистр, – а в самом деле...

Ростов, не дослушав его, толкнул лошадь, выскакал вперед эскадрона, и не успел он еще скомандовать движение, как весь эскадрон, испытывавший то же, что и он, тронулся за ним. Ростов сам не знал, как и почему он это сделал. Все это он сделал, как он делал на охоте, не думая, не соображая. Он видел, что драгуны близко, что они скачут, расстроены; он знал, что они не выдержат, он знал, что была только одна минута, которая не воротится, ежели он упустит ее. Пули так возбудительно визжали и свистели вокруг него, лошадь так горячо просилась вперед, что он не мог выдержать. Он тронул лошадь, скомандовал и в то же мгновение, услыхав за собой звук топота своего развернутого эскадрона, на полных рысях, стал спускаться к драгунам под гору. Едва они сошли под гору, как невольно их аллюр рыси перешел в галоп, становившийся все быстрее и быстрее по мере того, как они приближались к своим уланам и скакавшим за ними французским драгунам. Драгуны были близко. Передние, увидав гусар, стали поворачивать назад, задние приостанавливаться. С чувством, с которым он несся наперерез волку, Ростов, выпустив во весь мах своего донца, скакал наперерез расстроенным рядам французских драгун. Один улан остановился, один пеший припал к земле, чтобы его не раздавили, одна лошадь без седока замешалась с гусарами. Почти все французские драгуны скакали назад. Ростов, выбрав себе одного из них на серой лошади, пустился за ним. По дороге он налетел на куст; добрая лошадь перенесла его через него, и, едва справясь на седле, Николай увидал, что он через несколько мгновений догонит того неприятеля, которого он выбрал своей целью. Француз этот, вероятно офицер – по его мундиру, согнувшись, скакал на своей серой лошади, саблей подгоняя ее. Через мгновенье лошадь Ростова ударила грудью в зад лошади офицера, чуть не сбила ее с ног, и в то же мгновенье Ростов, сам не зная зачем, поднял саблю и ударил ею по французу.

В то же мгновение, как он сделал это, все оживление Ростова вдруг исчезло. Офицер упал не столько от удара саблей, который только слегка разрезал ему руку выше локтя, сколько от толчка лошади и от страха. Ростов, сдержав лошадь, отыскивал глазами своего врага, чтобы увидать, кого он победил. Драгунский французский офицер одной ногой прыгал на земле, другой зацепился в стремени. Он, испуганно щурясь, как будто ожидая всякую секунду нового удара, сморщившись, с выражением ужаса взглянул снизу вверх на Ростова. Лицо его, бледное и забрызганное грязью, белокурое, молодое, с дырочкой на подбородке и светлыми голубыми глазами, было самое не для поля сражения, не вражеское лицо, а самое простое комнатное лицо. Еще прежде, чем Ростов решил, что он с ним будет делать, офицер закричал: "Je me rends!"[1] Он, торопясь, хотел и не мог выпутать из стремени ногу и, не спуская испуганных голубых глаз, смотрел на Ростова. Подскочившие гусары выпростали ему ногу и посадили его на седло. Гусары с разных сторон возились с драгунами: один был ранен, но, с лицом в крови, не давал своей лошади; другой, обняв гусара, сидел на крупе его лошади; третий взлезал, поддерживаемый гусаром, на его лошадь. Впереди бежала, стреляя, французская пехота. Гусары торопливо поскакали назад с своими пленными. Ростов скакал назад с другими, испытывая какое-то неприятное чувство, сжимавшее ему сердце. Что-то неясное, запутанное, чего он никак не мог объяснить себе, открылось ему взятием в плен этого офицера и тем ударом, который он нанес ему.

Граф Остерман-Толстой встретил возвращавшихся гусар, подозвал Ростова, благодарил его и сказал, что он представит государю о его молодецком поступке и будет просить для него Георгиевский крест. Когда Ростова потребовали к графу Остерману, он, вспомнив о том, что атака его была начата без приказанья, был вполне убежден, что начальник требует его для того, чтобы наказать его за самовольный поступок. Поэтому лестные слова Остермана и обещание награды должны бы были тем радостнее поразить Ростова; но все то же неприятное, неясное чувство нравственно тошнило ему. "Да что бишь меня мучает? – спросил он себя, отъезжая от генерала. – Ильин? Нет, он цел. Осрамился я чем-нибудь? Нет. Все не то! – Что-то другое мучило его, как раскаяние. – Да, да, этот французский офицер с дырочкой. И я хорошо помню, как рука моя остановилась, когда я поднял ее".

1 Сдаюсь!

Ростов увидал отвозимых пленных и поскакал за ними, чтобы посмотреть своего француза с дырочкой на подбородке. Он в своем странном мундире сидел на заводной гусарской лошади и беспокойно оглядывался вокруг себя. Рана его на руке была почти не рана. Он притворно улыбнулся Ростову и помахал ему рукой, в виде приветствия. Ростову все так же было неловко и чего-то совестно.

Весь этот и следующий день друзья и товарищи Ростова замечали, что он не скучен, не сердит, но молчалив, задумчив и сосредоточен. Он неохотно пил, старался оставаться один и о чем-то все думал.

Ростов все думал об этом своем блестящем подвиге, который, к удивлению его, приобрел ему Георгиевский крест и даже сделал ему репутацию храбреца, – и никак не мог понять чего-то. "Так и они еще больше нашего боятся! – думал он. – Так только-то и есть всего, то, что называется геройством? И разве я это делал для отечества? И в чем он виноват с своей дырочкой и голубыми глазами? А как он испугался! Он думал, что я убью его. За что ж мне убивать его? У меня рука дрогнула. А мне дали Георгиевский крест. Ничего, ничего не понимаю!"

Но пока Николай перерабатывал в себе эти вопросы и все-таки не дал себе ясного отчета в том, что так смутило его, колесо счастья по службе, как это часто бывает, повернулось в его пользу. Его выдвинули вперед после Островненского дела, дали ему батальон гусаров и, когда нужно было употребить храброго офицера, давали ему поручения.

XVI

Получив известие о болезни Наташи, графиня, еще не совсем здоровая и слабая, с Петей и со всем домом приехала в Москву, и все семейство Ростовых перебралось от Марьи Дмитриевны в свой дом и совсем поселилось в Москве.

Болезнь Наташи была так серьезна, что, к счастию ее и к счастию родных, мысль о всем том, что было причиной ее болезни, ее поступок и разрыв с женихом перешли на второй план. Она была так больна, что нельзя было думать о том, насколько она была виновата во всем случившемся, тогда как она не ела, не спала, заметно худела, кашляла и была, как давали чувствовать доктора, в опасности. Надо было думать только о том, чтобы помочь ей. Доктора ездили к Наташе и отдельно и консилиумами, говорили много по-французски, по-немецки и по-латыни, осуждали один другого, прописывали самые разнообразные лекарства от всех им известных болезней; но ни одному из них не приходила в голову та простая мысль, что им не может быть известна та болезнь, которой страдала Наташа, как не может быть известна ни одна болезнь, которой одержим живой человек: ибо каждый живой человек имеет свои особенности и всегда имеет особенную и свою новую, сложную, неизвестную медицине болезнь, не болезнь легких, печени, кожи, сердца, нервов и т.д., записанных в медицине, но болезнь, состоящую из одного из бесчисленных соединений в страданиях этих органов. Эта простая мысль не могла приходить докторам (так же, как не может прийти колдуну мысль, что он не может колдовать) потому, что их дело жизни состояло в том, чтобы лечить, потому, что за то они получали деньги, и потому, что на это дело они потратили лучшие годы своей жизни. Но главное – мысль эта не могла прийти докторам потому, что они видели, что они несомненно полезны, и были действительно полезны для всех домашних Ростовых. Они были полезны не потому, что заставляли проглатывать больную большей частью вредные вещества (вред этот был мало чувствителен, потому что вредные вещества давались в малом количестве), но они полезны, необходимы, неизбежны были (причина – почему всегда есть и будут мнимые излечители, ворожеи, гомеопаты и аллопаты) потому, что они удовлетворяли нравственной потребности больной и людей, любящих больную. Они удовлетворяли той вечной человеческой потребности надежды на облегчение, потребности сочувствия и деятельности, которые испытывает человек во время страдания. Они удовлетворяли той вечной, человеческой – заметной в ребенке в самой первобытной форме – потребности потереть то место, которое ушиблено. Ребенок убьется и тотчас же бежит в руки матери, няньки для того, чтобы ему поцеловали и потерли больное место, и ему делается легче, когда больное место потрут или поцелуют. Ребенок не верит, чтобы у сильнейших и мудрейших его не было средств помочь его боли. И надежда на облегчение и выражение сочувствия в то время, как мать трет его шишку, утешают его. Доктора для Наташи были полезны тем, что они целовали и терли *бобо,* уверяя, что сейчас пройдет, ежели кучер съездит в арбатскую аптеку и возьмет на рубль семь гривен порошков и пилюль в хорошенькой коробочке и ежели порошки эти непременно через два часа, никак не больше и не меньше, будет в отварной воде принимать больная.

Что же бы делали Соня, граф и графиня, как бы они смотрели на слабую, тающую Наташу, ничего не предпринимая, ежели бы не было этих пилюль по часам, питья тепленького, куриной котлетки и всех подробностей жизни, предписанных доктором, соблюдать которые составляло занятие и утешение для окружающих? Чем строже и сложнее были эти правила, тем утешительнее было для окружающих дело. Как бы переносил граф болезнь своей любимой дочери, ежели бы он не знал, что ему стоила тысячи рублей болезнь Наташи и что он не пожалеет еще тысяч, чтобы сделать ей пользу: ежели бы он не знал, что, ежели она не поправится, он не пожалеет еще тысяч и повезет ее за границу и там сделает консилиумы; ежели бы он не имел возможности рассказывать подробности о том, как Метивье и Феллер не поняли, а Фриз понял, и Мудров еще лучше определил болезнь? Что бы делала графиня, ежели бы она не могла иногда ссориться с больной Наташей за то, что она не вполне соблюдает предписаний доктора?

– Эдак никогда не выздоровеешь, – говорила она, за досадой забывая свое горе, – ежели ты не будешь слушаться доктора и не вовремя принимать лекарство! Ведь нельзя шутить этим, когда у тебя может сделаться пневмония, – говорила графиня, и в произношении этого непонятного не для нее одной слова, она уже находила большое утешение. Что бы делала Соня, ежели бы у ней не было радостного сознания того, что она не раздевалась три ночи первое время для того, чтобы быть наготове исполнять в точности все предписания доктора, и что она теперь не спит ночи, для того чтобы не пропустить часы, в которые надо давать маловредные пилюли из золотой коробочки? Даже самой Наташе, которая хотя и говорила, что никакие лекарства не вылечат ее и что все это глупости, – и ей было радостно видеть, что для нее делали так много пожертвований, что ей надо было в известные часы принимать лекарства, и даже ей радостно было то, что она, пренебрегая исполнением предписанного, могла показывать, что она не верит в лечение и не дорожит своей жизнью.

Доктор ездил каждый день, щупал пульс, смотрел язык и, не обращая внимания на ее убитое лицо, шутил с ней. Но зато, когда он выходил в другую комнату, графиня поспешно выходила за ним, и он, принимая серьезный вид и покачивая задумчиво головой, говорил, что, хотя и есть опасность, он надеется на действие этого последнего лекарства, и что надо ждать и посмотреть; что болезнь больше нравственная, но...

Графиня, стараясь скрыть этот поступок от себя и от доктора, всовывала ему в руку золотой и всякий раз с успокоенным сердцем возвращалась к больной.

Признаки болезни Наташи состояли в том, что она мало ела, мало спала, кашляла и никогда не оживлялась. Доктора говорили, что больную нельзя оставлять без медицинской помощи, и поэтому в душном воздухе держали ее в городе. И лето 1812-го года Ростовы не уезжали в деревню.

Несмотря на большое количество проглоченных пилюль, капель и порошков из баночек и коробочек, из которых madame Schoss, охотница до этих вещиц, собрала большую коллекцию, несмотря на отсутствие привычной деревенской жизни, молодость брала свое: горе Наташи начало покрываться слоем впечатлений прожитой жизни, оно перестало такой мучительной болью лежать ей на сердце, начинало становиться прошедшим, и Наташа стала физически оправляться.

XVII

Наташа была спокойнее, но не веселее. Она не только избегала всех внешних условий радости: балов, катанья, концертов, театра; но она ни разу не смеялась так, чтобы из-за смеха ее не слышны были слезы. Она не могла петь. Как только начинала она смеяться или пробовала одна сама с собой петь, слезы душили ее: слезы раскаяния, слезы воспоминаний о том невозвратном, чистом времени; слезы досады, что так, задаром, погубила она свою молодую жизнь, которая могла бы быть так счастлива. Смех и пение особенно казались ей кощунством над ее горем. О кокетстве она и не думала ни раза; ей не приходилось даже воздерживаться. Она говорила и чувствовала, что в это время все мужчины были для нее совершенно то же, что шут Настасья Ивановна. Внутренний страж твердо воспрещал ей всякую радость. Да и не было в ней всех прежних интересов жизни из того девичьего, беззаботного, полного надежд склада жизни. Чаще и болезненнее всего вспоминала она осенние месяцы, охоту, дядюшку и святки, проведенные с Nicolas в Отрадном. Что бы она дала, чтобы возвратить хоть один день из того времени! Но уж это навсегда было кончено. Предчувствие не обманывало ее тогда, что то состояние свободы и открытости для всех радостей никогда уже не возвратится больше. Но жить надо было.

Ей отрадно было думать, что она не лучше, как она прежде думала, а хуже и гораздо хуже всех, всех, кто только есть на свете. Но этого мало было. Она знала это и спрашивала себя: "Что ж дальше?" А дальше ничего не было. Не было никакой радости в жизни, а жизнь проходила. Наташа, видимо, старалась только никому не быть в тягость и никому не мешать, но для себя ей ничего не нужно было. Она удалялась от всех домашних, и только с братом Петей ей было легко. С ним она любила бывать больше, чем с другими; и иногда, когда была с ним с глазу на глаз, смеялась. Она почти не выезжала из дому и из приезжавших к ним рада была только одному Пьеру. Нельзя было нежнее, осторожнее и вместе с тем серьезнее обращаться, чем обращался с нею граф Безухов. Наташа бессознательно чувствовала эту нежность обращения и потому находила большое удовольствие в его обществе. Но она даже не была благодарна ему за его нежность: ничто хорошее со стороны Пьера не казалось ей усилием, Пьеру, казалось, так естественно быть добрым со всеми, что не было никакой заслуги в его доброте. Иногда Наташа замечала смущение и неловкость Пьера в ее присутствии, в особенности, когда он хотел сделать для нее что-нибудь приятное или когда он боялся, чтобы что-нибудь в разговоре не навело Наташу на тяжелые воспоминания. Она замечала это и приписывала это его общей доброте и застенчивости, которая, по ее понятиям, таковая же, как с нею, должна была быть и со всеми. После тех нечаянных слов о том, что, ежели бы он был свободен, он на коленях бы просил ее руки и любви, сказанных в минуту такого сильного волнения для нее, Пьер никогда не говорил ничего о своих чувствах к Наташе; и для нее было очевидно, что те слова, тогда так утешившие ее, были сказаны, как говорятся всякие бессмысленные слова для утешения плачущего ребенка. Не оттого, что Пьер был женатый человек, но оттого, что Наташа чувствовала между собою и им в высшей степени ту силу нравственных преград – отсутствие которой она чувствовала с Курагиным, – ей никогда в голову не приходило, чтобы из ее отношений с Пьером могла выйти не только любовь с ее или, еще менее, с его стороны, но даже и тот род нежной, признающей себя, поэтической дружбы между мужчиной и женщиной, которой она знала несколько примеров.

В конце Петровского поста Аграфена Ивановна Белова, отрадненская соседка Ростовых, приехала в Москву поклониться московским угодникам. Она предложила Наташе говеть, и Наташа с радостью ухватилась за эту мысль. Несмотря на запрещение доктора выходить рано утром, Наташа настояла на том, чтобы говеть, и говеть не так, как говели обыкновенно в доме Ростовых, то есть отслушать на дому три службы, а чтобы говеть так, как говела Аграфена Ивановна, то есть всю неделю, не пропуская ни одной вечерни, обедни или заутрени.

Графине понравилось это усердие Наташи; она в душе своей, после безуспешного медицинского лечения, надеялась, что молитва поможет ей больше лекарств, и хотя со страхом и скрывая от доктора, но согласилась на желание Наташи и поручила ее Беловой. Аграфена Ивановна в три часа ночи приходила будить Наташу и большей частью находила ее уже не спящею. Наташа боялась проспать время заутрени. Поспешно умываясь и с смирением одеваясь в самое дурное свое платье и старенькую мантилью, содрогаясь от свежести, Наташа выходила на пустынные улицы, прозрачно освещенные утренней зарей. По совету Аграфены Ивановны, Наташа говела не в своем приходе, а в церкви, в которой, по словам набожной Беловой, был священник весьма строгий и высокой жизни. В церкви всегда было мало народа; Наташа с Беловой становились на привычное место перед иконой Божией матери, вделанной в зад левого клироса, и новое для Наташи чувство смирения перед великим, непостижимым, охватывало ее, когда она в этот непривычный час утра, глядя на черный лик Божией матери, освещенный и свечами, горевшими перед ним, и светом утра, падавшим из окна, слушала звуки службы, за которыми она старалась следить, понимая их. Когда она понимала их, ее личное чувство с своими оттенками присоединялось к ее молитве; когда она не понимала, ей еще сладостнее было думать, что желание понимать все есть гордость, что понимать всего нельзя, что надо только верить и отдаваться Богу, который в эти минуты – она чувствовала – управлял ее душою. Она крестилась, кланялась и, когда не понимала, то только, ужасаясь перед своею мерзостью, просила Бога простить ее за все, за все, и помиловать.

Молитвы, которым она больше всего отдавалась, были молитвы раскаяния. Возвращаясь домой в ранний час утра, когда встречались только каменщики, шедшие на работу, дворники, выметавшие улицу, и в домах еще все спали, Наташа испытывала новое для нее чувство возможности исправления себя от своих пороков и возможности новой, чистой жизни и счастия.

В продолжение всей недели, в которую она вела эту жизнь, чувство это росло с каждым днем. И счастье приобщиться или сообщиться, как, радостно играя этим словом, говорила ей Аграфена Ивановна, представлялось ей столь великим, что ей казалось, что она не доживет до этого блаженного воскресенья.

Но счастливый день наступил, и когда Наташа в это памятное для нее воскресенье, в белом кисейном платье, вернулась от причастия, она в первый раз после многих месяцев почувствовала себя спокойной и не тяготящеюся жизнью, которая предстояла ей.

Приезжавший в этот день доктор осмотрел Наташу и велел продолжать те последние порошки, которые он прописал две недели тому назад.

– Непременно продолжать – утром и вечером, – сказал он, видимо сам добросовестно довольный своим успехом. – Только, пожалуйста, аккуратнее. Будьте покойны, графиня, – сказал шутливо доктор, в мякоть руки ловко подхватывая золотой, – скоро опять запоет и зарезвится. Очень, очень ей в пользу последнее лекарство. Она очень посвежела.

Графиня посмотрела на ногти и поплевала, с веселым лицом возвращаясь в гостиную.

XVIII

В начале июля в Москве распространялись все более и более тревожные слухи о ходе войны: говорили о воззвании государя к народу, о приезде самого государя из армии в Москву. И так как до 11-го июля манифест и воззвание не были получены, то о них и о положении России ходили преувеличенные слухи. Говорили, что государь уезжает потому, что армия в опасности, говорили, что Смоленск сдан, что у Наполеона миллион войска и что только чудо может спасти Россию.

11-го июля, в субботу, был получен манифест, но еще не напечатан; и Пьер, бывший у Ростовых, обещал на другой день, в воскресенье, приехать обедать и привезти манифест и воззвание, которые он достанет у графа Растопчина.

В это воскресенье Ростовы, по обыкновению, поехали к обедне в домовую церковь Разумовских. Был жаркий июльский день. Уже в десять часов, когда Ростовы выходили из кареты перед церковью, в жарком воздухе, в криках разносчиков, в ярких и светлых летних платьях толпы, в запыленных листьях дерев бульвара, в звуках музыки и белых панталонах прошедшего на развод батальона, в громе мостовой и ярком блеске жаркого солнца было то летнее томление, довольство и недовольство настоящим, которое особенно резко чувствуется в ясный жаркий день в городе. В церкви Разумовских была вся знать московская, все знакомые Ростовых (в этот год, как бы ожидая чего-то, очень много богатых семей, обыкновенно разъезжающихся по деревням, остались в городе). Проходя позади ливрейного лакея, раздвигавшего толпу подле матери, Наташа услыхала голос молодого человека, слишком громким шепотом говорившего о ней:

– Это Ростова, та самая...

– Как похудела, а все-таки хороша!

Она слышала, или ей показалось, что были упомянуты имена Курагина и Болконского. Впрочем, ей всегда это казалось. Ей всегда казалось, что все, глядя на нее, только и думают о том, что с ней случилось. Страдая и замирая в душе, как всегда в толпе, Наташа шла в своем лиловом шелковом с черными кружевами платье так, как умеют ходить женщины, – тем спокойнее и величавее, чем больнее и стыднее у ней было на душе. Она знала и не ошибалась, что она хороша, но это теперь не радовало ее, как прежде. Напротив, это мучило ее больше всего в последнее время и в особенности в этот яркий, жаркий летний день в городе. “Еще воскресенье, еще неделя, – говорила она себе, вспоминая, как она была тут в то воскресенье, – и все та же жизнь без жизни, и все те же условия, в которых так легко бывало жить прежде. Хороша, молода, и я знаю, что теперь добра, прежде я была дурная, а теперь я добра, я знаю, – думала она, – а так даром, ни для кого, проходят лучшие годы”. Она стала подле матери и перекивнулась с близко стоявшими знакомыми. Наташа по привычке рассмотрела туалеты дам, осудила tenue[1] и неприличный способ креститься рукой на малом пространстве одной близко стоявшей дамы, опять с досадой подумала о том, что про нее судят, что и она судит, и вдруг, услыхав звуки службы, ужаснулась своей мерзости, ужаснулась тому, что прежняя чистота опять потеряна ею.

Благообразный, тихий старичок служил с той кроткой торжественностью, которая так величаво, успокоительно действует на души молящихся. Царские двери затворились, медленно задернулась завеса; таинственный тихий голос произнес что-то оттуда. Непонятные для нее самой слезы стояли в груди Наташи, и радостное и томительное чувство волновало ее.

“Научи меня, что мне делать, как мне исправиться навсегда, навсегда, как мне быть с моей жизнью...” – думала она.

Дьякон вышел на амвон, выправил, широко отставив большой палец, длинные волосы из-под стихаря и, положив на груди крест, громко и торжественно стал читать слова молитвы:

– “Миром господу помолимся”.

“Миром, – все вместе, без различия сословий, без вражды, а соединенные братской любовью – будем молиться”, – думала Наташа.

– “О свышнем мире и о спасении душ наших!”

“О мире ангелов и душ всех бестелесных существ, которые живут над нами”, – молилась Наташа.

1 манеру держаться.

Когда молились за воинство, она вспомнила брата и Денисова. Когда молились за плавающих и путешествующих, она вспомнила князя Андрея и молилась за него, и молилась за то, чтобы Бог простил ей то зло, которое она ему сделала. Когда молились за любящих нас, она молилась о своих домашних, об отце, матери, Соне, в первый раз теперь понимая всю свою вину перед ними и чувствуя всю силу своей любви к ним. Когда молились о ненавидящих нас, она придумала себе врагов и ненавидящих для того, чтобы молиться за них. Она причисляла к врагам кредиторов и всех тех, которые имели дело с ее отцом, и всякий раз, при мысли о врагах и ненавидящих, она вспоминала Анатоля, сделавшего ей столько зла, и хотя он не был ненавидящий, она радостно молилась за него как за врага. Только на молитве она чувствовала себя в силах ясно и спокойно вспоминать и о князе Андрее и об Анатоле, как об людях, к которым чувства ее уничтожались в сравнении с ее чувством страха и благоговения к Богу. Когда молились за царскую фамилию и за Синод, она особенно низко кланялась и крестилась, говоря себе, что, ежели она не понимает, она не может сомневаться и все-таки любит правительствующий Синод и молится за него.

Окончив ектенью, дьякон перекрестил вокруг груди орарь и произнес:

– "Сами себя и живот наш Христу-богу предадим".

"Сами себя Богу предадим, – повторила в своей душе Наташа. – Боже мой, предаю себя Твоей воле, – думала она. – Ничего не хочу, не желаю; научи меня, что мне делать, куда употребить свою волю! Да возьми же меня, возьми меня!" – с умиленным нетерпением в душе говорила Наташа, не крестясь, опустив свои тонкие руки и как будто ожидая, что вот-вот невидимая сила возьмет ее и избавит от себя, от своих сожалений, желаний, укоров, надежд и пороков.

Графиня несколько раз во время службы оглядывалась на умиленное, с блестящими глазами, лицо своей дочери и молилась Богу о том, чтобы он помог ей.

Неожиданно, в середине и не в порядке службы, который Наташа хорошо знала, дьячок вынес скамеечку, ту самую, на которой читались коленопреклонные молитвы в Троицын день, и поставил ее перед царскими дверьми. Священник вышел в своей лиловой бархатной скуфье, оправил волосы и с усилием стал на колена. Все сделали то же и с недоумением смотрели друг на друга. Это была молитва, только что полученная из Синода, молитва о спасении России от вражеского нашествия.

– "Господи боже сил, боже спасения нашего, – начал священник тем ясным, ненапыщенным и кротким голосом, которым читают только одни духовные славянские чтецы и который так неотразимо действует на русское сердце. – Господи боже сил, боже спасения нашего! Призри ныне в милости и щедротах на смиренные люди Твоя, и человеколюбно услыши, и пощади, и помилуй нас. Се враг смущаяй землю Твою и хотяй положити вселенную всю пусту, восста на ны; се людие беззаконии собрашася, еже погубити достояние Твое, разорити честный Иерусалим твой, возлюбленную Тебе Россию: осквернити храмы Твои, раскопати алтари и поругатися святыне нашей. Доколе, господи, доколе грешницы восхвалятся? Доколе употребляти имать законопреступный власть?

Владыко Господи! Услыши нас, молящихся Тебе: укрепи силою Твоею благочестивейшего, самодержавнейшего великого государя нашего императора Александра Павловича; помяни правду его и кротость, воздаждь ему по благости его, ею же хранит ны, Твой возлюбленный Израиль. Благослови его советы, начинания и дела; утверди всемогущною Твоею десницею царство его и подаждь ему победу на врага, яко же Моисею на Амалика, Гедеону на Мадиама и Давиду на Голиафа. Сохрани воинство его: положи лук медян мышцам, во имя Твое ополчившихся, и препояши их силою на брань. Приими оружие и щит, и восстани в помощь нашу, да постыдятся и посрамятся мыслящии нам злая, да будут пред лицем верного ти воинства, яко прах пред лицем ветра, и ангел твой сильный да будет оскорбляяй и погоняяй их; да приидет им сеть, юже не сведают, и их ловитва, юже сокрыша, да обымет их; да падут под ногами рабов Твоих и в попрание воем нашим да будут. Господи! не иземожет у тебе спасати во многих и в малых; Ты еси Бог, да не превозможет противу Тебе человек.

Боже отец наших! Помяни щедроты Твоя и милости, яже от века суть: не отвержи нас от лица Твоего, ниже возгнушайся недостоинством нашим, но помилуй нас по велицей милости Твоей и по множеству щедрот Твоих презри беззакония и грехи наша. Сердце чисто созижди в нас, и дух прав обнови во утробе нашей; всех нас укрепи верою в Тя, утверди надеждою, одушеви истинною друг ко другу любовию, вооружи единодушием на праведное защищение одержания, еже дал еси нам и отцем нашим, да не вознесется жезл нечестивых на жребий освященных.

Господи Боже наш, в него же веруем и на него же уповаем, не посрами нас от чаяния милости Твоея и сотвори знамение во благо, яко да видят ненавидящий нас и православную веру нашу, и посрамятся и погибнут; и да уведят все страны, яко имя Тебе Господь, и мы людие твои. Яви нам, Господи, ныне милость Твою и спасение Твое даждь нам; возвесели сердце рабов Твоих о милости Твоей; порази враги наши, и сокруши их под ноги верных Твоих вскоре. Ты бо еси заступление, помощь и победа уповающим на Тя, и Тебе славу воссылаем, Отцу и Сыну и Святому Духу и ныне, и присно, и во веки веков. Аминь".

В том состоянии раскрытости душевной, в котором находилась Наташа, эта молитва сильно подействовала на нее. Она слушала каждое слово о победе Моисея на Амалика, и Гедеона на Мадиама, и Давида на Голиафа, и о разорении Иерусалима твоего и просила Бога с той нежностью и размягченностью, которою было переполнено ее сердце; но не понимала хорошенько, о чем она просила Бога в этой молитве. Она всей душой участвовала в прошении о духе правом, об укреплении сердца верою, надеждою и о воодушевлении их любовью. Но она не могла молиться о попрании под ноги врагов своих, когда она за несколько минут перед этим только желала иметь их больше, чтобы любить их, молиться за них. Но она тоже не могла сомневаться в правоте читаемой коленопреклонной молитвы. Она ощущала в душе своей благоговейный и трепетный ужас пред наказанием, постигшим людей за их грехи, и в особенности за свои грехи, и просила Бога о том, чтобы он простил их всех и ее и дал бы им всем и ей спокойствия и счастия в жизни. И ей казалось, что Бог слышит ее молитву.

XIX

С того дня, как Пьер, уезжая от Ростовых и вспоминая благодарный взгляд Наташи, смотрел на комету, стоявшую на небе, и почувствовал, что для него открылось что-то новое, – вечно мучивший его вопрос о тщете и безумности всего земного перестал представляться ему. Этот страшный вопрос: зачем? к чему? – который прежде представлялся ему в середине всякого занятия, теперь заменился для него не другим вопросом и не ответом на прежний вопрос, а представлением *ее*. Слышал ли он, и сам ли вел ничтожные разговоры, читал ли он, или узнавал про подлость и бессмысленность людскую, он не ужасался, как прежде; не спрашивал себя, из чего хлопочут люди, когда все так кратко и неизвестно, но вспоминал ее в том виде, в котором он видел ее в последний раз, и все сомнения его исчезали, не потому, что она отвечала на вопросы, которые представлялись ему, но потому, что представление о ней переносило его мгновенно в другую, светлую область душевной деятельности, в которой не могло быть правого или виноватого, в область красоты и любви, для которой стоило жить. Какая бы мерзость житейская ни представлялась ему, он говорил себе:

"Ну и пускай такой-то обокрал государство и царя, а государство и царь воздают ему почести; а она вчера улыбнулась мне и просила приехать, и я люблю ее, и никто никогда не узнает этого", – думал он.

Пьер все так же ездил в общество, так же много пил и вел ту же праздную и рассеянную жизнь, потому что, кроме тех часов, которые он проводил у Ростовых, надо было проводить и остальное время, и привычки и знакомства, сделанные им в Москве, непреодолимо влекли его к той жизни, которая захватила его. Но в последнее время, когда с театра войны приходили все более и более тревожные слухи и когда здоровье Наташи стало поправляться и она перестала возбуждать в нем прежнее чувство бережливой жалости, им стало овладевать более и более непонятное для него беспокойство. Он чувствовал, что то положение, в котором он находился, не могло продолжаться долго, что наступает катастрофа, долженствующая изменить всю его жизнь, и с нетерпением отыскивал во всем признаки этой приближающейся катастрофы. Пьеру было открыто одним из братьев-масонов следующее, выведенное из Апокалипсиса Иоанна Богослова, пророчество относительно Наполеона.

В Апокалипсисе, главе тринадцатой, стихе восемнадцатом сказано: "Зде мудрость есть; иже имать ум да почтет число зверино: число бо человеческо есть и число его шестьсот шестьдесят шесть".

И той же главы в стихе пятом: "И даны быша ему уста глаголюща велика и хульна; и дана бысть ему область творити месяц четыре – десять два".

Французские буквы, подобно еврейскому число-изображению, по которому первыми десятью буквами означаются единицы, а прочими десятки, имеют следующее значение:

a	b	c	d	e	f	g	h	i	k	l	m	n	o	p	q	r	s	t	u	v	w	x	y	z
1	2	3	4	5	6	7	8	9	10	20	30	40	50	60	70	80	90	100	110	120	130	140	150	160

Написав по этой азбуке цифрами слова L'empereur Napoléon[1], выходит, что сумма этих чисел равна 666-ти и что поэтому Наполеон есть тот зверь, о котором предсказано в Апокалипсисе. Кроме того, написав по этой же азбуке слова quarante deux[2], то есть предел, который был положен зверю глаголати велика и хульна, сумма этих чисел, изображающих quarante deux, опять равна 666-ти, из чего выхо-

1 император Наполеон.
2 сорок два.

дит, что предел власти Наполеона наступил в 1812-м году, в котором французскому императору минуло 42 года. Предсказание это очень поразило Пьера, и он часто задавал себе вопрос о том, что именно положит предел власти зверя, то есть Наполеона, и, на основании тех же изображений слов цифрами и вычислениями, старался найти ответ на занимавший его вопрос. Пьер написал в ответ на этот вопрос: L'empereur Alexandre? La nation Russe?[1] Он счел буквы, но сумма цифр выходила гораздо больше или меньше 666-ти. Один раз, занимаясь этими вычислениями, он написал свое имя – Comte Pierre Besouhoff; сумма цифр тоже далеко не вышла. Он, изменив орфографию, поставив z вместо s, прибавил de, прибавил article le и все не получал желаемого результата. Тогда ему пришло в голову, что ежели бы ответ на искомый вопрос и заключался в его имени, то в ответе непременно была бы названа его национальность. Он написал Le Russe Besuhoff[2] и, сочтя цифры, получил 671. Только 5 было лишних; 5 означает "е", то самое "е", которое было откинуто в article перед словом L'empereur. Откинув точно так же, хотя и неправильно, "е", Пьер получил искомый ответ: l'Russe Besuhof, равное 666-ти. Открытие это взволновало его. Как, какой связью был он соединен с тем великим событием, которое было предсказано в Апокалипсисе, он не знал; но он ни на минуту не усумнился в этой связи. Его любовь к Ростовой, антихрист, нашествие Наполеона, комета, 666, l'empereur Napoléon и l'Russe Besuhof – все это вместе должно было созреть, разразиться и вывести его из того заколдованного, ничтожного мира московских привычек, в которых он чувствовал себя плененным, и привести его к великому подвигу и великому счастию.

Пьер накануне того воскресенья, в которое читали молитву, обещал Ростовым привезти им от графа Растопчина, с которым он был хорошо знаком, и воззвание к России, и последние известия из армии. Поутру, заехав к графу Рас-

1 Император Александр? Русский народ?
2 Русский Безухов.

топчину, Пьер у него застал только что приехавшего курьера из армии.

Курьер был один из знакомых Пьеру московских бальных танцоров.

– Ради Бога, не можете ли вы меня облегчить? – сказал курьер, – у меня полна сумка писем к родителям.

В числе этих писем было письмо от Николая Ростова к отцу. Пьер взял это письмо. Кроме того, граф Растопчин дал Пьеру воззвание государя к Москве, только что отпечатанное, последние приказы по армии и свою последнюю афишу. Просмотрев приказы по армии, Пьер нашел в одном из них между известиями о раненых, убитых и награжденных имя Николая Ростова, награжденного Георгием 4-й степени за оказанную храбрость в Островненском деле, и в том же приказе назначение князя Андрея Болконского командиром егерского полка. Хотя ему и не хотелось напоминать Ростовым о Болконском, но Пьер не мог воздержаться от желания порадовать их известием о награждении сына и, оставив у себя воззвание, афишу и другие приказы, с тем чтобы самому привезти их к обеду, послал печатный приказ и письмо к Ростовым.

Разговор с графом Растопчиным, его тон озабоченности и поспешности, встреча с курьером, беззаботно рассказывавшим о том, как дурно идут дела в армии, слухи о найденных в Москве шпионах, о бумаге, ходящей по Москве, в которой сказано, что Наполеон до осени обещает быть в обеих русских столицах, разговор об ожидаемом назавтра приезде государя – все это с новой силой возбуждало в Пьере то чувство волнения и ожидания, которое не оставляло его со времени появления кометы и в особенности с начала войны.

Пьеру давно уже приходила мысль поступить в военную службу, и он бы исполнил ее, ежели бы не мешала ему, во-первых, принадлежность его к тому масонскому обществу, с которым он был связан клятвой и которое проповедывало вечный мир и уничтожение войны, и, во-вторых, то, что ему, глядя на большое количество москвичей, надевших мундиры и проповедывающих патриотизм, было почему-то совестно предпринять такой шаг. Главная же причина, по которой он не приводил в исполнение своего намерения поступить в военную службу, состояла в том неясном представлении, что он l'Russe Besuhof, имеющий значение звериного числа 666, что его участие в великом деле положения предела власти *зверю,* глаголящему велика и хульна, определено предвечно и что поэтому ему не должно предпринимать ничего и ждать того, что должно совершиться.

XX

У Ростовых, как и всегда по воскресениям, обедал кое-кто из близких знакомых.

Пьер приехал раньше, чтобы застать их одних.

Пьер за этот год так потолстел, что он был бы уродлив, ежели бы он не был так велик ростом, крупен членами и не был так силен, что, очевидно, легко носил свою толщину.

Он, пыхтя и что-то бормоча про себя, вошел на лестницу. Кучер его уже не спрашивал, дожидаться ли. Он знал, что когда граф у Ростовых, то до двенадцатого часу. Лакеи Ростовых радостно бросились снимать с него плащ и принимать палку и шляпу. Пьер, по привычке клубной, и палку и шляпу оставлял в передней.

Первое лицо, которое он увидал у Ростовых, была Наташа. Еще прежде, чем он увидал ее, он, снимая плащ в передней, услыхал ее. Она пела солфеджи в зале. Он знал, что она не пела со времени своей болезни, и потому звук ее голоса удивил и обрадовал его. Он тихо отворил дверь и увидал Наташу в ее лиловом платье, в котором она была у обедни, прохаживающуюся по комнате и поющую. Она шла задом к нему, когда он отворил дверь, но когда она круто повернулась и увидала его толстое, удивленное лицо, она покраснела и быстро подошла к нему.

– Я хочу попробовать опять петь, – сказала она. – Все-таки это занятие, – прибавила она, как будто извиняясь.

– И прекрасно.

– Как я рада, что вы приехали! Я нынче так счастлива! – сказала она с тем прежним оживлением, которого уже давно не видел в ней Пьер. – Вы знаете, Nicolas получил Георгиевский крест. Я так горда за него.

– Как же, я прислал приказ. Ну, я вам не хочу мешать, – прибавил он и хотел пройти в гостиную.

Наташа остановила его.

– Граф, что это, дурно, что я пою? – сказала она, покраснев, но, не спуская глаз, вопросительно глядя на Пьера.

– Нет... Отчего же? Напротив... Но отчего вы меня спрашиваете?

– Я сама не знаю, – быстро отвечала Наташа, – но я ничего бы не хотела сделать, что бы вам не нравилось. Я вам верю во всем. Вы не знаете, как вы для меня важны и как вы много для меня сделали!.. – Она говорила быстро и не замечая того, как Пьер покраснел при этих словах. – Я видела в том же приказе *он*, Болконский (быстро, шепотом проговорила она это слово), он в России и опять служит. Как вы думаете, – сказала она быстро, видимо торопясь говорить, потому что она боялась за свои силы, – простит он меня когда-нибудь? Не будет он иметь против меня злого чувства? Как вы думаете? Как вы думаете?

– Я думаю... – сказал Пьер. – Ему нечего прощать... Ежели бы я был на его месте... – По связи воспоминаний, Пьер мгновенно перенесся воображением к тому времени, когда он, утешая ее, сказал ей, что ежели бы он был не он, а лучший человек в мире и свободен, то он на коленях просил бы ее руки, и то же чувство жалости, нежности, любви охватило его, и те же слова были у него на устах. Но она не дала ему времени сказать их.

– Да вы – вы, – сказала она, с восторгом произнося это слово *вы*, – другое дело. Добрее, великодушнее, лучше вас я не знаю человека, и не может быть. Ежели бы вас не было тогда, да и теперь, я не знаю, что бы было со мною, потому что... – Слезы вдруг полились ей в глаза; она повернулась, подняла ноты к глазам, запела и пошла опять ходить по зале.

В это же время из гостиной выбежал Петя.

Петя был теперь красивый, румяный пятнадцатилетний мальчик с толстыми, красными губами, похожий на Наташу. Он готовился в университет, но в последнее время, с товарищем своим Оболенским, тайно решил, что пойдет в гусары.

Петя выскочил к своему тезке, чтобы переговорить о деле.

Он просил его узнать, примут ли его в гусары.

Пьер шел по гостиной, не слушая Петю.

Петя дернул его за руку, чтоб обратить на себя его вниманье.

– Ну что мое дело, Петр Кирилыч. Ради Бога! Одна надежда на вас, – говорил Петя.

– Ах да, твое дело. В гусары-то? Скажу, скажу. Нынче скажу все.

– Ну что, mon cher, ну что, достали манифест? – спросил старый граф. – А графинюшка была у обедни у Разумовских, молитву новую слышала. Очень хорошая, говорит.

– Достал, – отвечал Пьер. – Завтра государь будет... Необычайное дворянское собрание и, говорят, по десяти с тысячи набор. Да, поздравляю вас.

– Да, да, слава Богу. Ну, а из армии что?

– Наши опять отступили. Под Смоленском уже, говорят, – отвечал Пьер.

– Боже мой, боже мой! – сказал граф. – Где же манифест?

– Воззвание! Ах, да! – Пьер стал в карманах искать бумаг и не мог найти их. Продолжая охлопывать карманы, он поцеловал руку у вошедшей графини и беспокойно оглядывался, очевидно ожидая Наташу, которая не пела больше, но и не приходила в гостиную.

– Ей-богу, не знаю, куда я его дел, – сказал он.

– Ну уж, вечно растеряет все, – сказала графиня.

Наташа вошла с размягченным, взволнованным лицом и села, молча глядя на Пьера. Как только она вошла в комнату, лицо Пьера, до этого пасмурное, просияло, и он, продолжая отыскивать бумаги, несколько раз взглядывал на нее.

– Ей-богу, я съезжу, я дома забыл. Непременно...

– Ну, к обеду опоздаете.

– Ах, и кучер уехал.

Но Соня, пошедшая в переднюю искать бумаги, нашла их в шляпе Пьера, куда он их старательно заложил за подкладку. Пьер было хотел читать.

– Нет, после обеда, – сказал старый граф, видимо в этом чтении предвидевший большое удовольствие.

За обедом, за которым пили шампанское за здоровье нового Георгиевского кавалера, Шиншин рассказывал городские новости о болезни старой грузинской княгини, о том, что Метивье исчез из Москвы, и о том, что к Растопчину привели какого-то немца и объявили ему, что это шампиньон (так рассказывал сам граф Растопчин), и как граф Растопчин велел шампиньона отпустить, сказав народу, что это не шампиньон, а просто старый гриб немец.

– Хватают, хватают, – сказал граф, – я графине и то говорю, чтобы поменьше говорила по-французски. Теперь не время.

– А слышали? – сказал Шиншин. – Князь Голицын русского учителя взял, по-русски учится – il commence à devenir dangereux de parler français dans les rues[1].

– Ну что ж, граф Петр Кирилыч, как ополченье-то собирать будут, и вам придется на коня? – сказал старый граф, обращаясь к Пьеру.

Пьер был молчалив и задумчив во все время этого обеда. Он, как бы не понимая, посмотрел на графа при этом обращении.

– Да, да, на войну, – сказал он, – нет! Какой я воин! А впрочем, все так странно, так странно! Да я и сам не понимаю. Я не знаю, я так далек от военных вкусов, но в теперешние времена никто за себя отвечать не может.

После обеда граф уселся покойно в кресло и с серьезным лицом попросил Соню, славившуюся мастерством чтения, читать.

1 становится опасным говорить по-французски на улицах.

– “Первопрестольной столице нашей Москве.

Неприятель вошел с великими силами в пределы России. Он идет разорять любезное наше отечество”, – старательно читала Соня своим тоненьким голоском. Граф, закрыв глаза, слушал, порывисто вздыхая в некоторых местах.

Наташа сидела вытянувшись, испытующе и прямо глядя то на отца, то на Пьера.

Пьер чувствовал на себе ее взгляд и старался не оглядываться. Графиня неодобрительно и сердито покачивала головой против каждого торжественного выражения манифеста. Она во всех этих словах видела только то, что опасности, угрожающие ее сыну, еще не скоро прекратятся. Шиншин, сложив рот в насмешливую улыбку, очевидно приготовился насмехаться над тем, что первое представится для насмешки: над чтением Сони, над тем, что скажет граф, даже над самым воззванием, ежели не представится лучше предлога.

Прочтя об опасностях, угрожающих России, о надеждах, возлагаемых государем на Москву, и в особенности на знаменитое дворянство, Соня с дрожанием голоса, происходившим преимущественно от внимания, с которым ее слушали, прочла последние слова: “Мы не умедлим сами стать посреди народа своего в сей столице и в других государства нашего местах для совещания и руководствования всеми нашими ополчениями, как ныне преграждающими пути врагу, так и вновь устроенными на поражение оного, везде, где только появится. Да обратится погибель, в которую он мнит низринуть нас, на главу его, и освобожденная от рабства Европа да возвеличит имя России!”

– Вот это так! – вскрикнул граф, открывая мокрые глаза и несколько раз прерываясь от сопенья, как будто к носу ему подносили склянку с крепкой уксусной солью. – Только скажи государь, мы всем пожертвуем и ничего не пожалеем.

Шиншин еще не успел сказать приготовленную им шутку на патриотизм графа, как Наташа вскочила с своего места и подбежала к отцу.

– Что за прелесть, этот папа! – проговорила она, целуя его, и она опять взглянула на Пьера с тем бессознательным кокетством, которое вернулось к ней вместе с ее оживлением.

– Вот так патриотка! – сказал Шиншин.

– Совсем не патриотка, а просто... – обиженно отвечала Наташа. – Вам все смешно, а это совсем не шутка...

– Какие шутки! – повторил граф. – Только скажи он слово, мы все пойдем... Мы не немцы какие-нибудь...

– А заметили вы, – сказал Пьер, – что сказано: "для совещания".

– Ну уж там для чего бы ни было...

В это время Петя, на которого никто не обращал внимания, подошел к отцу и, весь красный, ломающимся, то грубым, то тонким голосом, сказал:

– Ну теперь, папенька, я решительно скажу – и маменька тоже, как хотите, – я решительно скажу, что вы пустите меня в военную службу, потому что я не могу... вот и всё...

Графиня с ужасом подняла глаза к небу, всплеснула руками и сердито обратилась к мужу.

– Вот и договорился! – сказала она.

Но граф в ту же минуту оправился от волнения

– Ну, ну, – сказал он. – Вот воин еще! Глупости-то оставь: учиться надо.

– Это не глупости, папенька. Оболенский Федя моложе меня и тоже идет, а главное, все равно я не могу ничему учиться теперь, когда... – Петя остановился, покраснел до поту и проговорил-таки: – когда отечество в опасности.

– Полно, полно, глупости...

– Да ведь вы сами сказали, что всем пожертвуем.

– Петя, я тебе говорю, замолчи, – крикнул граф, оглядываясь на жену, которая, побледнев, смотрела остановившимися глазами на меньшого сына.

– А я вам говорю. Вот и Петр Кириллович скажет...

– Я тебе говорю – вздор, еще молоко не обсохло, а в военную службу хочет! Ну, ну, я тебе говорю, – и граф, взяв с собой бумаги, вероятно чтобы еще раз прочесть в кабинете перед отдыхом, пошел из комнаты.

– Петр Кириллович, что ж, пойдем покурить...

Пьер находился в смущении и нерешительности. Непривычно-блестящие и оживленные глаза Наташи беспрестанно, больше чем ласково обращавшиеся на него, привели его в это состояние.

– Нет, я, кажется, домой поеду...

– Как домой, да вы вечер у нас хотели... И то редко стали бывать. А эта моя... – сказал добродушно граф, указывая на Наташу, – только при вас и весела...

– Да, я забыл... Мне непременно надо домой... Дела... – поспешно сказал Пьер.

– Ну так до свидания, – сказал граф, совсем уходя из комнаты.

– Отчего вы уезжаете? Отчего вы расстроены? Отчего?.. – спросила Пьера Наташа, вызывающе глядя ему в глаза.

"Оттого, что я тебя люблю!" – хотел он сказать, но он не сказал этого, до слез покраснел и опустил глаза.

– Оттого, что мне лучше реже бывать у вас... Оттого... нет, просто у меня дела...

– Отчего? нет, скажите, – решительно начала было Наташа и вдруг замолчала. Они оба испуганно и смущенно смотрели друг на друга. Он попытался усмехнуться, но не мог: улыбка его выразила страдание, и он молча поцеловал ее руку и вышел.

Пьер решил сам с собою не бывать больше у Ростовых.

XXI

Петя, после полученного им решительного отказа, ушел в свою комнату и там, запершись от всех, горько плакал. Все сделали, как будто ничего не заметили, когда он к чаю пришел молчаливый и мрачный, с заплаканными глазами.

На другой день приехал государь. Несколько человек дворовых Ростовых отпросились пойти поглядеть царя. В это утро Петя долго одевался, причесывался и устроивал воротнички так, как у больших. Он хмурился перед зеркалом, делал жесты, пожимал плечами и, наконец, никому не сказавши, надел фуражку и вышел из дома с заднего крыльца, стараясь не быть замеченным. Петя решился идти прямо к тому месту, где был государь, и прямо объяснить какому-нибудь камергеру (Пете казалось, что государя всегда окружают камергеры), что он, граф Ростов, несмотря на свою молодость, желает служить отечеству, что молодость не может быть препятствием для преданности и что он готов... Петя, в то время как он собирался, приготовил много прекрасных слов, которые он скажет камергеру.

Петя рассчитывал на успех своего представления государю именно потому, что он ребенок (Петя думал даже, как все удивятся его молодости), а вместе с тем в устройстве своих воротничков, в прическе и в степенной медлительной походке он хотел представить из себя старого человека. Но чем дальше он шел, чем больше он развлекался все прибывающим и прибывающим у Кремля народом, тем больше он забывал соблюдение степенности и медлительности, свойственных взрослым людям. Подходя к Кремлю, он уже стал заботиться о том, чтобы его не затолкали, и решительно, с угрожающим видом выставил по бокам локти. Но в Троицких воротах, несмотря на всю его решительность, люди, которые, вероятно, не знали, с какой патриотической целью он шел в Кремль, так прижали его к стене, что он должен был покориться и остановиться, пока в ворота с гудящим под сводами звуком проезжали экипажи. Около Пети стояла баба с лакеем, два купца и отставной солдат. Постояв несколько времени в воротах, Петя, не дождавшись того, чтобы все экипажи проехали, прежде других хотел тронуться дальше и начал решительно работать локтями; но баба, стоявшая против него, на которую он первую направил свои локти, сердито крикнула на него:

– Что, барчук, толкаешься, видишь – все стоят. Что ж лезть-то!

– Так и все полезут, – сказал лакей и, тоже начав работать локтями, затискал Петю в вонючий угол ворот.

Петя отер руками пот, покрывавший его лицо, и поправил размочившиеся от пота воротнички, которые он так хорошо, как у больших, устроил дома.

Петя чувствовал, что он имеет непрезентабельный вид, и боялся, что ежели таким он представится камергерам, то его не допустят до государя. Но оправиться и перейти в другое место не было никакой возможности от тесноты. Один из проезжавших генералов был знакомый Ростовых. Петя хотел просить его помощи, но счел, что это было бы противно мужеству. Когда все экипажи проехали, толпа хлынула и вынесла и Петю на площадь, которая была вся занята народом. Не только по площади, но на откосах, на крышах, везде был народ. Только что Петя очутился на площади, он явственно услыхал наполнявшие весь Кремль звуки колоколов и радостного народного говора.

Одно время на площади было просторнее, но вдруг все головы открылись, все бросилось еще куда-то вперед. Петю сдавили так, что он не мог дышать, и все закричало: "Ура! урра! ура!" Петя поднимался на цыпочки, толкался, щипался, но ничего не мог видеть, кроме народа вокруг себя.

На всех лицах было одно общее выражение умиления и восторга. Одна купчиха, стоявшая подле Пети, рыдала, и слезы текли у нее из глаз.

– Отец, ангел, батюшка! – приговаривала она, отирая пальцем слезы.

– Ура! – кричали со всех сторон.

С минуту толпа простояла на одном месте; но потом опять бросилась вперед.

Петя, сам себя не помня, стиснув зубы и зверски выкатив глаза, бросился вперед, работая локтями и крича "ура!", как будто он готов был и себя и всех убить в эту минуту, но с боков его лезли точно такие же зверские лица с такими же криками "ура!"

"Так вот что такое государь! – думал Петя. – Нет, нельзя мне самому подать ему прошение, это слишком смело!" Несмотря на то, он все так же отчаянно пробивался вперед, и из-за спин передних ему мелькнуло пустое пространство с устланным красным сукном ходом; но в это время толпа заколебалась назад (спереди полицейские отталкивали надвинувшихся слишком близко к шествию; государь проходил из дворца в Успенский собор), и Петя неожиданно получил в бок такой удар по ребрам и так был придавлен, что вдруг в глазах его все помутилось и он потерял сознание. Когда он пришел в себя, какое-то духовное лицо, с пучком седевших волос назади, в потертой синей рясе, вероятно дьячок, одной рукой держал его под мышку, другой охранял от напиравшей толпы.

– Барчонка задавили! – говорил дьячок. – Что ж так!.. легче... задавили, задавили!

Государь прошел в Успенский собор. Толпа опять разровнялась, и дьячок вывел Петю, бледного и не дышащего, к царь-пушке. Несколько лиц пожалели Петю, и вдруг вся толпа обратилась к нему, и уже вокруг него произошла давка. Те, которые стояли ближе, услуживали ему, расстегивали его сюртучок, усаживали на возвышение пушки и укоряли кого-то, – тех, кто раздавил его.

– Этак до смерти раздавить можно. Что же это! Душегубство делать! Вишь, сердечный, как скатерть белый стал, – говорили голоса.

Петя скоро опомнился, краска вернулась ему в лицо, боль прошла, и за эту временную неприятность он получил место на пушке, с которой он надеялся увидать долженствующего пройти назад государя. Петя уже не думал теперь о подаче прошения. Уже только ему бы увидать его – и то он бы считал себя счастливым!

Во время службы в Успенском соборе – соединенного молебствия по случаю приезда государя и благодарственной молитвы за заключение мира с турками – толпа пораспространилась; появились покрикивающие продавцы квасу, пряников, мака, до которого был особенно охотник Петя, и послышались обыкновенные разговоры. Одна купчиха показывала свою разорванную шаль и сообщала, как дорого она была куплена; другая говорила, что нынче все шелковые материи дороги стали. Дьячок, спаситель Пети, разговаривал с чиновником о том, кто и кто служит нынче с преосвященным. Дьячок несколько раз повторял слово *собофне*, которого не понимал Петя. Два молодые мещанина шутили с дворовыми девушками, грызущими орехи. Все эти разговоры, в особенности шуточки с девушками, для Пети в его возрасте имевшие особенную привлекательность, все эти разговоры теперь не занимали Петю; он сидел на своем возвышении пушки, все так же волнуясь при мысли о государе и о своей любви к нему. Совпадение чувства боли и страха, когда его сдавили, с чувством восторга еще более усилило в нем сознание важности этой минуты.

Вдруг с набережной послышались пушечные выстрелы (это стреляли в ознаменование мира с турками), и толпа стремительно бросилась к набережной – смотреть, как стреляют. Петя тоже хотел бежать туда, но дьячок, взявший под свое покровительство барчонка, не пустил его. Еще продолжались выстрелы, когда из Успенского собора выбежали офицеры, генералы, камергеры, потом уже не так поспешно вышли еще другие, опять снялись шапки с голов, и те, которые убежали смотреть пушки, бежали назад. Наконец вышли еще четверо мужчин в мундирах и лентах из дверей собора. "Ура! ура!" – опять закричала толпа.

– Который? Который? – плачущим голосом спрашивал вокруг себя Петя, но никто не отвечал ему; все были слишком увлечены, и Петя, выбрав одного из этих четырех лиц, которого он из-за слез, выступивших ему от радости на глаза, не мог ясно разглядеть, сосредоточил на него весь свой восторг, хотя это был не государь, закричал "ура!" неистовым голосом и решил, что завтра же, чего бы это ему ни стоило, он будет военным.

Толпа побежала за государем, проводила его до дворца и стала расходиться. Было уже поздно, и Петя ничего не ел, и пот лил с него градом; но он не уходил домой и вместе с уменьшившейся, но еще довольно большой толпой стоял перед дворцом, во время обеда государя, глядя в окна дворца, ожидая еще чего-то и завидуя одинаково и сановникам, подъезжавшим к крыльцу – к обеду государя, и камер-лакеям, служившим за столом и мелькавшим в окнах.

За обедом государя Валуев сказал, оглянувшись в окно:

– Народ все еще надеется увидать ваше величество.

Обед уже кончился, государь встал и, доедая бисквит, вышел на балкон. Народ, с Петей в середине, бросился к балкону.

– Ангел, отец! Ура, батюшка!.. – кричали народ и Петя, и опять бабы и некоторые мужчины послабее, в том числе и Петя, заплакали от счастия. Довольно большой обломок бисквита, который держал в руке государь, отломившись, упал на перилы балкона, с перил на землю. Ближе всех стоявший кучер в поддевке бросился к этому кусочку бисквита и схватил его. Некоторые из толпы бросились к кучеру. Заметив это, государь велел подать себе тарелку бисквитов и стал кидать бисквиты с балкона. Глаза Пети налились кровью, опасность быть задавленным еще более возбуждала его, он бросился на бисквиты. Он не знал зачем, но нужно было взять один бисквит из рук царя, и нужно было не поддаться. Он бросился и сбил с ног старушку, ловившую бисквит. Но старушка не считала себя побежденною, хотя и лежала на земле (старушка ловила бисквиты и не попадала руками). Петя коленкой отбил ее руку, схватил бисквит и, как будто боясь опоздать, опять закричал "ура!", уже охриплым голосом.

Государь ушел, и после этого большая часть народа стала расходиться.

– Вот я говорил, что еще подождать – так и вышло, – с разных сторон радостно говорили в народе.

Как ни счастлив был Петя, но ему все-таки грустно было идти домой и знать, что все наслаждение этого дня кончилось. Из Кремля Петя пошел не домой, а к своему товарищу Оболенскому, которому было пятнадцать лет и который тоже поступал в полк. Вернувшись домой, он решительно и твердо объявил, что ежели его не пустят, то он убежит. И на другой день, хотя и не совсем еще сдавшись, но граф Илья Андреич поехал узнавать, как бы пристроить Петю куда-нибудь побезопаснее.

XXII

15-го числа, утром, на третий день после этого, у Слободского дворца стояло бесчисленное количество экипажей.

Залы были полны. В первой были дворяне в мундирах, во второй купцы с медалями, в бородах и синих кафтанах. По зале Дворянского собрания шел гул и движение. У одного большого стола, под портретом государя, сидели на стульях с высокими спинками важнейшие вельможи; но большинство дворян ходило по зале.

Все дворяне, те самые, которых каждый день видал Пьер то в клубе, то в их домах, – все были в мундирах, кто в екатерининских, кто в павловских, кто в новых александровских, кто в общем дворянском, и этот общий характер мундира придавал что-то странное и фантастическое этим старым и молодым, самым разнообразным и знакомым лицам. Особенно поразительны были старики, подслеповатые, беззубые, плешивые, оплывшие желтым жиром или сморщенные, худые. Они большей частью сидели на местах и молчали, и ежели ходили и говорили, то пристроивались к кому-нибудь помоложе. Так же как на лицах толпы, которую на площади видел Петя, на всех этих лицах была поразительна черта противоположности: общего ожидания чего-то торжественного и обыкновенного, вчерашнего – бостонной партии, Петрушки-повара, здоровья Зинаиды Дмитриевны и т.п.

Пьер, с раннего утра стянутый в неловком, сделавшемся ему узким дворянском мундире, был в залах. Он был в волнении: необыкновенное собрание не только дворянства, но и купечества – сословий, états généraux – вызвало в нем целый ряд давно оставленных, но глубоко врезавшихся в его душе мыслей о Contrat social[1] и французской революции. Замеченные им в воззвании слова, что государь прибудет в столицу для *совещания* с своим народом, утверждали

1 Общественный договор.

его в этом взгляде. И он, полагая, что в этом смысле приближается что-то важное, то, чего он ждал давно, ходил, присматривался, прислушивался к говору, но нигде не находил выражения тех мыслей, которые занимали его.

Был прочтен манифест государя, вызвавший восторг, и потом все разбрелись, разговаривая. Кроме обычных интересов, Пьер слышал толки о том, где стоять предводителям в то время, как войдет государь, когда дать бал государю, разделиться ли по уездам, или всей губернией... и т.д.; но как скоро дело касалось войны и того, для чего было собрано дворянство, толки были нерешительны и неопределенны. Все больше желали слушать, чем говорить.

Один мужчина средних лет, мужественный, красивый, в отставном морском мундире, говорил в одной из зал, и около него столпились. Пьер подошел к образовавшемуся кружку около говоруна и стал прислушиваться. Граф Илья Андреич в своем екатерининском, воеводском кафтане, ходивший с приятной улыбкой между толпой, со всеми знакомый, подошел тоже к этой группе и стал слушать с своей доброй улыбкой, как он всегда слушал, в знак согласия с говорившим одобрительно кивая головой. Отставной моряк говорил очень смело; это видно было по выражению лиц, его слушавших, и по тому, что известные Пьеру за самых покорных и тихих людей неодобрительно отходили от него или противоречили. Пьер протолкался в середину кружка, прислушался и убедился, что говоривший действительно был либерал, но совсем в другом смысле, чем думал Пьер. Моряк говорил тем особенно звучным, певучим, дворянским баритоном, с приятным грассированием и сокращением согласных, тем голосом, которым покрикивают: "Чеаек, трубку!" и тому подобное. Он говорил с привычкой разгула и власти в голосе.

– Что ж, что смоляне предложили ополченцев государю. Разве нам смоляне указ? Ежели буародное дворянство Московской губернии найдет нужным, оно может выказать свою преданность государю императору другими средствами. Разве мы забыли ополченье в седьмом году! Только что нажились кутейники да воры-грабители...

Граф Илья Андреич, сладко улыбаясь, одобрительно кивал головой.

– И что же, разве наши ополченцы составили пользу для государства? Никакой! только разорили наши хозяйства. Лучше еще набор... а то вернется к вам ни солдат, ни мужик, и только один разврат. Дворяне не жалеют своего живота, мы сами поголовно пойдем, возьмем еще рекрут, и всем нам только клич кликни гусай (он так выговаривал государь), мы все умрем за него, – прибавил оратор одушевляясь.

Илья Андреич проглатывал слюни от удовольствия и толкал Пьера, но Пьеру захотелось также говорить. Он выдвинулся вперед, чувствуя себя одушевленным, сам не зная еще чем и сам не зная еще, что он скажет. Он только что открыл рот, чтобы говорить, как один сенатор, совершенно без зубов, с умным и сердитым лицом, стоявший близко от оратора, перебил Пьера. С видимой привычкой вести прения и держать вопросы, он заговорил тихо, но слышно:

– Я полагаю, милостивый государь, – шамкая беззубым ртом, сказал сенатор, – что мы призваны сюда не для того, чтобы обсуждать, что удобнее для государства в настоящую минуту – набор или ополчение. Мы призваны для того, чтобы отвечать на то воззвание, которым нас удостоил государь император. А судить о том, что удобнее – набор или ополчение, мы предоставим судить высшей власти...

Пьер вдруг нашел исход своему одушевлению. Он ожесточился против сенатора, вносящего эту правильность и узкость воззрений в предстоящие занятия дворянства. Пьер выступил вперед и остановил его. Он сам не знал, что он будет говорить, но начал оживленно, изредка прорываясь французскими словами и книжно выражаясь по-русски.

– Извините меня, ваше превосходительство, – начал он (Пьер был хорошо знаком с этим сенатором, но считал здесь необходимым обращаться к нему официально), – хотя я не согласен с господином... (Пьер запнулся. Ему хотелось сказать mon très honorable préopinant[1]). – с господи-

1 мой многоуважаемый оппонент.

ном... que je n'ai pas l'honneur de connaître[1]; но я полагаю, что сословие дворянства, кроме выражения своего сочувствия и восторга, призвано также для того, чтобы и обсудить те меры, которыми мы можем помочь отечеству. Я полагаю, – говорил он, воодушевляясь, – что государь был бы сам недоволен, ежели бы он нашел в нас только владельцев мужиков, которых мы отдаем ему, и... chair à canon[2], которую мы из себя делаем, но не нашел бы в нас со... со... совета.

Многие поотошли от кружка, заметив презрительную улыбку сенатора и то, что Пьер говорит вольно; только Илья Андреич был доволен речью Пьера, как он был доволен речью моряка, сенатора и вообще всегда тою речью, которую он последнею слышал.

– Я полагаю, что прежде чем обсуждать эти вопросы, – продолжал Пьер, – мы должны спросить у государя, почтительнейше просить его величество коммюникировать нам, сколько у нас войска, в каком положении находятся наши войска и армии, и тогда...

Но Пьер не успел договорить этих слов, как с трех сторон вдруг напали на него. Сильнее всех напал на него давно знакомый ему, всегда хорошо расположенный к нему игрок в бостон, Степан Степанович Апраксин. Степан Степанович был в мундире, и, от мундира ли, или от других причин, Пьер увидал перед собой совсем другого человека. Степан Степанович, с вдруг проявившейся старческой злобой на лице, закричал на Пьера:

– Во-первых, доложу вам, что мы не имеем права спрашивать об этом государя, а во-вторых, ежели было бы такое право у российского дворянства, то государь не может нам ответить. Войска движутся сообразно с движениями неприятеля – войска убывают и прибывают...

Другой голос человека, среднего роста, лет сорока, которого Пьер в прежние времена видал у цыган и знал за нехо-

1 которого я не имею чести знать.
2 мясо для пушек.

рошего игрока в карты и который, тоже измененный в мундире, придвинулся к Пьеру, перебил Апраксина.

– Да и не время рассуждать, – говорил голос этого дворянина, – а нужно действовать: война в России. Враг наш идет, чтобы погубить Россию, чтобы поругать могилы наших отцов, чтоб увезти жен, детей. – Дворянин ударил себя в грудь. – Мы все встанем, все поголовно пойдем, все за царя-батюшку! – кричал он, выкатывая кровью налившиеся глаза. Несколько одобряющих голосов послышалось из толпы. – Мы русские и не пожалеем крови своей для защиты веры, престола и отечества. А бредни надо оставить, ежели мы сыны отечества. Мы покажем Европе, как Россия восстает за Россию, – кричал дворянин.

Пьер хотел возражать, но не мог сказать ни слова. Он чувствовал, что звук его слов, независимо от того, какую они заключали мысль, был менее слышен, чем звук слов оживленного дворянина.

Илья Андреич одобривал сзади кружка; некоторые бойко поворачивались плечом к оратору при конце фразы и говорили:

– Вот так, так! Это так!

Пьер хотел сказать, что он не прочь ни от пожертвований ни деньгами, ни мужиками, ни собой, но что надо бы знать состояние дел, чтобы помогать ему, но он не мог говорить. Много голосов кричало и говорило вместе, так что Илья Андреич не успевал кивать всем; и группа увеличивалась, распадалась, опять сходилась и двинулась вся, гудя говором, в большую залу, к большому столу. Пьеру не только не удавалось говорить, но его грубо перебивали, отталкивали, отворачивались от него, как от общего врага. Это не оттого происходило, что недовольны были смыслом его речи, – ее и забыли после большого количества речей, последовавших за ней, – но для одушевления толпы нужно было иметь ощутительный предмет любви и ощутительный предмет ненависти. Пьер сделался этим последним. Много ораторов говорило после оживленного дворянина, и все говорили в том же тоне. Многие говорили прекрасно и оригинально.

Издатель *Русского вестника* Глинка, которого узнали ("писатель, писатель!" – послышалось в толпе), сказал, что ад должно отражать адом, что он видел ребенка, улыбающегося при блеске молнии и при раскатах грома, но что мы не будем этим ребенком.

– Да, да, при раскатах грома! – повторяли одобрительно в задних рядах.

Толпа подошла к большому столу, у которого, в мундирах, в лентах, седые, плешивые, сидели семидесятилетние вельможи-старики, которых почти всех, по домам с шутами и в клубах за бостоном, видал Пьер. Толпа подошла к столу, не переставая гудеть. Один за другим, и иногда два вместе, прижатые сзади к высоким спинкам стульев налегающею толпой, говорили ораторы. Стоявшие сзади замечали, чего не досказал говоривший оратор, и торопились сказать это пропущенное. Другие, в этой жаре и тесноте, шарили в своей голове, не найдется ли какая мысль, и торопились говорить ее. Знакомые Пьеру старички вельможи сидели и оглядывались то на того, то на другого, и выражение большей части из них говорило только, что им очень жарко. Пьер, однако, чувствовал себя взволнованным, и общее чувство желания показать, что нам всё нипочем, выражавшееся больше в звуках и выражениях лиц, чем в смысле речей, сообщалось и ему. Он не отрекся от своих мыслей, но чувствовал себя в чем-то виноватым и желал оправдаться.

– Я сказал только, что нам удобнее было бы делать пожертвования, когда мы будем знать, в чем нужда, – стараясь перекричать другие голоса, проговорил он.

Один ближайший старичок оглянулся на него, но тотчас был отвлечен криком, начавшимся на другой стороне стола.

– Да, Москва будет сдана! Она будет искупительницей! – кричал один.

– Он враг человечества! – кричал другой. – Позвольте мне говорить... Господа, вы меня давите...

XXIII

В это время быстрыми шагами пред расступившейся толпой дворян, в генеральском мундире, с лентой через плечо, с своим высунутым подбородком и быстрыми глазами, вошел граф Растопчин.

– Государь император сейчас будет, – сказал Растопчин, – я только что оттуда. Я полагаю, что в том положении, в котором мы находимся, судить много нечего. Государь удостоил собрать нас и купечество, – сказал граф Растопчин. – Оттуда польются миллионы (он указал на залу купцов), а наше дело выставить ополчение и не щадить себя... Это меньшее, что мы можем сделать!

Начались совещания между одними вельможами, сидевшими за столом. Все совещание прошло больше чем тихо. Оно даже казалось грустно, когда, после всего прежнего шума, поодиночке были слышны старые голоса, говорившие один: "согласен", другой для разнообразия: "и я того же мнения", и т.д.

Было велено секретарю писать постановление московского дворянства о том, что москвичи, подобно смолянам, жертвуют по десять человек с тысячи и полное обмундирование. Господа заседавшие встали, как бы облегченные, загремели стульями и пошли по зале разминать ноги, забирая кое-кого под руку и разговаривая.

– Государь! Государь! – вдруг разнеслось по залам, и вся толпа бросилась к выходу.

По широкому ходу, между стеной дворян, государь прошел в залу. На всех лицах выражалось почтительное и испуганное любопытство. Пьер стоял довольно далеко и не мог вполне расслышать речи государя. Он понял только, по тому, что он слышал, что государь говорил об опасности, в которой находилось государство, и о надеждах, которые он возлагал на московское дворянство. Государю отвечал другой голос, сообщавший о только что состоявшемся постановлении дворянства.

– Господа! – сказал дрогнувший голос государя; толпа зашелестила и опять затихла, и Пьер ясно услыхал столь приятно-человеческий и тронутый голос государя, который говорил: – Никогда я не сомневался в усердии русского дворянства. Но в этот день оно превзошло мои ожидания. Благодарю вас от лица отечества. Господа, будем действовать – время всего дороже...

Государь замолчал, толпа стала тесниться вокруг него, и со всех сторон слышались восторженные восклицания.

– Да, всего дороже... царское слово, – рыдая, говорил сзади голос Ильи Андреича, ничего не слышавшего, но все понимавшего по-своему.

Из залы дворянства государь прошел в залу купечества. Он пробыл там около десяти минут. Пьер в числе других увидал государя, выходящего из залы купечества со слезами умиления на глазах. Как потом узнали, государь только что начал речь купцам, как слезы брызнули из его глаз, и он дрожащим голосом договорил ее. Когда Пьер увидал государя, он выходил, сопутствуемый двумя купцами. Один был знаком Пьеру, толстый откупщик, другой – голова, с худым, узкобородым, желтым лицом. Оба они плакали. У худого стояли слезы, но толстый откупщик рыдал, как ребенок, и все твердил:

– И жизнь и имущество возьми, ваше величество!

Пьер не чувствовал в эту минуту уже ничего, кроме желания показать, что все ему нипочем и что он всем готов жертвовать. Как упрек ему представлялась его речь с конституционным направлением; он искал случая загладить это. Узнав, что граф Мамонов жертвует полк, Безухов тут же объявил графу Растопчину, что он отдает тысячу человек и их содержание.

Старик Ростов без слез не мог рассказать жене того, что было, и тут же согласился на просьбу Пети и сам поехал записывать его.

На другой день государь уехал. Все собранные дворяне сняли мундиры, опять разместились по домам и клубам и, покряхтывая, отдавали приказания управляющим об ополчении, и удивлялись тому, что они наделали.

Часть вторая

I

Наполеон начал войну с Россией потому, что он не мог не приехать в Дрезден, не мог не отуманиться почестями, не мог не надеть польского мундира, не поддаться предприимчивому впечатлению июньского утра, не мог воздержаться от вспышки гнева в присутствии Куракина и потом Балашева.

Александр отказывался от всех переговоров потому, что он лично чувствовал себя оскорбленным. Барклай де Толли старался наилучшим образом управлять армией для того, чтобы исполнить свой долг и заслужить славу великого полководца. Ростов поскакал в атаку на французов потому, что он не мог удержаться от желания проскакаться по ровному полю. И так точно, вследствие своих личных свойств, привычек, условий и целей, действовали все те неперечислимые лица, участники этой войны. Они боялись, тщеславились, радовались, негодовали, рассуждали, полагая, что они знают то, что они делают, и что делают для себя, а все были непроизвольными орудиями истории и производили скрытую от них, но понятную для нас работу. Такова неизменная судьба всех практических деятелей, и тем не свободнее, чем выше они стоят в людской иерархии.

Теперь деятели 1812-го года давно сошли с своих мест, их личные интересы исчезли бесследно, и одни исторические результаты того времени перед нами.

Но допустим, что *должны* были люди Европы, под предводительством Наполеона, зайти в глубь России и там погибнуть, и вся противуречащая сама себе, бессмысленная, жестокая деятельность людей – участников этой войны, становится для нас понятною.

Провидение заставляло всех этих людей, стремясь к достижению своих личных целей, содействовать исполнению одного огромного результата, о котором ни один человек (ни Наполеон, ни Александр, ни еще менее кто-либо из участников войны) не имел ни малейшего чаяния.

Теперь нам ясно, что было в 1812-м году причиной погибели французской армии. Никто не станет спорить, что причиной погибели французских войск Наполеона было, с одной стороны, вступление их в позднее время без приготовления к зимнему походу в глубь России, а с другой стороны, характер, который приняла война от сожжения русских городов и возбуждения ненависти к врагу в русском народе. Но тогда не только никто не предвидел того (что теперь кажется очевидным), что только этим путем могла погибнуть восьмисоттысячная, лучшая в мире и предводимая лучшим полководцем армия в столкновении с вдвое слабейшей, неопытной и предводимой неопытными полководцами – русской армией; не только *никто не предвидел этого,* но все усилия *со стороны русских* были постоянно устремляемы на то, чтобы помешать тому, что одно могло спасти Россию и *со стороны французов,* несмотря на опытность и так называемый военный гений Наполеона, были устремлены все усилия к тому, чтобы растянуться в конце лета до Москвы, то есть сделать то самое, что должно было погубить их.

В исторических сочинениях о 1812-м годе авторы французы очень любят говорить о том, как Наполеон чувствовал опасность растяжения своей линии, как он искал сражения, как маршалы его советовали ему остановиться в Смоленске, и приводить другие подобные доводы, доказывающие, что тогда уже будто понята была опасность кампании; а авторы русские еще более любят говорить о том, как с начала кампании существовал план скифской войны заманивания Наполеона в глубь России, и приписывают этот план кто Пфулю, кто какому-то французу, кто Толю, кто самому императору Александру, указывая на записки, проекты и письма, в которых действительно находятся намеки на этот образ действий. Но все эти намеки на предвидение того, что случилось, как со стороны французов, так и со стороны русских, выставляются теперь только потому, что событие оправдало их. Ежели бы событие не совершилось, то намеки эти были бы забыты, как забыты теперь тысячи и миллионы противоположных намеков и предположений, бывших в ходу тогда, но оказавшихся несправедливыми и потому забытых. Об исходе каждого совершающегося события всегда бывает так много предположений, что, чем бы оно ни кончилось, всегда найдутся люди, которые скажут: “Я тогда еще сказал, что это так будет”, забывая совсем, что в числе бесчисленных предположений были делаемы и совершенно противоположные.

Предположения о сознании Наполеоном опасности растяжения линии и со стороны русских – о завлечении неприятеля в глубь России – принадлежат, очевидно, к этому разряду, и историки только с большой натяжкой могут приписывать такие соображения Наполеону и его маршалам и такие планы русским военачальникам. Все факты совершенно противоречат таким предположениям. Не только во все время войны со стороны русских не было желания заманить французов в глубь России, но все было делаемо для того, чтобы остановить их с первого вступления их в Россию, и не только Наполеон не боялся растяжения своей линии, но он радовался, как торжеству, каждому своему шагу вперед и очень лениво, не так, как в прежние свои кампании, искал сражения.

При самом начале кампании армии наши разрезаны, и единственная цель, к которой мы стремимся, состоит в том, чтобы соединить их, хотя для того, чтобы отступать и завлекать неприятеля в глубь страны, в соединении армий не представляется выгод. Император находится при армии для воодушевления ее в отстаивании каждого шага русской земли, а не для отступления. Устроивается громадный Дрисский лагерь по плану Пфуля и не предполагается отступать далее. Государь делает упреки главнокомандующим за каждый шаг отступления. Не только сожжение Москвы, но допущение неприятеля до Смоленска не может даже представиться воображению императора, и когда армии соединяются, то государь негодует за то, что Смоленск взят и сожжен и не дано пред стенами его генерального сражения.

Так думает государь, но русские военачальники и все русские люди еще более негодуют при мысли о том, что наши отступают в глубь страны.

Наполеон, разрезав армии, движется в глубь страны и упускает несколько случаев сражения. В августе месяце он в Смоленске и думает только о том, как бы ему идти дальше, хотя, как мы теперь видим, это движение вперед для него очевидно пагубно.

Факты говорят очевидно, что ни Наполеон не предвидел опасности в движении на Москву, ни Александр и русские военачальники не думали тогда о заманивании Наполеона, а думали о противном. Завлечение Наполеона в глубь страны произошло не по чьему-нибудь плану (никто и не верил в возможность этого), а произошло от сложнейшей игры интриг, целей, желаний людей – участников войны, не угадывавших того, что должно быть, и того, что было единственным спасением России. Все происходит нечаянно. Армии разрезаны при начале кампании. Мы стараемся соединить их с очевидной целью дать сражение и удержать наступление неприятеля, но в этом стремлении к соединению, избегая сражений с сильнейшим неприятелем и невольно отходя под острым углом, мы заводим французов до Смоленска. Но мало того сказать, что мы отходим под острым углом потому, что французы двигаются между обеими армиями, – угол этот делается еще острее, и мы еще дальше уходим потому, что Барклай де Толли, непопулярный немец, ненавистен Багратиону (имеющему стать под его начальство), и Багратион, командуя 2-й армией, старается как можно дольше не присоединяться к Барклаю, чтобы не стать под его команду. Багратион долго не присоединяется (хотя в этом главная цель всех начальствующих лиц) потому, что ему кажется, что он на этом марше ставит в опасность свою армию и что выгоднее всего для него отступить левее и южнее, беспокоя с фланга и тыла неприятеля и комплектуя свою армию в Украине. А кажется, и придумано это им потому, что ему не хочется подчиняться ненавистному и младшему чином немцу Барклаю.

Император находится при армии, чтобы воодушевлять ее, а присутствие его и незнание на что решиться, и огромное количество советников и планов уничтожают энергию действий 1-ой армии, и армия отступает.

В Дрисском лагере предположено остановиться; но неожиданно Паулучи, метящий в главнокомандующие, своей энергией действует на Александра, и весь план Пфуля бросается, и все дело поручается Барклаю. Но так как Барклай не внушает доверия, власть его ограничивают.

Армии раздроблены, нет единства начальства, Барклай не популярен; но из этой путаницы, раздробления и непопулярности немца-главнокомандующего, с одной стороны, вытекает нерешительность и избежание сражения (от которого нельзя бы было удержаться, ежели бы армии были вместе и не Барклай был бы начальником), с другой стороны – все большее и большее негодование против немцев и возбуждение патриотического духа.

Наконец государь уезжает из армии, и как единственный и удобнейший предлог для его отъезда избирается мысль, что ему надо воодушевить народ в столицах для возбуждения народной войны. И эта поездка государя в Москву утрояет силы русского войска.

Государь отъезжает из армии для того, чтобы не стеснять единство власти главнокомандующего, и надеется, что будут приняты более решительные меры; но положение начальства армий еще более путается и ослабевает: Бенигсен, великий князь и рой генерал-адъютантов остаются при армии с тем, чтобы следить за действиями главнокомандующего и возбуждать его к энергии, и Барклай, еще менее чувствуя себя свободным под глазами всех этих *глаз государевых*, делается еще осторожнее для решительных действий и избегает сражений.

Барклай стоит за осторожность. Цесаревич намекает на измену и требует генерального сражения. Любомирский, Браницкий, Влоцкий и тому подобные так раздувают весь этот шум, что Барклай, под предлогом доставления бумаг государю, отсылает поляков генерал-адъютантов в Петербург и входит в открытую борьбу с Бенигсеном и великим князем.

В Смоленске, наконец, как ни не желал того Багратион, соединяются армии.

Багратион в карете подъезжает к дому, занимаемому Барклаем. Барклай надевает шарф, выходит навстречу и рапортует старшему чином Багратиону. Багратион, в борьбе великодушия, несмотря на старшинство чина, подчиняется Барклаю; но, подчинившись, еще меньше соглашается с ним. Багратион лично, по приказанию государя, доносит ему. Он пишет Аракчееву: “Воля государя моего, я никак вместе с *министром* (Барклаем) не могу. Ради Бога, пошлите меня куда-нибудь хотя полком командовать, а здесь быть не могу; и вся главная квартира немцами наполнена, так что русскому жить невозможно, и толку никакого нет. Я думал, истинно служу государю и отечеству, а на поверку выходит, что я служу Барклаю. Признаюсь, не хочу”. Рой Браницких, Винцингероде и тому подобных еще больше отравляет сношения главнокомандующих, и выходит еще меньше единства. Сбираются атаковать французов перед Смоленском. Посылается генерал для осмотра позиции. Генерал этот, ненавидя Барклая, едет к приятелю, корпусному командиру, и, просидев у него день, возвращается к Барклаю и осуждает по всем пунктам будущее поле сражения, которого он не видал.

Пока происходят споры и интриги о будущем поле сражения, пока мы отыскиваем французов, ошибившись в их месте нахождения, французы натыкаются на дивизию Неверовского и подходят к самым стенам Смоленска.

Надо принять неожиданное сражение в Смоленске, чтобы спасти свои сообщения. Сражение дается. Убиваются тысячи с той и с другой стороны.

Смоленск оставляется вопреки воле государя и всего народа. Но Смоленск сожжен самими жителями, обманутыми своим губернатором, и разоренные жители, показывая пример другим русским, едут в Москву, думая только о своих потерях и разжигая ненависть к врагу. Наполеон идет дальше, мы отступаем, и достигается то самое, что должно было победить Наполеона.

II

На другой день после отъезда сына князь Николай Андреевич позвал к себе княжну Марью.

– Ну что, довольна теперь? – сказал он ей, – поссорила с сыном! Довольна? Тебе только и нужно было! Довольна?.. Мне это больно, больно. Я стар и слаб, и тебе этого хотелось. Ну радуйся, радуйся... – И после этого княжна Марья в продолжение недели не видала своего отца. Он был болен и не выходил из кабинета.

К удивлению своему, княжна Марья заметила, что за это время болезни старый князь так же не допускал к себе и m-lle Bourienne. Один Тихон ходил за ним.

Через неделю князь вышел и начал опять прежнюю жизнь, с особенной деятельностью занимаясь постройками и садами и прекратив все прежние отношения с m-lle Bourienne. Вид его и холодный тон с княжной Марьей как будто говорил ей: "Вот видишь, ты выдумала на меня, налгала князю Андрею про отношения мои с этой француженкой и поссорила меня с ним; а ты видишь, что мне не нужны ни ты, ни француженка".

Одну половину дня княжна Марья проводила у Николушки, следя за его уроками, сама давала ему уроки русского языка и музыки, и разговаривая с Десалем; другую часть дня она проводила в своей половине с книгами, старухой няней и с божьими людьми, которые иногда с заднего крыльца приходили к ней.

О войне княжна Марья думала так, как думают о войне женщины. Она боялась за брата, который был там, ужасалась, не понимая ее, перед людской жестокостью, заставлявшей их убивать друг друга; но не понимала значения этой войны, казавшейся ей такою же, как и все прежние войны. Она не понимала значения этой войны, несмотря на то, что Десаль, ее постоянный собеседник, страстно интересовавшийся ходом войны, старался ей растолковать свои соображения, и несмотря на то, что приходившие к ней божьи люди все по-своему с ужасом говорили о народных слухах про нашествие антихриста, и несмотря на то, что Жюли, теперь княгиня Друбецкая, опять вступившая с ней в переписку, писала ей из Москвы патриотические письма.

"Я вам пишу по-русски, мой добрый друг, – писала Жюли, – потому что я имею ненависть ко всем французам, равно и к языку их, который я не могу слышать говорить... Мы в Москве все восторжены через энтузиазм к нашему обожаемому императору.

Бедный муж мой переносит труды и голод в жидовских корчмах; но новости, которые я имею, еще более воодушевляют меня.

Вы слышали, верно, о героическом подвиге Раевского, обнявшего двух сыновей и сказавшего: "Погибну с ними, но не поколеблемся!" И действительно, хотя неприятель был вдвое сильнее нас, мы не колебнулись. Мы проводим время, как можем; но на войне, как на войне. Княжна Алина и Sophie сидят со мною целые дни, и мы, несчастные вдовы живых мужей, за корпией делаем прекрасные разговоры; только вас, мой друг, не достает..." и т.д.

Преимущественно не понимала княжна Марья всего значения этой войны потому, что старый князь никогда не говорил про нее, не признавал ее и смеялся за обедом над Десалем, говорившим об этой войне. Тон князя был так спокоен и уверен, что княжна Марья, не рассуждая, верила ему.

Весь июль месяц старый князь был чрезвычайно деятелен и даже оживлен. Он заложил еще новый сад и новый корпус, строение для дворовых. Одно, что беспокоило княжну Марью, было то, что он мало спал и, изменив свою привычку спать в кабинете, каждый день менял место своих ночлегов. То он приказывал разбить свою походную кровать в галерее, то он оставался на диване или в вольтеровском кресле в гостиной и дремал не раздеваясь, между тем как не m-lle Bourienne, а мальчик Петруша читал ему; то он ночевал в столовой.

Первого августа было получено второе письмо от князя Андрея. В первом письме, полученном вскоре после его отъезда, князь Андрей просил с покорностью прощения у своего отца за то, что он позволил себе сказать ему, и просил его возвратить ему свою милость. На это письмо старый князь отвечал ласковым письмом и после этого письма отдалил от себя француженку. Второе письмо князя Андрея, писанное из-под Витебска, после того как французы заняли его, состояло из краткого описания всей кампании с планом, нарисованным в письме, и из соображений о дальнейшем ходе кампании. В письме этом князь Андрей представлял отцу неудобства его положения вблизи от театра войны, на самой линии движения войск, и советовал ехать в Москву.

За обедом в этот день на слова Десаля, говорившего о том, что, как слышно, французы уже вступили в Витебск, старый князь вспомнил о письме князя Андрея.

– Получил от князя Андрея нынче, – сказал он княжне Марье, – не читала?

– Нет, mon père[1], – испуганно отвечала княжна. Она не могла читать письма, про получение которого она даже и не слышала.

– Он пишет про войну про эту, – сказал князь с той сделавшейся ему привычной, презрительной улыбкой, с которой он говорил всегда про настоящую войну.

1 батюшка.

– Должно быть, очень интересно, – сказал Десаль. – Князь в состоянии знать...

– Ах, очень интересно! – сказала m-lle Bourienne.

– Подите принесите мне, – обратился старый князь к m-lle Bourienne. – Вы знаете, на маленьком столе под пресс-папье.

M-lle Bourienne радостно вскочила.

– Ах нет, – нахмурившись, крикнул он. – Поди ты, Михаил Иваныч.

Михаил Иваныч встал и пошел в кабинет. Но только что он вышел, старый князь, беспокойно оглядывавшийся, бросил салфетку и пошел сам.

– Ничего-то не умеют, все перепутают.

Пока он ходил, княжна Марья, Десаль, m-lle Bourienne и даже Николушка молча переглядывались. Старый князь вернулся поспешным шагом, сопутствуемый Михаилом Иванычем, с письмом и планом, которые он, не давая никому читать во время обеда, положил подле себя.

Перейдя в гостиную, он передал письмо княжне Марье и, разложив пред собой план новой постройки, на который он устремил глаза, приказал ей читать вслух. Прочтя письмо, княжна Марья вопросительно взглянула на отца.

Он смотрел на план, очевидно погруженный в свои мысли.

– Что вы об этом думаете, князь? – позволил себе Десаль обратиться с вопросом.

– Я! я!.. – как бы неприятно пробуждаясь, сказал, князь, не спуская глаз с плана постройки.

– Весьма может быть, что театр войны так приблизится к нам...

– Ха-ха-ха! Театр войны! – сказал князь. – Я говорил и говорю, что театр войны есть Польша, и дальше Немана никогда не проникнет неприятель.

Десаль с удивлением посмотрел на князя, говорившего о Немане, когда неприятель был уже у Днепра; но княжна Марья, забывшая географическое положение Немана, думала, что то, что ее отец говорит, правда.

– При ростепели снегов потонут в болотах Польши. Они только могут не видеть, – проговорил князь, видимо думая о кампании 1807-го года, бывшей, как ему казалось, так недавно. – Бенигсен должен был раньше вступить в Пруссию, дело приняло бы другой оборот...

– Но, князь, – робко сказал Десаль, – в письме говорится о Витебске...

– А, в письме, да... – недовольно проговорил князь, – да... да... – Лицо его приняло вдруг мрачное выражение. Он помолчал. – Да, он пишет, французы разбиты, при какой это реке?

Десаль опустил глаза.

– Князь ничего про это не пишет, – тихо сказал он.

– А разве не пишет? Ну, я сам не выдумал же. – Все долго молчали.

– Да... да... Ну, Михайла Иваныч, – вдруг сказал он, приподняв голову и указывая на план постройки, – расскажи, как ты это хочешь переделать...

Михаил Иваныч подошел к плану, и князь, поговорив с ним о плане новой постройки, сердито взглянув на княжну Марью и Десаля, ушел к себе.

Княжна Марья видела смущенный и удивленный взгляд Десаля, устремленный на ее отца, заметила его молчание и была поражена тем, что отец забыл письмо сына на столе в гостиной; но она боялась не только говорить и расспрашивать Десаля о причине его смущения и молчания, но боялась и думать об этом.

Ввечеру Михаил Иваныч, присланный от князя, пришел к княжне Марье за письмом князя Андрея, которое забыто было в гостиной. Княжна Марья подала письмо. Хотя ей это и неприятно было, она позволила себе спросить у Михаила Иваныча, что делает ее отец.

– Всё хлопочут, – с почтительно-насмешливой улыбкой, которая заставила побледнеть княжну Марью, сказал Михаил Иваныч. – Очень беспокоятся насчет нового корпуса. Читали немножко, а теперь, – понизив голос, сказал Михаил Иваныч, – у бюра, должно завещанием занялись. (В последнее время одно из любимых занятий князя было занятие над бумагами, которые должны были остаться после его смерти и которые он называл завещанием.)

– А Алпатыча посылают в Смоленск? – спросила княжна Марья.

– Как же-с, уж он давно ждет.

III

Когда Михаил Иваныч вернулся с письмом в кабинет, князь в очках, с абажуром на глазах и на свече, сидел у открытого бюро, с бумагами в далеко отставленной руке, и в несколько торжественной позе читал свои бумаги (ремарки, как он называл), которые должны были быть доставлены государю после его смерти.

Когда Михаил Иваныч вошел, у него в глазах стояли слезы воспоминания о том времени, когда он писал то, что читал теперь. Он взял из рук Михаила Иваныча письмо, положил в карман, уложил бумаги и позвал уже давно дожидавшегося Алпатыча.

На листочке бумаги у него было записано то, что нужно было в Смоленске, и он, ходя по комнате мимо дожидавшегося у двери Алпатыча, стал отдавать приказания.

– Первое, бумаги почтовой, слышишь, восемь дестей, вот по образцу; золотообрезной... образчик, чтобы непременно по нем была; лаку, сургучу – по записке Михаила Иваныча.

Он походил по комнате и заглянул в памятную записку.

– Потом губернатору лично письмо отдать о записи.

Потом были нужны задвижки к дверям новой постройки, непременно такого фасона, которые выдумал сам князь. Потом ящик переплетный надо было заказать для укладки завещания.

Отдача приказаний Алпатычу продолжалась более двух часов. Князь все не отпускал его. Он сел, задумался и, закрыв глаза, задремал. Алпатыч пошевелился.

– Ну, ступай, ступай; ежели что нужно, я пришлю.

Алпатыч вышел. Князь подошел опять к бюро, заглянув в него, потрогал рукою свои бумаги, опять запер и сел к столу писать письмо губернатору.

Уже было поздно, когда он встал, запечатав письмо. Ему хотелось спать, но он знал, что не заснет и что самые дурные мысли приходят ему в постели. Он кликнул Тихона и пошел с ним по комнатам, чтобы сказать ему, где стлать постель на нынешнюю ночь. Он ходил, примеривая каждый уголок.

Везде ему казалось нехорошо, но хуже всего был привычный диван в кабинете. Диван этот был страшен ему, вероятно по тяжелым мыслям, которые он передумал, лежа на нем. Нигде не было хорошо, но все-таки лучше всех был уголок в диванной за фортепиано: он никогда еще не спал тут.

Тихон принес с официантом постель и стал уставлять.

– Не так, не так! – закричал князь и сам подвинул на четверть подальше от угла, и потом опять поближе.

"Ну, наконец все переделал, теперь отдохну", – подумал князь и предоставил Тихону раздевать себя.

Досадливо морщась от усилий, которые нужно было делать, чтобы снять кафтан и панталоны, князь разделся, тяжело опустился на кровать и как будто задумался, презрительно глядя на свои желтые, иссохшие ноги. Он не задумался, а он медлил перед предстоявшим ему трудом поднять эти ноги и передвинуться на кровати. "Ох, как тяжело! Ох, хоть бы поскорее, поскорее кончились эти труды, и *вы* бы отпустили меня!" – думал он. Он сделал, поджав губы, в двадцатый раз это усилие и лег. Но едва он лег, как вдруг вся постель равномерно заходила под ним вперед и назад, как будто тяжело дыша и толкаясь. Это бывало с ним почти каждую ночь. Он открыл закрывшиеся было глаза.

– Нет спокоя, проклятые! – проворчал он с гневом на кого-то. "Да, да, еще что-то важное было, очень что-то важное я приберег себе на ночь в постели. Задвижки? Нет, про это сказал. Нет, что-то такое, что-то в гостиной было. Княжна Марья что-то врала. Десаль что-то – дурак этот – говорил. В кармане что-то – не вспомню".

– Тишка! Об чем за обедом говорили?

– Об князе, Михаиле...

– Молчи, молчи. – Князь захлопал рукой по столу. – Да! Знаю, письмо князя Андрея. Княжна Марья читала. Десаль что-то про Витебск говорил. Теперь прочту.

Он велел достать письмо из кармана и придвинуть к кровати столик с лимонадом и витушкой – восковой свечкой и, надев очки, стал читать. Тут только в тишине ночи, при слабом свете из-под зеленого колпака, он, прочтя письмо, в первый раз на мгновение понял его значение.

“Французы в Витебске, через четыре перехода они могут быть у Смоленска; может, они уже там”.

– Тишка! – Тихон вскочил. – Нет, не надо, не надо! – прокричал он.

Он спрятал письмо под подсвечник и закрыл глаза. И ему представился Дунай, светлый полдень, камыши, русский лагерь, и он входит, он, молодой генерал, без одной морщины на лице, бодрый, веселый, румяный, в расписной шатер Потемкина, и жгучее чувство зависти к любимцу, столь же сильное, как и тогда, волнует его. И он вспоминает все те слова, которые сказаны были тогда при первом свидании с Потемкиным. И ему представляется с желтизною в жирном лице невысокая, толстая женщина – матушка-императрица, ее улыбки, слова, когда она в первый раз, обласкав, приняла его, и вспоминается ее же лицо на катафалке и то столкновение с Зубовым, которое было тогда при ее гробе за право подходить к ее руке.

“Ах, скорее, скорее вернуться к тому времени, и чтобы теперешнее все кончилось поскорее, поскорее, чтобы оставили они меня в покое!”

IV

Лысые Горы, именье князя Николая Андреича Болконского, находились в шестидесяти верстах от Смоленска, позади его, и в трех верстах от Московской дороги.

В тот же вечер, как князь отдавал приказания Алпатычу, Десаль, потребовав у княжны Марьи свидания, сообщил ей, что так как князь не совсем здоров и не принимает никаких мер для своей безопасности, а по письму князя Андрея видно, что пребывание в Лысых Горах небезопасно, то он почтительно советует ей самой написать с Алпатычем письмо к начальнику губернии в Смоленск с просьбой уведомить ее о положении дел и о мере опасности, которой подвергаются Лысые Горы. Десаль написал для княжны Марьи письмо к губернатору, которое она подписала, и письмо это было отдано Алпатычу с приказанием подать его губернатору и, в случае опасности, возвратиться как можно скорее.

Получив все приказания, Алпатыч, провожаемый домашними, в белой пуховой шляпе (княжеский подарок), с палкой, так же как князь, вышел садиться в кожаную кибиточку, заложенную тройкой сытых саврасых.

Колокольчик был подвязан, и бубенчики заложены бумажками. Князь никому не позволял в Лысых Горах ездить с колокольчиком. Но Алпатыч любил колокольчики и бубенчики в дальней дороге. Придворные Алпатыча, земский, конторщик, кухарка – черная, белая, две старухи, мальчик-казачок, кучера и разные дворовые провожали его.

Дочь укладывала за спину и под него ситцевые пуховые подушки. Свояченица старушка тайком сунула узелок. Один из кучеров подсадил его под руку.

– Ну, ну, бабьи сборы! Бабы, бабы! – пыхтя, проговорил скороговоркой Алпатыч точно так, как говорил князь, и сел в кибиточку. Отдав последние приказания о работах земскому и в этом уж не подражая князю, Алпатыч снял с лысой головы шляпу и перекрестился троекратно.

– Вы, ежели что... вы вернитесь, Яков Алпатыч; ради Христа, нас пожалей, – прокричала ему жена, намекавшая на слухи о войне и неприятеле.

– Бабы, бабы, бабьи сборы, – проговорил Алпатыч про себя и поехал, оглядывая вокруг себя поля, где с пожелтевшей рожью, где с густым, еще зеленым овсом, где еще черные, которые только начинали двоить. Алпатыч ехал, любуясь на редкостный урожай ярового в нынешнем году, приглядываясь к полоскам ржаных полей, на которых кое-где начинали зажинать, и делал свои хозяйственные соображения о посеве и уборке и о том, не забыто ли какое княжеское приказание.

Два раза покормив дорогой, к вечеру 4-го августа Алпатыч приехал в город.

По дороге Алпатыч встречал и обгонял обозы и войска. Подъезжая к Смоленску, он слышал дальние выстрелы, но звуки эти не поразили его. Сильнее всего поразило его то, что, приближаясь к Смоленску, он видел прекрасное поле овса, которое какие-то солдаты косили, очевидно, на корм и по которому стояли лагерем; это обстоятельство поразило Алпатыча, но он скоро забыл его, думая о своем деле.

Все интересы жизни Алпатыча уже более тридцати лет были ограничены одной волей князя, и он никогда не выходил из этого круга. Все, что не касалось до исполнения приказаний князя, не только не интересовало его, но не существовало для Алпатыча.

Алпатыч, приехав вечером 4-го августа в Смоленск, остановился за Днепром, в Гаченском предместье, на постоялом дворе, у дворника Ферапонтова, у которого он уже тридцать лет имел привычку останавливаться. Ферапонтов двенадцать лет тому назад, с легкой руки Алпатыча, купив рощу у князя, начал торговать и теперь имел дом, постоялый двор и мучную лавку в губернии. Ферапонтов был толстый, черный, красный сорокалетний мужик, с толстыми губами, с толстой шишкой-носом, такими же шишками над черными, нахмуренными бровями и толстым брюхом.

Ферапонтов, в жилете, в ситцевой рубахе, стоял у лавки, выходившей на улицу. Увидав Алпатыча, он подошел к нему.

– Добро пожаловать, Яков Алпатыч. Народ из города, а ты в город, – сказал хозяин.

– Что ж так, из города? – сказал Алпатыч.

– И я говорю, – народ глуп. Всё француза боятся.

– Бабьи толки, бабьи толки! – проговорил Алпатыч.

– Так-то и я сужу, Яков Алпатыч. Я говорю, приказ есть, что не пустят его, – значит, верно. Да и мужики по три рубля с подводы просят – креста на них нет!

Яков Алпатыч невнимательно слушал. Он потребовал самовар и сена лошадям и, напившись чаю, лег спать.

Всю ночь мимо постоялого двора двигались на улице войска. На другой день Алпатыч надел камзол, который он надевал только в городе, и пошел по делам. Утро было солнечное, и с восьми часов было уже жарко. Дорогой день для уборки хлеба, как думал Алпатыч. За городом с раннего утра слышались выстрелы.

С восьми часов к ружейным выстрелам присоединилась пушечная пальба. На улицах было много народу, куда-то спешащего, много солдат, но так же, как и всегда, ездили извозчики, купцы стояли у лавок и в церквах шла служба. Алпатыч прошел в лавки, в присутственные места, на почту и к губернатору. В присутственных местах, в лавках, на почте все говорили о войске, о неприятеле, который уже напал на город; все спрашивали друг друга, что делать, и все старались успокоивать друг друга.

У дома губернатора Алпатыч нашел большое количество народа, казаков и дорожный экипаж, принадлежавший губернатору. На крыльце Яков Алпатыч встретил двух господ дворян, из которых одного он знал. Знакомый ему дворянин, бывший исправник, говорил с жаром.

– Ведь это не шутки шутить, – говорил он. – Хорошо, кто один. Одна голова и бедна – так одна, а то ведь тринадцать человек семьи, да все имущество... Довели, что пропадать всем, что ж это за начальство после этого?.. Эх, перевешал бы разбойников...

– Да ну, будет, – говорил другой.

– А мне что за дело, пускай слышит! Что ж, мы не собаки, – сказал бывший исправник и, оглянувшись, увидал Алпатыча.

– А, Яков Алпатыч, ты зачем?

– По приказанию его сиятельства, к господину губернатору, – отвечал Алпатыч, гордо поднимая голову и закладывая руку за пазуху, что он делал всегда, когда упоминал о князе... – Изволили приказать осведомиться о положении дел, – сказал он.

– Да вот и узнавай, – прокричал помещик, – довели, что ни подвод, ничего!.. Вот она, слышишь? – сказал он, указывая на ту сторону, откуда слышались выстрелы.

– Довели, что погибать всем... разбойники! – опять проговорил он и сошел с крыльца.

Алпатыч покачал головой и пошел на лестницу. В приемной были купцы, женщины, чиновники, молча переглядывавшиеся между собой. Дверь кабинета отворилась, все встали с мест и подвинулись вперед. Из двери выбежал чиновник, поговорил что-то с купцом, кликнул за собой толстого чиновника с крестом на шее и скрылся опять в дверь, видимо избегая всех обращенных к нему взглядов и вопросов. Алпатыч продвинулся вперед и при следующем выходе чиновника, заложив руку за застегнутый сюртук, обратился к чиновнику, подавая ему два письма.

– Господину барону Ашу от генерала аншефа князя Болконского, – провозгласил он так торжественно и значительно, что чиновник обратился к нему и взял его письмо. Через несколько минут губернатор принял Алпатыча и поспешно сказал ему:

– Доложи князю и княжне, что мне ничего не известно было: я поступал по высшим приказаниям – вот...

Он дал бумагу Алпатычу.

– А впрочем, так как князь нездоров, мой совет им ехать в Москву. Я сам сейчас еду. Доложи... – Но губернатор не договорил: в дверь вбежал запыленный и запотелый офицер и начал что-то говорить по-французски. На лице губернатора изобразился ужас.

– Иди, – сказал он, кивнув головой Алпатычу, и стал что-то спрашивать у офицера. Жадные, испуганные, беспомощные взгляды обратились на Алпатыча, когда он вышел из кабинета губернатора. Невольно прислушиваясь теперь к близким и все усиливавшимся выстрелам, Алпатыч поспешил на постоялый двор. Бумага, которую дал губернатор Алпатычу, была следующая:

“Уверяю вас, что городу Смоленску не предстоит еще ни малейшей опасности, и невероятно, чтобы оный ею угрожаем был. Я с одной, а князь Багратион с другой стороны идем на соединение перед Смоленском, которое совершится 22-го числа, и обе армии совокупными силами станут оборонять соотечественников своих вверенной вам губернии, пока усилия их удалят от них врагов отечества или пока не истребится в храбрых их рядах до последнего воина. Вы видите из сего, что вы имеете совершенное право успокоить жителей Смоленска, ибо кто защищаем двумя столь храбрыми войсками, тот может быть уверен в победе их”. (Предписание Барклая де Толли смоленскому гражданскому губернатору, барону Ашу, 1812 года.)

Народ беспокойно сновал по улицам.

Наложенные верхом возы с домашней посудой, стульями, шкафчиками то и дело выезжали из ворот домов и ехали по улицам. В соседнем доме Ферапонтова стояли повозки и, прощаясь, выли и приговаривали бабы. Дворняжка собака, лая, вертелась перед заложенными лошадьми.

Алпатыч более поспешным шагом, чем он ходил обыкновенно, вошел во двор и прямо пошел под сарай к своим лошадям и повозке. Кучер спал; он разбудил его, велел закладывать и вошел в сени. В хозяйской горнице слышался детский плач, надрывающиеся рыдания женщины и гневный, хриплый крик Ферапонтова. Кухарка, как испуганная курица, встрепыхалась в сенях, как только вошел Алпатыч.

– До смерти убил – хозяйку бил!.. Так бил, так волочил!..

– За что? – спросил Алпатыч.

– Ехать просилась. Дело женское! Увези ты, говорит, меня, не погуби ты меня с малыми детьми; народ, говорит, весь уехал, что, говорит, мы-то? Как зачал бить. Так бил, так волочил!

Алпатыч как бы одобрительно кивнул головой на эти слова и, не желая более ничего знать, подошел к противоположной – хозяйской двери горницы, в которой оставались его покупки.

– Злодей ты, губитель, – прокричала в это время худая, бледная женщина с ребенком на руках и с сорванным с головы платком, вырываясь из дверей и сбегая по лестнице на двор. Ферапонтов вышел за ней и, увидав Алпатыча, оправил жилет, волосы, зевнул и вошел в горницу за Алпатычем.

– Аль уж ехать хочешь? – спросил он.

Не отвечая на вопрос и не оглядываясь на хозяина, перебирая свои покупки, Алпатыч спросил, сколько за постой следовало хозяину.

– Сочтем! Что ж, у губернатора был? – спросил Ферапонтов. – Какое решение вышло?

Алпатыч отвечал, что губернатор ничего решительно не сказал ему.

– По нашему делу разве увеземся? – сказал Ферапонтов. – Дай до Дорогобужа по семи рублей за подводу. И я говорю: креста на них нет! – сказал он.

– Селиванов, тот угодил в четверг, продал муку в армию по девяти рублей за куль. Что же, чай пить будете? – прибавил он. Пока закладывали лошадей, Алпатыч с Ферапонтовым напились чаю и разговорились о цене хлебов, об урожае и благоприятной погоде для уборки.

– Однако затихать стала, – сказал Ферапонтов, выпив три чашки чая и поднимаясь, – должно, наша взяла. Сказано, не пустят. Значит, сила... А намесь, сказывали, Матвей Иваныч Платов их в реку Марину загнал, тысяч осьмнадцать, что ли, в один день потопил.

Алпатыч собрал свои покупки, передал их вошедшему кучеру, расчелся с хозяином. В воротах прозвучал звук колес, копыт и бубенчиков выезжавшей кибиточки.

Было уже далеко за полдень; половина улицы была в тени, другая была ярко освещена солнцем. Алпатыч взглянул в окно и пошел к двери. Вдруг послышался странный звук дальнего свиста и удара, и вслед за тем раздался сливающийся гул пушечной пальбы, от которой задрожали стекла.

Алпатыч вышел на улицу; по улице пробежали два человека к мосту. С разных сторон слышались свисты, удары ядер и лопанье гранат, падавших в городе. Но звуки эти почти не слышны были и не обращали внимания жителей в сравнении с звуками пальбы, слышными за городом. Это было бомбардирование, которое в пятом часу приказал открыть Наполеон по городу, из ста тридцати орудий. Народ первое время не понимал значения этого бомбардирования.

Звуки падавших гранат и ядер возбуждали сначала только любопытство. Жена Ферапонтова, не перестававшая до этого выть под сараем, умолкла и с ребенком на руках вышла к воротам, молча приглядываясь к народу и прислушиваясь к звукам.

К воротам вышли кухарка и лавочник. Все с веселым любопытством старались увидать проносившиеся над их головами снаряды. Из-за угла вышло несколько человек людей, оживленно разговаривая.

– То-то сила! – говорил один. – И крышку и потолок так в щепки и разбило.

– Как свинья и землю-то взрыло, – сказал другой. – Вот так важно, вот так подбодрил! – смеясь, сказал он. – Спасибо, отскочил, а то бы она тебя смазала.

Народ обратился к этим людям. Они приостановились и рассказывали, как подле самих их ядра попали в дом. Между тем другие снаряды, то с быстрым, мрачным свистом – ядра, то с приятным посвистыванием – гранаты, не переставали перелетать через головы народа; но ни один снаряд не падал близко, все переносило. Алпатыч садился в кибиточку. Хозяин стоял в воротах.

– Чего не видала! – крикнул он на кухарку, которая, с засученными рукавами, в красной юбке, раскачиваясь голыми локтями, подошла к углу послушать то, что рассказывали.

– Вот чуда-то, – приговаривала она, но, услыхав голос хозяина, она вернулась, обдергивая подоткнутую юбку.

Опять, но очень близко этот раз, засвистело что-то, как сверху вниз летящая птичка, блеснул огонь посередине улицы, выстрелило что-то и застлало дымом улицу.

– Злодей, что ж ты это делаешь? – прокричал хозяин, подбегая к кухарке.

В то же мгновение с разных сторон жалобно завыли женщины, испуганно заплакал ребенок и молча столпился народ с бледными лицами около кухарки. Из этой толпы слышнее всех слышались стоны и приговоры кухарки.

– Ой-о-ох, голубчики мои! Голубчики мои белые! Не дайте умереть! Голубчики мои белые!..

Через пять минут никого не оставалось на улице. Кухарку с бедром, разбитым гранатным осколком, снесли в кухню. Алпатыч, его кучер, Ферапонтова жена с детьми, дворник сидели в подвале, прислушиваясь. Гул орудий, свист снарядов и жалостный стон кухарки, преобладавший над всеми звуками, не умолкали ни на мгновение. Хозяйка то укачивала и уговаривала ребенка, то жалостным шепотом спрашивала у всех входивших в подвал, где был ее хозяин, оставшийся на улице. Вошедший в подвал лавочник сказал ей, что хозяин пошел с народом в собор, где поднимали смоленскую чудотворную икону.

К сумеркам канонада стала стихать. Алпатыч вышел из подвала и остановился в дверях. Прежде ясное вечернее небо все было застлано дымом. И сквозь этот дым странно светил молодой, высоко стоящий серп месяца. После замолкшего прежнего страшного гула орудий над городом казалась тишина, прерываемая только как бы распространенным по всему городу шелестом шагов, стонов, дальних криков и треска пожаров. Стоны кухарки теперь затихли. С двух сторон поднимались и расходились черные клубы дыма от пожаров. На улице не рядами, а как муравьи из разоренной кочки, в разных мундирах и в разных направлениях, проходили и пробегали солдаты. В глазах Алпатыча несколько из них забежали на двор Ферапонтова. Алпатыч вышел к воротам. Какой-то полк, теснясь и спеша, запрудил улицу, идя назад.

– Сдают город, уезжайте, уезжайте, – сказал ему заметивший его фигуру офицер и тут же обратился с криком к солдатам:

– Я вам дам по дворам бегать! – крикнул он.

Алпатыч вернулся в избу и, кликнув кучера, велел ему выезжать. Вслед за Алпатычем и за кучером вышли и все домочадцы Ферапонтова. Увидав дым и даже огни пожаров, видневшиеся теперь в начинавшихся сумерках, бабы, до тех пор молчавшие, вдруг заголосили, глядя на пожары. Как бы вторя им, послышались такие же плачи на других концах улицы. Алпатыч с кучером трясущимися руками расправлял запутавшиеся вожжи и постромки лошадей под навесом.

Когда Алпатыч выезжал из ворот, он увидал, как в отпертой лавке Ферапонтова человек десять солдат с громким говором насыпали мешки и ранцы пшеничной мукой и подсолнухами. В то же время, возвращаясь с улицы в лавку, вошел Ферапонтов. Увидав солдат, он хотел крикнуть что-то, но вдруг остановился и, схватившись за волоса, захохотал рыдающим хохотом.

– Тащи всё, ребята! Не доставайся дьяволам! – закричал он, сам хватая мешки и выкидывая их на улицу. Некоторые солдаты, испугавшись, выбежали, некоторые продолжали насыпать. Увидав Алпатыча, Ферапонтов обратился к нему.

– Решилась! Расея! – крикнул он. – Алпатыч! решилась! Сам запалю. Решилась... – Ферапонтов побежал на двор.

По улице, запружая ее всю, непрерывно шли солдаты, так что Алпатыч не мог проехать и должен был дожидаться. Хозяйка Ферапонтова с детьми сидела также на телеге, ожидая того, чтобы можно было выехать.

Была уже совсем ночь. На небе были звезды и светился изредка застилаемый дымом молодой месяц. На спуске к Днепру повозки Алпатыча и хозяйки, медленно двигавшиеся в рядах солдат и других экипажей, должны были остановиться. Недалеко от перекрестка, у которого остановились повозки, в переулке, горели дом и лавки. Пожар уже догорал. Пламя то замирало и терялось в черном дыме, то вдруг вспыхивало ярко, до странности отчетливо освещая лица столпившихся людей, стоявших на перекрестке. Перед пожаром мелькали черные фигуры людей, и из-за неумолкаемого треска огня слышались говор и крики. Алпатыч, слезший с повозки, видя, что повозку его еще не скоро пропустят, повернулся в переулок посмотреть пожар. Солдаты шныряли беспрестанно взад и вперед мимо пожара, и

Алпатыч видел, как два солдата и с ними какой-то человек во фризовой шинели тащили из пожара через улицу на соседний двор горевшие бревна; другие несли охапки сена.

Алпатыч подошел к большой толпе людей, стоявших против горевшего полным огнем высокого амбара. Стены были все в огне, задняя завалилась, крыша тесовая обрушилась, балки пылали. Очевидно, толпа ожидала той минуты, когда завалится крыша. Этого же ожидал Алпатыч.

– Алпатыч! – вдруг окликнул старика чей-то знакомый голос.

– Батюшка, ваше сиятельство, – отвечал Алпатыч, мгновенно узнав голос своего молодого князя.

Князь Андрей, в плаще, верхом на вороной лошади, стоял за толпой и смотрел на Алпатыча.

– Ты как здесь? – спросил он.

– Ваше... ваше сиятельство, – проговорил Алпатыч и зарыдал... – Ваше, ваше... или уж пропали мы? Отец...

– Как ты здесь? – повторил князь Андрей.

Пламя ярко вспыхнуло в эту минуту и осветило Алпатычу бледное и изнуренное лицо его молодого барина. Алпатыч рассказал, как он был послан и как насилу мог уехать.

– Что же, ваше сиятельство, или мы пропали? – спросил он опять.

Князь Андрей, не отвечая, достал записную книжку и, приподняв колено, стал писать карандашом на вырванном листе. Он писал сестре:

“Смоленск сдают, – писал он, – Лысые Горы будут заняты неприятелем через неделю. Уезжайте сейчас в Москву. Отвечай мне тотчас, когда вы выедете, прислав нарочного в Усвяж”.

Написав и передав листок Алпатычу, он на словах передал ему, как распорядиться отъездом князя, княжны и сына с учителем и как и куда ответить ему тотчас же. Еще не успел он окончить эти приказания, как верховой штабный начальник, сопутствуемый свитой, подскакал к нему.

– Вы полковник? – кричал штабный начальник, с немецким акцентом, знакомым князю Андрею голосом. – В вашем присутствии зажигают дома, а вы стоите? Что это значит такое? Вы ответите, – кричал Берг, который был теперь помощником начальника штаба левого фланга пехотных войск первой армии, – место весьма приятное и на виду, как говорил Берг.

Князь Андрей посмотрел на него и, не отвечая, продолжал, обращаясь к Алпатычу:

– Так скажи, что до десятого числа жду ответа, а ежели десятого не получу известия, что все уехали, я сам должен буду все бросить и ехать в Лысые Горы.

– Я, князь, только потому говорю, – сказал Берг, узнав князя Андрея, – что я должен исполнять приказания, потому что я всегда точно исполняю... Вы меня, пожалуйста, извините, – в чем-то оправдывался Берг.

Что-то затрещало в огне. Огонь притих на мгновенье; черные клубы дыма повалили из-под крыши. Еще страшно затрещало что-то в огне, и завалилось что-то огромное.

– Урруру! – вторя завалившемуся потолку амбара, из которого несло запахом лепешек от сгоревшего хлеба, заревела толпа. Пламя вспыхнуло и осветило оживленно радостные и измученные лица людей, стоявших вокруг пожара.

Человек во фризовой шинели, подняв кверху руку, кричал:

– Важно! пошла драть! Ребята, важно!..

– Это сам хозяин, – послышались голоса.

– Так, так, – сказал князь Андрей, обращаясь к Алпатычу, – все передай, как я тебе говорил. – И, ни слова не отвечая Бергу, замолкшему подле него, тронул лошадь и поехал в переулок.

V

От Смоленска войска продолжали отступать. Неприятель шел вслед за ними. 10-го августа полк, которым командовал князь Андрей, проходил по большой дороге, мимо проспекта, ведущего в Лысые Горы. Жара и засуха стояли более трех недель. Каждый день по небу ходили курчавые облака, изредка заслоняя солнце; но к вечеру опять расчищало, и солнце садилось в буровато-красную мглу. Только сильная роса ночью освежала землю. Остававшиеся на корню хлеба сгорали и высыпались. Болота пересохли. Скотина ревела от голода, не находя корма по сожженным солнцем лугам. Только по ночам и в лесах, пока еще держалась роса, была прохлада. Но по дороге, по большой дороге, по которой шли войска, даже и ночью, даже и по лесам, не было этой прохлады. Роса не заметна была на песочной пыли дороги, встолченной больше чем на четверть аршина. Как только рассветало, начиналось движение. Обозы, артиллерия беззвучно шли по ступицу, а пехота по щиколку в мягкой, душной, не остывшей за ночь, жаркой пыли. Одна часть этой песочной пыли месилась ногами и колесами, другая поднималась и стояла облаком над войском, влипая в глаза, в волоса, в уши, в ноздри и, главное, в легкие людям и животным, двигавшимся по этой дороге. Чем выше поднималось солнце, тем выше поднималось облако пыли, и сквозь эту тонкую, жаркую пыль на солнце, не закрытое облаками, можно было смотреть простым глазом. Солнце представлялось большим багровым шаром. Ветра не было, и люди задыхались в этой неподвижной атмосфере. Люди шли, обвязавши носы и рты платками. Приходя к деревне, все бросалось к колодцам. Дрались за воду и выпивали ее до грязи.

Князь Андрей командовал полком, и устройство полка, благосостояние его людей, необходимость получения и отдачи приказаний занимали его. Пожар Смоленска и оставление его были эпохой для князя Андрея. Новое чувство озлобления против врага заставляло его забывать свое горе. Он весь был предан делам своего полка, он был заботлив о своих людях и офицерах и ласков с ними. В полку его называли *наш князь*, им гордились и его любили. Но добр и кроток он был только с своими полковыми, с Тимохиным и т.п., с людьми совершенно новыми и в чужой среде, с людьми, которые не могли знать и понимать его прошедшего; но как только он сталкивался с кем-нибудь из своих прежних, из штабных, он тотчас опять ощетинивался; делался злобен, насмешлив и презрителен. Все, что связывало его воспоминание с прошедшим, отталкивало его, и потому он старался в отношениях этого прежнего мира только не быть несправедливым и исполнять свой *долг*.

Правда, все в темном, мрачном свете представлялось князю Андрею – особенно после того, как оставили Смоленск (который, по его понятиям, можно и должно было защищать) 6-го августа, и после того, как отец, больной, должен был бежать в Москву и бросить на расхищение столь любимые, обстроенные и им населенные Лысые Горы; но, несмотря на то, благодаря полку князь Андрей мог думать о другом, совершенно независимом от общих вопросов предмете – о своем полку. 10-го августа колонна, в которой был его полк, поравнялась с Лысыми Горами. Князь Андрей два дня тому назад получил известие, что его отец, сын и сестра уехали в Москву. Хотя князю Андрею и нечего было делать в Лысых Горах, он, с свойственным ему желанием растравить свое горе, решил, что он должен заехать в Лысые Горы.

Он велел оседлать себе лошадь и с перехода поехал верхом в отцовскую деревню, в которой он родился и провел свое детство. Проезжая мимо пруда, на котором всегда десятки баб, переговариваясь, били вальками и полоскали свое белье, князь Андрей заметил, что на пруде никого не было, и оторванный плотик, до половины залитый водой, боком плавал посредине пруда. Князь Андрей подъехал к сторожке. У каменных ворот въезда никого не было, и дверь была отперта. Дорожки сада уже заросли, и телята и лошади ходили по английскому парку. Князь Андрей подъехал к оранжерее: стекла были разбиты, и деревья в кадках некоторые повалены, некоторые засохли. Он окликнул Тараса-садовника. Никто не откликнулся. Обогнув оранжерею на выставку, он увидал, что тесовый резной забор весь изломан и фрукты сливы обдерганы с ветками. Старый мужик (князь Андрей видал его у ворот в детстве) сидел и плел лапоть на зеленой скамеечке.

Он был глух и не слыхал подъезда князя Андрея. Он сидел на лавке, на которой любил сиживать старый князь, и около него было развешено лычко на сучках обломанной и засохшей магнолии.

Князь Андрей подъехал к дому. Несколько лип в старом саду были срублены, одна пегая с жеребенком лошадь ходила перед самым домом между розанами. Дом был заколочен ставнями. Одно окно внизу было открыто. Дворовый мальчик, увидав князя Андрея, вбежал в дом.

Алпатыч, услав семью, один оставался в Лысых Горах; он сидел дома и читал Жития. Узнав о приезде князя Андрея, он, с очками на носу, застегиваясь, вышел из дома, поспешно подошел к князю и, ничего не говоря, заплакал, целуя князя Андрея в коленку.

Потом он отвернулся с сердцем на свою слабость и стал докладывать ему о положении дел. Все ценное и дорогое было отвезено в Богучарово. Хлеб, до ста четвертей, тоже был вывезен; сено и яровой, необыкновенный, как говорил Алпатыч, урожай нынешнего года зеленым взят и скошен – войсками. Мужики разорены, некоторые ушли тоже в Богучарово, малая часть остается.

Князь Андрей, не дослушав его, спросил, когда уехали отец и сестра, разумея, когда уехали в Москву. Алпатыч отвечал, полагая, что спрашивают об отъезде в Богучарово, что уехали седьмого, и опять распространился о делах хозяйства, спрашивая распоряжений.

– Прикажете ли отпускать под расписку командам овес? У нас еще шестьсот четвертей осталось, – спрашивал Алпатыч.

"Что отвечать ему?" – думал князь Андрей, глядя на лоснеющуюся на солнце плешивую голову старика и в выражении лица его читая сознание того, что он сам понимает несвоевременность этих вопросов, но спрашивает только так, чтобы заглушить и свое горе.

– Да, отпускай, – сказал он.

– Ежели изволили заметить беспорядки в саду, – говорил Алпатыч, – то невозможно было предотвратить: три полка проходили и ночевали, в особенности драгуны. Я выписал чин и звание командира для подачи прошения.

– Ну, что ж ты будешь делать? Останешься, ежели неприятель займет? – спросил его князь Андрей.

Алпатыч, повернув свое лицо к князю Андрею, посмотрел на него; и вдруг торжественным жестом поднял руку кверху.

– Он мой покровитель, да будет воля Его! – проговорил он.

Толпа мужиков и дворовых шла по лугу, с открытыми головами, приближаясь к князю Андрею.

– Ну прощай! – сказал князь Андрей, нагибаясь к Алпатычу. – Уезжай сам, увози, что можешь, и народу вели уходить в Рязанскую или в Подмосковную. – Алпатыч прижался к его ноге и зарыдал. Князь Андрей осторожно отодвинул его и, тронув лошадь, галопом поехал вниз по аллее.

На выставке все так же безучастно, как муха на лице дорогого мертвеца, сидел старик и стукал по колодке лаптя, и две девочки со сливами в подолах, которые они нарвали с оранжерейных деревьев, бежали оттуда и наткнулись на князя Андрея. Увидав молодого барина, старшая девочка, с выразившимся на лице испугом, схватила за руку свою меньшую товарку и с ней вместе спряталась за березу, не успев подобрать рассыпавшиеся зеленые сливы.

Князь Андрей испуганно-поспешно отвернулся от них, боясь дать заметить им, что он их видел. Ему жалко стало эту хорошенькую испуганную девочку. Он боялся взглянуть на нее, но вместе с тем ему этого непреодолимо хотелось. Новое, отрадное и успокоительное чувство охватило его, когда он, глядя на этих девочек, понял существование других, совершенно чуждых ему и столь же законных человеческих интересов, как и те, которые занимали его. Эти девочки, очевидно, страстно желали одного – унести и доесть эти зеленые сливы и не быть пойманными, и князь Андрей желал с ними вместе успеха их предприятию. Он не мог удержаться, чтобы не взглянуть на них еще раз. Полагая себя уже в безопасности, они выскочили из засады и, что-то пища тоненькими голосками, придерживая подолы, весело и быстро бежали по траве луга своими загорелыми босыми ножонками.

Князь Андрей освежился немного, выехав из района пыли большой дороги, по которой двигались войска. Но недалеко за Лысыми Горами он въехал опять на дорогу и догнал свой полк на привале, у плотины небольшого пруда. Был второй час после полдня. Солнце, красный шар в пыли, невыносимо пекло и жгло спину сквозь черный сюртук. Пыль, все такая же, неподвижно стояла над говором гудевшими, остановившимися войсками. Ветру не было. В проезд по плотине на князя Андрея пахнуло тиной и свежестью пруда. Ему захотелось в воду – какая бы грязная она ни была. Он оглянулся на пруд, с которого неслись крики и хохот. Небольшой мутный с зеленью пруд, видимо, поднялся четверти на две, заливая плотину, потому что он был полон человеческими, солдатскими, голыми барахтавшимися в нем белыми телами, с кирпично красными руками, лицами и шеями. Все это голое, белое человеческое мясо с хохотом и гиком барахталось в этой грязной луже, как караси, набитые в лейку. Весельем отзывалось это барахтанье, и оттого оно особенно было грустно.

Один молодой белокурый солдат – еще князь Андрей знал его – третьей роты, с ремешком под икрой, крестясь, отступал назад, чтобы хорошенько разбежаться и бултыхнуться в воду; другой, черный, всегда лохматый унтер-офицер, по пояс в воде, подергивая мускулистым станом, радостно фыркал, поливая себе голову черными по кисти руками. Слышалось шлепанье друг по другу, и визг, и уханье.

На берегах, на плотине, в пруде, везде было белое, здоровое, мускулистое мясо. Офицер Тимохин, с красным носиком, обтирался на плотине и застыдился, увидав князя, однако решился обратиться к нему:

– То-то хорошо, ваше сиятельство, вы бы изволили! – сказал он.

– Грязно, – сказал князь Андрей, поморщившись.

– Мы сейчас очистим вам. – И Тимохин, еще не одетый, побежал очищать.

– Князь хочет.

– Какой? *Наш князь*? – заговорили голоса, и все заторопились так, что насилу князь Андрей успел их успокоить. Он придумал лучше облиться в сарае.

“Мясо, тело, chair à canon!”[1] – думал он, глядя и на свое голое тело, и вздрагивал не столько от холода, сколько от самому ему непонятного отвращения и ужаса при виде этого огромного количества тел, полоскавшихся в грязном пруде.

7-го августа князь Багратион в своей стоянке Михайловке на Смоленской дороге писал следующее:

“Милостивый государь граф Алексей Андреевич.

(Он писал Аракчееву, но знал, что письмо его будет прочтено государем, и потому, насколько он был к тому способен, обдумывал каждое свое слово.)

Я думаю, что министр уже рапортовал об оставлении неприятелю Смоленска. Больно, грустно, и вся армия в отчаянии, что самое важное место понапрасну бросили. Я, с моей стороны, просил лично его убедительнейшим образом, наконец и писал; но ничто его не согласило. Я клянусь вам моею честью, что Наполеон был в таком мешке, как никогда, и он бы мог потерять половину армии, но не взять Смоленска. Войска наши так дрались и так дерутся, как никогда. Я удержал с 15 тысячами более 35-ти часов и бил их; но он не хотел остаться и 14-ти часов. Это стыдно, и пятно армии нашей; а ему самому, мне кажется, и жить на свете не должно. Ежели он доносит, что потеря велика, – неправда; может быть, около 4 тысяч, не более, но и того нет. Хотя бы и десять, как быть, война! Но зато неприятель потерял бездну...

Что стоило еще оставаться два дни? По крайней мере они бы сами ушли; ибо не имели воды напоить людей и лошадей. Он дал слово мне, что не отступит, но вдруг прислал диспозицию, что он в ночь уходит. Таким образом воевать не можно, и мы можем неприятеля скоро привести в Москву...

1 Пушечное мясо.

Слух носится, что вы думаете о мире. Чтобы помириться, боже сохрани! После всех пожертвований и после таких сумасбродных отступлений – мириться: вы поставите всю Россию против себя, и всякой из нас за стыд поставит носить мундир. Ежели уже так пошло – надо драться, пока Россия может и пока люди на ногах...

Надо командовать одному, а не двум. Ваш министр, может, хороший по министерству; но генерал, не то что плохой, но дрянной, и ему отдали судьбу всего нашего Отечества... Я, право, с ума схожу от досады; простите мне, что дерзко пишу. Видно, тот не любит государя и желает гибели нам всем, кто советует заключить мир и командовать армиею министру. И так я пишу вам правду: готовьте ополчение. Ибо министр самым мастерским образом ведет в столицу за собою гостя. Большое подозрение подает всей армии господин флигель-адъютант Вольцоген. Он, говорят, более Наполеона, нежели наш, и он советует все министру. Я не токмо учтив против него, но повинуюсь, как капрал, хотя и старее его. Это больно; но, любя моего благодетеля и государя, – повинуюсь. Только жаль государя, что вверяет таким славную армию. Вообразите, что нашею ретирадою мы потеряли людей от усталости и в госпиталях более 15 тысяч; а ежели бы наступали, того бы не было. Скажите ради Бога, что наша Россия – мать наша – скажет, что так страшимся и за что такое доброе и усердное Отечество отдаем сволочам и вселяем в каждого подданного ненависть и посрамление. Чего трусить и кого бояться? Я не виноват, что министр нерешим, трус, бестолков, медлителен и все имеет худые качества. Вся армия плачет совершенно и ругают его насмерть...»

VI

В числе бесчисленных подразделений, которые можно сделать в явлениях жизни, можно подразделить их все на такие, в которых преобладает содержание, другие – в которых преобладает форма. К числу таковых, в противоположность деревенской, земской, губернской, даже московской жизни, можно отнести жизнь петербургскую, в особенности салонную. Эта жизнь неизменна.

С 1805 года мы мирились и ссорились с Бонапартом, мы делали конституции и разделывали их, а салон Анны Павловны и салон Элен были точно такие же, какие они были один семь лет, другой пять лет тому назад. Точно так же у Анны Павловны говорили с недоумением об успехах Бонапарта и видели, как в его успехах, так и в потакании ему европейских государей, злостный заговор, имеющий единственной целью неприятность и беспокойство того придворного кружка, которого представительницей была Анна Павловна. Точно так же у Элен, которую сам Румянцев удостоивал своим посещением и считал замечательно умной женщиной, точно так же как в 1808, так и в 1812 году с восторгом говорили о великой нации и великом человеке и с сожалением смотрели на разрыв с Францией, который, по мнению людей, собиравшихся в салоне Элен, должен был кончиться миром.

В последнее время, после приезда государя из армии, произошло некоторое волнение в этих противоположных кружках-салонах и произведены были некоторые демонстрации друг против друга, но направление кружков осталось то же. В кружок Анны Павловны принимались из французов только закоренелые легитимисты, и здесь выражалась патриотическая мысль о том, что не надо ездить во французский театр и что содержание труппы стоит столько же, сколько содержание целого корпуса. За военными событиями следилось жадно, и распускались самые выгодные для нашей армии слухи. В кружке Элен, румянцевском, французском, опровергались слухи о жестокости врага и войны и обсуживались все попытки Наполеона к примирению. В этом кружке упрекали тех, кто присоветывал слишком поспешные распоряжения о том, чтобы приготавливаться к отъезду в Казань придворным и женским учебным заведениям, находящимся под покровительством императрицы-матери. Вообще все дело войны представлялось в салоне Элен пустыми демонстрациями, которые весьма скоро кончатся миром, и царствовало мнение Билибина, бывшего теперь в Петербурге и домашним у Элен (всякий умный человек должен был быть у нее), что не порох, а те, кто его выдумали, решат дело. В этом кружке иронически и весьма умно, хотя весьма осторожно, осмеивали московский восторг, известие о котором прибыло вместе с государем в Петербург.

В кружке Анны Павловны, напротив, восхищались этими восторгами и говорили о них, как говорит Плутарх о древних. Князь Василий, занимавший все те же важные должности, составлял звено соединения между двумя кружками. Он ездил к ma bonne amie[1] Анне Павловне и ездил dans le salon diplomatique de ma fille[2] и часто, при беспрестанных переездах из одного лагеря в другой, путался и говорил у Анны Павловны то, что надо было говорить у Элен, и наоборот.

Вскоре после приезда государя князь Василий разговорился у Анны Павловны о делах войны, жестоко осуждая Барклая де Толли и находясь в нерешительности, кого бы назначить главнокомандующим. Один из гостей, известный под именем un homme de beaucoup de mérite[3], рассказав о том, что он видел нынче выбранного начальником петербургского ополчения Кутузова, заседающего в казенной палате для приема ратников, позволил себе осторожно выразить предположение о том, что Кутузов был бы тот человек, который удовлетворил бы всем требованиям.

Анна Павловна грустно улыбнулась и заметила, что Кутузов, кроме неприятностей, ничего не делал государю.

– Я говорил и говорил в Дворянском собрании, – перебил князь Василий, – но меня не послушали. Я говорил, что избрание его в начальники ополчения не понравится государю. Они меня не послушали.

1 своему достойному другу.
2 в дипломатический салон своей дочери.
3 человек с большими достоинствами.

— Все какая-то мания фрондировать, — продолжал он. — И пред кем? И все оттого, что мы хотим обезьянничать глупым московским восторгам, — сказал князь Василий, спутавшись на минуту и забыв то, что у Элен надо было подсмеиваться над московскими восторгами, а у Анны Павловны восхищаться ими. Но он тотчас же поправился. — Ну прилично ли графу Кутузову, самому старому генералу в России, заседать в палате, et il en restera pour sa peine![1] Разве возможно назначить главнокомандующим человека, который не может верхом сесть, засыпает на совете, человека самых дурных нравов! Хорошо он себя зарекомендовал в Букареште! Я уже не говорю о его качествах как генерала, но разве можно в такую минуту назначать человека дряхлого и слепого, просто слепого? Хорош будет генерал слепой! Он ничего не видит. В жмурки играть... ровно ничего не видит!

Никто не возражал на это.

24-го июля это было совершенно справедливо. Но 29 июля Кутузову пожаловано княжеское достоинство. Княжеское достоинство могло означать и то, что от него хотели отделаться, — и потому суждение князя Василья продолжало быть справедливо, хотя он и не торопился его высказывать теперь. Но 8 августа был собран комитет из генерал-фельдмаршала Салтыкова, Аракчеева, Вязьмитинова, Лопухина и Кочубея для обсуждения дел войны. Комитет решил, что неудачи происходили от разноначалий и, несмотря на то, что лица, составлявшие комитет, знали нерасположение государя к Кутузову, комитет, после короткого совещания, предложил назначить Кутузова главнокомандующим. И в тот же день Кутузов был назначен полномочным главнокомандующим армий и всего края, занимаемого войсками.

9-го августа князь Василий встретился опять у Анны Павловны с l'homme de beaucoup de mérite[2]. L'homme de beaucoup de mérite ухаживал за Анной Павловной по случаю желания назначения попечителем женского учебного

1 хлопоты его пропадут даром!
2 человеком с большими достоинствами.

заведения императрицы Марии Федоровны. Князь Василий вошел в комнату с видом счастливого победителя, человека, достигшего цели своих желаний.

– Eh, bien, vous savez la grande nouvelle? Le prince Koutouzoff est maréchal[1]. Все разногласия кончены. Я так счастлив, так рад! – говорил князь Василий. – Enfin voilá un homme[2], – проговорил он, значительно и строго оглядывая всех находившихся в гостиной. L'homme de beaucoup de mérite, несмотря на свое желание получить место, не мог удержаться, чтобы не напомнить князю Василью его прежнее суждение. (Это было неучтиво и перед князем Василием в гостиной Анны Павловны и перед Анной Павловной, которая так же радостно приняла эту весть; но он не мог удержаться.)

– Mais on dit qu'il est aveugle, mon prince?[3] – сказал он, напоминая князю Василью его же слова.

– Allez donc, il y voit assez[4], – сказал князь Василий своим басистым, быстрым голосом с покашливанием, тем голосом и с покашливанием, которым он разрешал все трудности. – Allez, il y voit assez, – повторил он. – И чему я рад, – продолжал он, – это то, что государь дал ему полную власть над всеми армиями, над всем краем, – власть, которой никогда не было ни у какого главнокомандующего. Это другой самодержец, – заключил он с победоносной улыбкой.

– Дай Бог, дай Бог, – сказала Анна Павловна. L'homme de beaucoup de mérite, еще новичок в придворном обществе, желая польстить Анне Павловне, выгораживая ее прежнее мнение из этого суждения, сказал:

– Говорят, что государь неохотно передал эту власть Кутузову. On dit qu'il rougit comme une demoiselle à laquelle on lirait Joconde, en lui disant: "Le souverain et la patrie vous decernent cet honneur"[5].

1 Ну-с, вы знаете великую новость? Кутузов – фельдмаршал.
2 Наконец, вот это человек.
3 Но говорят, он слеп?
4 Э, вздор, он достаточно видит, поверьте.
5 Говорят, что он покраснел, как барышня, которой бы прочли Жоконду, в то время как говорил ему: "Государь и отечество награждают вас этой честью".

– Peut-être que la cœur n'était pas de la partie[1], – сказала Анна Павловна.

– О нет, нет, – горячо заступился князь Василий. Теперь уже он не мог никому уступить Кутузова. По мнению князя Василья, не только Кутузов был сам хорош, но и все обожали его. – Нет, это не может быть, потому что государь так умел прежде ценить его, – сказал он.

– Дай Бог только, чтобы князь Кутузов, – сказала Анна Павловна, – взял действительную власть и не позволял бы *никому* вставлять себе палки в колеса – des bâtons dans les roues.

Князь Василий тотчас понял, кто был этот *никому*. Он шепотом сказал:

– Я верно знаю, что Кутузов, как непременное условие, выговорил, чтобы наследник-цесаревич не был при армии: Vous savez ce qu'il a dit à l'Empereur?[2] – И князь Василий повторил слова, будто бы сказанные Кутузовым государю: "Я не могу наказать его, ежели он сделает дурно, и наградить, ежели он сделает хорошо". О! это умнейший человек, князь Кутузов, et quell caractèr. Oh, je le connais de longue date[3].

– Говорят даже, – сказал l'homme de beaucoup de mérite, не имевший еще придворного такта, – что светлейший непременным условием поставил, чтобы сам государь не приезжал к армии.

Как только он сказал это, в одно мгновение князь Василий и Анна Павловна отвернулись от него и грустно, со вздохом о его наивности, посмотрели друг на друга.

VII

В то время как это происходило в Петербурге, французы уже прошли Смоленск и все ближе и ближе подвигались к Москве. Историк Наполеона Тьер так же, как и другие исто-

1 Может быть, сердце не вполне участвовало.
2 Вы знаете, что он сказал государю?
3 и какой характер. О, я его давно знаю.

рики Наполеона, говорит, стараясь оправдать своего героя, что Наполеон был привлечен к стенам Москвы невольно. Он прав, как и правы все историки, ищущие объяснения событий исторических в воле одного человека; он прав так же, как и русские историки, утверждающие, что Наполеон был привлечен к Москве искусством русских полководцев. Здесь, кроме закона ретроспективности (возвратности), представляющего все прошедшее приготовлением к совершившемуся факту, есть еще взаимность, путающая все дело. Хороший игрок, проигравший в шахматы, искренно убежден, что его проигрыш произошел от его ошибки, и он отыскивает эту ошибку в начале своей игры, но забывает, что в каждом его шаге, в продолжение всей игры, были такие же ошибки, что ни один его ход не был совершенен. Ошибка, на которую он обращает внимание, заметна ему только потому, что противник воспользовался ею. Насколько же сложнее этого игра войны, происходящая в известных условиях времени, и где не одна воля руководит безжизненными машинами, а где все вытекает из бесчисленного столкновения различных произволов?

После Смоленска Наполеон искал сражения за Дорогобужем у Вязьмы, потом у Царева-Займища; но выходило, что по бесчисленному столкновению обстоятельств до Бородина, в ста двенадцати верстах от Москвы, русские не могли принять сражения. От Вязьмы было сделано распоряжение Наполеоном для движения прямо на Москву.

Moscou, la capitale asiatique de ce grand empire, la ville sacrée des peuples d'Alexandre, Moscou avec ses innombrables églises en forme de pagodes chinoises![1] Эта Moscou не давала покоя воображению Наполеона. На переходе из Вязьмы к Цареву-Займищу Наполеон верхом ехал на своем соловом энгкализированном иноходчике, сопутствуемый гвардией, караулом, пажами и адъютантами. Начальник штаба Бертье отстал для того, чтобы допросить взятого кавалерией рус-

1 Москва, азиатская столица этой великой империи, священный город народов Александра, Москва с своими бесчисленными церквами, в форме китайских пагод!

ского пленного. Он галопом, сопутствуемый переводчиком Lelorgne d'Ideville, догнал Наполеона и с веселым лицом остановил лошадь.

– Eh bien? – сказал Наполеон.

– Un cosaque de Platow[1] говорит, что корпус Платова соединяется с большой армией, что Кутузов назначен главнокомандующим. Très intelligent et bavard![2]

Наполеон улыбнулся, велел дать этому казаку лошадь и привести его к себе. Он сам желал поговорить с ним. Несколько адъютантов поскакало, и через час крепостной человек Денисова, уступленный им Ростову, Лаврушка, в денщицкой куртке на французском кавалерийском седле, с плутовским и пьяным, веселым лицом, подъехал к Наполеону. Наполеон велел ему ехать рядом с собой и начал спрашивать:

– Вы казак?

– Казак-с, ваше благородие.

"Le cosaque ignorant la compagnie dans laquelle il se trouvait, car la simplicité de Napoléon n'avait rien qui pût révéler à une imagination orientale la présence d'un souverain, s'entretint avec la plus extrême familiarité des affaires de la guerre actuelle"[3], – говорит Тьер, рассказывая этот эпизод. Действительно, Лаврушка, напившийся пьяным и оставивший барина без обеда, был высечен накануне и отправлен в деревню за курами, где он увлекся мародерством и был взят в плен французами. Лаврушка был один из тех грубых, наглых лакеев, видавших всякие виды, которые считают долгом все делать с подлостью и хитростью, которые готовы сослужить всякую службу своему барину и которые хитро угадывают барские дурные мысли, в особенности тщеславие и мелочность.

1 – Ну?
– Платовский казак.
2 Очень умный и болтун!
3 Казак, не зная того общества, в котором он находился, потому что простота Наполеона не имела ничего такого, что бы могло открыть для восточного воображения присутствие государя, разговаривал с чрезвычайной фамильярностью об обстоятельствах настоящей войны.

Попав в общество Наполеона, которого личность он очень хорошо и легко признал, Лаврушка нисколько не смутился и только старался от всей души заслужить новым господам.

Он очень хорошо знал, что это сам Наполеон, и присутствие Наполеона не могло смутить его больше, чем присутствие Ростова или вахмистра с розгами, потому что не было ничего у него, чего бы не мог лишить его ни вахмистр, ни Наполеон.

Он врал все, что толковалось между денщиками. Многое из этого была правда. Но когда Наполеон спросил его, как же думают русские, победят они Бонапарта или нет, Лаврушка прищурился и задумался.

Он увидал тут тонкую хитрость, как всегда во всем видят хитрость люди, подобные Лаврушке, насупился и помолчал.

– Оно значит: коли быть сраженью, – сказал он задумчиво, – и в скорости, так это так точно. Ну, а коли пройдет три дня апосля того самого числа, тогда значит это самое сражение в оттяжку пойдет.

Наполеону перевели это так: "Si la bataille est donnée avant trois jours, les Français la gagneraient, mais que si elle serait donnée plus tard, Dieu seul sait ce qui en arrivrait"[1], – улыбаясь, передал Lelorgne d'Ideville. Наполеон не улыбнулся, хотя он, видимо, был в самом веселом расположении духа, и велел повторить себе эти слова.

Лаврушка заметил это и, чтобы развеселить его, сказал, притворяясь, что не знает, кто он.

– Знаем, у вас есть Бонапарт, он всех в мире побил, ну да об нас другая статья... – сказал он, сам не зная, как и отчего под конец проскочил в его словах хвастливый патриотизм. Переводчик передал эти слова Наполеону без окончания, и Бонапарт улыбнулся. "Le jeune Cosaque fit sourire son puissant interlocuteur"[2], – говорит Тьер. Проехав несколько ша-

1 "Ежели сражение произойдет прежде трех дней, то французы выиграют его, но ежели после трех дней, то бог знает что случится".

2 Молодой казак заставил улыбнуться своего могущественного собеседника.

гов молча, Наполеон обратился к Бертье и сказал, что он хочет испытать действие, которое произведет sur cet enfant du Don[1] известие о том, что тот человек, с которым говорит этот enfant du Don, есть сам император, тот самый император, который написал на пирамидах бессмертно-победоносное имя.

Известие было передано.

Лаврушка (поняв, что это делалось, чтобы озадачить его, и что Наполеон думает, что он испугается), чтобы угодить новым господам, тотчас же притворился изумленным, ошеломленным, выпучил глаза и сделал такое же лицо, которое ему привычно было, когда его водили сечь. "A peine l'interprète de Napoléon, – говорит Тьер, – avait-il parlé, que le Cosaque, saisi d'une sorte d'ébahissement, ne proféra plus une parole et marcha les yeux constamment attachés sur ce conquérant, dont le nom avait pénétré jusqu'à lui, à travers les steppes de l'Orient. Toute sa loquacité s'était subitement arrêtée, pour faire place à un sentiment d'admiration naïve et silencieuse. Napoléon, après l'avoir récompensé, lui fit donner la liberté, comme à un oiseau qu'on rend aux champs qui l'ont vu naître"[2].

Наполеон поехал дальше, мечтая о той Moscou, которая так занимала его воображение, à l'oiseau qu'on rendit aux champs qui l'on vu naître[3] поскакал на аванпосты, придумывая вперед все то, чего не было и что он будет рассказывать у своих. Того же, что действительно с ними было, он не хотел рассказывать именно потому, что это казалось ему недостойным рассказа. Он выехал к казакам, расспросил, где был полк, состоявший в отряде Платова, и к вечеру же нашел своего барина Николая Ростова, стоявшего в Янкове и

1 на это дитя Дона.

2 Едва переводчик Наполеона сказал это казаку, как казак, охваченный каким-то остолбенением, не произнес более ни одного слова и продолжал ехать, не спуская глаз с завоевателя, имя которого достигло до него через восточные степи. Вся его разговорчивость вдруг прекратилась и заменилась наивным и молчаливым чувством восторга. Наполеон, наградив казака, приказал дать ему свободу, как птице, которую возвращают ее родным полям.

3 птица, возвращенная родным полям.

только что севшего верхом, чтобы с Ильиным сделать прогулку по окрестным деревням. Он дал другую лошадь Лаврушке и взял его с собой.

VIII

Княжна Марья не была в Москве и вне опасности, как думал князь Андрей.

После возвращения Алпатыча из Смоленска старый князь как бы вдруг опомнился от сна. Он велел собрать из деревень ополченцев, вооружить их и написал главнокомандующему письмо, в котором извещал его о принятом им намерении оставаться в Лысых Горах до последней крайности и защищаться, предоставляя на его усмотрение принять или не принять меры для защиты Лысых Гор, в которых будет взят в плен или убит один из старейших русских генералов, и объявил домашним, что он остается в Лысых Горах.

Но, оставаясь сам в Лысых Горах, князь распорядился об отправке княжны и Десаля с маленьким князем в Богучарово и оттуда в Москву. Княжна Марья, испуганная лихорадочной, бессонной деятельностью отца, заменившей его прежнюю опущенность, не могла решиться оставить его одного и в первый раз в жизни позволила себе не повиноваться ему. Она отказалась ехать, и на нее обрушилась страшная гроза гнева князя. Он напомнил ей все, в чем он был несправедлив против нее. Стараясь обвинить ее, он сказал ей, что она измучила его, что она поссорила его с сыном, имела против него гадкие подозрения, что она задачей своей жизни поставила отравлять его жизнь, и выгнал ее из своего кабинета, сказав ей, что, ежели она не уедет, ему все равно. Он сказал, что знать не хочет о ее существовании, но вперед предупреждает ее, чтобы она не смела попадаться ему на глаза. То, что он, вопреки опасений княжны Марьи, не велел насильно увезти ее, а только не приказал ей показываться на глаза, обрадовало княжну Марью. Она знала, что это доказывало то, что в самой тайне души своей он был рад, что она оставалась дома и не уехала.

На другой день после отъезда Николушки старый князь утром оделся в полный мундир и собрался ехать к главнокомандующему. Коляска уже была подана. Княжна Марья видела, как он, в мундире и всех орденах, вышел из дома и пошел в сад сделать смотр вооруженным мужикам и дворовым. Княжна Марья сидела у окна, прислушиваясь к его голосу, раздававшемуся из сада. Вдруг из аллеи выбежало несколько людей с испуганными лицами.

Княжна Марья выбежала на крыльцо, на цветочную дорожку и в аллею. Навстречу ей подвигалась большая толпа ополченцев и дворовых, и в середине этой толпы несколько людей под руки волокли маленького старичка в мундире и орденах. Княжна Марья подбежала к нему и, в игре мелкими кругами падавшего света сквозь тень липовой аллеи, не могла дать себе отчета в том, какая перемена произошла в его лице. Одно, что она увидала, было то, что прежнее строгое и решительное выражение его лица заменилось выражением робости и покорности. Увидав дочь, он зашевелил бессильными губами и захрипел. Нельзя было понять, чего он хотел. Его подняли на руки, отнесли в кабинет и положили на тот диван, которого он так боялся последнее время.

Привезенный доктор в ту же ночь пустил кровь и объявил, что у князя удар правой стороны.

В Лысых Горах оставаться становилось более и более опасным, и на другой день после удара князя повезли в Богучарово. Доктор поехал с ними.

Когда они приехали в Богучарово, Десаль с маленьким князем уже уехали в Москву.

Все в том же положении, не хуже и не лучше, разбитый параличом, старый князь три недели лежал в Богучарове в новом, построенном князем Андреем, доме. Старый князь был в беспамятстве; он лежал, как изуродованный труп. Он не переставая бормотал что-то, дергаясь бровями и губами, и нельзя было знать, понимал он или нет то, что его окружало. Одно можно было знать наверное – это то, что он страдал и чувствовал потребность еще выразить что-то. Но что это было, никто не мог понять; был ли это какой-нибудь каприз больного и полусумасшедшего, относилось ли это до общего хода дел, или относилось это до семейных обстоятельств?

Доктор говорил, что выражаемое им беспокойство ничего не значило, что оно имело физические причины; но княжна Марья думала (и то, что ее присутствие всегда усиливало его беспокойство, подтверждало ее предположение), думала, что он что-то хотел сказать ей. Он, очевидно, страдал и физически и нравственно.

Надежды на исцеление не было. Везти его было нельзя. И что бы было, ежели бы он умер дорогой? "Не лучше ли бы было конец, совсем конец!" – иногда думала княжна Марья. Она день и ночь, почти без сна, следила за ним, и, страшно сказать, она часто следила за ним не с надеждой найти признаки облегчения, но следила, часто *желая* найти признаки приближения к концу.

Как ни странно было княжне сознавать в себе это чувство, но оно было в ней. И что было еще ужаснее для княжны Марьи, это было то, что со времени болезни ее отца (даже едва ли не раньше, не тогда ли уж, когда она, ожидая чего-то, осталась с ним) в ней проснулись все заснувшие в ней, забытые личные желания и надежды. То, что годами не приходило ей в голову – мысли о свободной жизни без вечного страха отца, даже мысли о возможности любви и семейного счастия, как искушения дьявола, беспрестанно носились в ее воображении. Как ни отстраняла она от себя, беспрестанно ей приходили в голову вопросы о том, как она теперь, после того, устроит свою жизнь. Это были искушения дьявола, и княжна Марья знала это. Она знала, что единственное орудие против него была молитва, и она пыталась молиться. Она становилась в положение молитвы, смотрела на образа, читала слова молитвы, но не могла молиться. Она чувствовала, что теперь ее охватил другой мир – житейской, трудной и свободной деятельности, совершенно противоположный тому нравственному миру, в который она была заключена прежде и в котором лучшее утешение была молитва. Она не могла молиться и не могла плакать, и житейская забота охватила ее.

Оставаться в Богучарове становилось опасным. Со всех сторон слышно было о приближающихся французах, и в одной деревне, в пятнадцати верстах от Богучарова, была разграблена усадьба французскими мародерами.

Доктор настаивал на том, что надо везти князя дальше; предводитель прислал чиновника к княжне Марье, уговаривая ее уезжать как можно скорее. Исправник, приехав в Богучарово, настаивал на том же, говоря, что в сорока верстах французы, что по деревням ходят французские прокламации и что ежели княжна не уедет с отцом до пятнадцатого, то он ни за что не отвечает.

Княжна пятнадцатого решилась ехать. Заботы приготовлений, отдача приказаний, за которыми все обращались к ней, целый день занимали ее. Ночь с четырнадцатого на пятнадцатое она провела, как обыкновенно, не раздеваясь, в соседней от той комнаты, в которой лежал князь. Несколько раз, просыпаясь, она слышала его кряхтенье, бормотанье, скрип кровати и шаги Тихона и доктора, ворочавших его. Несколько раз она прислушивалась у двери, и ей казалось, что он нынче бормотал громче обыкновенного и чаще ворочался. Она не могла спать и несколько раз подходила к двери, прислушиваясь, желая войти и не решаясь этого сделать. Хотя он и не говорил, но княжна Марья видела, знала, как неприятно было ему всякое выражение страха за него. Она замечала, как недовольно он отвертывался от ее взгляда, иногда невольно и упорно на него устремленного. Она знала, что ее приход ночью, в необычное время, раздражит его.

Но никогда ей так жалко не было, так страшно не было потерять его. Она вспоминала всю свою жизнь с ним, и в каждом слове, поступке его она находила выражение его любви к ней. Изредка между этими воспоминаниями врывались в ее воображение искушения дьявола, мысли о том, что будет после его смерти и как устроится ее новая, свободная жизнь. Но с отвращением отгоняла она эти мысли. К утру он затих, и она заснула.

Она проснулась поздно. Та искренность, которая бывает при пробуждении, показала ей ясно то, что более всего в болезни отца занимало ее. Она проснулась, прислушалась к тому, что было за дверью, и, услыхав его кряхтенье, со вздохом сказала себе, что было все то же.

– Да чему же быть? Чего же я хотела? Я хочу его смерти! – вскрикнула она с отвращением к себе самой.

Она оделась, умылась, прочла молитвы и вышла на крыльцо. К крыльцу поданы были без лошадей экипажи, в которые укладывали вещи.

Утро было теплое и серое. Княжна Марья остановилась на крыльце, не переставая ужасаться перед своей душевной мерзостью и стараясь привести в порядок свои мысли, прежде чем войти к нему.

Доктор сошел с лестницы и подошел к ней.

– Ему получше нынче, – сказал доктор. – Я вас искал. Можно кое-что понять из того, что он говорит, голова посвежее. Пойдемте. Он зовет вас...

Сердце княжны Марьи так сильно забилось при этом известии, что она, побледнев, прислонилась к двери, чтобы не упасть. Увидать его, говорить с ним, подпасть под его взгляд теперь, когда вся душа княжны Марьи была переполнена этих страшных преступных искушений, – было мучительно-радостно и ужасно.

– Пойдемте, – сказал доктор.

Княжна Марья вошла к отцу и подошла к кровати. Он лежал высоко на спине, с своими маленькими, костлявыми, покрытыми лиловыми узловатыми жилками ручками на одеяле, с уставленным прямо левым глазом и с скосившимся правым глазом, с неподвижными бровями и губами. Он весь был такой худенький, маленький и жалкий. Лицо его, казалось, ссохлось или растаяло, измельчало чертами. Княжна Марья подошла и поцеловала его руку. Левая рука сжала ее руку так, что видно было, что он уже давно ждал ее. Он задергал ее руку, и брови и губы его сердито зашевелились.

Она испуганно глядела на него, стараясь угадать, чего он хотел от нее. Когда она, переменя положение, подвинулась, так что левый глаз видел ее лицо, он успокоился, на несколько секунд не спуская с нее глаза. Потом губы и язык его зашевелились, послышались звуки, и он стал говорить, робко и умоляюще глядя на нее, видимо боясь, что она не поймет его.

Княжна Марья, напрягая все силы внимания, смотрела на него. Комический труд, с которым он ворочал языком, заставлял княжну Марью опускать глаза и с трудом подавлять поднимавшиеся в ее горле рыдания. Он сказал что-то, по нескольку раз повторяя свои слова. Княжна Марья не могла понять их; но она старалась угадать то, что он говорил, и повторяла вопросительно сказанные им слова.

– Гага – бои... бои... – повторил он несколько раз...

Никак нельзя было понять этих слов. Доктор думал, что он угадал, и, повторяя его слова, спросил: *княжна боится?* Он отрицательно покачал головой и опять повторил то же...

– *Душа, душа болит*, – разгадала и сказала княжна Марья. Он утвердительно замычал, взял ее руку и стал прижимать ее к различным местам своей груди, как будто отыскивая настоящее для нее место.

– Все мысли! об тебе... мысли, – потом выговорил он гораздо лучше и понятнее, чем прежде, теперь, когда он был уверен, что его понимают. Княжна Марья прижалась головой к его руке, стараясь скрыть свои рыдания и слезы.

Он рукой двигал по ее волосам.

– Я тебя звал всю ночь... – выговорил он.

– Ежели бы я знала... – сквозь слезы сказала она. – Я боялась войти.

Он пожал ее руку.

– Не спала ты?

– Нет, я не спала, – сказала княжна Марья, отрицательно покачав головой. Невольно подчиняясь отцу, она теперь так же, как он говорил, старалась говорить больше знаками и как будто тоже с трудом ворочая язык.

– Душенька... – или – дружок... – Княжна Марья не могла разобрать; но наверное, по выражению его взгляда, сказано было нежное, ласкающее слово, которого он никогда не говорил. – Зачем не пришла?

“А я желала, желала его смерти!” – думала княжна Марья. Он помолчал.

– Спасибо тебе... дочь, дружок... за все, за все... прости... спасибо... прости... спасибо!.. – И слезы текли из его глаз. – Позовите Андрюшу, – вдруг сказал он, и что-то детски-робкое и недоверчивое выразилось в его лице при этом спросе. Он как будто сам знал, что спрос его не имеет смысла. Так по крайней мере показалось княжне Марье.

– Я от него получила письмо, – отвечала княжна Марья.

Он с удивлением и робостью смотрел на нее.

– Где же он?

– Он в армии, mon père, в Смоленске.

Он долго молчал, закрыв глаза; потом утвердительно, как бы в ответ на свои сомнения и в подтверждение того, что он теперь все понял и вспомнил, кивнул головой и открыл глаза.

– Да, – сказал он явственно и тихо. – Погибла Россия! Погубили! – И он опять зарыдал, и слезы потекли у него из глаз. Княжна Марья не могла более удерживаться и плакала тоже, глядя на его лицо.

Он опять закрыл глаза. Рыдания его прекратились. Он сделал знак рукой к глазам; и Тихон, поняв его, отер ему слезы.

Потом он открыл глаза и сказал что-то, чего долго никто не мог понять и, наконец, понял и передал один Тихон. Княжна Марья отыскивала смысл его слов в том настроении, в котором он говорил за минуту перед этим. То она думала, что он говорит о России, то о князе Андрее, то о ней, о внуке, то о своей смерти. И от этого она не могла угадать его слов.

– Надень твое белое платье, я люблю его, – говорил он.

Поняв эти слова, княжна Марья зарыдала еще громче, и доктор, взяв ее под руку, вывел ее из комнаты на террасу, уговаривая ее успокоиться и заняться приготовлениями к отъезду. После того как княжна Марья вышла от князя, он опять заговорил о сыне, о войне, о государе, задергал сердито бровями, стал возвышать хриплый голос, и с ним сделался второй и последний удар.

Княжна Марья остановилась на террасе. День разгулялся, было солнечно и жарко. Она не могла ничего понимать, ни о чем думать и ничего чувствовать, кроме своей страстной любви к отцу, любви, которой, ей казалось, она не знала до этой минуты. Она выбежала в сад и, рыдая, побежала вниз к пруду по молодым, засаженным князем Андреем, липовым дорожкам.

– Да... *я... я... я.* Я желала его смерти. Да, я желала, чтобы скорее кончилось... *Я* хотела успокоиться... А что ж будет со мной? На что мне спокойствие, когда его не будет, – бормотала вслух княжна Марья, быстрыми шагами ходя по саду и руками давя грудь, из который судорожно вырывались рыдания. Обойдя по саду круг, который привел ее опять к дому, она увидала идущих к ней навстречу m-lle Bourienne (которая оставалась в Богучарове и не хотела оттуда уехать) и незнакомого мужчину. Это был предводитель уезда, сам приехавший к княжне с тем, чтобы представить ей всю необходимость скорого отъезда. Княжна Марья слушала и не понимала его; она ввела его в дом, предложила ему завтракать и села с ним. Потом, извинившись перед предводителем, она подошла к двери старого князя. Доктор с встревоженным лицом вышел к ней и сказал, что нельзя.

– Идите, княжна, идите, идите!

Княжна Марья пошла опять в сад и под горой у пруда, в том месте, где никто не мог видеть, села на траву. Она не знала, как долго она пробыла там. Чьи-то бегущие женские шаги по дорожке заставили ее очнуться. Она поднялась и увидала, что Дуняша, ее горничная, очевидно бежавшая за нею, вдруг, как бы испугавшись вида своей барышни, остановилась.

– Пожалуйте, княжна... князь... – сказала Дуняша сорвавшимся голосом.

– Сейчас, иду, иду, – поспешно заговорила княжна, не давая времени Дуняше договорить ей то, что она имела сказать, и, стараясь не видеть Дуняши, побежала к дому.

– Княжна, воля Божия совершается, вы должны быть на все готовы, – сказал предводитель, встречая ее у входной двери.

– Оставьте меня. Это неправда! – злобно крикнула она на него. Доктор хотел остановить ее. Она оттолкнула его и подбежала к двери. "И к чему эти люди с испуганными лицами останавливают меня? Мне никого не нужно! И что они тут делают?" – Она отворила дверь, и яркий дневной свет в этой прежде полутемной комнате ужаснул ее. В комнате были женщины и няня. Они все отстранились от кровати, давая ей дорогу. Он лежал все так же на кровати; но строгий вид его спокойного лица остановил княжну Марью на пороге комнаты.

"Нет, он не умер, это не может быть!" – сказала себе княжна Марья, подошла к нему и, преодолевая ужас, охвативший ее, прижала к щеке его свои губы. Но она тотчас же отстранилась от него. Мгновенно вся сила нежности к нему, которую она чувствовала в себе, исчезла и заменилась чувством ужаса к тому, что было перед нею. "Нет, нет его больше! Его нет, а есть тут же, на том же месте, где был он, что-то чуждое и враждебное, какая-то страшная, ужасающая и отталкивающая тайна..." – И, закрыв лицо руками, княжна Марья упала на руки доктора, поддержавшего ее.

В присутствии Тихона и доктора женщины обмыли то, что был он, повязали платком голову, чтобы не закостенел открытый рот, и связали другим платком расходившиеся ноги. Потом они одели в мундир с орденами и положили на стол маленькое ссохшееся тело. Бог знает, кто и когда позаботился об этом, но все сделалось как бы само собой. К ночи кругом гроба горели свечи, на гробу был покров, на полу был посыпан можжевельник, под мертвую ссохшуюся голову была положена печатная молитва, а в углу сидел дьячок, читая псалтырь.

Как лошади шарахаются, толпятся и фыркают над мертвой лошадью, так в гостиной вокруг гроба толпился народ чужой и свой — предводитель, и староста, и бабы, и все с остановившимися испуганными глазами, крестились и кланялись, и целовали холодную и закоченевшую руку старого князя.

IX

Богучарово было всегда, до поселения в нем князя Андрея, заглазное именье, и мужики богучаровские имели совсем другой характер от лысогорских. Они отличались от них и говором, и одеждой, и нравами. Они назывались степными. Старый князь хвалил их за их сносливость в работе, когда они приезжали подсоблять уборке в Лысых Горах или копать пруды и канавы, но не любил их за их дикость.

Последнее пребывание в Богучарове князя Андрея, с его нововведениями — больницами, школами и облегчением оброка, — не смягчило их нравов, а, напротив, усилило в них те черты характера, которые старый князь называл дикостью. Между ними всегда ходили какие-нибудь неясные толки, то о перечислении их всех в казаки, то о новой вере, в которую их обратят, то о царских листах каких-то, то о присяге Павлу Петровичу в 1797 году (про которую говорили, что тогда еще воля выходила, да господа отняли), то об имеющем через семь лет воцариться Петре Феодоровиче, при котором все будет вольно и так будет просто, что ничего не будет. Слухи о войне и Бонапарте и его нашествии соединились для них с такими же неясными представлениями об антихристе, конце света и чистой воле.

В окрестности Богучарова были всё большие села, казенные и оброчные помещичьи. Живущих в этой местности помещиков было очень мало; очень мало было также дворовых и грамотных, и в жизни крестьян этой местности были заметнее и сильнее, чем в других, те таинственные струи народной русской жизни, причины и значение которых бывают необъяснимы для современников. Одно из таких явлений было проявившееся лет двадцать тому назад движение между крестьянами этой местности к переселению на какие-то теплые реки. Сотни крестьян, в, том числе и богучаровские, стали вдруг распродавать свой скот и уезжать с семействами куда-то на юго-восток. Как птицы летят куда-то за моря, стремились эти люди с женами и детьми туда, на юго-восток, где никто из них не был. Они поднимались караванами, поодиночке выкупáлись, бежали, и ехали, и шли туда, на теплые реки. Многие были наказаны, сосланы в Сибирь, многие с холода и голода умерли на дороге, многие вернулись сами, и движение затихло само собой так же, как оно и началось без очевидной причины. Но подводные струи не переставали течь в этом народе и собирались для какой-то новой силы, имеющей проявиться так же странно, неожиданно и вместе с тем просто, естественно и сильно. Теперь, в 1812-м году, для человека, близко жившего с народом, заметно было, что эти подводные струи производили сильную работу и были близки к проявлению.

Алпатыч, приехав в Богучарово несколько времени перед кончиной старого князя, заметил, что между народом происходило волнение и что, противно тому, что происходило в полосе Лысых Гор на шестидесятиверстном радиусе, где все крестьяне уходили (предоставляя казакам разорять свои деревни), в полосе степной, в богучаровской, крестьяне, как слышно было, имели сношения с французами, получали какие-то бумаги, ходившие между ними, и оставались на местах. Он знал через преданных ему дворовых людей, что ездивший на днях с казенной подводой мужик Карп, имевший большое влияние на мир, возвратился с известием, что казаки разоряют деревни, из которых выходят жители, но что французы их не трогают. Он знал, что другой мужик вчера привез даже из села Вислоухова – где стояли французы – бумагу от генерала французского, в которой жителям объявлялось, что им не будет сделано никакого вреда и за все, что у них возьмут, заплатят, если они останутся. В доказательство того мужик привез из Вислоухова сто рублей ассигнациями (он не знал, что они были фальшивые), выданные ему вперед за сено.

Наконец, важнее всего, Алпатыч знал, что в тот самый день, как он приказал старосте собрать подводы для вывоза обоза княжны из Богучарова, поутру была на деревне сходка, на которой положено было не вывозиться и ждать. А между тем время не терпело. Предводитель, в день смерти князя, 15-го августа, настаивал у княжны Марьи на том, чтобы она уехала в тот же день, так как становилось опасно. Он говорил, что после 16-го он не отвечает ни за что. В день же смерти князя он уехал вечером, но обещал приехать на похороны на другой день. Но на другой день он не мог приехать, так как, по полученным им самим известиям, французы неожиданно подвинулись, и он только успел увезти из своего имения свое семейство и все ценное.

Лет тридцать Богучаровым управлял староста Дрон, которого старый князь звал Дронушкой.

Дрон был один из тех крепких физически и нравственно мужиков, которые, как только войдут в года, обрастут бородой, так, не изменяясь, живут до шестидесяти – семидесяти лет, без одного седого волоса или недостатка зуба, такие же прямые и сильные в шестьдесят лет, как и в тридцать.

Дрон, вскоре после переселения на теплые реки, в котором он участвовал, как и другие, был сделан старостой-бурмистром в Богучарове и с тех пор двадцать три года безупречно пробыл в этой должности. Мужики боялись его больше, чем барина. Господа, и старый князь, и молодой, и управляющий, уважали его и в шутку называли министром. Во все время своей службы Дрон ни разу не был ни пьян, ни болен; никогда, ни после бессонных ночей, ни после каких бы то ни было трудов, не выказывал ни малейшей усталости и, не зная грамоте, никогда не забывал ни одного счета денег и пудов муки по огромным обозам, которые он продавал, и ни одной копны ужи́на хлеба на каждой десятине богучаровских полей.

Этого-то Дрона Алпатыч, приехавший из разоренных Лысых Гор, призвал к себе в день похорон князя и приказал ему приготовить двенадцать лошадей под экипажи княжны и восемнадцать подвод под обоз, который должен был быть поднят из Богучарова. Хотя мужики и были оброчные, исполнение приказания этого не могло встретить затруднения, по мнению Алпатыча, так как в Богучарове было двести тридцать тягол и мужики были зажиточные. Но староста Дрон, выслушав приказание, молча опустил глаза. Алпатыч назвал ему мужиков, которых он знал и с которых он приказывал взять подводы.

Дрон отвечал, что лошади у этих мужиков в извозе. Алпатыч назвал других мужиков, и у тех лошадей не было, по словам Дрона, одни были под казенными подводами, другие бессильны, у третьих подохли лошади от бескормицы. Лошадей, по мнению Дрона, нельзя было собрать не только под обоз, но и под экипажи.

Алпатыч внимательно посмотрел на Дрона и нахмурился. Как Дрон был образцовым старостой-мужиком, так и Алпатыч недаром управлял двадцать лет имениями князя и был образцовым управляющим. Он в высшей степени способен был понимать чутьем потребности и инстинкты народа, с которым имел дело, и потому он был превосходным управляющим. Взглянув на Дрона, он тотчас понял, что ответы Дрона не были выражением мысли Дрона, но выражением того общего настроения богучаровского мира, которым староста уже был захвачен. Но вместе с тем он знал, что нажившийся и ненавидимый миром Дрон должен был колебаться между двумя лагерями – господским и крестьянским. Это колебание он заметил в его взгляде, и потому Алпатыч, нахмурившись, придвинулся к Дрону.

– Ты, Дронушка, слушай! – сказал он. – Ты мне пустого не говори. Его сиятельство князь Андрей Николаич сами мне приказали, чтобы весь народ отправить и с неприятелем не оставаться, и царский на то приказ есть. А кто останется, тот царю изменник. Слышишь?

– Слушаю, – отвечал Дрон, не поднимая глаз.

Алпатыч не удовлетворился этим ответом.

– Эй, Дрон, худо будет! – сказал Алпатыч, покачав головой.

– Власть ваша! – сказал Дрон печально.

– Эй, Дрон, оставь! – повторил Алпатыч, вынимая руку из-за пазухи и торжественным жестом указывая ею на пол под ноги Дрона. – Я не то, что тебя насквозь, я под тобой на три аршина все насквозь вижу, – сказал он, вглядываясь в пол под ноги Дрона.

Дрон смутился, бегло взглянул на Алпатыча и опять опустил глаза.

– Ты вздор-то оставь и народу скажи, чтобы собирались из домов идти в Москву, и готовили подводы завтра к утру под княжнин обоз, да сам на сходку не ходи. Слышишь?

Дрон вдруг упал в ноги.

– Яков Алпатыч, уволь! Возьми от меня ключи, уволь ради Христа.

– Оставь! – сказал Алпатыч строго. – Под тобой насквозь на три аршина вижу, – повторил он, зная, что его мастерство ходить за пчелами, знание того, когда сеять овес, и то, что он двадцать лет умел угодить старому князю, давно приобрели ему славу колдуна и что способность видеть на три аршина под человеком приписывается колдунам.

Дрон встал и хотел что-то сказать, но Алпатыч перебил его:

– Что вы это вздумали? А?.. Что ж вы думаете? А?

– Что мне с народом делать? – сказал Дрон. – Взбуровило совсем. Я и то им говорю...

– То-то говорю, – сказал Алпатыч. – Пьют? – коротко спросил он.

– Весь взбуровился, Яков Алпатыч: другую бочку привезли.

– Так ты слушай. Я к исправнику поеду, а ты народу повести, и чтоб они это бросили, и чтоб подводы были.

– Слушаю, – отвечал Дрон.

Больше Яков Алпатыч не настаивал. Он долго управлял народом и знал, что главное средство для того, чтобы люди повиновались, состоит в том, чтобы не показывать им сомнения в том, что они могут не повиноваться. Добившись от Дрона покорного "слушаю-с", Яков Алпатыч удовлетворился этим, хотя он не только сомневался, но почти был уверен в том, что подводы без помощи воинской команды не будут доставлены.

И действительно, к вечеру подводы не были собраны. На деревне у кабака была опять сходка, и на сходке положено было угнать лошадей в лес и не выдавать подвод. Ничего не говоря об этом княжне, Алпатыч велел сложить с пришедших из Лысых Гор свою собственную кладь и приготовить этих лошадей под кареты княжны, а сам поехал к начальству.

X

После похорон отца княжна Марья заперлась в своей комнате и никого не впускала к себе. К двери подошла девушка сказать, что Алпатыч пришел спросить приказания об отъезде. (Это было еще до разговора Алпатыча с Дроном.) Княжна Марья приподнялась с дивана, на котором она лежала, и сквозь затворенную дверь проговорила, что она никуда и никогда не поедет и просит, чтобы ее оставили в покое.

Окна комнаты, в которой лежала княжна Марья, были на запад. Она лежала на диване лицом к стене и, перебирая пальцами пуговицы на кожаной подушке, видела только эту подушку, и неясные мысли ее были сосредоточены на одном: она думала о невозвратимости смерти и о той своей душевной мерзости, которой она не знала до сих пор и которая выказалась во время болезни ее отца. Она хотела, но не смела молиться, не смела в том душевном состоянии, в котором она находилась, обращаться к Богу. Она долго лежала в этом положении.

Солнце зашло на другую сторону дома и косыми вечерними лучами в открытые окна осветило комнату и часть сафьянной подушки, на которую смотрела княжна Марья. Ход мыслей ее вдруг приостановился. Она бессознательно приподнялась, оправила волоса, встала и подошла к окну, невольно вдыхая в себя прохладу ясного, но ветреного вечера.

"Да, теперь тебе удобно любоваться вечером! Его уж нет, и никто тебе не помешает", – сказала она себе, и, опустившись на стул, она упала головой на подоконник.

Кто-то нежным и тихим голосом назвал ее со стороны сада и поцеловал в голову. Она оглянулась. Это была m-lle Bourienne, в черном платье и плерезах. Она тихо подошла к княжне Марье, со вздохом поцеловала ее и тотчас же заплакала. Княжна Марья оглянулась на нее. Все прежние столкновения с нею, ревность к ней, вспомнились княжне Марье; вспомнилось и то, как он последнее время изменился к m-lle Bourienne, не мог ее видеть, и, стало быть, как несправедливы были те упреки, которые княжна Марья в душе своей делала ей. "Да и мне ли, мне ли, желавшей его смерти, осуждать кого-нибудь!" – подумала она.

Княжне Марье живо представилось положение m-lle Bourienne, в последнее время отдаленной от ее общества, но вместе с тем зависящей от нее и живущей в чужом доме. И ей стало жалко ее. Она кротко-вопросительно посмотрела на нее и протянула ей руку. M-lle Bourienne тотчас заплакала, стала целовать ее руку и говорить о горе, постигшем княжну, делая себя участницей этого горя. Она говорила о том, что единственное утешение в ее горе есть то, что княжна позволила ей разделить его с нею. Она говорила, что все бывшие недоразумения должны уничтожиться перед великим горем, что она чувствует себя чистой перед всеми и что он оттуда видит ее любовь и благодарность. Княжна слушала ее, не понимая ее слов, но изредка взглядывая на нее и вслушиваясь в звуки ее голоса.

– Ваше положение вдвойне ужасно, милая княжна, – помолчав немного, сказала m-lle Bourienne. – Я понимаю, что вы не могли и не можете думать о себе; но я моей любовью к вам обязана это сделать... Алпатыч был у вас? Говорил он с вами об отъезде? – спросила она.

Княжна Марья не отвечала. Она не понимала, куда и кто должен был ехать. "Разве можно было что-нибудь предпри-

нимать теперь, думать о чем-нибудь? Разве не все равно?"
Она не отвечала.

– Вы знаете ли, chère Marie, – сказала m-lle Bourienne, – знаете ли, что мы в опасности, что мы окружены французами; ехать теперь опасно. Ежели мы поедем, мы почти наверное попадем в плен, и Бог знает...

Княжна Марья смотрела на свою подругу, не понимая того, что она говорила.

– Ах, ежели бы кто-нибудь знал, как мне все все равно теперь, – сказала она. – Разумеется, я ни за что не желала бы уехать от *него*... Алпатыч мне говорил что-то об отъезде... Поговорите с ним, я ничего, ничего не могу и не хочу...

– Я говорила с ним. Он надеется, что мы успеем уехать завтра; но я думаю, что теперь лучше бы было остаться здесь, – сказала m-lle Bourienne. – Потому что, согласитесь, chère Marie, попасть в руки солдат или бунтующих мужиков на дороге – было бы ужасно. – M-lle Bourienne достала из ридикюля объявление на нерусской необыкновенной бумаге французского генерала Рамо о том, чтобы жители не покидали своих домов, что им оказано будет должное покровительство французскими властями, и подала ее княжне.

– Я думаю, что лучше обратиться к этому генералу, – сказала m-lle Bourienne, – и я уверена, что вам будет оказано должное уважение.

Княжна Марья читала бумагу, и сухие рыдания задергали ее лицо.

– Через кого вы получили это? – сказала она.

– Вероятно, узнали, что я француженка по имени, – краснея, сказала m-lle Bourienne.

Княжна Марья с бумагой в руке встала от окна и с бледным лицом вышла из комнаты и пошла в бывший кабинет князя Андрея.

– Дуняша, позовите ко мне Алпатыча, Дронушку, кого-нибудь, – сказала княжна Марья, – и скажите Амалье Карловне, чтобы она не входила ко мне, – прибавила она, услыхав голос m-lle Bourienne. – Поскорее ехать! Ехать скорее! – говорила княжна Марья, ужасаясь мысли о том, что она могла остаться во власти французов.

"Чтобы князь Андрей знал, что она во власти французов! Чтоб она, дочь князя Николая Андреича Болконского, просила господина генерала Рамо оказать ей покровительство и пользовалась его благодеяниями!" – Эта мысль приводила ее в ужас, заставляла ее содрогаться, краснеть и чувствовать еще не испытанные ею припадки злобы и гордости. Все, что́ только было тяжелого и, главное, оскорбительного в ее положении, живо представлялось ей. "Они, французы, поселятся в этом доме; господин генерал Рамо займет кабинет князя Андрея; будет для забавы перебирать и читать его письма и бумаги. M-lle Bourienne lui fera les honneurs de Богучарово[1]. Мне дадут комнатку из милости; солдаты разорят свежую могилу отца, чтобы снять с него кресты и звезды; они мне будут рассказывать о победах над русскими, будут притворно выражать сочувствие моему горю..." – думала княжна Марья не своими мыслями, но чувствуя себя обязанной думать за себя мыслями своего отца и брата. Для нее лично было все равно, где бы ни оставаться и что бы с ней ни было; но она чувствовала себя вместе с тем представительницей своего покойного отца и князя Андрея. Она невольно думала их мыслями и чувствовала их чувствами. Что бы они сказали, что бы они сделали теперь, то самое она чувствовала необходимым сделать. Она пошла в кабинет князя Андрея и, стараясь проникнуться его мыслями, обдумывала свое положение.

Требования жизни, которые она считала уничтоженными со смертью отца, вдруг с новой, еще *неизвестной* силой возникли перед княжной Марьей и охватили ее.

Взволнованная, красная, она ходила по комнате, требуя к себе то Алпатыча, то Михаила Ивановича, то Тихона, то Дрона. Дуняша, няня и все девушки ничего не могли сказать о том, в какой мере справедливо было то, что объявила m-lle Bourienne. Алпатыча не было дома: он уехал к начальству.

1 Мадемуазель Бурьен будет принимать его с почестями в Богучарове.

Призванный Михаил Иваныч, архитектор, явившийся к княжне Марье с заспанными глазами, ничего не мог сказать ей. Он точно с той же улыбкой согласия, с которой он привык в продолжение пятнадцати лет отвечать, не выражая своего мнения, на обращения старого князя, отвечал на вопросы княжны Марьи, так что ничего определенного нельзя было вывести из его ответов. Призванный старый камердинер Тихон, с опавшим и осунувшимся лицом, носившим на себе отпечаток неизлечимого горя, отвечал "слушаю-с" на все вопросы княжны Марьи и едва удерживался от рыданий, глядя на нее.

Наконец вошел в комнату староста Дрон и, низко поклонившись княжне, остановился у притолоки.

Княжна Марья прошлась по комнате и остановилась против него.

– Дронушка, – сказала княжна Марья, видевшая в нем несомненного друга, того самого Дронушку, который из своей ежегодной поездки на ярмарку в Вязьму привозил ей всякий раз и с улыбкой подавал свой особенный пряник. – Дронушка, теперь, после нашего несчастия, – начала она и замолчала, не в силах говорить дальше.

– Все под Богом ходим, – со вздохом сказал он. Они помолчали.

– Дронушка, Алпатыч куда-то уехал, мне не к кому обратиться. Правду ли мне говорят, что мне и уехать нельзя?

– Отчего же тебе не ехать, ваше сиятельство, ехать можно, – сказал Дрон.

– Мне сказали, что опасно от неприятеля. Голубчик, я ничего не могу, ничего не понимаю, со мной никого нет. Я непременно хочу ехать ночью или завтра рано утром. – Дрон молчал. Он исподлобья взглянул на княжну Марью.

– Лошадей нет, – сказал он, – я и Яков Алпатычу говорил.

– Отчего же нет? – сказала княжна.

– Все от божьего наказания, – сказал Дрон. – Какие лошади были, под войска разобрали, а какие подохли, нынче год какой. Не то лошадей кормить, а как бы самим с голоду не помереть! И так по три дня не емши сидят. Нет ничего, разорили вконец.

Княжна Марья внимательно слушала то, что он говорил ей.

– Мужики разорены? У них хлеба нет? – спросила она.

– Голодной смертью помирают, – сказал Дрон, – не то что подводы...

– Да отчего же ты не сказал, Дронушка? Разве нельзя помочь? Я все сделаю, что могу... – Княжне Марье странно было думать, что теперь, в такую минуту, когда такое горе наполняло ее душу, могли быть люди богатые и бедные и что могли богатые не помочь бедным. Она смутно знала и слышала, что бывает господский хлеб и что его дают мужикам. Она знала тоже, что ни брат, ни отец ее не отказали бы в нужде мужикам; она только боялась ошибиться как-нибудь в словах насчет этой раздачи мужикам хлеба, которым она хотела распорядиться. Она была рада тому, что ей представился предлог заботы, такой, для которой ей не совестно забыть свое горе. Она стала расспрашивать Дронушку подробности о нуждах мужиков и о том, что есть господского в Богучарове.

– Ведь у нас есть хлеб господский, братнин? – спросила она.

– Господский хлеб весь цел, – с гордостью сказал Дрон, – наш князь не приказывал продавать.

– Выдай его мужикам, выдай все, что им нужно: я тебе именем брата разрешаю, – сказала княжна Марья.

Дрон ничего не ответил и глубоко вздохнул.

– Ты раздай им этот хлеб, ежели его довольно будет для них. Все раздай. Я тебе приказываю именем брата, и скажи им: что, что наше, то и ихнее. Мы ничего не пожалеем для них. Так ты скажи.

Дрон пристально смотрел на княжну, в то время как она говорила.

– Уволь ты меня, матушка, ради Бога, вели от меня ключи принять, – сказал он. – Служил двадцать три года, худого не делал; уволь, ради Бога.

Княжна Марья не понимала, чего он хотел от нее и от чего он просил уволить себя. Она отвечала ему, что она никогда не сомневалась в его преданности и что она все готова сделать для него и для мужиков.

XI

Через час после этого Дуняша пришла к княжне с известием, что пришел Дрон и все мужики, по приказанию княжны, собрались у амбара, желая переговорить с госпожою.

– Да я никогда не звала их, – сказала княжна Марья, – я только сказала Дронушке, чтобы раздать им хлеба.

– Только ради Бога, княжна матушка, прикажите их прогнать и не ходите к ним. Все обман один, – говорила Дуняша, – а Яков Алпатыч приедут, и поедем... а вы не извольте...

– Какой же обман? – удивленно спросила княжна.

– Да уж я знаю, только послушайте меня, ради Бога. Вот и няню хоть спросите. Говорят, не согласны уезжать по вашему приказанию.

– Ты что-нибудь не то говоришь. Да я никогда не приказывала уезжать... – сказала княжна Марья. – Позови Дронушку.

Пришедший Дрон подтвердил слова Дуняши: мужики пришли по приказанию княжны.

– Да я никогда не звала их, – сказала княжна. – Ты, верно, не так передал им. Я только сказала, чтобы ты им отдал хлеб.

Дрон, не отвечая, вздохнул.

– Если прикажете, они уйдут, – сказал он.

– Нет, нет, я пойду к ним, – сказала княжна Марья.

Несмотря на отговариванье Дуняши и няни, княжна Марья вышла на крыльцо. Дрон, Дуняша, няня и Михаил Иваныч шли за нею.

“Они, вероятно, думают, что я предлагаю им хлеб с тем, чтобы они остались на своих местах, и сама уеду, бросив их на произвол французов, – думала княжна Марья. – Я им буду обещать месячину в подмосковной, квартиры; я уверена, что André еще больше бы сделал на моем месте", – думала она, подходя в сумерках к толпе, стоявшей на выгоне у амбара.

Толпа, скучиваясь, зашевелилась, и быстро снялись шляпы. Княжна Марья, опустив глаза и путаясь ногами в платье, близко подошла к ним. Столько разнообразных старых и молодых глаз было устремлено на нее и столько было разных лиц, что княжна Марья не видала ни одного лица и, чувствуя необходимость говорить вдруг со всеми, не знала, как быть. Но опять сознание того, что она – представительница отца и брата, придало ей силы, и она смело начала свою речь.

– Я очень рада, что вы пришли, – начала княжна Марья, не поднимая глаз и чувствуя, как быстро и сильно билось ее сердце. – Мне Дронушка сказал, что вас разорила война. Это наше общее горе, и я ничего не пожалею, чтобы помочь вам. Я сама еду, потому что уже опасно здесь и неприятель близко... потому что... Я вам отдаю все, мои друзья, и прошу вас взять все, весь хлеб наш, чтобы у вас не было нужды. А ежели вам сказали, что я отдаю вам хлеб с тем, чтобы вы остались здесь, то это неправда. Я, напротив, прошу вас уезжать со всем вашим имуществом в нашу подмосковную, и там я беру на себя и обещаю вам, что вы не будете нуждаться. Вам дадут и домы и хлеба. – Княжна остановилась. В толпе только слышались вздохи.

– Я не от себя делаю это, – продолжала княжна, – я это делаю именем покойного отца, который был вам хорошим барином, и за брата, и его сына.

Она опять остановилась. Никто не прерывал ее молчания.

– Горе наше общее, и будем делить всё пополам. Все, что мое, то ваше, – сказала она, оглядывая лица, стоявшие перед нею.

Все глаза смотрели на нее с одинаковым выражением, значения которого она не могла понять. Было ли это любопытство, преданность, благодарность, или испуг и недоверие, но выражение на всех лицах было одинаковое.

– Много довольны вашей милостью, только нам брать господский хлеб не приходится, – сказал голос сзади.

– Да отчего же? – сказала княжна.

Никто не ответил, и княжна Марья, оглядываясь по толпе, замечала, что теперь все глаза, с которыми она встречалась, тотчас же опускались.

– Отчего же вы не хотите? – спросила она опять. Никто не отвечал.

Княжне Марье становилось тяжело от этого молчанья; она старалась уловить чей-нибудь взгляд.

– Отчего вы не говорите? – обратилась княжна к старому старику, который, облокотившись на палку, стоял перед ней. – Скажи, ежели ты думаешь, что еще что-нибудь нужно. Я все сделаю, – сказала она, уловив его взгляд. Но он, как бы рассердившись за это, опустил совсем голову и проговорил:

– Чего соглашаться-то, не нужно нам хлеба.

– Что ж, нам все бросить-то? Не согласны. Не согласны... Нет нашего согласия. Мы тебя жалеем, а нашего согласия нет. Поезжай сама, одна... – раздалось в толпе с разных сторон. И опять на всех лицах этой толпы показалось одно и то же выражение, и теперь это было уже наверное не выражение любопытства и благодарности, а выражение озлобленной решительности.

– Да вы не поняли, верно, – с грустной улыбкой сказала княжна Марья. – Отчего вы не хотите ехать? Я обещаю поселить вас, кормить. А здесь неприятель разорит вас...

Но голос ее заглушали голоса толпы.

– Нет нашего согласия, пускай разоряет! Не берем твоего хлеба, нет согласия нашего!

Княжна Марья старалась уловить опять чей-нибудь взгляд из толпы, но ни один взгляд не был устремлен на нее; глаза, очевидно, избегали ее. Ей стало странно и неловко.

– Вишь, научила ловко, за ней в крепость иди! Дома разори да в кабалу и ступай. Как же! Я хлеб, мол, отдам! – слышались голоса в толпе.

Княжна Марья, опустив голову, вышла из круга и пошла в дом. Повторив Дрону приказание о том, чтобы завтра были лошади для отъезда, она ушла в свою комнату и осталась одна с своими мыслями.

XII

Долго эту ночь княжна Марья сидела у открытого окна в своей комнате, прислушиваясь к звукам говора мужиков, доносившегося с деревни, но она не думала о них. Она чувствовала, что, сколько бы она ни думала о них, она не могла бы понять их. Она думала все об одном – о своем горе, которое теперь, после перерыва, произведенного заботами о настоящем, уже сделалось для нее прошедшим. Она теперь уже могла вспоминать, могла плакать и могла молиться. С заходом солнца ветер затих. Ночь была тихая и свежая. В двенадцатом часу голоса стали затихать, пропел петух, из-за лип стала выходить полная луна, поднялся свежий, белый туман-роса, и над деревней и над домом воцарилась тишина.

Одна за другой представлялись ей картины близкого прошедшего – болезни и последних минут отца. И с грустной радостью она теперь останавливалась на этих образах, отгоняя от себя с ужасом только одно последнее представление его смерти, которое – она чувствовала – она была не в силах созерцать даже в своем воображении в этот тихий и таинственный час ночи. И картины эти представлялись ей с такой ясностью и с такими подробностями, что они казались ей то действительностью, то прошедшим, то будущим.

То ей живо представлялась та минута, когда с ним сделался удар и его из сада в Лысых Горах волокли под руки и он бормотал что-то бессильным языком, дергал седыми бровями и беспокойно и робко смотрел на нее.

"Он и тогда хотел сказать мне то, что он сказал мне в день своей смерти, – думала она. – Он всегда думал то, что он сказал мне". И вот ей со всеми подробностями вспомнилась та ночь в Лысых Горах накануне сделавшегося с ним удара, когда княжна Марья, предчувствуя беду, против его воли осталась с ним. Она не спала и ночью на цыпочках сошла вниз и, подойдя к двери в цветочную, в которой в эту ночь ночевал ее отец, прислушалась к его голосу. Он измученным, усталым голосом говорил что-то с Тихоном. Ему, видно, хотелось поговорить. "И отчего он не позвал меня? Отчего он не позволил быть мне тут на месте Тихона? – думала тогда и теперь княжна Марья. – Уж он не выскажет никогда никому теперь всего того, что было в его душе. Уж никогда не вернется для него и для меня эта минута, когда бы он говорил все, что ему хотелось высказать, а я, а не Тихон, слушала бы и понимала его. Отчего я не вошла тогда в комнату? – думала она. – Может быть, он тогда же бы сказал мне то, что он сказал в день смерти. Он и тогда в разговоре с Тихоном два раза спросил про меня. Ему хотелось меня видеть, а я стояла тут, за дверью. Ему было грустно, тяжело говорить с Тихоном, который не понимал его. Помню, как он заговорил с ним про Лизу, как живую, – он забыл, что она умерла, и Тихон напомнил ему, что ее уже нет, и он закричал: "Дурак". Ему тяжело было. Я слышала из-за двери, как он, кряхтя, лег на кровать и громко прокричал: "Бог мой!" Отчего я не взошла тогда? Что ж бы он сделал мне? Что бы я потеряла? А может быть, тогда же он утешился бы, он сказал бы мне это слово". И княжна Марья вслух произнесла то ласкательное слово, которое он сказал ей в день смерти. "Ду-ше-нь-ка" – повторила княжна Марья это слово и зарыдала облегчающими душу слезами. Она видела теперь перед собою его лицо. И не то лицо, которое она знала с тех пор, как себя помнила, и которое она всегда видела издалека; а то лицо – робкое и слабое, которое она в последний день, пригибаясь к его рту, чтобы слышать то, что он говорил, в первый раз рассмотрела вблизи со всеми его морщинами и подробностями.

"Душенька", – повторила она.

"Что он думал, когда сказал это слово? Что он думает теперь?" – вдруг пришел ей вопрос, и в ответ на это она увидала его перед собой с тем выражением лица, которое у него было в гробу на обвязанном белым платком лице. И тот ужас, который охватил ее тогда, когда она прикоснулась к нему и убедилась, что это не только не был он, но что-то таинственное и отталкивающее, охватил ее и теперь. Она хотела думать о другом, хотела молиться и ничего не могла сделать. Она большими открытыми глазами смотрела на лунный свет и тени, всякую секунду ждала увидеть его мертвое лицо и чувствовала, что тишина, стоявшая над домом и в доме, заковывала ее.

– Дуняша! – прошептала она. – Дуняша! – вскрикнула она диким голосом и, вырвавшись из тишины, побежала к девичьей, навстречу бегущим к ней няне и девушкам.

XIII

17-го августа Ростов и Ильин, сопутствуемые только что вернувшимся из плена Лаврушкой и вестовым гусаром, из своей стоянки Янково, в пятнадцати верстах от Богучарова, поехали кататься верхами – попробовать новую, купленную Ильиным лошадь и разузнать, нет ли в деревнях сена.

Богучарово находилось последние три дня между двумя неприятельскими армиями, так что так же легко мог зайти туда русский арьергард, как и французский авангард, и потому Ростов, как заботливый эскадронный командир, желал прежде французов воспользоваться тем провиантом, который оставался в Богучарове.

Ростов и Ильин были в самом веселом расположении духа. Дорогой в Богучарово, в княжеское именье с усадьбой, где они надеялись найти большую дворню и хорошеньких девушек, они то расспрашивали Лаврушку о Наполеоне и смеялись его рассказам, то перегонялись, пробуя лошадь Ильина.

Ростов и не знал и не думал, что эта деревня, в которую он ехал, была именье того самого Болконского, который был женихом его сестры.

Ростов с Ильиным в последний раз выпустили на перегонку лошадей в изволок перед Богучаровым, и Ростов, перегнавший Ильина, первый вскакал в улицу деревни Богучарова.

– Ты вперед взял, – говорил раскрасневшийся Ильин.

– Да, всё вперед, и на лугу вперед, и тут, – отвечал Ростов, поглаживая рукой своего взмылившегося донца.

– А я на французской, ваше сиятельство, – сзади говорил Лаврушка, называя французской свою упряжную клячу, – перегнал бы, да только срамить не хотел.

Они шагом подъехали к амбару, у которого стояла большая толпа мужиков.

Некоторые мужики сняли шапки, некоторые, не снимая шапок, смотрели на подъехавших. Два старые длинные мужика, с сморщенными лицами и редкими бородами, вышли из кабака и с улыбками, качаясь и распевая какую-то нескладную песню, подошли к офицерам.

– Молодцы! – сказал, смеясь, Ростов. – Что, сено есть?

– И одинакие какие... – сказал Ильин.

– Развесе... оо...ооо...лая бесе...бесе... – распевали мужики с счастливыми улыбками.

Один мужик вышел из толпы и подошел к Ростову.

– Вы из каких будете? – спросил он.

– Французы, – отвечал, смеючись, Ильин. – Вот и Наполеон сам, – сказал он, указывая на Лаврушку.

– Стало быть, русские будете? – переспросил мужик.

– А много вашей силы тут? – спросил другой небольшой мужик, подходя к ним.

– Много, много, – отвечал Ростов. – Да вы что ж собрались тут? – прибавил он. – Праздник, что ль?

– Старички собрались, по мирскому делу, – отвечал мужик, отходя от него.

В это время по дороге от барского дома показались две женщины и человек в белой шляпе, шедшие к офицерам.

– В розовом моя, чур не отбивать! – сказал Ильин, заметив решительно подвигавшуюся к нему Дуняшу.

– Наша будет! – подмигнув, сказал Ильину Лаврушка.

– Что, моя красавица, нужно? – сказал Ильин, улыбаясь.

– Княжна приказали узнать, какого вы полка и ваши фамилии?

– Это граф Ростов, эскадронный командир, а я ваш покорный слуга.

– Бе...се...е...ду...шка! – распевал пьяный мужик, счастливо улыбаясь и глядя на Ильина, разговаривающего с девушкой. Вслед за Дуняшей подошел к Ростову Алпатыч, еще издали сняв свою шляпу.

– Осмелюсь обеспокоить, ваше благородие, – сказал он с почтительностью, но с относительным пренебрежением к юности этого офицера и заложив руку за пазуху. – Моя госпожа, дочь скончавшегося сего пятнадцатого числа генерал-аншефа князя Николая Андреевича Болконского, находясь в затруднении по случаю невежества этих лиц, – он указал на мужиков, – просит вас пожаловать... не угодно ли будет, – с грустной улыбкой сказал Алпатыч, – отъехать несколько, а то не так удобно при... – Алпатыч указал на двух мужиков, которые сзади так и носились около него, как слепни около лошади.

– А!.. Алпатыч... А? Яков Алпатыч!.. Важно! прости ради Христа. Важно! А?.. – говорили мужики, радостно улыбаясь ему. Ростов посмотрел на пьяных стариков и улыбнулся.

– Или, может, это утешает ваше сиятельство? – сказал Яков Алпатыч с степенным видом, не заложенной за пазуху рукой указывая на стариков.

– Нет, тут утешенья мало, – сказал Ростов и отъехал. – В чем дело? – спросил он.

– Осмелюсь доложить вашему сиятельству, что грубый народ здешний не желает выпустить госпожу из имения и угрожает отпречь лошадей, так что с утра все уложено и ее сиятельство не могут выехать.

– Не может быть! – вскрикнул Ростов.

– Имею честь докладывать вам сущую правду, – повторил Алпатыч.

Ростов слез с лошади и, передав ее вестовому, пошел с Алпатычем к дому, расспрашивая его о подробностях дела.

Действительно, вчерашнее предложение княжны мужикам хлеба, ее объяснение с Дроном и с сходкою так испортили дело, что Дрон окончательно сдал ключи, присоединился к мужикам и не являлся по требованию Алпатыча и что поутру, когда княжна велела закладывать, чтобы ехать, мужики вышли большой толпой к амбару и выслали сказать, что они не выпустят княжны из деревни, что есть приказ, чтобы не вывозиться, и они выпрягут лошадей. Алпатыч выходил к ним, усовещивая их, но ему отвечали (больше всех говорил Карп; Дрон не показывался из толпы), что княжну нельзя выпустить, что на то приказ есть; а что пускай княжна остается, и они по-старому будут служить ей и во всем повиноваться.

В ту минуту, когда Ростов и Ильин проскакали по дороге, княжна Марья, несмотря на отговариванье Алпатыча, няни и девушек, велела закладывать и хотела ехать; но, увидав проскакавших кавалеристов, их приняли за французов, кучера разбежались, и в доме поднялся плач женщин.

– Батюшка! отец родной! Бог тебя послал, – говорили умиленные голоса, в то время как Ростов проходил через переднюю.

Княжна Марья, потерянная и бессильная, сидела в зале, в то время как к ней ввели Ростова. Она не понимала, кто он, и зачем он, и что с нею будет. Увидав его русское лицо и по входу его и первым сказанным словам признав его за человека своего круга, она взглянула на него своим глубоким и лучистым взглядом и начала говорить обрывавшимся и дрожавшим от волнения голосом. Ростову тотчас же представилось что-то романическое в этой встрече. "Беззащитная, убитая горем девушка, одна, оставленная на произвол грубых, бунтующих мужиков! И какая-то странная судьба натолкнула меня сюда! – думал Ростов, слушая ее и глядя на нее. – И какая кротость, благородство в ее чертах и в выражении!" – думал он, слушая ее робкий рассказ.

Когда она заговорила о том, что все это случилось на другой день после похорон отца, ее голос задрожал. Она отвернулась и потом, как бы боясь, чтобы Ростов не принял ее слова за желание разжалобить его, вопросительно-испуганно взглянула на него. У Ростова слезы стояли в глазах. Княжна Марья заметила это и благодарно посмотрела на Ростова тем своим лучистым взглядом, который заставлял забывать некрасивость ее лица.

– Не могу выразить, княжна, как я счастлив тем, что я случайно заехал сюда и буду в состоянии показать вам свою готовность, – сказал Ростов, вставая. – Извольте ехать, и я отвечаю вам своей честью, что ни один человек не посмеет сделать вам неприятность, ежели вы мне только позволите конвоировать вас, – и, почтительно поклонившись, как кланяются дамам царской крови, он направился к двери.

Почтительностью своего тона Ростов как будто показывал, что, несмотря на то, что он за счастье бы счел свое знакомство с нею, он не хотел пользоваться случаем ее несчастия для сближения с нею.

Княжна Марья поняла и оценила этот тон.

– Я очень, очень благодарна вам, – сказала ему княжна по-французски, – но надеюсь, что все это было только недоразуменье и что никто не виноват в том. – Княжна вдруг заплакала. – Извините меня, – сказала она.

Ростов, нахмурившись, еще раз низко поклонился и вышел из комнаты.

XIV

– Ну что, ми́ла? Нет, брат, розовая моя прелесть, и Дуняшей зовут... – Но, взглянув на лицо Ростова, Ильин замолк. Он видел, что его герой и командир находился совсем в другом строе мыслей.

Ростов злобно оглянулся на Ильина и, не отвечая ему, быстрыми шагами направился к деревне.

– Я им покажу, я им задам, разбойникам! – говорил он про себя.

Алпатыч плывущим шагом, чтобы только не бежать, рысью едва догнал Ростова.

– Какое решение изволили принять? – сказал он, догнав его.

Ростов остановился и, сжав кулаки, вдруг грозно подвинулся на Алпатыча.

– Решенье? Какое решенье? Старый хрыч! – крикнул он на него. – Ты чего смотрел? А? Мужики бунтуют, а ты не умеешь справиться? Ты сам изменник. Знаю я вас, шкуру спущу со всех... – И, как будто боясь растратить понапрасну запас своей горячности, он оставил Алпатыча и быстро пошел вперед. Алпатыч, подавив чувство оскорбления, плывущим шагом поспевал за Ростовым и продолжал сообщать ему свои соображения. Он говорил, что мужики находились в закоснелости, что в настоящую минуту было неблагоразумно *противуборствовать* им, не имея военной команды, что не лучше ли бы было послать прежде за командой.

– Я им дам воинскую команду... Я их попротивоборствую, – бессмысленно приговаривал Николай, задыхаясь от неразумной животной злобы и потребности излить эту злобу. Не соображая того, что будет делать, бессознательно, быстрым, решительным шагом он подвигался к толпе. И чем ближе он подвигался к ней, тем больше чувствовал Алпатыч, что неблагоразумный поступок его может произвести хорошие результаты. То же чувствовали и мужики толпы, глядя на его быструю и твердую походку и решительное, нахмуренное лицо.

После того как гусары въехали в деревню и Ростов прошел к княжне, в толпе произошло замешательство и раздор. Некоторые мужики стали говорить, что эти приехавшие были русские и как бы они не обиделись тем, что не выпускают барышню. Дрон был того же мнения; но как только он выразил его, так Карп и другие мужики напали на бывшего старосту.

– Ты мир-то поедом ел сколько годов? – кричал на него Карп. – Тебе все одно! Ты кубышку выроешь, увезешь, тебе что, разори наши домá али нет?

– Сказано, порядок чтоб был, не езди никто из домов, чтобы ни синь пороха не вывозить, – вот она и вся! – кричал другой.

– Очередь на твоего сына была, а ты небось гладуха своего пожалел, – вдруг быстро заговорил маленький старичок, нападая на Дрона, – а моего Ваньку забрил. Эх, умирать будем!

– То-то умирать будем!

– Я от миру не отказчик, – говорил Дрон.

– То-то не отказчик, брюхо отрастил!..

Два длинные мужика говорили свое. Как только Ростов, сопутствуемый Ильиным, Лаврушкой и Алпатычем, подошел к толпе, Карп, заложив пальцы за кушак, слегка улыбаясь, вышел вперед. Дрон, напротив, зашел в задние ряды, и толпа сдвинулась плотнее.

– Эй! кто у вас староста тут? – крикнул Ростов, быстрым шагом подойдя к толпе.

– Староста-то? На что вам?.. – спросил Карп.

Но не успел он договорить, как шапка слетела с него и голова мотнулась набок от сильного удара.

– Шапки долой, изменники! – крикнул полнокровный голос Ростова. – Где староста? – неистовым голосом кричал он.

– Старосту, старосту кличет... Дрон Захарыч, вас, – послышались кое-где торопливо-покорные голоса, и шапки стали сниматься с голов.

– Нам бунтовать нельзя, мы порядки блюдем, – проговорил Карп, и несколько голосов сзади в то же мгновенье заговорили вдруг:

– Как старички порешили, много вас начальства...

– Разговаривать?.. Бунт!.. Разбойники! Изменники! – бессмысленно, не своим голосом завопил Ростов, хватая за ворот Карпа. – Вяжи его, вяжи! – кричал он, хотя некому было вязать его, кроме Лаврушки и Алпатыча.

Лаврушка, однако, подбежал к Карпу и схватил его сзади за руки.

– Прикажете наших из-под горы кликнуть? – крикнул он.

Алпатыч обратился к мужикам, вызывая двоих по именам, чтобы вязать Карпа. Мужики покорно вышли из толпы и стали распоясываться.

– Староста где? – кричал Ростов.

Дрон, с нахмуренным и бледным лицом, вышел из толпы.

– Ты староста? Вязать, Лаврушка! – кричал Ростов, как будто и это приказание не могло встретить препятствий. И действительно, еще два мужика стали вязать Дрона, который, как бы помогая им, снял с себя кушак и подал им.

– А вы все слушайте меня, – Ростов обратился к мужикам: – Сейчас марш по домам, и чтобы голоса вашего я не слыхал.

– Что ж, мы никакой обиды не делали. Мы только, значит, по глупости. Только вздор наделали... Я же сказывал, что непорядки, – послышались голоса, упрекавшие друг друга.

– Вот я же вам говорил, – сказал Алпатыч, вступая в свои права. – Нехорошо, ребята!

– Глупость наша, Яков Алпатыч, – отвечали голоса, и толпа тотчас же стала расходиться и рассыпаться по деревне.

Связанных двух мужиков повели на барский двор. Два пьяные мужика шли за ними.

– Эх, посмотрю я на тебя! – говорил один из них, обращаясь к Карпу.

– Разве можно так с господами говорить? Ты думал что?

– Дурак, – подтверждал другой, – право, дурак!

Через два часа подводы стояли на дворе богучаровского дома. Мужики оживленно выносили и укладывали на подводы господские вещи, и Дрон, по желанию княжны Марьи выпущенный из рундука, куда его заперли, стоя на дворе, распоряжался мужиками.

– Ты ее так дурно не клади, – говорил один из мужиков, высокий человек с круглым улыбающимся лицом, принимая из рук горничной шкатулку. – Она ведь тоже денег стоит. Что же ты ее так-то вот бросишь или под веревку – а она потрется. Я так не люблю. А чтоб все честно, по закону было. Вот так-то под рогожку, да сенцом прикрой, вот и важно. Любо!

– Ишь книг-то, книг, – сказал другой мужик, выносивший библиотечные шкафы князя Андрея. – Ты не цепляй! А грузно, ребята, книги здоровые!

– Да, писали, не гуляли! – значительно подмигнув, сказал высокий круглолицый мужик, указывая на толстые лексиконы, лежавшие сверху.

Ростов, не желая навязывать свое знакомство княжне, не пошел к ней, а остался на деревне, ожидая ее выезда. Дождавшись выезда экипажей княжны Марьи из дома, Ростов сел верхом и до пути, занятого нашими войсками, в двенадцати верстах от Богучарова, верхом провожал ее. В Янкове, на постоялом дворе, он простился с нею почтительно, в первый раз позволив себе поцеловать ее руку.

– Как вам не совестно, – краснея, отвечал он княжне Марье на выражение благодарности, за ее спасенье (как она называла его поступок), – каждый становой сделал бы то же. Если бы нам только приходилось воевать с мужиками, мы бы не допустили так далеко неприятеля, – говорил он, стыдясь чего-то и стараясь переменить разговор. – Я счастлив только, что имел случай познакомиться с вами. Прощайте, княжна, желаю вам счастия и утешения и желаю встретиться с вами при более счастливых условиях. Ежели вы не хотите заставить краснеть меня, пожалуйста не благодарите.

Но княжна, если не благодарила более словами, благодарила его всем выражением своего сиявшего благодарностью и нежностью лица. Она не могла верить ему, что ей не за что благодарить его. Напротив, для нее несомненно было то, что ежели бы его не было, то она, наверное, должна была бы погибнуть и от бунтовщиков и от французов; что он, для того чтобы спасти ее, подвергал себя самым очевидным и страшным опасностям; и еще несомненнее было то, что он был человек с высокой и благородной душой, который умел понять ее положение и горе. Его добрые и честные глаза с выступившими на них слезами, в то время как она сама, заплакав, говорила с ним о своей потере, не выходили из ее воображения.

Когда она простилась с ним и осталась одна, княжна Марья вдруг почувствовала в глазах слезы, и тут уж не в первый раз ей представился странный вопрос, любит ли она его?

По дороге дальше к Москве, несмотря на то, что положение княжны было не радостно, Дуняша, ехавшая с ней в карете, не раз замечала, что княжна, высунувшись в окно кареты, чему-то радостно и грустно улыбалась.

"Ну что же, ежели бы я и полюбила его?" – думала княжна Марья.

Как ни стыдно ей было признаться себе, что она первая полюбила человека, который, может быть, никогда не полюбит ее, она утешала себя мыслью, что никто никогда не узнает этого и что она не будет виновата, ежели будет до конца жизни, никому не говоря о том, любить того, которого она любила в первый и в последний раз.

Иногда она вспоминала его взгляды, его участие, его слова, и ей казалось счастье не невозможным. И тогда-то Дуняша замечала, что она, улыбаясь, глядела в окно кареты.

"И надо было ему приехать в Богучарово, и в эту самую минуту! – думала княжна Марья. – И надо было его сестре отказать князю Андрею!" – И во всем этом княжна Марья видела волю провиденья.

Впечатление, произведенное на Ростова княжной Марьей, было очень приятное. Когда он вспоминал про нее, ему становилось весело, и когда товарищи, узнав о бывшем с ним приключении в Богучарове, шутили ему, что он, поехав за сеном, подцепил одну из самых богатых невест в России, Ростов сердился. Он сердился именно потому, что мысль о женитьбе на приятной для него, кроткой княжне Марье с огромным состоянием не раз против его воли приходила ему в голову. Для себя лично Николай не мог желать жены лучше княжны Марьи: женитьба на ней сделала бы счастье графини – его матери, и поправила бы дела его отца; и даже – Николай чувствовал это – сделала бы счастье княжны Марьи.

Но Соня? И данное слово? И от этого-то Ростов сердился, когда ему шутили о княжне Болконской.

XV

Приняв командование над армиями, Кутузов вспомнил о князе Андрее и послал ему приказание прибыть в главную квартиру.

Князь Андрей приехал в Царево-Займище в тот самый день и в то самое время дня, когда Кутузов делал первый смотр войскам. Князь Андрей остановился в деревне у дома священника, у которого стоял экипаж главнокомандующего, и сел на лавочке у ворот, ожидая светлейшего, как все называли теперь Кутузова. На поле за деревней слышны были то звуки полковой музыки, то рев огромного количества голосов, кричавших "ура!" новому главнокомандующему. Тут же у ворот, шагах в десяти от князя Андрея, пользуясь отсутствием князя и прекрасной погодой, стояли два денщика, курьер и дворецкий. Черноватый, обросший усами и бакенбардами, маленький гусарский подполковник подъехал к воротам и, взглянув на князя Андрея, спросил: здесь ли стоит светлейший и скоро ли он будет?

Князь Андрей сказал, что он не принадлежит к штабу светлейшего и тоже приезжий. Гусарский подполковник обратился к нарядному денщику, и денщик главнокомандующего сказал ему с той особенной презрительностью, с которой говорят денщики главнокомандующих с офицерами:

– Что, светлейший? Должно быть, сейчас будет. Вам что?

Гусарский подполковник усмехнулся в усы на тон денщика, слез с лошади, отдал ее вестовому и подошел к Болконскому, слегка поклонившись ему. Болконский посторонился на лавке. Гусарский подполковник сел подле него.

– Тоже дожидаетесь главнокомандующего? – заговорил гусарский подполковник. – Говог'ят, всем доступен, слава Богу. А то с колбасниками беда! Недаг'ом Ег'молов в немцы пг'осился. Тепег'ь авось и г'усским говог'ить можно будет. А то чег'т знает что делали. Все отступали, все отступали. Вы делали поход? – спросил он.

– Имел удовольствие, – отвечал князь Андрей, – не только участвовать в отступлении, но и потерять в этом отступлении все, что имел дорогого, не говоря об именьях и родном доме... отца, который умер с горя. Я смоленский.

– А?.. Вы князь Болконский? Очень г'ад познакомиться: подполковник Денисов, более известный под именем Васьки, – сказал Денисов, пожимая руку князя Андрея и с особенно добрым вниманием вглядываясь в лицо Болконского. – Да, я слышал, – сказал он с сочувствием и, помолчав немного, продолжал: – Вот и скифская война. Это все хог'ошо, только не для тех, кто своими боками отдувается. А вы – князь Андг'ей Болконский? – Он покачал головой. – Очень г'ад, князь, очень г'ад познакомиться, – прибавил он опять с грустной улыбкой, пожимая ему руку.

Князь Андрей знал Денисова по рассказам Наташи о ее первом женихе. Это воспоминанье и сладко и больно перенесло его теперь к тем болезненным ощущениям, о которых он последнее время давно уже не думал, но которые все-таки были в его душе. В последнее время столько других и таких серьезных впечатлений, как оставление Смоленска, его приезд в Лысые Горы, недавнее известие о смерти отца, – столько ощущений было испытано им, что эти воспоминания уже давно не приходили ему и, когда пришли, далеко не подействовали на него с прежней силой. И для Денисова тот ряд воспоминаний, которые вызвало имя Болконского, было далекое, поэтическое прошедшее, когда он, после ужина и пения Наташи, сам не зная как, сделал предложение пятнадцатилетней девочке. Он улыбнулся воспоминаниям того времени и своей любви к Наташе и тотчас же перешел к тому, что страстно и исключительно теперь занимало его. Это был план кампании, который он придумал, служа во время отступления на аванпостах. Он представлял этот план Барклаю де Толли и теперь намерен был представить его Кутузову. План основывался на том, что операционная линия французов слишком растянута и что вместо того, или вместе с тем, чтобы действовать с фронта, загораживая дорогу французам, нужно было действовать на их сообщения. Он начал разъяснять свой план князю Андрею.

– Они не могут удег'жать всей этой линии. Это невозможно, я отвечаю, что пг'ог'ву их; дайте мне пятьсот человек, я г'азог'ву их, это вег'но! Одна система – паг'тизанская.

Денисов встал и, делая жесты, излагал свой план Болконскому. В средине его изложения крики армии, более нескладные, более распространенные и сливающиеся с музыкой и песнями, послышались на месте смотра. На деревне послышался топот и крики.

– Сам едет, – крикнул казак, стоявший у ворот, – едет!

Болконский и Денисов подвинулись к воротам, у которых стояла кучка солдат (почетный караул), и увидали подвигавшегося по улице Кутузова, верхом на невысокой гнедой лошадке. Огромная свита генералов ехала за ним. Барклай ехал почти рядом; толпа офицеров бежала за ними и вокруг них и кричала "ура!"

Вперед его во двор проскакали адъютанты. Кутузов, нетерпеливо подталкивая свою лошадь, плывшую иноходью под его тяжестью, и беспрестанно кивая головой, прикладывал руку к белой кавалергардской (с красным околышем и без козырька) фуражке, которая была на нем. Подъехав к почетному караулу молодцов гренадеров, большей частью кавалеров, отдававших ему честь, он с минуту молча, внимательно посмотрел на них начальническим упорным взглядом и обернулся к толпе генералов и офицеров, стоявших вокруг него. Лицо его вдруг приняло тонкое выражение; он вздернул плечами с жестом недоумения.

– И с такими молодцами всё отступать и отступать! – сказал он. – Ну, до свиданья, генерал, – прибавил он и тронул лошадь в ворота мимо князя Андрея и Денисова.

– Ура! ура! ура! – кричали сзади его.

С тех пор как не видал его князь Андрей, Кутузов еще потолстел, обрюзг и оплыл жиром. Но знакомые ему белый глаз, и рана, и выражение усталости в его лице и фигуре были те же. Он был одет в мундирный сюртук (плеть на тонком ремне висела через плечо) и в белой кавалергардской фуражке. Он, тяжело расплываясь и раскачиваясь, сидел на своей бодрой лошадке.

– Фю... фю... фю... – засвистал он чуть слышно, въезжая на двор. На лице его выражалась радость успокоения человека, намеревающегося отдохнуть после представительства. Он вынул левую ногу из стремени, повалившись всем телом и поморщившись от усилия, с трудом занес ее на седло, облокотился коленкой, крякнул и спустился на руки к казакам и адъютантам, поддерживавшим его.

Он оправился, оглянулся своими сощуренными глазами и, взглянув на князя Андрея, видимо не узнав его, зашагал своей ныряющей походкой к крыльцу.

– Фю... фю... фю, – просвистал он и опять оглянулся на князя Андрея. Впечатление лица князя Андрея только после нескольких секунд (как это часто бывает у стариков) связалось с воспоминанием о его личности.

– А здравствуй, князь, здравствуй, голубчик, пойдем... – устало проговорил он, оглядываясь, и тяжело вошел на скрипящее под его тяжестью крыльцо. Он расстегнулся и сел на лавочку, стоявшую на крыльце.

– Ну, что отец?

– Вчера получил известие о его кончине, – коротко сказал князь Андрей.

Кутузов испуганно-открытыми глазами посмотрел на князя Андрея, потом снял фуражку и перекрестился: "Царство ему Небесное! Да будет воля божия над всеми нами!" Он тяжело, всей грудью вздохнул и помолчал. "Я его любил и уважал и сочувствую тебе всей душой". Он обнял князя Андрея, прижал его к своей жирной груди и долго не отпускал от себя. Когда он отпустил его, князь Андрей увидал, что расплывшие губы Кутузова дрожали и на глазах были слезы. Он вздохнул и взялся обеими руками за лавку, чтобы встать.

– Пойдем, пойдем ко мне, поговорим, – сказал он; но в это время Денисов, так же мало робевший перед начальством, как и перед неприятелем, несмотря на то, что адъютанты у крыльца сердитым шепотом останавливали его, смело, стуча шпорами по ступенькам, вошел на крыльцо.

Кутузов, оставив руки упертыми на лавку, недовольно смотрел на Денисова. Денисов, назвав себя, объявил, что имеет сообщить его светлости дело большой важности для блага отечества. Кутузов усталым взглядом стал смотреть на Денисова и досадливым жестом, приняв руки и сложив их на животе, повторил: "Для блага отечества? Ну что такое? Говори". Денисов покраснел, как девушка (так странно было видеть краску на этом усатом, старом и пьяном лице), и смело начал излагать свой план разрезания операционной линии неприятеля между Смоленском и Вязьмой. Денисов жил в этих краях и знал хорошо местность. План его казался несомненно хорошим, в особенности по той силе убеждения, которая была в его словах. Кутузов смотрел себе на ноги и изредка оглядывался на двор соседней избы, как будто он ждал чего-то неприятного оттуда. Из избы, на которую он смотрел, действительно во время речи Денисова показался генерал с портфелем под мышкой.

– Что? – в середине изложения Денисова проговорил Кутузов. – Уже готовы?

– Готов, ваша светлость, – сказал генерал. Кутузов покачал головой, как бы говоря: "Как это все успеть одному человеку", и продолжал слушать Денисова.

– Даю честное благог'одное слово г'усского офицег'а, – говорил Денисов, – что я г'азог'ву сообщения Наполеона.

– Тебе Кирилл Андреевич Денисов, обер-интендант, как приходится? – перебил его Кутузов.

– Дядя г'одной, ваша светлость.

– О! приятели были, – весело сказал Кутузов. – Хорошо, хорошо, голубчик, оставайся тут при штабе, завтра поговорим. – Кивнув головой Денисову, он отвернулся и протянул руку к бумагам, которые принес ему Коновницын.

– Не угодно ли вашей светлости пожаловать в комнаты, – недовольным голосом сказал дежурный генерал, – необходимо рассмотреть планы и подписать некоторые бумаги. – Вышедший из двери адъютант доложил, что в квартире все было готово. Но Кутузову, видимо, хотелось войти в комнаты уже свободным. Он поморщился...

– Нет, вели подать, голубчик, сюда столик, я тут посмотрю, – сказал он. – Ты не уходи, – прибавил он, обращаясь к князю Андрею. Князь Андрей остался на крыльце, слушая дежурного генерала.

Во время доклада за входной дверью князь Андрей слышал женское шептанье и хрустение женского шелкового платья. Несколько раз, взглянув по тому направлению, он замечал за дверью, в розовом платье и лиловом шелковом платке на голове, полную, румяную и красивую женщину с блюдом, которая, очевидно, ожидала входа главнокомандующего. Адъютант Кутузова шепотом объяснил князю Андрею, что это была хозяйка дома, попадья, которая намеревалась подать хлеб-соль его светлости. Муж ее встретил светлейшего с крестом в церкви, а она дома... "Очень хорошенькая", – прибавил адъютант с улыбкой. Кутузов оглянулся на эти слова. Кутузов слушал доклад дежурного генерала (главным предметом которого была критика позиции при Цареве-Займище) так же, как он слушал Денисова, так же, как он слушал семь лет тому назад прения Аустерлицкого военного совета. Он, очевидно, слушал только оттого, что у него были уши, которые, несмотря на то, что в одном из них был морской канат, не могли не слышать; но очевидно было, что ничто из того, что мог сказать ему дежурный генерал, не могло не только удивить или заинтересовать его, но что он знал вперед все, что ему скажут, и слушал все это только потому, что надо прослушать, как надо прослушать поющийся молебен. Все, что говорил Денисов, было дельно и умно. То, что говорил дежурный генерал, было еще дельнее и умнее, но очевидно было, что Кутузов презирал и знание и ум и знал что-то другое, что должно было решить дело, – что-то другое, независимое от ума и знания. Князь Андрей внимательно следил за выражением лица главнокомандующего, и единственное выражение, которое он мог заметить в нем, было выражение скуки, любопытства к тому, что такое означал женский шепот за дверью, и желание соблюсти приличие. Очевидно было, что Кутузов презирал ум, и знание, и даже патриотическое чувство, которое выказывал Денисов, но презирал не умом, не чувством, не знанием (потому что он и не старался выказывать их), а он презирал их чем-то другим. Он презирал их своей старостью, своею опытностью жизни. Одно распоряжение, которое от себя в этот доклад сделал Кутузов, относилось до мародерства русских войск. Дежурный генерал в конце доклада представил светлейшему к подписи бумагу о взыскании с армейских начальников по прошению помещика за скошенный зеленый овес.

Кутузов зачмокал губами и закачал головой, выслушав это дело.

– В печку... в огонь! И раз навсегда тебе говорю, голубчик, – сказал он, – все эти дела в огонь. Пускай косят хлеба и жгут дрова на здоровье. Я этого не приказываю и не позволяю, но и взыскивать не могу. Без этого нельзя. Дрова рубят – щепки летят. – Он взглянул еще раз на бумагу. – О, аккуратность немецкая! – проговорил он, качая головой.

XVI

– Ну, теперь все, – сказал Кутузов, подписывая последнюю бумагу, и, тяжело поднявшись и расправляя складки своей белой пухлой шеи, с повеселевшим лицом направился к двери.

Попадья, с бросившеюся кровью в лицо, схватилась за блюдо, которое, несмотря на то, что она так долго приготовлялась, она все-таки не успела подать вовремя. И с низким поклоном она поднесла его Кутузову.

Глаза Кутузова прищурились; он улыбнулся, взял рукой ее за подбородок и сказал:

– И красавица какая! Спасибо, голубушка!

Он достал из кармана шаровар несколько золотых и положил ей на блюдо.

– Ну что, как живешь? – сказал Кутузов, направляясь к отведенной для него комнате. Попадья, улыбаясь ямочками на румяном лице, прошла за ним в горницу. Адъютант вышел к князю Андрею на крыльцо и приглашал его завтракать; через полчаса князя Андрея позвали опять к Кутузову. Кутузов лежал на кресле в том же расстегнутом сюртуке. Он держал в руке французскую книгу и при входе князя Андрея, заложив ее ножом, свернул. Это были “Les chevaliers du Cygne”, сочинение madame de Genlis[1], как увидал князь Андрей по обертке.

– Ну садись, садись тут, поговорим, – сказал Кутузов. – Грустно, очень грустно. Но помни, дружок, что я тебе отец, другой отец... – Князь Андрей рассказал Кутузову все, что он знал о кончине своего отца, и о том, что он видел в Лысых Горах, проезжая через них.

– До чего... до чего довели! – проговорил вдруг Кутузов взволнованным голосом, очевидно ясно представив себе, из рассказа князя Андрея, положение, в котором находилась Россия. – Дай срок, дай срок, – прибавил он с злобным выражением лица и, очевидно, не желая продолжать этого волновавшего его разговора, сказал: – Я тебя вызвал, чтоб оставить при себе.

– Благодарю вашу светлость, – отвечал князь Андрей, – но я боюсь, что не гожусь больше для штабов, – сказал он с улыбкой, которую Кутузов заметил. Кутузов вопросительно посмотрел на него. – А главное, – прибавил князь Андрей, – я привык к полку, полюбил офицеров, и люди меня, кажется, полюбили. Мне бы жалко было оставить полк. Ежели я отказываюсь от чести быть при вас, то поверьте...

Умное, доброе и вместе с тем тонко-насмешливое выражение светилось на пухлом лице Кутузова. Он перебил Болконского:

– Жалею, ты бы мне нужен был; но ты прав, ты прав. Нам не сюда люди нужны. Советчиков всегда много, а людей нет. Не такие бы полки были, если бы все советчики служили там в полках, как ты. Я тебя с Аустерлица помню... Помню, помню, с знаменем помню, – сказал Кутузов, и радостная краска бросилась в лицо князя Андрея при этом воспомина-

1 “Рыцари Лебедя”... мадам де Жанлис.

нии. Кутузов притянул его за руку, подставляя ему щеку, и опять князь Андрей на глазах старика увидал слезы. Хотя князь Андрей и знал, что Кутузов был слаб на слезы и что он теперь особенно ласкает его и жалеет вследствие желания выказать сочувствие к его потере, но князю Андрею и радостно и лестно было это воспоминание об Аустерлице.

– Иди с Богом своей дорогой. Я знаю, твоя дорога – это дорога чести. – Он помолчал. – Я жалел о тебе в Букареште: мне послать надо было. – И, переменив разговор, Кутузов начал говорить о турецкой войне и заключенном мире. – Да, немало упрекали меня, – сказал Кутузов, – и за войну и за мир... а все пришло вовремя. Tout vient à point à celui qui sait attendre[1]. А и там советчиков не меньше было, чем здесь... – продолжал он, возвращаясь к советчикам, которые, видимо, занимали его. – Ох, советчики, советчики! – сказал он. – Если бы всех слушать, мы бы там, в Турции, и мира не заключили, да и войны бы не кончили. Всё поскорее, а скорое на долгое выходит. Если бы Каменский не умер, он бы пропал. Он с тридцатью тысячами штурмовал крепости. Взять крепость нетрудно, трудно кампанию выиграть. А для этого не нужно штурмовать и атаковать, а нужно *терпение и время*. Каменский на Рущук солдат послал, а я их одних (терпение и время) посылал и взял больше крепостей, чем Каменский, и лошадиное мясо турок есть заставил. – Он покачал головой. – И французы тоже будут! Верь моему слову, – воодушевляясь, проговорил Кутузов, ударяя себя в грудь, – будут у меня лошадиное мясо есть! – И опять глаза его залоснились слезами.

– Однако должно же будет принять сражение? – сказал князь Андрей.

– Должно будет, если все этого захотят, нечего делать... А ведь, голубчик: нет сильнее тех двух воинов, *терпение и время;* те всё сделают, да советчики n'entendent pas de cette oreille, voilà le mal[2]. Одни хотят, другие не хотят. Что ж де-

1 Все приходит вовремя для того, кто умеет ждать.
2 этим ухом не слышат, – вот что плохо.

лать? – спросил он, видимо ожидая ответа. – Да, что ты велишь делать? – повторил он, и глаза его блестели глубоким, умным выражением. – Я тебе скажу, что делать, – проговорил он, так как князь Андрей все-таки не отвечал. – Я тебе скажу, что делать и что я делаю. Dans le doute, mon cher, – он помолчал, – abstiens toi[1], – выговорил он с расстановкой.

– Ну, прощай, дружок; помни, что я всей душой несу с тобой твою потерю и что я тебе не светлейший, не князь и не главнокомандующий, а я тебе отец. Ежели что нужно, прямо ко мне. Прощай, голубчик. – Он опять обнял и поцеловал его. И еще князь Андрей не успел выйти в дверь, как Кутузов успокоительно вздохнул и взялся опять за неконченный роман мадам Жанлис "Les chevaliers du Cygne".

Как и отчего это случилось, князь Андрей не мог бы никак объяснить; но после этого свидания с Кутузовым он вернулся к своему полку успокоенный насчет общего хода дела и насчет того, кому оно вверено было. Чем больше он видел отсутствие всего личного в этом старике, в котором оставались как будто одни привычки страстей и вместо ума (группирующего события и делающего выводы) одна способность спокойного созерцания хода событий, тем более он был спокоен за то, что все будет так, как должно быть. "У него не будет ничего своего. Он ничего не придумает, ничего не предпримет, – думал князь Андрей, – но он все выслушает, все запомнит, все поставит на свое место, ничему полезному не помешает и ничего вредного не позволит. Он понимает, что есть что-то сильнее и значительнее его воли, – это неизбежный ход событий, и он умеет видеть их, умеет понимать их значение и, ввиду этого значения, умеет отрекаться от участия в этих событиях, от своей личной воли, направленной на другое. А главное, – думал князь Андрей, – почему веришь ему, – это то, что он русский, несмотря на роман Жанлис и французские поговорки; это то, что голос его задрожал, когда он сказал: "До чего довели!", и что он захлипал, говоря о том, что он "заставит их есть лошадиное мя-

1 В сомнении, мой милый, воздерживайся.

со". На этом же чувстве, которое более или менее смутно испытывали все, и основано было то единомыслие и общее одобрение, которое сопутствовало народному, противному придворным соображениям, избранию Кутузова в главнокомандующие.

XVII

После отъезда государя из Москвы московская жизнь потекла прежним, обычным порядком, и течение этой жизни было так обычно, что трудно было вспомнить о бывших днях патриотического восторга и увлечения, и трудно было верить, что действительно Россия в опасности и что члены Английского клуба суть вместе с тем и сыны отечества, готовые для него на всякую жертву. Одно, что напоминало о бывшем во время пребывания государя в Москве общем восторженно-патриотическом настроении, было требование пожертвований людьми и деньгами, которые, как скоро они были сделаны, облеклись в законную, официальную форму и казались неизбежны.

С приближением неприятеля к Москве взгляд москвичей на свое положение не только не делался серьезнее, но, напротив, еще легкомысленнее, как это всегда бывает с людьми, которые видят приближающуюся большую опасность. При приближении опасности всегда два голоса одинаково сильно говорят в душе человека; один весьма разумно говорит о том, чтобы человек обдумал самое свойство опасности и средства для избавления от нее; другой еще разумнее говорит, что слишком тяжело и мучительно думать об опасности, тогда как предвидеть все и спастись от общего хода дела не во власти человека, и потому лучше отвернуться от тяжелого, до тех пор пока оно не наступило, и думать о приятном. В одиночестве человек большею частью отдается первому голосу, в обществе, напротив, — второму. Так было и теперь с жителями Москвы. Давно так не веселились в Москве, как этот год.

Растопчинские афишки с изображением вверху питейного дома, целовальника и московского мещанина Карпушки Чигирина, *который, быв в ратниках и выпив лишний крючок на тычке, услыхал, будто Бонапарт хочет идти на Москву, рассердился, разругал скверными словами всех французов, вышел из питейного дома и заговорил под орлом собравшемуся народу,* читались и обсуживались наравне с последним буриме Василия Львовича Пушкина.

В клубе, в угловой комнате, собирались читать эти афиши, и некоторым нравилось, как Карпушка подтрунивал над французами, говоря, что они от *капусты раздуются, от каши перелопаются, от щей задохнутся, что они все карлики и что их троих одна баба вилами закинет.* Некоторые не одобряли этого тона и говорили, что это пошло и глупо. Рассказывали о том, что французов и даже всех иностранцев Растопчин выслал из Москвы, что между ними шпионы и агенты Наполеона; но рассказывали это преимущественно для того, чтобы при этом случае передать остроумные слова, сказанные Растопчиным при их отправлении. Иностранцев отправляли на барке в Нижний, и Растопчин сказал им: “Rentrez en vous même, entrez dans la barque et n’en faites pas une barque de Charon”[1]. Рассказывали, что уже выслали из Москвы все присутственные места и тут же прибавляли шутку Шиншина, что за это одно Москва, должна быть благодарна Наполеону. Рассказывали, что Мамонову его полк будет стоить восемьсот тысяч, что Безухов еще больше затратил на своих ратников, но что лучше всего в поступке Безухова то, что он сам оденется в мундир и поедет верхом перед полком и ничего не будет брать за места с тех, которые будут смотреть на него.

– Вы никому не делаете милости, – сказала Жюли Друбецкая, собирая и прижимая кучку нащипанной корпии тонкими пальцами, покрытыми кольцами.

Жюли собиралась на другой день уезжать из Москвы и делала прощальный вечер.

1 Войдите сами в себя и в эту лодку и постарайтесь, чтобы эта лодка не сделалась для вас лодкой Харона.

– Безухов est ridicule[1], но он так добр, так мил. Что за удовольствие быть так caustique?[2]

– Штраф! – сказал молодой человек в ополченском мундире, которого Жюли называла "mon chevalier"[3] и который с нею вместе ехал в Нижний.

В обществе Жюли, как и во многих обществах Москвы, было положено говорить только по-русски, и те, которые ошибались, говоря французские слова, платили штраф в пользу комитета пожертвований.

– Другой штраф за галлицизм, – сказал русский писатель, бывший в гостиной. – "Удовольствие быть" – не по-русски.

– Вы никому не делаете милости, – продолжала Жюли к ополченцу, не обращая внимания на замечание сочинителя. – За caustique виновата, – сказала она, – и плачу, но за удовольствие сказать вам правду я готова еще заплатить; за галлицизмы не отвечаю, – обратилась она к сочинителю: – у меня нет ни денег, ни времени, как у князя Голицына, взять учителя и учиться по-русски. А, вот и он, – сказала Жюли. – Quand on...[4] Нет, нет, – обратилась она к ополченцу, – не поймаете. Когда говорят про солнце – видят его лучи, – сказала хозяйка, любезно улыбаясь Пьеру. – Мы только говорили о вас, – с свойственной светским женщинам свободой лжи сказала Жюли. – Мы говорили, что ваш полк, верно, будет лучше мамоновского.

– Ах, не говорите мне про мой полк, – отвечал Пьер, целуя руку хозяйки и садясь подле нее. – Он мне так надоел!

– Вы ведь, верно, сами будете командовать им? – сказала Жюли, хитро и насмешливо переглянувшись с ополченцем.

Ополченец в присутствии Пьера был уже не так caustique, и в лице его выразилось недоуменье к тому, что означала улыбка Жюли. Несмотря на свою рассеянность и доб-

1 смешон.
2 злоязычным?
3 мой рыцарь.
4 Когда...

родушие, личность Пьера прекращала тотчас же всякие попытки на насмешку в его присутствии.

– Нет, – смеясь, отвечал Пьер, оглядывая свое большое, толстое тело. – В меня слишком легко попасть французам, да и я боюсь, что не влезу на лошадь...

В числе перебираемых лиц для предмета разговора общество Жюли попало на Ростовых.

– Очень, говорят, плохи дела их, – сказала Жюли. – И он так бестолков – сам граф. Разумовские хотели купить его дом и подмосковную, и все это тянется. Он дорожится.

– Нет, кажется на днях состоится продажа, – сказал кто-то. – Хотя теперь и безумно покупать что-нибудь в Москве.

– Отчего? – сказала Жюли. – Неужели вы думаете, что есть опасность для Москвы?

– Отчего же вы едете?

– Я? Вот странно. Я еду, потому... ну потому, что все едут, и потом я не Иоанна д'Арк и не амазонка.

– Ну, да, да, дайте мне еще тряпочек.

– Ежели он сумеет повести дела, он может заплатить все долги, – продолжал ополченец про Ростова.

– Добрый старик, но очень pauvre sire[1]. И зачем они живут тут так долго? Они давно хотели ехать в деревню. Натали, кажется, здорова теперь? – хитро улыбаясь, спросила Жюли у Пьера.

– Они ждут меньшого сына, – сказал Пьер. – Он поступил в казаки Оболенского и поехал в Белую Церковь. Там формируется полк. А теперь они перевели его в мой полк и ждут каждый день. Граф давно хотел ехать, но графиня ни за что не согласна выехать из Москвы, пока не приедет сын.

– Я их третьего дня видела у Архаровых. Натали опять похорошела и повеселела. Она пела один романс. Как все легко проходит у некоторых людей!

– Что проходит? – недовольно спросил Пьер, Жюли улыбнулась.

1 плох.

— Вы знаете, граф, что такие рыцари, как вы, бывают только в романах madame Suza.

— Какой рыцарь? Отчего? — краснея, спросил Пьер.

— Ну, полноте, милый граф, c'est la fable de tout Moscou. Je vous admire, ma parole d'honneur[1].

— Штраф! Штраф! — сказал ополченец.

— Ну, хорошо. Нельзя говорить, как скучно!

— Qu'est ce qui est la fable de tout Moscou?[2] — вставая, сказал сердито Пьер.

— Полноте, граф. Вы знаете!

— Ничего не знаю, — сказал Пьер.

— Я знаю, что вы дружны были с Натали, и потому... Нет, я всегда дружнее с Верой. Cette chère Véra![3]

— Non, madame[4], — продолжал Пьер недовольным тоном. — Я вовсе не взял на себя роль рыцаря Ростовой, и я уже почти месяц не был у них. Но я не понимаю жестокость...

— Qui s'excuse — s'accuse[5], — улыбаясь и махая корпией, говорила Жюли и, чтобы за ней осталось последнее слово, сейчас же переменила разговор. — Каково, я нынче узнала: бедная Мари Болконская приехала вчера в Москву. Вы слышали, она потеряла отца?

— Неужели! Где она? Я бы очень желал увидать ее, — сказал Пьер.

— Я вчера провела с ней вечер. Она нынче или завтра утром едет в подмосковную с племянником.

— Ну что она, как? — сказал Пьер.

— Ничего, грустна. Но знаете, кто ее спас? Это целый роман. Nicolas Ростов. Ее окружили, хотели убить, ранили ее людей. Он бросился и спас ее...

— Еще роман, — сказал ополченец. — Решительно это общее бегство сделано, чтобы все старые невесты шли замуж. Catiche — одна, княжна Болконская — другая.

1 это вся Москва знает. Право, я вам удивляюсь.
2 Что знает вся Москва?
3 Эта милая Вера!
4 Нет, сударыня.
5 Кто извиняется, тот обвиняет себя.

– Вы знаете, что я в самом деле думаю, что она un petit peu amoureuse du jeune homme[1].

– Штраф! Штраф! Штраф!

– Но как же это по-русски сказать?..

XVIII

Когда Пьер вернулся домой, ему подали две принесенные в этот день афиши Растопчина.

В первой говорилось о том, что слух, будто графом Растопчиным запрещен выезд из Москвы, – несправедлив и что, напротив, граф Растопчин рад, что из Москвы уезжают барыни и купеческие жены. "Меньше страху, меньше новостей, – говорилось в афише, – но я жизнью отвечаю, что злодей в Москве не будет". Эти слова в первый раз ясно показали Пьеру, что французы будут в Москве. Во второй афише говорилось, что главная квартира наша в Вязьме, что граф Витгенштейн победил французов, но что так как многие жители желают вооружиться, то для них есть приготовленное в арсенале оружие: сабли, пистолеты, ружья, которые жители могут получать по дешевой цене. Тон афиш был уже не такой шутливый, как в прежних Чигиринских разговорах. Пьер задумался над этими афишами. Очевидно, та страшная грозовая туча, которую он призывал всеми силами своей души и которая вместе с тем возбуждала в нем невольный ужас, – очевидно, туча эта приближалась.

"Поступить в военную службу и ехать в армию или дожидаться?" – в сотый раз задавал себе Пьер этот вопрос. Он взял колоду карт, лежавших у него на столе, и стал делать пасьянс.

– Ежели выйдет этот пасьянс, – говорил он сам себе, смешав колоду, держа ее в руке и глядя вверх, – ежели выйдет, то значит... что значит?.. – Он не успел решить, что значит, как за дверью кабинета послышался голос старшей княжны, спрашивающей, можно ли войти.

1 немножечко влюблена в молодого человека.

– Тогда будет значить, что я должен ехать в армию, – договорил себе Пьер. – Войдите, войдите, – прибавил он, обращаясь к княжне.

(Одна старшая княжна, с длинной талией и окаменелым лицом, продолжала жить в доме Пьера; две меньшие вышли замуж.)

– Простите, mon cousin, что я пришла к вам, – сказала она укоризненно-взволнованным голосом. – Ведь надо наконец на что-нибудь решиться! Что ж это будет такое? Все выехали из Москвы, и народ бунтует. Что ж мы остаемся?

– Напротив, все, кажется, благополучно, ma cousine, – сказал Пьер с тою привычкой шутливости, которую Пьер, всегда конфузно переносивший свою роль благодетеля перед княжною, усвоил себе в отношении к ней.

– Да, это благополучно... хорошо благополучие! Мне нынче Варвара Ивановна порассказала, как войска наши отличаются. Уж точно можно чести приписать. Да и народ совсем взбунтовался, слушать перестают; девка моя, и та грубить стала. Этак скоро и нас бить станут. По улицам ходить нельзя. А главное, нынче-завтра французы будут, что ж нам ждать! Я об одном прошу, mon cousin, – сказала княжна, – прикажите свезти меня в Петербург: какая я ни есть, а я под бонапартовской властью жить не могу.

– Да полноте, ma cousine, откуда вы почерпаете ваши сведения? Напротив...

– Я вашему Наполеону не покорюсь. Другие как хотят... Ежели вы не хотите этого сделать...

– Да я сделаю, я сейчас прикажу.

Княжне, видимо, досадно было, что не на кого было сердиться. Она, что-то шепча, присела на стул.

– Но вам это неправильно доносят, – сказал Пьер. – В городе все тихо, и опасности никакой нет. Вот я сейчас читал... – Пьер показал княжне афишки. – Граф пишет, что он жизнью отвечает, что неприятель не будет в Москве.

– Ах, этот ваш граф, – с злобой заговорила княжна, – это лицемер, злодей, который сам настроил народ бунтовать. Разве не он писал в этих дурацких афишах, что какой бы там ни был, тащи его за хохол на съезжую (и как глупо)! Кто возьмет, говорит, тому и честь и слава. Вот и долюбезничался. Варвара Ивановна говорила, что чуть не убил народ ее за то, что она по-французски заговорила...

– Да ведь это так... Вы всё к сердцу очень принимаете, – сказал Пьер и стал раскладывать пасьянс.

Несмотря на то, что пасьянс сошелся, Пьер не поехал в армию, а остался в опустевшей Москве, все в той же тревоге, нерешимости, в страхе и вместе в радости ожидая чего-то ужасного.

На другой день княжна к вечеру уехала, и к Пьеру приехал его главноуправляющий с известием, что требуемых им денег для обмундирования полка нельзя достать, ежели не продать одно имение. Главноуправляющий вообще представлял Пьеру, что все эти затеи полка должны были разорить его. Пьер с трудом скрывал улыбку, слушая слова управляющего.

– Ну, продайте, – говорил он. – Что ж делать, я не могу отказаться теперь!

Чем хуже было положение всяких дел, и в особенности его дел, тем Пьеру было приятнее, тем очевиднее было, что катастрофа, которой он ждал, приближается. Уже никого почти из знакомых Пьера не было в городе, Жюли уехала, княжна Марья уехала. Из близких знакомых одни Ростовы оставались; но к ним Пьер не ездил.

В этот день Пьер, для того чтобы развлечься, поехал в село Воронцово смотреть большой воздушный шар, который строился Леппихом для погибели врага, и пробный шар, который должен был быть пущен завтра. Шар этот был еще не готов; но, как узнал Пьер, он строился по желанию государя. Государь писал графу Растопчину об этом шаре следующее:

"Aussitôt que Leppich sera prêt, composez lui un équipage pour sa nacelle d'hommes sûrs et intelligents et dépêchez un courrier au général Koutousoff pour l'en prévenir. Je l'ai instruit de la chose.

Recommandez, je vous prie, à Leppich d'être bien attentif sur l'endroit où il descendra la première fois, pour ne pas se tromper et ne pas tomber dans les mains de l'ennemi. Il est indispensable qu'il combine ses mouvements avec le général-en-chef"[1].

Возвращаясь домой из Воронцова и проезжая по Болотной площади, Пьер увидал толпу у Лобного места, остановился и слез с дрожек. Это была экзекуция французского повара, обвиненного в шпионстве. Экзекуция только что кончилась, и палач отвязывал от кобылы жалостно стонавшего толстого человека с рыжими бакенбардами, в синих чулках и зеленом камзоле. Другой преступник, худенький и бледный, стоял тут же. Оба, судя по лицам, были французы. С испуганно-болезненным видом, подобным тому, который имел худой француз, Пьер протолкался сквозь толпу.

– Что это? Кто? За что? – спрашивал он. Но вниманье толпы – чиновников, мещан, купцов, мужиков, женщин в салопах и шубках – так было жадно сосредоточено на то, что происходило на Лобном месте, что никто не отвечал ему. Толстый человек поднялся, нахмурившись, пожал плечами и, очевидно, желая выразить твердость, стал, не глядя вокруг себя, надевать камзол; но вдруг губы его задрожали, и он заплакал, сам сердясь на себя, как плачут взрослые сангвинические люди. Толпа громко заговорила, как показалось Пьеру, – для того, чтобы заглушить в самой себе чувство жалости.

– Повар чей-то княжеский...

– Что, мусью, видно, русский соус кисел французу пришелся... оскомину набил, – сказал сморщенный приказный, стоявший подле Пьера, в то время как француз заплакал. Приказный оглянулся вокруг себя, видимо ожидая оценки своей шутки. Некоторые засмеялись, некоторые испуганно продолжали смотреть на палача, который раздевал другого.

1 Только что Леппих будет готов, составьте экипаж для его лодки из верных и умных людей и пошлите курьера к генералу Кутузову, чтобы предупредить его. Я сообщил ему об этом.
Внушите, пожалуйста, Леппиху, чтобы он обратил хорошенько внимание на то место, где он спустится в первый раз, чтобы не ошибиться и не попасть в руки врага. Необходимо, чтоб он соображал свои движения с движениями главнокомандующего.

Пьер засопел носом, сморщился и, быстро повернувшись, пошел назад к дрожкам, не переставая что-то бормотать про себя в то время, как он шел и садился. В продолжение дороги он несколько раз вздрагивал и вскрикивал так громко, что кучер спрашивал его:

– Что прикажете?

– Куда ж ты едешь? – крикнул Пьер на кучера, выезжавшего на Лубянку.

– К главнокомандующему приказали, – отвечал кучер.

– Дурак! скотина! – закричал Пьер, что редкое ним случалось, ругая своего кучера. – Домой я велел; и скорее ступай, болван. Еще нынче надо выехать, – про себя проговорил Пьер.

Пьер при виде наказанного француза и толпы, окружавшей Лобное место, так окончательно решил, что не может долее оставаться в Москве и едет нынче же в армию, что ему казалось, что он или сказал об этом кучеру, или что кучер сам должен был знать это.

Приехав домой, Пьер отдал приказание своему все знающему, все умеющему, известному всей Москве кучеру Евстафьевичу о том, что он в ночь едет в Можайск к войску и чтобы туда были высланы его верховые лошади. Все это не могло быть сделано в тот же день, и потому, по представлению Евстафьевича, Пьер должен был отложить свой отъезд до другого дня, с тем чтобы дать время подставам выехать на дорогу.

24-го числа прояснело после дурной погоды, и в этот день после обеда Пьер выехал из Москвы. Ночью, переменя лошадей в Перхушкове, Пьер узнал, что в этот вечер было большое сражение. Рассказывали, что здесь, в Перхушкове, земля дрожала от выстрелов. На вопросы Пьера о том, кто победил, никто не мог дать ему ответа. (Это было сражение 24-го числа при Шевардине.) На рассвете Пьер подъезжал к Можайску.

Все дома Можайска была заняты постоем войск, и на постоялом дворе, на котором Пьера встретили его берейтор и кучер, в горницах не было места: все было полно офицерами.

В Можайске и за Можайском везде стояли и шли войска. Казаки, пешие, конные солдаты, фуры, ящики, пушки виднелись со всех сторон. Пьер торопился скорее ехать вперед, и чем дальше он отъезжал от Москвы и чем глубже погружался в это море войск, тем больше им овладевала тревога беспокойства и не испытанное еще им новое радостное чувство. Это было чувство, подобное тому, которое он испытывал и в Слободском дворце во время приезда государя, – чувство необходимости предпринять что-то и пожертвовать чем-то. Он испытывал теперь приятное чувство сознания того, что все то, что составляет счастье людей, удобства жизни, богатство, даже самая жизнь, есть вздор, который приятно откинуть в сравнении с чем-то... С чем, Пьер не мог себе дать отчета, да и не старался уяснить себе, для кого и для чего он находит особенную прелесть пожертвовать всем. Его не занимало то, для чего он хочет жертвовать, но самое жертвование составляло для него новое радостное чувство.

XIX

24-го было сражение при Шевардинском редуте, 25-го не было пущено ни одного выстрела ни с той, ни с другой стороны, 26-го произошло Бородинское сражение.

Для чего и как были даны и приняты сражения при Шевардине и при Бородине? Для чего было дано Бородинское сражение? Ни для французов, ни для русских оно не имело ни малейшего смысла. Результатом ближайшим было и должно было быть – для русских то, что мы приблизились к погибели Москвы (чего мы боялись больше всего в мире), а для французов то, что они приблизились к погибели всей армии (чего они тоже боялись больше всего в мире). Результат этот был тогда же совершенно очевиден, а между тем Наполеон дал, а Кутузов принял это сражение.

Ежели бы полководцы руководились разумными причинами, казалось, как ясно должно было быть для Наполеона, что, зайдя за две тысячи верст и принимая сражение с вероятной случайностью потери четверти армии, он шел на верную погибель; и столь же ясно бы должно было казаться Кутузову, что, принимая сражение и тоже рискуя потерять четверть армии, он наверное теряет Москву. Для Кутузова это было математически ясно, как ясно то, что ежели в шашках у меня меньше одной шашкой и я буду меняться, я наверное проиграю и потому не должен меняться.

Когда у противника шестнадцать шашек, а у меня четырнадцать, то я только на одну восьмую слабее его; а когда я поменяюсь тринадцатью шашками, то он будет втрое сильнее меня.

До Бородинского сражения наши силы приблизительно относились к французским как пять к шести, а после сражения как один к двум, то есть до сражения сто тысяч к ста двадцати, а после сражения пятьдесят к ста. А вместе с тем умный и опытный Кутузов принял сражение. Наполеон же, гениальный полководец, как его называют, дал сражение, теряя четверть армии и еще более растягивая свою линию. Ежели скажут, что, заняв Москву, он думал, как занятием Вены, кончить кампанию, то против этого есть много доказательств. Сами историки Наполеона рассказывают, что еще от Смоленска он хотел остановиться, знал опасность своего растянутого положения и знал, что занятие Москвы не будет концом кампании, потому что от Смоленска он видел, в каком положении оставлялись ему русские города, и не получал ни одного ответа на свои неоднократные заявления о желании вести переговоры.

Давая и принимая Бородинское сражение, Кутузов и Наполеон поступили непроизвольно и бессмысленно. А историки под совершившиеся факты уже потом подвели хитросплетенные доказательства предвидения и гениальности полководцев, которые из всех непроизвольных орудий мировых событий были самыми рабскими и непроизвольными деятелями.

Древние оставили нам образцы героических поэм, в которых герои составляют весь интерес истории, и мы всё еще не можем привыкнуть к тому, что для нашего человеческого времени история такого рода не имеет смысла.

На другой вопрос: как даны были Бородинское и предшествующее ему Шевардинское сражения – существует точно так же весьма определенное и всем известное, совершенно ложное представление. Все историки описывают дело следующим образом:

Русская армия будто бы в отступлении своем от Смоленска отыскивала себе наилучшую позицию для генерального сражения, и таковая позиция была найдена будто бы у Бородина.

Русские будто бы укрепили вперед эту позицию, влево от дороги (из Москвы в Смоленск), под прямым почти углом к ней, от Бородина к Утице, на том самом месте, где произошло сражение.

Впереди этой позиции будто бы был выставлен для наблюдения за неприятелем укрепленный передовой пост на Шевардинском кургане. 24-го будто бы Наполеон атаковал передовой пост и взял его; 26-го же атаковал всю русскую армию, стоявшую на позиции на Бородинском поле.

Так говорится в историях, и все это совершенно несправедливо, в чем легко убедится всякий, кто захочет вникнуть в сущность дела.

Русские не отыскивали лучшей позиции; а, напротив, в отступлении своем прошли много позиций, которые были лучше Бородинской. Они не остановились ни на одной из этих позиций: и потому, что Кутузов не хотел принять позицию, избранную не им, и потому, что требованье народного сражения еще недостаточно сильно высказалось, и потому, что не подошел еще Милорадович с ополчением, и еще по другим причинам, которые неисчислимы. Факт тот – что прежние позиции были сильнее и что Бородинская позиция (та, на которой дано сражение) не только не сильна, но вовсе не есть почему-нибудь позиция более, чем всякое другое место в Российской империи, на которое, гадая, указать бы булавкой на карте.

Русские не только не укрепляли позицию Бородинского поля влево под прямым углом от дороги (то есть места, на котором произошло сражение), но и никогда до 25-го августа 1812 года не думали о том, чтобы сражение могло произойти на этом месте. Этому служит доказательством, во-первых, то, что не только 25-го не было на этом месте укреплений, но что, начатые 25-го числа, они не были кончены и 26-го; во-вторых, доказательством служит положение Шевардинского редута: Шевардинский редут, впереди той позиции, на которой принято сражение, не имеет никакого смысла. Для чего был сильнее всех других пунктов укреплен этот редут? И для чего, защищая его 24-го числа до поздней ночи, были истощены все усилия и потеряно шесть тысяч человек? Для наблюдения за неприятелем достаточно было казачьего разъезда. В-третьих, доказательством того, что позиция, на которой произошло сражение, не была предвидена и что Шевардинский редут не был передовым пунктом этой позиции, служит то, что Барклай де Толли и Багратион до 25-го числа находились в убеждении, что Шевардинский редут есть *левый* фланг позиции и что сам Кутузов в донесении своем, писанном сгоряча после сражения, называет Шевардинский редут *левым* флангом позиции. Уже гораздо после, когда писались на просторе донесения о Бородинском сражении, было (вероятно, для оправдания ошибок главнокомандующего, имеющего быть непогрешимым) выдумано то несправедливое и странное показание, будто Шевардинский редут служил *передовым* постом (тогда как это был только укрепленный пункт левого фланга) и будто Бородинское сражение было принято нами на укрепленной и наперед избранной позиции, тогда как оно произошло на совершенно неожиданном и почти неукрепленном месте.

Дело же, очевидно, было так: позиция была избрана по реке Колоче, пересекающей большую дорогу не под прямым, а под острым углом, так что левый фланг был в Шевардине, правый около селения Нового и центр в Бородине, при слиянии рек Колочи и Во́йны. Позиция эта, под прикрытием реки Колочи, для армии, имеющей целью остановить неприятеля, движущегося по Смоленской дороге к Москве, очевидна для всякого, кто посмотрит на Бородинское поле, забыв о том, как произошло сражение.

Наполеон, выехав 24-го к Валуеву, не увидал (как говорится в историях) позицию русских от Утицы к Бородину (он не мог увидать эту позицию, потому что ее не было) и не увидал передового поста русской армии, а наткнулся в преследовании русского арьергарда на левый фланг позиции русских, на Шевардинский редут, и неожиданно для русских перевел войска через Колочу. И русские, не успев вступить в генеральное сражение, отступили своим левым крылом из позиции, которую они намеревались занять, и заняли новую позицию, которая была не предвидена и не укреплена. Перейдя на левую сторону Колочи, влево от дороги, Наполеон передвинул все будущее сражение справа налево (со стороны русских) и перенес его в поле между Утицей, Семеновским и Бородиным (в это поле, не имеющее в себе ничего более выгодного для позиции, чем всякое другое поле в России), и на этом поле произошло все сражение 26-го числа. В грубой форме план предполагаемого сражения и происшедшего сражения будет следующий:

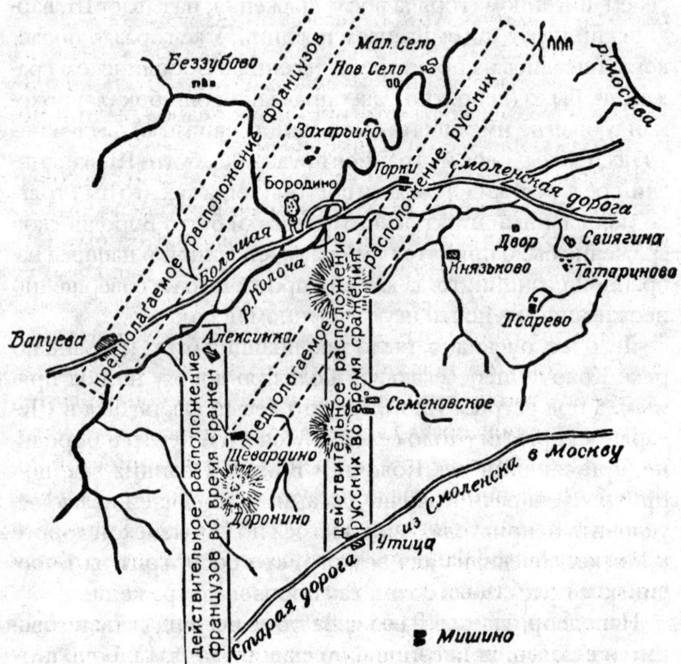

Ежели бы Наполеон не выехал вечером 24-го числа на Колочу и не велел бы тотчас же вечером атаковать редут, а начал бы атаку на другой день утром, то никто бы не усомнился в том, что Шевардинский редут был левый фланг нашей позиции; и сражение произошло бы так, как мы его ожидали. В таком случае мы вероятно, еще упорнее бы защищали Шевардинский редут, наш левый фланг; атаковали бы Наполеона в центре или справа, и 24-го произошло бы генеральное сражение на той позиции, которая была укреплена и предвидена. Но так как атака на наш левый фланг произошла вечером, вслед за отступлением нашего арьергарда, то есть непосредственно после сражения при Гридневой, и так как русские военачальники не хотели или не успели начать тогда же 24-го вечером генерального сражения, то первое и главное действие Бородинского сражения было проиграно еще 24-го числа и, очевидно, вело к проигрышу и того, которое было дано 26-го числа.

После потери Шевардинского редута к утру 25-го числа мы оказались без позиции на левом фланге и были поставлены в необходимость отогнуть наше левое крыло и поспешно укреплять его где ни попало.

Но мало того, что 26-го августа русские войска стояли только под защитой слабых, неконченных укреплений, — невыгода этого положения увеличилась еще тем, что русские военачальники, не признав вполне совершившегося факта (потери позиции на левом фланге и перенесения всего будущего поля сражения справа налево), оставались в своей растянутой позиции от села Нового до Утицы и вследствие того должны были передвигать свои войска во время сражения справа налево. Таким образом, во все время сражения русские имели против всей французской армии, направленной на наше левое крыло, вдвое слабейшие силы. (Действия Понятовского против Утицы и Уварова на правом фланге французов составляли отдельные от хода сражения действия.)

Итак, Бородинское сражение произошло совсем не так, как (стараясь скрыть ошибки наших военачальников и вследствие того умаляя славу русского войска и народа) описывают его. Бородинское сражение не произошло на избранной и укрепленной позиции с несколько только слабейшими со стороны русских силами, а Бородинское сражение, вследствие потери Шевардинского редута, принято было русскими на открытой, почти не укрепленной местности с вдвое слабейшими силами против французов, то есть в таких условиях, в которых не только немыслимо было драться десять часов и сделать сражение нерешительным, но немыслимо было удержать в продолжение трех часов армию от совершенного разгрома и бегства.

XX

25-го утром Пьер выезжал из Можайска. На спуске с огромной крутой и кривой горы, ведущей из города, мимо стоящего на горе направо собора, в котором шла служба и благовестили, Пьер вылез из экипажа и пошел пешком. За ним спускался на горе какой-то конный полк с песельниками впереди. Навстречу ему поднимался поезд телег с ранеными во вчерашнем деле. Возчики-мужики, крича на лошадей и хлеща их кнутами, перебегали с одной стороны на другую. Телеги, на которых лежали и сидели по три и по четыре солдата раненых, прыгали по набросанным в виде мостовой камням на крутом подъеме. Раненые, обвязанные тряпками, бледные, с поджатыми губами и нахмуренными бровями, держась за грядки, прыгали и толкались в телегах. Все почти с наивным детским любопытством смотрели на белую шляпу и зеленый фрак Пьера.

Кучер Пьера сердито кричал на обоз раненых, чтобы они держали к одной. Кавалерийский полк с песнями, спускаясь с горы, надвинулся на дрожки Пьера и стеснил дорогу. Пьер остановился, прижавшись к краю скопанной в горе дороги. Из-за откоса горы солнце не доставало в углубление дороги, тут было холодно, сыро; над головой Пьера было яркое августовское утро, и весело разносился трезвон. Одна подвода с ранеными остановилась у края дороги подле самого Пьера. Возчик в лаптях, запыхавшись, подбежал к своей телеге, подсунул камень под задние нешиненые колеса и стал оправлять шлею на своей ставшей лошаденке.

Один раненый старый солдат с подвязанной рукой, шедший за телегой, взялся за нее здоровой рукой и оглянулся на Пьера.

– Что ж, землячок, тут положат нас, что ль? Али до Москвы? – сказал он.

Пьер так задумался, что не расслышал вопроса. Он смотрел то на кавалерийский, повстречавшийся теперь с поездом раненых полк, то на ту телегу, у которой он стоял и на которой сидели двое раненых и лежал один, и ему казалось, что тут, в них, заключается разрешение занимавшего его вопроса. Один из сидевших на телеге солдат был, вероятно, ранен в щеку. Вся голова его была обвязана тряпками, и одна щека раздулась с детскую голову. Рот и нос у него были на сторону. Этот солдат глядел на собор и крестился. Другой, молодой мальчик, рекрут, белокурый и белый, как бы совершенно без крови в тонком лице, с остановившейся доброй улыбкой смотрел на Пьера; третий лежал ничком, и лица его не было видно. Кавалеристы-песельники проходили над самой телегой.

– Ах запропала... да ежова голова...

– Да на чужой стороне живучи... – выделывали они плясовую солдатскую песню. Как бы вторя им, но в другом роде веселья, перебивались в вышине металлические звуки трезвона. И, еще в другом роде веселья, обливали вершину противоположного откоса жаркие лучи солнца. Но под откосом, у телеги с ранеными, подле запыхавшейся лошаденки, у которой стоял Пьер, было сыро, пасмурно и грустно.

Солдат с распухшей щекой сердито глядел на песельников-кавалеристов.

– Ох, щегольки! – проговорил он укоризненно.

– Нынче не то что солдат, а и мужичков видал! Мужичков и тех гонят, – сказал с грустной улыбкой солдат, стоявший за телегой и обращаясь к Пьеру. – Нынче не разбирают... Всем народом навалиться хотят, одно слово – Москва. Один конец сделать хотят. – Несмотря на неясность слов солдата, Пьер понял все то, что он хотел сказать, и одобрительно кивнул головой.

Дорога расчистилась, и Пьер сошел под гору и поехал дальше.

Пьер ехал, оглядываясь по обе стороны дороги, отыскивая знакомые лица и везде встречая только незнакомые военные лица разных родов войск, одинаково с удивлением смотревшие на его белую шляпу и зеленый фрак.

Проехав версты четыре, он встретил первого знакомого и радостно обратился к нему. Знакомый этот был один из начальствующих докторов в армии. Он в бричке ехал навстречу Пьеру, сидя рядом с молодым доктором, и, узнав Пьера, остановил своего казака, сидевшего на козлах вместо кучера.

– Граф! Ваше сиятельство, вы как тут? – спросил доктор.

– Да вот хотелось посмотреть...

– Да, да, будет что посмотреть...

Пьер слез и, остановившись, разговорился с доктором, объясняя ему свое намерение участвовать в сражении.

Доктор посоветовал Безухову прямо обратиться к светлейшему.

– Что же вам Бог знает где находиться во время сражения, в безызвестности, – сказал он, переглянувшись с своим молодым товарищем, – а светлейший все-таки знает вас и примет милостиво. Так, батюшка, и сделайте, – сказал доктор.

Доктор казался усталым и спешащим.

– Так вы думаете... А я еще хотел спросить вас, где же самая позиция? – сказал Пьер.

– Позиция? – сказал доктор. – Уж это не по моей части. Проедете Татаринову, там что-то много копают. Там на курган войдете: оттуда видно, – сказал доктор.

– И видно оттуда?.. Ежели бы вы...

Но доктор перебил его и подвинулся к бричке.

– Я бы вас проводил, да, ей-богу, – вот (доктор показал на горло) скачу к корпусному командиру. Ведь у нас как?.. Вы знаете, граф, завтра сражение: на сто тысяч войска малым числом двадцать тысяч раненых считать надо; а у нас ни носилок, ни коек, ни фельдшеров, ни лекарей на шесть тысяч нет. Десять тысяч телег есть, да ведь нужно и другое; как хочешь, так и делай.

Та странная мысль, что из числа тех тысяч людей живых, здоровых, молодых и старых, которые с веселым удивлением смотрели на его шляпу, было, наверное, двадцать тысяч обреченных на раны и смерть (может быть, те самые, которых он видел), – поразила Пьера.

"Они, может быть, умрут завтра, зачем они думают о чем-нибудь другом, кроме смерти?" И ему вдруг по какой-то тайной связи мыслей живо представился спуск с Можайской горы, телеги с ранеными, трезвон, косые лучи солнца и песня кавалеристов.

"Кавалеристы идут на сраженье, и встречают раненых, и ни на минуту не задумываются над тем, что их ждет, а идут мимо и подмигивают раненым. А из этих всех двадцать тысяч обречены на смерть, а они удивляются на мою шляпу! Странно!" – думал Пьер, направляясь дальше к Татариновой.

У помещичьего дома, на левой стороне дороги, стояли экипажи, фургоны, толпы денщиков и часовые. Тут стоял светлейший. Но в то время, как приехал Пьер, его не было, и почти никого не было из штабных. Все были на молебствии. Пьер поехал вперед к Горкам.

Въехав на гору и выехав в небольшую улицу деревни, Пьер увидал в первый раз мужиков-ополченцев с крестами на шапках и в белых рубашках, которые с громким говором и хохотом, оживленные и потные, что-то работали направо от дороги, на огромном кургане, обросшем травою.

Одни из них копали лопатами гору, другие возили по доскам землю в тачках, третьи стояли, ничего не делая.

Два офицера стояли на кургане, распоряжаясь ими. Увидав этих мужиков, очевидно забавляющихся еще своим новым, военным положением, Пьер опять вспомнил раненых солдат в Можайске, и ему понятно стало то, что хотел выразить солдат, говоривший о том, что *всем народом навалиться хотят.* Вид этих работающих на поле сражения бородатых мужиков с их странными неуклюжими сапогами, с их потными шеями и кое у кого расстегнутыми косыми воротами рубах, из-под которых виднелись загорелые кости ключиц, подействовал на Пьера сильнее всего того, что он видел и слышал до сих пор о торжественности и значительности настоящей минуты.

XXI

Пьер вышел из экипажа и мимо работающих ополченцев взошел на тот курган, с которого, как сказал ему доктор, было видно поле сражения.

Было часов одиннадцать утра. Солнце стояло несколько влево и сзади Пьера и ярко освещало сквозь чистый, редкий воздух огромную, амфитеатром по поднимающейся местности открывшуюся перед ним панораму.

Вверх и влево по этому амфитеатру, разрезывая его, вилась большая Смоленская дорога, шедшая через село с белой церковью, лежавшее в пятистах шагах впереди кургана и ниже его (это было Бородино). Дорога переходила под деревней через мост и через спуски и подъемы вилась все выше и выше к видневшемуся верст за шесть селению Валуеву (в нем стоял теперь Наполеон). За Валуевым дорога скрывалась в желтевшем лесу на горизонте. В лесу этом, березовом и еловом, вправо от направления дороги, блестел на солнце дальний крест и колокольня Колоцкого монастыря. По всей этой синей дали, вправо и влево от леса и дороги, в разных местах виднелись дымящиеся костры и неопределенные массы войск наших и неприятельских. Направо, по течению рек Колочи и Москвы, местность была ущелиста и гориста. Между ущельями их вдали виднелись деревни Беззубово, Захарьино. Налево местность была ровнее, были поля с хлебом, и виднелась одна дымящаяся, сожженная деревня – Семеновская.

Все, что видел Пьер направо и налево, было так неопределенно, что ни левая, ни правая сторона поля не удовлетворяла вполне его представлению. Везде было не поле сражения, которое он ожидал видеть, а поля, поляны, войска, леса, дымы костров, деревни, курганы, ручьи; и сколько ни разбирал Пьер, он в этой живой местности не мог найти позиции и не мог даже отличить наших войск от неприятельских.

"Надо спросить у знающего", – подумал он и обратился к офицеру, с любопытством смотревшему на его невоенную огромную фигуру.

– Позвольте спросить, – обратился Пьер к офицеру, – это какая деревня впереди?

– Бурдино или как? – сказал офицер, с вопросом обращаясь к своему товарищу.

– Бородино, – поправляя, отвечал другой.

Офицер, видимо довольный случаем поговорить, подвинулся к Пьеру.

– Там наши? – спросил Пьер.

– Да, а вон подальше и французы, – сказал офицер. – Вон они, вон видны.

– Где? где? – спросил Пьер.

– Простым глазом видно. Да вот, вот! – Офицер показал рукой на дымы, видневшиеся влево за рекой, и на лице его показалось то строгое и серьезное выражение, которое Пьер видел на многих лицах, встречавшихся ему.

– Ах, это французы! А там?.. – Пьер показал влево на курган, около которого виднелись войска.

– Это наши.

– Ах, наши! А там?.. – Пьер показал на другой далекий курган с большим деревом, подле деревни, видневшейся в ущелье, у которой тоже дымились костры и чернелось что-то.

– Это опять *он*, – сказал офицер. (Это был Шевардинский редут.) – Вчера было наше, а теперь *его*.

– Так как же наша позиция?

– Позиция? – сказал офицер с улыбкой удовольствия. – Я это могу рассказать вам ясно, потому что я почти все укрепления наши строил. Вот, видите ли, центр наш в Бородине, вот тут. – Он указал на деревню с белой церковью, бывшей впереди. – Тут переправа через Колочу. Вот тут, видите, где еще в низочке ряды скошенного сена лежат, вот тут и мост. Это наш центр. Правый фланг наш вот где (он указал круто направо, далеко в ущелье), там Москва-река, и там мы три редута построили очень сильные. Левый фланг... – и тут офицер остановился. – Видите ли, это трудно вам объяснить... Вчера левый фланг наш был вот там, в Шевардине, вон, видите, где дуб; а теперь мы отнесли назад левое крыло, теперь вон, вон – видите деревню и дым? – это Семеновское, да вот здесь, – он указал на курган Раевского. – Только вряд ли будет тут сраженье. Что он перевел сюда войска, это обман; он, верно, обойдет справа от Москвы. Ну, да где бы ни было, многих завтра не досчитаемся! – сказал офицер.

Старый унтер-офицер, подошедший к офицеру во время его рассказа, молча ожидал конца речи своего начальника; но в этом месте он, очевидно недовольный словами офицера, перебил его.

– За турами ехать надо, – сказал он строго.

Офицер как будто смутился, как будто он понял, что можно думать о том, сколь многих не досчитаются завтра, но не следует говорить об этом.

– Ну да, посылай третью роту опять, – поспешно сказал офицер.

– А вы кто же, не из докторов?

– Нет, я так, – отвечал Пьер. И Пьер пошел под гору опять мимо ополченцев.

– Ах, проклятые! – проговорил следовавший за ним офицер, зажимая нос и пробегая мимо работающих.

– Вон они!.. Несут, идут... Вон они... сейчас войдут... – послышались вдруг голоса, и офицеры, солдаты и ополченцы побежали вперед по дороге.

Из-под горы от Бородина поднималось церковное шествие. Впереди всех по пыльной дороге стройно шла пехота с снятыми киверами и ружьями, опущенными книзу. Позади пехоты слышалось церковное пение.

Обгоняя Пьера, без шапок бежали навстречу идущим солдаты и ополченцы.

– Матушку несут! Заступницу!.. Иверскую!..

– Смоленскую матушку, – поправил другой.

Ополченцы – и те, которые были в деревне, и те, которые работали на батарее, – побросав лопаты, побежали навстречу церковному шествию. За батальоном, шедшим по пыльной дороге, шли в ризах священники, один старичок в клобуке с причтом и певчими. За ними солдаты и офицеры несли большую, с черным ликом в окладе, икону. Это была икона, вывезенная из Смоленска и с того времени возимая за армией. За иконой, кругом ее, впереди ее, со всех сторон шли, бежали и кланялись в землю с обнаженными головами толпы военных.

Взойдя на гору, икона остановилась; державшие на полотенцах икону люди переменились, дьячки зажгли вновь кадила, и начался молебен. Жаркие лучи солнца били отвесно сверху; слабый, свежий ветерок играл волосами открытых голов и лентами, которыми была убрана икона; пение негромко раздавалось под открытым небом. Огромная толпа с открытыми головами офицеров, солдат, ополченцев окружала икону. Позади священника и дьячка, на очищенном месте, стояли чиновные люди. Один плешивый генерал с Георгием на шее стоял прямо за спиной священника и, не крестясь (очевидно, немец), терпеливо дожидался конца молебна, который он считал нужным выслушать, вероятно для возбуждения патриотизма русского народа. Другой генерал стоял в воинственной позе и потряхивал рукой перед грудью, оглядываясь вокруг себя. Между этим чиновным кружком Пьер, стоявший в толпе мужиков, узнал некоторых знакомых; но он не смотрел на них: все внимание его было поглощено серьезным выражением лиц в этой толпе солдат и ополченцев, однообразно жадно смотревших на икону. Как только уставшие дьячки (певшие двадцатый молебен) начинали лениво и привычно петь: "Спаси от бед рабы Твоя, Богородице", и священник и дьякон подхватывали: "Яко вси по бозе к Тебе прибегаем, яко нерушимой стене и предстательству", – на всех лицах вспыхивало опять то же выражение сознания торжественности наступающей минуты, которое он видел под горой в Можайске и урывками на многих и многих лицах, встреченных им в это утро; и чаще опускались головы, встряхивались волоса и слышались вздохи и удары крестов по грудям.

Толпа, окружавшая икону, вдруг раскрылась и надавила Пьера. Кто-то, вероятно очень важное лицо, судя по поспешности, с которой перед ним сторонились, подходил к иконе.

Это был Кутузов, объезжавший позицию. Он, возвращаясь к Татариновой, подошел к молебну. Пьер тотчас же узнал Кутузова по его особенной, отличавшейся от всех фигуре.

В длинном сюртуке на огромном толщиной теле, с сутуловатой спиной, с открытой белой головой и с вытекшим, белым глазом на оплывшем лице, Кутузов вошел своей ныряющей, раскачивающейся походкой в круг и остановился позади священника. Он перекрестился привычным жестом, достал рукой до земли и, тяжело вздохнув, опустил свою седую голову. За Кутузовым был Бенигсен и свита. Несмотря на присутствие главнокомандующего, обратившего на себя внимание всех высших чинов, ополченцы и солдаты, не глядя на него, продолжали молиться.

Когда кончился молебен, Кутузов подошел к иконе, тяжело опустился на колена, кланяясь в землю, и долго пытался и не мог встать от тяжести и слабости. Седая голова его подергивалась от усилий. Наконец он встал и с детски-наивным вытягиванием губ приложился к иконе и опять поклонился, дотронувшись рукой до земли. Генералитет последовал его примеру; потом офицеры, и за ними, давя друг друга, топчась, пыхтя и толкаясь, с взволнованными лицами, полезли солдаты и ополченцы.

XXII

Покачиваясь от давки, охватившей его, Пьер оглядывался вокруг себя.

– Граф, Петр Кирилыч! Вы как здесь? – сказал чей-то голос. Пьер оглянулся.

Борис Друбецкой, обчищая рукой коленки, которые он запачкал (вероятно, тоже прикладываясь к иконе), улыбаясь подходил к Пьеру. Борис был одет элегантно, с оттенком походной воинственности. На нем был длинный сюртук и плеть через плечо, так же, как у Кутузова.

Кутузов между тем подошел к деревне и сел в тени ближайшего дома на лавку, которую бегом принес один казак, а другой поспешно покрыл ковриком. Огромная блестящая свита окружила главнокомандующего.

Икона тронулась дальше, сопутствуемая толпой. Пьер шагах в тридцати от Кутузова остановился, разговаривая с Борисом.

Пьер объяснил свое намерение участвовать в сражении и осмотреть позицию.

– Вот как сделайте, – сказал Борис. – Je vous ferai les honneurs du camp[1]. Лучше всего вы увидите все оттуда, где будет граф Бенигсен. Я ведь при нем состою. Я ему доложу. А если хотите объехать позицию, то поедемте с нами: мы сейчас едем на левый фланг. А потом вернемся, и милости прошу у меня ночевать, и партию составим. Вы ведь знакомы с Дмитрием Сергеичем? Он вот тут стоит, – он указал третий дом в Горках.

– Но мне бы хотелось видеть правый фланг; говорят, он очень силен, – сказал Пьер. – Я бы хотел проехать от Москвы-реки и всю позицию.

– Ну, это после можете, а главный – левый фланг...

– Да, да. А где полк князя Болконского, не можете вы указать мне? – спросил Пьер.

1 Я вас буду угощать лагерем.

– Андрея Николаевича? мы мимо проедем, я вас проведу к нему.

– Что ж левый фланг? – спросил Пьер.

– По правде вам сказать, entre nous[1], левый фланг наш Бог знает в каком положении, – сказал Борис, доверчиво понижая голос, – граф Бенигсен совсем не то предполагал. Он предполагал укрепить вон тот курган, совсем не так... но, – Борис пожал плечами. – Светлейший не захотел, или ему наговорили. Ведь... – И Борис не договорил, потому что в это время к Пьеру подошел Кайсаров, адъютант Кутузова. – А! Паисий Сергеич, – сказал Борис, с свободной улыбкой обращаясь к Кайсарову. – А я вот стараюсь объяснить графу позицию. Удивительно, как мог светлейший так верно угадать замыслы французов!

– Вы про левый фланг? – сказал Кайсаров.

– Да, да, именно. Левый фланг наш теперь очень, очень силен.

Несмотря на то, что Кутузов выгонял всех лишних из штаба, Борис после перемен, произведенных Кутузовым, сумел удержаться при главной квартире. Борис пристроился к графу Бенигсену. Граф Бенигсен, как и все люди, при которых находился Борис, считал молодого князя Друбецкого неоцененным человеком.

В начальствовании армией были две резкие, определенные партии: партия Кутузова и партия Бенигсена, начальника штаба. Борис находился при этой последней партии, и никто так, как он, не умел, воздавая раболепное уважение Кутузову, давать чувствовать, что старик плох и что все дело ведется Бенигсеном. Теперь наступила решительная минута сражения, которая должна была или уничтожить Кутузова и передать власть Бенигсену, или, ежели бы даже Кутузов выиграл сражение, дать почувствовать, что все сделано Бенигсеном. Во всяком случае, за завтрашний день должны были быть розданы большие награды и выдвинуты вперед новые люди. И вследствие этого Борис находился в раздраженном оживлении весь этот день.

1 между нами.

За Кайсаровым к Пьеру еще подошли другие из его знакомых, и он не успевал отвечать на расспросы о Москве, которыми они засыпали его, и не успевал выслушивать рассказов, которые ему делали. На всех лицах выражались оживление и тревога. Но Пьеру казалось, что причина возбуждения, выражавшегося на некоторых из этих лиц, лежала больше в вопросах личного успеха, и у него не выходило из головы то другое выражение возбуждения, которое он видел на других лицах и которое говорило о вопросах не личных, а общих, вопросах жизни и смерти. Кутузов заметил фигуру Пьера и группу, собравшуюся около него.

– Позовите его ко мне, – сказал Кутузов. Адъютант передал желание светлейшего, и Пьер направился к скамейке. Но еще прежде него к Кутузову подошел рядовой ополченец. Это был Долохов.

– Этот как тут? – спросил Пьер.

– Это такая бестия, везде пролезет! – отвечали Пьеру. – Ведь он разжалован. Теперь ему выскочить надо. Какие-то проекты подавал и в цепь неприятельскую ночью лазил... но молодец!..

Пьер, сняв шляпу, почтительно наклонился перед Кутузовым.

– Я решил, что, ежели я доложу вашей светлости, вы можете прогнать меня или сказать, что вам известно то, что я докладываю, и тогда меня не убудет... – говорил Долохов.

– Так, так.

– А ежели я прав, то я принесу пользу отечеству, для которого я готов умереть.

– Так... так...

– И ежели вашей светлости понадобится человек, который бы не жалел своей шкуры, то извольте вспомнить обо мне... Может быть, я пригожусь вашей светлости.

– Так... так... – повторил Кутузов, смеющимся, суживающимся глазом глядя на Пьера.

В это время Борис, с своей придворной ловкостью, выдвинулся рядом с Пьером в близость начальства и с самым естественным видом и не громко, как бы продолжая начатый разговор, сказал Пьеру:

– Ополченцы – те прямо надели чистые, белые рубахи, чтобы приготовиться к смерти. Какое геройство, граф!

Борис сказал это Пьеру, очевидно, для того, чтобы быть услышанным светлейшим. Он знал, что Кутузов обратит внимание на эти слова, и действительно светлейший обратился к нему:

– Ты что говоришь про ополченье? – сказал он Борису.

– Они, ваша светлость, готовясь к завтрашнему дню, к смерти, надели белые рубахи.

– А!.. Чудесный, бесподобный народ! – сказал Кутузов и, закрыв глаза, покачал головой. – Бесподобный народ! – повторил он со вздохом.

– Хотите пороху понюхать? – сказал он Пьеру. – Да, приятный запах. Имею честь быть обожателем супруги вашей, здорова она? Мой привал к вашим услугам. – И, как это часто бывает с старыми людьми, Кутузов стал рассеянно оглядываться, как будто забыв все, что ему нужно было сказать или сделать.

Очевидно, вспомнив то, что он искал, он подманил к себе Андрея Сергеича Кайсарова, брата своего адъютанта.

– Как, как, как стихи-то Марина, как стихи, как? Что на Геракова написал: "Будешь в корпусе учитель..." Скажи, скажи, – заговорил Кутузов, очевидно собираясь посмеяться. Кайсаров прочел... Кутузов, улыбаясь, кивал головой в такт стихов.

Когда Пьер отошел от Кутузова, Долохов, подвинувшись к нему, взял его за руку.

– Очень рад встретить вас здесь, граф, – сказал он ему громко и не стесняясь присутствием посторонних, с особенной решительностью и торжественностью. – Накануне дня, в который Бог знает кому из нас суждено остаться в живых, я рад случаю сказать вам, что я жалею о тех недоразумениях, которые были между нами, и желал бы, чтобы вы не имели против меня ничего. Прошу вас простить меня.

Пьер, улыбаясь, глядел на Долохова, не зная, что сказать ему. Долохов со слезами, выступившими ему на глаза, обнял и поцеловал Пьера.

Борис что-то сказал своему генералу, и граф Бенигсен обратился к Пьеру и предложил ехать с собою вместе по линии.

– Вам это будет интересно, – сказал он.

– Да, очень интересно, – сказал Пьер.

Через полчаса Кутузов уехал в Татаринову, и Бенигсен со свитой, в числе которой был и Пьер, поехал по линии.

XXIII

Бенигсен от Горок спустился по большой дороге к мосту, на который Пьеру указывал офицер с кургана как на центр позиции и у которого на берегу лежали ряды скошенной, пахнувшей сеном травы. Через мост они проехали в село Бородино, оттуда повернули влево и мимо огромного количества войск и пушек выехали к высокому кургану, на котором копали землю ополченцы. Это был редут, еще не имевший названия, потом получивший название редута Раевского, или курганной батареи.

Пьер не обратил особенного внимания на этот редут. Он не знал, что это место будет для него памятнее всех мест Бородинского поля. Потом они поехали через овраг к Семеновскому, в котором солдаты растаскивали последние бревна изб и овинов. Потом под гору и на гору они проехали вперед через поломанную, выбитую, как градом, рожь, по вновь проложенной артиллерией по колчам пашни дороге на флеши[1], тоже тогда еще копаемые.

Бенигсен остановился на флешах и стал смотреть вперед на (бывший еще вчера нашим) Шевардинский редут, на котором виднелось несколько всадников. Офицеры говорили, что там был Наполеон или Мюрат. И все жадно смотрели на эту кучку всадников. Пьер тоже смотрел туда, стараясь угадать, который из этих чуть видневшихся людей был Наполеон. Наконец всадники съехали с кургана и скрылись.

1 род укрепления *(Прим. Л.Н. Толстого.)*

Бенигсен обратился к подошедшему к нему генералу и стал пояснять все положение наших войск. Пьер слушал слова Бенигсена, напрягая все свои умственные силы к тому, чтоб понять сущность предстоящего сражения, но с огорчением чувствовал, что умственные способности его для этого были недостаточны. Он ничего не понимал. Бенигсен перестал говорить и, заметив фигуру прислушивавшегося Пьера, сказал вдруг, обращаясь к нему:

– Вам, я думаю, неинтересно?

– Ах, напротив, очень интересно, – повторил Пьер не совсем правдиво.

С флеш они поехали еще левее дорогою, вьющеюся по частому, невысокому березовому лесу. В середине этого леса выскочил перед ними на дорогу коричневый с белыми ногами заяц и, испуганный топотом большого количества лошадей, так растерялся, что долго прыгал по дороге впереди их, возбуждая общее внимание и смех, и, только когда в несколько голосов крикнули на него, бросился в сторону и скрылся в чаще. Проехав версты две по лесу, они выехали на поляну, на которой стояли войска корпуса Тучкова, долженствовавшего защищать левый фланг.

Здесь, на крайнем левом фланге, Бенигсен много и горячо говорил и сделал, как казалось Пьеру, важное в военном отношении распоряжение. Впереди расположения войск Тучкова находилось возвышение. Это возвышение не было занято войсками. Бенигсен громко критиковал эту ошибку, говоря, что было безумно оставить незанятою командующую местностью высоту и поставить войска под нею. Некоторые генералы выражали то же мнение. Один в особенности с воинской горячностью говорил о том, что их поставили тут на убой. Бенигсен приказал своим именем передвинуть войска на высоту.

Распоряжение это на левом фланге еще более заставило Пьера усумниться в его способности понять военное дело. Слушая Бенигсена и генералов, осуждавших положение войск под горою, Пьер вполне понимал их и разделял их мнение; но именно вследствие этого он не мог понять, каким образом мог тот, кто поставил их тут под горою, сделать такую очевидную и грубую ошибку.

Пьер не знал того, что войска эти были поставлены не для защиты позиции, как думал Бенигсен, а были поставлены в скрытое место для засады, то есть для того, чтобы быть незамеченными и вдруг ударить на подвигавшегося неприятеля. Бенигсен не знал этого и передвинул войска вперед по особенным соображениям, не сказав об этом главнокомандующему.

XXIV

Князь Андрей в этот ясный августовский вечер 25-го числа лежал, облокотившись на руку, в разломанном сарае деревни Князькова, на краю расположения своего полка. В отверстие сломанной стены он смотрел на шедшую вдоль по забору полосу тридцатилетних берез с обрубленными нижними сучьями, на пашню с разбитыми на ней копнами овса и на кустарник, по которому виднелись дымы костров — солдатских кухонь.

Как ни тесна и никому не нужна и ни тяжка теперь казалась князю Андрею его жизнь, он так же, как и семь лет тому назад в Аустерлице накануне сражения, чувствовал себя взволнованным и раздраженным.

Приказания на завтрашнее сражение были отданы и получены им. Делать ему было больше нечего. Но мысли самые простые, ясные и потому страшные мысли не оставляли его в покое. Он знал, что завтрашнее сражение должно было быть самое страшное изо всех тех, в которых он участвовал, и возможность смерти в первый раз в его жизни, без всякого отношения к житейскому, без соображений о том, как она подействует, на других, а только по отношению к нему самому, к его душе, с живостью, почти с достоверностью, просто и ужасно, представилась ему. И с высоты этого представления все, что прежде мучило и занимало его, вдруг осветилось холодным белым светом, без теней, без перспективы, без различия очертаний. Вся жизнь представилась ему волшебным фонарем, в который он долго смотрел сквозь стекло и при искусственном освещении. Теперь он увидал вдруг, без стекла, при ярком дневном свете, эти дурно намалеванные картины. "Да, да, вот они те волновавшие и восхищавшие и мучившие меня ложные образы, – говорил он себе, перебирая в своем воображении главные картины своего волшебного фонаря жизни, глядя теперь на них при этом холодном белом свете дня – ясной мысли о смерти. – Вот они, эти грубо намалеванные фигуры, которые представлялись чем-то прекрасным и таинственным. Слава, общественное благо, любовь к женщине, самое отечество – как велики казались мне эти картины, какого глубокого смысла казались они исполненными! И все это так просто, бледно и грубо при холодном белом свете того утра, которое, я чувствую, поднимается для меня". Три главные горя его жизни в особенности останавливали его внимание. Его любовь к женщине, смерть его отца и французское нашествие, захватившее половину России. "Любовь!.. Эта девочка, мне казавшаяся преисполненною таинственных сил. Как же я любил ее! я делал поэтические планы о любви, о счастии с нею. О милый мальчик! – с злостью вслух проговорил он. – Как же! я верил в какую-то идеальную любовь, которая должна была мне сохранить ее верность за целый год моего отсутствия! Как нежный голубок басни, она должна была зачахнуть в разлуке со мной. А все это гораздо проще... Все это ужасно просто, гадко!

Отец тоже строил в Лысых Горах и думал, что это его место, его земля, его воздух, его мужики; а пришел Наполеон и, не зная об его существовании, как щепку с дороги, столкнул его, и развалились его Лысые Горы и вся его жизнь. А княжна Марья говорит, что это испытание, посланное свыше. Для чего же испытание, когда его уже нет и не будет? никогда больше не будет! Его нет! Так кому же это испытание? Отечество, погибель Москвы! А завтра меня убьет – и не француз даже, а свой, как вчера разрядил солдат ружье около моего уха, и придут французы, возьмут меня за ноги и за голову и швырнут в яму, чтоб я не вонял им под носом, и сложатся новые условия жизни, которые будут также привычны для других, и я не буду знать про них, и меня не будет".

Он поглядел на полосу берез с их неподвижной желтизной, зеленью и белой корой, блестящих на солнце. "Умереть, чтобы меня убили завтра, чтобы меня не было... чтобы все это было, а меня бы не было". Он живо представил себе отсутствие себя в этой жизни. И эти березы с их светом и тенью, и эти курчавые облака, и этот дым костров – все вокруг преобразилось для него и показалось чем-то страшным и угрожающим. Мороз пробежал по его спине. Быстро встав, он вышел из сарая и стал ходить.

За сараем послышались голоса.

– Кто там? – окликнул князь Андрей.

Красноносый капитан Тимохин, бывший ротный командир Долохова, теперь, за убылью офицеров, батальонный командир, робко вошел в сарай. За ним вошли адъютант и казначей полка.

Князь Андрей поспешно встал, выслушал то, что по службе имели передать ему офицеры, передал им еще некоторые приказания и сбирался отпустить их, когда из-за сарая послышался знакомый, пришепетывающий голос.

– Que diable![1] – сказал голос человека, стукнувшегося обо что-то.

Князь Андрей, выглянув из сарая, увидал подходящего к нему Пьера, который споткнулся на лежавшую жердь и чуть не упал. Князю Андрею вообще неприятно было видеть людей из своего мира, в особенности же Пьера, который напоминал ему все те тяжелые минуты, которые он пережил в последний приезд в Москву.

– А, вот как! – сказал он. – Какими судьбами? Вот не ждал.

В то время как он говорил это, в глазах его и выражении всего лица было больше чем сухость – была враждебность, которую тотчас же заметил Пьер. Он подходил к сараю в самом оживленном состоянии духа, но, увидав выражение

1 Черт возьми!

лица князя Андрея, он почувствовал себя стесненным и неловким.

– Я приехал... так... знаете... приехал... мне интересно, – сказал Пьер, уже столько раз в этот день бессмысленно повторявший это слово "интересно". – Я хотел видеть сражение.

– Да, да, а братья-масоны что говорят о войне? Как предотвратить ее? – сказал князь Андрей насмешливо. – Ну что Москва? Что мои? Приехали ли наконец в Москву? – спросил он серьезно.

– Приехали. Жюли Друбецкая говорила мне. Я поехал к ним и не застал. Они уехали в подмосковную.

XXV

Офицеры хотели откланяться, но князь Андрей, как будто не желая оставаться с глазу на глаз с своим другом, предложил им посидеть и напиться чаю. Подали скамейки и чай. Офицеры не без удивления смотрели на толстую, громадную фигуру Пьера и слушали его рассказы о Москве и о расположении наших войск, которые ему удалось объездить. Князь Андрей молчал, и лицо его так было неприятно, что Пьер обращался более к добродушному батальонному командиру Тимохину, чем к Болконскому.

– Так ты понял все расположение войск? – перебил его князь Андрей.

– Да, то есть как? – сказал Пьер. – Как невоенный человек, я не могу сказать, чтобы вполне, но все-таки понял общее расположение.

– Eh bien, vous êtes plus avancé que qui cela soit[1], – сказал князь Андрей.

– А! – сказал Пьер с недоуменьем, через очки глядя на князя Андрея. – Ну, как вы скажете насчет назначения Кутузова? – сказал он.

1 Ну, так ты больше знаешь, чем кто бы то ни было.

– Я очень рад был этому назначению, вот все, что я знаю, – сказал князь Андрей.

– Ну, а скажите, какое ваше мнение насчет Барклая де Толли? В Москве Бог знает что говорили про него. Как вы судите о нем?

– Спроси вот у них, – сказал князь Андрей, указывая на офицеров.

Пьер с снисходительно вопросительной улыбкой, с которой невольно все обращались к Тимохину, посмотрел на него.

– Свет увидали, ваше сиятельство, как светлейший поступил, – робко и беспрестанно оглядываясь на своего полкового командира, сказал Тимохин.

– Отчего же так? – спросил Пьер.

– Да вот хоть бы насчет дров или кормов, доложу вам. Ведь мы от Свенцян отступали, не смей хворостины тронуть, или сенца там, или что. Ведь мы уходим, *ему* достается, не так ли, ваше сиятельство? – обратился он к своему князю, – а ты не смей. В нашем полку под суд двух офицеров отдали за этакие дела. Ну, как светлейший поступил, так насчет этого просто стало. Свет увидали...

– Так отчего же он запрещал?

Тимохин сконфуженно оглядывался, не понимая, как и что отвечать на такой вопрос. Пьер с тем же вопросом обратился к князю Андрею.

– А чтобы не разорять край, который мы оставляли неприятелю, – злобно-насмешливо сказал князь Андрей. – Это очень основательно: нельзя позволять грабить край и приучаться войскам к мародерству. Ну и в Смоленске он тоже правильно рассудил, что французы могут обойти нас и что у них больше сил. Но он не мог понять того, – вдруг как бы вырвавшимся тонким голосом закричал князь Андрей, – но он не мог понять, что мы в первый раз дрались там за русскую землю, что в войсках был такой дух, какого никогда я не видал, что мы два дня сряду отбивали французов и что этот успех удесятерял наши силы. Он велел отступать, и все усилия и потери пропали даром. Он не думал об измене, он старался все сделать как можно лучше, он все обдумал; но от этого-то он и не годится. Он не годится теперь именно потому, что он все обдумывает очень основательно и аккуратно, как и следует всякому немцу. Как бы тебе сказать... Ну, у отца твоего немец-лакей, и он прекрасный лакей и удовлетворит всем его нуждам лучше тебя, и пускай он служит; но ежели отец при смерти болен, ты прогонишь лакея и своими непривычными, неловкими руками станешь ходить за отцом и лучше успокоишь его, чем искусный, но чужой человек. Так и сделали с Барклаем. Пока Россия была здорова, ей мог служить чужой, и был прекрасный министр, но как только она в опасности, нужен свой, родной человек. А у вас в клубе выдумали, что он изменник! Тем, что его оклеветали изменником, сделают только то, что потом, устыдившись своего ложного нарекания, из изменников сделают вдруг героем или гением, что еще будет несправедливее. Он честный и очень аккуратный немец...

– Однако, говорят, он искусный полководец, – сказал Пьер.

– Я не понимаю, что такое значит искусный полководец, – с насмешкой сказал князь Андрей

– Искусный полководец, – сказал Пьер, – ну, тот, который предвидел все случайности... ну, угадал мысли противника.

– Да это невозможно, – сказал князь Андрей, как будто про давно решенное дело.

Пьер с удивлением посмотрел на него.

– Однако, – сказал он, – ведь говорят же, что война подобна шахматной игре.

– Да, – сказал князь Андрей, – только с тою маленькою разницей, что в шахматах над каждым шагом ты можешь думать сколько угодно, что ты там вне условий времени, и еще с той разницей, что конь всегда сильнее пешки и две пешки всегда сильнее одной, а на войне один батальон иногда сильнее дивизии, а иногда слабее роты. Относительная сила войск никому не может быть известна. Поверь мне, – сказал он, – что ежели бы что зависело от распоряжений штабов, то я бы был там и делал бы распоряжения, а вместо того я имею честь служить здесь, в полку, вот с этими господами, и считаю, что от нас действительно будет зависеть завтрашний день, а не от них... Успех никогда не зависел и не будет зависеть ни от позиции, ни от вооружения, ни даже от числа; а уж меньше всего от позиции.

– А от чего же?

– От того чувства, которое есть во мне, в нем, – он указал на Тимохина, – в каждом солдате.

Князь Андрей взглянул на Тимохина, который испуганно и недоумевая смотрел на своего командира. В противность своей прежней сдержанной молчаливости князь Андрей казался теперь взволнованным. Он, видимо, не мог удержаться от высказывания тех мыслей, которые неожиданно приходили ему.

– Сражение выигрывает тот, кто твердо решил его выиграть. Отчего мы под Аустерлицем проиграли сражение? У нас потеря была почти равная с французами, но мы сказали себе очень рано, что мы проиграли сражение, – и проиграли. А сказали мы это потому, что нам там незачем было драться: поскорее хотелось уйти с поля сражения. "Проиграли – ну так бежать!" – мы и побежали. Ежели бы до вечера мы не говорили этого, Бог знает что бы было. А завтра мы этого не скажем. Ты говоришь: наша позиция, левый фланг слаб, правый фланг растянут, – продолжал он, – все это вздор, ничего этого нет. А что нам предстоит завтра? Сто миллионов самых разнообразных случайностей, которые будут решаться мгновенно тем, что побежали или побегут они или наши, что убьют того, убьют другого; а то, что делается теперь, – все это забава. Дело в том, что те, с кем ты ездил по позиции, не только не содействуют общему ходу дел, но мешают ему. Они заняты только своими маленькими интересами.

– В такую минуту? – укоризненно сказал Пьер.

– В *такую минуту*, – повторил князь Андрей, – для них это только такая минута, в которую можно подкопаться под врага и получить лишний крестик или ленточку. Для меня на завтра вот что: стотысячное русское и стотысячное французское войска сошлись драться, и факт в том, что эти двести тысяч дерутся, и кто будет злей драться и себя меньше жалеть, тот победит. И хочешь, я тебе скажу, что, что бы там ни было, что бы ни путали там вверху, мы выиграем сражение завтра. Завтра, что бы там ни было, мы выиграем сражение!

– Вот, ваше сиятельство, правда, правда истинная, – проговорил Тимохин. – Что себя жалеть теперь! Солдаты в моем батальоне, поверите ли, не стали водку пить: не такой день, говорят. – Все помолчали.

Офицеры поднялись. Князь Андрей вышел с ними за сарай, отдавая последние приказания адъютанту. Когда офицеры ушли, Пьер подошел к князю Андрею и только что хотел начать разговор, как по дороге недалеко от сарая застучали копыта трех лошадей, и, взглянув по этому направлению, князь Андрей узнал Вольцогена с Клаузевицем, сопутствуемых казаком. Они близко проехали, продолжая разговаривать, и Пьер с Андреем невольно услыхали следующие фразы:

– Der Krieg muss im Raum verlegt werden. Der Ansicht kann ich nicht genug Preis geben[1], – говорил один.

– O ja, – сказал другой голос, – da der Zweck ist nur den Feind zu schwächen, so kann man gewiss nicht den Verlust der Privatpersonen in Achtung nehmen[2].

– O ja[3], – подтвердил первый голос.

– Да, im Raum verlegen[4], – повторил, злобно фыркая носом, князь Андрей, когда они проехали. – Im Raum[5]-то у меня остался отец, и сын, и сестра в Лысых Горах. Ему это все равно. Вот оно то, что я тебе говорил, – эти господа немцы завтра не выиграют сражение, а только нагадят, сколько их

1 Война должна быть перенесена в пространство. Это воззрение я не могу достаточно восхвалить *(нем.)*.

2 О да, так как цель состоит в том, чтобы ослабить неприятеля, то нельзя принимать во внимание потери частных лиц *(нем.)*.

3 О да *(нем.)*.

4 перенести в пространство *(нем.)*.

5 В пространстве *(нем.)*.

сил будет, потому что в его немецкой голове только рассуждения, не стоящие выеденного яйца, а в сердце нет того, что одно только и нужно на завтра, – то, что есть в Тимохине. Они всю Европу отдали *ему* и приехали нас учить – славные учители! – опять взвизгнул его голос.

– Так вы думаете, что завтрашнее сражение будет выиграно? – сказал Пьер.

– Да, да, – рассеянно сказал князь Андрей. – Одно, что бы я сделал, ежели бы имел власть, – начал он опять, – я не брал бы пленных. Что такое пленные? Это рыцарство. Французы разорили мой дом и идут разорить Москву, и оскорбили и оскорбляют меня всякую секунду. Они враги мои, они преступники все, по моим понятиям. И так же думает Тимохин и вся армия. Надо их казнить. Ежели они враги мои, то не могут быть друзьями, как бы они там ни разговаривали в Тильзите.

– Да, да, – проговорил Пьер, блестящими глазами глядя на князя Андрея, – я совершенно, совершенно согласен с вами!

Тот вопрос, который с Можайской горы и во весь этот день тревожил Пьера, теперь представился ему совершенно ясным и вполне разрешенным. Он понял теперь весь смысл и все значение этой войны и предстоящего сражения. Все, что он видел в этот день, все значительные, строгие выражения лиц, которые он мельком видел, осветились для него новым светом. Он понял ту скрытую (latente), как говорится в физике, теплоту патриотизма, которая была во всех тех людях, которых он видел, и которая объясняла ему то, зачем все эти люди спокойно и как будто легкомысленно готовились к смерти.

– Не брать пленных, – продолжал князь Андрей. – Это одно изменило бы всю войну и сделало бы ее менее жестокой. А то мы играли в войну – вот что скверно, мы великодушничаем и тому подобное. Это великодушничанье и чувствительность – вроде великодушия и чувствительности барыни, с которой делается дурнота, когда она видит убиваемого теленка; она так добра, что не может видеть кровь, но она с аппетитом кушает этого теленка под соусом. Нам толкуют о правах войны, о рыцарстве, о парламентерстве, щадить несчастных и так далее. Все вздор. Я видел в 1805 году рыцарство, парламентерство: нас надули, мы надули. Грабят чужие дома, пускают фальшивые ассигнации, да хуже всего – убивают моих детей, моего отца и говорят о правилах войны и великодушии к врагам. Не брать пленных, а убивать и идти на смерть! Кто дошел до этого так, как я, теми же страданиями...

Князь Андрей, думавший, что ему было все равно, возьмут ли, или не возьмут Москву так, как взяли Смоленск, внезапно остановился в своей речи от неожиданной судороги, схватившей его за горло. Он прошелся несколько раз молча, но глаза его лихорадочно блестели, и губа дрожала, когда он опять стал говорить:

– Ежели бы не было великодушничанья на войне, то мы шли бы только тогда, когда сто́ит того идти на верную смерть, как теперь. Тогда не было бы войны за то, что Павел Иваныч обидел Михаила Иваныча. А ежели война как теперь, так война. И тогда интенсивность войск была бы не та, как теперь. Тогда бы все эти вестфальцы и гессенцы, которых ведет Наполеон, не пошли бы за ним в Россию, и мы бы не ходили драться в Австрию и в Пруссию, сами не зная зачем. Война не любезность, а самое гадкое дело в жизни, и надо понимать это и не играть в войну. Надо принимать строго и серьезно эту страшную необходимость. Всё в этом: откинуть ложь, и война так война, а не игрушка. А то война – это любимая забава праздных и легкомысленных людей... Военное сословие самое почетное. А что такое война, что нужно для успеха в военном деле, какие нравы военного общества? Цель войны – убийство, орудия войны – шпионство, измена и поощрение ее, разорение жителей, ограбление их или воровство для продовольствия армии; обман и ложь, называемые военными хитростями; нравы военного сословия – отсутствие свободы, то есть дисциплина, праздность, невежество, жестокость, разврат, пьянство. И несмотря на то – это высшее сословие, почитаемое всеми. Все цари, кроме китайского, носят военный мундир, и тому, кто больше убил народа, дают бóльшую награду... Сойдутся, как завтра, на убийство друг друга, перебьют, перекалечат десятки тысяч людей, а потом будут служить благодарственные молебны за то, что побили много людей (которых число еще прибавляют), и провозглашают победу, полагая, что чем больше побито людей, тем больше заслуга. Как Бог оттуда смотрит и слушает их! – тонким, пискливым голосом прокричал князь Андрей. – Ах, душа моя, последнее время мне стало тяжело жить. Я вижу, что стал понимать слишком много. А не годится человеку вкушать от древа познания добра и зла... Ну, да не надолго! – прибавил он. – Однако ты спишь, да и мне пора, поезжай в Горки, – вдруг сказал князь Андрей.

– О нет! – отвечал Пьер, испуганно-соболезнующими глазами глядя на князя Андрея.

– Поезжай, поезжай: перед сраженьем нужно выспаться, – повторил князь Андрей. Он быстро подошел к Пьеру, обнял его и поцеловал. – Прощай, ступай, – прокричал он. – Увидимся ли, нет... – и он, поспешно повернувшись, ушел в сарай.

Было уже темно, и Пьер не мог разобрать того выражения, которое было на лице князя Андрея, было ли оно злобно, или нежно.

Пьер постоял несколько времени молча, раздумывая, пойти ли за ним, или ехать домой. "Нет, ему не нужно! – решил сам собой Пьер, – и я знаю, что это наше последнее свидание". Он тяжело вздохнул и поехал назад в Горки.

Князь Андрей, вернувшись в сарай, лег на ковер, но не мог спать.

Он закрыл глаза. Одни образы сменялись другими. На одном он долго, радостно остановился. Он живо вспомнил один вечер в Петербурге. Наташа с оживленным, взволнованным лицом рассказывала ему, как она в прошлое лето, ходя за грибами, заблудилась в большом лесу. Она несвязно описывала ему и глушь леса, и свои чувства, и разговоры с пчельником, которого она встретила, и, всякую минуту прерываясь в своем рассказе, говорила: “Нет, не могу, я не так рассказываю; нет, вы не понимаете”, – несмотря на то, что князь Андрей успокоивал ее, говоря, что он понимает, и действительно понимал все, что она хотела сказать. Наташа была недовольна своими словами, – она чувствовала, что не выходило то страстно-поэтическое ощущение, которое она испытала в этот день и которое она хотела выворотить наружу. “Это такая прелесть был этот старик, и темно так в лесу... и такие добрые у него... нет, я не умею рассказать”, – говорила она, краснея и волнуясь. Князь Андрей улыбнулся теперь той же радостной улыбкой, которой он улыбался тогда, глядя ей в глаза. “Я понимал ее, – думал князь Андрей. – Не только понимал, но эту-то душевную силу, эту искренность, эту открытость душевную, эту-то душу ее, которую как будто связывало тело, эту-то душу я и любил в ней... так сильно, так счастливо любил...” И вдруг он вспомнил о том, чем кончилась его любовь. “*Ему* ничего этого не нужно было. *Он* ничего этого не видел и не понимал. Он видел в ней хорошенькую и *свеженькую* девочку, с которою он не удостоил связать свою судьбу. А я? И до сих пор он жив и весел”.

Князь Андрей, как будто кто-нибудь обжег его, вскочил и стал опять ходить перед сараем.

XXVI

25-го августа, накануне Бородинского сражения, префект дворца императора французов m-r de Beausset и полковник Fabvier приехали, первый из Парижа, второй из Мадрида, к императору Наполеону в его стоянку у Валуева.

Переодевшись в придворный мундир, m-r de Beausset приказал нести впереди себя привезенную им императору посылку и вошел в первое отделение палатки Наполеона, где, переговориваясь с окружившими его адъютантами Наполеона, занялся раскупориванием ящика.

Fabvier, не входя в палатку, остановился, разговорясь с знакомыми генералами, у входа в нее.

Император Наполеон еще не выходил из своей спальни и оканчивал свой туалет. Он, пофыркивая и покряхтывая, поворачивался то толстой спиной, то обросшей жирной грудью под щетку, которою камердинер растирал его тело. Другой камердинер, придерживая пальцем склянку, брызгал одеколоном на выхоленное тело императора с таким выражением, которое говорило, что он один мог знать, сколько и куда надо брызнуть одеколону. Короткие волосы Наполеона были мокры и спутаны на лоб. Но лицо его, хоть опухшее и желтое, выражало физическое удовольствие: "Allez ferme, allez toujours..."[1] – приговаривал он, пожимаясь и покряхтывая, растиравшему камердинеру. Адъютант, вошедший в спальню с тем, чтобы доложить императору о том, сколько было во вчерашнем деле взято пленных, передав то, что нужно было, стоял у двери, ожидая позволения уйти. Наполеон, сморщась, взглянул исподлобья на адъютанта.

– Point de prisonniers, – повторил он слова адъютанта. – Il se font démolir. Tant pis pour l'armée russe, – сказал он. – Allez toujours, allez ferme[2], – проговорил он, горбатясь и подставляя свои жирные плечи.

– C'est bien! Faites entrer monsieur de Beausset, ainsi que Fabvier[3], – сказал он адъютанту, кивнув головой.

– Oui, Sire[4], – и адъютант исчез в дверь палатки.

Два камердинера быстро одели его величество, и он, в гвардейском синем мундире, твердыми, быстрыми шагами вышел в приемную.

Боссе в это время торопился руками, устанавливая привезенный им подарок от императрицы на двух стульях, прямо перед входом императора. Но император так неожиданно скоро оделся и вышел, что он не успел вполне приготовить сюрприза.

1 Ну крепче, ну еще...
2 Нет пленных.... Они заставляют истреблять себя. Тем хуже для русской армии... Ну еще, ну крепче...
3 Хорошо! Пускай войдет де Боссе, и Фабвье тоже.
4 Слушаю, государь.

Наполеон тотчас заметил то, что они делали, и догадался, что они были еще не готовы. Он не захотел лишить их удовольствия сделать ему сюрприз. Он притворился, что не видит господина Боссе, и подозвал к себе Фабвье. Наполеон слушал, строго нахмурившись и молча, то, что говорил Фабвье ему о храбрости и преданности его войск, дравшихся при Саламанке на другом конце Европы и имевших только одну мысль – быть достойными своего императора, и один страх – не угодить ему. Результат сражения был печальный. Наполеон делал иронические замечания во время рассказа Fabvier, как будто он и не предполагал, чтобы дело могло идти иначе в его отсутствие.

– Я должен поправить это в Москве, – сказал Наполеон. – A tantôt[1], – прибавил он и подозвал де Боссе, который в это время уже успел приготовить сюрприз, уставив что-то на стульях, и накрыл что-то покрывалом.

Де Боссе низко поклонился тем придворным французским поклоном, которым умели кланяться только старые слуги Бурбонов, и подошел, подавая конверт.

Наполеон весело обратился к нему и подрал его за ухо.

– Вы поспешили, очень рад. Ну, что говорит Париж? – сказал он, вдруг изменяя свое прежде строгое выражение на самое ласковое.

– Sire, tout Paris regrette votre absence[2], – как и должно, ответил де Боссе. Но хотя Наполеон знал, что Боссе должен сказать это или тому подобное, хотя он в свои ясные минуты знал, что это было неправда, ему приятно было это слышать от де Боссе. Он опять удостоил его прикосновения за ухо.

– Je suis fâché de vous avoir fait faire tant de chemin[3], – сказал он.

– Sire! Je ne m'attendais pas à moins qu'à vous trouver aux portes de Moscou[4], – сказал Боссе.

1 До свиданья.
2 Государь, весь Париж сожалеет о вашем отсутствии.
3 Очень сожалею, что заставил вас проехаться так далеко.
4 Я ожидал не менее того, как найти вас, государь, у ворот Москвы.

Наполеон улыбнулся и, рассеянно подняв голову, оглянулся направо. Адъютант плывущим шагом подошел с золотой табакеркой и подставил ее. Наполеон взял ее.

– Да, хорошо случилось для вас, – сказал он, приставляя раскрытую табакерку к носу, – вы любите путешествовать, через три дня вы увидите Москву. Вы, верно, не ждали увидать азиатскую столицу. Вы сделаете приятное путешествие.

Боссе поклонился с благодарностью за эту внимательность к его (неизвестной ему до сей поры) склонности путешествовать.

– А! это что? – сказал Наполеон, заметив, что все придворные смотрели на что-то, покрытое покрывалом. Боссе с придворной ловкостью, не показывая спины, сделал вполуоборот два шага назад и в одно и то же время сдернул покрывало и проговорил:

– Подарок вашему величеству от императрицы.

Это был яркими красками написанный Жераром портрет мальчика, рожденного от Наполеона и дочери австрийского императора, которого почему-то все называли королем Рима.

Весьма красивый курчавый мальчик, со взглядом, похожим на взгляд Христа в Сикстинской мадонне, изображен был играющим в бильбоке. Шар представлял земной шар, а палочка в другой руке изображала скипетр.

Хотя не совсем ясно было, что именно хотел выразить живописец, представив так называемого короля Рима протыкающим земной шар палочкой, но аллегория эта, так же как и всем видевшим картину в Париже, так и Наполеону, очевидно, показалась ясною и весьма понравилась.

– Roi de Rome[1], – сказал он, грациозным жестом руки указывая на портрет. – Admirable![2] – С свойственной итальянцам способностью изменять произвольно выражение лица, он подошел к портрету и сделал вид задумчивой нежности. Он чувствовал, что то, что он скажет и сделает теперь, –

1 Римский король.
2 Чудесно!

есть история. И ему казалось, что лучшее, что он может сделать теперь, — это то, чтобы он с своим величием, вследствие которого сын его в бильбоке играл земным шаром, чтобы он выказал, в противоположность этого величия, самую простую отеческую нежность. Глаза его отуманились, он подвинулся, оглянулся на стул (стул подскочил под него) и сел на него против портрета. Один жест его — и все на цыпочках вышли, предоставляя самому себе и его чувству великого человека.

Посидев несколько времени и дотронувшись, сам не зная для чего, рукой до шероховатости блика портрета, он встал и опять позвал Боссе и дежурного. Он приказал вынести портрет перед палатку, с тем, чтобы не лишить старую гвардию, стоявшую около его палатки, счастья видеть римского короля, сына и наследника их обожаемого государя.

Как он и ожидал, в то время как он завтракал с господином Боссе, удостоившимся этой чести, перед палаткой слышались восторженные клики сбежавшихся к портрету офицеров и солдат старой гвардии.

— Vive l'Empereur! Vive le Roi de Rome! Vive l'Empereur![1] — слышались восторженные голоса.

После завтрака Наполеон, в присутствии Боссе, продиктовал свой приказ по армии.

— Courte et énergique![2] — проговорил Наполеон, когда он прочел сам сразу без поправок написанную прокламацию. В приказе было:

> "Воины! Вот сражение, которого вы столько желали. Победа зависит от вас. Она необходима для нас; она доставит нам все нужное: удобные квартиры и скорое возвращение в отечество. Действуйте так, как вы действовали при Аустерлице, Фридланде, Витебске и Смоленске. Пусть позднейшее потомство с гордостью вспомнит о ваших подвигах в сей день. Да скажут о каждом из вас: он был в великой битве под Москвою!"

1 Да здравствует император! Да здравствует римский король!
2 Короткий и энергический!

– De la Moskowa![1] – повторил Наполеон и, пригласив к своей прогулке господина Боссе, любившего путешествовать, он вышел из палатки к оседланным лошадям.

– Votre Majesté a trop de bonté[2], – сказал Боссе на приглашение сопутствовать императору: ему хотелось спать и он не умел и боялся ездить верхом.

Но Наполеон кивнул головой путешественнику, и Боссе должен был ехать. Когда Наполеон вышел из палатки, крики гвардейцев пред портретом его сына еще более усилились. Наполеон нахмурился.

– Снимите его, – сказал он, грациозно-величественным жестом указывая на портрет. – Ему еще рано видеть поле сражения.

Боссе, закрыв глаза и склонив голову, глубоко вздохнул, этим жестом показывая, как он умел ценить и понимать слова императора.

XXVII

Весь этот день 25-августа, как говорят его историки, Наполеон провел на коне, осматривая местность, обсуживая планы, представляемые ему его маршалами, и отдавая лично приказания своим генералам.

Первоначальная линия расположения русских войск по Колоче была переломлена, и часть этой линии, именно левый фланг русских, вследствие взятия Шевардинского редута 24-го числа, была отнесена назад. Эта часть линии была не укреплена, не защищена более рекою, и перед нею одною было более открытое и ровное место. Очевидно было для всякого военного и невоенного, что эту часть линии и должно было атаковать французам. Казалось, что для этого не нужно было много соображений, не нужно было такой заботливости и хлопотливости императора и его мар-

1 Под Москвою!
2 Вы слишком добры, ваше величество.

шалов и вовсе не нужно той особенной высшей способности, называемой гениальностью, которую так любят приписывать Наполеону; но историки, впоследствии описывавшие это событие, и люди, тогда окружавшие Наполеона, и он сам думали иначе.

Наполеон ездил по полю, глубокомысленно вглядывался в местность, сам с собой одобрительно или недоверчиво качал головой и, не сообщая окружавшим его генералам того глубокомысленного хода, который руководил его решеньями, передавал им только окончательные выводы в форме приказаний. Выслушав предложение Даву, называемого герцогом Экмюльским, о том, чтобы обойти левый фланг русских, Наполеон сказал, что этого не нужно делать, не объясняя, почему это было не нужно. На предложение же генерала Компана (который должен был атаковать флеши), провести свою дивизию лесом, Наполеон изъявил свое согласие, несмотря на то, что так называемый герцог Эльхингенский, то есть Ней, позволил себе заметить, что движение по лесу опасно и может расстроить дивизию.

Осмотрев местность против Шевардинского редута, Наполеон подумал несколько времени молча и указал на места, на которых должны были быть устроены к завтрему две батареи для действия против русских укреплений, и места, где рядом с ними должна была выстроиться полевая артиллерия.

Отдав эти и другие приказания, он вернулся в свою ставку, и под его диктовку была написана диспозиция сражения.

Диспозиция эта, про которую с восторгом говорят французские историки и с глубоким уважением другие историки, была следующая:

"С рассветом две новые батареи, устроенные в ночи, на равнине, занимаемой принцем Экмюльским, откроют огонь по двум противостоящим батареям неприятельским.

В это же время начальник артиллерии 1-го корпуса, генерал Пернетти, с 30-ю орудиями дивизии Компана и всеми гаубицами дивизии Дессé и Фриана, двинется вперед, откроет огонь и засыплет гранатами неприятельскую батарею, против которой будут действовать:

24 орудия гвардейской артиллерии,
30 орудий дивизии Компана
и 8 орудий дивизии Фриана и Дессе.
Всего – 62 орудия.

Начальник артиллерии 3-го корпуса, генерал Фуше, поставит все гаубицы 3-го и 8-го корпусов, всего 16, по флангам батареи, которая назначена обстреливать левое укрепление, что составит против него вообще 40 орудий.

Генерал Сорбье должен быть готов по первому приказанию вынестись со всеми гаубицами гвардейской артиллерии против одного либо другого укрепления.

В продолжение канонады князь Понятовский направится на деревню, в лес и обойдет неприятельскую позицию.

Генерал Компан двинется чрез лес, чтобы овладеть первым укреплением.

По вступлении таким образом в бой будут даны приказания соответственно действиям неприятеля.

Канонада на левом фланге начнется, как только будет услышана канонада правого крыла. Стрелки дивизии Морана и дивизии вице-короля откроют сильный огонь, увидя начало атаки правого крыла.

Вице-король овладеет деревней[1] и перейдет по своим трем мостам, следуя на одной высоте с дивизиями Морана и Жерара, которые, под его предводительством, направятся к редуту и войдут в линию с прочими войсками армии.

Все это должно быть исполнено в порядке (le tout se fera avec ordre et méthode), сохраняя по возможности войска в резерве.

В императорском лагере, близ Можайска, 6-го сентября, 1812-го года".

Диспозиция эта, весьма неясно и спутанно написанная, – ежели позволить себе без религиозного ужаса к гениальнос-

1 Бородиным.

ти Наполеона относиться к распоряжениям его, – заключала в себе четыре пункта – четыре распоряжения. Ни одно из этих распоряжений не могло быть и не было исполнено.

В диспозиции сказано, первое: *чтобы устроенные на выбранном Наполеоном месте батареи с имеющими выровняться с ними орудиями Пернетти и Фуше, всего сто два орудия, открыли огонь и засыпали русские флеши и редут снарядами.* Это не могло быть сделано, так как с назначенных Наполеоном мест снаряды не долетали до русских работ, и эти сто два орудия стреляли по-пустому до тех пор, пока ближайший начальник, противно приказанию Наполеона, не выдвинул их вперед.

Второе распоряжение состояло в том, чтобы *Понятовский, направясь на деревню в лес, обошел левое крыло русских.* Это не могло быть и не было сделано потому, что Понятовский, направясь на деревню в лес, встретил там загораживающего ему дорогу Тучкова и не мог обойти и не обошел русской позиции.

Третье распоряжение: *Генерал Компан двинется в лес, чтоб овладеть первым укреплением.* Дивизия Компана не овладела первым укреплением, а была отбита, потому что, выходя из леса, она должна была строиться под картечным огнем, чего не знал Наполеон.

Четвертое: *Вице-король овладеет деревнею* (Бородиным) *и перейдет по своим трем мостам, следуя на одной высоте с дивизиями Морана и Фриана* (о которых не сказано: куда и когда они будут двигаться), *которые под его предводительством направятся к редуту и войдут в линию с прочими войсками.*

Сколько можно понять – если не из бестолкового периода этого, то из тех попыток, которые деланы были вице-королем исполнить данные ему приказания, – он должен был двинуться через Бородино слева на редут, дивизии же Морана и Фриана должны были двинуться одновременно с фронта.

Все это, так же как и другие пункты диспозиции, не было и не могло быть исполнено. Пройдя Бородино, вице-король был отбит на Колоче и не мог пройти дальше; дивизии же

Морана и Фриана не взяли редута, а были отбиты, и редут уже в конце сражения был захвачен кавалерией (вероятно, непредвиденное дело для Наполеона и неслыханное). Итак, ни одно из распоряжений диспозиции не было и не могло быть исполнено. Но в диспозиции сказано, что по вступлении таким образом в бой будут даны приказания, соответственные действиям неприятеля, и потому могло бы казаться, что во время сражения будут сделаны Наполеоном все нужные распоряжения; но этого не было и не могло быть потому, что во все время сражения Наполеон находился так далеко от него, что (как это и оказалось впоследствии) ход сражения ему не мог быть известен и ни одно распоряжение его во время сражения не могло быть исполнено.

XXVIII

Многие историки говорят, что Бородинское сражение не выиграно французами потому, что у Наполеона был насморк, что ежели бы у него не было насморка, то распоряжения его до и во время сражения были бы еще гениальнее, и Россия бы погибла, et la face du monde eut été changée[1]. Для историков, признающих то, что Россия образовалась по воле одного человека – Петра Великого, и Франция из республики сложилась в империю, и французские войска пошли в Россию по воле одного человека – Наполеона, такое рассуждение, что Россия осталась могущественна потому, что у Наполеона был большой насморк 26-го числа, такое рассуждение для таких историков неизбежно последовательно.

Ежели от воли Наполеона зависело дать или не дать Бородинское сражение и от его воли зависело сделать такое или другое распоряжение, то очевидно, что насморк, имевший влияние на проявление его воли, мог быть причиной спасения России и что поэтому тот камердинер, который

1 и облик мира изменился бы.

забыл подать Наполеону 24-го числа непромокаемые сапоги, был спасителем России. На этом пути мысли вывод этот несомненен, – так же несомненен, как тот вывод, который, шутя (сам не зная над чем), делал Вольтер, говоря, что Варфоломеевская ночь произошла от расстройства желудка Карла IX. Но для людей, не допускающих того, чтобы Россия образовалась по воле одного человека – Петра I, и чтобы Французская империя сложилась и война с Россией началась по воле одного человека – Наполеона, рассуждение это не только представляется неверным, неразумным, но и противным всему существу человеческому. На вопрос о том, что составляет причину исторических событий, представляется другой ответ, заключающийся в том, что ход мировых событий предопределен свыше, зависит от совпадения всех произволов людей, участвующих в этих событиях, и что влияние Наполеонов на ход этих событий есть только внешнее и фиктивное.

Как ни странно кажется с первого взгляда предположение, что Варфоломеевская ночь, приказанье на которую отдано Карлом IX, произошла не по его воле, а что ему только казалось, что он велел это сделать, и что Бородинское побоище восьмидесяти тысяч человек произошло не по воле Наполеона (несмотря на то, что он отдавал приказания о начале и ходе сражения), а что ему казалось только, что он это велел, – как ни странно кажется это предположение, но человеческое достоинство, говорящее мне, что всякий из нас ежели не больше, то никак не меньше человек, чем великий Наполеон, велит допустить это решение вопроса, и исторические исследования обильно подтверждают это предположение.

В Бородинском сражении Наполеон ни в кого не стрелял и никого не убил. Все это делали солдаты. Стало быть, не он убивал людей.

Солдаты французской армии шли убивать русских солдат в Бородинском сражении не вследствие приказания Наполеона, но по собственному желанию. Вся армия: французы, итальянцы, немцы, поляки – голодные, оборванные и измученные походом, – в виду армии, загораживавшей от них Москву, чувствовали, что le vin est tiré et qu'il faut le boire[1]. Ежели бы Наполеон запретил им теперь драться с русскими, они бы его убили и пошли бы драться с русскими, потому что это было им необходимо.

Когда они слушали приказ Наполеона, представлявшего им за их увечья и смерть в утешение слова потомства о том, что и они были в битве под Москвою, они кричали "Vive l'Empereur!" точно так же, как они кричали "Vive l'Empereur!" при виде изображения мальчика, протыкающего земной шар палочкой от бильбоке; точно так же, как бы они кричали "Vive l'Empereur!" при всякой бессмыслице, которую бы им сказали. Им ничего больше не оставалось делать, как кричать "Vive l'Empereur!" и идти драться, чтобы найти пищу и отдых победителей в Москве. Стало быть, не вследствие приказания Наполеона они убивали себе подобных.

И не Наполеон распоряжался ходом сраженья, потому что из диспозиции его ничего не было исполнено и во время сражения он не знал про то, что происходило впереди его. Стало быть, и то, каким образом эти люди убивали друг друга, происходило не по воле Наполеона, а шло независимо от него, по воле сотен тысяч людей, участвовавших в общем деле. Наполеону *казалось только,* что все дело происходило по воле его. И потому вопрос о том, был ли, или не был у Наполеона насморк, не имеет для истории большего интереса, чем вопрос о насморке последнего фурштатского солдата.

Тем более 26-го августа насморк Наполеона не имел значения, что показания писателей о том, будто вследствие насморка Наполеона его диспозиция и распоряжения во время сражения были не так хороши, как прежние, – совершенно несправедливы.

Выписанная здесь диспозиция нисколько не была хуже, а даже лучше всех прежних диспозиций, по которым выигрывались сражения. Мнимые распоряжения во время сра-

1 вино откупорено и надо выпить его.

жения были тоже не хуже прежних, а точно такие же, как и всегда. Но диспозиция и распоряжения эти кажутся только хуже прежних потому, что Бородинское сражение было первое, которого не выиграл Наполеон. Все самые прекрасные и глубокомысленные диспозиции и распоряжения кажутся очень дурными, и каждый ученый-военный с значительным видом критикует их, когда сражение по ним не выиграно, и самые плохие диспозиции и распоряжения кажутся очень хорошими, и серьезные люди в целых томах доказывают достоинства плохих распоряжений, когда по ним выиграно сражение.

Диспозиция, составленная Вейротером в Аустерлицком сражении, была образец совершенства в сочинениях этого рода, но ее все-таки осудили, осудили за ее совершенство, за слишком большую подробность.

Наполеон в Бородинском сражении исполнял свое дело представителя власти так же хорошо, и еще лучше, чем в других сражениях. Он не сделал ничего вредного для хода сражения; он склонялся на мнения более благоразумные; он не путал, не противоречил сам себе, не испугался и не убежал с поля сражения, а с своим большим тактом и опытом войны спокойно и достойно исполнял свою роль кажущегося начальствованья.

XXIX

Вернувшись после второй озабоченной поездки по линии, Наполеон сказал:

– Шахматы поставлены, игра начнется завтра.

Велев подать себе пуншу и призвав Боссе, он начал с ним разговор о Париже, о некоторых изменениях, которые он намерен был сделать в maison de l'impératrice[1], удивляя префекта своею памятливостью ко всем мелким подробностям придворных отношений.

1 придворном штате императрицы.

Он интересовался пустяками, шутил о любви к путешествиям Боссе и небрежно болтал так, как это делает знаменитый, уверенный и знающий свое дело оператор, в то время как он засучивает рукава и надевает фартук, а больного привязывают к койке: “Дело все в моих руках и в голове, ясно и определенно. Когда надо будет приступить к делу, я сделаю его, как никто другой, а теперь могу шутить, и чем больше я шучу и спокоен, тем больше вы должны быть уверены, спокойны и удивлены моему гению”.

Окончив свой второй стакан пунша, Наполеон пошел отдохнуть пред серьезным делом, которое, как ему казалось, предстояло ему назавтра.

Он так интересовался этим предстоящим ему делом, что не мог спать и, несмотря на усилившийся от вечерней сырости насморк, в три часа ночи, громко сморкаясь, вышел в большое отделение палатки. Он спросил о том, не ушли ли русские? Ему отвечали, что неприятельские огни всё на тех же местах. Он одобрительно кивнул головой.

Дежурный адъютант вошел в палатку.

– Eh bien, Rapp, croyez-vous, que nous ferons de bonnes affaires aujourd’hui?[1] – обратился он к нему.

– Sans aucun doute, Sire[2], – отвечал Рапп.

Наполеон посмотрел на него.

– Vous rappelez-vous, Sire, ce que vous m’avez fait l’honneur de dire à Smolensk, – сказал Рапп, – le vin est tiré, il faut le boire[3].

Наполеон нахмурился и долго молча сидел, опустив голову на руку.

– Cette pauvre armée, – сказал он вдруг, – elle a bien diminué depuis Smolensk. La fortune est une franche courtisane, Rapp; je le disais toujours, et je commence à l’éprouver. Mais la garde, Rapp, la garde est intacte?[4] – вопросительно сказал он.

1 Ну, Рапп, как вы думаете: хороши ли будут нынче наши дела?
2 Без всякого сомнения, государь.
3 Вы помните ли, государь, те слова, которые вы изволили сказать мне в Смоленске, вино откупорено, надо его пить.
4 Бедная армия! она очень уменьшилась от Смоленска. Фортуна настоящая распутница, Рапп. Я всегда это говорил и начинаю испытывать. Но гвардия, Рапп, гвардия цела?

– Oui, Sire[1], – отвечал Рапп.

Наполеон взял пастильку, положил ее в рот и посмотрел на часы. Спать ему не хотелось, до утра было еще далеко; а чтобы убить время, распоряжений никаких нельзя уже было делать, потому что все были сделаны и приводились теперь в исполнение.

– A-t-on distribué les biscuits et le riz aux régiments de la garde?[2] – строго спросил Наполеон.

– Oui, Sire.

– Mais le riz?[3]

Рапп отвечал, что он передал приказанья государя о рисе, но Наполеон недовольно покачал головой, как будто он не верил, чтобы приказание его было исполнено. Слуга вошел с пуншем. Наполеон велел подать другой стакан Раппу и молча отпивал глотки из своего.

– У меня нет ни вкуса, ни обоняния, – сказал он, принюхиваясь к стакану. – Этот насморк надоел мне. Они толкуют про медицину. Какая медицина, когда они не могут вылечить насморка? Корвизар дал мне эти пастильки, но они ничего не помогают. Что они могут лечить? Лечить нельзя. Notre corps est une machine à vivre. Il est organisé pour cela, c'est sa nature; laissez-y la vie à son aise, qu'elle s'y défende elle-même: elle fera plus que si vous la paralysiez en l'encombrant de remèdes. Notre corps est comme une montre parfaite qui doit aller un certain temps; l'horloger n'a pas la faculté de l'ouvrir, il ne peut la manier qu'à tâtons et les yeux bandés. Notre corps est une machine à vivre, voilà tout[4]. – И как будто вступив на путь определений, définitions, которые любил Наполеон, он неожиданно сделал новое определение. – Вы знаете ли, Рапп,

1 Да, государь.

2 Роздали ли сухари и рис гвардейцам?

3 – Да, государь.
– Но рис?

4 Наше тело есть машина для жизни. Оно для этого устроено. Оставьте в нем жизнь в покое, пускай она сама защищается, она больше сделает одна, чем когда вы ей будете мешать лекарствами. Наше тело подобно часам, которые должны идти известное время; часовщик не может открыть их, и только ощупью и с завязанными глазами может управлять ими. Наше тело есть машина для жизни. Вот и все.

что такое военное искусство? – спросил он. – Искусство быть сильнее неприятеля в известный момент. Voilà tout[1].

Рапп ничего не ответил.

– Demain nous allons avoir affaire à Koutouzoff![2] – сказал Наполеон. – Посмотрим! Помните, в Брауан он командовал армией и ни разу в три недели не сел на лошадь, чтобы осмотреть укрепления. Посмотрим!

Он поглядел на часы. Было еще только четыре часа. Спать не хотелось, пунш был допит, и делать все-таки было нечего. Он встал, прошелся взад и вперед, надел теплый сюртук и шляпу и вышел из палатки. Ночь была темная и сырая; чуть слышная сырость падала сверху. Костры не ярко горели вблизи, во французской гвардии, и далеко сквозь дым блестели по русской линии. Везде было тихо, и ясно слышались шорох и топот начавшегося уже движения французских войск для занятия позиции.

Наполеон прошелся перед палаткой, посмотрел на огни, прислушался к топоту и, проходя мимо высокого гвардейца в мохнатой шапке, стоявшего часовым у его палатки и, как черный столб, вытянувшегося при появлении императора, остановился против него.

– С которого года в службе? – спросил он с той привычной аффектацией грубой и ласковой воинственности, с которой он всегда обращался с солдатами. Солдат отвечал ему.

– Ah! un des vieux![3] Получили рис в полк?

– Получили, ваше величество.

Наполеон кивнул головой и отошел от него.

В половине шестого Наполеон верхом ехал к деревне Шевардину.

Начинало светать, небо расчистило, только одна туча лежала на востоке. Покинутые костры догорали в слабом свете утра.

1 Вот и все.
2 Завтра мы будем иметь дело с Кутузовым!
3 А! из стариков!

Вправо раздался густой одинокий пушечный выстрел, пронесся и замер среди общей тишины. Прошло несколько минут. Раздался второй, третий выстрел, заколебался воздух; четвертый, пятый раздались близко и торжественно где-то справа.

Еще не отзвучали первые выстрелы, как раздались еще другие, еще и еще, сливаясь и перебивая один другой.

Наполеон подъехал со свитой к Шевардинскому редуту и слез с лошади. Игра началась.

XXX

Вернувшись от князя Андрея в Горки, Пьер, приказав берейтору приготовить лошадей и рано утром разбудить его, тотчас же заснул за перегородкой, в уголке, который Борис уступил ему.

Когда Пьер совсем очнулся на другое утро, в избе уже никого не было. Стекла дребезжали в маленьких окнах. Берейтор стоял, расталкивая его.

– Ваше сиятельство, ваше сиятельство, ваше сиятельство... – упорно, не глядя на Пьера и, видимо, потеряв надежду разбудить его, раскачивая его за плечо, приговаривал берейтор.

– Что? Началось? Пора? – заговорил Пьер, проснувшись.

– Изволите слышать пальбу, – сказал берейтор, отставной солдат, – уже все господа повышли, сами светлейшие давно проехали.

Пьер поспешно оделся и выбежал на крыльцо. На дворе было ясно, свежо, росисто и весело. Солнце, только что вырвавшись из-за тучи, заслонявшей его, брызнуло до половины переломленными тучей лучами через крыши противоположной улицы, на покрытую росой пыль дороги, на стены домов, на окна забора и на лошадей Пьера, стоявших у избы. Гул пушек яснее слышался на дворе. По улице прорысил адъютант с казаком.

– Пора, граф, пора! – прокричал адъютант.

Приказав вести за собой лошадь, Пьер пошел по улице к кургану, с которого он вчера смотрел на поле сражения. На кургане этом была толпа военных, и слышался французский говор штабных, и виднелась седая голова Кутузова с его белой с красным околышем фуражкой и седым затылком, утонувшим в плечи. Кутузов смотрел в трубу вперед по большой дороге.

Войдя по ступенькам входа на курган, Пьер взглянул впереди себя и замер от восхищенья перед красотою зрелища. Это была та же панорама, которою он любовался вчера с этого кургана; но теперь вся эта местность была покрыта войсками и дымами выстрелов, и косые лучи яркого солнца, поднимавшегося сзади, левее Пьера, кидали на нее в чистом утреннем воздухе пронизывающий с золотым и розовым оттенком свет и темные, длинные тени. Дальние леса, заканчивающие панораму, точно высеченные из какого-то драгоценного желто-зеленого камня, виднелись своей изогнутой чертой вершин на горизонте, и между ними за Валуевым прорезывалась большая Смоленская дорога, вся покрытая войсками. Ближе блестели золотые поля и перелески. Везде – спереди, справа и слева – виднелись войска. Все это было оживленно, величественно и неожиданно; но то, что более всего поразило Пьера, – это был вид самого поля сражения, Бородина и лощины над Колочею по обеим сторонам ее.

Над Колочею, в Бородине и по обеим сторонам его, особенно влево, там, где в болотистых берегах Во́йна впадает в Колочу, стоял тот туман, который тает, расплывается и просвечивает при выходе яркого солнца и волшебно окрашивает и очерчивает все виднеющееся сквозь него. К этому туману присоединялся дым выстрелов, и по этому туману и дыму везде блестели молнии утреннего света – то по воде, то по росе, то по штыкам войск, толпившихся по берегам и в Бородине. Сквозь туман этот виднелась белая церковь, кое-где крыши изб Бородина, кое-где сплошные массы солдат, кое-где зеленые ящики, пушки. И все это двигалось или казалось движущимся, потому что туман и дым тянулись по всему этому пространству. Как в этой местности низов около Бородина, покрытых туманом, так и вне его, выше и особенно левее по всей линии, по лесам, по полям, в низах, на вершинах возвышений, зарождались беспрестанно сами собой из ничего, пушечные, то одинокие, то гуртовые, то редкие, то частые клубы дымов, которые, распухая, разрастаясь, клубясь, сливаясь, виднелись по всему этому пространству.

Эти дымы выстрелов и, странно сказать, звуки их производили главную красоту зрелища.

Пуфф! – вдруг виднелся круглый, плотный, играющий лиловым, серым и молочно-белым цветами дым, и *бумм!* – раздавался через секунду звук этого дыма.

"Пуф-пуф" – поднимались два дыма, толкаясь и сливаясь; и "бум-бум" – подтверждали звуки то, что видел глаз.

Пьер оглядывался на первый дым, который он оставил округлым плотным мячиком, и уже на месте его были шары дыма, тянущегося в сторону, и пуф... (с остановкой) пуф-пуф – зарождались еще три, еще четыре, и на каждый, с теми же расстановками, бум... бум-бум-бум, – отвечали красивые, твердые, верные звуки. Казалось то, что дымы эти бежали, то, что они стояли, и мимо них бежали леса, поля и блестящие штыки. С левой стороны, по полям и кустам, беспрестанно зарождались эти большие дымы с своими торжественными отголосками, и ближе еще, по низам и лесам, вспыхивали маленькие, не успевавшие округляться дымки ружей и точно так же давали свои маленькие отголоски. Трах-та-та-тах – трещали ружья хотя и часто, но неправильно и бедно в сравнении с орудийными выстрелами.

Пьеру захотелось быть там, где были эти дымы, эти блестящие штыки и пушки, это движение, эти звуки. Он оглянулся на Кутузова и на его свиту, чтобы сверить свое впечатление с другими. Все точно так же, как и он, и, как ему казалось, с тем же чувством смотрели вперед, на поле сражения. На всех лицах светилась теперь та *скрытая теплота* (chaleur latente) чувства, которое Пьер замечал вчера и которое он понял совершенно после своего разговора с князем Андреем.

– Поезжай, голубчик, поезжай, Христос с тобой, – говорил Кутузов, не спуская глаз с поля сражения, генералу, стоявшему подле него.

Выслушав приказание, генерал этот прошел мимо Пьера, к сходу с кургана.

– К переправе! – холодно и строго сказал генерал в ответ на вопрос одного из штабных, куда он едет.

"И я, и я", – подумал Пьер и пошел по направлению за генералом.

Генерал садился на лошадь, которую подал ему казак. Пьер подошел к своему берейтору, державшему лошадей. Спросив, которая посмирнее, Пьер взлез на лошадь, схватился за гриву, прижал каблуки вывернутых ног к животу лошади и, чувствуя, что очки его спадают и что он не в силах отвести рук от гривы и поводьев, поскакал за генералом, возбуждая улыбки штабных, с кургана смотревших на него.

XXXI

Генерал, за которым скакал Пьер, спустившись под гору, круто повернул влево, и Пьер, потеряв его из вида, вскакал в ряды пехотных солдат, шедших впереди его. Он пытался выехать из них то вправо, то влево; но везде были солдаты, с одинаково озабоченными лицами, занятыми каким-то невидным, но, очевидно, важным делом. Все с одинаково недовольно-вопросительным взглядом смотрели на этого толстого человека в белой шляпе, неизвестно для чего топчущего их своею лошадью.

– Чего ездит посерёд батальона! – крикнул на него один. Другой толконул прикладом его лошадь, и Пьер, прижавшись к луке и едва удерживая шарахнувшуюся лошадь, выскакал вперед солдат, где было просторнее.

Впереди его был мост, а у моста, стреляя, стояли другие солдаты. Пьер подъехал к ним. Сам того не зная, Пьер заехал к мосту через Колочу, который был между Горками и Бородиным и который в первом действии сражения (заняв

Бородино) атаковали французы. Пьер видел, что впереди его был мост и что с обеих сторон моста и на лугу, в тех рядах лежащего сена, которые он заметил вчера, в дыму что-то делали солдаты; но, несмотря на неумолкающую стрельбу, происходившую в этом месте, он никак не думал, что тут-то и было поле сражения. Он не слыхал звуков пуль, визжавших со всех сторон, и снарядов, перелетавших через него, не видал неприятеля, бывшего на той стороне реки, и долго не видал убитых и раненых, хотя многие падали недалеко от него. С улыбкой, не сходившей с его лица, он оглядывался вокруг себя.

– Что ездит этот перед линией? – опять крикнул на него кто-то.

– Влево, вправо возьми, – кричали ему.

Пьер взял вправо и неожиданно съехался с знакомым ему адъютантом генерала Раевского. Адъютант этот сердито взглянул на Пьера, очевидно сбираясь тоже крикнуть на него, но, узнав его, кивнул ему головой.

– Вы как тут? – проговорил он и поскакал дальше.

Пьер, чувствуя себя не на своем месте и без дела, боясь опять помешать кому-нибудь, поскакал за адъютантом.

– Это здесь, что же? Можно мне с вами? – спрашивал он.

– Сейчас, сейчас, – отвечал адъютант и, подскакав к толстому полковнику, стоявшему на лугу, что-то передал ему и тогда уже обратился к Пьеру.

– Вы зачем сюда попали, граф? – сказал он ему с улыбкой. – Всё любопытствуете?

– Да, да, – сказал Пьер. Но адъютант, повернув лошадь, ехал дальше.

– Здесь-то слава Богу, – сказал адъютант, – но на левом фланге у Багратиона ужасная жарня идет.

– Неужели? – спросил Пьер. – Это где же?

– Да вот поедемте со мной на курган, от нас видно. А у нас на батарее еще сносно, – сказал адъютант. – Что ж, едете?

– Да, я с вами, – сказал Пьер, глядя вокруг себя и отыскивая глазами своего берейтора. Тут только в первый раз Пьер увидал раненых, бредущих пешком и несомых на носилках. На том самом лужке с пахучими рядами сена, по которому он проезжал вчера, поперек рядов, неловко подвернув голову, неподвижно лежал один солдат с свалившимся кивером. – А этого отчего не подняли? – начал было Пьер; но, увидав строгое лицо адъютанта, оглянувшегося в ту же сторону, он замолчал.

Пьер не нашел своего берейтора и вместе с адъютантом низом поехал по лощине к кургану Раевского. Лошадь Пьера отставала от адъютанта и равномерно встряхивала его.

– Вы, видно, не привыкли верхом ездить, граф? – спросил адъютант.

– Нет, ничего, но что-то она прыгает очень, – с недоуменьем сказал Пьер.

– Ээ!.. да она ранена, – сказал адъютант, – правая передняя, выше колена. Пуля, должно быть. Поздравляю, граф, – сказал он, – le baptême de feu[1].

Проехав в дыму по шестому корпусу, позади артиллерии, которая, выдвинутая вперед, стреляла, оглушая своими выстрелами, они приехали к небольшому лесу. В лесу было прохладно, тихо и пахло осенью. Пьер и адъютант слезли с лошадей и пешком вошли на гору.

– Здесь генерал? – спросил адъютант, подходя к кургану.

– Сейчас были, поехали сюда, – указывая вправо, отвечали ему.

Адъютант оглянулся на Пьера, как бы не зная, что ему теперь с ним делать.

– Не беспокойтесь, – сказал Пьер. – Я пойду на курган, можно?

– Да пойдите, оттуда все видно и не так опасно. А я заеду за вами.

Пьер пошел на батарею, и адъютант поехал дальше. Больше они не видались, и уже гораздо после Пьер узнал, что этому адъютанту в этот день оторвало руку.

Курган, на который вошел Пьер, был то знаменитое (потом известное у русских под именем курганной батареи, или

1 крещение огнем.

батареи Раевского, а у французов под именем la grande redoute, la fatale redoute, la redoute du centre[1]) место, вокруг которого положены десятки тысяч людей и которое французы считали важнейшим пунктом позиции.

Редут этот состоял из кургана, на котором с трех сторон были выкопаны канавы. В окопанном канавами месте стояли десять стрелявших пушек, высунутых в отверстие валов.

В линию с курганом стояли с обеих сторон пушки, тоже беспрестанно стрелявшие. Немного позади пушек стояли пехотные войска. Входя на этот курган, Пьер никак не думал, что это окопанное небольшими канавами место, на котором стояло и стреляло несколько пушек, было самое важное место в сражении.

Пьеру, напротив, казалось, что это место (именно потому, что он находился на нем) было одно из самых незначительных мест сражения.

Войдя на курган, Пьер сел в конце канавы, окружающей батарею, и с бессознательно-радостной улыбкой смотрел на то, что делалось вокруг него. Изредка Пьер все с той же улыбкой вставал и, стараясь не помешать солдатам, заряжавшим и накатывавшим орудия, беспрестанно пробегавшим мимо него с сумками и зарядами, прохаживался по батарее. Пушки с этой батареи беспрестанно одна за другой стреляли, оглушая своими звуками и застилая всю окрестность пороховым дымом.

В противность той жуткости, которая чувствовалась между пехотными солдатами прикрытия, здесь, на батарее, где небольшое количество людей, занятых делом, было ограничено, отделено от других канавой, — здесь чувствовалось одинаковое и общее всем, как бы семейное оживление.

Появление невоенной фигуры Пьера в белой шляпе сначала неприятно поразило этих людей. Солдаты, проходя мимо его, удивленно и даже испуганно косились на его фигуру. Старший артиллерийский офицер, высокий, с длинными ногами, рябой человек, как будто для того, чтобы по-

1 большого редута, рокового редута, центрального редута.

смотреть на действие крайнего орудия, подошел к Пьеру и любопытно посмотрел на него.

Молоденький круглолицый офицерик, еще совершенный ребенок, очевидно только что выпущенный из корпуса, распоряжаясь весьма старательно порученными ему двумя пушками, строго обратился к Пьеру.

– Господин, позвольте вас попросить с дороги, – сказал он ему, – здесь нельзя.

Солдаты неодобрительно покачивали головами, глядя на Пьера. Но когда все убедились, что этот человек в белой шляпе не только не делал ничего дурного, но или смирно сидел на откосе вала, или с робкой улыбкой, учтиво сторонясь перед солдатами, прохаживался по батарее под выстрелами так же спокойно, как по бульвару, тогда понемногу чувство недоброжелательного недоуменья к нему стало переходить в ласковое и шутливое участие, подобное тому, которое солдаты имеют к своим животным: собакам, петухам, козлам и вообще животным, живущим при воинских командах. Солдаты эти сейчас же мысленно приняли Пьера в свою семью, присвоили себе и дали ему прозвище. "Наш барин" прозвали его и про него ласково смеялись между собой.

Одно ядро взрыло землю в двух шагах от Пьера. Он, обчищая взбрызнутую ядром землю с платья, с улыбкой оглянулся вокруг себя.

– И как это вы не боитесь, барин, право! – обратился к Пьеру краснорожий широкий солдат, оскаливая крепкие белые зубы.

– А ты разве боишься? – спросил Пьер.

– А то как же? – отвечал солдат. – Ведь она не помилует. Она шмякнет, так кишки вон. Нельзя не бояться, – сказал он, смеясь.

Несколько солдат с веселыми и ласковыми лицами остановились подле Пьера. Они как будто не ожидали того, чтобы он говорил, как все, и это открытие обрадовало их.

– Наше дело солдатское. А вот барин, так удивительно. Вот так барин!

– По местам! – крикнул молоденький офицер на собравшихся вокруг Пьера солдат. Молоденький офицер этот, видимо, исполнял свою должность в первый или во второй раз и потому с особенной отчетливостью и форменностью обращался и с солдатами и с начальником.

Перекатная пальба пушек и ружей усиливалась по всему полю, в особенности влево, там, где были флеши Багратиона, но из-за дыма выстрелов с того места, где был Пьер, нельзя было почти ничего видеть. Притом наблюдения за тем, как бы семейным (отделенным от всех других) кружком людей, находившихся на батарее, поглощали все внимание Пьера. Первое его бессознательно-радостное возбуждение, произведенное видом и звуками поля сражения, заменилось теперь, в особенности после вида этого одиноко лежащего солдата на лугу, другим чувством. Сидя теперь на откосе канавы, он наблюдал окружавшие его лица.

К десяти часам уже человек двадцать унесли с батареи; два орудия были разбиты, чаще и чаще на батарею попадали снаряды и залетали, жужжа и свистя, дальние пули. Но люди, бывшие на батарее, как будто не замечали этого; со всех сторон слышался веселый говор и шутки.

– Чиненка! – кричал солдат на приближающуюся, летевшую со свистом гранату. – Не сюда! К пехотным! – с хохотом прибавлял другой, заметив, что граната перелетела и попала в ряды прикрытия.

– Что, знакомая? – смеялся другой солдат на присевшего мужика под пролетевшим ядром.

Несколько солдат собрались у вала, разглядывая то, что делалось впереди.

– И цепь сняли, видишь, назад прошли, – говорили они, указывая через вал.

– Свое дело гляди, – крикнул на них старый унтер-офицер. – Назад прошли, значит, назади дело есть. – И унтер-офицер, взяв за плечо одного из солдат, толкнул его коленкой. Послышался хохот.

– К пятому орудию накатывай! – кричали с одной стороны.

– Разом, дружнее, по-бурлацки, – слышались веселые крики переменявших пушку.

– Ай, нашему барину чуть шляпку не сбила, – показывая зубы, смеялся на Пьера краснорожий шутник. – Эх, нескладная, – укоризненно прибавил он на ядро, попавшее в колесо и ногу человека.

– Ну вы, лисицы! – смеялся другой на изгибающихся ополченцев, входивших на батарею за раненым.

– Аль не вкусна каша? Ах, вороны, заколянились! – кричали на ополченцев, замявшихся перед солдатом с оторванной ногой.

– Тое кое, малый, – передразнивали мужиков. – Страсть не любят!

Пьер замечал, как после каждого попавшего ядра, после каждой потери все более и более разгоралось общее оживление.

Как из придвигающейся грозовой тучи, чаще и чаще, светлее и светлее вспыхивали на лицах всех этих людей (как бы в отпор совершающегося) молнии скрытого, разгорающегося огня.

Пьер не смотрел вперед на поле сражения и не интересовался знать о том, что там делалось: он весь был поглощен в созерцание этого, все более и более разгорающегося огня, который точно так же (он чувствовал) разгорался и в его душе.

В десять часов пехотные солдаты, бывшие впереди батареи в кустах и по речке Каменке, отступили. С батареи видно было, как они пробегали назад мимо нее, неся на ружьях раненых. Какой-то генерал со свитой вошел на курган и, поговорив с полковником, сердито посмотрев на Пьера, сошел опять вниз, приказав прикрытию пехоты, стоявшему позади батареи, лечь, чтобы менее подвергаться выстрелам. Вслед за этим в рядах пехоты, правее батареи, послышался барабан, командные крики, и с батареи видно было, как ряды пехоты двинулись вперед.

Пьер смотрел через вал. Одно лицо особенно бросилось ему в глаза. Это был офицер, который с бледным молодым лицом шел задом, неся опущенную шпагу, и беспокойно оглядывался.

Ряды пехотных солдат скрылись в дыму, послышался их протяжный крик и частая стрельба ружей. Через несколько минут толпы раненых и носилок прошли оттуда. На батарею еще чаще стали попадать снаряды. Несколько человек лежали неубранные. Около пушек хлопотливее и оживленнее двигались солдаты. Никто уже не обращал внимания на Пьера. Раза два на него сердито крикнули за то, что он был на дороге. Старший офицер, с нахмуренным лицом, большими, быстрыми шагами переходил от одного орудия к другому. Молоденький офицерик, еще больше разрумянившись, еще старательнее командовал солдатами. Солдаты подавали заряды, поворачивались, заряжали и делали свое дело с напряженным щегольством. Они на ходу подпрыгивали, как на пружинах.

Грозовая туча надвинулась, и ярко во всех лицах горел тот огонь, за разгоранием которого следил Пьер. Он стоял подле старшего офицера. Молоденький офицерик подбежал, с рукой к киверу, к старшему.

– Имею честь доложить, господин полковник, зарядов имеется только восемь, прикажете ли продолжать огонь? – спросил он.

– Картечь! – не отвечая, крикнул старший офицер, смотревший через вал.

Вдруг что-то случилось; офицерик ахнул и, свернувшись, сел на землю, как на лету подстреленная птица. Все сделалось странно, неясно, и пасмурно в глазах Пьера.

Одно за другим свистели ядра и бились в бруствер, в солдат, в пушки. Пьер, прежде не слыхавший этих звуков, теперь только слышал одни эти звуки. Сбоку батареи, справа, с криком "ура" бежали солдаты не вперед, а назад, как показалось Пьеру.

Ядро ударило в самый край вала, перед которым стоял Пьер, ссыпало землю, и в глазах его мелькнул черный мячик, и в то же мгновенье шлепнуло во что-то. Ополченцы, вошедшие было на батарею, побежали назад.

– Все картечью! – кричал офицер.

Унтер-офицер подбежал к старшему офицеру и испуганным шепотом (как за обедом докладывает дворецкий хозяину, что нет больше требуемого вина) сказал, что зарядов больше не было.

– Разбойники, что делают! – закричал офицер, оборачиваясь к Пьеру. Лицо старшего офицера было красно и потно, нахмуренные глаза блестели. – Беги к резервам, приводи ящики! – крикнул он, сердито обходя взглядом Пьера и обращаясь к своему солдату.

– Я пойду, – сказал Пьер. Офицер, не отвечая ему, большими шагами пошел в другую сторону.

– Не стрелять... Выжидай! – кричал он.

Солдат, которому приказано было идти за зарядами, столкнулся с Пьером.

– Эх, барин, не место тебе тут, – сказал он и побежал вниз. Пьер побежал за солдатом, обходя то место, на котором сидел молоденький офицерик.

Одно, другое, третье ядро пролетало над ним, ударялось впереди, сбоков, сзади. Пьер сбежал вниз. "Куда я?" – вдруг вспомнил он, уже подбегая к зеленым ящикам. Он остановился в нерешительности, идти ему назад или вперед. Вдруг страшный толчок откинул его назад, на землю. В то же мгновенье блеск большого огня осветил его, и в то же мгновенье раздался оглушающий, зазвеневший в ушах гром, треск и свист.

Пьер, очнувшись, сидел на заду, опираясь руками о землю; ящика, около которого он был, не было; только валялись зеленые обожженные доски и тряпки на выжженной траве, и лошадь, трепля обломками оглобель, проскакала от него, а другая, так же как и сам Пьер, лежала на земле и пронзительно, протяжно визжала.

XXXII

Пьер, не помня себя от страха, вскочил и побежал назад на батарею, как на единственное убежище от всех ужасов, окружавших его.

В то время как Пьер входил в окоп, он заметил, что на батарее выстрелов не слышно было, но какие-то люди что-то делали там. Пьер не успел понять того, какие это были люди. Он увидел старшего полковника, задом к нему лежащего на валу, как будто рассматривающего что-то внизу, и видел одного, замеченного им, солдата, который, порываясь вперед от людей, державших его за руку, кричал: "Братцы!" – и видел еще что-то странное.

Но он не успел еще сообразить того, что полковник был убит, что кричавший "братцы!" был пленный, что в глазах его был заколон штыком в спину другой солдат. Едва он вбежал в окоп, как худощавый, желтый, с потным лицом человек в синем мундире, со шпагой в руке, набежал на него, крича что-то. Пьер, инстинктивно обороняясь от толчка, так как они, не видав, разбежались друг против друга, выставил руки и схватил этого человека (это был французский офицер) одной рукой за плечо, другой за горло. Офицер, выпустив шпагу, схватил Пьера за шиворот.

Несколько секунд они оба испуганными глазами смотрели на чуждые друг другу лица, и оба были в недоумении о том, что они сделали и что им делать. "Я ли взят в плен, или он взят в плен мною?" – думал каждый из них. Но, очевидно, французский офицер более склонялся к мысли, что в плен взят он, потому что сильная рука Пьера, движимая невольным страхом, все крепче и крепче сжимала его горло. Француз что-то хотел сказать, как вдруг над самой головой их низко и страшно просвистело ядро, и Пьеру показалось, что голова французского офицера оторвана: так быстро он согнул ее.

Пьер тоже нагнул голову и отпустил руки. Не думая более о том, кто кого взял в плен, француз побежал назад на батарею, а Пьер под гору, спотыкаясь на убитых и раненых, которые, казалось ему, ловят его за ноги. Но не успел он сойти вниз, как навстречу ему показались плотные толпы бегущих русских солдат, которые, падая, спотыкаясь и крича, весело и бурно бежали на батарею. (Это была та атака, которую себе приписывал Ермолов, говоря, что только его храбрости и счастью возможно было сделать этот подвиг, и та атака, в которой он будто бы кидал на курган георгиевские кресты, бывшие у него в кармане.)

Французы, занявшие батарею, побежали. Наши войска с криками "ура" так далеко за батарею прогнали французов, что трудно было остановить их.

С батареи свезли пленных, в том числе раненого французского генерала, которого окружили офицеры. Толпы раненых, знакомых и незнакомых Пьеру, русских и французов, с изуродованными страданием лицами, шли, ползли и на носилках неслись с батареи. Пьер вошел на курган, где он провел более часа времени, и из того семейного кружка, который принял его к себе, он не нашел никого. Много было тут мертвых, незнакомых ему. Но некоторых он узнал. Молоденький офицерик сидел, все так же свернувшись, у края вала, в луже крови. Краснорожий солдат еще дергался, но его не убирали.

Пьер побежал вниз.

"Нет, теперь они оставят это, теперь они ужаснутся того, что они сделали!" – думал Пьер, бесцельно направляясь за толпами носилок, двигавшихся с поля сравнения.

Но солнце, застилаемое дымом, стояло еще высоко, и впереди, и в особенности налево у Семеновского, кипело что-то в дыму, и гул выстрелов, стрельба и канонада не только не ослабевали, но усиливались до отчаянности, как человек, который, надрываясь, кричит из последних сил.

XXXIII

Главное действие Бородинского сражения произошло на пространстве тысячи сажен между Бородиным и флешами Багратиона. (Вне этого пространства с одной стороны была сделана русскими в половине дня демонстрация кавалерией Уварова, с другой стороны, за Утицей, было столкновение Понятовского с Тучковым; но это были два отдельные и слабые действия в сравнении с тем, что происходило в середине поля сражения.) На поле между Бородиным и флешами, у леса, на открытом и видном с обеих сторон протяжении, произошло главное действие сражения, самым простым, бесхитростным образом.

Сражение началось канонадой с обеих сторон из нескольких сотен орудий.

Потом, когда дым застлал все поле, в этом дыму двинулись (со стороны французов) справа две дивизии, Дессе и Компана, на флеши, и слева полки вице-короля на Бородино.

От Шевардинского редута, на котором стоял Наполеон, флеши находились на расстоянии версты, а Бородино более чем в двух верстах расстояния по прямой линии, и потому Наполеон не мог видеть того, что происходило там, тем более что дым, сливаясь с туманом, скрывал всю местность. Солдаты дивизии Дессе, направленные на флеши, были видны только до тех пор, пока они не спустились под овраг, отделявший их от флеш. Как скоро они спустились в овраг, дым выстрелов орудийных и ружейных на флешах стал так густ, что застлал весь подъем той стороны оврага. Сквозь дым мелькало там что-то черное – вероятно, люди, и иногда блеск штыков. Но двигались ли они, или стояли, были ли это французы, или русские, нельзя было видеть с Шевардинского редута.

Солнце взошло светло и било косыми лучами прямо в лицо Наполеона, смотревшего из-под руки на флеши. Дым стлался перед флешами, и то казалось, что дым двигался, то казалось, что войска двигались. Слышны были иногда из-за выстрелов крики людей, но нельзя было знать, что они там делали.

Наполеон, стоя на кургане, смотрел в трубу, и в маленький круг трубы он видел дым и людей, иногда своих, иногда русских; но где было то, что он видел, он не знал, когда смотрел опять простым глазом.

Он сошел с кургана и стал взад и вперед ходить перед ним.

Изредка он останавливался, прислушивался к выстрелам и вглядывался в поле сражения.

Не только с того места внизу, где он стоял, не только с кургана, на котором стояли теперь некоторые его генералы, но и с самых флешей, на которых находились теперь вместе и попеременно то русские, то французские, мертвые, раненые и живые, испуганные или обезумевшие солдаты, нельзя было понять того, что делалось на этом месте. В продолжение нескольких часов на этом месте, среди неумолкаемой стрельбы, ружейной и пушечной, то появлялись одни русские, то одни французские, то пехотные, то кавалерийские солдаты; появлялись, падали, стреляли, сталкивались, не зная, что делать друг с другом, кричали и бежали назад.

С поля сражения беспрестанно прискакивали к Наполеону его посланные адъютанты и ординарцы его маршалов с докладами о ходе дела; но все эти доклады были ложны: и потому, что в жару сражения невозможно сказать, что происходит в данную минуту, и потому, что многие адъютанты не доезжали до настоящего места сражения, а передавали то, что они слышали от других; и еще потому, что пока проезжал адъютант те две-три версты, которые отделяли его от Наполеона, обстоятельства изменялись и известие, которое он вез, уже становилось неверно. Так от вице-короля прискакал адъютант с известием, что Бородино занято и мост на Колоче в руках французов. Адъютант спрашивал у Наполеона, прикажет ли он переходить войскам? Наполеон приказал выстроиться на той стороне и ждать; но не только в то время как Наполеон отдавал это приказание, но даже когда адъютант только что отъехал от Бородина, мост уже был отбит и сожжен русскими, в той самой схватке, в которой участвовал Пьер в самом начале сраженья.

Прискакавший с флеш с бледным испуганным лицом адъютант донес Наполеону, что атака отбита и что Компан ранен и Даву убит, а между тем флеши были заняты другой частью войск, в то время как адъютанту говорили, что французы были отбиты, и Даву был жив и только слегка контужен. Соображаясь с таковыми необходимо ложными донесениями, Наполеон делал свои распоряжения, которые или уже были исполнены прежде, чем он делал их, или же не могли быть и не были исполняемы.

Маршалы и генералы, находившиеся в более близком расстоянии от поля сражения, но так же, как и Наполеон, не участвовавшие в самом сражении и только изредка заезжавшие под огонь пуль, не спрашиваясь Наполеона, делали свои распоряжения и отдавали свои приказания о том, куда и откуда стрелять, и куда скакать конным, и куда бежать пешим солдатам. Но даже и их распоряжения, точно так же как распоряжения Наполеона, точно так же в самой малой степени и редко приводились в исполнение. Большей частью выходило противное тому, что они приказывали. Солдаты, которым велено было идти вперед, подпав под картечный выстрел, бежали назад; солдаты, которым велено было стоять на месте, вдруг, видя против себя неожиданно показавшихся русских, иногда бежали назад, иногда бросались вперед, и конница скакала без приказания догонять бегущих русских. Так, два полка кавалерии поскакали через Семеновский овраг и только что въехали на гору, повернулись и во весь дух поскакали назад. Так же двигались и пехотные солдаты, иногда забегая совсем не туда, куда им велено было. Все распоряжения о том, куда и когда подвинуть пушки, когда послать пеших солдат – стрелять, когда конных – топтать русских пеших, – все эти распоряжения делали сами ближайшие начальники частей, бывшие в рядах, не спрашиваясь даже Нея, Даву и Мюрата, не только Наполеона. Они не боялись взыскания за неисполнение приказания или за самовольное распоряжение, потому что в сражении дело касается самого дорогого для человека – собственной жизни, и иногда кажется, что спасение заключается в бегстве назад, иногда в бегстве вперед, и сообразно с настроением минуты поступали эти люди, находившиеся в самом пылу сражения. В сущности же все эти движения вперед и назад не облегчали и не изменяли положения войск. Все их набегания и наскакивания друг на друга почти не производили им вреда, а вред, смерть и увечья наносили ядра и пули, летавшие везде по тому пространству, по которому метались эти люди. Как только эти люди выходили из того пространства, по которому летали ядра и пули, так их тотчас же стоявшие сзади начальники формировали, подчиняли дисциплине и под влиянием этой дисциплины вводили опять в область огня, в которой они опять (под влиянием страха смерти) теряли дисциплину и метались по случайному настроению толпы.

XXXIV

Генералы Наполеона – Даву, Ней и Мюрат, находившиеся в близости этой области огня и даже иногда заезжавшие в нее, несколько раз вводили в эту область огня стройные и огромные массы войск. Но противно тому, что неизменно совершалось во всех прежних сражениях, вместо ожидаемого известия о бегстве неприятеля, стройные массы войск возвращались *оттуда* расстроенными, испуганными толпами. Они вновь устроивали их, но людей все становилось меньше. В половине дня Мюрат послал к Наполеону своего адъютанта с требованием подкрепления.

Наполеон сидел под курганом и пил пунш, когда к нему прискакал адъютант Мюрата с уверениями, что русские будут разбиты, ежели его величество даст еще дивизию.

– Подкрепления? – сказал Наполеон с строгим удивлением, как бы не понимая его слов и глядя на красивого мальчика-адъютанта с длинными завитыми черными волосами (так же, как носил волоса Мюрат). “Подкрепления! – подумал Наполеон. – Какого они просят подкрепления, когда у них в руках половина армии, направленной на слабое, неукрепленное крыло русских!”

– Dites au roi de Naples, – строго сказал Наполеон, – qu’il n’est pas midi et que je ne vois pas encore clair sur mon échiquier. Allez...[1]

1 Скажите неаполитанскому королю, что теперь еще не полдень и что я еще не ясно вижу на своей шахматной доске. Ступайте...

Красивый мальчик-адъютант с длинными волосами, не отпуская руки от шляпы, тяжело вдохнув, поскакал опять туда, где убивали людей.

Наполеон встал и, подозвав Коленкура и Бертье, стал разговаривать с ними о делах, не касающихся сражения.

В середине разговора, который начинал занимать Наполеона, глаза Бертье обратились на генерала с свитой, который на потной лошади скакал к кургану. Это был Бельяр. Он, слезши с лошади, быстрыми шагами подошел к императору и смело, громким голосом стал доказывать необходимость подкреплений. Он клялся честью, что русские погибли, ежели император даст еще дивизию.

Наполеон вздернул плечами и, ничего не ответив, продолжал свою прогулку. Бельяр громко и оживленно стал говорить с генералами свиты, окружившими его.

– Вы очень пылки, Бельяр, – сказал Наполеон, опять подходя к подъехавшему генералу. – Легко ошибиться в пылу огня. Поезжайте и посмотрите, и тогда приезжайте ко мне.

Не успел еще Бельяр скрыться из вида, как с другой стороны прискакал новый посланный с поля сражения.

– Eh bien, qu'est ce qu'il y a?[1] – сказал Наполеон тоном человека, раздраженного беспрестанными помехами.

– Sir, le prince...[2] – начал адъютант.

– Просит подкрепления? – с гневным жестом проговорил Наполеон. Адъютант утвердительно наклонил голову и стал докладывать; но император отвернулся от него, сделав два шага, остановился, вернулся назад и подозвал Бертье. – Надо дать резервы, – сказал он, слегка разводя руками. – Кого послать туда, как вы думаете? – обратился он к Бертье, к этому oison que j'ai fait aigle[3], как он впоследствии называл его.

– Государь, послать дивизию Клапареда? – сказал Бертье, помнивший наизусть все дивизии, полки и батальоны.

Наполеон утвердительно кивнул головой.

1 Ну, что еще?
2 Государь, герцог...
3 гусенку, которого я сделал орлом.

Адъютант поскакал к дивизии Клапареда. И чрез несколько минут молодая гвардия, стоявшая позади кургана, тронулась с своего места. Наполеон молча смотрел по этому направлению.

– Нет, – обратился он вдруг к Бертье, – я не могу послать Клапареда. Пошлите дивизию Фриана, – сказал он.

Хотя не было никакого преимущества в том, чтобы вместо Клапареда посылать дивизию Фриана, и даже было очевидное неудобство и замедление в том, чтобы остановить теперь Клапареда и посылать Фриана, но приказание было с точностью исполнено. Наполеон не видел того, что он в отношении своих войск играл роль доктора, который мешает своими лекарствами, – роль, которую он так верно понимал и осуждал.

Дивизия Фриана, так же как и другие, скрылась в дыму поля сражения. С разных сторон продолжали прискакивать адъютанты, и все, как бы сговорившись, говорили одно и то же. Все просили подкреплений, все говорили, что русские держатся на своих местах и производят un feu d'enfer[1], от которого тает французское войско.

Наполеон сидел в задумчивости на складном стуле.

Проголодавшийся с утра m-r de Beausset, любивший путешествовать, подошел к императору и осмелился почтительно предложить его величеству позавтракать.

– Я надеюсь, что теперь уже я могу поздравить ваше величество с победой, – сказал он.

Наполеон молча отрицательно покачал головой. Полагая, что отрицание относится к победе, а не к завтраку, m-r de Beausset позволил себе игриво-почтительно заметить, что нет в мире причин, которые могли бы помешать завтракать, когда можно это сделать.

– Allez vous...[2] – вдруг мрачно сказал Наполеон и отвернулся. Блаженная улыбка сожаления, раскаяния и восторга просияла на лице господина Боссе, и он плывущим шагом отошел к другим генералам.

1 адский огонь.
2 Убирайтесь к...

Наполеон испытывал тяжелое чувство, подобное тому, которое испытывает всегда счастливый игрок, безумно кидавший свои деньги, всегда выигрывавший и вдруг, именно тогда, когда он рассчитал все случайности игры, чувствующий, что чем более обдуман его ход, тем вернее он проигрывает.

Войска были те же, генералы те же, те же были приготовления, та же диспозиция, та же proclamation courte et ènergique[1], он сам был тот же, он это знал, он знал, что он был даже гораздо опытнее и искуснее теперь, чем он был прежде, даже враг был тот же, как под Аустерлицем и Фридландом; но страшный размах руки падал волшебно-бессильно.

Все те прежние приемы, бывало неизменно увенчиваемые успехом: и сосредоточение батарей на один пункт, и атака резервов для прорвания линии, и атака кавалерии des hommes de fer[2], – все эти приемы уже были употреблены, и не только не было победы, но со всех сторон приходили одни и те же известия об убитых и раненых генералах, о необходимости подкреплений, о невозможности сбить русских и о расстройстве войск.

Прежде после двух–трех распоряжений, двух–трех фраз скакали с поздравлениями и веселыми лицами маршалы и адъютанты, объявляя трофеями корпуса́ пленных, des faisceaux de drapeaux et d'aigles ennemis[3], и пушки, и обозы, и Мюрат просил только позволения пускать кавалерию для забрания обозов. Так было под Лоди, Маренго, Арколем, Иеной, Аустерлицем, Ваграмом и так далее, и так далее. Теперь же что-то странное происходило с его войсками.

Несмотря на известие о взятии флешей, Наполеон видел, что это было не то, совсем не то, что было во всех его прежних сражениях. Он видел, что то же чувство, которое испытывал он, испытывали и все его окружающие люди, опытные в деле сражений. Все лица были печальны, все гла-

1 прокламация короткая и энергическая.
2 железных людей.
3 пуки неприятельских орлов и знамен.

за избегали друг друга. Только один Боссе не мог понимать значения того, что совершалось. Наполеон же после своего долгого опыта войны знал хорошо, что значило в продолжение восьми часов, после всех употребленных усилий, невыигранное атакующим сражение. Он знал, что это было почти проигранное сражение и что малейшая случайность могла теперь – на той натянутой точке колебания, на которой стояло сражение, – погубить его и его войска.

Когда он перебирал в воображении всю эту странную русскую кампанию, в которой не было выиграно ни одного сраженья, в которой в два месяца не взято ни знамен, ни пушек, ни корпусов войск, когда глядел на скрытно печальные лица окружающих и слушал донесения о том, что русские всё стоят, – страшное чувство, подобное чувству, испытываемому в сновидениях, охватывало его, и ему приходили в голову все несчастные случайности, могущие погубить его. Русские могли напасть на его левое крыло, могли разорвать его середину, шальное ядро могло убить его самого. Все это было возможно. В прежних сражениях своих он обдумывал только случайности успеха, теперь же бесчисленное количество несчастных случайностей представлялось ему, и он ожидал их всех. Да, это было как во сне, когда человеку представляется наступающий на него злодей, и человек во сне размахнулся и ударил своего злодея с тем страшным усилием, которое, он знает, должно уничтожить его, и чувствует, что рука его, бессильная и мягкая, падает, как тряпка, и ужас неотразимой погибели обхватывает беспомощного человека.

Известие о том, что русские атакуют левый фланг французской армии, возбудило в Наполеоне этот ужас. Он молча сидел под курганом на складном стуле, опустив голову и положив локти на колена. Бертье подошел к нему и предложил проехаться по линии, чтобы убедиться, в каком положении находилось дело.

– Что? Что вы говорите? – сказал Наполеон. – Да, велите подать мне лошадь.

Он сел верхом и поехал к Семеновскому.

В медленно расходившемся пороховом дыме по всему тому пространству, по которому ехал Наполеон, – в лужах крови лежали лошади и люди, поодиночке и кучами. Подобного ужаса, такого количества убитых на таком малом пространстве никогда не видали еще и Наполеон и никто из его генералов. Гул орудий, не перестававший десять часов сряду и измучивший ухо, придавал особенную значительность зрелищу (как музыка при живых картинах). Наполеон выехал на высоту Семеновского и сквозь дым увидал ряды людей в мундирах цветов, непривычных для его глаз. Это были русские.

Русские плотными рядами стояли позади Семеновского и кургана, и их орудия не переставая гудели и дымили по их линии. Сражения уже не было. Было продолжавшееся убийство, которое ни к чему не могло повести ни русских, ни французов. Наполеон остановил лошадь и впал опять в ту задумчивость, из которой вывел его Бертье; он не мог остановить того дела, которое делалось перед ним и вокруг него и которое считалось руководимым им и зависящим от него, и дело это ему в первый раз, вследствие неуспеха, представлялось ненужным и ужасным.

Один из генералов, подъехавших к Наполеону, позволил себе предложить ему ввести в дело старую гвардию. Ней и Бертье, стоявшие подле Наполеона, переглянулись между собой и презрительно улыбнулись на бессмысленное предложение этого генерала.

Наполеон опустил голову и долго молчал.

– A huit cent lieux de France je ne ferai pas démolir ma garde[1], – сказал он и, повернув лошадь, поехал назад к Шевардину.

XXXV

Кутузов сидел, понурив седую голову и опустившись тяжелым телом, на покрытой ковром лавке, на том самом месте,

1 За три тысячи двести верст от Франции я не могу дать разгромить свою гвардию.

на котором утром его видел Пьер. Он не делал никаких распоряжений, а только соглашался или не соглашался на то, что предлагали ему.

“Да, да, сделайте это, – отвечал он на различные предложения. – Да, да, съезди, голубчик, посмотри, – обращался он то к тому, то к другому из приближенных; или: – Нет, не надо, лучше подождем”, – говорил он. Он выслушивал привозимые ему донесения, отдавал приказания, когда это требовалось подчиненными; но, выслушивая донесения, он, казалось, не интересовался смыслом слов того, что ему говорили, а что-то другое в выражении лиц, в тоне речи доносивших интересовало его. Долголетним военным опытом он знал и старческим умом понимал, что руководить сотнями тысяч человек, борющихся с смертью, нельзя одному человеку, и знал, что решают участь сраженья не распоряжения главнокомандующего, не место, на котором стоят войска, не количество пушек и убитых людей, а та неуловимая сила, называемая духом войска, и он следил за этой силой и руководил ею, насколько это было в его власти.

Общее выражение лица Кутузова было сосредоточенное, спокойное внимание и напряжение, едва превозмогавшее усталость слабого и старого тела.

В одиннадцать часов утра ему привезли известие о том, что занятые французами флеши были опять отбиты, но что князь Багратион ранен. Кутузов ахнул и покачал головой.

– Поезжай к князю Петру Ивановичу и подробно узнай, что и как, – сказал он одному из адъютантов и вслед за тем обратился к принцу Виртембергскому, стоявшему позади его:

– Не угодно ли будет вашему высочеству принять командование первой армией.

Вскоре после отъезда принца, так скоро, что он еще не мог доехать до Семеновского, адъютант принца вернулся от него и доложил светлейшему, что принц просит войск.

Кутузов поморщился и послал Дохтурову приказание принять командование первой армией, а принца, без которого, как он сказал, он не может обойтись в эти важные минуты, просил вернуться к себе. Когда привезено было известие о взятии в плен Мюрата и штабные поздравляли Кутузова, он улыбнулся.

– Подождите, господа, – сказал он. – Сражение выиграно, и в пленении Мюрата нет ничего необыкновенного. Но лучше подождать радоваться. – Однако он послал адъютанта проехать по войскам с этим известием.

Когда с левого фланга прискакал Щербинин с донесением о занятии французами флешей и Семеновского, Кутузов, по звукам поля сражения и по лицу Щербинина угадав, что известия были нехорошие, встал, как бы разминая ноги, и, взяв под руку Щербинина, отвел его в сторону.

– Съезди, голубчик, – сказал он Ермолову, – посмотри, нельзя ли что сделать.

Кутузов был в Горках, в центре позиции русского войска. Направленная Наполеоном атака на наш левый фланг была несколько раз отбиваема. В центре французы не подвинулись далее Бородина. С левого фланга кавалерия Уварова заставила бежать французов.

В третьем часу атаки французов прекратились. На всех лицах, приезжавших с поля сражения, и на тех, которые стояли вокруг него, Кутузов читал выражение напряженности, дошедшей до высшей степени. Кутузов был доволен успехом дня сверх ожидания. Но физические силы оставляли старика. Несколько раз голова его низко опускалась, как бы падая, и он задремывал. Ему подали обедать.

Флигель-адъютант Вольцоген, тот самый, который, проезжая мимо князя Андрея, говорил, что войну надо im Raum verlegen[1], и которого так ненавидел Багратион, во время обеда подъехал к Кутузову. Вольцоген приехал от Барклая с донесением о ходе дел на левом фланге. Благоразумный Барклай де Толли, видя толпы отбегающих раненых и расстроенные зады армии, взвесив все обстоятельства дела, решил, что сражение было проиграно, и с этим известием прислал к главнокомандующему своего любимца.

1 перенести в пространство *(нем.)*.

Кутузов с трудом жевал жареную курицу и сузившимися, повеселевшими глазами взглянул на Вольцогена.

Вольцоген, небрежно разминая ноги, с полупрезрительной улыбкой на губах, подошел к Кутузову, слегка дотронувшись до козырька рукою.

Вольцоген обращался с светлейшим с некоторой аффектированной небрежностью, имеющей целью показать, что он, как высокообразованный военный, предоставляет русским делать кумира из этого старого, бесполезного человека, а сам знает, с кем он имеет дело. "Der alte Herr (как называли Кутузова в своем кругу немцы) macht sich ganz bequem"[1], – подумал Вольцоген и, строго взглянув на тарелки, стоявшие перед Кутузовым, начал докладывать старому господину положение дел на левом фланге так, как приказал ему Барклай и как он сам его видел и понял.

– Все пункты нашей позиции в руках неприятеля и отбить нечем, потому что войск нет; они бегут, и нет возможности остановить их, – докладывал он.

Кутузов, остановившись жевать, удивленно, как будто не понимая того, что ему говорили, уставился на Вольцогена. Вольцоген, заметив волнение des alten Herrn[2], с улыбкой сказал:

– Я не считал себя вправе скрыть от вашей светлости того, что я видел... Войска в полном расстройстве...

– Вы видели? Вы видели?.. – нахмурившись, закричал Кутузов, быстро вставая и наступая на Вольцогена. – Как вы... как вы смеете!.. – делая угрожающие жесты трясущимися руками и захлебываясь, закричал он. – Как смеете вы, милостивый государь, говорить это *мне.* Вы ничего не знаете. Передайте от меня генералу Барклаю, что его сведения неверны и что настоящий ход сражения известен мне, главнокомандующему, лучше, чем ему.

Вольцоген хотел возразить что-то, но Кутузов перебил его.

1 Старый господин покойно устроился *(нем.).*
2 старого господина *(нем.).*

– Неприятель отбит на левом и поражен на правом фланге. Ежели вы плохо видели, милостивый государь, то не позволяйте себе говорить того, чего вы не знаете. Извольте ехать к генералу Барклаю и передать ему назавтра мое непременное намерение атаковать неприятеля, – строго сказал Кутузов. Все молчали, и слышно было одно тяжелое дыхание запыхавшегося старого генерала. – Отбиты везде, за что я благодарю Бога и наше храброе войско. Неприятель побежден, и завтра погоним его из священной земли русской, – сказал Кутузов, крестясь; и вдруг всхлипнул от наступивших слез. Вольцоген, пожав плечами и скривив губы, молча отошел к стороне, удивляясь über diese Eingenommenheit des alten Herrn[1].

– Да, вот он, мой герой, – сказал Кутузов к полному красивому черноволосому генералу, который в это время входил на курган. Это был Раевский, проведший весь день на главном пункте Бородинского поля.

Раевский доносил, что войска твердо стоят на своих местах и что французы не смеют атаковать более.

Выслушав его, Кутузов по-французски сказал:

– Vous ne pensez donc pas *comme les autres* que nous sommes obligés de nous retirer?[2]

– Au contraire, votre altesse, dans les affaires indécises c'est toujours le plus opiniâtre qui reste victorieux, – отвечал Раевский, – et mon opinion...[3]

– Кайсаров! – крикнул Кутузов своего адъютанта. – Садись пиши приказ на завтрашний день. А ты, – обратился он к другому, – поезжай по линии и объяви, что завтра мы атакуем.

Пока шел разговор с Раевским и диктовался приказ, Вольцоген вернулся от Барклая и доложил, что генерал Барклай де Толли желал бы иметь письменное подтверждение того приказа, который отдавал фельдмаршал.

1 на это самодурство старого господина *(нем.)*.
2 Вы, стало быть, не думаете, *как другие*, что мы должны отступить?
3 Напротив, ваша светлость, в нерешительных делах остается победителем тот, кто упрямее, и мое мнение...

Кутузов, не глядя на Вольцогена, приказал написать этот приказ, который, весьма основательно, для избежания личной ответственности, желал иметь бывший главнокомандующий.

И по неопределимой, таинственной связи, поддерживающей во всей армии одно и то же настроение, называемое духом армии и составляющее главный нерв войны, слова Кутузова, его приказ к сражению на завтрашний день, передались одновременно во все концы войска.

Далеко не самые слова, не самый приказ передавались в последней цепи этой связи. Даже ничего не было похожего в тех рассказах, которые передавали друг другу на разных концах армии, на то, что сказал Кутузов; но смысл его слов сообщился повсюду, потому что то, что сказал Кутузов, вытекало не из хитрых соображений, а из чувства, которое лежало в душе главнокомандующего, так же как и в душе каждого русского человека.

И узнав то, что назавтра мы атакуем неприятеля, из высших сфер армии услыхав подтверждение того, чему они хотели верить, измученные, колеблющиеся люди утешались и ободрялись.

XXXVI

Полк князя Андрея был в резервах, которые до второго часа стояли позади Семеновского в бездействии, под сильным огнем артиллерии. Во втором часу полк, потерявший уже более двухсот человек, был двинут вперед на стоптанное овсяное поле, на тот промежуток между Семеновским и курганной батареей, на котором в этот день были побиты тысячи людей и на который во втором часу дня был направлен усиленно-сосредоточенный огонь из нескольких сот неприятельских орудий.

Не сходя с этого места и не выпустив ни одного заряда, полк потерял здесь еще третью часть своих людей. Спереди и в особенности с правой стороны, в нерасходившемся дыму, бубухали пушки и из таинственной области дыма, застилавшей всю местность впереди, не переставая, с шипящим быстрым свистом, вылетали ядра и медлительно-свистевшие гранаты. Иногда, как бы давая отдых, проходило четверть часа, во время которых все ядра и гранаты перелетали, но иногда в продолжение минуты несколько человек вырывало из полка, и беспрестанно оттаскивали убитых и уносили раненых.

С каждым новым ударом все меньше и меньше случайностей жизни оставалось для тех, которые еще не были убиты. Полк стоял в батальонных колоннах на расстоянии трехсот шагов, но, несмотря на то, все люди полка находились под влиянием одного и того же настроения. Все люди полка одинаково были молчаливы и мрачны. Редко слышался между рядами говор, но говор этот замолкал всякий раз, как слышался попавший удар и крик: "Носилки!" Большую часть времени люди полка по приказанию начальства сидели на земле. Кто, сняв кивер, старательно распускал и опять собирал сборки; кто сухой глиной, распорошив ее в ладонях, начищал штык; кто разминал ремень и перетягивал пряжку перевязи; кто старательно расправлял и перегибал по-новому подвертки и переобувался. Некоторые строили домики из калмыжек пашни или плели плетеночки из соломы жнивья. Все казались вполне погружены в эти занятия. Когда ранило и убивало людей, когда тянулись носилки, когда наши возвращались назад, когда виднелись сквозь дым большие массы неприятелей, никто не обращал никакого внимания на эти обстоятельства. Когда же вперед проезжала артиллерия, кавалерия, виднелись движения нашей пехоты, одобрительные замечания слышались со всех сторон. Но самое большое внимание заслуживали события совершенно посторонние, не имевшие никакого отношения к сражению. Как будто внимание этих нравственно измученных людей отдыхало на этих обычных, житейских событиях. Батарея артиллерии прошла пред фронтом полка. В одном из артиллерийских ящиков пристяжная заступила постромку: "Эй, пристяжную-то!.. Выправь! Упадет... Эх, не видят!.." – по всему полку одинаково кричали из рядов. В другой раз общее внимание обратила небольшая коричневая собачонка с твердо поднятым хвостом, которая, Бог знает откуда взявшись, озабоченной рысцой выбежала перед ряды и вдруг от близко ударившего ядра взвизгнула и, поджав хвост, бросилась в сторону. По всему полку раздалось гоготанье и взвизги. Но развлечения такого рода продолжались минуты, а люди уже более восьми часов стояли без еды и без дела под непроходящим ужасом смерти, и бледные и нахмуренные лица все более бледнели и хмурились.

Князь Андрей, точно так же как и все люди полка, нахмуренный и бледный, ходил взад и вперед по лугу подле овсяного поля от одной межи до другой, заложив назад руки и опустив голову. Делать и приказывать ему нечего было. Все делалось само собою. Убитых оттаскивали за фронт, раненых относили, ряды смыкались. Ежели отбегали солдаты, то они тотчас же поспешно возвращались. Сначала князь Андрей, считая своею обязанностью возбуждать мужество солдат и показывать им пример, прохаживался по рядам; но потом он убедился, что ему нечему и нечем учить их. Все силы его души, точно так же как и каждого солдата, были бессознательно направлены на то, чтобы удержаться только от созерцания ужаса того положения, в котором они были. Он ходил по лугу, волоча ноги, шаршавя траву и наблюдая пыль, которая покрывала его сапоги; то он шагал большими шагами, стараясь попадать в следы, оставленные косцами по лугу, то он, считая свои шаги, делал расчеты, сколько раз он должен пройти от межи до межи, чтобы сделать версту, то ошмурыгивал цветки полыни, растущие на меже, и растирал эти цветки в ладонях и принюхивался к душисто-горькому, крепкому запаху. Изо всей вчерашней работы мысли не оставалось ничего. Он ни о чем не думал. Он прислушивался усталым слухом все к тем же звукам, различая свистенье полетов от гула выстрелов, посматривал на приглядевшиеся лица людей 1-го батальона и ждал. "Вот она... эта опять к нам! – думал он, прислушиваясь к приближавшемуся свисту чего-то из закрытой области дыма. – Одна, другая! Еще! Попало...” Он остановился и поглядел на ряды. “Нет, перенесло. А вот это попало”. И он опять принимался ходить, стараясь делать большие шаги, чтобы в шестнадцать шагов дойти до межи.

Свист и удар! В пяти шагах от него взрыло сухую землю и скрылось ядро. Невольный холод пробежал по его спине. Он опять поглядел на ряды. Вероятно, вырвало многих; большая толпа собралась у 2-го батальона.

– Господин адъютант, – прокричал он, – прикажите, чтобы не толпились. – Адъютант, исполнив приказание, подходил к князю Андрею. С другой стороны подъехал верхом командир батальона.

– Берегись! – послышался испуганный крик солдата, и, как свистящая на быстром полете, приседающая на землю птичка, в двух шагах от князя Андрея, подле лошади батальонного командира, негромко шлепнулась граната. Лошадь первая, не спрашивая того, хорошо или дурно было высказывать страх, фыркнула, взвилась, чуть не сронив майора, и отскакала в сторону. Ужас лошади сообщился людям.

– Ложись! – крикнул голос адъютанта, прилегшего к земле. Князь Андрей стоял в нерешительности. Граната, как волчок, дымясь, вертелась между ним и лежащим адъютантом, на краю пашни и луга, подле куста полыни.

“Неужели это смерть? – думал князь Андрей, совершенно новым, завистливым взглядом глядя на траву, на полынь и на струйку дыма, вьющуюся от вертящегося черного мячика. – Я не могу, я не хочу умереть, я люблю жизнь, люблю эту траву, землю, воздух...” – Он думал это и вместе с тем помнил о том, что на него смотрят.

– Стыдно, господин офицер! – сказал он адъютанту. – Какой... – он не договорил. В одно и то же время послышался взрыв, свист осколков как бы разбитой рамы, душный запах пороха – и князь Андрей рванулся в сторону и, подняв кверху руку, упал на грудь.

Несколько офицеров подбежало к нему. С правой стороны живота расходилось по траве большое пятно крови.

Вызванные ополченцы с носилками остановились позади офицеров. Князь Андрей лежал на груди, опустившись лицом до травы, и, тяжело, всхрапывая, дышал.

– Ну что стали, подходи!

Мужики подошли и взяли его за плечи и ноги, но он жалобно застонал, и мужики, переглянувшись, опять отпустили его.

– Берись, клади, всё одно! – крикнул чей-то голос. Его другой раз взяли за плечи и положили на носилки.

– Ах боже мой! Боже мой! Что ж это?.. Живот! Это конец! Ах боже мой! – слышались голоса между офицерами. – На волосок мимо уха прожужжала, – говорил адъютант. Мужики, приладивши носилки на плечах, поспешно тронулись по протоптанной ими дорожке к перевязочному пункту.

– В ногу идите... Э!.. мужичье! – крикнул офицер, за плечи останавливая неровно шедших и трясущих носилки мужиков.

– Подлаживай, что ль, Хведор, а Хведор, – говорил передний мужик.

– Вот так, важно, – радостно сказал задний, попав в ногу.

– Ваше сиятельство? А? Князь? – дрожащим голосом сказал подбежавший Тимохин, заглядывая в носилки.

Князь Андрей открыл глаза и посмотрел из-за носилок, в которые глубоко ушла его голова, на того, кто говорил, и опять опустил веки.

Ополченцы принесли князя Андрея к лесу, где стояли фуры и где был перевязочный пункт. Перевязочный пункт состоял из трех раскинутых, с завороченными полами, палаток на краю березника. В березнике стояли фуры и лошади. Лошади в хребтугах ели овес, и воробьи слетали к ним и подбирали просыпанные зерна. Воронья, чуя кровь, нетерпеливо каркая, перелетали на березах. Вокруг палаток, больше чем на две десятины места, лежали, сидели, стояли окровавленные люди в различных одеждах. Вокруг раненых, с унылыми и внимательными лицами, стояли толпы солдатносильщиков, которых тщетно отгоняли от этого места распоряжавшиеся порядком офицеры. Не слушая офицеров, солдаты стояли, опираясь на носилки, и пристально, как будто пытаясь понять трудное значение зрелища, смотрели на то, что делалось перед ними. Из палаток слышались то громкие, злые вопли, то жалобные стенания. Изредка выбегали оттуда фельдшера за водой и указывали на тех, которых надо было вносить. Раненые, ожидая у палатки своей очереди, хрипели, стонали, плакали, кричали, ругались, просили водки. Некоторые бредили. Князя Андрея, как полкового командира, шагая через неперевязанных раненых, пронесли ближе к одной из палаток и остановились, ожидая приказания. Князь Андрей открыл глаза и долго не мог понять того, что делалось вокруг него. Луг, полынь, пашня, черный крутящийся мячик и его страстный порыв любви к жизни вспомнились ему. В двух шагах от него, громко говоря и обращая на себя общее внимание, стоял, опершись на сук и с обвязанной головой, высокий, красивый, черноволосый унтер-офицер. Он был ранен в голову и ногу пулями. Вокруг него, жадно слушая его речь, собралась толпа раненых и носильщиков.

– Мы его оттеда как долбанули, так все побросал, самого короля забрали! – блестя черными разгоряченными глазами и оглядываясь вокруг себя, кричал солдат. – Подойди только в тот самый раз лезервы, его б, братец ты мой, звания не осталось, потому верно тебе говорю...

Князь Андрей, так же как и все окружавшие рассказчика, блестящим взглядом смотрел на него и испытывал утешительное чувство. "Но разве не все равно теперь, – подумал он. – А что будет там и что такое было здесь? Отчего мне так жалко было расставаться с жизнью? Что-то было в этой жизни, чего я не понимал и не понимаю".

XXXVII

Один из докторов, в окровавленном фартуке и с окровавленными небольшими руками, в одной из которых он между мизинцем и большим пальцем (чтобы не запачкать ее) держал сигару, вышел из палатки. Доктор этот поднял голову и стал смотреть по сторонам, но выше раненых. Он, очевидно, хотел отдохнуть немного. Поводив несколько времени головой вправо и влево, он вздохнул и опустил глаза.

– Ну, сейчас, – сказал он на слова фельдшера, указывавшего ему на князя Андрея, и велел нести его в палатку.

В толпе ожидавших раненых поднялся ропот.

– Видно, и на том свете господам одним жить, – проговорил один.

Князя Андрея внесли и положили на только что очистившийся стол, с которого фельдшер споласкивал что-то. Князь Андрей не мог разобрать в отдельности того, что было в палатке. Жалобные стоны с разных сторон, мучительная боль бедра, живота и спины развлекали его. Все, что он видел вокруг себя, слилось для него в одно общее впечатление обнаженного, окровавленного человеческого тела, которое, казалось, наполняло всю низкую палатку, как несколько недель тому назад в этот жаркий августовский день это же тело наполняло грязный пруд по Смоленской дороге. Да, это было то самое тело, та самая chair à canon[1], вид которой еще тогда, как бы предсказывая теперешнее, возбудил в нем ужас.

В палатке было три стола. Два были заняты, на третий положили князя Андрея. Несколько времени его оставили одного, и он невольно увидал то, что делалось на других двух столах. На ближнем столе сидел татарин, вероятно, казак – по мундиру, брошенному подле. Четверо солдат держали его. Доктор в очках что-то резал в его коричневой, мускулистой спине.

– Ух, ух, ух!.. – как будто хрюкал татарин, и вдруг, подняв кверху свое скуластое черное курносое лицо, оскалив белые зубы, начинал рваться, дергаться и визжать пронзительно-звенящим, протяжным визгом. На другом столе, около которого толпилось много народа, на спине лежал большой, полный человек с закинутой назад головой (вью-

1 мясо для пушек.

щиеся волоса, их цвет и форма головы показались странно знакомы князю Андрею). Несколько человек фельдшеров навалились на грудь этому человеку и держали его. Белая большая полная нога быстро и часто, не переставая, дергалась лихорадочными трепетаниями. Человек этот судорожно рыдал и захлебывался. Два доктора молча – один был бледен и дрожал – что-то делали над другой, красной ногой этого человека. Управившись с татарином, на которого накинули шинель, доктор в очках, обтирая руки, подошел к князю Андрею.

Он взглянул в лицо князя Андрея и поспешно отвернулся.

– Раздеть! Что стоите? – крикнул он сердито на фельдшеров.

Самое первое далекое детство вспомнилось князю Андрею, когда фельдшер торопившимися засученными руками расстегивал ему пуговицы и снимал с него платье. Доктор низко нагнулся над раной, ощупал ее и тяжело вздохнул. Потом он сделал знак кому-то. И мучительная боль внутри живота заставила князя Андрея потерять сознание. Когда он очнулся, разбитые кости бедра были вынуты, клоки мяса отрезаны, и рана перевязана. Ему прыскали в лицо водою. Как только князь Андрей открыл глаза, доктор нагнулся над ним, молча поцеловал его в губы и поспешно отошел.

После перенесенного страдания князь Андрей чувствовал блаженство, давно не испытанное им. Все лучшие, счастливейшие минуты в его жизни, в особенности самое дальнее детство, когда его раздевали и клали в кроватку, когда няня, убаюкивая, пела над ним, когда, зарывшись головой в подушки, он чувствовал себя несчастливым одним сознанием жизни, – представлялись его воображению даже не как прошедшее, а как действительность.

Около того раненого, очертания головы которого казались знакомыми князю Андрею, суетились доктора; его поднимали и успокоивали.

– Покажите мне... Ооооо! о! ооооо! – слышался его прерываемый рыданиями, испуганный и покорившийся страданию стон. Слушая эти стоны, князь Андрей хотел плакать.

Оттого ли, что он без славы умирал, оттого ли, что жалко ему было расставаться с жизнью, от этих ли невозвратимых детских воспоминаний, оттого ли, что он страдал, что другие страдали и так жалостно перед ним стонал этот человек, но ему хотелось плакать детскими, добрыми, почти радостными слезами.

Раненому показали в сапоге с запекшейся кровью отрезанную ногу.

– О! Ооооо! – зарыдал он, как женщина. Доктор, стоявший перед раненым, загораживая его лицо, отошел.

– Боже мой! Что это? Зачем он здесь? – сказал себе князь Андрей.

В несчастном, рыдающем, обессилевшем человеке, которому только что отняли ногу, он узнал Анатоля Курагина. Анатоля держали на руках и предлагали ему воду в стакане, края которого он не мог поймать дрожащими, распухшими губами. Анатоль тяжело всхлипывал. "Да, это он; да, этот человек чем-то близко и тяжело связан со мною, – думал князь Андрей, не понимая еще ясно того, что было перед ним. – В чем состоит связь этого человека с моим детством, с моею жизнью?" – спрашивал он себя, не находя ответа. И вдруг новое, неожиданное воспоминание из мира детского, чистого и любовного, представилось князю Андрею. Он вспомнил Наташу такою, какою он видел ее в первый раз на бале 1810 года, с тонкой шеей и тонкими руками, с готовым на восторг, испуганным, счастливым лицом, и любовь и нежность к ней, еще живее и сильнее, чем когда-либо, проснулись в его душе. Он вспомнил теперь ту связь, которая существовала между им и этим человеком, сквозь слезы, наполнявшие распухшие глаза, мутно смотревшим на него. Князь Андрей вспомнил все, и восторженная жалость и любовь к этому человеку наполнили его счастливое сердце.

Князь Андрей не мог удерживаться более и заплакал нежными, любовными слезами над людьми, над собой и над их и своими заблуждениями.

"Сострадание, любовь к братьям, к любящим, любовь к ненавидящим нас, любовь к врагам – да, та любовь, которую проповедовал Бог на земле, которой меня учила княжна Марья и которой я не понимал; вот отчего мне жалко было жизни, вот оно то, что еще оставалось мне, ежели бы я был жив. Но теперь уже поздно. Я знаю это!"

XXXVIII

Страшный вид поля сражения, покрытого трупами и ранеными, в соединении с тяжестью головы и с известиями об убитых и раненых двадцати знакомых генералах и с сознанием бессильности своей прежде сильной руки произвели неожиданное впечатление на Наполеона, который обыкновенно любил рассматривать убитых и раненых, испытывая тем свою душевную силу (как он думал). В этот день ужасный вид поля сражения победил ту душевную силу, в которой он полагал свою заслугу и величие. Он поспешно уехал с поля сражения и возвратился к Шевардинскому кургану. Желтый, опухлый, тяжелый, с мутными глазами, красным носом и охриплым голосом, он сидел на складном стуле, невольно прислушиваясь к звукам пальбы и не поднимая глаз. Он с болезненной тоской ожидал конца того дела, которого он считал себя причиной, но которого он не мог остановить. Личное человеческое чувство на короткое мгновение взяло верх над тем искусственным призраком жизни, которому он служил так долго. Он на себя переносил те страдания и ту смерть, которые он видел на поле сражения. Тяжесть головы и груди напоминала ему о возможности и для себя страданий и смерти. Он в эту минуту не хотел для себя ни Москвы, ни победы, ни славы. (Какой нужно было ему еще славы?) Одно, чего он желал теперь, – отдыха, спокойствия и свободы. Но когда он был на Семеновской высоте, начальник артиллерии предложил ему выставить несколько батарей на эти высоты, для того чтобы усилить огонь по столпившимся перед Князьковым русским войскам. Наполеон согласился и приказал привезти ему известие о том, какое действие произведут эти батареи.

Адъютант приехал сказать, что по приказанию императора двести орудий направлены на русских, но что русские всё так же стоят.

– Наш огонь рядами вырывает их, а они стоят, – сказал адъютант.

– Ils en veulent encore!..[1] – сказал Наполеон охриплым голосом.

– Sire?[2] – повторил не расслушавший адъютант.

– Ils en veulent encore, – нахмурившись, прохрипел Наполеон осиплым голосом, – donnez leur-en[3].

И без его приказания делалось то, чего он хотел, и он распорядился только потому, что думал, что от него ждали приказания. И он опять перенесся в свой прежний искусственный мир призраков какого-то величия, и опять (как та лошадь, ходящая на покатом колесе привода, воображает себе, что она что-то делает для себя) он покорно стал исполнять ту жестокую, печальную и тяжелую, нечеловеческую роль, которая ему была предназначена.

И не на один только этот час и день были помрачены ум и совесть этого человека, тяжелее всех других участников этого дела носившего на себе всю тяжесть совершавшегося; но и никогда, до конца жизни, не мог понимать он ни добра, ни красоты, ни истины, ни значения своих поступков, которые были слишком противоположны добру и правде, слишком далеки от всего человеческого, для того чтобы он мог понимать их значение. Он не мог отречься от своих поступков, восхваляемых половиной света, и потому должен был отречься от правды и добра и всего человеческого.

Не в один только этот день, объезжая поле сражения, уложенное мертвыми и изувеченными людьми (как он думал, по его воле), он, глядя на этих людей, считал, сколько приходится русских на одного француза, и, обманывая себя, находил причины радоваться, что на одного француза приходи-

1 Им еще хочется!..
2 Государь?
3 Еще хочется, ну и задайте им.

лось пять русских. Не в один только этот день он писал в письме в Париж, что le champ de bataille a èté superbe[1], потому что на нем было пятьдесят тысяч трупов; но и на острове св. Елены, в тиши уединения, где он говорил, что он намерен был посвятить свои досуги изложению великих дел, которые он сделал, он писал:

"La guerre de Russie eût dû être la plus populaire des temps modernes: c'était celle du bon sens et des vrais intérêts, celle du repos et de la sécurité de tous; elle était purement pacifique et conservatrice.

C'était pour la grande cause, la fin des hasards et le commencement de la sécurité. Un nouvel horizon, de nouveaux travaux allaient se dérouler, tout plein du bien-être et de la prospérité de tous. Le système européen se trouvait fondé; il n'était plus question que de l'organiser.

Satisfait sur ces grands points et tranquille partout, j'aurais eu aussi mon *congrès* et ma *sainte-alliance*. Ce sont des idées qu'on m'a volées. Dans cette réunion de grands souverains, nous eussions traités de nos intérêts en famille et compté de clerc à maître avec les peuples.

L'Europe n'eût bientôt fait de la sorte véritablement qu'un même peuple, et chacun, en voyageant partout, se fût trouvé toujours dans la patrie commune. Il eût demandé toutes les rivières navigables pour tous, la communauté des mers, et que les grandes armées permanentes fussent réduites désormais à la seule garde des souverains.

De retour en France, au sein de la patrie, grande, forte, magnifique, tranquille, glorieuse, j'eusse proclamé ses limites immuables; toute guerre future, purement *défensive;* tout agrandissement nouveau *antinational.* J'eusse associé mon fils à l'Empire; ma *dictature* eût fini, et son règne constitutionnel eût commencé...

Paris eût été la capitale du monde, et les Français l'envie des nations!..

Mes loisirs ensuite et mes vieux jours eussent été consacrés, en compagnie de l'impératrice et durant l'apprentissage royal de mon fils, à visiter lentement et en vrai couple campagnard, avec nos pro-

1 поле сражения было великолепно.

pres chevaux, tous les recoins de l'Empire, recevant les plaintes, redressant les torts, semant de toutes parts et partout les monuments et les bienfaits"[1].

Он, предназначенный провидением на печальную, несвободную роль палача народов, уверял себя, что цель его поступков была благо народов и что он мог руководить судьбами миллионов и путем власти делать благодеяния!

"Des 400 000 hommes qui passèrent la Vistule, — писал он дальше о русской войне, — la moitié était Autrichiens, Prussiens, Saxons, Polonais, Bavarois, Wurtembergeois, Mecklembourgeois, Espagnols, Italiens, Napolitains. L'armée impériale, proprement dite, était pour un tiers composée de Hollandais, Belges, habitants des bords du Rhin, Piémontais, Suisses, Génevois, Toscans, Romains, habi-

1 Русская война должна бы была быть самая популярная в новейшие времена: это была война здравого смысла и настоящих выгод, война спокойствия и безопасности всех; она была чисто миролюбивая и консервативная.
Это было для великой цели, для конца случайностей и для начала спокойствия. Новый горизонт, новые труды открывались бы, полные благосостояния и благоденствия всех. Система европейская была бы основана, вопрос заключался бы уже только в ее учреждении.
Удовлетворенный в этих великих вопросах и везде спокойный, я бы тоже имел свой *конгресс* и свой *священный союз.* Это мысли, которые у меня украли. В этом собрании великих государей мы обслуживали бы наши интересы семейно и считались бы с народами, как писец с хозяином.
Европа действительно скоро составила бы таким образом один и тот же народ, и всякий, путешествуя где бы то ни было, находился бы всегда в общей родине.
Я бы выговорил, чтобы все реки были судоходны для всех, чтобы море было общее, чтобы постоянные, большие армии были уменьшены единственно до гвардии государей и т.д.
Возвратясь во Францию, на родину, великую, сильную, великолепную, спокойную, славную, я провозгласил бы границы ее неизменными; всякую будущую войну *защитительной;* всякое новое распространение – антинациональным; я присоединил бы своего сына к правлению империей; мое *диктаторство* кончилось бы, и началось бы его конституционное правление...
Париж был бы столицей мира, и французы предметом зависти всех наций!..
Потом мои досуги и последние дни были бы посвящены, с помощью императрицы и во время царственного воспитывания моего сына, на то, чтобы мало-помалу посещать, как настоящая деревенская чета, на собственных лошадях, все уголки государства, принимая жалобы, устраняя несправедливости, рассевая во все стороны и везде здания и благодеяния.

tants de la 32-e division militaire, Brême, Hambourg, etc.; elle comptait à peine 140 000 hommes parlant français. L'expédition de Russie coûta moins de 50 000 hommes à la France actuelle; l'armée russe dans la retraite de Wilna à Moscou, dans les différentes batailles, a perdu quatre fois plus que l'armée française; l'incendie de Moscou a coûté la vie à 100 000 Russes, morts de froid et de misère dans les bois; enfin dans sa marche de Moscou à l'Oder, l'armée russe fut aussi atteinte par l'intempérie de la saison; elle ne comptait à son arrivée à Wilna que 50 000 hommes, et à Kalisch moins de 18 000"[1].

Он воображал себе, что по его воле произошла война с Россией, и ужас совершившегося не поражал его душу. Он смело принимал на себя всю ответственность события, и его помраченный ум видел оправдание в том, что в числе сотен тысяч погибших людей было меньше французов, чем гессенцев и баварцев.

XXXIX

Несколько десятков тысяч человек лежало мертвыми в разных положениях и мундирах на полях и лугах, принадлежавших господам Давыдовым и казенным крестьянам, на тех полях и лугах, на которых сотни лет одновременно сбирали урожаи и пасли скот крестьяне деревень Бородина, Горок, Шевардина и Семеновского. На перевязочных пунк-

1 Из 400 000 человек, которые перешли Вислу, половина была австрийцы, пруссаки, саксонцы, поляки, баварцы, виртембергцы, мекленбургцы, испанцы, итальянцы и неаполитанцы. Императорская армия, собственно сказать, была на треть составлена из голландцев, бельгийцев, жителей берегов Рейна, пьемонтцев, швейцарцев, женевцев, тосканцев, римлян, жителей 32-й военной дивизии, Бремена, Гамбурга и т.д.; в ней едва ли было 140 000 человек, говорящих по-французски. Русская экспедиция стоила собственно Франции менее 50 000 человек; русская армия в отступлении из Вильны в Москву в различных сражениях потеряла в четыре раза более, чем французская армия; пожар Москвы стоил жизни 100 000 русских, умерших от холода и нищеты в лесах; наконец во время своего перехода от Москвы к Одеру русская армия тоже пострадала от суровости времени года; по приходе в Вильну она состояла только из 50 000 людей, а в Калише менее 18 000.

тах на десятину места трава и земля были пропитаны кровью. Толпы раненых и нераненых разных команд людей, с испуганными лицами, с одной стороны брели назад к Можайску, с другой стороны – назад к Валуеву. Другие толпы, измученные и голодные, ведомые начальниками, шли вперед. Третьи стояли на местах и продолжали стрелять.

Над всем полем, прежде столь весело-красивым, с его блестками штыков и дымами в утреннем солнце, стояла теперь мгла сырости и дыма и пахло странной кислотой селитры и крови. Собрались тучки, и стал накрапывать дождик на убитых, на раненых, на испуганных, и на изнуренных, и на сомневающихся людей. Как будто он говорил: "Довольно, довольно, люди. Перестаньте... Опомнитесь. Что вы делаете?"

Измученным, без пищи и без отдыха, людям той и другой стороны начинало одинаково приходить сомнение о том, следует ли им еще истреблять друг друга, и на всех лицах было заметно колебанье, и в каждой душе одинаково поднимался вопрос: "Зачем, для кого мне убивать и быть убитому? Убивайте, кого хотите, делайте, что хотите, а я не хочу больше!" Мысль эта к вечеру одинаково созрела в душе каждого. Всякую минуту могли все эти люди ужаснуться того, что они делали, бросить все и побежать куда попало.

Но хотя уже к концу сражения люди чувствовали весь ужас своего поступка, хотя они и рады бы были перестать, какая-то непонятная, таинственная сила еще продолжала руководить ими, и, запотелые, в порохе и крови, оставшиеся по одному на три, артиллеристы, хотя и спотыкаясь и задыхаясь от усталости, приносили заряды, заряжали, наводили, прикладывали фитили; и ядра так же быстро и жестоко перелетали с обеих сторон и расплюскивали человеческое тело, и продолжало совершаться то страшное дело, которое совершается не по воле людей, а по воле того, кто руководит людьми и мирами.

Тот, кто посмотрел бы на расстроенные зады русской армии, сказал бы, что французам стоит сделать еще одно маленькое усилие, и русская армия исчезнет; и тот, кто посмотрел бы на зады французов, сказал бы, что русским стоит сделать еще одно маленькое усилие, и французы погибнут. Но ни французы, ни русские не делали этого усилия, и пламя сражения медленно догорало.

Русские не делали этого усилия, потому что не они атаковали французов. В начале сражения они только стояли по дороге в Москву, загораживая ее, и точно так же они продолжали стоять при конце сражения, как они стояли при начале его. Но ежели бы даже цель русских состояла бы в том, чтобы сбить французов, они не могли сделать это последнее усилие, потому что все войска русских были разбиты, не было ни одной части войск, не пострадавшей в сражении, и русские, оставаясь на своих местах, потеряли *половину* своего войска.

Французам, с воспоминанием всех прежних пятнадцатилетних побед, с уверенностью в непобедимости Наполеона, с сознанием того, что они завладели частью поля сраженья, что они потеряли только одну четверть людей и что у них еще есть двадцатитысячная нетронутая гвардия, легко было сделать это усилие. Французам, атаковавшим русскую армию с целью сбить ее с позиции, должно было сделать это усилие, потому что до тех пор, пока русские, точно так же как и до сражения, загораживали дорогу в Москву, цель французов не была достигнута и все их усилия и потери пропали даром. Но французы не сделали этого усилия. Некоторые историки говорят, что Наполеону стоило дать свою нетронутую старую гвардию для того, чтобы сражение было выиграно. Говорить о том, что бы было, если бы Наполеон дал свою гвардию, все равно что говорить о том, что бы было, если б осенью сделалась весна. Этого не могло быть. Не Наполеон не дал своей гвардии, потому что он не захотел этого, но этого нельзя было сделать. Все генералы, офицеры, солдаты французской армии знали, что этого нельзя было сделать, потому что упадший дух войска не позволял этого.

Не один Наполеон испытывал то похожее на сновиденье чувство, что страшный размах руки падает бессильно, но все генералы, все участвовавшие и не участвовавшие солдаты французской армии, после всех опытов прежних сражений (где после вдесятеро меньших усилий неприятель бежал), испытывали одинаковое чувство ужаса перед тем врагом, который, потеряв *половину* войска, стоял так же грозно в конце, как и в начале сражения. Нравственная сила французской, атакующей армии была истощена. Не та победа, которая определяется подхваченными кусками материи на палках, называемых знаменами, и тем пространством, на котором стояли и стоят войска, – а победа нравственная, та, которая убеждает противника в нравственном превосходстве своего врага и в своем бессилии, была одержана русскими под Бородиным. Французское нашествие, как разъяренный зверь, получивший в своем разбеге смертельную рану, чувствовало свою погибель; но оно не могло остановиться, так же как и не могло не отклониться вдвое слабейшее русское войско. После данного толчка французское войско еще могло докатиться до Москвы; но там, без новых усилий со стороны русского войска, оно должно было погибнуть, истекая кровью от смертельной, нанесенной при Бородине, раны. Прямым следствием Бородинского сражения было беспричинное бегство Наполеона из Москвы, возвращение по старой Смоленской дороге, погибель пятисоттысячного нашествия и погибель наполеоновской Франции, на которую в первый раз под Бородиным была наложена рука сильнейшего духом противника.

Часть третья

I

Для человеческого ума непонятна абсолютная непрерывность движения. Человеку становятся понятны законы какого бы то ни было движения только тогда, когда он рассматривает произвольно взятые единицы этого движения. Но вместе с тем из этого-то произвольного деления непрерывного движения на прерывные единицы проистекает большая часть человеческих заблуждений.

Известен так называемый софизм древних, состоящий в том, что Ахиллес никогда не догонит впереди идущую черепаху, несмотря на то, что Ахиллес идет в десять раз скорее черепахи: как только Ахиллес пройдет пространство, отделяющее его от черепахи, черепаха пройдет впереди его одну десятую этого пространства; Ахиллес пройдет эту десятую, черепаха пройдет одну сотую и т.д. до бесконечности. Задача эта представлялась древним неразрешимою. Бессмысленность решения (что Ахиллес никогда не догонит черепаху) вытекала из того только, что произвольно были допущены прерывные единицы движения, тогда как движение и Ахиллеса и черепахи совершалось непрерывно.

Принимая все более и более мелкие единицы движения, мы только приближаемся к решению вопроса, но никогда не достигаем его. Только допустив бесконечно-малую величину и восходящую от нее прогрессию до одной десятой и взяв сумму этой геометрической прогрессии, мы достигаем решения вопроса. Новая отрасль математики, достигнув искусства обращаться с бесконечно-малыми величинами, и в других более сложных вопросах движения дает теперь ответы на вопросы, казавшиеся неразрешимыми.

Эта новая, неизвестная древним, отрасль математики, при рассмотрении вопросов движения, допуская бесконечно-малые величины, то есть такие, при которых восстановляется главное условие движения (абсолютная непрерывность), тем самым исправляет ту неизбежную ошибку, которую ум человеческий не может не делать, рассматривая вместо непрерывного движения отдельные единицы движения.

В отыскании законов исторического движения происходит совершенно то же.

Движение человечества, вытекая из бесчисленного количества людских произволов, совершается непрерывно.

Постижение законов этого движения есть цель истории. Но для того, чтобы постигнуть законы непрерывного движения суммы всех произволов людей, ум человеческий допускает произвольные, прерывные единицы. Первый прием истории состоит в том, чтобы, взяв произвольный ряд непрерывных событий, рассматривать его отдельно от других, тогда как нет и не может быть начала никакого события, а всегда одно событие непрерывно вытекает из другого. Второй прием состоит в том, чтобы рассматривать действие одного человека, царя, полководца, как сумму произволов людей, тогда как сумма произволов людских никогда не выражается в деятельности одного исторического лица.

Историческая наука в движении своем постоянно принимает все меньшие и меньшие единицы для рассмотрения и этим путем стремится приблизиться к истине. Но как ни мелки единицы, которые принимает история, мы чувствуем, что допущение единицы, отделенной от другой, допущение *начала* какого-нибудь явления и допущение того, что произволы всех людей выражаются в действиях одного исторического лица, ложны сами в себе.

Всякий вывод истории, без малейшего усилия со стороны критики, распадается, как прах, ничего не оставляя за собой, только вследствие того, что критика избирает за предмет наблюдения бо́льшую или меньшую прерывную единицу; на что она всегда имеет право, так как взятая историческая единица всегда произвольна.

Только допустив бесконечно-малую единицу для наблюдения – дифференциал истории, то есть однородные влечения людей, и достигнув искусства интегрировать (брать суммы этих бесконечно-малых), мы можем надеяться на постигновение законов истории.

Первые пятнадцать лет XIX столетия в Европе представляют необыкновенное движение миллионов людей. Люди оставляют свои обычные занятия, стремятся с одной стороны Европы в другую, грабят, убивают один другого, торжествуют и отчаиваются, и весь ход жизни на несколько лет изменяется и представляет усиленное движение, которое сначала идет возрастая, потом ослабевая. Какая причина этого движения или по каким законам происходило оно? – спрашивает ум человеческий.

Историки, отвечая на этот вопрос, излагают нам деяния и речи нескольких десятков людей в одном из зданий города Парижа, называя эти деяния и речи словом революция; потом дают подробную биографию Наполеона и некоторых сочувственных и враждебных ему лиц, рассказывают о влиянии одних из этих лиц на другие и говорят: вот отчего произошло это движение, и вот законы его.

Но ум человеческий не только отказывается верить в это объяснение, но прямо говорит, что прием объяснения не верен, потому что при этом объяснении слабейшее явление принимается за причину сильнейшего. Сумма людских произволов сделала и революцию и Наполеона, и только сумма этих произволов терпела их и уничтожила.

“Но всякий раз, когда были завоевания, были завоеватели; всякий раз, когда делались перевороты в государстве, были великие люди”, – говорит история. Действительно, всякий раз, когда являлись завоеватели, были и войны, отвечает ум человеческий, но это не доказывает, чтобы завоеватели были причинами войн и чтобы возможно было найти законы войны в личной деятельности одного человека. Всякий раз, когда я, глядя на свои часы, вижу, что стрелка подошла к десяти, я слышу, что в соседней церкви начинается благовест, но из того, что всякий раз, что стрелка приходит на десять часов тогда, как начинается благовест, я не имею права заключить, что положение стрелки есть причина движения колоколов.

Всякий раз, как я вижу движение паровоза, я слышу звук свиста, вижу открытие клапана и движение колес; но из этого я не имею права заключить, что свист и движение колес суть причины движения паровоза.

Крестьяне говорят, что поздней весной дует холодный ветер, потому что почка дуба развертывается, и действительно, всякую весну дует холодный ветер, когда развертывается дуб. Но хотя причина дующего при развертыванье дуба холодного ветра мне неизвестна, я не могу согласиться с крестьянами в том, что причина холодного ветра есть развертыванье почки дуба, потому только, что сила ветра находится вне влияний почки. Я вижу только совпадение тех условий, которые бывают во всяком жизненном явлении, и вижу, что, сколько бы и как бы подробно я ни наблюдал стрелку часов, клапан и колеса паровоза и почку дуба, я не узнаю причину благовеста, движения паровоза и весеннего ветра. Для этого я должен изменить совершенно свою точку наблюдения и изучать законы движения пара, колокола и ветра. То же должна сделать история. И попытки этого уже были сделаны.

Для изучения законов истории мы должны изменить совершенно предмет наблюдения, оставить в покое царей, министров и генералов, а изучать однородные, бесконечно-малые элементы, которые руководят массами. Никто не может сказать, насколько дано человеку достигнуть этим путем понимания законов истории; но очевидно, что на этом пути только лежит возможность уловления историчеческих законов и что на этом пути не положено еще умом человеческим одной миллионной доли тех усилий, которые положены историками на описание деяний различных царей, полководцев и министров и на изложение своих соображений по случаю этих деяний.

II

Силы двунадесяти языков Европы ворвались в Россию. Русское войско и население отступают, избегая столкновения, до Смоленска и от Смоленска до Бородина. Французское войско с постоянно увеличивающеюся силой стремительности несется к Москве, к цели своего движения. Сила стремительности его, приближаясь к цели, увеличивается подобно увеличению быстроты падающего тела по мере приближения его к земле. Назади тысячи верст голодной, враждебной страны; впереди десятки верст, отделяющие от цели. Это чувствует всякий солдат наполеоновской армии, и нашествие надвигается само собой, по одной силе стремительности.

В русском войске по мере отступления все более и более разгорается дух озлобления против врага: отступая назад, оно сосредоточивается и нарастает. Под Бородиным происходит столкновение. Ни то, ни другое войско не распадаются, но русское войско непосредственно после столкновения отступает так же необходимо, как необходимо откатывается шар, столкнувшись с другим, с большей стремительностью несущимся на него шаром; и так же необходимо (хотя и потерявший всю свою силу в столкновении) стремительно разбежавшийся шар нашествия прокатывается еще некоторое пространство.

Русские отступают за сто двадцать верст – за Москву, французы доходят до Москвы и там останавливаются. В продолжение пяти недель после этого нет ни одного сражения. Французы не двигаются. Подобно смертельно раненному зверю, который, истекая кровью, зализывает свои раны, они пять недель остаются в Москве, ничего не предпринимая, и вдруг, без всякой новой причины, бегут назад: бросаются на Калужскую дорогу (и после победы, так как опять поле сражения осталось за ними под Малоярославцем), не вступая ни в одно серьезное сражение, бегут еще быстрее назад в Смоленск, за Смоленск, за Вильну, за Березину и далее.

В вечер 26-го августа и Кутузов и вся русская армия были уверены, что Бородинское сражение выиграно. Кутузов так и писал государю. Кутузов приказал готовиться на новый бой, чтобы добить неприятеля не потому, чтобы он хотел кого-нибудь обманывать, но потому, что он знал, что враг побежден, так же как знал это каждый из участников сражения.

Но в тот же вечер и на другой день стали, одно за другим, приходить известия о потерях неслыханных, о потере половины армии, и новое сражение оказалось физически невозможным.

Нельзя было давать сражения, когда еще не собраны были сведения, не убраны раненые, не пополнены снаряды, не сочтены убитые, не назначены новые начальники на места убитых, не наелись и не выспались люди.

А вместе с тем сейчас же после сражения, на другое утро, французское войско (по той стремительной силе движения, увеличенного теперь как бы в обратном отношении квадратов расстояний) уже надвигалось само собой на русское войско. Кутузов хотел атаковать на другой день, и вся армия хотела этого. Но для того чтобы атаковать, недостаточно желания сделать это; нужно, чтоб была возможность это сделать, а возможности этой не было. Нельзя было не отступить на один переход, потом точно так же нельзя было не отступить на другой и на третий переход, и наконец 1-го сентября, – когда армия подошла к Москве, – несмотря на всю силу поднявшегося чувства в рядах войск, сила вещей требовала того, чтобы войска эти шли за Москву. И войска отступили еще на один, на последний переход и отдали Москву неприятелю.

Для тех людей, которые привыкли думать, что планы войн и сражений составляются полководцами таким же образом, как каждый из нас, сидя в своем кабинете над картой, делает соображения о том, как и как бы он распорядился в таком-то и таком-то сражении, представляются вопросы, почему Кутузов при отступлении не поступил так-то и так-то, почему он не занял позиции прежде Филей, почему он не отступил сразу на Калужскую дорогу, оставил Москву, и т.д. Люди, привыкшие так думать, забывают или не знают тех неизбежных условий, в которых всегда происходит деятельность всякого главнокомандующего. Деятельность полководца не имеет ни малейшего подобия с тою деятельностью, которую мы воображаем себе, сидя свободно в кабинете, разбирая какую-нибудь кампанию на карте с известным количеством войска, с той и с другой стороны, и в известной местности, и начиная наши соображения с какого-нибудь известного момента. Главнокомандующий никогда не бывает в тех условиях *начала* какого-нибудь события, в которых мы всегда рассматриваем событие. Главнокомандующий всегда находится в средине движущегося ряда событий, и так, что никогда, ни в какую минуту, он не бывает в состоянии обдумать все значение совершающегося события. Событие незаметно, мгновение за мгновением, вырезается в свое значение, и в каждый момент этого последовательного, непрерывного вырезывания события главнокомандующий находится в центре сложнейшей игры, интриг, забот, зависимости, власти, проектов, советов, угроз, обманов, находится постоянно в необходимости отвечать на бесчисленное количество предлагаемых ему, всегда противоречащих один другому, вопросов.

Нам пресерьезно говорят ученые военные, что Кутузов еще гораздо прежде Филей должен был двинуть войска на Калужскую дорогу, что даже кто-то предлагал таковой проект. Но перед главнокомандующим, особенно в трудную минуту, бывает не один проект, а всегда десятки одновременно. И каждый из этих проектов, основанных на стратегии и тактике, противоречит один другому. Дело главнокомандующего, казалось бы, состоит только в том, чтобы выбрать один из этих проектов. Но и этого он не может сделать. События и время не ждут. Ему предлагают, положим, 28-го числа перейти на Калужскую дорогу, но в это время прискакивает адъютант от Милорадовича и спрашивает, завязывать ли сейчас дело с французами, или отступить. Ему надо сейчас, сию минуту, отдать приказанье. А приказанье отступить сбивает нас с поворота на Калужскую дорогу. И вслед за адъютантом интендант спрашивает, куда везти провиант, а начальник госпиталей – куда везти раненых; а курьер из Петербурга привозит письмо государя, не допускающее возможности оставить Москву, а соперник главнокомандующего, тот, кто подкапывается под него (такие всегда есть, и не один, а несколько), предлагает новый проект, диаметрально противоположный плану выхода на Калужскую дорогу; а силы самого главнокомандующего требуют сна и подкрепления; а обойденный наградой почтенный генерал приходит жаловаться, а жители умоляют о защите; посланный офицер для осмотра местности приезжает и доносит совершенно противоположное тому, что говорил перед ним посланный офицер; а лазутчик, пленный и делавший рекогносцировку генерал – все описывают различно положение неприятельской армии. Люди, привыкшие не понимать или забывать эти необходимые условия деятельности всякого главнокомандующего, представляют нам, например, положение войск в Филях и при этом предполагают, что главнокомандующий мог 1-го сентября совершенно свободно разрешать вопрос об оставлении или защите Москвы, тогда как при положении русской армии в пяти верстах от Москвы вопроса этого не могло быть. Когда же решился этот вопрос? И под Дриссой, и под Смоленском, и ощутительнее всего 24-го под Шевардиным, и 26-го под Бородиным, и в каждый день, и час, и минуту отступления от Бородина до Филей.

III

Русские войска, отступив от Бородина, стояли у Филей. Ермолов, ездивший для осмотра позиции, подъехал к фельдмаршалу.

– Драться на этой позиции нет возможности, – сказал он. Кутузов удивленно посмотрел на него и заставил его повторить сказанные слова. Когда он проговорил, Кутузов протянул ему руку.

– Дай-ка руку, – сказал он, и, повернув ее так, чтобы ощупать его пульс, он сказал: – Ты нездоров, голубчик. Подумай, что ты говоришь.

Кутузов на Поклонной горе, в шести верстах от Дорогомиловской заставы, вышел из экипажа и сел на лавку на краю дороги. Огромная толпа генералов собралась вокруг него. Граф Растопчин, приехав из Москвы, присоединился к ним. Все это блестящее общество, разбившись на несколько кружков, говорило между собой о выгодах и невыгодах позиции, о положении войск, о предполагаемых планах, о состоянии Москвы, вообще о вопросах военных. Все чувствовали, что хотя и не были призваны на то, что хотя это не было так названо, но что это был военный совет. Разговоры все держались в области общих вопросов. Ежели кто и сообщал или узнавал личные новости, то про это говорилось шепотом, и тотчас переходили опять к общим вопросам: ни шуток, ни смеха, ни улыбок даже не было заметно между всеми этими людьми. Все, очевидно с усилием, старались держаться на высоте положения. И все группы, разговаривая между собой, старались держаться в близости главнокомандующего (лавка которого составляла центр в этих кружках) и говорили так, чтобы он мог их слышать. Главнокомандующий слушал и иногда переспрашивал то, что говорили вокруг него, но сам не вступал в разговор и не выражал никакого мнения. Большей частью, послушав разговор какого-нибудь кружка, он с видом разочарования, – как будто совсем не о том они говорили, что он желал знать, – отворачивался. Одни говорили о выбранной позиции, критикуя не столько самую позицию, сколько умственные способности тех, которые ее выбрали; другие доказывали, что ошибка была сделана прежде, что надо было принять сраженье еще третьего дня; третьи говорили о битве при Саламанке, про которую рассказывал только что приехавший француз Кросар в испанском мундире. (Француз этот вместе с одним из немецких принцев, служивших в русской армии, разбирал осаду Сарагоссы, предвидя возможность так же защищать Москву.) В четвертом кружке граф Растопчин говорил о том, что он с московской дружиной готов погибнуть под стенами столицы, но что все-таки он не может не сожалеть о той неизвестности, в которой он был оставлен, и что, ежели бы он это знал прежде, было бы другое... Пятые, выказывая глубину своих стратегических соображений, говорили о том направлении, которое должны будут принять войска. Шестые говорили совершенную бессмыслицу. Лицо Кутузова становилось все озабоченнее и печальнее. Из всех разговоров этих Кутузов видел одно: защищать Москву не было *никакой физической возможности* в полном значении этих слов, то есть до такой степени не было возможности, что ежели бы какой-нибудь безумный главнокомандующий отдал приказ о даче сражения, то произошла бы путаница и сражения все-таки бы не было; не было бы потому, что все высшие начальники не только признавали эту позицию невозможной, но в разговорах своих обсуждали только то, что произойдет после несомненного оставления этой позиции. Как же могли начальники вести свои войска на поле сражения, которое они считали невозможным? Низшие начальники, даже солдаты (которые тоже рассуждают), также признавали позицию невозможной и потому не могли идти драться с уверенностью поражения. Ежели Бенигсен настаивал на защите этой позиции и другие еще обсуждали ее, то вопрос этот уже не имел значения сам по себе, а имел значение только как предлог для спора и интриги. Это понимал Кутузов.

Бенигсен, выбрав позицию, горячо выставляя свой русский патриотизм (которого не мог, не морщась, выслушивать Кутузов), настаивал на защите Москвы. Кутузов ясно как день видел цель Бенигсена: в случае неудачи защиты – свалить вину на Кутузова, доведшего войска без сражения до Воробьевых гор, а в случае успеха – себе приписать его; в случае же отказа – очистить себя в преступлении оставления Москвы. Но этот вопрос интриги не занимал теперь старого человека. Один страшный вопрос занимал его. И на вопрос этот он ни от кого не слышал ответа. Вопрос состоял для него теперь только в том: "Неужели это я допустил до Москвы Наполеона, и когда же я это сделал? Когда это решилось? Неужели вчера, когда я послал к Платову приказ отступить, или третьего дня вечером, когда я задремал и приказал Бенигсену распорядиться? Или еще прежде?.. но когда, когда же решилось это страшное дело? Москва должна быть оставлена. Войска должны отступить, и надо отдать это приказание". Отдать это страшное приказание казалось ему одно и то же, что отказаться от командования армией. А мало того, что он любил власть, привык к ней (почет, отдаваемый князю Прозоровскому, при котором он состоял в Турции, дразнил его), он был убежден, что ему было предназначено спасение России, и что потому только, против воли государя и по воле народа, он был избран главнокомандующим. Он был убежден, что он один в этих трудных условиях мог держаться во главе армии, что он один во всем мире был в состоянии без ужаса знать своим противником непобедимого Наполеона; и он ужасался мысли о том приказании, которое он должен был отдать. Но надо было решить что-нибудь, надо было прекратить эти разговоры вокруг него, которые начинали принимать слишком свободный характер.

Он подозвал к себе старших генералов.

– Ma tête fut-elle bonne ou mauvaise, n'a qu'à s'aider d'elle même[1], – сказал он, вставая с лавки, и поехал в Фили, где стояли его экипажи.

1 Хороша ли, плоха ли моя голова, а положиться больше не на кого.

IV

В просторной, лучшей избе мужика Андрея Савостьянова в два часа собрался совет. Мужики, бабы и дети мужицкой большой семьи теснились в черной избе через сени. Одна только внучка Андрея, Малаша, шестилетняя девочка, которой светлейший, приласкав ее, дал за чаем кусок сахара, оставалась на печи в большой избе. Малаша робко и радостно смотрела с печи на лица, мундиры и кресты генералов, одного за другим входивших в избу и рассаживавшихся в красном углу, на широких лавках под образами. Сам дедушка, как внутренне называла Малаша Кутузова, сидел от них особо, в темном углу за печкой. Он сидел, глубоко опустившись в складное кресло, и беспрестанно покряхтывал и расправлял воротник сюртука, который, хотя и расстегнутый, все как будто жал его шею. Входившие один за другим подходили к фельдмаршалу; некоторым он пожимал руку, некоторым кивал головой. Адъютант Кайсаров хотел было отдернуть занавеску в окне против Кутузова, но Кутузов сердито замахал ему рукой, и Кайсаров понял, что светлейший не хочет, чтобы видели его лицо.

Вокруг мужицкого елового стола, на котором лежали карты, планы, карандаши, бумаги, собралось так много народа, что денщики принесли еще лавку и поставили у стола. На лавку эту сели пришедшие: Ермолов, Кайсаров и Толь. Под самыми образами, на первом месте, сидел с Георгием на шее, с бледным болезненным лицом и с своим высоким лбом, сливающимся с голой головой, Барклай де Толли. Второй уже день он мучился лихорадкой, и в это самое время его знобило и ломало. Рядом с ним сидел Уваров и негромким голосом (как и все говорили) что-то, быстро делая жесты, сообщал Барклаю. Маленький, кругленький Дохтуров, приподняв брови и сложив руки на животе, внимательно прислушивался. С другой стороны сидел, облокотивши на руку свою широкую, с смелыми чертами и блестящими глазами голову, граф Остерман-Толстой и казался погруженным в свои мысли. Раевский с выражением нетерпения, привычным жестом наперед курчавя свои черные волосы на висках, поглядывал то на Кутузова, то на входную дверь. Твердое, красивое и доброе лицо Коновницына светилось нежной и хитрой улыбкой. Он встретил взгляд Малаши и глазами делал ей знаки, которые заставляли девочку улыбаться.

Все ждали Бенигсена, который доканчивал свой вкусный обед под предлогом нового осмотра позиции. Его ждали от четырех до шести часов, и во все это время не приступали к совещанию и тихими голосами вели посторонние разговоры.

Только когда в избу вошел Бенигсен, Кутузов выдвинулся из своего угла и подвинулся к столу, но настолько, что лицо его не было освещено поданными на стол свечами.

Бенигсен открыл совет вопросом: "Оставить ли без боя священную и древнюю столицу России, или защищать ее?" Последовало долгое и общее молчание. Все лица нахмурились, и в тишине слышалось сердитое кряхтенье и покашливанье Кутузова. Все глаза смотрели на него. Малаша тоже смотрела на дедушку. Она ближе всех была к нему и видела, как лицо его сморщилось: он точно собрался плакать. Но это продолжалось недолго.

– *Священную древнюю столицу России!* – вдруг заговорил он, сердитым голосом повторяя слова Бенигсена и этим указывая на фальшивую ноту этих слов. – Позвольте вам сказать, ваше сиятельство, что вопрос этот не имеет смысла для русского человека. (Он перевалился вперед своим тяжелым телом.) Такой вопрос нельзя ставить, и такой вопрос не имеет смысла. Вопрос, для которого я просил собраться этих господ, это вопрос военный. Вопрос следующий: "Спасенье России в армии. Выгоднее ли рисковать потерею армии и Москвы, приняв сраженье, или отдать Москву без сражения? Вот на какой вопрос я желаю знать ваше мнение". (Он откачнулся назад на спинку кресла.)

Начались прения. Бенигсен не считал еще игру проигранною. Допуская мнение Барклая и других о невозможности принять оборонительное сражение под Филями, он, проникнувшись русским патриотизмом и любовью к Москве, предлагал перевести войска в ночи с правого на левый фланг и ударить на другой день на правое крыло французов. Мнения разделились, были споры в пользу и против этого мнения. Ермолов, Дохтуров и Раевский согласились с мнением Бенигсена. Руководимые ли чувством потребности жертвы пред оставлением столицы, или другими личными соображениями, но эти генералы как бы не понимали того, что настоящий совет не мог изменить неизбежного хода дел и что Москва уже теперь оставлена. Остальные генералы понимали это и, оставляя в стороне вопрос о Москве, говорили о том направлении, которое в своем отступлении должно было принять войско. Малаша, которая, не спуская глаз, смотрела на то, что делалось перед ней, иначе понимала значение этого совета. Ей казалось, что дело было только в личной борьбе между "дедушкой" и "длиннополым", как она называла Бенигсена. Она видела, что они злились, когда говорили друг с другом, и в душе своей она держала сторону дедушки. В средине разговора она заметила быстрый лукавый взгляд, брошенный дедушкой на Бенигсена, и вслед за тем, к радости своей, заметила, что дедушка, сказав что-то длиннополому, осадил его: Бенигсен вдруг покраснел и сердито прошелся по избе. Слова, так подействовавшие на Бенигсена, были спокойным и тихим голосом выраженное Кутузовым мнение о выгоде и невыгоде предложения Бенигсена: о переводе в ночи войск с правого на левый фланг для атаки правого крыла французов.

– Я, господа, – сказал Кутузов, – не могу одобрить плана графа. Передвижения войск в близком расстоянии от неприятеля всегда бывают опасны, и военная история подтверждает это соображение. Так, например... (Кутузов как будто задумался, приискивая пример и светлым, наивным взглядом глядя на Бенигсена.) Да вот хоть бы Фридландское сражение, которое, как я думаю, граф хорошо помнит, было... не вполне удачно только оттого, что войска наши перестроивались в слишком близком расстоянии от неприятеля... – Последовало показавшееся всем очень продолжительным минутное молчание.

Прения опять возобновились, но часто наступали перерывы, и чувствовалось, что говорить больше не о чем.

Во время одного из таких перерывов Кутузов тяжело вздохнул, как бы сбираясь говорить. Все оглянулись на него.

– Eh bien, messieurs! Je vois que c'est moi qui payerai les pots cassés[1], – сказал он. И, медленно приподнявшись, он подошел к столу. – Господа, я слышал ваши мнения. Некоторые будут несогласны со мной. Но я (он остановился) властью, врученной мне моим государем и отечеством, я – приказываю отступление.

Вслед за этим генералы стали расходиться с той же торжественной и молчаливой осторожностью, с которой расходятся после похорон.

Некоторые из генералов негромким голосом, совсем в другом диапазоне, чем когда они говорили на совете, передали кое-что главнокомандующему.

Малаша, которую уже давно ждали ужинать, осторожно спустилась задом с полатей, цепляясь босыми ножонками за уступы печки, и, замешавшись между ног генералов, шмыгнула в дверь.

Отпустив генералов, Кутузов долго сидел, облокотившись на стол, и думал все о том же страшном вопросе: "Когда же, когда же наконец решилось то, что оставлена Москва? Когда было сделано то, что решило вопрос, и кто виноват в этом?"

– Этого, этого я не ждал, – сказал он вошедшему к нему, уже поздно ночью, адъютанту Шнейдеру, – этого я не ждал! Этого я не думал!

– Вам надо отдохнуть, ваша светлость, – сказал Шнейдер.

– Да нет же! Будут же они лошадиное мясо жрать, как турки, – не отвечая, прокричал Кутузов, ударяя пухлым кулаком по столу, – будут и они, только бы...

1 Итак, господа, стало быть, мне платить за перебитые горшки.

V

В противоположность Кутузову, в то же время, в событии еще более важнейшем, чем отступление армии без боя, в оставлении Москвы и сожжении ее, Растопчин, представляющийся нам руководителем этого события, действовал совершенно иначе.

Событие это – оставление Москвы и сожжение ее – было так же неизбежно, как и отступление войск без боя за Москву после Бородинского сражения.

Каждый русский человек, не на основании умозаключений, а на основании того чувства, которое лежит в нас и лежало в наших отцах, мог бы предсказать то, что совершилось.

Начиная от Смоленска, во всех городах и деревнях русской земли, без участия графа Растопчина и его афиш, происходило то же самое, что произошло в Москве. Народ с беспечностью ждал неприятеля, не бунтовал, не волновался, никого не раздирал на куски, а спокойно ждал своей судьбы, чувствуя в себе силы в самую трудную минуту найти то, что должно было сделать. И как только неприятель подходил, богатейшие элементы населения уходили, оставляя свое имущество; беднейшие оставались и зажигали и истребляли то, что оставалось.

Сознание того, что это так будет, и всегда так будет, лежало и лежит в душе русского человека. И сознание это и, более того, предчувствие того, что Москва будет взята, лежало в русском московском обществе 12-го года. Те, которые стали выезжать из Москвы еще в июле и начале августа, показали, что они ждали этого. Те, которые выезжали с тем, что они могли захватить, оставляя домá и половину имущества, действовали так вследствие того скрытого (latent) патриотизма, который выражается не фразами, не убийством детей для спасения отечества и т.п. неестественными действиями, а который выражается незаметно, просто, органически и потому производит всегда самые сильные результаты.

"Стыдно бежать от опасности; только трусы бегут из Москвы", – говорили им. Растопчин в своих афишках внушал им, что уезжать из Москвы было позорно. Им совестно было получать наименование трусов, совестно было ехать, но они все-таки ехали, зная, что так надо было. Зачем они ехали? Нельзя предположить, чтобы Растопчин напугал их ужасами, которые производил Наполеон в покоренных землях. Уезжали, и первые уехали богатые, образованные люди, знавшие очень хорошо, что Вена и Берлин остались целы и что там, во время занятия их Наполеоном, жители весело проводили время с обворожительными французами, которых так любили тогда русские мужчины и в особенности дамы.

Они ехали потому, что для русских людей не могло быть вопроса: хорошо ли, или дурно будет под управлением французов в Москве. Под управлением французов нельзя было быть: это было хуже всего. Они уезжали и до Бородинского сражения, и еще быстрее после Бородинского сражения, невзирая на воззвания к защите, несмотря на заявления главнокомандующего Москвы о намерении его поднять Иверскую и идти драться, и на воздушные шары, которые должны были погубить французов, и несмотря на весь тот вздор, о котором писал Растопчин в своих афишах. Они знали, что войско должно драться, и что ежели оно не может, то с барышнями и дворовыми людьми нельзя идти на Три Горы воевать с Наполеоном, а что надо уезжать, как ни жалко оставлять на погибель свое имущество. Они уезжали и не думали о величественном значении этой громадной, богатой столицы, оставленной жителями и, очевидно, сожженной (большой покинутый деревянный город необходимо должен был сгореть); они уезжали каждый для себя, а вместе с тем только вследствие того, что они уехали, и совершилось то величественное событие, которое навсегда останется лучшей славой русского народа. Та барыня, которая еще в июне месяце с своими арапами и шутихами поднималась из Москвы в саратовскую деревню, с смутным сознанием того, что она Бонапарту не слуга, и со страхом, чтобы ее не остановили по приказанию графа Растопчина, делала просто и истинно то великое дело, которое спасло Россию. Граф же Растопчин, который то стыдил тех, которые уезжали, то вывозил присутственные места, то выдавал никуда не годное оружие пьяному сброду, то поднимал образа, то запрещал Августину вывозить мощи и иконы, то захватывал все частные подводы, бывшие в Москве, то на ста тридцати шести подводах увозил делаемый Леппихом воздушный шар, то намекал на то, что он сожжет Москву, то рассказывал, как он сжег свой дом и написал прокламацию французам, где торжественно упрекал их, что они разорили его детский приют; то принимал славу сожжения Москвы, то отрекался от нее, то приказывал народу ловить всех шпионов и приводить к нему, то упрекал за это народ, то высылал всех французов из Москвы, то оставлял в городе г-жу Обер-Шальме, составлявшую центр всего французского московского населения, а без особой вины приказывал схватить и увезти в ссылку старого почтенного почт-директора Ключарева; то сбирал народ на Три Горы, чтобы драться с французами, то, чтобы отделаться от этого народа, отдавал ему на убийство человека и сам уезжал в задние ворота; то говорил, что он не переживет несчастия Москвы, то писал в альбомы по-французски стихи о своем участии в этом деле[1], — этот человек не понимал значения совершающегося события, а хотел только что-то сделать сам, удивить кого-то, что-то совершить патриотически-геройское и, как мальчик, резвился над величавым и неизбежным событием оставления и сожжения Москвы и старался своей маленькой рукой то поощрять, то задерживать течение громадного, уносившего его вместе с собой, народного потока.

1 Je suis né Tartare. Je voulus être Romain. Les Français m'appelèrent barbare. Les Russes — Georges Dandin. То есть: я родился татарином. Я хотел быть римлянином. Французы называли меня варваром. Русские — Жоржем Данденом.

VI

Элен, возвратившись вместе с двором из Вильны в Петербург, находилась в затруднительном положении.

В Петербурге Элен пользовалась особым покровительством вельможи, занимавшего одну из высших должностей в государстве. В Вильне же она сблизилась с молодым иностранным принцем. Когда она возвратилась в Петербург, принц и вельможа были оба в Петербурге, оба заявляли свои права, и для Элен представилась новая еще в ее карьере задача: сохранить свою близость отношений с обоими, не оскорбив ни одного.

То, что показалось бы трудным и даже невозможным для другой женщины, ни разу не заставило задуматься графиню Безухову, недаром, видно, пользовавшуюся репутацией умнейшей женщины. Ежели бы она стала скрывать свои поступки, выпутываться хитростью из неловкого положения, она бы этим самым испортила свое дело, сознав себя виноватою; но Элен, напротив, сразу, как истинно великий человек, который может все то, что хочет, поставила себя в положение правоты, в которую она искренно верила, а всех других в положение виноватости.

В первый раз, как молодое иностранное лицо позволило себе делать ей упреки, она, гордо подняв свою красивую голову и вполуоборот повернувшись к нему, твердо сказала:

– Voilà l'égoïsme et la cruauté des hommes! Je ne m'attendais pas à autre chose. La femme se sacrifie pour vous, elle souffre, et voilà sa récompense. Quel droit avez, vous, Monseigneur, de me demander compte de mes amitiés, de mes affections? C'est un homme qui a été plus qu'un père pour moi[1].

Лицо хотело что-то сказать. Элен перебила его.

– Eh bien, oui, – сказала она, – peut-être qu'il a pour moi

1 Вот эгоизм и жестокость мужчин! Я ничего лучшего и не ожидала. Женщина приносит себя в жертву вам; она страдает, я вот ей награда. Ваше высочество, какое имеете вы право требовать от меня отчета в моих привязанностях и дружеских чувствах? Это человек, бывший для меня больше чем отцом.

d'autres sentiments que ceux d'un père, mais ce n'est pas une raison pour que je lui ferme ma porte. Je ne suis pas un homme pour être ingrate. Sachez, Monseigneur, pour tout ce qui a rapport à mes sentiments intimes, je ne rends compte qu'à Dieu et à ma conscience[1], – кончила она, дотрогиваясь рукой до высоко поднявшейся красивой груди и взглядывая на небо.

– Mais écoutez-moi, au nom de Dieu.

– Epousez-moi, et je serai votre esclave.

– Mais c'est impossible.

– Vous ne daignez pas descendre jusqu'à moi, vous...[2] – заплакав, сказала Элен.

Лицо стало утешать ее; Элен же сквозь слезы говорила (как бы забывшись), что ничто не может мешать ей выйти замуж, что есть примеры (тогда еще мало было примеров, но она назвала Наполеона и других высоких особ), что она никогда не была женою своего мужа, что она была принесена в жертву.

– Но законы, религия... – уже сдаваясь, говорило лицо.

– Законы, религия... На что бы они были выдуманы, ежели бы они не могли сделать этого! – сказала Элен.

Важное лицо было удивлено тем, что такое простое рассуждение могло не приходить ему в голову, и обратилось за советом к святым братьям Общества Иисусова, с которыми оно находилось в близких отношениях.

Через несколько дней после этого, на одном из обворожительных праздников, который давала Элен на своей даче на Каменном острову, ей был представлен немолодой, с белыми как снег волосами и черными блестящими глазами, обворожительный m-r de Jobert, un Jésuite à robe courte[3], который

1 Ну да, может быть, чувства, которые он питает ко мне, не совсем отеческие; но ведь из-за этого не следует же мне отказывать ему от моего дома. Я не мужчина, чтобы платить неблагодарностью. Да будет известно вашему высочеству, что в моих задушевных чувствах я отдаю отчет только богу и моей совести.

2 Но выслушайте меня, ради бога.
– Женитесь на мне, и я буду вашею рабою.
– Но это невозможно.
– Вы не удостоиваете снизойти до брака со мною, вы...

3 г-н Жобер, иезуит в коротком платье.

долго в саду, при свете иллюминации и при звуках музыки, беседовал с Элен о любви к Богу, к Христу, к сердцу Божьей Матери и об утешениях, доставляемых в этой и в будущей жизни единою истинною католическою религией. Элен была тронута, и несколько раз у нее и у m-r Jobert в глазах стояли слезы и дрожал голос. Танец, на который кавалер пришел звать Элен, расстроил ее беседу с ее будущим directeur de conscience[1]; но на другой день m-r de Jobert пришел один вечером к Элен и с того времени часто стал бывать у нее.

В один день он сводил графиню в католический храм, где она стала на колени перед алтарем, к которому она была подведена. Немолодой обворожительный француз положил ей на голову руки, и, как она сама потом рассказывала, она почувствовала что-то вроде дуновения свежего ветра, которое сошло ей в душу. Ей объяснили, что это была la grâce[2].

Потом ей привели аббата à robe longue[3], он исповедовал ее и отпустил ей грехи ее. На другой день ей принесли ящик, в котором было причастие, и оставили ей на дому для употребления. После нескольких дней Элен, к удовольствию своему, узнала, что она теперь вступила в истинную католическую церковь и что на днях сам Папа узнает о ней и пришлет ей какую-то бумагу.

Все, что делалось за это время вокруг нее и с нею, все это внимание, обращенное на нее столькими умными людьми и выражающееся в таких приятных, утонченных формах, и голубиная чистота, в которой она теперь находилась (она носила все это время белые платья с белыми лентами), – все это доставляло ей удовольствие; но из-за этого удовольствия она ни на минуту не упускала своей цели. И как всегда бывает, что в деле хитрости глупый человек проводит более умных, она, поняв, что цель всех этих слов и хлопот состояла преимущественно в том, чтобы, обратив ее в католичество, взять с нее денег в пользу иезуитских учреждений (о чем ей делали намеки), Элен, прежде чем давать деньги, настаи-

1 блюстителем совести.
2 благодать.
3 в длинном платье.

вала на том, чтобы над нею произвели те различные операции, которые бы освободили ее от мужа. В ее понятиях значение всякой религии состояло только в том, чтобы при удовлетворении человеческих желаний соблюдать известные приличия. И с этою целью она в одной из своих бесед с духовником настоятельно потребовала от него ответа на вопрос о том, в какой мере ее брак связывает ее.

Они сидели в гостиной у окна. Были сумерки. Из окна пахло цветами. Элен была в белом платье, просвечивающем на плечах и груди. Аббат, хорошо откормленный, с пухлой, гладко бритой бородой, приятным крепким ртом и белыми руками, сложенными кротко на коленях, сидел близко к Элен и с тонкой улыбкой на губах, мирно – восхищенным ее красотою взглядом смотрел изредка на ее лицо и излагал свой взгляд на занимавший их вопрос. Элен беспокойно улыбалась, глядела на его вьющиеся волоса, гладко выбритые чернеющие полные щеки и всякую минуту ждала нового оборота разговора. Но аббат, хотя, очевидно, и наслаждаясь красотой и близостью своей собеседницы, был увлечен мастерством своего дела.

Ход рассуждения руководителя совести был следующий. В неведении значения того, что вы предпринимали, вы дали обет брачной верности человеку, который, с своей стороны, вступив в брак и не веря в религиозное значение брака, совершил кощунство. Брак этот не имел двоякого значения, которое должен он иметь. Но несмотря на то, обет ваш связывал вас. Вы отступили от него. Что вы совершили этим? Péché veniel или péché mortel?[1] Péché veniel, потому что вы без дурного умысла совершили поступок. Ежели вы теперь, с целью иметь детей, вступили бы в новый брак, то грех ваш мог бы быть прощен. Но вопрос опять распадается надвое: первое...

– Но я думаю, – сказала вдруг соскучившаяся Элен с своей обворожительной улыбкой, – что я, вступив в истинную религию, не могу быть связана тем, что наложила на меня ложная религия.

1 Грех простительный или грех смертный?

Directeur de conscience[1] был изумлен этим постановленным перед ним с такою простотою Колумбовым яйцом. Он восхищен был неожиданной быстротой успехов своей ученицы, но не мог отказаться от своего трудами умственными построенного здания аргументов.

– Entendons nous, comtesse[2], – сказал он с улыбкой и стал опровергать рассуждения своей духовной дочери.

VII

Элен понимала, что дело было очень просто и легко с духовной точки зрения, но что ее руководители делали затруднения только потому, что они опасались, каким образом светская власть посмотрит на это дело.

И вследствие этого Элен решила, что надо было в обществе подготовить это дело. Она вызвала ревность старика вельможи и сказала ему то же, что первому искателю, то есть поставила вопрос так, что единственное средство получить права на нее состояло в том, чтобы жениться на ней. Старое важное лицо первую минуту было так же поражено этим предложением выйти замуж от живого мужа, как и первое молодое лицо; но непоколебимая уверенность Элен в том, что это так же просто и естественно, как и выход девушки замуж, подействовала и на него. Ежели бы заметны были хоть малейшие признаки колебания, стыда или скрытности в самой Элен, то дело бы ее, несомненно, было проиграно; но не только не было этих признаков скрытности и стыда, но, напротив, она с простотой и добродушной наивностью рассказывала своим близким друзьям (а это был весь Петербург), что ей сделали предложение и принц и вельможа и что она любит обоих и боится огорчить того и другого.

По Петербургу мгновенно распространился слух не о том, что Элен хочет развестись с своим мужем (ежели бы

1 Блюститель совести.
2 Разберем дело, графиня.

распространился этот слух, очень многие восстали бы против такого незаконного намерения), но прямо распространился слух о том, что несчастная, интересная Элен находится в недоуменье о том, за кого из двух ей выйти замуж. Вопрос уже не состоял в том, в какой степени это возможно, а только в том, какая партия выгоднее и как двор посмотрит на это. Были действительно некоторые закоснелые люди, не умевшие подняться на высоту вопроса и видевшие в этом замысле поругание таинства брака; но таких было мало, и они молчали, большинство же интересовалось вопросами о счастия, которое постигло Элен, и какой выбор лучше. О том же, хорошо ли, или дурно выходить от живого мужа замуж, не говорили, потому что вопрос этот, очевидно, был уже решенный для людей поумнее нас с вами (как говорили) и усомниться в правильности решения вопроса значило рисковать выказать свою глупость и неумение жить в свете.

Одна только Марья Дмитриевна Ахросимова, приезжавшая в это лето в Петербург для свидания с одним из своих сыновей, позволила себе прямо выразить свое, противное общественному, мнение. Встретив Элен на бале, Марья Дмитриевна остановила ее посередине залы и при общем молчании своим грубым голосом сказала ей:

– У вас тут от живого мужа замуж выходить стали. Ты, может, думаешь, что ты это новенькое выдумала? Упредили, матушка. Уж давно выдумано. Во всех... так-то делают. – И с этими словами Марья Дмитриевна с привычным грозным жестом, засучивая свои широкие рукава и строго оглядываясь, прошла через комнату.

На Марью Дмитриевну, хотя и боялись ее, смотрели в Петербурге как на шутиху и потому из слов, сказанных ею, заметили только грубое слово и шепотом повторяли его друг другу, предполагая, что в этом слове заключалась вся соль сказанного.

Князь Василий, последнее время особенно часто забывавший то, что он говорил, и повторявший по сотне раз одно и то же, говорил всякий раз, когда ему случалось видеть свою дочь:

– Hélène, j'ai un mot à vous dire, – говорил он ей, отводя ее в сторону и дергая вниз за руку. – J'ai eu vent de certains projets relatifs à... Vous savez. Eh bien, ma chère enfant, vous savez que mon cœur de père se réjouit de vous savoir... Vous avez tant souffert... Mais, chère enfant... ne consultez que votre cœur. C'est tout ce que je vous dis[1]. – И, скрывая всегда одинаковое волнение, он прижимал свою щеку к щеке дочери и отходил.

Билибин, не утративший репутации умнейшего человека и бывший бескорыстным другом Элен, одним из тех друзей, которые бывают всегда у блестящих женщин, друзей-мужчин, никогда не могущих перейти в роль влюбленных, Билибин однажды в petit comité[2] высказал своему другу Элен взгляд свой на все это дело.

– Ecoutez, Bilibine (Элен таких друзей, как Билибин, всегда называла по фамилии), – и она дотронулась своей белой в кольцах рукой до рукава его фрака. – Dites-moi comme vous diriez à une sœur, que dois-je faire? Lequel des deux?[3]

Билибин собрал кожу над бровями и с улыбкой на губах задумался.

– Vous ne me prenez pas en расплох, vous savez, – сказал он. – Comme véritable ami j'ai pensé et repensé à votre affaire. Voyez vous. Si vous épousez le prince (это был молодой человек), – он загнул палец, – vous perdez pour toujours la chance d'épouser l'autre, et puis vous mécontentez la Cour. (Comme vous savez, il y a une espèce de parenté.) Mais si vous épousez le vieux comte, vous faites le bonheur de ses derniers jours, et puis comme veuve du grand... le prince ne fait plus de mésaillance en vous épousant[4], – и Билибин распустил кожу.

1 Элен, мне надо тебе кое-что сказать. Я прослышал о некоторых видах касательно... ты знаешь. Ну так, милое дитя мое, ты знаешь, что сердце отца твоего радуется тому, что ты... Ты столько терпела... Но, милое дитя... Поступай, как велит тебе сердце. Вот весь мой совет.

2 маленьком интимном кружке.

3 Послушайте, Билибин: скажите мне, как бы сказали вы сестре, что мне делать? Которого из двух?

4 Вы меня не захватите врасплох, вы знаете. Как истинный друг, я долго обдумывал ваше дело. Вот видите: если выйти за принца, то вы навсегда лишаетесь возможности быть женою другого, и вдобавок двор будет недоволен. (Вы знаете, ведь тут замешано родство). А если выйти за старого графа, то вы составите счастие последних дней его, и потом... принцу уже не будет унизительно жениться на вдове вельможи.

– Voilà un véritable ami! – сказала просиявшая Элен, еще раз дотрогиваясь рукой до рукава Билибина. – Mais c'est que j'aime l'un et l'autre, je ne voudrais pas leur faire de chagrin. Je donnerais ma vie pour leur bonheur à tous deux[1], – сказала она.

Билибин пожал плечами, выражая, что такому горю даже и он пособить уже не может.

"Une maîtresse-femme! Voilà ce qui s'appelle poser carrément la question. Elle voudrait épouser tous les trois à la fois"[2], – подумал Билибин.

– Но скажите, как муж ваш посмотрит на это дело? – сказал он, вследствие твердости своей репутации не боясь уронить себя таким наивным вопросом. – Согласится ли он?

– Ah! Il m'aime tant! – сказала Элен, которой почему-то казалось, что Пьер тоже ее любил. – Il fera tout pour moi[3].

Билибин подобрал кожу, чтобы обозначить готовящийся mot.

– Même le divorce[4], – сказал он.

Элен засмеялась.

В числе людей, которые позволяли себе сомневаться в законности предпринимаемого брака, была мать Элен, княгиня Курагина. Она постоянно мучилась завистью к своей дочери, и теперь, когда предмет зависти был самый близкий сердцу княгини, она не могла примириться с этой мыслью. Она советовалась с русским священником о том, в какой мере возможен развод и вступление в брак при живом муже, и священник сказал ей, что это невозможно, и, к радости ее, указал ей на евангельский текст, в котором (священнику казалось) прямо отвергается возможность вступления в брак от живого мужа.

1 Вот истинный друг! Но ведь, я люблю того и другого и не хотела бы огорчать никого. Для счастия обоих я готова бы пожертвовать жизнию.

2 "Молодец-женщина! Вот что называется твердо поставить вопрос. Она хотела бы быть женою всех троих в одно и то же время".

3 Ах! он меня так любит! Он на все для меня готов.

4 Даже и на развод.

Вооруженная этими аргументами, казавшимися ей неопровержимыми, княгиня рано утром, чтобы застать ее одну, поехала к своей дочери.

Выслушав возражения своей матери, Элен кротко и насмешливо улыбнулась.

– Да ведь прямо сказано: кто женится на разводной жене... – сказала старая княгиня.

– Ah, maman, ne dites pas de bêtises. Vous ne comprenez rien. Dans ma position j'ai des devoirs[1], – заговорила Элен, переводя разговор на французский с русского языка, на котором ей всегда казалась какая-то неясность в ее деле.

– Но, мой друг...

– Ah, maman, comment est-ce que vous ne comprenez pas que le Saint Père, qui a le droit de donner des dispenses...[2]

В это время дама-компаньонка, жившая у Элен, вошла к ней доложить, что его высочество в зале и желает ее видеть.

– Non, dites lui que je ne veux pas le voir, que je suis furieuse contre lui, parce qu'il m'a manqué parole.

– Comtesse, à tout péché miséricorde[3], – сказал, входя, молодой белокурый человек с длинным лицом и носом.

Старая княгиня почтительно встала и присела. Вошедший молодой человек не обратил на нее внимания. Княгиня кивнула головой дочери и поплыла к двери.

"Нет, она права, – думала старая княгиня, все убеждения которой разрушились пред появлением его высочества. – Она права; но как это мы в нашу невозвратную молодость не знали этого? А это так было просто", – думала, садясь в карету, старая княгиня.

В начале августа дело Элен совершенно определилось, и она написала своему мужу (который ее очень любил, как она ду-

1 Ах, маменька, не говорите глупостей. Вы ничего не понимаете. В моем положении есть обязанности.

2 Ах, маменька, как вы не понимаете, что святой отец, имеющий власть отпущения...

3 Нет, скажите ему, что я не хочу его видеть, что я взбешена против него, потому что он мне не сдержал слова.
– Графиня, милосердие всякому греху...

мала) письмо, в котором извещала его о своем намерении выйти замуж за NN, и о том, что она вступила в единую истинную религию и что она просит его исполнить все те необходимые для развода формальности, о которых передаст ему податель сего письма.

"Sur ce je prie Dieu, mon ami, de vous avoir sous sa sainte et puissante garde. Votre amie Hélène"[1].

Это письмо было привезено в дом Пьера в то время, как он находился на Бородинском поле.

VIII

Во второй раз, уже в конце Бородинского сражения, сбежав с батареи Раевского, Пьер с толпами солдат направился по оврагу к Князькову, дошел до перевязочного пункта и, увидав кровь и услыхав крики и стоны, поспешно пошел дальше, замешавшись в толпы солдат.

Одно, чего желал теперь Пьер всеми силами своей души, было то, чтобы выйти поскорее из тех страшных впечатлений, в которых он жил этот день, вернуться к обычным условиям жизни и заснуть спокойно в комнате на своей постели. Только в обычных условиях жизни он чувствовал, что будет в состоянии понять самого себя и все то, что он видел и испытал. Но этих обычных условий жизни нигде не было.

Хотя ядра и пули не свистали здесь по дороге, по которой он шел, но со всех сторон было то же, что было там, на поле сражения. Те же были страдающие, измученные и иногда странно-равнодушные лица, та же кровь, те же солдатские шинели, те же звуки стрельбы, хотя и отдаленной, но все еще наводящей ужас; кроме того, была духота и пыль.

Пройдя версты три по большой Можайской дороге, Пьер сел на краю ее.

1 "Затем молю бога, да будете вы, мой друг, под святым и сильным его покровом. Друг ваш Елена".

Сумерки спустились на землю, и гул орудий затих. Пьер, облокотившись на руку, лег и лежал так долго, глядя на продвигавшиеся мимо него в темноте тени. Беспрестанно ему казалось, что с страшным свистом налетало на него ядро; он вздрагивал и приподнимался. Он не помнил, сколько времени он пробыл тут. В середине ночи трое солдат, притащив сучьев, поместились подле него и стали разводить огонь.

Солдаты, покосившись на Пьера, развели огонь, поставили на него котелок, накрошили в него сухарей и положили сала. Приятный запах съестного и жирного яства слился с запахом дыма. Пьер приподнялся и вздохнул. Солдаты (их было трое) ели, не обращая внимания на Пьера, и разговаривали между собой.

– Да ты из каких будешь? – вдруг обратился к Пьеру один из солдат, очевидно под этим вопросом подразумевая то, что и думал Пьер, именно: ежели ты есть хочешь, мы дадим, только скажи, честный ли ты человек?

– Я? я?.. – сказал Пьер, чувствуя необходимость умалить как возможно свое общественное положение, чтобы быть ближе и понятнее для солдат. – Я по-настоящему ополченный офицер, только моей дружины тут нет; я приезжал на сраженье и потерял своих.

– Вишь ты! – сказал один из солдат.

Другой солдат покачал головой.

– Что ж, поешь, коли хочешь, кавардачку! – сказал первый и подал Пьеру, облизав ее, деревянную ложку.

Пьер подсел к огню и стал есть кавардачок, то кушанье, которое было в котелке и которое ему казалось самым вкусным из всех кушаний, которые он когда-либо ел. В то время как он жадно, нагнувшись над котелком, забирая большие ложки, пережевывал одну за другой и лицо его было видно в свете огня, солдаты молча смотрели на него.

– Тебе куды надо-то? Ты скажи! – спросил опять один из них.

– Мне в Можайск.

– Ты, стало, барин?

– Да.

– А как звать?

– Петр Кириллович.

– Ну, Петр Кириллович, пойдем, мы тебя отведем.

В совершенной темноте солдаты вместе с Пьером пошли к Можайску.

Уже петухи пели, когда они дошли до Можайска и стали подниматься на крутую городскую гору. Пьер шел вместе с солдатами, совершенно забыв, что его постоялый двор был внизу под горою и что он уже прошел его. Он бы не вспомнил этого (в таком он находился состоянии потерянности), ежели бы с ним не столкнулся на половине горы его берейтор, ходивший его отыскивать по городу и возвращавшийся назад к своему постоялому двору. Берейтор узнал Пьера по его шляпе, белевшей в темноте.

– Ваше сиятельство, – проговорил он, – а уж мы отчаялись. Что ж вы пешком? Куда же вы, пожалуйте!

– Ах да, – сказал Пьер.

Солдаты приостановились.

– Ну что, нашел своих? – сказал один из них.

– Ну, прощавай! Петр Кириллович, кажись? Прощавай, Петр Кириллович! – сказали другие голоса.

– Прощайте, – сказал Пьер и направился с своим берейтором к постоялому двору.

"Надо дать им!" – подумал Пьер, взявшись за карман. – "Нет, не надо", – сказал ему какой-то голос.

В горницах постоялого двора не было места: все были заняты. Пьер прошел на двор и, укрывшись с головой, лег в свою коляску.

IX

Едва Пьер прилег головой на подушку, как он почувствовал, что засыпает; но вдруг с ясностью почти действительности послышались бум, бум, бум выстрелов, послышались стоны, крики, шлепанье снарядов, запахло кровью и порохом, и чувство ужаса, страха смерти охватило его. Он испуганно открыл глаза и поднял голову из-под шинели. Все было тихо на дворе. Только в воротах, разговаривая с дворником и шлепая по грязи, шел какой-то денщик. Над головой Пьера, под темной изнанкой тесового навеса, встрепенулись голубки от движения, которое он сделал, приподнимаясь. По всему двору был разлит мирный, радостный для Пьера в эту минуту, крепкий запах постоялого двора, запах сена, навоза и дегтя. Между двумя черными навесами виднелось чистое звездное небо.

"Слава Богу, что этого нет больше, – подумал Пьер, опять закрываясь с головой. – О, как ужасен страх и как позорно я отдался ему! А они... *они* все время, до конца были тверды, спокойны..." – подумал он. *Они* в понятии Пьера были солдаты – те, которые были на батарее, и те, которые кормили его, и те, которые молились на икону. *Они* – эти странные, неведомые ему доселе *они,* ясно и резко отделялись в его мысли от всех других людей.

"Солдатом быть, просто солдатом! – думал Пьер, засыпая. – Войти в эту общую жизнь всем существом, проникнуться тем, что делает их такими. Но как скинуть с себя все это лишнее, дьявольское, все бремя этого внешнего человека? Одно время я мог быть этим. Я мог бежать от отца, как я хотел. Я мог еще после дуэли с Долоховым быть послан солдатом". И в воображении Пьера мелькнул обед в клубе, на котором он вызвал Долохова, и благодетель в Торжке. И вот Пьеру представляется торжественная столовая ложа. Ложа эта происходит в Английском клубе. И кто-то знакомый, близкий, дорогой, сидит в конце стола. Да это он! Это благодетель. "Да ведь он умер? – подумал Пьер. – Да, умер; но я не знал, что он жив. И как мне жаль, что он умер, и как я рад, что он жив опять!" С одной стороны стола сидели Анатоль, Долохов, Несвицкий, Денисов и другие такие же (категория этих людей так же ясно была во сне определена в душе Пьера, как и категория тех людей, которых он называл *они*), и эти люди, Анатоль, Долохов громко кричали, пели; но из-за их крика слышен был голос благодетеля, немолкаемо говоривший, и звук его слов был так же значителен и непрерывен, как гул поля сраженья, но он был приятен и утешителен. Пьер не понимал того, что говорил благодетель, но он знал (категория мыслей так же ясна была во сне), что благодетель говорил о добре, о возможности быть тем, чем были *они.* И *они* со всех сторон, с своими простыми, добрыми, твердыми лицами, окружали благодетеля. Но они хотя и были добры, они не смотрели на Пьера, не знали его. Пьер захотел обратить на себя их внимание и сказать. Он привстал, но в то же мгновенье ноги его похолодели и обнажились.

Ему стало стыдно, и он рукой закрыл свои ноги, с которых действительно свалилась шинель. На мгновение Пьер, поправляя шинель, открыл глаза и увидал те же навесы, столбы, двор, но все это было теперь синевато, светло и подернуто блестками росы или мороза.

"Рассветает, – подумал Пьер. – Но это не то. Мне надо дослушать и понять слова благодетеля". Он опять укрылся шинелью, но ни столовой ложи, ни благодетеля уже не было. Были только мысли, ясно выражаемые словами, мысли, которые кто-то говорил или сам передумывал Пьер.

Пьер, вспоминая потом эти мысли, несмотря на то, что они были вызваны впечатлениями этого дня, был убежден, что кто-то вне его говорил их ему. Никогда, как ему казалось, он наяву не был в состоянии так думать и выражать свои мысли.

"Война есть наитруднейшее подчинение свободы человека законам Бога, – говорил голос. – Простота есть покорность Богу; от него не уйдешь. И *они* просты. *Они* не говорят, но делают. Сказанное слово серебряное, а несказанное – золотое. Ничем не может владеть человек, пока он боится смерти. А кто не боится ее, тому принадлежит все. Ежели бы не было страдания, человек не знал бы границ себе, не знал бы себя самого. Самое трудное (продолжал во сне думать или слышать Пьер) состоит в том, чтобы уметь соединять в душе своей значение всего. Все соединить? – сказал себе Пьер. – Нет, не соединить. Нельзя соединять мысли, а *сопрягать* все эти мысли – вот что нужно! Да, *сопрягать на-*

до, сопрягать надо!" – с внутренним восторгом повторил себе Пьер, чувствуя, что этими именно, и только этими словами выражается то, что он хочет выразить, и разрешается весь мучащий его вопрос.

– Да, сопрягать надо, пора сопрягать.

– Запрягать надо, пора запрягать, ваше сиятельство! Ваше сиятельство, – повторил какой-то голос, – запрягать надо, пора запрягать...

Это был голос берейтора, будившего Пьера. Солнце било прямо в лицо Пьера. Он взглянул на грязный постоялый двор, в середине которого у колодца солдаты поили худых лошадей, из которого в ворота выезжали подводы. Пьер с отвращением отвернулся и, закрыв глаза, поспешно повалился опять на сиденье коляски. "Нет, я не хочу этого, не хочу этого видеть и понимать, я хочу понять то, что открывалось мне во время сна. Еще одна секунда, и я все понял бы. Да что же мне делать? Сопрягать, но как сопрягать всё?" И Пьер с ужасом почувствовал, что все значение того, что он видел и думал во сне, было разрушено.

Берейтор, кучер и дворник рассказывали Пьеру, что приезжал офицер с известием, что французы подвинулись под Можайск и что наши уходят.

Пьер встал и, велев закладывать и догонять себя, пошел пешком через город.

Войска выходили и оставляли около десяти тысяч раненых. Раненые эти виднелись в дворах и в окнах домов и толпились на улицах. На улицах около телег, которые должны были увозить раненых, слышны были крики, ругательства и удары. Пьер отдал догнавшую его коляску знакомому раненому генералу и с ним вместе поехал до Москвы. Доро́гой Пьер узнал про смерть своего шурина и про смерть князя Андрея.

X

30-го числа Пьер вернулся в Москву. Почти у заставы ему встретился адъютант графа Растопчина.

— А мы вас везде ищем, — сказал адъютант. — Графу вас непременно нужно видеть. Он просит вас сейчас же приехать к нему по очень важному делу.

Пьер, не заезжая домой, взял извозчика и поехал к главнокомандующему.

Граф Растопчин только в это утро приехал в город с своей загородной дачи в Сокольниках. Прихожая и приемная в доме графа были полны чиновников, явившихся по требованию его или за приказаниями. Васильчиков и Платов уже виделись с графом и объяснили ему, что защищать Москву невозможно и что она будет сдана. Известия эти хотя и скрывались от жителей, но чиновники, начальники различных управлений знали, что Москва будет в руках неприятеля, так же, как и знал это граф Растопчин; и все они, чтобы сложить с себя ответственность, пришли к главнокомандующему с вопросами, как им поступать с вверенными им частями.

В то время как Пьер входил в приемную, курьер, приезжавший из армии, выходил от графа.

Курьер безнадежно махнул рукой на вопросы, с которыми обратились к нему, и прошел через залу.

Дожидаясь в приемной, Пьер усталыми глазами оглядывал различных, старых и молодых, военных и статских, важных и неважных чиновников, бывших в комнате. Все казались недовольными и беспокойными. Пьер подошел к одной группе чиновников, в которой один был его знакомый. Поздоровавшись с Пьером, они продолжали свой разговор.

— Как выслать да опять вернуть, беды не будет; а в таком положении ни за что нельзя отвечать.

— Да ведь вот, он пишет, — говорил другой, указывая на печатную бумагу, которую он держал в руке.

— Это другое дело. Для народа это нужно, — сказал первый.

— Что это? — спросил Пьер.

— А вот новая афиша.

Пьер взял ее в руки и стал читать:

"Светлейший князь, чтобы скорей соединиться с войсками, которые идут к нему, перешел Можайск и стал на крепком месте, где неприятель не вдруг на него пойдет. К нему отправлено отсюда сорок восемь пушек с снарядами, и светлейший говорит, что Москву до последней капли крови защищать будет и готов хоть в улицах драться. Вы, братцы, не смотрите на то, что присутственные места закрыли: дела прибрать надобно, а мы своим судом с злодеем разберемся! Когда до чего дойдет, мне надобно молодцов и городских и деревенских. Я клич кликну дня за два, а теперь не надо, я и молчу. Хорошо с топором, недурно с рогатиной, а всего лучше вилы-тройчатки: француз не тяжеле снопа ржаного. Завтра, после обеда, я поднимаю Иверскую в Екатерининскую гошпиталь, к раненым. Там воду освятим: они скорее выздоровеют; и я теперь здоров: у меня болел глаз, а теперь смотрю в оба".

– А мне говорили военные люди, – сказал Пьер, – что в городе никак нельзя сражаться и что позиция...

– Ну да, про то-то мы и говорим, – сказал первый чиновник.

– А что это значит: у меня болел глаз, а теперь смотрю в оба? – сказал Пьер.

– У графа был ячмень, – сказал адъютант, улыбаясь, – и он очень беспокоился, когда я ему сказал, что приходил народ спрашивать, что с ним. А что, граф, – сказал вдруг адъютант, с улыбкой обращаясь к Пьеру, – мы слышали, что у вас семейные тревоги? Что будто графиня, ваша супруга...

– Я ничего не слыхал, – равнодушно сказал Пьер. – А что вы слышали?

– Нет, знаете, ведь часто выдумывают. Я говорю, что слышал.

– Что же вы слышали?

– Да говорят, – опять с той же улыбкой сказал адъютант, – что графиня, ваша жена, собирается за границу. Вероятно, вздор...

– Может быть, – сказал Пьер, рассеянно оглядываясь вокруг себя. – А это кто? – спросил он, указывая на невысокого старого человека в чистой синей чуйке, с белою как снег большою бородой, такими же бровями и румяным лицом.

– Это? Это купец один, то есть он трактирщик, Верещагин. Вы слышали, может быть, эту историю о прокламации?

– Ах, так это Верещагин! – сказал Пьер, вглядываясь в твердое и спокойное лицо старого купца и отыскивая в нем выражение изменничества.

– Это не он самый. Это отец того, который написал прокламацию, – сказал адъютант. – Тот молодой, сидит в яме, и ему, кажется, плохо будет.

Один старичок, в звезде, и другой – чиновник-немец, с крестом на шее, подошли к разговаривающим.

– Видите ли, – рассказывал адъютант, – это запутанная история. Явилась тогда, месяца два тому назад, эта прокламация. Графу донесли. Он приказал расследовать. Вот Гаврило Иваныч разыскивал, прокламация эта побывала ровно в шестидесяти трех руках. Приедет к одному: вы от кого имеете? – От того-то. Он едет к тому: вы от кого? и т.д. добрались до Верещагина... недоученный купчик, знаете, купчик-голубчик, – улыбаясь, сказал адъютант. – Спрашивают у него: ты от кого имеешь? И главное, что мы знаем, от кого он имеет. Ему больше не от кого иметь, как от почт-директора. Но уж, видно, там между ними стачка была. Говорит: ни от кого, я сам сочинил. И грозили и просили, стал на том: сам сочинил. Так и доложили графу. Граф велел призвать его. "От кого у тебя прокламация?" – "Сам сочинил". Ну, вы знаете графа! – с гордой и веселой улыбкой сказал адъютант. – Он ужасно вспылил, да и подумайте: этакая наглость, ложь и упорство!..

– А! Графу нужно было, чтобы он указал на Ключарева, понимаю! – сказал Пьер.

– Совсем не нужно, – испуганно сказал адъютант. – За Ключаревым и без этого были грешки, за что он и сослан. Но дело в том, что граф очень был возмущен. "Как же ты мог сочинить? – говорит граф. Взял со стола эту "Гамбургскую газету". – Вот она. Ты не сочинил, а перевел, и перевел-то скверно, потому что ты и по-французски, дурак, не знаешь". Что же вы думаете? "Нет, говорит, я никаких газет не читал, я сочинил". – "А коли так, то ты изменник, и я тебя предам суду, и тебя повесят. Говори, от кого получил?" – "Я никаких газет не видал, а сочинил". Так и осталось. Граф и отца призывал: стоит на своем. И отдали под суд, и приговорили, кажется, к каторжной работе. Теперь отец пришел просить за него. Но дрянной мальчишка! Знаете, эдакой купеческий сынишка, франтик, соблазнитель, слушал где-то лекции и уж думает, что ему черт не брат. Ведь это какой молодчик! У отца его трактир тут у Каменного моста, так в трактире, знаете, большой образ Бога вседержителя и представлен в одной руке скипетр, в другой держава; так он взял этот образ домой на несколько дней и что же сделал! Нашел мерзавца живописца...

XI

В середине этого нового рассказа Пьера позвали к главнокомандующему.

Пьер вошел в кабинет графа Растопчина. Растопчин, сморщившись, потирал лоб и глаза рукой, в то время как вошел Пьер. Невысокий человек говорил что-то и, как только вошел Пьер, замолчал и вышел.

– А! здравствуйте воин великий, – сказал Растопчин, как только вышел этот человек. – Слышали про ваши prouesses![1] Но не в том дело. Mon cher, entre nous[2], вы масон? – сказал граф Растопчин строгим тоном, как будто было что-то дурное в этом, но что он намерен был простить. Пьер молчал. – Mon cher, je suis bien informé[3], но я знаю, что есть масоны и масоны, и надеюсь, что вы не принадлежите к тем, которые под видом спасенья рода человеческого хотят погубить Россию.

– Да, я масон, – отвечал Пьер.

– Ну вот видите ли, мой милый. Вам, я думаю, не безызвестно, что господа Сперанский и Магницкий отправлены

1 достославные подвиги.
2 Между нами, мой милый
3 Мне, любезнейший, все хорошо известно.

куда следует; то же сделано с господином Ключаревым, то же и с другими, которые под видом сооружения храма Соломона старались разрушить храм своего отечества. Вы можете понимать, что на это есть причины и что я не мог бы сослать здешнего почт-директора, ежели бы он не был вредный человек. Теперь мне известно, что вы послали ему свой экипаж для подъема из города и даже что вы приняли от него бумаги для хранения. Я вас люблю и не желаю вам зла, и как вы в два раза моложе меня, то я, как отец, советую вам прекратить всякое сношение с такого рода людьми и самому уезжать отсюда как можно скорее.

– Но в чем же, граф, вина Ключарева? – спросил Пьер.

– Это мое дело знать и не ваше меня спрашивать, – вскрикнул Растопчин.

– Ежели его обвиняют в том, что он распространял прокламации Наполеона, то ведь это не доказано, – сказал Пьер (не глядя на Растопчина), – и Верещагина...

– Nous y voilà[1], – вдруг нахмурившись, перебивая Пьера, еще громче прежнего вскрикнул Растопчин. – Верещагин изменник и предатель, который получит заслуженную казнь, – сказал Растопчин с тем жаром злобы, с которым говорят люди при воспоминании об оскорблении. – Но я не призвал вас для того, чтобы обсуждать мои дела, а для того, чтобы дать вам совет или приказание, ежели вы этого хотите. Прошу вас прекратить сношения с такими господами, как Ключарев, и ехать отсюда. А я дурь выбью, в ком бы она ни была. – И, вероятно, спохватившись, что он как будто кричал на Безухова, который еще ни в чем не был виноват, он прибавил, дружески взяв за руку Пьера: – Nous sommes à la veille d'un désastre publique, et je n'ai pas le temps de dire des gentillesses à tous ceux qui ont affaire à moi. Голова иногда кругом идет! Eh bien, mon cher, qu'est ce que vous faites, vous personnellement?[2]

1 Так и есть.
2 Мы накануне общего бедствия, и мне некогда быть любезным со всеми, с кем у меня есть дело... Итак, любезнейший, что вы предпринимаете, вы лично?

– Mais rein[1], – отвечал Пьер, все не поднимая глаз и не изменяя выражения задумчивого лица.

Граф нахмурился.

– Un conseil d'ami, mon cher. Décampez et au plutôt, c'est tout ce que je vous dis. A bon entendeur salut! Прощайте, мой милый. Ах, да, – прокричал он ему из двери, – правда ли, что графиня попалась в лапки des saints pères de la Société de Jésus?[2]

Пьер ничего не ответил и, нахмуренный и сердитый, каким его никогда не видали, вышел от Растопчина.

Когда он приехал домой, уже смеркалось. Человек восемь разных людей побывало у него в этот вечер. Секретарь комитета, полковник его батальона, управляющий, дворецкий и разные просители. У всех были дела до Пьера, которые он должен был разрешить. Пьер ничего не понимал, не интересовался этими делами и давал на все вопросы только такие ответы, которые бы освободили его от этих людей. Наконец, оставшись один, он распечатал и прочел письмо жены.

"*Они* – солдаты на батарее, князь Андрей убит... старик... Простота есть покорность Богу. Страдать надо... значение всего... сопрягать надо... жена идет замуж... Забыть и понять надо..." И он, подойдя к постели, не раздеваясь повалился на нее и тотчас же заснул.

Когда он проснулся на другой день утром, дворецкий пришел доложить, что от графа Растопчина пришел нарочно посланный полицейский чиновник – узнать, уехал ли, или уезжает ли граф Безухов.

Человек десять разных людей, имеющих дело до Пьера, ждали его в гостиной. Пьер поспешно оделся, и, вместо того чтобы идти к тем, которые ожидали его, он пошел на заднее крыльцо и оттуда вышел в ворота.

1 Да ничего.
2 Дружеский совет. Выбирайтесь скорее, вот что я вам скажу. Блажен, кто умеет слушаться!... святых отцов Общества Иисусова?

С тех пор и до конца московского разорения никто из домашних Безуховых, несмотря на все поиски, не видал больше Пьера и не знал, где он находился.

XII

Ростовы до 1-го сентября, то есть до кануна вступления неприятеля в Москву, оставались в городе.

После поступления Пети в полк казаков Оболенского и отъезда его в Белую Церковь, где формировался этот полк, на графиню нашел страх. Мысль о том, что оба ее сына находятся на войне, что оба они ушли из-под ее крыла, что нынче или завтра каждый из них, а может быть, и оба вместе, как три сына одной ее знакомой, могут быть убиты, в первый раз теперь, в это лето, с жестокой ясностью пришла ей в голову. Она пыталась вытребовать к себе Николая, хотела сама ехать к Пете, определить его куда-нибудь в Петербурге, но и то и другое оказывалось невозможным. Петя не мог быть возвращен иначе, как вместе с полком или посредством перевода в другой действующий полк. Николай находился где-то в армии и после своего последнего письма, в котором подробно описывал свою встречу с княжной Марьей, не давал о себе слуха. Графиня не спала ночей и, когда засыпала, видела во сне убитых сыновей. После многих советов и переговоров граф придумал наконец средство для успокоения графини. Он перевел Петю из полка Оболенского в полк Безухова, который формировался под Москвою. Хотя Петя и оставался в военной службе, но при этом переводе графиня имела утешенье видеть хотя одного сына у себя под крылышком и надеялась устроить своего Петю так, чтобы больше не выпускать его и записывать всегда в такие места службы, где бы он никак не мог попасть в сражение. Пока один Nicolas был в опасности, графине ка́залось (и она даже каялась в этом), что она любит старшего больше всех остальных детей; но когда меньшой, шалун, дурно учившийся, все ломавший в доме и всем надоевший Петя, этот курносый Петя, с своими веселыми черными глазами, свежим румянцем и чуть пробивающимся пушком на щеках, попал туда, к этим большим, страшным, жестоким мужчинам, которые там *что-то* сражаются и что-то в этом находят радостного, – тогда матери показалось, что его-то она любила больше, гораздо больше всех своих детей. Чем ближе подходило то время, когда должен был вернуться в Москву ожидаемый Петя, тем более увеличивалось беспокойство графини. Она думала уже, что никогда не дождется этого счастия. Присутствие не только Сони, но и любимой Наташи, даже мужа, раздражало графиню. "Что мне за дело до них, мне никого не нужно, кроме Пети!" – думала она.

В последних числах августа Ростовы получили второе письмо от Николая. Он писал из Воронежской губернии, куда он был послан за лошадьми. Письмо это не успокоило графиню. Зная одного сына вне опасности, она еще сильнее стала тревожиться за Петю.

Несмотря на то, что уже с 20-го числа августа почти все знакомые Ростовых повыехали из Москвы, несмотря на то, что все уговаривали графиню уезжать как можно скорее, она ничего не хотела слышать об отъезде до тех пор, пока не вернется ее сокровище, обожаемый Петя. 28 августа приехал Петя. Болезненно-страстная нежность, с которою мать встретила его, не понравилась шестнадцатилетнему офицеру. Несмотря на то, что мать скрыла от него свое намеренье не выпускать его теперь из-под своего крылышка, Петя понял ее замыслы и, инстинктивно боясь того, чтобы с матерью не разнежничаться, не обабиться (так он думал сам с собой), он холодно обошелся с ней, избегал ее и во время своего пребывания в Москве исключительно держался общества Наташи, к которой он всегда имел особенную, почти влюбленную братскую нежность.

По обычной беспечности графа, 28 августа ничто еще не было готово для отъезда, и ожидаемые из рязанской и московской деревень подводы для подъема из дома всего имущества пришли только 30-го.

С 28 по 31 августа вся Москва была в хлопотах и движении. Каждый день в Дорогомиловскую заставу ввозили и развозили по Москве тысячи раненых в Бородинском сражении, и тысячи подвод, с жителями и имуществом, выезжали в другие заставы. Несмотря на афишки Растопчина, или независимо от них, или вследствие их, самые противоречащие и странные новости передавались по городу. Кто говорил о том, что не велено никому выезжать; кто, напротив, рассказывал, что подняли все иконы из церквей и что всех высылают насильно; кто говорил, что было еще сраженье после Бородинского, в котором разбиты французы; кто говорил, напротив, что все русское войско уничтожено; кто говорил о московском ополчении, которое пойдет с духовенством впереди на Три Горы; кто потихоньку рассказывал, что Августину не велено выезжать, что пойманы изменники, что мужики бунтуют и грабят тех, кто выезжает, и т.п., и т.п. Но это только говорили, а в сущности, и те, которые ехали, и те, которые оставались (несмотря на то, что еще не было совета в Филях, на котором решено было оставить Москву), – все чувствовали, хотя и не выказывали этого, что Москва непременно сдана будет и что надо как можно скорее убираться самим и спасать свое имущество. Чувствовалось, что все вдруг должно разорваться и измениться, но до 1-го числа ничто еще не изменялось. Как преступник, которого ведут на казнь, знает, что вот-вот он должен погибнуть, но все еще приглядывается вокруг себя и поправляет дурно надетую шапку, так и Москва невольно продолжала свою обычную жизнь, хотя знала, что близко то время погибели, когда разорвутся все те условные отношения жизни, которым привыкли покоряться.

В продолжение этих трех дней, предшествовавших пленению Москвы, все семейство Ростовых находилось в различных житейских хлопотах. Глава семейства, граф Илья Андреич, беспрестанно ездил по городу, собирая со всех сторон ходившие слухи, и дома делал общие поверхностные и торопливые распоряжения о приготовлениях к отъезду.

Графиня следила за уборкой вещей, всем была недовольна и ходила за беспрестанно убегавшим от нее Петей, ревнуя его к Наташе, с которой он проводил все время. Соня одна распоряжалась практической стороной дела: укладываньем вещей. Но Соня была особенно грустна и молчалива все это последнее время. Письмо Nicolas, в котором он упоминал о княжне Марье, вызвало в ее присутствии радостные рассуждения графини о том, как во встрече княжны Марьи с Nicolas она видела промысл божий.

– Я никогда не радовалась тогда, – сказала графиня, – когда Болконский был женихом Наташи, а я всегда желала, и у меня есть предчувствие, что Николинька женится на княжне. И как бы это хорошо было!

Соня чувствовала, что это была правда, что единственная возможность поправления дел Ростовых была женитьба на богатой и что княжна была хорошая партия. Но ей было это очень горько. Несмотря на свое горе или, может быть, именно вследствие своего горя, она на себя взяла все трудные заботы распоряжений об уборке и укладке вещей и целые дни была занята. Граф и графиня обращались к ней, когда им что-нибудь нужно было приказывать. Петя и Наташа, напротив, не только не помогали родителям, но большею частью всем в доме надоедали и мешали. И целый день почти слышны были в доме их беготня, крики и беспричинный хохот. Они смеялись и радовались вовсе не оттого, что была причина их смеху; но им на душе было радостно и весело, и потому все, что ни случалось, было для них причиной радости и смеха. Пете было весело оттого, что, уехав из дома мальчиком, он вернулся (как ему говорили все) молодцом-мужчиной; весело было оттого, что он дома, оттого, что он из Белой Церкви, где не скоро была надежда попасть в сраженье, попал в Москву, где на днях будут драться; и главное, весело оттого, что Наташа, настроению духа которой он всегда покорялся, была весела. Наташа же была весела потому, что она слишком долго была грустна, и теперь ничто не напоминало ей причину ее грусти, и она была здорова. Еще она была весела потому, что был человек, который ею восхищался (восхищение других была та мазь колес, которая была необходима для того, чтоб ее машина совершенно свободно двигалась), и Петя восхищался ею. Главное же, веселы они были потому, что война была под Москвой, что будут сражаться у заставы, что раздают оружие, что все бегут, уезжают куда-то, что вообще происходит что-то необычайное, что всегда радостно для человека, в особенности для молодого.

XIII

31-го августа, в субботу, в доме Ростовых все казалось перевернутым вверх дном. Все двери были растворены, вся мебель вынесена или переставлена, зеркала, картины сняты. В комнатах стояли сундуки, валялось сено, оберточная бумага и веревки. Мужики и дворовые, выносившие вещи, тяжелыми шагами ходили по паркету. На дворе теснились мужицкие телеги, некоторые уже уложенные верхом и увязанные, некоторые еще пустые.

Голоса и шаги огромной дворни и приехавших с подводами мужиков звучали, перекликиваясь, на дворе и в доме. Граф с утра выехал куда-то. Графиня, у которой разболелась голова от суеты и шума, лежала в новой диванной с уксусными повязками на голове. Пети не было дома (он пошел к товарищу, с которым намеревался из ополченцев перейти в действующую армию). Соня присутствовала в зале при укладке хрусталя и фарфора. Наташа сидела в своей разоренной комнате на полу, между разбросанными платьями, лентами, шарфами, и, неподвижно глядя на пол, держала в руках старое бальное платье, то самое (уже старое по моде) платье, в котором она в первый раз была на петербургском бале.

Наташе совестно было ничего не делать в доме, тогда как все были так заняты, и она несколько раз с утра еще пробовала приняться за дело; но душа ее не лежала к этому делу; а она не могла и не умела делать что-нибудь не от всей души, не изо всех своих сил. Она постояла над Соней при укладке фарфора, хотела помочь, но тотчас же бросила и пошла к себе укладывать свои вещи. Сначала ее веселило то, что она раздавала свои платья и ленты горничным, но потом, когда остальные все-таки надо было укладывать, ей это показалось скучным.

– Дуняша, ты уложишь, голубушка? Да? Да?

И когда Дуняша охотно обещалась ей все сделать, Наташа села на пол, взяла в руки старое, бальное платье и задумалась совсем не о том, что бы должно было занимать ее теперь. Из задумчивости, в которой находилась Наташа, вывел ее говор девушек в соседней девичьей и звуки их поспешных шагов из девичьей на заднее крыльцо. Наташа встала и посмотрела в окно. На улице остановился огромный поезд раненых.

Девушки, лакеи, ключница, няня, повар, кучера, форейторы, поваренки стояли у ворот, глядя на раненых.

Наташа, накинув белый носовой платок на волосы и придерживая его обеими руками за кончики, вышла на улицу.

Бывшая ключница, старушка Мавра Кузминишна, отделилась от толпы, стоявшей у ворот, и, подойдя к телеге, на которой была рогожная кибиточка, разговаривала с лежавшим в этой телеге молодым бледным офицером. Наташа подвинулась на несколько шагов и робко остановилась, продолжая придерживать свой платок и слушая то, что говорила ключница.

– Что ж, у вас, значит, никого и нет в Москве? – говорила Мавра Кузминишна. – Вам бы покойнее где на квартире... Вот бы хоть к нам. Господа уезжают.

– Не знаю, позволят ли, – слабым голосом сказал офицер. – Вон начальник... спросите, – и он указал на толстого майора, который возвращался назад по улице по ряду телег.

Наташа испуганными глазами заглянула в лицо раненого офицера и тотчас же пошла навстречу майору.

– Можно раненым у нас в доме остановиться? – спросила она.

Майор с улыбкой приложил руку к козырьку,

– Кого вам угодно, мамзель? – сказал он, суживая глаза и улыбаясь.

Наташа спокойно повторила свой вопрос, и лицо и вся манера ее, несмотря на то, что она продолжала держать свой платок за кончики, были так серьезны, что майор перестал улыбаться и, сначала задумавшись, как бы спрашивая себя, в какой степени это можно, ответил ей утвердительно.

– О да, отчего ж, можно, – сказал он.

Наташа слегка наклонила голову и быстрыми шагами вернулась к Мавре Кузминишне, стоявшей над офицером и с жалобным участием разговаривавшей с ним.

– Можно, он сказал, можно! – шепотом сказала Наташа.

Офицер в кибиточке завернул во двор Ростовых, и десятки телег с ранеными стали, по приглашениям городских жителей, заворачивать в дворы и подъезжать к подъездам домов Поварской улицы. Наташе, видимо, понравились эти, вне обычных условий жизни, отношения с новыми людьми. Она вместе с Маврой Кузминишной старалась заворотить на свой двор как можно больше раненых.

– Надо все-таки папаше доложить, – сказала Мавра Кузминишна.

– Ничего, ничего, разве не все равно! На один день мы в гостиную перейдем. Можно всю нашу половину им отдать.

– Ну, уж вы, барышня, придумаете! Да хоть и в флигеля, в холостую, к нянюшке, и то спросить надо.

– Ну, я спрошу.

Наташа побежала в дом и на цыпочках вошла в полуотворенную дверь диванной, из которой пахло уксусом и гофманскими каплями.

– Вы спите, мама?

– Ах, какой сон! – сказала, пробуждаясь, только что задремавшая графиня.

– Мама, голубчик, – сказала Наташа, становясь на колени перед матерью и близко приставляя свое лицо к ее лицу. – Виновата, простите, никогда не буду, я вас разбудила. Меня

Мавра Кузминишна послала, тут раненых привезли, офицеров, позволите? А им некуда деваться; я знаю, что вы позволите... – говорила она быстро, не переводя духа.

– Какие офицеры? Кого привезли? Ничего не понимаю, – сказала графиня.

Наташа засмеялась, графиня тоже слабо улыбалась.

– Я знала, что вы позволите... так я так и скажу. – И Наташа, поцеловав мать, встала и пошла к двери.

В зале она встретила отца, с дурными известиями возвратившегося домой.

– Досиделись мы! – с невольной досадой сказал граф. – И клуб закрыт, и полиция выходит.

– Папа, ничего, что я раненых пригласила в дом? – сказала ему Наташа.

– Разумеется, ничего, – рассеянно сказал граф. – Не в том дело, а теперь прошу, чтобы пустяками не заниматься, а помогать укладывать и ехать, ехать, ехать завтра... – И граф передал дворецкому и людям то же приказание. За обедом вернувшийся Петя рассказывал свои новости.

Он говорил, что нынче народ разбирал оружие в Кремле, что в афише Растопчина хотя и сказано, что он клич кликнет дня за два, но что уж сделано распоряжение наверное о том, чтобы завтра весь народ шел на Три Горы с оружием, и что там будет большое сражение.

Графиня с робким ужасом посматривала на веселое, разгоряченное лицо своего сына в то время, как он говорил это. Она знала, что ежели она скажет слово о том, что она просит Петю не ходить на это сражение (она знала, что он радуется этому предстоящему сражению), то он скажет что-нибудь о мужчинах, о чести, об отечестве, – что-нибудь такое бессмысленное, мужское, упрямое, против чего нельзя возражать, и дело будет испорчено, и поэтому, надеясь устроить так, чтобы уехать до этого и взять с собой Петю, как защитника и покровителя, она ничего не сказала Пете, а после обеда призвала графа и со слезами умоляла его увезти ее скорее, в эту же ночь, если возможно. С женской, невольной хитростью любви, она, до сих пор выказывавшая совершенное бесстрашие, говорила, что она умрет от страха, ежели не уедут нынче ночью. Она, не притворяясь, боялась теперь всего.

XIV

M-me Schoss, ходившая к своей дочери, еще более увеличила страх графини рассказами о том, что она видела на Мясницкой улице в питейной конторе. Возвращаясь по улице, она не могла пройти домой от пьяной толпы народа, бушевавшей у конторы. Она взяла извозчика и объехала переулком домой; и извозчик рассказывал ей, что народ разбивал бочки в питейной конторе, что так велено.

После обеда все домашние Ростовых с восторженной поспешностью принялись за дело укладки вещей и приготовлений к отъезду. Старый граф, вдруг принявшись за дело, всё после обеда не переставая ходил со двора в дом и обратно, бестолково крича на торопящихся людей и еще более торопя их. Петя распоряжался на дворе. Соня не знала, что делать под влиянием противоречивых приказаний графа, и совсем терялась. Люди, крича, споря и шумя, бегали по комнатам и двору. Наташа, с свойственной ей во всем страстностью, вдруг тоже принялась за дело. Сначала вмешательство ее в дело укладывания было встречено с недоверием. От нее всё ждали шутки и не хотели слушаться ее; но она с упорством и страстностью требовала себе покорности, сердилась, чуть не плакала, что ее не слушают, и, наконец, добилась того, что в нее поверили. Первый подвиг ее, стоивший ей огромных усилий и давший ей власть, была укладка ковров. У графа в доме были дорогие gobelins и персидские ковры. Когда Наташа взялась за дело, в зале стояли два ящика открытые: один почти доверху уложенный фарфором, другой с коврами. Фарфора было еще много наставлено на столах и еще всё несли из кладовой. Надо было начинать новый, третий ящик, и за ним пошли люди.

– Соня, постой, да мы всё так уложим, – сказала Наташа.

– Нельзя, барышня, уж пробовали, – сказал буфетчик.

– Нет, постой, пожалуйста. – И Наташа начала доставать из ящика завернутые в бумаги блюда и тарелки.

– Блюда надо сюда, в ковры, – сказала она.

– Да еще и ковры-то дай Бог на три ящика разложить, – сказал буфетчик.

– Да постой, пожалуйста. – И Наташа быстро, ловко начала разбирать. – Это не надо, – говорила она про киевские тарелки, – это да, это в ковры, – говорила она про саксонские блюда.

– Да оставь, Наташа; ну полно, мы уложим, – с упреком говорила Соня.

– Эх, барышня! – говорил дворецкий. Но Наташа не сдалась, выкинула все вещи и быстро начала опять укладывать, решая, что плохие домашние ковры и лишнюю посуду не надо совсем брать. Когда все было вынуто, начали опять укладывать. И действительно, выкинув почти все дешевое, то, что не стоило брать с собой, все ценное уложили в два ящика. Не закрывалась только крышка коверного ящика. Можно было вынуть немного вещей, но Наташа хотела настоять на своем. Она укладывала, перекладывала, нажимала, заставляла буфетчика и Петю, которого она увлекла за собой в дело укладыванья, нажимать крышку и сама делала отчаянные усилия.

– Да полно, Наташа, – говорила ей Соня. – Я вижу, ты права, да вынь один верхний.

– Не хочу, – кричала Наташа, одной рукой придерживая распустившиеся волосы по потному лицу, другой надавливая ковры. – Да жми же, Петька, жми! Васильич, нажимай! – кричала она. Ковры нажались, и крышка закрылась. Наташа, хлопая в ладоши, завизжала от радости, и слезы брызнули у ней из глаз. Но это продолжалось секунду. Тотчас же она принялась за другое дело, и уже ей вполне верили, и граф не сердился, когда ему говорили, что Наталья Ильинишна отменила его приказанье, и дворовые приходили к Наташе спрашивать: увязывать или нет подводу и довольно ли она наложена? Дело спорилось благодаря распоряжениям Наташи: оставлялись ненужные вещи и укладывались самым тесным образом самые дорогие.

Но как ни хлопотали все люди, к поздней ночи еще не все могло быть уложено. Графиня заснула, и граф, отложив отъезд до утра, пошел спать.

Соня, Наташа спали, не раздеваясь, в диванной.

В эту ночь еще нового раненого провозили через Поварскую, и Мавра Кузминишна, стоявшая у ворот, заворотила его к Ростовым. Раненый этот, по соображениям Мавры Кузминишны, был очень значительный человек. Его везли в коляске, совершенно закрытой фартуком и с спущенным ве́рхом. На козлах вместе с извозчиком сидел старик, почтенный камердинер. Сзади в повозке ехали доктор и два солдата.

– Пожалуйте к нам, пожалуйте. Господа уезжают, весь дом пустой, – сказала старушка, обращаясь к старому слуге.

– Да что, – отвечал камердинер, вздыхая, – и довезти не чаем! У нас и свой дом в Москве, да далеко, да и не живет никто.

– К нам милости просим, у наших господ всего много, пожалуйте, – говорила Мавра Кузминишна. – А что, очень нездоровы? – прибавила она.

Камердинер махнул рукой.

– Не чаем довезти! У доктора спросить надо. – И камердинер сошел с козел и подошел к повозке.

– Хорошо, – сказал доктор.

Камердинер подошел опять к коляске, заглянул в нее, покачал головой, велел кучеру заворачивать на двор и остановился подле Мавры Кузминишны.

– Господи Иисусе Христе! – проговорила она.

Мавра Кузминишна предлагала внести раненого в дом.

– Господа ничего не скажут... – говорила она. Но надо было избежать подъема на лестницу, и потому раненого внесли во флигель и положили в бывшей комнате m-me Schoss. Раненый этот был князь Андрей Болконский.

XV

Наступил последний день Москвы. Была ясная веселая осенняя погода. Было воскресенье. Как и в обыкновенные воскресенья, благовестили к обедне во всех церквах. Никто, казалось, еще не мог понять того, что ожидает Москву.

Только два указателя состояния общества выражали то положение, в котором была Москва: чернь, то есть сословие бедных людей, и цены на предметы. Фабричные, дворовые и мужики огромной толпой, в которую замешались чиновники, семинаристы, дворяне, в этот день рано утром вышли на Три Горы. Постояв там и не дождавшись Растопчина и убедившись в том, что Москва будет сдана, эта толпа рассыпалась по Москве, по питейным домам и трактирам. Цены в этот день тоже указывали на положение дел. Цены на оружие, на золото, на телеги и лошадей всё шли возвышаясь, а цены на бумажки и на городские вещи всё шли уменьшаясь, так что в середине дня были случаи, что дорогие товары, как сукна, извозчики вывозили исполу, а за мужицкую лошадь платили пятьсот рублей; мебель же, зеркала, бронзы отдавали даром.

В степенном и старом доме Ростовых распадение прежних условий жизни выразилось очень слабо. В отношении людей было только то, что в ночь пропало три человека из огромной дворни; но ничего не было украдено; и в отношении цен вещей оказалось то, что тридцать подвод, пришедшие из деревень, были огромное богатство, которому многие завидовали и за которые Ростовым предлагали огромные деньги. Мало того, что за эти подводы предлагали огромные деньги, с вечера и рано утром 1-го сентября на двор к Ростовым приходили посланные денщики и слуги от раненых офицеров и притаскивались сами раненые, помещенные у Ростовых и в соседних домах, и умоляли людей Ростовых похлопотать о том, чтоб им дали подводы для выезда из Москвы. Дворецкий, к которому обращались с такими просьбами, хотя и жалел раненых, решительно отказывал, говоря, что он даже и не посмеет доложить о том графу. Как ни жалки были остающиеся раненые, было очевидно, что, отдай одну подводу, не было причины не отдать другую, все – отдать и свои экипажи. Тридцать подвод не могли спасти всех раненых, а в общем бедствии нельзя было не думать о себе и своей семье. Так думал, дворецкий за своего барина.

Проснувшись утром 1-го числа, граф Илья Андреич потихоньку вышел из спальни, чтобы не разбудить к утру только заснувшую графиню, и в своем лиловом шелковом халате вышел на крыльцо. Подводы, увязанные, стояли на дворе. У крыльца стояли экипажи. Дворецкий стоял у подъезда, разговаривая с стариком денщиком и молодым бледным офицером с подвязанной рукой. Дворецкий, увидав графа, сделал офицеру и денщику значительный и строгий знак, чтобы они удалились.

– Ну, что, все готово, Васильич? – сказал граф, потирая свою лысину и добродушно глядя на офицера и денщика и кивая им головой. (Граф любил новые лица.)

– Хоть сейчас запрягать, ваше сиятельство.

– Ну и славно, вот графиня проснется, и с Богом! Вы что, господа? – обратился он к офицеру. – У меня в доме? – Офицер придвинулся ближе. Бледное лицо его вспыхнуло вдруг яркой краской.

– Граф, сделайте одолжение, позвольте мне... ради Бога... где-нибудь приютиться на ваших подводах. Здесь у меня ничего с собой нет... Мне на возу... все равно... – Еще не успел договорить офицер, как денщик с той же просьбой для своего господина обратился к графу.

– А! да, да, да, – поспешно заговорил граф. – Я очень, очень рад. Васильич, ты распорядись, ну там очистить одну или две телеги, ну там... что же... что нужно... – какими-то неопределенными выражениями, что-то приказывая, сказал граф. Но в то же мгновение горячее выражение благодарности офицера уже закрепило то, что он приказывал. Граф оглянулся вокруг себя: на дворе, в воротах, в окне флигеля виднелись раненые и денщики. Все они смотрели на графа и подвигались к крыльцу.

– Пожалуйте, ваше сиятельство, в галерею: там как прикажете насчет картин? – сказал дворецкий. И граф вместе с ним вошел в дом, повторяя свое приказание о том, чтобы не отказывать раненым, которые просятся ехать.

– Ну, что же, можно сложить что-нибудь, – прибавил он тихим, таинственным голосом, как будто боясь, чтобы кто-нибудь его не услышал.

В девять часов проснулась графиня, и Матрена Тимофеевна, бывшая ее горничная, исполнявшая в отношении графини должность шефа жандармов, пришла доложить своей бывшей барышне, что Марья Карловна очень обижены и что барышниным летним платьям нельзя остаться здесь. На расспросы графини, почему m-me Schoss обижена, открылось, что ее сундук сняли с подводы и все подводы развязывают – добро снимают и набирают с собой раненых, которых граф, по своей простоте, приказал забирать с собой. Графиня велела попросить к себе мужа.

– Что это, мой друг, я слышу, вещи опять снимают?

– Знаешь, ma chère, я вот что хотел тебе сказать, ma chère графинюшка... ко мне приходил офицер, просят, чтобы дать несколько подвод под раненых. Ведь это все дело наживное; а каково им оставаться, подумай!.. Право, у нас на дворе, сами мы их зазвали, офицеры тут есть... Знаешь, думаю, право, ma chère, вот, ma chère... пускай их свезут... куда же торопиться?.. – Граф робко сказал это, как он всегда говорил, когда дело шло о деньгах. Графиня же привыкла уж к этому тону, всегда предшествовавшему делу, разорявшему детей, как какая-нибудь постройка галереи, оранжереи, устройство домашнего театра или музыки, – и привыкла, и долгом считала всегда противоборствовать тому, что выражалось этим робким тоном.

Она приняла свой покорно-плачевный вид и сказала мужу:

– Послушай, граф, ты довел до того, что за дом ничего не дают, а теперь и все наше – детское состояние погубить хочешь. Ведь ты сам говоришь, что в доме на сто тысяч добра. Я, мой друг, не согласна и не согласна. Воля твоя! На раненых есть правительство. Они знают. Посмотри: вон напротив, у Лопухиных, еще третьего дня все дочиста вывезли. Вот как люди делают. Одни мы дураки. Пожалей хоть не меня, так детей.

Граф замахал руками и, ничего не сказав, вышел из комнаты.

– Папа! об чем вы это? – сказала ему Наташа, вслед за ним вошедшая в комнату матери.

– Ни о чем! Тебе что за дело! – сердито проговорил граф.

– Нет, я слышала, – сказала Наташа. – Отчего ж маменька не хочет?

– Тебе что за дело? – крикнул граф. Наташа отошла к окну и задумалась.

– Папенька, Берг к нам приехал, – сказала она, глядя в окно.

XVI

Берг, зять Ростовых, был уже полковник с Владимиром и Анной на шее и занимал все то же покойное и приятное место помощника начальника штаба, помощника первого отделения начальника штаба второго корпуса.

Он 1 сентября приехал из армии в Москву.

Ему в Москве нечего было делать; но он заметил, что все из армии просились в Москву и что-то там делали. Он счел тоже нужным отпроситься для домашних и семейных дел

Берг, в своих аккуратных дрожечках на паре сытых савраселеньких, точно таких, какие были у одного князя, подъехал к дому своего тестя. Он внимательно посмотрел во двор на подводы и, входя на крыльцо, вынул чистый носовой платок и завязал узел.

Из передней Берг плывущим, нетерпеливым шагом вбежал в гостиную и обнял графа, поцеловал ручки у Наташи и Сони и поспешно спросил о здоровье мамаши.

– Какое теперь здоровье? Ну, рассказывай же, – сказал граф, – что войска? Отступают или будет еще сраженье?

– Один предвечный Бог, папаша, – сказал Берг, – может решить судьбы отечества. Армия горит духом геройства, и теперь вожди, так сказать, собрались на совещание. Что будет, неизвестно. Но я вам скажу вообще, папаша, такого геройскою духа, истинно древнего мужества российских войск, которое они – оно, – поправился он, – показали или выказали в этой битве 26 числа, нет никаких слов достойных, чтоб их описать... Я вам скажу, папаша (он ударил себя в грудь так же, как ударял себя один рассказывавший при нем генерал, хотя несколько поздно, потому что ударить себя в грудь надо было при слове “российское войско”), – я вам скажу откровенно, что мы, начальники, не только не должны были подгонять солдат или что-нибудь такое, но мы насилу могли удерживать эти, эти... да, мужественные и древние подвиги, – сказал он скороговоркой. – Генерал Барклай де Толли жертвовал жизнью своей везде впереди войска, я вам скажу. Наш же корпус был поставлен на скате горы. Можете себе представить! – И тут Берг рассказал все, что он запомнил, из разных слышанных за это время рассказов. Наташа, не спуская взгляда, который смущал Берга, как будто отыскивая на его лице решения какого-то вопроса, смотрела на него.

– Такое геройство вообще, каковое выказали российские воины, нельзя представить и достойно восхвалить! – сказал Берг, оглядываясь на Наташу и как бы желая ее задобрить, улыбаясь ей в ответ на ее упорный взгляд... – “Россия не в Москве, она в сердцах ее сынов!” Так, папаша? – сказал Берг.

В это время из диванной, с усталым и недовольным видом, вышла графиня. Берг поспешно вскочил, поцеловал ручку графини, осведомился о ее здоровье и, выражая свое сочувствие покачиваньем головы, остановился подле нее.

– Да, мамаша, я вам истинно скажу, тяжелые и грустные времена для всякого русского. Но зачем же так беспокоиться? Вы еще успеете уехать...

– Я не понимаю, что делают люди, – сказала графиня, обращаясь к мужу, – мне сейчас сказали, что еще ничего не готово. Ведь надо же кому-нибудь распорядиться. Вот и пожалеешь о Митеньке. Это конца не будет!

Граф хотел что-то сказать, но, видимо, воздержался. Он встал с своего стула и пошел к двери.

Берг в это время, как бы для того, чтобы высморкаться, достал платок и, глядя на узелок, задумался, грустно и значительно покачивая головой.

– А у меня к вам, папаша, большая просьба, – сказал он.

– Гм?.. – сказал граф, останавливаясь.

– Еду я сейчас мимо Юсупова дома, – смеясь, сказал Берг. – Управляющий мне знакомый, выбежал и просит, не купите ли что-нибудь. Я зашел, знаете, из любопытства, и там одна шифоньерочка и туалет. Вы знаете, как Верушка этого желала и как мы спорили об этом. (Берг невольно перешел в тон радости о своей благоустроенности, когда он начал говорить про шифоньерку и туалет.) И такая прелесть! выдвигается и с аглицким секретом, знаете? А Верочке давно хотелось. Так мне хочется ей сюрприз сделать. Я видел у вас так много этих мужиков на дворе. Дайте мне одного, пожалуйста, я ему хорошенько заплачу и...

Граф сморщился и заперхал.

– У графини просите, а я не распоряжаюсь.

– Ежели затруднительно, пожалуйста, не надо, – сказал Берг. – Мне для Верушки только очень бы хотелось.

– Ах, убирайтесь вы все к черту, к черту, к черту и к черту!.. – закричал старый граф. – Голова кругом идет. – И он вышел из комнаты.

Графиня заплакала.

– Да, да, маменька, очень тяжелые времена! – сказал Берг.

Наташа вышла вместе с отцом и, как будто с трудом соображая что-то, сначала пошла за ним, а потом побежала вниз.

На крыльце стоял Петя, занимавшийся вооружением людей, которые ехали из Москвы. На дворе все так же стояли заложенные подводы. Две из них были развязаны, и на одну из них влезал офицер, поддерживаемый денщиком.

– Ты знаешь за что? – спросил Петя Наташу (Наташа поняла, что Петя разумел: за что поссорились отец с матерью). Она не отвечала.

– За то, что папенька хотел отдать все подводы под раненых, – сказал Петя. – Мне Васильич сказал. По-моему...

– По-моему, – вдруг закричала почти Наташа, обращая свое озлобленное лицо к Пете, – по-моему, это такая гадость, такая мерзость, такая... я не знаю! Разве мы немцы какие-нибудь?.. – Горло ее задрожало от судорожных рыданий, и она, боясь ослабеть и выпустить даром заряд своей злобы, повернулась и стремительно бросилась по лестнице. Берг сидел подле графини и родственно-почтительно утешал ее. Граф с трубкой в руках ходил по комнате, когда Наташа, с изуродованным злобой лицом, как буря ворвалась в комнату и быстрыми шагами подошла к матери.

– Это гадость! Это мерзость! – закричала она. – Это не может быть, чтобы вы приказали.

Берг и графиня недоумевающе и испуганно смотрели на нее. Граф остановился у окна, прислушиваясь.

– Маменька, это нельзя; посмотрите, что на дворе! – закричала она. – Они остаются!..

– Что с тобой? Кто они? Что тебе надо?

– Раненые, вот кто! Это нельзя, маменька; это ни на что не похоже... Нет, маменька, голубушка, это не то, простите, пожалуйста, голубушка... Маменька, ну что нам-то, что мы увезем, вы посмотрите только, что на дворе... Маменька!.. Это не может быть!..

Граф стоял у окна и, не поворачивая лица, слушал слова Наташи. Вдруг он засопел носом и приблизил свое лицо к окну.

Графиня взглянула на дочь, увидала ее пристыженное за мать лицо, увидала ее волнение, поняла, отчего муж теперь не оглядывался на нее, и с растерянным видом оглянулась вокруг себя.

– Ах, да делайте, как хотите! Разве я мешаю кому-нибудь! – сказала она, еще не вдруг сдаваясь.

– Маменька, голубушка, простите меня!

Но графиня оттолкнула дочь и подошла к графу.

– Mon cher, ты распорядись, как надо... Я ведь не знаю этого, – сказала она, виновато опуская глаза.

– Яйца... яйца курицу учат... – сквозь счастливые слезы проговорил граф и обнял жену, которая рада была скрыть на его груди свое пристыженное лицо.

– Папенька, маменька! Можно распорядиться? Можно?.. – спрашивала Наташа. – Мы все-таки возьмем все самое нужное... – говорила Наташа.

Граф утвердительно кивнул ей головой, и Наташа тем быстрым бегом, которым она бегивала в горелки, побежала по зале в переднюю и по лестнице на двор.

Люди собрались около Наташи и до тех пор не могли поверить тому странному приказанию, которое она передавала, пока сам граф именем своей жены не подтвердил приказания о том, чтобы отдавать все подводы под раненых, а сундуки сносить в кладовые. Поняв приказание, люди с радостью и хлопотливостью принялись за новое дело. Прислуге теперь это не только не казалось странным, но, напротив, казалось, что это не могло быть иначе; точно так же, как за четверть часа перед этим никому не только не казалось странным, что оставляют раненых, а берут вещи, но казалось, что не могло быть иначе.

Все домашние, как бы выплачивая за то, что они раньше не взялись за это, принялись с хлопотливостью за новое дело размещения раненых. Раненые повыползли из своих комнат и с радостными бледными лицами окружили подводы. В соседних домах тоже разнесся слух, что есть подводы, и на двор к Ростовым стали приходить раненые из других домов. Многие из раненых просили не снимать вещей и только посадить их сверху. Но раз начавшееся дело свалки вещей уже не могло остановиться. Было все равно, оставлять все или половину. На дворе лежали неубранные сундуки с посудой, с бронзой, с картинами, зеркалами, которые так старательно укладывали в прошлую ночь, и всё искали и находили возможность сложить то и то, и отдать еще и еще подводы.

– Четверых еще можно взять, – говорил управляющий, – я свою повозку отдаю, а то куда же их?

– Да отдайте мою гардеробную, – говорила графиня. – Дуняша со мной сядет в карету.

Отдали еще и гардеробную повозку и отправили ее за ранеными через два дома. Все домашние и прислуга были весело оживлены. Наташа находилась в восторженно-счастливом оживлении, которого она давно не испытывала.

– Куда же его привязать? – говорили люди, прилаживая сундук к узкой запятке кареты, – надо хоть одну подводу оставить.

– Да с чем он? – спрашивала Наташа.

– С книгами графскими.

– Оставьте. Васильич уберет. Это не нужно.

В бричке все было полно людей; сомневались о том, куда сядет Петр Ильич.

– Он на козлы. Ведь ты на козлы, Петя? – кричала Наташа.

Соня не переставая хлопотала тоже; но цель хлопот ее была противоположна цели Наташи. Она убирала те вещи, которые должны были остаться; записывала их, по желанию графини, и старалась захватить с собой как можно больше.

XVII

Во втором часу заложенные и уложенные четыре экипажа Ростовых стояли у подъезда. Подводы с ранеными одна за другой съезжали со двора.

Коляска, в которой везли князя Андрея, проезжая мимо крыльца, обратила на себя внимание Сони, устраивавшей вместе с девушкой сиденья для графини в ее огромной высокой карете, стоявшей у подъезда.

– Это чья же коляска? – спросила Соня, высунувшись в окно кареты.

– А вы разве на знали, барышня? – отвечала горничная. – Князь раненый: он у нас ночевал и тоже с нами едут.

– Да кто это? Как фамилия?

– Самый наш жених бывший, князь Болконский! – вздыхая, отвечала горничная. – Говорят, при смерти.

Соня выскочила из кареты и побежала к графине. Графиня, уже одетая по-дорожному, в шали и шляпе, усталая, ходила по гостиной, ожидая домашних, с тем чтобы посидеть с закрытыми дверями и помолиться перед отъездом. Наташи не было в комнате.

– Maman, – сказала Соня, – князь Андрей здесь, раненый, при смерти. Он едет с нами.

Графиня испуганно открыла глаза и, схватив за руку Соню, оглянулась.

– Наташа? – проговорила она.

И для Сони и для графини известие это имело в первую минуту только одно значение. Они знали свою Наташу, и ужас о том, что будет с нею при этом известии, заглушал для них всякое сочувствие к человеку, которого они обе любили.

– Наташа не знает еще; но он едет с нами, – сказала Соня.

– Ты говоришь, при смерти?

Соня кивнула головой.

Графиня обняла Соню и заплакала,

"Пути Господни неисповедимы!" – думала она, чувствуя, что во всем, что делалось теперь, начинала выступать скрывавшаяся прежде от взгляда людей всемогущая рука.

– Ну, мама, все готово. О чем вы?.. – спросила с оживленным лицом Наташа, вбегая в комнату.

– Ни о чем, – сказала графиня. – Готово, так поедем. – И графиня нагнулась к своему ридикюлю, чтобы скрыть расстроенное лицо. Соня обняла Наташу и поцеловала ее.

Наташа вопросительно взглянула на нее.

– Что ты? Что такое случилось?

– Ничего... Нет...

– Очень дурное для меня?.. Что такое? – спрашивала чуткая Наташа.

Соня вздохнула и ничего не ответила. Граф, Петя, m-me Schoss, Мавра Кузминишна, Васильич вошли в гостиную, и, затворив двери, все сели и молча, не глядя друг на друга, посидели несколько секунд.

Граф первый встал и, громко вздохнув, стал креститься на образ. Все сделали то же. Потом граф стал обнимать Мавру Кузминишну и Васильича, которые оставались в Москве, и, в то время как они ловили его руку и целовали его в плечо, слегка трепал их по спине, приговаривая что-то неясное, ласково-успокоительное. Графиня ушла в образную, и Соня нашла ее там на коленях перед разрозненно по стене оставвавшимися образами. (Самые дорогие по семейным преданиям образа везлись с собою.)

На крыльце и на дворе уезжавшие люди с кинжалами и саблями, которыми их вооружил Петя, с заправленными панталонами в сапоги и туго перепоясанные ремнями и кушаками, прощались с теми, которые оставались.

Как и всегда при отъездах, многое было *забыто* и не так уложено, и довольно долго два гайдука стояли с обеих сторон отворенной дверцы и ступенек кареты, готовясь подсадить графиню, в то время как бегали девушки с подушками, узелками из дому в кареты, и коляску, и бричку, и обратно.

– Век свой все перезабудут! – говорила графиня. – Ведь ты знаешь, что я не могу так сидеть. – И Дуняша, стиснув зубы и не отвечая, с выражением упрека на лице, бросилась в карету переделывать сиденье.

– Ах, народ этот! – говорил граф, покачивая головой.

Старый кучер Ефим, с которым одним только решалась ездить графиня, сидя высоко на своих козлах, даже не оглядывался на то, что делалось позади его. Он тридцатилетним опытом знал, что не скоро еще ему скажут "с Богом!" и что когда скажут, то еще два раза остановят его и пошлют за забытыми вещами, и уже после этого еще раз остановят, и графиня сама высунется к нему в окно и попросит его Христом-богом ехать осторожнее на спусках. Он знал это и потому терпеливее своих лошадей (в особенности левого рыжего – Сокола, который бил ногой и, пережевывая, перебирал удила) ожидал того, что будет. Наконец все уселись; ступеньки собрались и закинулись в карету, дверка захлопнулась, послали за шкатулкой, графиня высунулась и сказала, что должно. Тогда Ефим медленно снял шляпу с своей головы и стал креститься. Форейтор и все люди сделали то же.

– С Богом! – сказал Ефим, надев шляпу. – Вытягивай! – Форейтор тронул. Правый дышловой влег в хомут, хрустнули высокие рессоры, и качнулся кузов. Лакей на ходу вскочил на козлы. Встряхнуло карету при выезде со двора на тряскую мостовую, так же встряхнуло другие экипажи, и поезд тронулся вверх по улице. В каретах, коляске и бричке все крестились на церковь, которая была напротив. Остававшиеся в Москве люди шли по обоим бокам экипажей, провожая их.

Наташа редко испытывала столь радостное чувство, как то, которое она испытывала теперь, сидя в карете подле графини и глядя на медленно подвигавшиеся мимо нее стены оставляемой, встревоженной Москвы. Она изредка высовывалась в окно кареты и глядела назад и вперед на длинный поезд раненых, предшествующий им. Почти впереди всех виднелся ей закрытый верх коляски князя Андрея. Она не знала, кто был в ней, и всякий раз, соображая область своего обоза, отыскивала глазами эту коляску. Она знала, что она была впереди всех.

В Кудрине, из Никитской, от Пресни, от Подновинского съехалось несколько таких же поездов, как был поезд Ростовых, и по Садовой уже в два ряда ехали экипажи и подводы.

Объезжая Сухареву башню, Наташа, любопытно и быстро осматривавшая народ, едущий и идущий, вдруг радостно и удивленно вскрикнула:

– Батюшки! Мама, Соня, посмотрите, это он!

– Кто? Кто?

– Смотрите, ей-богу, Безухов! – говорила Наташа, высовываясь в окно кареты и глядя на высокого толстого человека в кучерском кафтане, очевидно наряженного барина по походке и осанке, который рядом с желтым безбородым старичком в фризовой шинели подошел под арку Сухаревой башни.

– Ей-богу, Безухов, в кафтане, с каким-то старым мальчиком! Ей-богу, – говорила Наташа, – смотрите, смотрите!

– Да нет, это не он. Можно ли, такие глупости.

– Мама, – кричала Наташа, – я вам голову дам на отсечение, что это он! Я вас уверяю. Постой, постой! – кричала она кучеру; но кучер не мог остановиться, потому что из Мещанской выехали еще подводы и экипажи, и на Ростовых кричали, чтоб они трогались и не задерживали других.

Действительно, хотя уже гораздо дальше, чем прежде, все Ростовы увидали Пьера или человека, необыкновенно похожего на Пьера, в кучерском кафтане, шедшего по улице с нагнутой головой и серьезным лицом, подле маленького безбородого старичка, имевшего вид лакея. Старичок этот заметил высунувшееся на него лицо из кареты и, почтительно дотронувшись до локтя Пьера, что-то сказал ему, указывая на карету. Пьер долго не мог понять того, что он говорил; так он, видимо, погружен был в свои мысли. Наконец, когда он понял его, посмотрел по указанию и, узнав Наташу, в ту же секунду, отдаваясь первому впечатлению, быстро направился к карете. Но, пройдя шагов десять, он, видимо вспомнив что-то, остановился.

Высунувшееся из кареты лицо Наташи сияло насмешливою лаской.

– Петр Кирилыч, идите же! Ведь мы узнали! Это удивительно! – кричала она, протягивая ему руку. – Как это вы? Зачем вы так?

Пьер взял протянутую руку и на ходу (так как карета продолжала двигаться) неловко поцеловал ее.

– Что с вами, граф? – спросила удивленным и соболезнующим голосом графиня.

– Что? Что? Зачем? Не спрашивайте у меня, – сказал Пьер и оглянулся на Наташу, сияющий, радостный взгляд которой (он чувствовал это, не глядя на нее) обдавал его своей прелестью.

– Что же вы, или в Москве остаетесь? – Пьер помолчал.

– В Москве? – сказал он вопросительно. – Да, в Москве. Прощайте.

– Ах, желала бы я быть мужчиной, я бы непременно осталась с вами. Ах, как это хорошо! – сказала Наташа. – Мама, позвольте, я останусь. – Пьер рассеянно посмотрел на Наташу и что-то хотел сказать, но графиня перебила его:

– Вы были на сражении, мы слышали?

– Да, я был, – отвечал Пьер. – Завтра будет опять сражение... – начал было он, но Наташа перебила его:

– Да что же с вами, граф? Вы на себя не похожи...

– Ах, не спрашивайте, не спрашивайте меня, я ничего сам не знаю. Завтра... Да нет! Прощайте, прощайте, – проговорил он, – ужасное время! – И, отстав от кареты, он отошел на тротуар.

Наташа долго еще высовывалась из окна, сияя на него ласковой и немного насмешливой, радостной улыбкой.

XVIII

Пьер, со времени исчезновения своего из дома, уже второй день жил на пустой квартире покойного Баздеева. Вот как это случилось.

Проснувшись на другой день после своего возвращения в Москву и свидания с графом Растопчиным, Пьер долго не мог понять того, где он находился и чего от него хотели. Когда ему, между именами прочих лиц, дожидавшихся его в приемной, доложили, что его дожидается еще француз, привезший письмо от графини Елены Васильевны, на него нашло вдруг то чувство спутанности и безнадежности, которому он способен был поддаваться. Ему вдруг представилось, что все теперь кончено, все смешалось, все разрушилось, что нет ни правого, ни виноватого, что впереди ничего не будет и что выхода из этого положения нет никакого. Он, неестественно улыбаясь и что-то бормоча, то садился на диван в беспомощной позе, то вставал, подходил к двери и заглядывал в щелку в приемную, то, махая руками, возвращался назад и брался за книгу. Дворецкий в другой раз пришел доложить Пьеру, что француз, привезший от графини письмо, очень желает видеть его хоть на минутку и что приходили от вдовы И.А. Баздеева просить принять книги, так как сама г-жа Баздеева уехала в деревню.

– Ах, да, сейчас, подожди... Или нет... да нет, поди скажи, что сейчас приду, – сказал Пьер дворецкому.

Но как только вышел дворецкий, Пьер взял шляпу, лежавшую на столе, и вышел в заднюю дверь из кабинета. В коридоре никого не было. Пьер прошел во всю длину коридора до лестницы и, морщась и растирая лоб обеими руками, спустился до первой площадки. Швейцар стоял у парадной двери. С площадки, на которую спустился Пьер, другая лестница вела к заднему ходу. Пьер пошел по ней и вышел во двор. Никто не видал его. Но на улице, как только он вышел в ворота, кучера, стоявшие с экипажами, и дворник увидали барина и сняли перед ним шапки. Почувствовав на себя устремленные взгляды, Пьер поступил, как страус, который прячет голову в куст, с тем чтобы его не видали; он опустил голову и, прибавив шагу, пошел по улице.

Из всех дел, предстоявших Пьеру в это утро, дело разборки книг и бумаг Иосифа Алексеевича показалось ему самым нужным.

Он взял первого попавшегося ему извозчика и велел ему ехать на Патриаршие пруды, где был дом вдовы Баздеева.

Беспрестанно оглядываясь на со всех сторон двигавшиеся обозы выезжавших из Москвы и оправляясь своим тучным телом, чтобы не соскользнуть с дребезжащих старых дрожек, Пьер, испытывая радостное чувство, подобное тому, которое испытывает мальчик, убежавший из школы, разговорился с извозчиком.

Извозчик рассказал ему, что нынешний день разбирают в Кремле оружие, и что на завтрашний народ выгоняют весь за Трехгорную заставу, и что там будет большое сражение.

Приехав на Патриаршие пруды, Пьер отыскал дом Баздеева, в котором он давно не бывал. Он подошел к калитке. Герасим, тот самый желтый безбородый старичок, которого Пьер видел пять лет тому назад в Торжке с Иосифом Алексеевичем, вышел на его стук.

– Дома? – спросил Пьер.

– По обстоятельствам нынешним, Софья Даниловна с детьми уехали в торжковскую деревню, ваше сиятельство.

– Я все-таки войду, мне надо книги разобрать, – сказал Пьер.

– Пожалуйте, милости просим, братец покойника, – Царство небесное! – Макар Алексеевич остались, да, как изволите знать, они в слабости, – сказал старый слуга.

Макар Алексеевич был, как знал Пьер, полусумасшедший, пивший запоем брат Иосифа Алексеевича.

– Да, да, знаю. Пойдем, пойдем... – сказал Пьер и вошел в дом. Высокий плешивый старый человек в халате, с красным носом, в калошах на босу ногу, стоял в передней; увидав Пьера, он сердито пробормотал что-то и ушел в коридор.

– Большого ума были, а теперь, как изволите видеть, ослабели, – сказал Герасим. – В кабинет угодно? – Пьер кивнул головой. – Кабинет как был запечатан, так и остался. Софья Даниловна приказывали, ежели от вас придут, то отпустить книги.

Пьер вошел в тот самый мрачный кабинет, в который он еще при жизни благодетеля входил с таким трепетом. Кабинет этот, теперь запыленный и нетронутый со времени кончины Иосифа Алексеевича, был еще мрачнее.

Герасим открыл один ставень и на цыпочках вышел из комнаты. Пьер обошел кабинет, подошел к шкафу, в котором лежали рукописи, и достал одну из важнейших когда-то святынь ордена. Это были подлинные шотландские акты с примечаниями и объяснениями благодетеля. Он сел за письменный запыленный стол и положил перед собой рукописи, раскрывал, закрывал их и, наконец, отодвинув их от себя, облокотившись головой на руки, задумался.

Несколько раз Герасим осторожно заглядывал в кабинет и видел, что Пьер сидел в том же положении. Прошло более двух часов. Герасим позволил себе пошуметь в дверях, чтоб обратить на себя внимание Пьера. Пьер не слышал его.

– Извозчика отпустить прикажете?

– Ах, да, – очнувшись, сказал Пьер, поспешно вставая. – Послушай, – сказал он, взяв Герасима за пуговицу сюртука и сверху вниз блестящими, влажными, восторженными глазами глядя на старичка. – Послушай, ты знаешь, что завтра будет сражение?..

– Сказывали, – отвечал Герасим.

– Я прошу тебя никому не говорить, кто я. И сделай, что я скажу...

– Слушаюсь, – сказал Герасим. – Кушать прикажете?

– Нет, но мне другое нужно. Мне нужно крестьянское платье и пистолет, – сказал Пьер, неожиданно покраснев.

– Слушаю-с, – подумав, сказал Герасим.

Весь остаток этого дня Пьер провел один в кабинете благодетеля, беспокойно шагая из одного угла в другой, как слышал Герасим, и что-то сам с собой разговаривая, и ночевал на приготовленной ему тут же постели.

Герасим с привычкой слуги, видавшего много странных вещей на своем веку, принял переселение Пьера без удивления и, казалось, был доволен тем, что ему было кому услуживать. Он в тот же вечер, не спрашивая даже и самого себя, для чего это было нужно, достал Пьеру кафтан и шапку и обещал на другой день приобрести требуемый пистолет. Макар Алексеевич в этот вечер два раза, шлепая своими калошами, подходил к двери и останавливался, заискивающе глядя на Пьера. Но как только Пьер оборачивался к нему, он стыдливо и сердито запахивал свой халат и поспешно удалялся. В то время как Пьер в кучерском кафтане, приобретенном и выпаренном для него Герасимом, ходил с ним покупать пистолет у Сухаревой башни, он встретил Ростовых.

XIX

1-го сентября в ночь отдан приказ Кутузова об отступлении русских войск через Москву на Рязанскую дорогу.

Первые войска двинулись в ночь. Войска, шедшие ночью, не торопились и двигались медленно и степенно; но на рассвете двигавшиеся войска, подходя к Дорогомиловскому мосту, увидали впереди себя, на другой стороне, теснящиеся, спешащие по мосту и на той стороне поднимающиеся и запружающие улицы и переулки, и позади себя – напирающие, бесконечные массы войск. И беспричинная поспешность и тревога овладели войсками. Все бросилось вперед к мосту, на мост, в броды и в лодки. Кутузов велел обвезти себя задними улицами на ту сторону Москвы.

К десяти часам утра 2-го сентября в Дорогомиловском предместье оставались на просторе одни войска ариергарда. Армия была уже на той стороне Москвы и за Москвою.

В это же время, в десять часов утра 2-го сентября, Наполеон стоял между своими войсками на Поклонной горе и смотрел на открывавшееся перед ним зрелище. Начиная с 26-го августа и по 2-е сентября, от Бородинского сражения и до вступления неприятеля в Москву, во все дни этой тревожной, этой памятной недели стояла та необычайная, всегда удивляющая людей осенняя погода, когда низкое солнце греет жарче, чем весной, когда все блестит в редком, чистом воздухе так, что глаза режет, когда грудь крепнет и свежеет, вдыхая осенний пахучий воздух, когда ночи даже бывают теплые и когда в темных теплых ночах этих с неба беспрестанно, пугая и радуя, сыплются золотые звезды.

2-го сентября в десять часов утра была такая погода. Блеск утра был волшебный. Москва с Поклонной горы расстилалась просторно с своей рекой, своими садами и церквами и, казалось, жила своей жизнью, трепеща, как звезды, своими куполами в лучах солнца.

При виде странного города с невиданными формами необыкновенной архитектуры Наполеон испытывал то несколько завистливое и беспокойное любопытство, которое испытывают люди при виде форм не знающей о них, чуждой жизни. Очевидно, город этот жил всеми силами своей жизни. По тем неопределимым признакам, по которым на дальнем расстоянии безошибочно узнается живое тело от мертвого, Наполеон с Поклонной горы видел трепетание жизни в городе и чувствовал как бы дыхание этого большого и красивого тела.

– Cette ville asiatique aux innombrables églises, Moscou la sainte. La voilà donc enfin, cette fameuse ville! Il était temps[1], – сказал Наполеон и, слезши с лошади, велел разложить перед собою план этой Moscou и подозвал переводчика Lelorgne d'Ideville. "Une ville occupée par l'ennemi ressemble à une fille qui a perdu son honneur"[2], – думал он (как он и говорил это Тучкову в Смоленске). И с этой точки зрения он смотрел на лежавшую перед ним, невиданную еще им восточную красавицу. Ему странно было самому, что, наконец, свершилось его давнишнее, казавшееся ему невозможным, желание. В ясном утреннем свете он смотрел то на город, то на план, проверяя подробности этого города, и уверенность обладания волновала и ужасала его.

"Но разве могло быть иначе? – подумал он. – Вот она, эта столица, у моих ног, ожидая судьбы своей. Где теперь Александр и что думает он? Странный, красивый, величественный город! И странная и величественная эта минута! В каком свете представляюсь я им! – думал он о своих войсках. – Вот она, награда для всех этих маловерных, – думал он, оглядываясь на приближенных и на подходившие и строившиеся войска. – Одно мое слово, одно движение моей руки, и погибла эта древняя столица des Czars. Mais ma clémence est toujours prompte à descendre sur les vaincus[3]. Я должен быть великодушен и истинно велик. Но нет, это неправда, что я в Москве, – вдруг приходило ему в голову. – Однако вот она лежит у моих ног, играя и дрожа золотыми куполами и крестами в лучах солнца. Но я пощажу ее. На древних памятниках варварства и деспотизма я напишу великие слова справедливости и милосердия... Александр больнее все-

1 Этот азиатский город с бесчисленными церквами, Москва, святая их Москва! Вот он, наконец, этот знаменитый город! Пора!

2 Город, занятый неприятелем, подобен девушке, потерявшей невинность.

3 царей. Но мое милосердие всегда готово низойти к побежденным.

го поймет именно это, я знаю его. (Наполеону казалось, что главное значение того, что совершалось, заключалось в личной борьбе его с Александром.) С высот Кремля, – да, это Кремль, да, – я дам им законы справедливости, я покажу им значение истинной цивилизации, я заставлю поколения бояр с любовью поминать имя своего завоевателя. Я скажу депутации, что я не хотел и не хочу войны; что я вел войну только с ложной политикой их двора, что я люблю и уважаю Александра и что приму условия мира в Москве, достойные меня и моих народов. Я не хочу воспользоваться счастьем войны для унижения уважаемого государя. Бояре – скажу я им: я не хочу войны, а хочу мира и благоденствия всех моих подданных. Впрочем, я знаю, что присутствие их воодушевит меня, и я скажу им, как я всегда говорю: ясно, торжественно и велико. Но неужели это правда, что я в Москве? Да, вот она!"

– Qu'on m'amène les boyards[1], – обратился он к свите. Генерал с блестящей свитой тотчас же поскакал за боярами.

Прошло два часа. Наполеон позавтракал и опять стоял на том же месте на Поклонной горе, ожидая депутацию. Речь его к боярам уже ясно сложилась в его воображении. Речь эта была исполнена достоинства и того величия, которое понимал Наполеон.

Тот тон великодушия, в котором намерен был действовать в Москве Наполеон, увлек его самого. Он в воображении своем назначал дни réunion dans le palais des Czars[2], где должны были сходиться русские вельможи с вельможами французского императора. Он назначал мысленно губернатора, такого, который бы сумел привлечь к себе население. Узнав о том, что в Москве много богоугодных заведений, он в воображении своем решал, что все эти заведения будут осыпаны его милостями. Он думал, что как в Африке надо было сидеть в бурнусе в мечети, так в Москве надо было быть милостивым, как цари. И, чтобы окончательно тро-

1 приведите бояр.
2 собраний во дворце царей.

нуть сердца русских, он, как и каждый француз, не могущий себе вообразить ничего чувствительного без упоминания о *ma chère, ma tendre, ma pauvre mère*[1], он решил, что на всех этих заведениях он велит написать большими буквами: Etablissement dédié à ma chère Mère. Нет, просто: Maison de ma Mère[2], – решил он сам с собою. "Но неужели я в Москве? Да, вот она передо мной. Но что же так долго не является депутация города?" – думал он.

Между тем в задах свиты императора происходило шепотом взволнованное совещание между его генералами и маршалами. Посланные за депутацией вернулись с известием, что Москва пуста, что все уехали и ушли из нее. Лица совещавшихся были бледны и взволнованны. Не то, что Москва была оставлена жителями (как ни важно казалось это событие), пугало их, но их пугало то, каким образом объявить о том императору, каким образом, не ставя его величество в то страшное, называемое французами ridicule[3], положение, объявить ему, что он напрасно ждал бояр так долго, что есть толпы пьяных, но никого больше. Одни говорили, что надо было во что бы то ни стало собрать хоть какую-нибудь депутацию, другие оспаривали это мнение и утверждали, что надо, осторожно и умно приготовив императора, объявить ему правду.

– Il faudra le lui dire tout de même... – говорили господа свиты. – Mais, messieurs...[4] – Положение было тем тяжеле, что император, обдумывая свои планы великодушия, терпеливо ходил взад и вперед перед планом, посматривая изредка из-под руки по дороге в Москву и весело и гордо улыбаясь.

– Mais c'est impossible...[5] – пожимая плечами, говорили господа свиты, не решаясь выговорить подразумеваемое страшное слово: le ridicule...

1 *моей милой, нежной, бедной матери.*
2 Учреждение, посвященное моей милой матери. Дом моей матери.
3 смешным. – *Ред.*
4 Однако же надо сказать ему... Но, господа...
5 Но неловко... Невозможно...

Между тем император, уставши от тщетного ожидания и своим актерским чутьем чувствуя, что величественная минута, продолжаясь слишком долго, начинает терять свою величественность, подал рукою знак. Раздался одинокий выстрел сигнальной пушки, и войска, с разных сторон обложившие Москву, двинулись в Москву, в Тверскую, Калужскую и Дорогомиловскую заставы. Быстрее и быстрее, перегоняя одни других, беглым шагом и рысью, двигались войска, скрываясь в поднимаемых ими облаках пыли и оглашая воздух сливающимися гулами криков.

Увлеченный движением войск, Наполеон доехал с войсками до Дорогомиловской заставы, но там опять остановился и, слезши с лошади, долго ходил у Камерколлежского вала, ожидая депутации.

XX

Москва между тем была пуста. В ней были еще люди, в ней оставалась еще пятидесятая часть всех бывших прежде жителей, но она была пуста. Она была пуста, как пуст бывает домирающий, обезматочивший улей.

В обезматочившем улье уже нет жизни, но на поверхностный взгляд он кажется таким же живым, как и другие.

Так же весело в жарких лучах полуденного солнца вьются пчелы вокруг обезматочившего улья, как и вокруг других живых ульев; так же издалека пахнет от него медом, так же влетают и вылетают из него пчелы. Но стоит приглядеться к нему, чтобы понять, что в улье этом уже нет жизни. Не так, как в живых ульях, летают пчелы, не тот запах, не тот звук поражают пчеловода. На стук пчеловода в стенку больного улья вместо прежнего, мгновенного, дружного ответа, шипенья десятков тысяч пчел, грозно поджимающих зад и быстрым боем крыльев производящих этот воздушный жизненный звук, — ему отвечают разрозненные жужжания, гулко раздающиеся в разных местах пустого улья. Из летка не пахнет, как прежде, спиртовым, душистым запахом меда и яда, не несет оттуда теплом полноты, а с запахом меда сливается запах пустоты и гнили. У летка нет больше готовящихся на погибель для защиты, поднявших кверху зады, трубящих тревогу стражей. Нет больше того ровного и тихого звука, трепетанья труда, подобного звуку кипенья, а слышится нескладный, разрозненный шум беспорядка. В улей и из улья робко и увертливо влетают и вылетают черные продолговатые, смазанные медом пчелы-грабительницы; они не жалят, а ускользают от опасности. Прежде только с ношами влетали, а вылетали пустые пчелы, теперь вылетают с ношами. Пчеловод открывает нижнюю колодезню и вглядывается в нижнюю часть улья. Вместо прежде висевших до уза (нижнего дна) черных, усмиренных трудом плетей сочных пчел, держащих за ноги друг друга и с непрерывным шепотом труда тянущих вощину, – сонные, ссохшиеся пчелы в разные стороны бредут рассеянно по дну и стенкам улья. Вместо чисто залепленного клеем и сметенного веерами крыльев пола на дне лежат крошки вощин, испражнения пчел, полумертвые, чуть шевелящие ножками и совершенно мертвые, неприбранные пчелы.

Пчеловод открывает верхнюю колодезню и осматривает голову улья. Вместо сплошных рядов пчел, облепивших все промежутки сотов и греющих детву, он видит искусную, сложную работу сотов, но уже не в том виде девственности, в котором она бывала прежде. Все запущено и загажено. Грабительницы – черные пчелы – шныряют быстро и украдисто по работам; свои пчелы, ссохшиеся, короткие, вялые, как будто старые, медленно бродят, никому не мешая, ничего не желая и потеряв сознание жизни. Трутни, шершни, шмели, бабочки бестолково стучатся на лету о стенки улья. Кое-где между вощинами с мертвыми детьми и медом изредка слышится с разных сторон сердитое брюзжание; где-нибудь две пчелы, по старой привычке и памяти очищая гнездо улья, старательно, сверх сил, тащат прочь мертвую пчелу или шмеля, сами не зная, для чего они это делают. В другом углу другие две старые пчелы лениво дерутся, или чистятся, или кормят одна другую, сами не зная, враждебно или дружелюбно они это делают. В третьем месте толпа пчел, давя друг друга, нападает на какую-нибудь жертву и бьет и душит ее. И ослабевшая или убитая пчела медленно, легко, как пух, спадает сверху в кучу трупов. Пчеловод разворачивает две средние вощины, чтобы видеть гнездо. Вместо прежних сплошных черных кругов спинка с спинкой сидящих тысяч пчел и блюдущих высшие тайны родного дела, он видит сотни унылых, полуживых и заснувших остовов пчел. Они почти все умерли, сами не зная этого, сидя на святыне, которую они блюли и которой уже нет больше. От них пахнет гнилью и смертью. Только некоторые из них шевелятся, поднимаются, вяло летят и садятся на руку врагу, не в силах умереть, жаля его, – остальные, мертвые, как рыбья чешуя, легко сыплются вниз. Пчеловод закрывает колодезню, отмечает мелом колодку и, выбрав время, выламывает и выжигает ее.

Так пуста была Москва, когда Наполеон, усталый, беспокойный и нахмуренный, ходил взад и вперед у Камерколлежского вала, ожидая того хотя внешнего, но необходимого, по его понятиям, соблюдения приличий, – депутации.

В разных углах Москвы только бессмысленно еще шевелились люди, соблюдая старые привычки и не понимая того, что они делали.

Когда Наполеону с должной осторожностью было объявлено, что Москва пуста, он сердито взглянул на доносившего об этом и, отвернувшись, продолжал ходить молча.

– Подать экипаж, – сказал он. Он сел в карету рядом с дежурным адъютантом и поехал в предместье.

– “Moscou déserte. Quel événement invraisemblable!”[1] – говорил он сам с собой.

Он не поехал в город, а остановился на постоялом дворе Дорогомиловского предместья.

Le coup de théâtre avait raté[2].

1 “Москва пуста. Какое невероятное событие!”
2 Не удалась развязка театрального представления.

XXI

Русские войска проходили через Москву с двух часов ночи и до двух часов дня и увлекали за собой последних уезжавших жителей и раненых.

Самая большая давка во время движения войск происходила на мостах Каменном, Москворецком и Яузском.

В то время как, раздвоившись вокруг Кремля, войска сперлись на Москворецком и Каменном мостах, огромное число солдат, пользуясь остановкой и теснотой, возвращались назад от мостов и украдчиво и молчаливо прошныривали мимо Василия Блаженного и под Боровицкие ворота назад в гору, к Красной площади, на которой по какому-то чутью они чувствовали, что можно брать без труда чужое. Такая же толпа людей, как на дешевых товарах, наполняла Гостиный двор во всех его ходах и переходах. Но не было ласково-приторных, заманивающих голосов гостинодворцев, не было разносчиков и пестрой женской толпы покупателей – одни были мундиры и шинели солдат без ружей, молчаливо с ношами выходивших и без ноши входивших в ряды. Купцы и сидельцы (их было мало), как потерянные, ходили между солдатами, отпирали и запирали свои лавки и сами с молодцами куда-то выносили свои товары. На площади у Гостиного двора стояли барабанщики и били сбор. Но звук барабана заставлял солдат-грабителей не, как прежде, сбегаться на зов, а, напротив, заставлял их отбегать дальше от барабана. Между солдатами, по лавкам и проходам, виднелись люди в серых кафтанах и с бритыми головами. Два офицера, один в шарфе по мундиру, на худой темно-серой лошади, другой в шинели, пешком, стояли у угла Ильинки и о чем-то говорили. Третий офицер подскакал к ним.

– Генерал приказал во что бы то ни стало сейчас выгнать всех. Что ж, это ни на что не похоже! Половина людей разбежалась.

– Ты куда?.. Вы куда?.. – крикнул он на трех пахотных солдат, которые, без ружей, подобрав полы шинелей, проскользнули мимо него в ряды. – Стой, канальи!

– Да, вот извольте их собрать! – отвечал другой офицер. – Их не соберешь; надо идти скорее, чтобы последние не ушли, вот и всё!

– Как же идти? там стали, сперлися на мосту и не двигаются. Или цепь поставить, чтобы последние не разбежались?

– Да подите же туда! Гони ж их вон! – крикнул старший офицер.

Офицер в шарфе слез с лошади, кликнул барабанщика и вошел с ним вместе под арки. Несколько солдат бросилось бежать толпой. Купец, с красными прыщами по щекам около носа, с спокойно-непоколебимым выражением расчета на сытом лице, поспешно и щеголевато, размахивая руками, подошел к офицеру.

– Ваше благородие, – сказал он, – сделайте милость, защитите. Нам не расчет пустяк какой ни на есть, мы с нашим удовольствием! Пожалуйте, сукна сейчас вынесу, для благородного человека хоть два куска, с нашим удовольствием! Потому мы чувствуем, а это что ж, один разбой! Пожалуйте! Караул, что ли, бы приставили, хоть запереть дали бы...

Несколько купцов столпилось около офицера.

– Э! попусту брехать-то! – сказал один из них, худощавый, с строгим лицом. – Снявши голову, по волосам не плачут. Бери, что кому любо! – И он энергическим жестом махнул рукой и боком повернулся к офицеру.

– Тебе, Иван Сидорыч, хорошо говорить, – сердито заговорил первый купец. – Вы пожалуйте, ваше благородие.

– Что говорить! – крикнул худощавый. – У меня тут в трех лавках на сто тысяч товару. Разве убережешь, когда войско ушло. Эх, народ, Божию власть не руками складть!

– Пожалуйте, ваше благородие, – говорил первый купец, кланяясь. Офицер стоял в недоумении, и на лице его видна была нерешительность.

– Да мне что за дело! – крикнул он вдруг и пошел быстрыми шагами вперед по ряду. В одной отпертой лавке слышались удары и ругательства, и в то время как офицер подходил к ней, из двери выскочил вытолкнутый человек в сером армяке и с бритой головой.

Человек этот, согнувшись, проскочил мимо купцов и офицера. Офицер напустился на солдат, бывших в лавке. Но в это время страшные крики огромной толпы послышались на Москворецком мосту, и офицер выбежал на площадь.

– Что такое? Что такое? – спрашивал он, но товарищ его уже скакал по направлению к крикам, мимо Василия Блаженного. Офицер сел верхом и поехал за ним. Когда он подъехал к мосту, он увидал снятые с передков две пушки, пехоту, идущую по мосту, несколько поваленных телег, несколько испуганных лиц и смеющиеся лица солдат. Подле пушек стояла одна повозка, запряженная парой. За повозкой сзади колес жались четыре борзые собаки в ошейниках. На повозке была гора вещей, и на самом верху, рядом с детским, кверху ножками перевернутым стульчиком сидела баба, пронзительно и отчаянно визжавшая. Товарищи рассказывали офицеру, что крик толпы и визги бабы произошли оттого, что наехавший на эту толпу генерал Ермолов, узнав, что солдаты разбредаются по лавкам, а толпы жителей запружают мост, приказал снять орудия с передков и сделать пример, что он будет стрелять по мосту. Толпа, валя повозки, давя друг друга, отчаянно кричала, теснясь, расчистила мост, и войска двинулись вперед.

XXXII

В самом городе между тем было пусто. По улицам никого почти не было. Ворота и лавки все были заперты; кое-где около кабаков слышались одинокие крики или пьяное пенье. Никто не ездил по улицам, и редко слышались шаги пешеходов. На Поварской было совершенно тихо и пустынно. На огромном дворе дома Ростовых валялись объедки сена, помет съехавшего обоза и не было видно ни одного человека. В оставшемся со всем своим добром доме Ростовых два человека были в большой гостиной. Это были дворник Игнат и казачок Мишка, внук Васильича, оставшийся в

Москве с дедом. Мишка, открыв клавикорды, играл на них одним пальцем. Дворник, подбоченившись и радостно улыбаясь, стоял пред большим зеркалом.

— Вот ловко-то! А? Дядюшка Игнат! — говорил мальчик, вдруг начиная хлопать обеими руками по клавишам.

— Ишь ты! — отвечал Игнат, дивуясь на то, как все более и более улыбалось его лицо в зеркале.

— Бессовестные! Право, бессовестные! — заговорил сзади их голос тихо вошедшей Мавры Кузминишны. — Эка, толсторожий, зубы-то скалит. На это вас взять! Там все не прибрано, Васильич с ног сбился. Дай срок!

Игнат, поправляя поясок, перестав улыбаться и покорно опустив глаза, пошел вон из комнаты.

— Тетенька, я полегоньку, — сказал мальчик.

— Я те дам полегоньку. Постреленок! — крикнула Мавра Кузминишна, замахиваясь на него рукой. — Иди деду самовар ставь.

Мавра Кузминишна, смахнув пыль, закрыла клавикорды и, тяжело вздохнув, вышла из гостиной и заперла входную дверь.

Выйдя на двор, Мавра Кузминишна задумалась о том, куда ей идти теперь; пить ли чай к Васильичу во флигель, или в кладовую прибрать то, что еще не было прибрано?

В тихой улице послышались быстрые шаги. Шаги остановились у калитки; щеколда стала стучать под рукой, старавшейся отпереть ее.

Мавра Кузминишна подошла к калитке,

— Кого надо?

— Графа, графа Илью Андреича Ростова.

— Да вы кто?

— Я офицер. Мне бы видеть нужно, — сказал русский приятный и барский голос.

Мавра Кузминишна отперла калитку. И на двор вошел лет восемнадцати круглолицый офицер, типом лица похожий на Ростовых.

— Уехали, батюшка. Вчерашнего числа в вечерни изволили уехать, — ласково сказала Мавра Кузминишна.

Молодой офицер, стоя в калитке, как бы в нерешительности войти или не войти ему, пощелкал языком.

– Ах, какая досада!.. – проговорил он. – Мне бы вчера... Ах, как жалко!..

Мавра Кузминишна между тем внимательно и сочувственно разглядывала знакомые ей черты ростовской породы в лице молодого человека, и изорванную шинель, и стоптанные сапоги, которые были на нем.

– Вам зачем же графа надо было? – спросила она.

– Да уж... что делать! – с досадой проговорил офицер и взялся за калитку, как бы намереваясь уйти. Он опять остановился в нерешительности.

– Видите ли? – вдруг сказал он. – Я родственник графу, и он всегда очень добр был ко мне. Так вот, видите ли (он с доброй и веселой улыбкой посмотрел на свой плащ и сапоги), и обносился, и денег ничего нет; так я хотел попросить графа...

Мавра Кузминишна не дала договорить ему.

– Вы минуточку бы повременили, батюшка. Одною минуточку, – сказала она. И как только офицер отпустил руку от калитки, Мавра Кузминишна повернулась и быстрым старушечьим шагом пошла на задний двор к своему флигелю.

В то время как Мавра Кузминишна бегала к себе, офицер, опустив голову и глядя на свои прорванные сапоги, слегка улыбаясь, прохаживался по двору. "Как жалко, что я не застал дядюшку. А славная старушка! Куда она побежала? И как бы мне узнать, какими улицами мне ближе догнать полк, который теперь должен подходить к Рогожской?" – думал в это время молодой офицер. Мавра Кузминишна с испуганным и вместе решительным лицом, неся в руках свернутый клетчатый платочек, вышла из-за угла. Не доходя несколько шагов, она, развернув платок, вынула из него белую двадцатипятирублевую ассигнацию и поспешно отдала ее офицеру.

– Были бы их сиятельство дома, известно бы, они бы, точно, по-родственному, а вот может... теперича... – Мавра Кузминишна заробела и смешалась. Но офицер, не отказываясь и не торопясь, взял бумажку и поблагодарил Мавру Кузминишну. – Как бы граф дома были, – извиняясь, все говорила Мавра Кузминишна. – Христос с вами, батюшка! Спаси вас Бог, – говорила Мавра Кузминишна, кланяясь и провожая его. Офицер, как бы смеясь над собою, улыбаясь и покачивая головой, почти рысью побежал по пустым улицам догонять свой полк к Яузскому мосту.

А Мавра Кузминишна еще долго с мокрыми глазами стояла перед затворенной калиткой, задумчиво покачивая головой и чувствуя неожиданный прилив материнской нежности и жалости к неизвестному ей офицерику.

XXIII

В недостроенном доме на Варварке, внизу которого был питейный дом, слышались пьяные крики и песни. На лавках у столов в небольшой грязной комнате сидело человек десять фабричных. Все они, пьяные, потные, с мутными глазами, напруживаясь и широко разевая рты, пели какую-то песню. Они пели врозь, с трудом, с усилием, очевидно не для того, что им хотелось петь, но для того только, чтобы доказать, что они пьяны и гуляют. Один из них, высокий белокурый малый в чистой синей чуйке, стоял над ними. Лицо его с тонким прямым носом было бы красиво, ежели бы не тонкие, поджатые, беспрестанно двигающиеся губы и мутные и нахмуренные, неподвижные глаза. Он стоял над теми, которые пели, и, видимо воображая себе что-то, торжественно и угловато размахивал над их головами засученной по локоть белой рукой, грязные пальцы которой он неестественно старался растопыривать. Рукав его чуйки беспрестанно спускался, и малый старательно левой рукой опять засучивал его, как будто что-то было особенно важное в том, чтобы эта белая жилистая махавшая рука была непременно голая. В середине песни в сенях и на крыльце послышались крики драки и удары. Высокий малый махнул рукой.

– Шабаш! – крикнул он повелительно. – Драка, ребята! – И он, не переставая засучивать рукав, вышел на крыльцо.

Фабричные пошли за ним. Фабричные, пившие в кабаке в это утро под предводительством высокого малого, принесли целовальнику кожи с фабрики, и за это им было дано вино. Кузнецы из соседних кузень, услыхав гульбу в кабаке и полагая, что кабак разбит, силой хотели ворваться в него. На крыльце завязалась драка.

Целовальник в дверях дрался с кузнецом, и в то время как выходили фабричные, кузнец оторвался от целовальника и упал лицом на мостовую.

Другой кузнец рвался в дверь, грудью наваливаясь на целовальника.

Малый с засученным рукавом на ходу еще ударил в лицо рвавшегося в дверь кузнеца и дико закричал:

– Ребята! наших бьют!

В это время первый кузнец поднялся с земли и, расцарапывая кровь на разбитом лице, закричал плачущим голосом:

– Караул! Убили!.. Человека убили! Братцы!..

– Ой, батюшки, убили до смерти, убили человека! – завизжала баба, вышедшая из соседних ворот. Толпа народа собралась около окровавленного кузнеца.

– Мало ты народ-то грабил, рубахи снимал, – сказал чей-то голос, обращаясь к целовальнику, – что ж ты человека убил? Разбойник!

Высокий малый, стоя на крыльце, мутными глазами водил то на целовальника, то на кузнецов, как бы соображая, с кем теперь следует драться.

– Душегуб! – вдруг крикнул он на целовальника. – Вяжи его, ребята!

– Как же, связал одного такого-то! – крикнул целовальник, отмахнувшись от набросившихся на него людей, и, сорвав с себя шапку, он бросил ее на землю. Как будто действие это имело какое-то таинственно угрожающее значение, фабричные, обступившие целовальника, остановились в нерешительности.

– Порядок-то я, брат, знаю очень прекрасно. Я до частного дойду. Ты думаешь, не дойду? Разбойничать-то нонче никому не велят! – прокричал целовальник, поднимая шапку.

– И пойдем, ишь ты! И пойдем... ишь ты! – повторяли друг за другом целовальник и высокий малый, и оба вместе двинулись вперед по улице. Окровавленный кузнец шел рядом с ними. Фабричные и посторонний народ с говором и криком шли за ними.

У угла Маросейки, против большого с запертыми ставнями дома, на котором была вывеска сапожного мастера, стояли с унылыми лицами человек двадцать сапожников, худых, истомленных людей в халатах и оборванных чуйках.

– Он народ разочти как следует! – говорил худой мастеровой с жидкой бородой и нахмуренными бровями. – А что ж, он нашу кровь сосал – да и квит. Он нас водил, водил – всю неделю. А теперь довел до последнего конца, а сам уехал.

Увидав народ и окровавленного человека, говоривший мастеровой замолчал, и все сапожники с поспешным любопытством присоединились к двигавшейся толпе.

– Куда идет народ-то?

– Известно куда, к начальству идет.

– Что ж, али взаправду наша не взяла сила?

– А ты думал как! Гляди-ко, что народ говорит.

Слышались вопросы и ответы. Целовальник, воспользовавшись увеличением толпы, отстал от народа и вернулся к своему кабаку.

Высокий малый, не замечая исчезновения своего врага целовальника, размахивая оголенной рукой, не переставал говорить, обращая тем на себя общее внимание. На него-то преимущественно жался народ, предполагая от него получить разрешение занимавших всех вопросов.

– Он покажи порядок, закон покажи, на то начальство поставлено! Так ли я говорю, православные? – говорил высокий малый, чуть заметно улыбаясь.

– Он думает, и начальства нет? Разве без начальства можно? А то грабить-то мало ли их.

– Что пустое говорить! – отзывалось в толпе. – Как же, так и бросят Москву-то! Тебе на смех сказали, а ты и поверил. Мало ли войсков наших идет. Так его и пустили! На то начальство. Вон послушай, что народ-то бает, – говорили, указывая на высокого малого.

У стены Китай-города другая небольшая кучка людей окружала человека в фризовой шинели, держащего в руках бумагу.

– Указ, указ читают! Указ читают! – послышалось в толпе, и народ хлынул к чтецу.

Человек в фризовой шинели читал афишку от 31-го августа. Когда толпа окружила его, он как бы смутился, но на требование высокого малого, протеснившегося до него, он с легким дрожанием в голосе начал читать афишку сначала.

"Я завтра рано еду к светлейшему князю, – читал он (светлеющему! – торжественно, улыбаясь ртом и хмуря брови, повторил высокий малый), – чтобы с ним переговорить, действовать и помогать войскам истреблять злодеев; станем и мы из них дух... – продолжал чтец и остановился ("Видал? – победоносно прокричал малый. – Он тебе всю дистанцию развяжет..."))... – искоренять и этих гостей к черту отправлять; я приеду назад к обеду, и примемся за дело, сделаем, доделаем и злодеев отделаем".

Последние слова были прочтены чтецом в совершенном молчании. Высокий малый грустно опустил голову. Очевидно было, что никто не понял этих последних слов. В особенности слова: "я приеду завтра к обеду", видимо, даже огорчили и чтеца и слушателей. Понимание народа было настроено на высокий лад, а это было слишком просто и ненужно понятно; это было то самое, что каждый из них мог бы сказать и что поэтому не мог говорить указ, исходящий от высшей власти.

Все стояли в унылом молчании. Высокий малый водил губами и пошатывался.

– У него спросить бы!.. Это сам и есть?.. Как же, успросил!.. А то что ж... Он укажет... – вдруг послышалось в задних рядах толпы, и общее внимание обратилось на выезжавшие на площадь дрожки полицеймейстера, сопутствуемого двумя конными драгунами.

Полицеймейстер, ездивший в это утро по приказанию графа сжигать барки и, по случаю этого поручения, выручивший большую сумму денег, находившуюся у него в эту минуту в кармане, увидав двинувшуюся к нему толпу людей, приказал кучеру остановиться.

– Что за народ? – крикнул он на людей, разрозненно и робко приближавшихся к дрожкам. – Что за народ? Я вас спрашиваю? – повторил полицеймейстер, не получавший ответа.

– Они, ваше благородие, – сказал приказный во фризовой шинели, – они, ваше высокородие, по объявлению сиятельнейшего графа, не щадя живота, желали послужить, а не то чтобы бунт какой, как сказано от сиятельнейшего графа...

– Граф не уехал, он здесь, и об вас распоряжение будет, – сказал полицеймейстер. – Пошел! – сказал он кучеру. Толпа остановилась, скучиваясь около тех, которые слышали то, что сказало начальство, и глядя на отъезжающие дрожки.

Полицеймейстер в это время испуганно оглянулся, что-то сказал кучеру, и лошади его поехали быстрее.

– Обман, ребята! Веди к самому! – крикнул голос высокого малого. – Не пущай, ребята! Пущай отчет подаст! Держи! – закричали голоса, и народ бегом бросился за дрожками.

Толпа за полицеймейстером с шумным говором направилась на Лубянку.

– Что ж, господа да купцы повыехали, а мы за то и пропадаем? Что ж, мы собаки, что ль! – слышалось чаще в толпе.

XXIV

Вечером 1-го сентября, после своего свидания с Кутузовым, граф Растопчин, огорченный и оскорбленный тем, что его не пригласили на военный совет, что Кутузов не обращал никакого внимания на его предложение принять участие в защите столицы, и удивленный новым открывшимся ему в лагере взглядом, при котором вопрос о спокойствии столицы и о патриотическом ее настроении оказывался не только второстепенным, но совершенно ненужным и ничтожным, – огорченный, оскорбленный и удивленный всем этим, граф Растопчин вернулся в Москву. Поужинав, граф, не раздеваясь, прилег на канапе и в первом часу был разбужен курьером, который привез ему письмо от Кутузова. В письме говорилось, что так как войска отступают на Рязанскую дорогу за Москву, то не угодно ли графу выслать полицейских чиновников для проведения войск через город. Известие это не было новостью для Растопчина. Не только со вчерашнего свиданья с Кутузовым на Поклонной горе, но и с самого Бородинского сражения, когда все приезжавшие в Москву генералы в один голос говорили, что нельзя дать еще сражения, и когда с разрешения графа каждую ночь уже вывозили казенное имущество и жители до половины повыехали, – граф Растопчин знал, что Москва будет оставлена; но тем не менее известие это, сообщенное в форме простой записки с приказанием от Кутузова и полученное ночью, во время первого сна, удивило и раздражило графа.

Впоследствии, объясняя свою деятельность за это время, граф Растопчин в своих записках несколько раз писал, что у него тогда было две важные цели: De maintenir la tranquillité à Moscou et d'en faire partir les habitants[1]. Если допустить эту двоякую цель, всякое действие Растопчина оказывается безукоризненным. Для чего не вывезена московская святыня, оружие, патроны, порох, запасы хлеба, для чего тысячи жителей обмануты тем, что Москву не сдадут, и разорены? – Для того, чтобы соблюсти спокойствие в столице, отвечает объяснение графа Растопчина. Для чего вывозились кипы ненужных бумаг из присутственных мест и шар Леппиха и другие предметы? – Для того, чтобы оставить город пустым, отвечает объяснение графа Растопчи-

1 Сохранить спокойствие в Москве и выпроводить из нее жителей.

на. Стóит только допустить, что что-нибудь угрожало народному спокойствию, и всякое действие становится оправданным.

Все ужасы террора основывались только на заботе о народном спокойствии.

На чем же основывался страх графа Растопчина о народном спокойствии в Москве в 1812 году? Какая причина была предполагать в городе склонность к возмущению? Жители уезжали, войска, отступая, наполняли Москву. Почему должен был вследствие этого бунтовать народ?

Не только в Москве, но во всей России при вступлении неприятеля не произошло ничего похожего на возмущение. 1-го, 2-го сентября более десяти тысяч людей оставалось в Москве, и, кроме толпы, собравшейся на дворе главнокомандующего и привлеченной им самим, – ничего не было. Очевидно, что еще менее надо было ожидать волнения в народе, ежели бы после Бородинского сражения, когда оставление Москвы стало очевидно, или по крайней мере вероятно, – ежели бы тогда вместо того, чтобы волновать народ раздачей оружия и афишами, Растопчин принял меры к вывозу всей святыни, пороху, зарядов и денег и прямо объявил бы народу, что город оставляется.

Растопчин, пылкий, сангвинический человек, всегда вращавшийся в высших кругах администрации, хотя и с патриотическим чувством, не имел ни малейшего понятия о том народе, которым он думал управлять. С самого начала вступления неприятеля в Смоленск Растопчин в воображении своем составил для себя роль руководителя народного чувства – сердца России. Ему не только казалось (как это кажется каждому администратору), что он управлял внешними действиями жителей Москвы, но ему казалось, что он руководил их настроением посредством своих воззваний и афиш, писанных тем ёрническим языком, который в своей среде презирает народ и которого он не понимает, когда слышит его сверху. Красивая роль руководителя народного чувства так понравилась Растопчину, он так сжился с нею, что необходимость выйти из этой роли, необходимость оставления Москвы без всякого героического эффекта застала его врасплох, и он вдруг потерял из-под ног почву, на которой стоял, и решительно не знал, что ему делать. Он хотя и знал, но не верил всею душою до последней минуты в оставление Москвы и ничего не делал с этой целью. Жители выезжали против его желания. Ежели вывозили присутственные места, то только по требованию чиновников, с которыми неохотно соглашался граф. Сам же он был занят только тою ролью, которую он для себя сделал. Как это часто бывает с людьми, одаренными пылким воображением, он знал уже давно, что Москву оставят, но знал только по рассужденью, но всей душой не верил в это, не перенесся воображением в это новое положение.

Вся деятельность его, старательная и энергическая (насколько она была полезна и отражалась на народ – это другой вопрос), вся деятельность его была направлена только на то, чтобы возбудить в жителях то чувство, которое он сам испытывал, – патриотическую ненависть к французам и уверенность в себе.

Но когда событие принимало свои настоящие, исторические размеры, когда оказалось недостаточным только словами выражать свою ненависть к французам, когда нельзя было даже сражением выразить эту ненависть, когда уверенность в себе оказалась бесполезною по отношению к одному вопросу Москвы, когда все население как один человек, бросая свои имущества, потекло вон из Москвы, показывая этим отрицательным действием всю силу своего народного чувства, – тогда роль, выбранная Растопчиным, оказалась вдруг бессмысленной. Он почувствовал себя вдруг одиноким, слабым и смешным, без почвы под ногами.

Получив, пробужденный от сна, холодную и повелительную записку от Кутузова, Растопчин почувствовал себя тем более раздраженным, чем более он чувствовал себя виновным. В Москве оставалось все то, что именно было поручено ему, все то казенное, что ему должно было вывезти. Вывезти все не было возможности.

"Кто же виноват в этом, кто допустил до этого? – думал он. – Разумеется, не я. У меня все было готово, я держал Москву вот как! И вот до чего они довели дело! Мерзавцы, изменники!" – думал он, не определяя хорошенько того, кто были эти мерзавцы и изменники, но чувствуя необходимость ненавидеть этих кого-то изменников, которые были виноваты в том фальшивом и смешном положении, в котором он находился.

Всю эту ночь граф Растопчин отдавал приказания, за которыми со всех сторон Москвы приезжали к нему. Приближенные никогда не видали графа столь мрачным и раздраженным.

"Ваше сиятельство, из вотчинного департамента пришли, от директора за приказаниями... Из консистории, из сената, из университета, из воспитательного дома, викарный прислал... спрашивает... О пожарной команде как прикажете? Из острога смотритель... из желтого дома смотритель..." – всю ночь, не переставая, докладывали графу.

На все эти вопросы граф давал короткие и сердитые ответы, показывавшие, что приказания его теперь не нужны, что все старательно подготовленное им дело теперь испорчено кем-то и что этот кто-то будет нести всю ответственность за все то, что произойдет теперь.

– Ну, скажи ты этому болвану, – отвечал он на запрос от вотчинного департамента, – чтоб он оставался караулить свои бумаги. Ну что ты спрашиваешь вздор о пожарной команде? Есть лошади – пускай едут во Владимир. Не французам оставлять.

– Ваше сиятельство, приехал надзиратель из сумасшедшего дома, как прикажете?

– Как прикажу? Пускай едут все, вот и всё... А сумасшедших выпустить в городе. Когда у нас сумасшедшие армиями командуют, так этим и Бог велел.

На вопрос о колодниках, которые сидели в яме, граф сердито крикнул на смотрителя:

– Что ж, тебе два батальона конвоя дать, которого нет? Пустить их, и всё!

– Ваше сиятельство, есть политические: Мешков, Верещагин.

– Верещагин! Он еще не повешен? – крикнул Растопчин. – Привести его ко мне.

XXV

К девяти часам утра, когда войска уже двинулись через Москву, никто больше не приходил спрашивать распоряжений графа. Все, кто мог ехать, ехали сами собой; те, кто оставались, решали сами с собой, что им надо было делать.

Граф велел подавать лошадей, чтобы ехать в Сокольники, и, нахмуренный, желтый и молчаливый, сложив руки, сидел в своем кабинете.

Каждому администратору в спокойное, не бурное время кажется, что только его усилиями движется все ему подведомственное народонаселение, и в этом сознании своей необходимости каждый администратор чувствует главную награду за свои труды и усилия. Понятно, что до тех пор, пока историческое море спокойно, правителю-администратору, с своей утлой лодочкой упирающемуся шестом в корабль народа и самому двигающемуся, должно казаться, что его усилиями двигается корабль, в который он упирается. Но стоит подняться буре, взволноваться морю и двинуться самому кораблю, и тогда уж заблуждение невозможно. Корабль идет своим громадным, независимым ходом, шест не достает до двинувшегося корабля, и правитель вдруг из положения властителя, источника силы, переходит в ничтожного, бесполезного и слабого человека.

Растопчин чувствовал это, и это-то раздражало его.

Полицеймейстер, которого остановила толпа, вместе с адъютантом, который пришел доложить, что лошади готовы, вошли к графу. Оба были бледны, и полицеймейстер, передав об исполнении своего поручения, сообщил, что на дворе графа стояла огромная толпа народа, желавшая его видеть.

Растопчин, ни слова не отвечая, встал и быстрыми шагами направился в свою роскошную светлую гостиную, подошел к двери балкона, взялся за ручку, оставил ее и перешел к окну, из которого виднее была вся толпа. Высокий малый стоял в передних рядах и с строгим лицом, размахивая рукой, говорил что-то. Окровавленный кузнец с мрачным видом стоял подле него. Сквозь закрытые окна слышен был гул голосов.

– Готов экипаж? – сказал Растопчин, отходя от окна.

– Готов, ваше сиятельство, – сказал адъютант.

Растопчин опять подошел к двери балкона.

– Да чего они хотят? – спросил он у полицеймейстера.

– Ваше сиятельство, они говорят, что собрались идти на французов по вашему приказанью, про измену что-то кричали. Но буйная толпа, ваше сиятельство. Я насилу уехал. Ваше сиятельство, осмелюсь предложить...

– Извольте идти, я без вас знаю, что делать, – сердито крикнул Растопчин. Он стоял у двери балкона, глядя на толпу. "Вот что они сделали с Россией! Вот что они сделали со мной!" – думал Растопчин, чувствуя поднимающийся в своей душе неудержимый гнев против кого-то того, кому можно было приписать причину всего случившегося. Как это часто бывает с горячими людьми, гнев уже владел им, но он искал еще для него предмета. "La voilà la populace, la lie du peuple, – думал он, глядя на толпу, – la plèbe qu'ils ont soulevée par leur sottise. Il leur faut une victime"[1], – пришло ему в голову, глядя на размахивающего рукой высокого малого. И по тому самому это пришло ему в голову, что ему самому нужна была эта жертва, этот предмет для своего гнева.

– Готов экипаж? – в другой раз спросил он.

– Готов, ваше сиятельство. Что прикажете насчет Верещагина? Он ждет у крыльца, – отвечал адъютант.

– А! – вскрикнул Растопчин, как пораженный каким-то неожиданным воспоминанием.

1 "Вот он народец, эти подонки народонаселения, плебеи, которых они подняли своею глупостью! Им нужна жертва".

И, быстро отворив дверь, он вышел решительными шагами на балкон. Говор вдруг умолк, шапки и картузы снялись, и все глаза поднялись к вышедшему графу.

– Здравствуйте, ребята! – сказал граф быстро и громко. – Спасибо, что пришли. Я сейчас выйду к вам, но прежде всего нам надо управиться с злодеем. Нам надо наказать злодея, от которого погибла Москва. Подождите меня! – И граф так же быстро вернулся в покои, крепко хлопнув дверью.

По толпе пробежал одобрительный ропот удовольствия. "Он, значит, злодеев управит усех! А ты говоришь француз... он тебе всю дистанцию развяжет!" – говорили люди, как будто упрекая друг друга в своем маловерии.

Через несколько минут из парадных дверей поспешно вышел офицер, приказал что-то, и драгуны вытянулись. Толпа от балкона жадно подвинулась к крыльцу. Выйдя гневно-быстрыми шагами на крыльцо, Растопчин поспешно оглянулся вокруг себя, как бы отыскивая кого-то.

– Где он? – сказал граф, и в ту же минуту, как он сказал это, он увидал из-за угла дома выходившего между двух драгун молодого человека с длинной тонкой шеей, с до половины выбритой и заросшей головой. Молодой человек этот был одет в когда-то щегольской, крытый синим сукном, потертый лисий тулупчик и в грязные посконные арестантские шаровары, засунутые в нечищеные, стоптанные тонкие сапоги. На тонких, слабых ногах тяжело висели кандалы, затруднявшие нерешительную походку молодого человека.

– А! – сказал Растопчин, поспешно отворачивая свой взгляд от молодого человека в лисьем тулупчике и указывая на нижнюю ступеньку крыльца. – Поставьте его сюда! – Молодой человек, брянча кандалами, тяжело переступил на указываемую ступеньку, придержав пальцем нажимавший воротник тулупчика, повернул два раза длинной шеей и, вздохнув, покорным жестом сложил перед животом тонкие, нерабочие руки.

Несколько секунд, пока молодой человек устанавливался на ступеньке, продолжалось молчание. Только в задних рядах сдавливающихся к одному месту людей слышались кряхтенье, стоны, толчки и топот переставляемых ног.

Растопчин, ожидая того, чтобы он остановился на указанном месте, хмурясь потирал рукою лицо.

– Ребята! – сказал Растопчин металлически-звонким голосом, – этот человек, Верещагин – тот самый мерзавец, от которого погибла Москва.

Молодой человек в лисьем тулупчике стоял в покорной позе, сложив кисти рук вместе перед животом и немного согнувшись. Исхудалое, с безнадежным выражением, изуродованное бритою головой молодое лицо его было опущено вниз. При первых словах графа он медленно поднял голову и поглядел снизу на графа, как бы желая что-то сказать ему или хоть встретить его взгляд. Но Растопчин не смотрел на него. На длинной тонкой шее молодого человека, как веревка, напружилась и посинела жила за ухом, и вдруг покраснело лицо.

Все глаза были устремлены на него. Он посмотрел на толпу, и, как бы обнадеженный тем выражением, которое он прочел на лицах людей, он печально и робко улыбнулся и, опять опустив голову, поправился ногами на ступеньке.

– Он изменил своему царю и отечеству, он передался Бонапарту, он один из всех русских осрамил имя русского, и от него погибает Москва, – говорил Растопчин ровным, резким голосом; но вдруг быстро взглянул вниз на Верещагина, продолжавшего стоять в той же покорной позе. Как будто взгляд этот взорвал его, он, подняв руку, закричал почти, обращаясь к народу: – Своим судом расправляйтесь с ним! отдаю его вам!

Народ молчал и только все теснее и теснее нажимал друг на друга. Держать друг друга, дышать в этой зараженной духоте, не иметь силы пошевелиться и ждать чего-то неизвестного, непонятного и страшного становилось невыносимо. Люди, стоявшие в передних рядах, видевшие и слышавшие все то, что происходило перед ними, все с испуганно-широко раскрытыми глазами и разинутыми ртами, напрягая все свои силы, удерживали на своих спинах напор задних.

– Бей его!.. Пускай погибнет изменник и не срамит имя русского! – закричал Растопчин. – Руби! Я приказываю! – Услыхав не слова, но гневные звуки голоса Растопчина, толпа застонала и надвинулась, но опять остановилась.

– Граф!.. – проговорил среди опять наступившей минутной тишины робкий и вместе театральный голос Верещагина. – Граф, один Бог над нами... – сказал Верещагин, подняв голову, и опять налилась кровью толстая жила на его тонкой шее, и краска быстро выступила и сбежала с его лица. Он не договорил того, что хотел сказать.

– Руби его! Я приказываю!.. – прокричал Растопчин, вдруг побледнев так же, как и Верещагин.

– Сабли вон! – крикнул офицер драгунам, сам вынимая саблю.

Другая еще сильнейшая волна взмыла по народу, и, добежав до передних рядов, волна эта сдвинула передних и, шатая, поднесла к самым ступеням крыльца. Высокий малый, с окаменелым выражением лица и с остановившейся поднятой рукой, стоял рядом с Верещагиным.

– Руби! – прошептал почти офицер драгунам, и один из солдат вдруг с исказившимся злобой лицом ударил Верещагина тупым палашом по голове.

"А!" – коротко и удивленно вскрикнул Верещагин, испуганно оглядываясь и как будто не понимая, зачем это было с ним сделано. Такой же стон удивления и ужаса пробежал по толпе.

"О господи!" – послышалось чье-то печальное восклицание.

Но вслед за восклицанием удивления, вырвавшимся у Верещагина, он жалобно вскрикнул от боли, и этот крик погубил его. Та натянутая до высшей степени преграда человеческого чувства, которая держала еще толпу, прорвалась мгновенно. Преступление было начато, необходимо было довершить его. Жалобный стон упрека был заглушен грозным и гневным ревом толпы. Как последний седьмой вал, разбивающий корабли, взмыла из задних рядов эта последняя неудержимая волна, донеслась до передних, сбила их и поглотила все. Ударивший драгун хотел повторить свой удар. Верещагин с криком ужаса, заслонясь руками, бросился к народу. Высокий малый, на которого он наткнулся, вцепился руками в тонкую шею Верещагина и с диким криком, с ним вместе, упал под ноги навалившегося рвущего народа.

Одни били и рвали Верещагина, другие высокого малого. И крики задавленных людей и тех, которые старались спасти высокого малого, только возбуждали ярость толпы. Долго драгуны не могли освободить окровавленного, до полусмерти избитого фабричного. И долго, несмотря на всю горячечную поспешность, с которою толпа старалась довершить раз начатое дело, те люди, которые били, душили и рвали Верещагина, не могли убить его; но толпа давила их со всех сторон, с ними в середине, как одна масса, колыхалась из стороны в сторону и не давала им возможности ни добить, ни бросить его.

"Топором-то бей, что ли?.. задавили... Изменщик, Христа продал!.. жив... живущ... по делам вору мука. Запором-то!.. Али жив?"

Только когда уже перестала бороться жертва и вскрики ее заменились равномерным протяжным хрипеньем, толпа стала торопливо перемещаться около лежащего, окровавленного трупа. Каждый подходил, взглядывал на то, что было сделано, и с ужасом, упреком и удивлением теснился назад.

"О господи, народ-то что зверь, где же живому быть! – слышалось в толпе. – И малый-то молодой... должно, из купцов, то-то народ!.. сказывают, не тот... как же не тот... О господи!.. Другого избили, говорят, чуть жив... Эх, народ... Кто греха не боится..." – говорили теперь те же люди, с болезненно-жалостным выражением глядя на мертвое тело с посиневшим, измазанным кровью и пылью лицом и с разрубленной длинной тонкой шеей.

Полицейский старательный чиновник, найдя неприличным присутствие трупа на дворе его сиятельства, приказал драгунам вытащить тело на улицу. Два драгуна взялись за изуродованные ноги и поволокли тело. Окровавленная, измазанная в пыли, мертвая бритая голова на длинной шее, подворачиваясь, волочилась по земле. Народ жался прочь от трупа.

В то время как Верещагин упал и толпа с диким ревом постеснилась и заколыхалась над ним, Растопчин вдруг побледнел, и вместо того чтобы идти к заднему крыльцу, у которого ждали его лошади, он, сам не зная куда и зачем, опустив голову, быстрыми шагами пошел по коридору, ведущему в комнаты нижнего этажа. Лицо графа было бледно, и он не мог остановить трясущуюся, как в лихорадке, нижнюю челюсть.

– Ваше сиятельство, сюда... куда изволите?.. сюда пожалуйте, – проговорил сзади его дрожащий, испуганный голос. Граф Растопчин не в силах был ничего отвечать и, послушно повернувшись, пошел туда, куда ему указывали. У заднего крыльца стояла коляска. Далекий гул ревущей толпы слышался и здесь. Граф Растопчин торопливо сел в коляску и велел ехать в свой загородный дом в Сокольниках. Выехав на Мясницкую и не слыша больше криков толпы, граф стал раскаиваться. Он с неудовольствием вспомнил теперь волнение и испуг, которые он выказал перед своими подчиненными. "La populace est terrible, elle est hideuse, – думал он по-французски. – Ils sont comme les loups qu'on ne peut apaiser qu'avec de la chair"[1]. "Граф! один Бог над нами!" – вдруг вспомнились ему слова Верещагина, и неприятное чувство холода пробежало по спине графа Растопчина. Но чувство это было мгновенно, и граф Растопчин презрительно улыбнулся сам над собою. "J'avais d'autres devoirs, – подумал он. – Il fallait apaiser le peuple. Bien d'autres victimes ont péri et périssent pour le bien publique"[2], – и он стал думать о тех общих обязанностях, которые он имел в отношении своего семейства, своей (порученной ему) столице и о самом себе – не

1 Народная толпа страшна, она отвратительна. Они, как волки их ничем не удовлетворишь, кроме мяса.

2 У меня были другие обязанности. Следовало удовлетворить народ. Много других жертв погибло и гибнет для общественного блага.

как о Федоре Васильевиче Растопчине (он полагал, что Федор Васильевич Растопчин жертвует собою для bien publique[1]), но о себе как о главнокомандующем, о представителе власти и уполномоченном царя. "Ежели бы я был только Федор Васильевич, ma ligne de conduite aurait été tout autrement tracée[2], но я должен был сохранить и жизнь и достоинство главнокомандующего".

Слегка покачиваясь на мягких рессорах экипажа и не слыша более страшных звуков толпы, Растопчин физически успокоился, и, как это всегда бывает, одновременно с физическим успокоением ум подделал для него и причины нравственного успокоения. Мысль, успокоившая Растопчина, была не новая. С тех пор как существует мир и люди убивают друг друга, никогда ни один человек не совершил преступления над себе подобным, не успокоивая себя этой самой мыслью. Мысль эта есть le bien publique[3], предполагаемое благо других людей.

Для человека, не одержимого страстью, благо это никогда не известно; но человек, совершающий преступление, всегда верно знает, в чем состоит это благо. И Растопчин теперь знал это.

Он не только в рассуждениях своих не упрекал себя в сделанном им поступке, но находил причины самодовольства в том, что он так удачно умел воспользоваться этим à propos[4] – наказать преступника и вместе с тем успокоить толпу.

"Верещагин был судим и приговорен к смертной казни, – думал Растопчин (хотя Верещагин сенатом был только приговорен к каторжной работе). – Он был предатель и изменник; я не мог оставить его безнаказанным, и потом je faisais d'une pierre deux coups;[5] я для успокоения отдавал жертву народу и казнил злодея".

Приехав в свой загородный дом и занявшись домашними распоряжениями, граф совершенно успокоился.

1 общественного блага.
2 путь мой был бы совсем иначе начертан.
3 общественное благо.
4 удобным случаем.
5 одним камнем делал два удара.

Через полчаса граф ехал на быстрых лошадях через Сокольничье поле, уже не вспоминая о том, что было, и думая и соображая только о том, что будет. Он ехал теперь к Яузскому мосту, где, ему сказали, был Кутузов. Граф Растопчин готовил в своем воображении те гневные и колкие упреки, которые он выскажет Кутузову за его обман. Он даст почувствовать этой старой придворной лисице, что ответственность за все несчастия, имеющие произойти от оставления столицы, от погибели России (как думал Растопчин), ляжет на одну его выжившую из ума старую голову. Обдумывая вперед то, что он скажет ему, Растопчин гневно поворачивался в коляске и сердито оглядывался по сторонам.

Сокольничье поле было пустынно. Только в конце его, у богадельни и желтого дома, виднелись кучки людей в белых одеждах и несколько одиноких, таких же людей, которые шли по полю, что-то крича и размахивая руками.

Один из них бежал наперерез коляске графа Растопчина. И сам граф Растопчин, и его кучер, и драгуны, все смотрели с смутным чувством ужаса и любопытства на этих выпущенных сумасшедших и в особенности на того, который подбегал к ним.

Шатаясь на своих длинных худых ногах, в развевающемся халате, сумасшедший этот стремительно бежал, не спуская глаз с Растопчина, крича ему что-то хриплым голосом и делая знаки, чтобы он остановился. Обросшее неровными клочками бороды, сумрачное и торжественное лицо сумасшедшего было худо и желто. Черные агатовые зрачки его бегали низко и тревожно по шафранно-желтым белкам.

– Стой! Остановись! Я говорю! – вскрикивал он пронзительно и опять что-то, задыхаясь, кричал с внушительными интонациями и жестами.

Он поравнялся с коляской и бежал с ней рядом.

– Трижды убили меня, трижды воскресал из мертвых. Они побили каменьями, распяли меня... Я воскресну... воскресну... воскресну. Растерзали мое тело. Царствие Божие разрушится... Трижды разрушу и трижды воздвигну его, – кричал он, все возвышая и возвышая голос. Граф Растопчин вдруг побледнел так, как он побледнел тогда, когда толпа бросилась на Верещагина. Он отвернулся.

– Пош... пошел скорее! – крикнул он на кучера дрожащим голосом.

Коляска помчалась во все ноги лошадей; но долго еще позади себя граф Растопчин слышал отдаляющийся безумный, отчаянный крик, а перед глазами видел одно удивленно-испуганное, окровавленное лицо изменника в меховом тулупчике.

Как ни свежо было это воспоминание, Растопчин чувствовал теперь, что оно глубоко, до крови, врезалось в его сердце. Он ясно чувствовал теперь, что кровавый след этого воспоминания никогда не заживет, но что, напротив, чем дальше, тем злее, мучительнее будет жить до конца жизни это страшное воспоминание в его сердце. Он слышал, ему казалось теперь, звуки своих слов: "Руби его, вы головой ответите мне!" – "Зачем я сказал эти слова! Как-то нечаянно сказал... Я мог не сказать их (думал он): тогда *ничего* бы не было". Он видел испуганное и потом вдруг ожесточившееся лицо ударившего драгуна и взгляд молчаливого, робкого упрека, который бросил на него этот мальчик в лисьем тулупе... "Но я не для себя сделал это. Я должен был поступить так. La plèbe, le traître... le bien publique"[1], – думал он.

У Яузского моста все еще теснилось войско. Было жарко. Кутузов, нахмуренный, унылый, сидел на лавке около моста и плетью играл по песку, когда с шумом подскакала к нему коляска. Человек в генеральском мундире, в шляпе с плюмажем, с бегающими не то гневными, не то испуганными глазами подошел к Кутузову и стал по-французски говорить ему что-то. Это был граф Растопчин. Он говорил Кутузову, что явился сюда, потому что Москвы и столицы нет больше и есть одна армия.

– Было бы другое, ежели бы ваша светлость не сказали мне, что вы не сдадите Москвы, не давши еще сражения: всего этого не было бы! – сказал он.

1 Чернь, злодей... общественное благо.

Кутузов глядел на Растопчина и, как будто не понимая значения обращенных к нему слов, старательно усиливался прочесть что-то особенное, написанное в эту минуту на лице говорившего с ним человека. Растопчин, смутившись, замолчал. Кутузов слегка покачал головой и, не спуская испытующего взгляда с лица Растопчина, тихо проговорил:

– Да, я не отдам Москвы, не дав сражения.

Думал ли Кутузов совершенно о другом, говоря эти слова, или нарочно, зная их бессмысленность, сказал их, но граф Растопчин ничего не ответил и поспешно отошел от Кутузова. И странное дело! Главнокомандующий Москвы, гордый граф Растопчин, взяв в руки нагайку, подошел к мосту и стал с криком разгонять столпившиеся повозки.

XXVI

В четвертом часу пополудни войска Мюрата вступали в Москву. Впереди ехал отряд виртембергских гусар, позади верхом, с большой свитой, ехал сам неаполитанский король.

Около середины Арбата, близ Николы Явленного, Мюрат остановился, ожидая известия от передового отряда о том, в каком положении находилась городская крепость *"le Kremlin"*.

Вокруг Мюрата собралась небольшая кучка людей из остававшихся в Москве жителей. Все с робким недоумением смотрели на странного, изукрашенного перьями и золотом длинноволосого начальника.

– Что ж, это сам, что ли, царь ихний? Ничево! – слышались тихие голоса.

Переводчик подъехал к кучке народа.

– Шапку-то сними... шапку-то, – заговорили в толпе, обращаясь друг к другу. Переводчик обратился к одному старому дворнику и спросил, далеко ли до Кремля? Дворник, прислушиваясь с недоумением к чуждому ему польскому акценту и не признавая звуков говора переводчика за русскую речь, не понимал, что ему говорили, и прятался за других.

Мюрат подвинулся к переводчику и велел спросить, где русские войска. Один из русских людей понял, чего у него спрашивали, и несколько голосов вдруг стали отвечать переводчику. Французский офицер из передового отряда подъехал к Мюрату и доложил, что ворота в крепость заделаны и что, вероятно, там засада.

– Хорошо, – сказал Мюрат и, обратившись к одному из господ своей свиты, приказал выдвинуть четыре легких орудия и обстрелять ворота.

Артиллерия на рысях выехала из-за колонны, шедшей за Мюратом, и поехала по Арбату. Спустившись до конца Вздвиженки, артиллерия остановилась и выстроилась на площади. Несколько французских офицеров распоряжались пушками, расстанавливая их, и смотрели в Кремль в зрительную трубу.

В Кремле раздавался благовест к вечерне, и этот звон смущал французов. Они предполагали, что это был призыв к оружию. Несколько человек пехотных солдат побежали к Кутафьевским воротам. В воротах лежали бревна и тесовые щиты. Два ружейные выстрела раздались из-под ворот, как только офицер с командой стал подбегать к ним. Генерал, стоявший у пушек, крикнул офицеру командные слова, и офицер с солдатами побежал назад.

Послышалось еще три выстрела из ворот.

Один выстрел задел в ногу французского солдата, и странный крик немногих голосов послышался из-за щитов. На лицах французского генерала, офицеров и солдат одновременно, как по команде, прежнее выражение веселости и спокойствия заменилось упорным, сосредоточенным выражением готовности на борьбу и страдания. Для них всех, начиная от маршала и до последнего солдата, это место не было Вздвиженка, Моховая, Кутафья и Троицкие ворота, а это была новая местность нового поля, вероятно, кровопролитного сражения. И все приготовились к этому сражению. Крики из ворот затихли. Орудия были выдвинуты. Артиллеристы сдули нагоревшие пальники. Офицер скомандовал “feu!”[1] – и два свистящие звука жестянок раздались один за другим. Картечные пули затрещали по камню ворот, бревнам и щитам; и два облака дыма заколебались на площади.

Несколько мгновений после того, как затихли перекаты выстрелов по каменному Кремлю, странный звук послышался над головами французов. Огромная стая галок поднялась над стенами и, каркая и шумя тысячами крыл, закружилась в воздухе. Вместе с этим звуком раздался человеческий одинокий крик в воротах, и из-за дыма появилась фигура человека без шапки, в кафтане. Держа ружье, он целился во французов. Feu! – повторил артиллерийский офицер, и в одно и то же время раздались один ружейный и два орудийных выстрела. Дым опять закрыл ворота.

За щитами больше ничего не шевелилось, и пехотные французские солдаты с офицерами пошли к воротам. В воротах лежало три раненых и четыре убитых человека. Два человека в кафтанах убегали низом, вдоль стен, к Знаменке.

– Enlevez-moi ça[2], – сказал офицер, указывая на бревна и трупы; и французы, добив раненых, перебросили трупы, вниз за ограду. Кто были эти люди, никто не знал. “Enlevez-moi ça”, – сказано только про них, и их выбросили и прибрали потом, чтобы они не воняли. Один Тьер посвятил их памяти несколько красноречивых строк: “Ces misérables avaient envahi la citadelle sacrée, s’étaient emparés des fusils de l’arsenal, et tiraient (ces misérables) sur les Français. On en sabra quelques’uns et on purgea le Kremlin de leur présence”[3].

Мюрату было доложено, что путь расчищен. Французы вошли в ворота и стали размещаться лагерем на Сенатской площади. Солдаты выкидывали стулья из окон сената на площадь и раскладывали огни.

Другие отряды проходили через Кремль и размещались по Маросейке, Лубянке, Покровке. Третьи размеща-

1 пали!
2 Уберите это.
3 Эти несчастные наполнили священную крепость, овладели ружьями арсенала и стреляли во французов. Некоторых из них порубили саблями и очистили Кремль от их присутствия.

лись по Вздвиженке, Знаменке, Никольской, Тверской. Везде, не находя хозяев, французы размещались не как в городе на квартирах, а как в лагере, который расположен в городе.

Хотя и оборванные, голодные, измученные и уменьшенные до $^{1}/_{3}$ части своей прежней численности, французские солдаты вступили в Москву еще в стройном порядке. Это было измученное, истощенное, но еще боевое и грозное войско. Но это было войско только до той минуты, пока солдаты этого войска не разошлись по квартирам. Как только люди полков стали расходиться по пустым и богатым домам, так навсегда уничтожалось войско, и образовались не жители и не солдаты, а что-то среднее, называемое мародерами. Когда, через пять недель, те же самые люди вышли из Москвы, они уже не составляли более войска. Это была толпа мародеров, из которых каждый вез или нес с собой кучу вещей, которые ему казались ценны и нужны. Цель каждого из этих людей при выходе из Москвы не состояла, как прежде, в том, чтобы завоевать, а только в том, чтобы удержать приобретенное. Подобно той обезьяне, которая, запустив руку в узкое горло кувшина и захватив горсть орехов, не разжимает кулака, чтобы не потерять схваченного, и этим губит себя, французы, при выходе из Москвы, очевидно, должны были погибнуть вследствие того, что они тащили с собой награбленное, но бросить это награбленное им было так же невозможно, как невозможно обезьяне разжать горсть с орехами. Через десять минут после вступления каждого французского полка в какой-нибудь квартал Москвы не оставалось ни одного солдата и офицера. В окнах домов видны были люди в шинелях и штиблетах, смеясь прохаживающиеся по комнатам; в погребах, в подвалах такие же люди хозяйничали с провизией; на дворах такие же люди отпирали или отбивали ворота сараев и конюшен; в кухнях раскладывали огни, с засученными руками пекли, месили и варили, пугали, смешили и ласкали женщин и детей. И этих людей везде, и по лавкам и по домам, было много; но войска уже не было.

В тот же день приказ за приказом отдавались французскими начальниками о том, чтобы запретить войскам расходиться по городу, строго запретить насилия жителей и мародерство, о том, чтобы нынче же вечером сделать общую перекличку; но, несмотря ни на какие меры, люди, прежде составлявшие войско, расплывались по богатому, обильному удобствами и запасами, пустому городу. Как голодное стадо идет в куче по голому полю, но тотчас же неудержимо разбредается, как только нападает на богатые пастбища, так же неудержимо разбредалось и войско по богатому городу.

Жителей в Москве не было, и солдаты, как вода в песок, всачивались в нее и неудержимой звездой расплывались во все стороны от Кремля, в который они вошли прежде всего. Солдаты-кавалеристы, входя в оставленный со всем добром купеческий дом и находя стойла не только для своих лошадей, но и лишние, все-таки шли рядом занимать другой дом, который им казался лучше. Многие занимали несколько домов, надписывая мелом, кем он занят, и спорили и даже дрались с другими командами. Не успев поместиться еще, солдаты бежали на улицу осматривать город и, по слуху о том, что все брошено, стремились туда, где можно было забрать даром ценные вещи. Начальники ходили останавливать солдат и сами вовлекались невольно в те же действия. В Каретном ряду оставались лавки с экипажами, и генералы толпились там, выбирая себе коляски и кареты. Остававшиеся жители приглашали к себе начальников, надеясь тем обеспечиться от грабежа. Богатств было пропасть, и конца им не видно было; везде, кругом того места, которое заняли французы, были еще неизведанные, незанятые места, в которых, как казалось французам, было еще больше богатств. И Москва все дальше и дальше всасывала их в себя. Точно, как вследствие того, что нальется вода на сухую землю, исчезает вода и сухая земля; точно так же вследствие того, что голодное войско вошло в обильный, пустой город, уничтожилось войско, и уничтожился обильный город; и сделалась грязь, сделались пожары и мародерство.

Французы приписывали пожар Москвы au patriotisme féroce de Rastopchine;[1] русские — изуверству французов. В сущности же, причин пожара Москвы в том смысле, чтобы отнести пожар этот на ответственность одного или несколько лиц, таких причин не было и не могло быть. Москва сгорела вследствие того, что она была поставлена в такие условия, при которых всякий деревянный город должен сгореть, независимо от того, имеются ли, или не имеются в городе сто тридцать плохих пожарных труб. Москва должна была сгореть вследствие того, что из нее выехали жители, и так же неизбежно, как должна загореться куча стружек, на которую в продолжение нескольких дней будут сыпаться искры огня. Деревянный город, в котором при жителях-владельцах домов и при полиции бывают летом почти каждый день пожары, не может не сгореть, когда в нем нет жителей, а живут войска, курящие трубки, раскладывающие костры на Сенатской площади из сенатских стульев и варящие себе есть два раза в день. Сто́ит в мирное время войскам расположиться на квартирах по деревням в известной местности, и количество пожаров в этой местности тотчас увеличивается. В какой же степени должна увеличиться вероятность пожаров в пустом деревянном городе, в котором расположится чужое войско? Le patriotisme féroce de Rastopchine и изуверство французов тут ни в чем не виноваты. Москва загорелась от трубок, от кухонь, от костров, от неряшливости неприятельских солдат, жителей — не хозяев домов. Ежели и были поджоги (что весьма сомнительно, потому что поджигать никому не было никакой причины, а, во всяком случае, хлопотливо и опасно), то поджоги нельзя принять за причину, так как без поджогов было бы то же самое.

Как ни лестно было французам обвинять зверство Растопчина и русским обвинять злодея Бонапарта или потом влагать героический факел в руки своего народа, нельзя не видеть, что такой непосредственной причины пожара не

1 дикому патриотизму Растопчина.

могло быть, потому что Москва должна была сгореть, как должна сгореть каждая деревня, фабрика, всякий дом, из которого выйдут хозяева и в который пустят хозяйничать и варить себе кашу чужих людей. Москва сожжена жителями, это правда; но не теми жителями, которые оставались в ней, а теми, которые выехали из нее. Москва, занятая неприятелем, не осталась цела, как Берлин, Вена и другие города, только вследствие того, что жители ее не подносили хлеба-соли и ключей французам, а выехали из нее.

XXVII

Расходившееся звездой по Москве всачивание французов в день 2-го сентября достигло квартала, в котором жил теперь Пьер, только к вечеру.

Пьер находился после двух последних, уединенно и необычайно проведенных дней в состоянии, близком к сумасшествию. Всем существом его овладела одна неотвязная мысль. Он сам не знал, как и когда, но мысль эта овладела им теперь так, что он ничего не помнил из прошедшего, ничего не понимал из настоящего; и все, что он видел и слышал, происходило перед ним как во сне.

Пьер ушел из своего дома только для того, чтобы избавиться от сложной путаницы требований жизни, охватившей его, и которую он, в тогдашнем состоянии, не в силах был распутать. Он поехал на квартиру Иосифа Алексеевича под предлогом разбора книг и бумаг покойного только потому, что он искал успокоения от жизненной тревоги, — а с воспоминанием об Иосифе Алексеевиче связывался в его душе мир вечных, спокойных и торжественных мыслей, совершенно противоположный тревожной путанице, в которую он чувствовал себя втягиваемым. Он искал тихого убежища и действительно нашел его в кабинете Иосифа Алексеевича. Когда он, в мертвой тишине кабинета, сел, облокотившись на руки, над запыленным письменным столом покойника, в его воображении спокойно и значительно, одно за другим, стали представляться воспоминания последних дней, в особенности Бородинского сражения и того неопределимого для него ощущения своей ничтожности и лживости в сравнении с правдой, простотой и силой того разряда людей, которые отпечатались у него в душе под названием *они*. Когда Герасим разбудил его от его задумчивости, Пьеру пришла мысль о том, что он примет участие в предполагаемой – какой знал – народной защите Москвы. И с этой целью он тотчас же попросил Герасима достать ему кафтан и пистолет и объявил ему свое намерение, скрывая свое имя, остаться в доме Иосифа Алексеевича. Потом, в продолжение первого уединенно и праздно проведенного дня (Пьер несколько раз пытался и не мог остановить своего внимания на масонских рукописях), ему несколько раз смутно представлялась и прежде приходившая мысль о кабалистическом значении своего имени в связи с именем Бонапарта; но мысль эта о том, что ему, l'Russe Besuhof, предназначено положить предел власти *зверя*, приходила ему еще только как одно из мечтаний, которые беспричинно и бесследно пробегают в воображении.

Когда, купив кафтан (с целью только участвовать в народной защите Москвы), Пьер встретил Ростовых и Наташа сказала ему: "Вы остаетесь? Ах, как это хорошо!" – в голове его мелькнула мысль, что действительно хорошо бы было, даже ежели бы и взяли Москву, ему остаться в ней и исполнить то, что ему предопределено.

На другой день он, с одною мыслию не жалеть себя и не отставать ни в чем от *них*, ходил с народом за Трехгорную заставу. Но когда он вернулся домой, убедившись, что Москву защищать не будут, он вдруг почувствовал что то, что ему прежде представлялось только возможностью, теперь сделалось необходимостью и неизбежностью. Он должен был, скрывая свое имя, остаться в Москве, встретить Наполеона и убить его с тем, чтобы или погибнуть, или прекратить несчастье всей Европы, происходившее, по мнению Пьера, от одного Наполеона.

Пьер знал все подробности покушения немецкого студента на жизнь Бонапарта в Вене в 1809-м году и знал то, что студент этот был расстрелян. И та опасность, которой он подвергал свою жизнь при исполнении своего намерения, еще сильнее возбуждала его.

Два одинаково сильные чувства неотразимо привлекали Пьера к его намерению. Первое было чувство потребности жертвы и страдания при сознании общего несчастия, то чувство, вследствие которого он 25-го поехал в Можайск и заехал в самый пыл сражения, теперь убежал из своего дома и, вместо привычной роскоши и удобств жизни, спал, не раздеваясь, на жестком диване и ел одну пищу с Герасимом; другое – было то неопределенное, исключительно русское чувство презрения ко всему условному, искусственному, человеческому, ко всему тому, что считается большинством людей высшим благом мира. В первый раз Пьер испытал это странное и обаятельное чувство в Слободском дворце, когда он вдруг почувствовал, что и богатство, и власть, и жизнь, все, что с таким старанием устраивают и берегут люди, – все это ежели и сто́ит чего-нибудь, то только по тому наслаждению, с которым все это можно бросить.

Это было то чувство, вследствие которого охотник-рекрут пропивает последнюю копейку, запивший человек перебивает зеркала и стекла без всякой видимой причины и зная, что это будет сто́ить ему его последних денег; то чувство, вследствие которого человек, совершая (в пошлом смысле) безумные дела, как бы пробует свою личную власть и силу, заявляя присутствие высшего, стоящего вне человеческих условий, суда над жизнью.

С самого того дня, как Пьер в первый раз испытал это чувство в Слободском дворце, он непрестанно находился под его влиянием, но теперь только нашел ему полное удовлетворение. Кроме того, в настоящую минуту Пьера поддерживало в его намерении и лишало возможности отречься от него то, что уже было им сделано на этом пути. И его бегство из дома, и его кафтан, и пистолет, и его заявление Ростовым, что он остается в Москве, – все потеряло бы не только смысл, но все это было бы презренно и смешно (к чему Пьер был чувствителен), ежели бы он после всего этого, так же как и другие, уехал из Москвы.

Физическое состояние Пьера, как и всегда это бывает, совпадало с нравственным. Непривычная грубая пища, водка, которую он пил эти дни, отсутствие вина и сигар, грязное, неперемененное белье, наполовину бессонные две ночи, проведенные на коротком диване без постели, – все это поддерживало Пьера в состоянии раздражения, близком к помешательству.

Был уже второй час после полудня. Французы уже вступили в Москву. Пьер знал это, но, вместо того чтобы действовать, он думал только о своем предприятии, перебирая все его малейшие будущие подробности. Пьер в своих мечтаниях не представлял себе живо ни самого процесса нанесения удара, ни смерти Наполеона, но с необыкновенною яркостью и с грустным наслаждением представлял себе свою погибель и свое геройское мужество.

"Да, один за всех, я должен совершить или погибнуть! – думал он. – Да, я подойду... и потом вдруг... Пистолетом или кинжалом? – думал Пьер. – Впрочем, все равно. Не я, а рука провидения казнит тебя, скажу я (думал Пьер слова, которые он произнесет, убивая Наполеона). Ну что ж, берите, казните меня", – говорил дальше сам себе Пьер, с грустным, но твердым выражением на лице, опуская голову.

В то время как Пьер, стоя посередине комнаты, рассуждал с собой таким образом, дверь кабинета отворилась, и на пороге показалась совершенно изменившаяся фигура всегда прежде робкого Макара Алексеевича. Халат его был распахнут. Лицо было красно и безобразно. Он, очевидно, был пьян. Увидав Пьера, он смутился в первую минуту, но, заметив смущение и на лице Пьера, тотчас ободрился и шатающимися тонкими ногами вышел на середину комнаты.

– Они оробели, – сказал он хриплым, доверчивым голосом. – Я говорю: не сдамся, я говорю... так ли, господин? –

Он задумался и вдруг, увидав пистолет на столе, неожиданно быстро схватил его и выбежал в коридор.

Герасим и дворник, шедшие следом за Макар Алексеичем, остановили его в сенях и стали отнимать пистолет. Пьер, выйдя в коридор, с жалостью и отвращением смотрел на этого полусумасшедшего старика. Макар Алексеич, морщась от усилий, удерживал пистолет и кричал хриплым голосом, видимо себе воображая что-то торжественное.

– К оружию! На абордаж! Врешь, не отнимешь! – кричал он.

– Будет, пожалуйста, будет. Сделайте милость, пожалуйста, оставьте. Ну, пожалуйста, барин... – говорил Герасим, осторожно за локти стараясь поворотить Макар Алексеича к двери.

– Ты кто? Бонапарт!.. – кричал Макар Алексеич.

– Это нехорошо, сударь. Вы пожалуйте в комнаты, вы отдохните. Пожалуйте пистолетик.

– Прочь, раб презренный! Не прикасайся! Видел? – кричал Макар Алексеич, потрясая пистолетом. – На абордаж!

– Берись, – шепнул Герасим дворнику.

Макара Алексеича схватили за руки и потащили к двери.

Сени наполнились безобразными звуками возни и пьяными, хрипящими звуками запыхавшегося голоса.

Вдруг новый, пронзительный женский крик раздался от крыльца, и кухарка вбежала в сени.

– Они! Батюшки родимые!.. Ей-богу, они. Четверо, конные!.. – кричала она.

Герасим и дворник выпустили из рук Макар Алексеича, и в затихшем коридоре ясно послышался стук нескольких рук во входную дверь,

XXVIII

Пьер, решивший сам с собою, что ему до исполнения своего намерения не надо было открывать ни своего звания, ни знания французского языка, стоял в полураскрытых дверях коридора, намереваясь тотчас же скрыться, как скоро войдут французы. Но французы вошли, и Пьер все не отходил от двери: непреодолимое любопытство удерживало его.

Их было двое. Один – офицер, высокий, бравый и красивый мужчина, другой – очевидно, солдат или денщик, приземистый, худой загорелый человек с ввалившимися щеками и тупым выражением лица. Офицер, опираясь на палку и прихрамывая, шел впереди. Сделав несколько шагов, офицер, как бы решив сам с собою, что квартира эта хороша, остановился, обернулся назад к стоявшим в дверях солдатам и громким начальническим голосом крикнул им, чтобы они вводили лошадей. Окончив это дело, офицер молодецким жестом, высоко подняв локоть руки, расправил усы и дотронулся рукой до шляпы.

– Bonjour, la compagnie![1] – весело проговорил он, улыбаясь и оглядываясь вокруг себя.

Никто ничего не отвечал.

– Vous êtes le bourgeois?[2] – обратился офицер к Герасиму.

Герасим испуганно-вопросительно смотрел на офицера.

– Quartire, quartire, logement, – сказал офицер, сверху вниз, с снисходительной и добродушной улыбкой глядя на маленького человека. – Les Français sont de bons enfants. Que diable! Voyons! Ne nous fâchons pas, mon vieux[3], – прибавил он, трепля по плечу испуганного и молчаливого Герасима.

– A ça! Dites donc, on ne parle donc pas français dans cette boutique?[4] – прибавил он, оглядываясь кругом и встречаясь глазами с Пьером. Пьер отстранился от двери.

Офицер опять обратился к Герасиму. Он требовал, чтобы Герасим показал ему комнаты в доме.

– Барин нету – не понимай... моя ваш... – говорил Герасим, стараясь делать свои слова понятнее тем, что он их говорил навыворот.

1 Почтение всей компании!
2 Вы хозяин?
3 Квартир, квартир. Французы добрые ребята. Черт возьми, не будем ссориться, дедушка.
4 Что ж, неужели и тут никто не говорит по-французски?

Французский офицер, улыбаясь, развел руками перед носом Герасима, давая чувствовать, что и он не понимает его, и, прихрамывая, пошел к двери, у которой стоял Пьер. Пьер хотел отойти, чтобы скрыться от него, но в это самое время он увидал из отворившейся двери кухни высунувшегося Макара Алексеича с пистолетом в руках. С хитростью безумного Макар Алексеич оглядел француза и, приподняв пистолет, прицелился.

– На абордаж!!! – закричал пьяный, нажимая спуск пистолета. Французский офицер обернулся на крик, и в то же мгновенье Пьер бросился на пьяного. В то время как Пьер схватил и приподнял пистолет, Макар Алексеич попал, наконец, пальцем на спуск, и раздался оглушивший и обдавший всех пороховым дымом выстрел. Француз побледнел и бросился назад к двери.

Забывший свое намерение не открывать своего знания французского языка, Пьер, вырвав пистолет и бросив его, подбежал к офицеру и по-французски заговорил с ним.

– Vous n'êtes pas blessé? – сказал он.

– Je crois que non, – отвечал офицер, ощупывая себя, – mais je l'ai manqué belle cette fois-ci, – прибавил он, указывая на отбившуюся штукатурку в стене. – Quel est cet homme?[1] – строго взглянув на Пьера, сказал офицер.

– Ah, je suis vraiment-au désespoir de ce qui vient d'arriver[2], – быстро говорил Пьер, совершенно забыв свою роль. – C'est un fou, un malheureux qui ne savait pas ce qu'il faisait[3].

Офицер подошел к Макару Алексеичу и схватил его за ворот.

Макар Алексеич, распустив губы, как бы засыпая, качался, прислонившись к стене.

– Brigand, tu me la payeras[4], – сказал француз, отнимая руку.

1 Вы не ранены?
– Кажется, нет... но на этот раз близко было... Кто этот человек?
2 Ах, я, право, в отчаянии от того, что случилось.
3 Это несчастный сумасшедший, который не знал, что делал.
4 Разбойник, ты мне поплатишься за это...

— Nous autres nous sommes cléments après la victoire: mais nous ne pardonnons pas aux traîtres[1], — прибавил он с мрачной торжественностью в лице и с красивым энергическим жестом.

Пьер продолжал по-французски уговаривать офицера не взыскивать с этого пьяного, безумного человека. Француз молча слушал, не изменяя мрачного вида, и вдруг с улыбкой обратился к Пьеру. Он несколько секунд молча посмотрел на него. Красивое лицо его приняло трагически-нежное выражение, и он протянул руку.

— Vous m'avez sauvé la vie! Vous êtes Français[2], — сказал он. Для француза вывод этот был несомненен. Совершить великое дело мог только француз, а спасение жизни его, m-r Ramball'я, capitaine du 13-me léger[3] — было, без сомнения, самым великим делом.

Но как ни несомненен был этот вывод и основанное на нем убеждение офицера, Пьер счел нужным разочаровать его.

— Je suis Russe[4], — быстро сказал Пьер.

— Ти-ти-ти, à d'autres[5], — сказал француз, махая пальцем себе перед носом и улыбаясь. — Tout à l'heure vous allez me conter tout ça, — сказал он. — Charmé de rencontrer un compatriote. Eh bien! qu'allons nous faire de cet homme?[6] — прибавил он, обращаясь к Пьеру, уже как к своему брату. Ежели бы даже Пьер не был француз, получив раз это высшее в свете наименование, не мог же он отречься от него, говорило выражение лица и тон французского офицера. На последний вопрос Пьер еще раз объяснил, кто был Макар Алексеич, объяснил, что пред самым их приходом этот пьяный, безумный человек утащил заряженный пистолет, который не успели отнять у него, и просил оставить его поступок без наказания.

Француз выставил грудь и сделал царский жест рукой.

1 — Наш брат милосерд после победы, но мы не прощаем изменникам.
2 Вы спасли мне жизнь. Вы француз.
3 мосье Рамбаля, капитана 13-го легкого полка.
4 Я русский.
5 рассказывайте это другим.
6 Сейчас вы мне все это расскажете... Очень приятно встретить соотечественника. Ну! что же нам делать с этим человеком?

– Vous m'avez sauvé la vie. Vous êtes Français. Vous me demandez sa grâce? Je vous l'accorde. Qu'on emmène cet homme[1], – быстро и энергично проговорил французский офицер, взяв под руку произведенного им за спасение его жизни во французы Пьера, и пошел с ним в дом.

Солдаты, бывшие на дворе, услыхав выстрел, вошли в сени, спрашивая, что случилось, и изъявляя готовность наказать виновных; но офицер строго остановил их.

– On vous demandera quand on aura besoin de vous[2], – сказал он. Солдаты вышли. Денщик, успевший между тем побывать в кухне, подошел к офицеру.

– Capitaine, ils ont de la soupe et du gigot de mouton dans la cuisine, – сказал он. – Faut-il vous l'apporter?

– Oui, et le vin[3], – сказал капитан.

XXIX

Французский офицер вместе с Пьером вошли в дом. Пьер счел своим долгом опять уверить капитана, что он был не француз, и хотел уйти, но французский офицер и слышать не хотел об этом. Он был до такой степени учтив, любезен, добродушен и истинно благодарен за спасение своей жизни, что Пьер не имел духа отказать ему и присел вместе с ним в зале, в первой комнате, в которую они вошли. На утверждение Пьера, что он не француз, капитан, очевидно не понимая, как можно было отказываться от такого лестного звания, пожал плечами и сказал, что ежели он непременно хочет слыть за русского, то пускай это так будет, но что он, несмотря на то, все так же навеки связан с ним чувством благодарности за спасение жизни.

Ежели бы этот человек был одарен хоть сколько-нибудь способностью понимать чувства других и догадывался бы

1 Вы спасли мне жизнь. Вы француз. Вы хотите, чтоб я простил его? Я прощаю его. Увести этого человека.

2 Когда будет нужно, вас позовут.

3 Капитан, у них в кухне есть суп и жареная баранина. Прикажете принести?
– Да, и вино.

об ощущениях Пьера, Пьер, вероятно, ушел бы от него; но оживленная непроницаемость этого человека ко всему тому, что не было он сам, победила Пьера.

– Français ou prince russe incognito[1], – сказал француз, оглядев хотя и грязное, но тонкое белье Пьера и перстень на руке. – Je vous dois la vie et je vous offre mon amitié. Un Français n'oublie jamais ni une insulte ni un service. Je vous offre mon amitié. Je ne vous dis que ça[2].

В звуках голоса, в выражении лица, в жестах этого офицера было столько добродушия и благородства (во французском смысле), что Пьер, отвечая бессознательной улыбкой на улыбку француза, пожал протянутую руку.

– Capitaine Ramball du treizième léger, decoré pour l'affaire du Sept[3], – отрекомендовался он с самодовольной, неудержимой улыбкой, которая морщила его губы под усами. – Voudrez vous bien me dire à présent, à qui j'ai l'honneur de parler aussi agréablement au lieu de rester à l'ambulance avec la balle de ce fou dans le corps[4].

Пьер отвечал, что не может сказать своего имени, и, покраснев, начал было, пытаясь выдумывать имя, говорить о причинах, по которым он не может сказать этого, но француз поспешно перебил его.

– De grâce, – сказал он. – Je comprends vos raisons, vous êtes officier... officier supérieur, peut-être. Vous avez porté les armes contre nous. Ce n'est pas mon affaire. Je vous dois la vie. Cela me suffit. Je suis tout à vous. Vous êtes gentilhomme?[5] – прибавил он с оттенком вопроса. Пьер наклонил голову. – Votre nom de baptême, s'il Vous plaît? Je ne demande pas davan-

1 Француз или русский князь инкогнито.

2 Я обязан вам жизнью, и я предлагаю вам дружбу. Француз никогда не забывает ни оскорбления, ни услуги. Я предлагаю вам мою дружбу. Больше я ничего не говорю.

3 Капитан Рамбаль, тринадцатого легкого полка, кавалер Почетного легиона за дело седьмого сентября.

4 Будете ли вы так добры сказать мне теперь, с кем я имею честь разговаривать так приятно, вместо того чтобы быть на перевязочном пункте с пулей этого сумасшедшего в теле?

5 Полноте, пожалуйста. Я понимаю вас, вы офицер... штаб-офицер, может быть. Вы служили против нас. Это не мое дело. Я обязан вам жизнью. Мне этого довольно, и я весь ваш. Вы дворянин?

tage. Monsieur Pierre, dites-vous... Parfait. C'est tout ce que je désire savoir[1].

Когда принесены были жареная баранина, яичница, самовар, водка и вино из русского погреба, которое с собой привезли французы, Рамбаль попросил Пьера принять участие в этом обеде и тотчас сам, жадно и быстро, как здоровый и голодный человек, принялся есть, быстро пережевывая своими сильными зубами, беспрестанно причмокивая и приговаривая excellent, exquis![2] Лицо его раскраснелось и покрылось пóтом. Пьер был голоден и с удовольствием принял участие в обеде. Морель, денщик, принес кастрюлю с теплой водой и поставил в нее бутылку красного вина. Кроме того, он принес бутылку с квасом, которую он для пробы взял в кухне. Напиток этот был уже известен французам и получил название. Они называли квас limonade de cochon (свиной лимонад), и Морель хвалил этот limonade de cochon, который он нашел в кухне. Но так как у капитана было вино, добытое при переходе через Москву, то он предоставил квас Морелю и взялся за бутылку бордо. Он завернул бутылку по горлышко в салфетку и налил себе и Пьеру вина. Утоленный голод и вино еще более оживили капитана, и он не переставая разговаривал во время обеда.

– Oui, mon cher monsieur Pierre, je vous dois une fière chandelle de m'avoir sauvé... de cet enragé... J'en ai assez, voyez-vous, de balles dans le corps. En voilà une (он показал на бок) à Wagram et de deux à Smolensk, – он показал шрам, который был на щеке. – Et cette jambe, comme vous voyez, qui ne veut pas marcher. C'est à la grande bataille du 7 à la Moskova que j'ai reçu ça. Sacré dieu, c'était beau. Il fallait voir ça, c'était un déluge de feu. Vous nous avez taillé une rude besogne; vous pouvez vous en vanter, nom d'un petit bonhomme. Et, ma parole, malgré l'atout que j'y ai gagné, je serais prêt à recommencer. Je plains ceux qui n'ont pas vu ça.

1 Ваше имя? я больше ничего не спрашиваю. Господин Пьер, вы сказали?.. Прекрасно. Это все, что мне нужно.

2 чудесно, превосходно!

– J'y ai été[1], – сказал Пьер.

– Bah, vraiment! Eh bien, tant mieux, – сказал француз. – Vous êtes de fiers ennemis, tout de même. La grande redoute a été tenace, nom d'une pipe. Et vous nous l'avez fait crânement payer. J'y suis allé trois fois, tel que vous me voyez. Trois fois nous étions sur les canons et trois fois on nous a culbuté et comme des capucins de cartes. Oh! c'était beau, monsieur Pierre. Vos grenadiers ont été superbes, tonnerre de Dieu. Je les ai vu six fois de suite serrer les rangs, et marcher comme à une revue. Les beaux hommes! Notre roi de Naples, qui s'y connaît a crié: bravo! Ah, ah! soldats comme nous autres! — сказал он, улыбаясь, после минутного молчания. — Tant mieux, tant mieux, monsieur Pierre. Terribles en bataille... galants... – он подмигнул с улыбкой, – avec les belles, voilà les Français, monsieur Pierre, n'est-ce pas?[2]

До такой степени капитан был наивно и добродушно весел, и целен, и доволен собой, что Пьер чуть-чуть сам не подмигнул, весело глядя на него. Вероятно, слово "galant" навело капитана на мысль о положении Москвы.

– A propos, dites donc, est-ce vrai que toutes les femmes ont quitté Moscou? Une drôle d'idée! Qu'avaient-elles à craindre?[3]

1 Да, мой любезный, господин Пьер, я обязан поставить за вас добрую свечку за то, что вы спасли меня от этого бешеного. С меня, видите ли, довольно тех пуль, которые у меня в теле. Вот одна под Ваграмом, другая под Смоленском. А эта нога, вы видите, которая не хочет двигаться. Это при большом сражении 7-го под Москвою. О! это было чудесно! Надо было видеть, это был потоп огня. Задали вы нам трудную работу, можете похвалиться. И ей-богу, несмотря на этот козырь (он указал на крест), я был бы готов начать все снова. Жалею тех, которые не видали этого.
– Я был там.

2 Ба, в самом деле? Тем лучше. Вы лихие враги, надо признаться. Хорошо держался большой редут, черт возьми. И дорого же вы заставили нас поплатиться. Я там три раза был, как вы меня видите. Три раза мы были на пушках, три раза нас опрокидывали, как карточных солдатиков. Ваши гренадеры были великолепны, ей-богу. Я видел, как их ряды шесть раз смыкались и как они выступали точно на парад. Чудный народ! Наш Неаполитанский король, который в этих делах собаку съел, кричал им: браво! – Га, га, так вы наш брат солдат! – Тем лучше, тем лучше, господин Пьер. Страшны в сражениях, любезны с красавицами, вот французы, господин Пьер. Не правда ли?

3 Кстати, скажите, пожалуйста, правда ли, что все женщины уехали из Москвы? Странная мысль, чего они боялись?

– Est ce que les dames françaises ne quitteraient pas Paris si les Russes y entraient?[1] – сказал Пьер.

– Ah, ah, ah!.. – Француз весело, сангвинически расхохотался, трепля по плечу Пьера. – Ah! elle est forte celle-là, – проговорил он. – Paris?.. Mais Paris... Paris...

– Paris la capitale du monde...[2] – сказал Пьер, доканчивая его речь.

Капитан посмотрел на Пьера. Он имел привычку в середине разговора остановиться и поглядеть пристально смеющимися, ласковыми глазами.

– Eh bien, si vous ne m'aviez pas dit que vous êtes Russe, j'aurai parié que vous êtes Parisien. Vous avez ce je ne sais, quoi, ce...[3] – и, сказав этот комплимент, он опять молча посмотрел.

– J'ai été à Paris, j'y ai passé des années, – сказал Пьер.

– Oh ça se voit bien. Paris!.. Un homme qui ne connait pas Paris, est un sauvage. Un Parisien, ça se sent à deux lieux. Paris, c'est Talma, la Duschénois, Potier, la Sorbonne, les boulevards, – и заметив, что заключение слабее предыдущего, он поспешно прибавил: – Il n'y a qu'un Paris au monde. Vous avez été à Paris et vous êtes resté Russe. Eh bien, je ne vous en estime pas moins[4].

Под влиянием выпитого вина и после дней, проведенных в уединении с своими мрачными мыслями, Пьер испытывал невольное удовольствие в разговоре с этим веселым и добродушным человеком.

– Pour en revenir à vos dames, on les dit bien belles. Quelle fichue idée d'aller s'enterrer dans les steppes, quand l'armée française est à Moscou. Quelle chance elles ont manqué celles-là. Vos moujiks c'est autre chose, mais vous autres gens civilisés vous devriez nous connaître mieux que ça. Nous avons pris Vienne,

1 Разве французские дамы не уехали бы из Парижа, если бы русские вошли в него?

2 Ха, ха, ха!.. А вот сказал штуку... Париж?.. Но Париж... Париж..
– Париж – столица мира...

3 Ну, если б вы мне не сказали, что вы русский, я бы побился об заклад, что вы парижанин. В вас что-то есть, эта...

4 Я был в Париже, я провел там целые годы.
– О, это видно. Париж!.. Человек, который не знает Парижа, – дикарь. Парижанина узнаешь за две мили. Париж – это Тальма, Дюшенуа, Потье, Сорбонна, бульвары... Во всем мире один Париж. Вы были в Париже и остались русским. Ну что же, я вас за то не менее уважаю.

Berlin, Madrid, Naples, Rome, Varsovie, toutes les capitales du monde... On nous craint, mains on nous aime. Nous sommes bons à connaître. Et puis l'Empereur[1], – начал он, но Пьер перебил его.

– L'Empereur, – повторил Пьер, и лицо его вдруг приняло грустное и сконфуженное выражение. – Est-ce que l'Empereur?..[2]

– L'Empereur? C'est la générosité, la clémence, la justice, l'ordre, le génie, voilà l'Empereur! C'est moi, Ramball, qui vous le dit. Tel que vous me voyez, j'étais son ennemi il y a encore huit ans. Mon père a été comte émigré... Mais il m'a vaincu, cet homme. Il m'a empoigné. Je n'ai pas pu résister au spectacle de grandeur et de gloire dont il couvrait la France. Quand j'ai compris ce qu'il voulait, quand j'ai vu qu'il nous faisait une litière de lauriers, voyez vous, je me suis dit: voilà un souverain, et je me suis donné a lui. Eh voilà! Oh, oui, mon cher, c'est le plus grand homme des siècles passés et à venir.

— Est-il à Moscou?[3] – замявшись и с преступным лицом сказал Пьер.

Француз посмотрел на преступное лицо Пьера и усмехнулся.

– Non, il fera son entrée demain[4], – сказал он и продолжал свои рассказы.

1 Но воротимся к вашим дамам: говорят, что они очень красивы. Что за дурацкая мысль поехать зарыться в степи, когда французская армия в Москве! Они пропустили чудесный случай. Ваши мужики, я понимаю, но вы – люди образованные – должны бы были знать нас лучше этого. Мы брали Вену, Берлин, Мадрид, Неаполь, Рим, Варшаву, все столицы мира. Нас боятся, но нас любят. Не вредно знать нас поближе. И потом император...

2 Император... Что император?..

3 Император? Это великодушие, милосердие, справедливость, порядок, гений – вот что такое император! Это я, Рамбаль, говорю вам. Таким, каким вы меня видите, я был его врагом тому назад восемь лет. Мой отец был граф и эмигрант. Но он победил меня, этот человек. Он завладел мною. Я не мог устоять перед зрелищем величия и славы, которым он покрывал Францию. Когда я понял, чего он хотел, когда я увидал, что он готовит для нас ложе лавров, я сказал себе: вот государь, и я отдался ему. И вот! О да, мой милый, это самый великий человек прошедших и будущих веков.
– Что, он в Москве?

4 Нет, он сделает свой въезд завтра.

Разговор их был прерван криком нескольких голосов у ворот и приходом Мореля, который пришел объявить капитану, что приехали виртембергские гусары и хотят ставить лошадей на тот же двор, на котором стояли лошади капитана. Затруднение происходило преимущественно оттого, что гусары не понимали того, что им говорили.

Капитан велел позвать к себе старшего унтер-офицера и строгим голосом спросил у него, к какому полку он принадлежит, кто их начальник и на каком основании он позволяет себе занимать квартиру, которая уже занята. На первые два вопроса немец, плохо понимавший по-французски, назвал свой полк и своего начальника; но на последний вопрос он, не поняв его, вставляя ломаные французские слова в немецкую речь, отвечал, что он квартиргер полка и что ему велено от начальника занимать все дома подряд. Пьер, знавший по-немецки, перевел капитану то, что говорил немец, и ответ капитана передал по-немецки виртембергскому гусару. Поняв то, что ему говорили, немец сдался и увел своих людей. Капитан вышел на крыльцо, громким голосом отдавая какие-то приказания.

Когда он вернулся назад в комнату, Пьер сидел на том же месте, где он сидел прежде, опустив руки на голову. Лицо его выражало страдание. Он действительно страдал в эту минуту. Когда капитан вышел и Пьер остался один, он вдруг опомнился и сознал то положение, в котором находился. Не то, что Москва была взята, и не то, что эти счастливые победители хозяйничали в ней и покровительствовали ему, – как ни тяжело чувствовал это Пьер, не это мучило его в настоящую минуту. Его мучило сознание своей слабости. Несколько стаканов выпитого вина, разговор с этим добродушным человеком уничтожили сосредоточенно-мрачное расположение духа, в котором жил Пьер эти последние дни и которое было необходимо для исполнения его намерения. Пистолет, и кинжал, и армяк были готовы, Наполеон въезжал завтра. Пьер точно так же считал полезным и достойным убить злодея; но он чувствовал, что теперь он не сделает этого. Почему? – он не знал, но предчувствовал как будто, что он не исполнит своего намерения. Он боролся против сознания своей слабости, но смутно чувствовал, что ему не одолеть ее, что прежний мрачный строй мыслей о мщенье, убийстве и самопожертвовании разлетелся, как прах, при прикосновении первого человека.

Капитан, слегка прихрамывая и насвистывая что-то, вошел в комнату.

Забавлявшая прежде Пьера болтовня француза теперь показалась ему противна. И насвистываемая песенка, и походка, и жест покручиванья усов – все казалось теперь оскорбительным Пьеру.

"Я сейчас уйду, я ни слова больше не скажу с ним", – думал Пьер. Он думал это, а между тем сидел все на том же месте. Какое-то странное чувство слабости приковало его к своему месту: он хотел и не мог встать и уйти.

Капитан, напротив, казался очень весел. Он прошелся два раза по комнате. Глаза его блестели, и усы слегка подергивались, как будто он улыбался сам с собой какой-то забавной выдумке.

– Charmant, – сказал он вдруг, – le colonel de ces Wurtembourgeois! C'est un Allemand; mais brave garçon, s'il en fut. Mais Allemand[1].

Он сел против Пьера.

– A propos, vous savez donc l'allemand, vous?[2]

Пьер смотрел на него молча.

– Comment dites vous asile en allemand?[3]

– Asile? — повторил Пьер. — Asile, en allemand — Unterkunft[4].

– Comment dites-vous?[5] – недоверчиво и быстро переспросил капитан.

– Unterkunft, – повторил Пьер.

1 Прелестно, полковник этих вюртембергцев! Он немец; но славный малый, несмотря на это. Но немец.
2 Кстати, вы, стало быть, знаете по-немецки?
3 Как по-немецки убежище?
4 Убежище? Убежище – по-немецки – Unterkunft.
5 Как вы говорите?

– Onterkoff, – сказал капитан и несколько секунд смеющимися глазами смотрел на Пьера. – Les Allemands sont de fières bêtes. N'est ce pas, monsieur Pierre?[1] – заключил он.

– Eh bien, encore une bouteille de ce Bordeau Moscovite, n'est-ce pas? Morel, va nous chauffer encore une petite bouteille. Morel![2] – весело крикнул капитан.

Морель подал свечи и бутылку вина. Капитан посмотрел на Пьера при освещении, и его, видимо, поразило расстроенное лицо его собеседника. Рамбаль с искренним огорчением и участием в лице подошел к Пьеру и нагнулся над ним.

– Eh bien, nous sommes tristes, – сказал он, трогая Пьера за руку. – Vous aurai-je fait de la peine? Non, vrai, avez-vous quelque chose contre moi, – переспрашивал он. – Peut-être rapport à la situation?[3]

Пьер ничего не отвечал, но ласково смотрел в глаза французу. Это выражение участия было приятно ему.

– Parole d'honneur, sans parler de ce que je vous dois, j'ai de l'amitié pour vous. Puis-je faire quelque chose pour vous? Disposez de moi. C'est à la vie et à la mort. C'est la main sur le cœur que je vous le dis[4], – сказал он, ударяя себя в грудь.

– Merci, – сказал Пьер. Капитан посмотрел пристально на Пьера так же, как он смотрел, когда узнал, как убежище называлось по-немецки, и лицо его вдруг просияло.

– Ah! dans ce cas je bois à notre amitié![5] – весело крикнул он, наливая два стакана вина. Пьер взял налитой стакан и выпил его. Рамбаль выпил свой, пожал еще раз руку Пьера и в задумчиво-меланхолической позе облокотился на стол.

1 Экие дурни эти немцы. Не правда ли, мосье Пьер?

2 Ну, еще бутылочку этого московского бордо, не правда ли? Морель согреет нам еще бутылочку. Морель!

3 Что же это, мы грустны?.. Может, я огорчил вас? Нет, в самом деле, не имеете ли вы что-нибудь против меня? Может быть, касательно положения?

4 Честное слово, не говоря уже про то, чем я вам *обязан*, *я* чувствую к вам дружбу. Не могу ли я сделать для вас что-нибудь? Располагайте мною. Это на жизнь и на смерть. Я говорю вам это, кладя руку на сердце.

5 А, в таком случае пью за нашу дружбу!

– Oui, mon cher ami, voilà les caprices de la fortune, – начал он. – Qui m'aurait dit que je serai soldat et capitaine de dragons au service de Bonaparte, comme nous l'appellions jadis. Et cependant me voilà à Moscou avec lui. Il faut vous dire, mon cher, – продолжал он грустным и мерным голосом человека, который сбирается рассказывать длинную историю, – que notre nom est l'un des plus anciens de la France[1].

И с легкой и наивной откровенностью француза капитан рассказал Пьеру историю своих предков, свое детство, отрочество и возмужалость, все свои родственные, имущественные, семейные отношения. "Ma pauvre mère"[2] играла, разумеется, важную роль в этом рассказе.

– Mais tout ça ce n'est que la mise en scène de la vie, le fond c'est l'amour. L'amour! N'est ce pas, monsieur Pierre? – сказал он, оживляясь. – Encore un verre[3].

Пьер опять выпил и налил себе третий.

– Oh! les femmes, les femmes![4] – и капитан, замаслившимися глазами глядя на Пьера, начал говорить о любви и о своих любовных похождениях. Их было очень много, чему легко было поверить, глядя на самодовольное, красивое лицо офицера и на восторженное оживление, с которым он говорил о женщинах. Несмотря на то, что все любовные истории Рамбаля имели тот характер пакостности, в котором французы видят исключительную прелесть и поэзию любви, капитан рассказывал свои истории с таким искренним убеждением, что он один испытал и познал все прелести любви, и так заманчиво описывал женщин, что Пьер с любопытством слушал его.

Очевидно было, что l'amour, которую так любил француз, была ни та низшего и простого рода любовь, которую Пьер испытывал когда-то к своей жене, ни та раздуваемая им са-

1 Да, мой друг, вот колесо фортуны... Кто сказал бы мне, что я буду солдатом и капитаном драгунов на службе у Бонапарта, как мы его, бывало, называли. Однако же вот я в Москве с ним. Надо вам сказать, мой милый... что имя наше одно из самых древних во Франции.

2 "Моя бедная мать".

3 Но все это есть только вступление в жизнь, сущность же ее – это любовь. Любовь! Не правда ли, мосье Пьер? Еще стаканчик.

4 О! женщины, женщины!

мим романтическая любовь, которую он испытывал к Наташе (оба рода этой любви Рамбаль одинаково презирал – одна была l'amour des charretiers, другая l'amour des nigauds;[1] l'amour, которой поклонялся француз, заключалась преимущественно в неестественности отношений к женщине и в комбинации уродливостей, которые придавали главную прелесть чувству.

Так капитан рассказал трогательную историю своей любви к одной обворожительной тридцатипятилетней маркизе и в одно и то же время к прелестному невинному, семнадцатилетнему ребенку, дочери обворожительной маркизы. Борьба великодушия между матерью и дочерью, окончившаяся тем, что мать, жертвуя собой, предложила свою дочь в жены своему любовнику, еще и теперь, хотя уж давно прошедшее воспоминание, волновала капитана. Потом он рассказал один эпизод, в котором муж играл роль любовника, а он (любовник) роль мужа, и несколько комических эпизодов из souvenirs d'Allemagne, где asile значит Unterkunft, где les maris mangent de la choux croute и где les jeunes filles sont trop blondes[2].

Наконец последний эпизод в Польше, еще свежий в памяти капитана, который он рассказывал с быстрыми жестами и разгоревшимся лицом, состоял в том, что он спас жизнь одному поляку (вообще в рассказах капитана эпизод спасения жизни встречался беспрестанно) и поляк этот вверил ему свою обворожительную жену (Parisienne de cœur[3]), в то время как сам поступил во французскую службу. Капитан был счастлив, обворожительная полька хотела бежать с ним; но, движимый великодушием, капитан возвратил мужу жену, при этом сказав ему: "Je vous ai sauvé la vie et je sauve votre honneur!"[4]. Повторив эти слова, капитан протер глаза и встряхнулся, как бы отгоняя от себя охватившую его слабость при этом трогательном воспоминании.

1 любовь извозчиков, другая – любовь дурней.
2 воспоминаний о Германии, где мужья едят капустный суп и где молодые девушки слишком белокуры.
3 парижанку сердцем.
4 Я спас вашу жизнь и спасаю вашу честь!

Слушая рассказы капитана, как это часто бывает в позднюю вечернюю пору и под влиянием вина, Пьер следил за всем тем, что говорил капитан, понимал все и вместе с тем следил за рядом личных воспоминаний, вдруг почему-то представших его воображению. Когда он слушал эти рассказы любви, его собственная любовь к Наташе неожиданно вдруг вспомнилась ему, и, перебирая в своем воображении картины этой любви, он мысленно сравнивал их с рассказами Рамбаля. Следя за рассказом о борьбе долга с любовью, Пьер видел пред собою все малейшие подробности своей последней встречи с предметом своей любви у Сухаревой башни. Тогда эта встреча не произвела на него влияния; он даже ни разу не вспомнил о ней. Но теперь ему казалось, что встреча эта имела что-то очень значительное и поэтическое.

"Петр Кирилыч, идите сюда, я узнала", – слышал он теперь сказанные ею слова, видел пред собой ее глаза, улыбку, дорожный чепчик, выбившуюся прядь волос... и что-то трогательное, умиляющее представлялось ему во всем этом.

Окончив свой рассказ об обворожительной польке, капитан обратился к Пьеру с вопросом, испытывал ли он подобное чувство самопожертвования для любви и зависти к законному мужу.

Вызванный этим вопросом, Пьер поднял голову и почувствовал необходимость высказать занимавшие его мысли; он стал объяснять, как он несколько иначе понимает любовь к женщине. Он сказал, что он во всю свою жизнь любил и любит только одну женщину и что эта женщина никогда не может принадлежать ему.

– Tiens![1] – сказал капитан.

Потом Пьер объяснил, что он любил эту женщину с самых юных лет; но не смел думать о ней, потому что она была слишком молода, а он был незаконный сын без имени. Потом же, когда он получил имя и богатство, он не смел думать о ней, потому что слишком любил ее, слишком высоко ставил ее над всем миром и потому, тем более, над самим

1 Вишь ты!

собою. Дойдя до этого места своего рассказа, Пьер обратился к капитану с вопросом: понимает ли он это?

Капитан сделал жест, выражающий то, что ежели бы он не понимал, то он все-таки просит продолжать.

– L'amour platonique, les nuages...[1] – пробормотал он. Выпитое ли вино, или потребность откровенности, или мысль, что этот человек не знает и не узнает никого из действующих лиц его истории, или все вместе, развязало язык Пьеру. И он шамкающим ртом и маслеными глазами, глядя куда-то вдаль, рассказал всю свою историю: и свою женитьбу, и историю любви Наташи к его лучшему другу, и ее измену, и все свои несложные отношения к ней. Вызываемый вопросами Рамбаля, он рассказал и то, что скрывал сначала, – свое положение в свете и даже открыл ему свое имя.

Более всего из рассказа Пьера поразило капитана то, что Пьер был очень богат, что он имел два дворца в Москве и что он бросил все и не уехал из Москвы, а остался в городе, скрывая свое имя и звание.

Уже поздно ночью они вместе вышли на улицу. Ночь была теплая и светлая. Налево от дома светлело зарево первого начавшегося в Москве, на Петровке, пожара. Направо стоял высоко молодой серп месяца, и в противоположной от месяца стороне висела та светлая комета, которая связывалась в душе Пьера с его любовью. У ворот стояли Герасим, кухарка и два француза. Слышны были их смех и разговор на непонятном друг для друга языке. Они смотрели на зарево, видневшееся в городе.

Ничего страшного не было в небольшом отдаленном пожаре в огромном городе.

Глядя на высокое звездное небо, на месяц, на комету и на зарево, Пьер испытывал радостное умиление. “Ну, вот как хорошо. Ну, чего еще надо?!” – подумал он. И вдруг, когда он вспомнил свое намерение, голова его закружилась, с ним сделалось дурно, так что он прислонился к забору, чтобы не упасть.

1 Платоническая любовь, облака...

Не простившись с своим новым другом, Пьер нетвердыми шагами отошел от ворот и, вернувшись в свою комнату, лег на диван и тотчас же заснул.

XXX

На зарево первого занявшегося 2-го сентября пожара с разных дорог с разными чувствами смотрели убегавшие и уезжавшие жители и отступавшие войска.

Поезд Ростовых в эту ночь стоял в Мытищах, в двадцати верстах от Москвы. 1-го сентября они выехали так поздно, дорога так была загромождена повозками и войсками, столько вещей было забыто, за которыми были посылаемы люди, что в эту ночь было решено ночевать в пяти верстах за Москвою. На другое утро тронулись поздно, и опять было столько остановок, что доехали только до Больших Мытищ. В десять часов господа Ростовы и раненые, ехавшие с ними, все разместились по дворам и избам большого села. Люди, кучера Ростовых и денщики раненых, убрав господ, поужинали, задали корму лошадям и вышли на крыльцо.

В соседней избе лежал раненый адъютант Раевского, с разбитой кистью руки, и страшная боль, которую он чувствовал, заставляла его жалобно, не переставая, стонать, и стоны эти страшно звучали в осенней темноте ночи. В первую ночь адъютант этот ночевал на том же дворе, на котором стояли Ростовы. Графиня говорила, что она не могла сомкнуть глаз от этого стона, и в Мытищах перешла в худшую избу только для того, чтобы быть подальше от этого раненого.

Один из людей в темноте ночи, из-за высокого кузова стоявшей у подъезда кареты, заметил другое небольшое зарево пожара. Одно зарево давно уже видно было, и все знали, что это горели Малые Мытищи, зажженные мамоновскими казаками.

– А ведь это, братцы, другой пожар, – сказал денщик.

Все обратили внимание на зарево.

– Да ведь, сказывали, Малые Мытищи мамоновские казаки зажгли.

– Они! Нет, это не Мытищи, это дале.

– Глянь-ка, точно в Москве.

Двое из людей сошли с крыльца, зашли за карету и присели на подножку.

– Это левей! Как же, Мытищи вон где, а это вовсе в другой стороне.

Несколько людей присоединились к первым.

– Вишь, полыхает, – сказал один, – это, господа, в Москве пожар: либо в Сущевской, либо в Рогожской.

Никто не ответил на это замечание. И довольно долго все эти люди молча смотрели на далекое разгоравшееся пламя нового пожара.

Старик, графский камердинер (как его называли), Данило Терентьич подошел к толпе и крикнул Мишку.

– Ты чего не видал, шалава... Граф спросит, а никого нет; иди платье собери.

– Да я только за водой бежал, – сказал Мишка.

– А вы как думаете, Данило Терентьич, ведь это будто в Москве зарево? – сказал один из лакеев.

Данило Терентьич ничего не отвечал, и долго опять все молчали. Зарево расходилось и колыхалось дальше и дальше.

– Помилуй Бог!.. ветер да сушь... – опять сказал голос.

– Глянь-ко, как пошло. О господи! аж галки видно. Господи, помилуй нас грешных!

– Потушат небось.

– Кому тушить-то? – послышался голос Данилы Терентьича, молчавшего до сих пор. Голос его был спокоен и медлителен. – Москва и есть, братцы, – сказал он, – она, матушка белока... – Голос его оборвался, и он вдруг старчески всхлипнул. И как будто только этого ждали все, чтобы понять то значение, которое имело для них это видневшееся зарево. Послышались вздохи, слова молитвы и всхлипывание старого графского камердинера.

XXXI

Камердинер, вернувшись, доложил графу, что горит Москва. Граф надел халат и вышел посмотреть. С ним вместе вышла и не раздевавшаяся еще Соня и madame Schoss. Наташа и графиня одни оставались в комнате. (Пети не было больше с семейством: он пошел вперед с своим полком, шедшим к Троице.)

Графиня заплакала, услыхавши весть о пожаре Москвы. Наташа, бледная, с остановившимися глазами, сидевшая под образами на лавке (на том самом месте, на которое она села приехавши), не обратила никакого внимания на слова отца. Она прислушивалась к неумолкаемому стону адъютанта, слышному через три дома.

– Ах, какой ужас! – сказала, со двора возвратившись, иззябшая и испуганная Соня. – Я думаю, вся Москва сгорит, ужасное зарево! Наташа, посмотри теперь, отсюда из окошка видно, – сказала она сестре, видимо желая чем-нибудь развлечь ее. Но Наташа посмотрела на нее, как бы не понимая того, что у ней спрашивали, и опять уставилась глазами в угол печи. Наташа находилась в этом состоянии столбняка с нынешнего утра, с того самого времени, как Соня, к удивлению и досаде графини, непонятно для чего, нашла нужным объявить Наташе о ране князя Андрея и о его присутствии с ними в поезде. Графиня рассердилась на Соню, как она редко сердилась. Соня плакала и просила прощенья и теперь, как бы стараясь загладить свою вину, не переставая ухаживала за сестрой.

– Посмотри, Наташа, как ужасно горит, – сказала Соня.

– Что горит? – спросила Наташа. – Ах, да, Москва.

И как бы для того, чтобы не обидеть Сони отказом и отделаться от нее, она подвинула голову к окну, поглядела так, что, очевидно, не могла ничего видеть, и опять села в свое прежнее положение.

– Да ты не видела?

– Нет, право, я видела, – умоляющим о спокойствии голосом сказала она.

И графине и Соне понятно было, что Москва, пожар Москвы, что бы то ни было, конечно, не могло иметь значения для Наташи.

Граф опять пошел за перегородку и лег. Графиня подошла к Наташе, дотронулась перевернутой рукой до ее головы, как это она делала, когда дочь ее бывала больна, потом дотронулась до ее лба губами, как бы для того, чтобы узнать, есть ли жар, и поцеловала ее.

– Ты озябла. Ты вся дрожишь. Ты бы ложилась, – сказала она.

– Ложиться? Да, хорошо, я лягу. Я сейчас лягу, – сказала Наташа.

С тех пор как Наташе в нынешнее утро сказали о том, что князь Андрей тяжело ранен и едет с ними, она только в первую минуту много спрашивала о том, куда? как? опасно ли он ранен? и можно ли ей видеть его? Но после того как ей сказали, что видеть его ей нельзя, что он ранен тяжело, но что жизнь его не в опасности, она, очевидно не поверив тому, что ей говорили, но убедившись, что, сколько бы она ни говорила, ей будут отвечать одно и то же, перестала спрашивать и говорить. Всю дорогу с большими глазами, которые так знала и которых выражения так боялась графиня, Наташа сидела неподвижно в углу кареты и так же сидела теперь на лавке, на которую села. Что-то она задумывала, что-то она решала или уже решила в своем уме теперь, – это знала графиня, но что это такое было, она не знала, и это-то страшило и мучило ее.

– Наташа, разденься, голубушка, ложись на мою постель. (Только графине одной была постелена постель на кровати; m-me Schoss и обе барышни должны были спать на полу на сене.)

– Нет, мама, я лягу тут, на полу, – сердито сказала Наташа, подошла к окну и отворила его. Стон адъютанта из открытого окна послышался явственнее. Она высунула голову в сырой воздух ночи, и графиня видела, как тонкие плечи ее тряслись от рыданий и бились о раму. Наташа знала, что стонал не князь Андрей. Она знала, что князь Андрей лежал в той же связи, где они были, в другой избе через сени; но этот страшный неумолкавший стон заставил зарыдать ее. Графиня переглянулась с Соней.

– Ложись, голубушка, ложись, мой дружок, – сказала графиня, слегка дотрогиваясь рукой до плеча Наташи. – Ну, ложись же.

– Ах, да... Я сейчас, сейчас лягу, – сказала Наташа, поспешно раздеваясь и обрывая завязки юбок. Скинув платье и надев кофту, она, подвернув ноги, села на приготовленную на полу постель и, перекинув через плечо наперед свою недлинную тонкую косу, стала переплетать ее. Тонкие длинные привычные пальцы быстро, ловко разбирали, плели, завязывали косу. Голова Наташи привычным жестом поворачивалась то в одну, то в другую сторону, но глаза, лихорадочно открытые, неподвижно смотрели прямо. Когда ночной костюм был окончен, Наташа тихо опустилась на простыню, постланную на сено с края от двери.

– Наташа, ты в середину ляг, – сказала Соня.

– Нет, я тут, – проговорила Наташа. – Да ложитесь же, – прибавила она с досадой. И она зарылась лицом в подушку.

Графиня, m-me Schoss и Соня поспешно разделись и легли. Одна лампадка осталась в комнате. Но на дворе светлело от пожара Малых Мытищ за две версты, и гудели пьяные крики народа в кабаке, который разбили мамоновские казаки, на перекоске, на улице, и все слышался неумолкаемый стон адъютанта.

Долго прислушивалась Наташа к внутренним и внешним звукам, доносившимся до нее, и не шевелилась. Она слышала сначала молитву и вздохи матери, трещание под ней ее кровати, знакомый с свистом храп m-me Schoss, тихое дыханье Сони. Потом графиня окликнула Наташу. Наташа не отвечала ей.

– Кажется, спит, мама, – тихо отвечала Соня. Графиня, помолчав немного, окликнула еще раз, но уже никто ей не откликнулся.

Скоро после этого Наташа услышала ровное дыхание матери. Наташа не шевелилась, несмотря на то, что ее маленькая босая нога, выбившись из-под одеяла, зябла на голом полу.

Как бы празднуя победу над всеми, в щели закричал сверчок. Пропел петух далеко, откликнулись близкие. В кабаке затихли крики, только слышался тот же стон адъютанта. Наташа приподнялась.

– Соня? ты спишь? Мама? – прошептала она. Никто не ответил. Наташа медленно и осторожно встала, перекрестилась и ступила осторожно узкой и гибкой босой ступней на грязный холодный пол. Скрипнула половица. Она, быстро перебирая ногами, пробежала, как котенок, несколько шагов и взялась за холодную скобку двери.

Ей казалось, что-то тяжелое, равномерно ударяя, стучит во все стены избы: это билось ее замиравшее от страха, от ужаса и любви разрывающееся сердце.

Она отворила дверь, перешагнула порог и ступила на сырую, холодную землю сеней. Обхвативший холод освежил ее. Она ощупала босой ногой спящего человека, перешагнула через него и отворила дверь в избу, где лежал князь Андрей. В избе этой было темно. В заднем углу у кровати, на которой лежало что-то, на лавке стояла нагоревшая большим грибом сальная свечка.

Наташа с утра еще, когда ей сказали про рану и присутствие князя Андрея, решила, что она должна видеть его. Она не знала, для чего это должно было, но она знала, что свидание будет мучительно, и тем более она была убеждена, что оно было необходимо.

Весь день она жила только надеждой того, что ночью она увидит его. Но теперь, когда наступила эта минута, на нее нашел ужас того, что она увидит. Как он был изуродован? Что оставалось от него? Такой ли он был, какой был этот неумолкавший стон адъютанта? Да, он был такой. Он был в ее воображении олицетворение этого ужасного стона. Когда она увидала неясную массу в углу и приняла его поднятые под одеялом колени за его плечи, она представила себе какое-то ужасное тело и в ужасе остановилась. Но непреодолимая сила влекла ее вперед. Она осторожно ступила один шаг, другой и очутилась на середине небольшой загроможденной избы. В избе под образами лежал на лавках другой человек (это был Тимохин), и на полу лежали еще два какие-то человека (это были доктор и камердинер).

Камердинер приподнялся и прошептал что-то. Тимохин, страдая от боли в раненой ноге, не спал и во все глаза смотрел на странное явление девушки в белой рубашке, кофте и ночном чепчике. Сонные и испуганные слова камердинера: "Чего вам, зачем?" – только заставили скорее Наташу подойти к тому, что лежало в углу. Как ни страшно, ни непохоже на человеческое было это тело, она должна была его видеть. Она миновала камердинера: нагоревший гриб свечки свалился, и она ясно увидала лежащего с выпростанными руками на одеяле князя Андрея, такого, каким она его всегда видела.

Он был такой же, как всегда; но воспаленный цвет его лица, блестящие глаза, устремленные восторженно на нее, а в особенности нежная детская шея, выступавшая из отложенного воротника рубашки, давали ему особый, невинный, ребяческий вид, которого, однако, она никогда не видала в князе Андрее. Она подошла к нему и быстрым, гибким, молодым движением стала на колени.

Он улыбнулся и протянул ей руку.

XXXII

Для князя Андрея прошло семь дней с того времени, как он очнулся на перевязочном пункте Бородинского поля. Все это время он находился почти в постоянном беспамятстве. Горячечное состояние и воспаление кишок, которые были повреждены, по мнению доктора, ехавшего с раненым, должны были унести его. Но на седьмой день он с удовольствием съел ломоть хлеба с чаем, и доктор заметил, что общий жар уменьшился. Князь Андрей поутру пришел в сознание. Первую ночь после выезда из Москвы было довольно тепло, и князь Андрей был оставлен для ночлега в коляске; но в Мытищах раненый сам потребовал, чтобы его вынесли и чтобы ему дали чаю. Боль, причиненная ему переноской в избу, заставила князя Андрея громко стонать и потерять опять сознание. Когда его уложили на походной кровати, он долго лежал с закрытыми глазами без движения. Потом он открыл их и тихо прошептал: "Что же чаю?" Памятливость эта к мелким подробностям жизни поразила доктора. Он пощупал пульс и, к удивлению и неудовольствию своему, заметил, что пульс был лучше. К неудовольствию своему это заметил доктор потому, что он по опыту своему был убежден, что жить князь Андрей не может и что ежели он не умрет теперь, то он только с большими страданиями умрет несколько времени после. С князем Андреем везли присоединившегося к ним в Москве майора его полка Тимохина с красным носиком, раненного в ногу в том же Бородинском сражении. При них ехал доктор, камердинер князя, его кучер и два денщика.

Князю Андрею дали чаю. Он жадно пил, лихорадочными глазами глядя вперед себя на дверь, как бы стараясь что-то понять и припомнить.

– Не хочу больше. Тимохин тут? – спросил он. Тимохин подполз к нему по лавке.

– Я здесь, ваше сиятельство.

– Как рана?

– Моя-то-с? Ничего. Вот вы-то? – Князь Андрей опять задумался, как будто припоминая что-то.

– Нельзя ли достать книгу? – сказал он.

– Какую книгу?

– Евангелие! У меня нет.

Доктор обещался достать и стал расспрашивать князя о том, что он чувствует. Князь Андрей неохотно, но разумно отвечал на все вопросы доктора и потом сказал, что ему надо бы подложить валик, а то неловко и очень больно. Доктор и камердинер подняли шинель, которою он был накрыт, и, морщась от тяжкого запаха гнилого мяса, распространявшегося от раны, стали рассматривать это страшное место.

Доктор чем-то очень остался недоволен, что-то иначе переделал, перевернул раненого так, что тот опять застонал и от боли во время поворачивания опять потерял сознание и стал бредить. Он все говорил о том, чтобы ему достали поскорее эту книгу и подложили бы ее туда.

– И что это вам стоит! – говорил он. – У меня ее нет, – достаньте, пожалуйста, подложите на минуточку, – говорил он жалким голосом.

Доктор вышел в сени, чтобы умыть руки.

– Ах, бессовестные, право, – говорил доктор камердинеру, лившему ему воду на руки. – Только на минуту не досмотрел. Ведь вы его прямо на рану положили. Ведь это такая боль, что я удивляюсь, как он терпит.

– Мы, кажется, подложили, господи Иисусе Христе, – говорил камердинер.

В первый раз князь Андрей понял, где он был и что с ним было, и вспомнил то, что он был ранен и как в ту минуту, когда коляска остановилась в Мытищах, он попросился в избу. Спутавшись опять от боли, он опомнился другой раз в избе, когда пил чай, и тут опять, повторив в своем воспоминании все, что с ним было, он живее всего представил себе ту минуту на перевязочном пункте, когда, при виде страданий нелюбимого им человека, ему пришли эти новые, сулившие ему счастие мысли. И мысли эти, хотя и неясно и неопределенно, теперь опять овладели его душой. Он вспомнил, что у него было теперь новое счастье и что это счастье имело что-то такое общее с Евангелием. Потому-то он попросил Евангелие. Но дурное положение, которое дали его ране, новое переворачиванье опять смешали его мысли, и он в третий раз очнулся к жизни уже в совершенной тишине ночи. Все спали вокруг него. Сверчок кричал через сени, на улице кто-то кричал и пел, тараканы шелестели по столу и образам, и осенняя толстая муха билась у него по изголовью и около сальной свечи, нагоревшей большим грибом и стоявшей подле него.

Душа его была не в нормальном состоянии. Здоровый человек обыкновенно мыслит, ощущает и вспоминает одновременно о бесчисленном количестве предметов, но имеет власть и силу, избрав один ряд мыслей или явлений, на этом ряде явлений остановить все свое внимание. Здоровый человек в минуту глубочайшего размышления отрывается, чтобы сказать учтивое слово вошедшему человеку, и опять возвращается к своим мыслям. Душа же князя Андрея была не в нормальном состоянии в этом отношении. Все силы его души были деятельнее, яснее, чем когда-нибудь, но они действовали вне его воли. Самые разнообразные мысли и представления одновременно владели им. Иногда мысль его вдруг начинала работать, и с такой силой, ясностью и глубиною, с какою никогда она не была в силах действовать в здоровом состоянии; но вдруг, посредине своей работы, она обрывалась, заменялась каким-нибудь неожиданным представлением, и не было сил возвратиться к ней.

"Да, мне открылось новое счастье, неотъемлемое от человека, – думал он, лежа в полутемной тихой избе и глядя вперед лихорадочно-раскрытыми, остановившимися глазами. Счастье, находящееся вне материальных сил, вне материальных внешних влияний на человека, счастье одной души, счастье любви! Понять его может всякий человек, но сознать и предписать его мог только един Бог. Но как же Бог предписал этот закон? Почему сын?.." И вдруг ход мыслей этих оборвался, и князь Андрей услыхал (не зная, в бреду или в действительности он слышит это), услыхал какой-то тихий, шепчущий голос, неумолкаемо в такт твердивший: "И пити-пити-пити" и потом "и ти-ти" и опять "и пити-пити-пити" и опять "и ти-ти". Вместе с этим, под звук этой шепчущей музыки, князь Андрей чувствовал, что над лицом его, над самой серединой воздвигалось какое-то странное воздушное здание из тонких иголок или лучинок. Он чувствовал (хотя это и тяжело ему было), что ему надо было старательно держать равновесие, для того чтобы воздвигавшееся здание это не завалилось; но оно все-таки завалилось и опять медленно воздвигалось при звуках равномерно шепчущей музыки. "Тянется! тянется! растягивается и все тянется", – говорил себе князь Андрей. Вместе с прислушаньем к шепоту и с ощущением этого тянущегося и воздвигающегося здания из иголок князь Андрей видел урывками и красный окруженный кругом свет свечки и слышал шуршанье тараканов и шуршанье мухи, бившейся на подушку и на лицо его. И всякий раз, как муха прикасалась к его лицу, она производила жгучее ощущение; но вместе с тем его удивляло то, что, ударяясь в самую область воздвигавшегося на лице его здания, муха не разрушала его. Но, кроме этого, было еще одно важное. Это было белое у двери, это была статуя сфинкса, которая тоже давила его.

"Но, может быть, это моя рубашка на столе, – думал князь Андрей, – а это мои ноги, а это дверь; но отчего же все тянется и выдвигается и пити-пити-пити и ти-ти – и пити-пити-пити..." – Довольно, перестань, пожалуйста, оставь, – тяжело просил кого-то князь Андрей. И вдруг опять выплывала мысль и чувство с необыкновенной ясностью и силой.

"Да, любовь (думал он опять с совершенной ясностью), но не та любовь, которая любит за что-нибудь, для чего-нибудь или почему-нибудь, но та любовь, которую я испытал в первый раз, когда, умирая, я увидал своего врага и все-таки полюбил его. Я испытал то чувство любви, которая есть самая сущность души и для которой не нужно предмета. Я и теперь испытываю это блаженное чувство. Любить ближних, любить врагов своих. Всё любить – любить Бога во всех проявлениях. Любить человека дорогого можно человеческой любовью; но только врага можно любить любовью божеской. И от этого-то я испытал такую радость, когда я почувствовал, что люблю того человека. Что с ним? Жив ли он... Любя человеческой любовью, можно от любви перейти к ненависти; но божеская любовь не может измениться. Ничто, ни смерть, ничто не может разрушить ее. Она есть сущность души. А сколь многих людей я ненавидел в своей жизни. И из всех людей никого больше не любил я и не ненавидел, как ее". И он живо представил себе Наташу не так, как он представлял себе ее прежде, с одною ее прелестью, радостной для себя; но в первый раз представил себе ее душу. И он понял ее чувство, ее страданья, стыд, раскаянье. Он теперь в первый раз понял всю жестокость своего отказа, видел жестокость своего разрыва с нею. "Ежели бы мне было возможно только еще один раз увидать ее. Один раз, глядя в эти глаза, сказать..."

И пити-пити-пити и ти-ти, и пити-пити – бум, ударилась муха... И внимание его вдруг перенеслось в другой мир действительности и бреда, в котором что-то происходило особенное. Все так же в этом мире все воздвигалось, не разрушаясь, здание, все так же тянулось что-то, так же с красным кругом горела свечка, та же рубашка-сфинкс лежала у двери; но, кроме всего этого, что-то скрипнуло, пахнуло свежим ветром, и новый белый сфинкс, стоячий, явился пред дверью. И в голове этого сфинкса было бледное лицо и блестящие глаза той самой Наташи, о которой он сейчас думал.

"О, как тяжел этот неперестающий бред!" – подумал князь Андрей, стараясь изгнать это лицо из своего воображения. Но лицо это стояло пред ним с силою действительности, и лицо это приближалось. Князь Андрей хотел вернуться к прежнему миру чистой мысли, но он не мог, и бред втягивал его в свою область. Тихий шепчущий голос продолжал свой мерный лепет, что-то давило, тянулось, и странное лицо стояло перед ним. Князь Андрей собрал все свои силы, чтобы опомниться; он пошевелился, и вдруг в ушах его зазвенело, в глазах помутилось, и он, как человек, окунувшийся в воду, потерял сознание. Когда он очнулся, Наташа, та самая живая Наташа, которую изо всех людей в мире ему более всего хотелось любить той новой, чистой божеской любовью, которая была теперь открыта ему, стояла перед ним на коленях. Он понял, что это была живая, настоящая Наташа, и не удивился, но тихо обрадовался. Наташа, стоя на коленях, испуганно, но прикованно (она не могла двинуться) глядела на него, удерживая рыдания. Лицо ее было бледно и неподвижно. Только в нижней части его трепетало что-то.

Князь Андрей облегчительно вздохнул, улыбнулся и протянул руку.

– Вы? – сказал он. – Как счастливо!

Наташа быстрым, но осторожным движением подвинулась к нему на коленях и, взяв осторожно его руку, нагнулась над ней лицом и стала целовать ее, чуть дотрогиваясь губами

– Простите! – сказала она шепотом, подняв голову и взглядывая на него. – Простите меня!

– Я вас люблю, – сказал князь Андрей,

– Простите...

– Что простить? – спросил князь Андрей,

– Простите меня за то, что я сделала, – чуть слышным, прерывным шепотом проговорила Наташа и чаще стала, чуть дотрогиваясь губами, целовать руку.

– Я люблю тебя больше, лучше, чем прежде, – сказал князь Андрей, поднимая рукой ее лицо так, чтобы он мог глядеть в ее глаза.

Глаза эти, налитые счастливыми слезами, робко, сострадательно и радостно-любовно смотрели на него. Худое и бледное лицо Наташи с распухшими губами было более чем некрасиво, оно было страшно. Но князь Андрей не видел этого лица, он видел сияющие глаза, которые были прекрасны. Сзади их послышался говор.

Петр-камердинер, теперь совсем очнувшийся от сна, разбудил доктора. Тимохин, не спавший все время от боли в ноге, давно уже видел все, что делалось, и, старательно закрывая простыней свое неодетое тело, ежился на лавке.

– Это что такое? – сказал доктор, приподнявшись с своего ложа. – Извольте идти, сударыня.

В это же время в дверь стучалась девушка, посланная графиней, хватившейся дочери.

Как сомнамбулка, которую разбудили в середине ее сна, Наташа вышла из комнаты и, вернувшись в свою избу, рыдая упала на свою постель.

С этого дня, во время всего дальнейшего путешествия Ростовых, на всех отдыхах и ночлегах, Наташа не отходила от раненого Болконского, и доктор должен был признаться, что он не ожидал от девицы ни такой твердости, ни такого искусства ходить за раненым.

Как ни страшна казалась для графини мысль, что князь Андрей мог (весьма вероятно, по словам доктора) умереть во время дороги на руках ее дочери, она не могла противиться Наташе. Хотя вследствие теперь установившегося сближения между раненым князем Андреем и Наташей приходило в голову, что в случае выздоровления прежние отношения жениха и невесты будут возобновлены, никто, еще менее Наташа и князь Андрей, не говорил об этом: нерешенный, висящий вопрос жизни или смерти не только над Болконским, но над Россией заслонял все другие предположения.

XXXIII

Пьер проснулся 3-го сентября поздно. Голова его болела, платье, в котором он спал не раздеваясь, тяготило его тело, и на душе было смутное сознание чего-то постыдного, совершенного накануне; это постыдное был вчерашний разговор с капитаном Рамбалем.

Часы показывали одиннадцать, но на дворе казалось особенно пасмурно. Пьер встал, протер глаза и, увидав пистолет с вырезным ложем, который Герасим положил опять на письменный стол, Пьер вспомнил то, где он находился и что ему предстояло именно в нынешний день.

"Уж не опоздал ли я? – подумал Пьер. – Нет, вероятно, *он* сделает свой въезд в Москву не ранее двенадцати". Пьер не позволял себе размышлять о том, что ему предстояло, но торопился поскорее действовать.

Оправив на себе платье, Пьер взял в руки пистолет и собрался уже идти. Но тут ему в первый раз пришла мысль о том, каким образом, не в руке же, по улице нести ему это оружие. Даже и под широким кафтаном трудно было спрятать большой пистолет. Ни за поясом, ни под мышкой нельзя было поместить его незаметным. Кроме того, пистолет был разряжен, а Пьер не успел зарядить его. "Все равно, кинжал", – сказал себе Пьер, хотя он не раз, обсуживая исполнение своего намерения, решал сам с собою, что главная ошибка студента в 1809 году состояла в том, что он хотел убить Наполеона кинжалом. Но, как будто главная цель Пьера состояла не в том, чтобы исполнить задуманное дело, а в том, чтобы показать самому себе, что не отрекается от своего намерения и делает все для исполнения его, Пьер поспешно взял купленный им у Сухаревой башни вместе с пистолетом тупой зазубренный кинжал в зеленых ножнах и спрятал его под жилет.

Подпоясав кафтан и надвинув шапку, Пьер, стараясь не шуметь и не встретить капитана, прошел по коридору и вышел на улицу.

Тот пожар, на который так равнодушно смотрел он накануне вечером, за ночь значительно увеличился. Москва горела уже с разных сторон. Горели в одно и то же время Каретный ряд, Замоскворечье, Гостиный двор, Поварская, барки на Москве-реке и дровяной рынок у Дорогомиловского моста.

Путь Пьера лежал через переулки на Поварскую и оттуда на Арбат, к Николе Явленному, у которого он в воображении своем давно определил место, на котором должно быть совершено его дело. У большой части домов были заперты ворота и ставни. Улицы и переулки были пустынны. В воздухе пахло гарью и дымом. Изредка встречались русские с беспокойно-робкими лицами и французы с негородским, лагерным видом, шедшие по серединам улиц. И те и другие с удивлением смотрели на Пьера. Кроме большого роста и толщины, кроме странного мрачно-сосредоточенного и страдальческого выражения лица и всей фигуры, русские присматривались к Пьеру, потому что не понимали, к какому сословию мог принадлежать этот человек. Французы же с удивлением провожали его глазами, в особенности потому, что Пьер, противно всем другим русским, испуганно или любопытно смотревшим на французов, не обращал на них никакого внимания. У ворот одного дома три француза, толковавшие что-то не понимавшим их русским людям, остановили Пьера, спрашивая, не знает ли он по-французски?

Пьер отрицательно покачал головой и пошел дальше. В другом переулке на него крикнул часовой, стоявший у зеленого ящика, и Пьер только на повторенный грозный крик и звук ружья, взятого часовым на руку, понял, что он должен был обойти другой стороной улицы. Он ничего не слышал и не видел вокруг себя. Он, как что-то страшное и чуждое ему, с поспешностью и ужасом нес в себе свое намерение, боясь – наученный опытом прошлой ночи – как-нибудь растерять его. Но Пьеру не суждено было донести в целости свое настроение до того места, куда он направлялся. Кроме того, ежели бы даже он и не был ничем задержан на пути, намерение его не могло быть исполнено уже потому, что Наполеон тому назад более четырех часов проехал из Дорогомиловского предместья через Арбат в Кремль и теперь в самом мрачном расположении духа сидел в царском кабинете кремлевского дворца и отдавал подробные, обстоятельные приказания о мерах, которые немедленно должны были быть приняты для тушения пожара, предупреждения мародерства и успокоения жителей. Но Пьер не знал этого; он, весь поглощенный предстоящим, мучился, как мучаются люди, упрямо предпринявшие дело невозможное – не по трудностям, но по несвойственности дела с своей природой; он мучился страхом того, что он ослабеет в решительную минуту и, вследствие того, потеряет уважение к себе.

Он хотя ничего не видел и не слышал вокруг себя, но инстинктом соображал дорогу и не ошибался переулками, выводившими его на Поварскую.

По мере того как Пьер приближался к Поварской, дым становился сильнее и сильнее, становилось даже тепло от огня пожара. Изредка взвивались огненные языки из-за крыш домов. Больше народу встречалось на улицах, и народ этот был тревожнее. Но Пьер, хотя и чувствовал, что

что-то такое необыкновенное творилось вокруг него, не отдавал себе отчета о том, что он подходил к пожару. Проходя по тропинке, шедшей по большому незастроенному месту, примыкавшему одной стороной к Поварской, другой к садам дома князя Грузинского, Пьер вдруг услыхал подле самого себя отчаянный плач женщины. Он остановился, как бы пробудившись от сна, и поднял голову.

В стороне от тропинки, на засохшей пыльной траве, были свалены кучей домашние пожитки: перины, самовар, образа и сундуки. На земле подле сундуков сидела немолодая худая женщина, с длинными высунувшимися верхними зубами, одетая в черный салоп и чепчик. Женщина эта, качаясь и приговаривая что-то, надрываясь плакала. Две девочки, от десяти до двенадцати лет, одетые в грязные коротенькие платьица и салопчики, с выражением недоумения на бледных, испуганных лицах, смотрели на мать. Меньшой мальчик, лет семи, в чуйке и в чужом огромном картузе, плакал на руках старухи-няньки. Босоногая грязная девка сидела на сундуке и, распустив белесую косу, обдергивала опаленные волосы, принюхиваясь к ним. Муж, невысокий сутуловатый человек в вицмундире, с колесообразными бакенбардочками и гладкими височками, видневшимися из-под прямо надетого картуза, с неподвижным лицом раздвигал сундуки, поставленные один на другом, и вытаскивал из-под них какие-то одеяния.

Женщина почти бросилась к ногам Пьера, когда она увидала его.

– Батюшки родимые, христиане православные, спасите, помогите, голубчик!.. кто-нибудь помогите, – выговаривала она сквозь рыдания. – Девочку!.. Дочь!.. Дочь мою меньшую оставили!.. Сгорела! О-о-оо! для того я тебя леле... О-о-оо!

– Полно, Марья Николаевна, – тихим голосом обратился муж к жене, очевидно для того только, чтобы оправдаться пред посторонним человеком. – Должно, сестрица унесла, а то больше где же быть! – прибавил он.

– Истукан! Злодей! – злобно закричала женщина, вдруг прекратив плач. – Сердца в тебе нет, свое детище не жалеешь. Другой бы из огня достал. А это истукан, а не человек, не отец. Вы благородный человек, – скороговоркой, всхлипывая, обратилась женщина к Пьеру. – Загорелось рядом, – бросило к нам. Девка закричала: горит! Бросились собирать. В чем были, в том и выскочили... Вот что захватили... Божье благословенье да приданую постель, а то все пропало. Хвать детей, Катечки нет. О господи! О-о-о! – и опять она зарыдала. – Дитятко мое милое, сгорело! сгорело!

– Да где, где же она осталась? – сказал Пьер. По выражению оживившегося лица его женщина поняла, что этот человек мог помочь ей.

– Батюшка! Отец! – закричала она, хватая его за ноги. – Благодетель, хоть сердце мое успокой... Аниска, иди, мерзкая, проводи, – крикнула она на девку, сердито раскрывая рот и этим движением еще больше выказывая свои длинные зубы.

– Проводи, проводи, я... я... сделаю я, – запыхавшимся голосом поспешно сказал Пьер.

Грязная девка вышла из-за сундука, прибрала косу и, вздохнув, пошла тупыми босыми ногами вперед тропинке. Пьер как бы вдруг очнулся к жизни после тяжелого обморока. Он выше поднял голову, глаза его засветились блеском жизни, и он быстрыми шага пошел за девкой, обогнал ее и вышел на Поварскую. Вся улица была застлана тучей черного дыма. Языки пламени кое-где вырывались из этой тучи. Народ большой толпой теснился перед пожаром. В середине улицы стоял французский генерал и говорил что-то окружившим его. Пьер, сопутствуемый девкой, подошел было к тому месту, где стоял генерал; но французские солдаты остановили его.

– On ne passe pas[1], – крикнул ему голос.

– Сюда, дяденька! – проговорила девка. – Мы переулком, через Никулиных пройдем.

Пьер повернулся назад и пошел, изредка подпрыгивая, чтобы поспевать за нею. Девка перебежала улицу поверну-

1 Тут не проходят.

ла налево в переулок и, пройдя три дома, завернула направо в ворота.

– Вот тут сейчас, – сказала девка, и, пробежав двор, она отворила калитку в тесовом заборе и, остановившись, указала Пьеру на небольшой деревянный флигель, горевший светло и жарко. Одна сторона его обрушилась, другая горела, и пламя ярко выбивалось из-под отверстий окон и из-под крыши.

Когда Пьер вошел в калитку, его обдало жаром, он невольно остановился.

– Который, который ваш дом? – спросил он.

– О-о-ох! – завыла девка, указывая на флигель. Он самый, она самая наша фатера была. Сгорела, сокровище ты мое, Катечка, барышня моя ненаглядна, о-ох! – завыла Аниска при виде пожара, почувствовавши необходимость высказать и свои чувства.

Пьер сунулся к флигелю, но жар был так силен, что он невольно описал дугу вокруг флигеля и очутился подле большого дома, который еще горел только с одной стороны с крыши и около которого кишела толпа французов. Пьер сначала не понял, что делали эти французы, таскавшие что-то; но, увидав перед собою француза, который бил тупым тесаком мужика, отнимая у него лисью шубу, Пьер понял смутно, что тут грабили, но ему некогда было останавливаться на этой мысли.

Звук треска и гула заваливающихся стен и потолков, свиста и шипенья пламени и оживленных криков народа, вид колеблющихся, то насупливающихся густых черных, то взмывающих светлеющих облаков дыма с блестками искр и где сплошного, сноповидного, красного, где чешуйчато-золотого, перебирающегося по стенам пламени, ощущение жара и дыма и быстроты движения произвели на Пьера свое обычное возбуждающее действие пожаров. Действие это было в особенности сильно на Пьера потому, что Пьер вдруг при виде этого пожара почувствовал себя освобожденным от тяготивших его мыслей. Он чувствовал себя молодым, веселым, ловким и решительным. Он обежал флигелек со стороны дома и хотел уже бежать в ту часть его, которая еще стояла, когда над самой головой его послышался крик нескольких голосов и вслед за тем треск и звон чего-то тяжелого, упавшего подле него.

Пьер оглянулся и увидал в окнах дома французов, выкинувших ящик комода, наполненный какими-то металлическими вещами. Другие французские солдаты, стоявшие внизу, подошли к ящику.

– Eh bien, qu'est ce qu'il veut celui-là[1], – крикнул один из французов на Пьера.

– Un enfant dans cette maison. N'avez-vous pas vu un enfant?[2] – сказал Пьер.

– Tiens, qu'est ce qu'il chante celui-là? Va te promener[3], – послышались голоса, и один из солдат, видимо боясь, чтобы Пьер не вздумал отнимать у них серебро и бронзы, которые были в ящике, угрожающе надвинулся на него.

– Un enfant? – закричал сверху француз. – J'ai entendu piailler quelque chose au jardin. Peut-être c'est son moutard au bonhomme. Faut être humain, voyez-vous...[4]

– Où est-il? Où est-il?[5] – спрашивал Пьер.

– Par ici! Par ici! – кричал ему француз из окна, показывая на сад, бывший за домом. – Attendez, je vais descendre[6].

И действительно, через минуту француз, черноглазый малый с каким-то пятном на щеке, в одной рубашке, выскочил из окна нижнего этажа и, хлопнув Пьера по плечу, побежал с ним в сад.

– Dépêchez-vous, vous autres, – крикнул он своим товарищам, – commence à faire chaud[7].

Выбежав за дом на усыпанную песком дорожку, француз дернул за руку Пьера и указал ему на круг. Под скамейкой лежала трехлетняя девочка в розовом платьице.

1 Этому что еще надо.
2 Ребенка в этом доме. Не видали ли вы ребенка?
3 Этот что еще толкует? Убирайся к черту.
4 Ребенок? Я слышал, что-то пищало в саду. Может быть, это его ребенок. Что ж, надо по человечеству. Мы все люди...
5 Где он? Где он?
6 Сюда, сюда!.. Погодите, я сейчас сойду.
7 Эй, вы, живее, припекать начинает.

– Voilà vorte moutard. Ah, une petite, tant mieux, – сказал француз. – Au revoir, mon gros. Faut être humain. Nous sommes tous mortels, voyez-vous[1], – и француз с пятном на щеке побежал назад к своим товарищам.

Пьер, задыхаясь от радости, подбежал к девочке и хотел взять ее на руки. Но, увидав чужого человека, золотушно-болезненная, похожая на мать, неприятная на вид девочка закричала и бросилась бежать. Пьер, однако, схватил ее и поднял на руки; она завизжала отчаянно-злобным голосом и своими маленькими ручонками стала отрывать от себя руки Пьера и сопливым ртом кусать их. Пьера охватило чувство ужаса и гадливости, подобное тому, которое он испытывал при прикосновении к какому-нибудь маленькому животному. Но он сделал усилие над собою, чтобы не бросить ребенка, и побежал с ним назад к большому дому. Но пройти уже нельзя было назад той же дорогой; девки Аниски уже не было, и Пьер с чувством жалости и отвращения, прижимая к себе как можно нежнее страдальчески всхлипывавшую и мокрую девочку, побежал через сад искать другого выхода.

XXXIV

Когда Пьер, обежав дворами и переулками, вышел назад с своей ношей к саду Грузинского, на углу Поварской, он в первую минуту не узнал того места, с которого он пошел за ребенком: так оно было загромождено народом и вытащенными из домов пожитками. Кроме русских семей с своим добром, спасавшихся здесь от пожара, тут же было и несколько французских солдат в различных одеяниях. Пьер не обратил на них внимания. Он спешил найти семейство чиновника, с тем чтобы отдать дочь матери и идти опять спасать еще кого-то. Пьеру казалось, что ему что-то еще

1 Вот ваш ребенок. А, девочка, тем лучше... До свидания, толстяк. Что ж, надо по человечеству. Все люди.

многое и поскорее нужно сделать. Разгоревшись от жара и беготни, Пьер в эту минуту еще сильнее, чем прежде, испытывал то чувство молодости, оживления и решительности, которое охватило его в то время, как он побежал спасать ребенка. Девочка затихла теперь и, держась ручонками за кафтан Пьера, сидела на его руке и, как дикий зверек, оглядывалась вокруг себя. Пьер изредка поглядывал на нее и слегка улыбался. Ему казалось, что он видел что-то трогательно-невинное и ангельское в этом испуганном и болезненном личике.

На прежнем месте ни чиновника, ни его жены уже не было. Пьер быстрыми шагами ходил между народом, оглядывая разные лица, попадавшиеся ему. Невольно он заметил грузинское или армянское семейство, состоявшее из красивого, с восточным типом лица, очень старого человека, одетого в новый крытый тулуп и новые сапоги, старухи такого же типа и молодой женщины. Очень молодая женщина эта показалась Пьеру совершенством восточной красоты, с ее резкими, дугами очерченными черными бровями и длинным, необыкновенно нежно-румяным и красивым лицом без всякого выражения. Среди раскиданных пожитков, в толпе на площади, она, в своем богатом атласном салопе и ярко-лиловом платке, накрывавшем ее голову, напоминала нежное тепличное растение, выброшенное на снег. Она сидела на узлах несколько позади старухи и неподвижно-большими черными продолговатыми, с длинными ресницами, глазами смотрела в землю. Видимо, она знала свою красоту и боялась за нее. Лицо это поразило Пьера, и он, в своей поспешности, проходя вдоль забора, несколько раз оглянулся на нее. Дойдя до забора и все-таки не найдя тех, кого ему было нужно, Пьер остановился, оглядываясь.

Фигура Пьера с ребенком на руках теперь была еще более замечательна, чем прежде, и около него собралось несколько человек русских мужчин и женщин.

– Или потерял кого, милый человек? Сами вы из благородных, что ли? Чей ребенок-то? – спрашивали у него.

Пьер отвечал, что ребенок принадлежал женщине в черном салопе, которая сидела с детьми на этом месте, и спрашивал, не знает ли кто ее и куда она перешла.

– Ведь это Анферовы должны быть, – сказал старый дьякон, обращаясь к рябой бабе. – Господи помилуй, господи помилуй, – прибавил он привычным басом.

– Где Анферовы! – сказала баба. – Анферовы еще с утра уехали. А это либо Марьи Николавны, либо Ивановы.

– Он говорит – женщина, а Марья Николавна – барыня, – сказал дворовый человек.

– Да вы знаете ее, зубы длинные, худая, – говорил Пьер.

– И есть Марья Николавна. Они ушли в сад, как тут волки-то эти налетели, – сказала баба, указывая на французских солдат.

– О, господи помилуй, – прибавил опять дьякон.

– Вы пройдите вот туда-то, они там. Она и есть. Все убивалась, плакала, – сказала опять баба. – Она и есть. Вот сюда-то.

Но Пьер не слушал бабу. Он уже несколько секунд, не спуская глаз, смотрел на то, что делалось в нескольких шагах от него. Он смотрел на армянское семейство и двух французских солдат, подошедших к армянам. Один из этих солдат, маленький вертлявый человечек, был одет в синюю шинель, подпоясанную веревкой. На голове его был колпак, и ноги были босые. Другой, который особенно поразил Пьера, был длинный, сутуловатый, белокурый, худой человек с медлительными движениями и идиотическим выражением лица. Этот был одет в фризовый капот, в синие штаны и большие рваные ботфорты. Маленький француз, без сапог, в синей шинели, подойдя к армянам, тотчас же, сказав что-то, взялся за ноги старика, и старик тотчас же поспешно стал снимать сапоги. Другой, в капоте, остановился против красавицы армянки и молча, неподвижно, держа руки в карманах, смотрел на нее.

– Возьми, возьми ребенка, – проговорил Пьер, подавая девочку и повелительно и поспешно обращаясь к бабе. – Ты отдай им, отдай! – закричал он почти на бабу, сажая закричавшую девочку на землю, и опять оглянулся на французов и на армянское семейство. Старик уже сидел босой. Маленький француз снял с него последний сапог и похлопывал сапогами один о другой. Старик, всхлипывая, говорил что-то, но Пьер только мельком видел это; все внимание его было обращено на француза в капоте, который в это время, медлительно раскачиваясь, подвинулся к молодой женщине и, вынув руки из карманов, взялся за ее шею.

Красавица армянка продолжала сидеть в том же неподвижном положении, с опущенными длинными ресницами, и как будто не видала и не чувствовала того, что делал с нею солдат.

Пока Пьер пробежал те несколько шагов, которые отделяли его от французов, длинный мародер в капоте уж рвал с шеи армянки ожерелье, которое было на ней, и молодая женщина, хватаясь руками за шею, кричала пронзительным голосом.

– Laissez cette femme![1] – бешеным голосом прохрипел Пьер, схватывая длинного, сутуловатого солдата за плечи и отбрасывая его. Солдат упал, приподнялся и побежал прочь. Но товарищ его, бросив сапоги, вынул тесак и грозно надвинулся на Пьера.

– Voyons, pas de bêtises![2] – крикнул он.

Пьер был в том восторге бешенства, в котором он ничего не помнил и в котором силы его удесятерялись. Он бросился на босого француза и, прежде чем тот успел вынуть свой тесак, уже сбил его с ног и молотил по нем кулаками. Послышался одобрительный крик окружавшей толпы, и в то же время из-за угла показался конный разъезд французских уланов. Уланы рысью подъехали к Пьеру и французу и окружили их. Пьер ничего не помнил из того, что было дальше. Он помнил, что он бил кого-то, его били и что под конец он почувствовал, что руки его связаны, что толпа французских солдат стоит вокруг него и обыскивает его платье.

1 Оставьте эту женщину!
2 Ну, ну! Не дури!

– Il a un poignard, lieutenant[1], – были первые слова, которые понял Пьер.

– Ah, une arme![2] – сказал офицер и обратился к босому солдату, который был взят с Пьером.

– C'est bon, vous direz tout cela au conseil de guerre[3], – сказал офицер. И вслед за тем повернулся к Пьеру: – Parlez-vous français vous?[4]

Пьер оглядывался вокруг себя налившимися кровью глазами и не отвечал. Вероятно, лицо его показалось очень страшно, потому что офицер что-то шепотом сказал, и еще четыре улана отделились от команды и стали по обеим сторонам Пьера.

– Parlez-vous français? – повторил ему вопрос офицер, держась вдали от него. – Faites venir l'interprête[5]. – Из-за рядов выехал маленький человечек в штатском русском платье. Пьер по одеянию и говору его тотчас же узнал в нем француза одного из московских магазинов.

– Il n'a pas l'air d'un homme du peuple[6], – сказал переводчик, оглядев Пьера.

– Oh, oh! ça m'a bien l'air d'un des incendiaires, – сказал офицер. – Demandez lui ce qu'il est?[7] – прибавил он.

– Ти кто? – спросил переводчик. – Ти должно отвечать начальство, – сказал он.

– Je ne vous dirai pas qui je suis. Je suis votre prisonnier. Emmenez-moi[8], – вдруг по-французски сказал Пьер.

– Ah! Ah! – проговорил офицер, нахмурившись. – Marchons![9]

Около улан собралась толпа. Ближе всех к Пьеру стояла рябая баба с девочкою; когда объезд тронулся, она подвинулась вперед.

1 Поручик, у него кинжал.
2 А, оружие!
3 Хорошо, хорошо, на суде все расскажешь.
4 Говоришь ли по-французски?
5 Говоришь ли по-французски?.. Позовите переводчика.
6 Он не похож на простолюдина.
7 О, о! он очень похож на поджигателя... Спросите его, кто он?
8 Я не скажу вам, кто я. Я ваш пленный. Уводите меня.
9 А! А!.. Ну, марш!

– Куда же это ведут тебя, голубчик ты мой? – сказала она. – Девочку-то, девочку-то куда я дену, коли она не их-няя! – говорила баба.

– Qu'est ce qu'elle veut cette femme?[1] – спросил офицер.

Пьер был как пьяный. Восторженное состояние его еще усилилось при виде девочки, которую он спас.

– Ce qu'elle dit? – проговорил он. – Elle m'apporte ma fille que je viens de sauver des flammes, – проговорил он. – Adieu![2] – и он, сам не зная, как вырвалась у него эта бесцельная ложь, решительным, торжественным шагом пошел между французами.

Разъезд французов был один из тех, которые были посланы по распоряжению Дюронеля по разным улицам Москвы для пресечения мародерства и в особенности для поимки поджигателей, которые, по общему, в тот день проявившемуся, мнению у французов высших чинов, были причиною пожаров. Объехав несколько улиц, разъезд забрал еще человек пять подозрительных русских, одного лавочника, двух семинаристов, мужика и дворового человека и нескольких мародеров. Но из всех подозрительных людей подозрительнее всех казался Пьер. Когда их всех привели на ночлег в большой дом на Зубовском валу, в котором была учреждена гауптвахта, то Пьера под строгим караулом поместили отдельно.

1 Чего ей нужно?

2 Чего ей нужно?.. Она несет дочь мою, которую я спас из огня... Прощай!

Том четветый

Часть первая

I

В Петербурге в это время в высших кругах, с бóльшим жаром, чем когда-нибудь, шла сложная борьба партий Румянцева, французов, Марии Феодоровны, цесаревича и других, заглушаемая, как всегда, трубением придворных трутней. Но спокойная, роскошная, озабоченная только призраками, отражениями жизни, петербургская жизнь шла по-старому; и из-за хода этой жизни надо было делать большие усилия, чтобы сознавать опасность и то трудное положение, в котором находился русский народ. Те же были выходы, балы, тот же французский театр, те же интересы дворов, те же интересы службы и интриги. Только в самых высших кругах делались усилия для того, чтобы напоминать трудность настоящего положения. Рассказывалось шепотом о том, как противоположно одна другой поступили, в столь трудных обстоятельствах, обе императрицы. Императрица Мария Феодоровна, озабоченная благосостоянием подведомственных ей богоугодных и воспитательных учреждений, сделала распоряжение об отправке всех институтов в Казань, и вещи этих заведений уже были уложены. Императрица же Елизавета Алексеевна на вопрос о том, какие ей угодно сделать распоряжения, с свойственным ей русским патриотизмом изволила ответить, что о государственных учреждениях она не может делать распоряжений, так как это касается государя; о том же, что лично зависит от нее, она изволила сказать, что она последняя выедет из Петербурга.

У Анны Павловны 26-го августа, в самый день Бородинского сражения, был вечер, цветком которого должно было быть чтение письма преосвященного, написанного при посылке государю образа преподобного угодника Сергия. Письмо это почиталось образцом патриотического, духовного красноречия. Прочесть его должен был сам князь Василий, славившийся своим искусством чтения. (Он же читывал и у императрицы.) Искусство чтения считалось в том, чтобы громко, певуче, между отчаянным завыванием и нежным ропотом переливать слова, совершенно независимо от их значения, так что совершенно случайно на одно слово попадало завывание, на другие – ропот. Чтение это, как и все вечера Анны Павловны, имело политическое значение. На этом вечере должно было быть несколько важных лиц, которых надо было устыдить за их поездки во французский театр и воодушевить к патриотическому настроению. Уже довольно много собралось народа, но Анна Павловна еще не видела в гостиной всех тех, кого нужно было, и потому, не приступая еще к чтению, заводила общие разговоры.

Новостью дня в этот день в Петербурге была болезнь графини Безуховой. Графиня несколько дней тому назад неожиданно заболела, пропустила несколько собраний, которых она была украшением, и слышно было, что она никого не принимает и что вместо знаменитых петербургских докторов, обыкновенно лечивших ее, она вверилась какому-то итальянскому доктору, лечившему ее каким-то новым и необыкновенным способом.

Все очень хорошо знали, что болезнь прелестной графини происходила от неудобства выходить замуж сразу за двух мужей и что лечение итальянца состояло в устранении этого неудобства; но в присутствии Анны Павловны не только никто не смел думать об этом, но как будто никто и не знал этого.

– On dit que la pauvre comtesse est très mal. Le médecin dit que c'est l'angine pectorale.

– L'angine? Oh, c'est une maladie terrible!

– On dit que les rivaux se sont reconciliés grâce à l'angine...[1]

Слово angine повторялось с большим удовольствием.

– Le vieux comte est touchant à ce qu'on dit. Il a pleuré comme un enfant quand le médecin lui a dit que le cas était dangereux.

– Oh, ce serait une perte terrible. C'est une femme ravissante.

– Vous parlez de la pauvre comtesse, – сказала, подходя, Анна Павловна. – J ai envoyé savoir de ses nouvelles. On m'a dit qu'elle allait un peu mieux. Oh, sans doute, c'est la plus charmante femme du monde, – сказала Анна Павловна с улыбкой над своей восторженностью. – Nous appartenons à des camps différents, mais cela ne m'empêche pas de l'éstimer, comme elle le mérite. Elle est bien malheureuse[2], – прибавила Анна Павловна.

Полагая, что этими словами Анна Павловна слегка приподнимала завесу тайны над болезнью графини, один неосторожный молодой человек позволил себе выразить удивление в том, что не призваны известные врачи, а лечит графиню шарлатан, который может дать опасные средства.

– Vos informations peuvent être meilleures que les miennes, – вдруг ядовито напустилась Анна Павловна на неопытного молодого человека. – Mais je sais de bonne source que ce médecin est un homme très savant et très habile. C'est le médicin intime de la Reine d'Espagne[3]. – И таким образом уничтожив молодого человека, Анна Павловна обратилась к Билибину,

1 Говорят, что бедная графиня очень плоха. Доктор сказал, что это грудная болезнь. – Грудная болезнь? О, это ужасная болезнь! – Говорят, что соперники примирились благодаря этой болезни.

2 Старый граф очень трогателен, говорят. Он заплакал, как дитя, когда доктор сказал, что случай опасный. – О, это была бы большая потеря. Такая прелестная женщина. – Вы говорите про бедную графиню... Я посылала узнавать о ее здоровье. Мне сказали, что ей немного лучше. О, без сомнения, это прелестнейшая женщина в мире.
Мы принадлежим к различным лагерям, но это не мешает мне уважать ее по ее заслугам. Она так несчастна.

3 Ваши известия могут быть вернее моих... но я из хороших источников знаю, что этот доктор очень ученый и искусный человек. Это лейб-медик королевы испанской.

который в другом кружке, подобрав кожу и, видимо, сбираясь распустить ее, чтобы сказать un mot, говорил об австрийцах.

– Je trouve que c'est charmant![1] – говорил он про дипломатическую бумагу, при которой отосланы были в Вену австрийские знамена, взятые Витгенштейном, le héros de Pétropol[2] (как его называли в Петербурге).

– Как, как это? – обратилась к нему Анна Павловна, возбуждая молчание для услышания mot, которое она уже знала.

И Билибин повторил следующие подлинные слова дипломатической депеши, им составленной:

– L'Empereur renvoie les drapeaux Autrichiens, – сказал Билибин, – drapeaux amis et égarés qu'il a trouvé hors de la route[3], – докончил Билибин, распуская кожу.

– Charmant, charmant[4], – сказал князь Василий.

– C'est la route de Varsovie peut-être[5], – громко и неожиданно сказал князь Ипполит. Все оглянулись на него, не понимая того, что он хотел сказать этим. Князь Ипполит тоже с веселым удивлением оглядывался вокруг себя. Он так же, как и другие, не понимал того, что значили сказанные им слова. Он во время своей дипломатической карьеры не раз замечал, что таким образом сказанные вдруг слова оказывались очень остроумны, и он на всякий случай сказал эти слова, первые пришедшие ему на язык. "Может, выйдет очень хорошо, – думал он, – а ежели не выйдет, они там сумеют это устроить". Действительно, в то время как воцарилось неловкое молчание, вошло то недостаточно патриотическое лицо, которого ждала для обращения Анна Павловна, и она, улыбаясь и погрозив пальцем Ипполиту, пригласила князя Василия к столу и, поднося ему две свечи и рукопись, попросила его начать. Все замолкло.

1 Я нахожу, что это прелестно!
2 героем Петрополя.
3 Император отсылает австрийские знамена, дружеские и заблудшиеся знамена, которые он нашел вне настоящей дороги.
4 Прелестно, прелестно.
5 Это варшавская дорога, может быть.

– Всемилостивейший государь император! – строго провозгласил князь Василий и оглянул публику, как будто спрашивая, не имеет ли кто сказать что-нибудь против этого. Но никто ничего не сказал. – "Первопрестольный град Москва, Новый Иерусалим, приемлет Христа *своего,* – вдруг ударил он на слове *своего,* – яко мать во объятия усердных сынов своих, и сквозь возникающую мглу, провидя блистательную славу твоея державы, поет в восторге: "Осанна, благословен Грядый!" – Князь Василий плачущим голосом произнес эти последние слова.

Билибин рассматривал внимательно свои ногти, и многие, видимо, робели, как бы спрашивая, в чем же они виноваты? Анна Павловна шепотом повторяла уже вперед, как старушка молитву причастия: "Пусть дерзкий и наглый Голиаф..." – прошептала она.

Князь Василий продолжал:

– "Пусть дерзкий и наглый Голиаф от пределов Франции обносит на краях России смертоносные ужасы; кроткая вера, сия праща российского Давида, сразит внезапно главу кровожаждущей его гордыни. Се образ преподобного Сергия, древнего ревнителя о благе нашего отечества, приносится вашему императорскому величеству. Болезную, что слабеющие мои силы препятствуют мне насладиться любезнейшим вашим лицезрением. Теплые воссылаю к небесам молитвы, да всесильный возвеличит род правых и исполнит во благих желания вашего величества".

– Quelle force! Quel style![1] – послышались похвалы чтецу и сочинителю. Воодушевленные этой речью, гости Анны Павловны долго еще говорили о положении отечества и делали различные предположения об исходе сражения, которое на днях должно было быть дано.

– Vous verrez[2], – сказала Анна Павловна, – что завтра, в день рождения государя, мы получим известие. У меня есть хорошее предчувствие.

1 Какая сила! Какой слог!
2 Вы увидите.

II

Предчувствие Анны Павловны действительно оправдалось. На другой день, во время молебствия во дворце по случаю дня рождения государя, князь Волконский был вызван из церкви и получил конверт от князя Кутузова. Это было донесение Кутузова, писанное в день сражения из Татариновой. Кутузов писал, что русские не отступили ни на шаг, что французы потеряли гораздо более нашего, что он доносит второпях с поля сражения, не успев еще собрать последних сведений. Стало быть, это была победа. И тотчас же, не выходя из храма, была воздана Творцу благодарность за его помощь и за победу.

Предчувствие Анны Павловны оправдалось, и в городе все утро царствовало радостно-праздничное настроение духа. Все признавали победу совершенною, и некоторые уже говорили о пленении самого Наполеона, о низложении его и избрании новой главы для Франции.

Вдали от дела и среди условий придворной жизни весьма трудно, чтобы события отражались во всей их полноте и силе. Невольно события общие группируются около одного какого-нибудь частного случая. Так теперь главная радость придворных заключалась столько же в том, что мы победили, сколько и в том, что известие об этой победе пришлось именно в день рождения государя. Это было как удавшийся сюрприз. В известии Кутузова сказано было тоже о потерях русских, и в числе их названы Тучков, Багратион, Кутайсов. Тоже и печальная сторона события невольно в здешнем, петербургском мире сгруппировалась около одного события – смерти Кутайсова. Его все знали, государь любил его, он был молод и интересен. В этот день все встречались с словами:

– Как удивительно случилось. В самый молебен. А какая потеря Кутайсов! Ах, как жаль!

– Что я вам говорил про Кутузова? – говорил теперь князь Василий с гордостью пророка. – Я говорил всегда, что он один способен победить Наполеона.

Но на другой день не получалось известия из армии, и общий голос стал тревожен. Придворные страдали за страдания неизвестности, в которой находился государь.

– Каково положение государя! – говорили придворные и уже не превозносили, как третьего дня, а теперь осуждали Кутузова, бывшего причиной беспокойства государя. Князь Василий в этот день уже не хвастался более своим protége Кутузовым, а хранил молчание, когда речь заходила о главнокомандующем. Кроме того, к вечеру этого дня как будто все соединилось для того, чтобы повергнуть в тревогу и беспокойство петербургских жителей: присоединилась еще одна страшная новость. Графиня Елена Безухова скоропостижно умерла от этой страшной болезни, которую так приятно было выговаривать. Официально в больших обществах все говорили, что графиня Безухова умерла от страшного припадка angine pectorale[1], но в интимных кружках рассказывали подробности о том, как le médecin intime de la Reine d'Espagne[2] предписал Элен небольшие дозы какого-то лекарства для произведения известного действия; но как Элен, мучимая тем, что старый граф подозревал ее, и тем, что муж, которому она писала (этот несчастный развратный Пьер), не отвечал ей, вдруг приняла огромную дозу выписанного ей лекарства и умерла в мучениях, прежде чем могли подать помощь. Рассказывали, что князь Василий и старый граф взялись было за итальянца; но итальянец показал такие записки от несчастной покойницы, что его тотчас же отпустили.

Общий разговор сосредоточился около трех печальных событий: неизвестности государя, погибели Кутайсова и смерти Элен.

На третий день после донесения Кутузова в Петербург приехал помещик из Москвы, и по всему городу распространилось известие о сдаче Москвы французам. Это было ужасно! Каково было положение государя! Кутузов был изменник, и князь Василий во время visites de condoléance[3] по

1 грудной ангины.
2 лейб-медик королевы испанской.
3 визитов соболезнования.

случаю смерти его дочери, которые ему делали, говорил о прежде восхваляемом им Кутузове (ему простительно было в печали забыть то, что он говорил прежде), он говорил, что нельзя было ожидать ничего другого от слепого и развратного старика.

– Я удивляюсь только, как можно было поручить такому человеку судьбу России.

Пока известие это было еще неофициально, в нем можно было еще сомневаться, но на другой день пришло от графа Растопчина следующее донесение:

> “Адъютант князя Кутузова привез мне письмо, в коем он требует от меня полицейских офицеров для сопровождения армии на Рязанскую дорогу. Он говорит, что с сожалением оставляет Москву. Государь! поступок Кутузова решает жребий столицы и Вашей империи. Россия содрогнется, узнав об уступлении города, где сосредоточивается величие России, где прах Ваших предков. Я последую за армией. Я все вывез, мне остается плакать об участи моего отечества”.

Получив это донесение, государь послал с князем Волконским следующий рескрипт Кутузову:

> “Князь Михаил Илларионович! С 29 августа не имею я никаких донесений от вас. Между тем от 1-го сентября получил я через Ярославль, от московского главнокомандующего, печальное известие, что вы решились с армиею оставить Москву. Вы сами можете вообразить действие, какое произвело на меня это известие, а молчание ваше усугубляет мое удивление. Я отправляю с сим генерал-адъютанта князя Волконского, дабы узнать от вас о положении армии и о побудивших вас причинах столь печальной решимости”.

III

Девять дней после оставления Москвы в Петербург приехал посланный от Кутузова с официальным известием об оставлении Москвы. Посланный этот был француз Мишо, не знавший по-русски, но quoique étranger, Russe de coeur et d'âme[1], как он сам говорил про себя.

Государь тотчас же принял посланного в своем кабинете, во дворце Каменного острова. Мишо, который никогда не видал Москвы до кампании и который не знал по-русски, чувствовал себя все-таки растроганным, когда он явился перед notre très gracieux souverain[2] (как он писал) с известием о пожаре Москвы, dont les flammes éclairaient sa route[3].

Хотя источник chagrin[4] г-на Мишо и должен был быть другой, чем тот, из которого вытекало горе русских людей, Мишо имел такое печальное лицо, когда он был введен в кабинет государя, что государь тотчас же спросил у него:

– M'apportez vous des tristes nouvelles, colonel?[5]

– Bien tristes, sire, – отвечал Мишо, со вздохом опуская глаза, – l'abandon de Moscou[6].

– Aurait on livré mon ancienne capitale sans se battre?[7] – вдруг вспыхнув, быстро проговорил государь.

Мишо почтительно передал то, что ему приказано было передать от Кутузова, – именно то, что под Москвою драться не было возможности и что, так как оставался один выбор – потерять армию и Москву или одну Москву, то фельдмаршал должен был выбрать последнее.

Государь выслушал молча, не глядя на Мишо.

– L'ennemi est-il en ville?[8] – спросил он.

– Oui, sire, et elle est en cendres à l'heure qu'il est. Je l'ai laissee toute en flammes[9], – решительно сказал Мишо; но, взглянув на государя, Мишо ужаснулся тому, что он сделал. Государь тяжело и часто стал дышать, нижняя губа его задрожала, и прекрасные голубые глаза мгновенно увлажнились слезами.

1 впрочем, хотя иностранец, но русский в глубине души.
2 нашим всемилостивейшим повелителем.
3 пламя которой освещало его путь.
4 горя.
5 Какие известия привезли вы мне? Дурные, полковник?
6 Очень дурные, ваше величество, оставление Москвы.
7 Неужели предали мою древнюю столицу без битвы?
8 Неприятель вошел в город?
9 Да, ваше величество, и он обращен в пожарище в настоящее время. Я оставил его в пламени.

Но это продолжалось только одну минуту. Государь вдруг нахмурился, как бы осуждая самого себя за свою слабость. И, приподняв голову, твердым голосом обратился к Мишо:

– Je vois, colonel, par tout ce qui nous arrive, – сказал он, – que la providence exige de grands sacrifices de nous... Je suis prêt à me soumettre à toutes ses volontès; mais dites moi, Michaud, comment avez-vous laissé l'armée, en voyant ainsi, sans coup férir abandonner mon ancienne capitale? N'avez-vous pas aperçu du découragement?..[1]

Увидав успокоение своего très gracieux souverain, Мишо тоже успокоился, но на прямой существенный вопрос государя, требовавший и прямого ответа, он не успел еще приготовить ответа.

– Sire, me permettrez-vous de vous parler franchement en loyal militaire?[2] – сказал он, чтобы выиграть время.

– Colonel, je l'exige toujours, – сказал государь. – Ne me cachez rien, je veux savoir absolument ce qu'il en est[3].

– Sire! – сказал Мишо с тонкой, чуть заметной улыбкой на губах, успев приготовить свой ответ в форме легкого и почтительного jeu de mots[4]. – Sire! j'ai laissé toute l'armée depuis les chefs jusqu'au dernier soldat, sans exception, dans une crainte épouvantable, effrayante...[5]

– Comment ça? – строго нахмурившись, перебил государь. – Mes Russes se laisseront-ils abattre par le malheur... Jamais!..[6]

Этого только и ждал Мишо для вставления своей игры слов.

1 Я вижу, полковник, по всему, что происходит, что провидение требует от нас больших жертв... Я готов покориться его воле; но скажите мне, Мишо, как оставили вы армию, покидавшую без битвы мою древнюю столицу? Не заметили ли вы в ней упадка духа?

2 Государь, позволите ли вы мне говорить откровенно, как подобает настоящему воину?

3 Полковник, я всегда этого требую... Не скрывайте ничего, я непременно хочу знать всю истину.

4 игры слов.

5 Государь! Я оставил всю армию, начиная с начальников и до последнего солдата, без исключения, в великом, отчаянном страхе...

6 Как так? Мои русские могут ли пасть духом перед неудачей... Никогда!..

– Sire, – сказал он с почтительной игривостью выражения, – ils craignent seulement que Votre Majesté par bonté de coeur ne se laisse persuader de faire la paix. Ils brûlent de combattre, – говорил уполномоченный русского народа, – et de prouver à Votre Majesté parle sacrifice de leur vie, combien ils lui sont devoués...[1]

– Ah! – успокоение и с ласковым блеском глаз сказал государь, ударяя по плечу Мишо. – Vous me tranquillisez, colonel[2].

Государь, опустив голову, молчал несколько времени.

– Eh bien, retournez à l'armée[3], – сказал он, выпрямляясь во весь рост и с ласковым и величественным жестом обращаясь к Мишо, – et dites à nos braves, dites à tous mes bons sujets partout où vous passerez, que quand je n'aurais plus aucun soldat, je me mettrai moi-même, à la tête de ma chère noblesse, de mes bons paysans et j'userai ainsi jusqu'à la dernière ressource de mon empire. Il m'en offre encore plus que mes ennemis ne pensent, – говорил государь, все более и более воодушевляясь. – Mais si jamais il fut écrit dans les decrets de la divine providence, – сказал он, подняв свои прекрасные, кроткие и блестящие чувством глаза к небу, – que ma dinastie dût cesser de regner sur le trône de mes ancêtres, alors, après avoir épuisé tous les moyens qui sont en mon pouvoir, je me laisserai croître la barbe jusqu'ici (государь показал рукой на половину груди), et j'irai manger des pommes de terre avec le dernier de mes paysans plutôt, que de signer la honte de ma patrie et de ma chère nation, dont je sais apprécier les sacrifices!..[4] – Сказав эти слова взвол-

1 Государь, они боятся только того, чтобы ваше величество по доброте души своей не решились заключить мир. Они горят нетерпением снова драться и доказать вашему величеству жертвой своей жизни, насколько они вам преданы...

2 А! Вы меня успокоиваете, полковник.

3 Ну, так возвращайтесь к армии.

4 Скажите храбрецам нашим, скажите всем моим подданным, везде, где вы проедете, что, когда у меня не будет больше ни одного солдата, я сам стану во главе моих любезных дворян и добрых мужиков и истощу таким образом последние средства моего государства. Они больше, нежели думают мои враги... Но если бы предназначено было Божественным провидением, чтобы династия наша перестала царствовать на престоле моих предков, тогда, истощив все средства, которые в моих руках, я отпущу бороду до сих пор и скорее пойду есть один картофель с последним из моих крестьян, нежели решусь подписать позор моей родины и моего дорогого народа, жертвы которого я умею ценить!..

нованным голосом, государь вдруг повернулся, как бы желая скрыть от Мишо выступившие ему на глаза слезы, и прошел в глубь своего кабинета. Постояв там несколько мгновений, он большими шагами вернулся к Мишо и сильным жестом сжал его руку пониже локтя. Прекрасное, кроткое лицо государя раскраснелось, и глаза горели блеском решимости и гнева.

– Colonel Michaud, n'oubliez pas ce que je vous dis ici; peut-être qu'un jour nous nous le rappellerons avec plaisir... Napoléon ou moi, – сказал государь, дотрогиваясь до груди. – Nous ne pouvons plus regner ensemble. J'ai appris a le connaître, il ne me trompera plus...[1] – И государь, нахмурившись, замолчал. Услышав эти слова, увидав выражение твердой решимости в глазах государя, Мишо – quoique étranger, mais Russe de coeur et d'âme – почувствовал себя в эту торжественную минуту – entousiasmé par tout ce qu'il venait d'entendre[2] (как он говорил впоследствии), и он в следующих выражениях изобразил как свои чувства, так и чувства русского народа, которого он считал себя уполномоченным.

– Sire! – сказал он. – Votre Majesté signe dans ce moment la gloire de la nation et le salut de l'Europe![3]

Государь наклонением головы отпустил Мишо.

IV

В то время как Россия была до половины завоевана, и жители Москвы бежали в дальние губернии, и ополченье за ополченьем поднималось на защиту отечества, невольно представляется нам, не жившим в то время, что все русские

1 Полковник Мишо, не забудьте, что я вам сказал здесь; может быть, мы когда-нибудь вспомним об этом с удовольствием... Наполеон или я... Мы больше не можем царствовать вместе. Я узнал его теперь, и он меня больше не обманет...

2 хотя иностранец, но русский в глубине души... восхищенным всем тем, что он услышал.

3 Государь! Ваше величество подписывает в эту минуту славу народа и спасение Европы!

люди от мала до велика были заняты только тем, чтобы жертвовать собою, спасать отечество или плакать над его погибелью. Рассказы, описания того времени все без исключения говорят только о самопожертвовании, любви к отечеству, отчаянье, горе и геройстве русских. В действительности же это так не было. Нам кажется это так только потому, что мы видим из прошедшего один общий исторический интерес того времени и не видим всех тех личных, человеческих интересов, которые были у людей того времени. А между тем в действительности те личные интересы настоящего до такой степени значительнее общих интересов, что из-за них никогда не чувствуется (вовсе не заметен даже) интерес общий. Большая часть людей того времени не обращали никакого внимания на общий ход дел, а руководились только личными интересами настоящего. И эти-то люди были самыми полезными деятелями того времени.

Те же, которые пытались понять общий ход дел и с самопожертвованием и геройством хотели участвовать в нем, были самые бесполезные члены общества; они видели всё навыворот, и все, что они делали для пользы, оказывалось бесполезным вздором, как полки Пьера, Мамонова, грабившие русские деревни, как корпия, щипанная барынями и никогда не доходившая до раненых, и т.п. Даже те, которые, любя поумничать и выразить свои чувства, толковали о настоящем положении России, невольно носили в речах своих отпечаток или притворства и лжи, или бесполезного осуждения и злобы на людей, обвиняемых за то, в чем никто не мог быть виноват. В исторических событиях очевиднее всего запрещение вкушения плода древа познания. Только одна бессознательная деятельность приносит плоды, и человек, играющий роль в историческом событии, никогда не понимает его значения. Ежели он пытается понять его, он поражается бесплодностью.

Значение совершавшегося тогда в России события тем незаметнее было, чем ближе было в нем участие человека. В Петербурге и губернских городах, отдаленных от Москвы, дамы и мужчины в ополченских мундирах оплакивали Россию и столицу и говорили о самопожертвовании и т.п.; но в армии, которая отступала за Москву, почти не говорили и не думали о Москве, и, глядя на ее пожарище, никто не клялся отомстить французам, а думали о следующей трети жалованья, о следующей стоянке, о Матрешке-маркитантше и тому подобное...

Николай Ростов без всякой цели самопожертвования, а случайно, так как война застала его на службе, принимал близкое и продолжительное участие в защите отечества и потому без отчаяния и мрачных умозаключений смотрел на то, что совершалось тогда в России. Ежели бы у него спросили, что он думает о теперешнем положении России, он бы сказал, что ему думать нечего, что на то есть Кутузов и другие, а что он слышал, что комплектуются полки, и что, должно быть, драться еще долго будут, и что при теперешних обстоятельствах ему немудрено года через два получить полк.

По тому, что он так смотрел на дело, он не только без сокрушения о том, что лишается участия в последней борьбе, принял известие о назначении его в командировку за ремонтом для дивизии в Воронеж, но и с величайшим удовольствием, которое он не скрывал и которое весьма хорошо понимали его товарищи.

За несколько дней до Бородинского сражения Николай получил деньги, бумаги и, послав вперед гусар, на почтовых поехал в Воронеж.

Только тот, кто испытал это, то есть пробыл несколько месяцев не переставая в атмосфере военной, боевой жизни, может понять то наслаждение, которое испытывал Николай, когда он выбрался из того района, до которого достигали войска своими фуражировками, подвозами провианта, гошпиталями; когда он, без солдат, фур, грязных следов присутствия лагеря, увидал деревни с мужиками и бабами, помещичьи дома, поля с пасущимся скотом, станционные дома с заснувшими смотрителями. Он почувствовал такую радость, как будто в первый раз все это видел. В особенности то, что долго удивляло и радовало его, – это были женщины, молодые, здоровые, за каждой из которых не было десятка ухаживающих офицеров, и женщины, которые рады и польщены были тем, что проезжий офицер шутит с ними.

В самом веселом расположении духа Николай ночью приехал в Воронеж в гостиницу, заказал себе все то, чего он долго лишен был в армии, и на другой день, чисто-начисто выбрившись и надев давно не надеванную парадную форму, поехал являться к начальству.

Начальник ополчения был статский генерал, старый человек, который, видимо, забавлялся своим военным званием и чином. Он сердито (думая, что в этом военное свойство) принял Николая и значительно, как бы имея на то право и как бы обсуживая общий ход дела, одобряя и не одобряя, расспрашивал его. Николай был так весел, что ему только забавно было это.

От начальника ополчения он поехал к губернатору. Губернатор был маленький живой человечек, весьма ласковый и простой. Он указал Николаю на те заводы, в которых он мог достать лошадей, рекомендовал ему барышника в городе и помещика за двадцать верст от города, у которых были лучшие лошади, и обещал всякое содействие.

– Вы графа Ильи Андреевича сын? Моя жена очень дружна была с вашей матушкой. По четвергам у меня собираются; нынче четверг, милости прошу ко мне запросто, – сказал губернатор, отпуская его.

Прямо от губернатора Николай взял перекладную и, посадив с собою вахмистра, поскакал за двадцать верст на завод к помещику. Все в это первое время пребывания его в Воронеже было для Николая весело и легко, и все, как это бывает, когда человек сам хорошо расположен, все ладилось и спорилось.

Помещик, к которому приехал Николай, был старый кавалерист-холостяк, лошадиный знаток, охотник, владетель коверной, столетней запеканки, старого венгерского и чудных лошадей.

Николай в два слова купил за шесть тысяч семнадцать жеребцов на подбор (как он говорил) для казового конца своего ремонта. Пообедав и выпив немножко лишнего венгерского, Ростов, расцеловавшись с помещиком, с которым он уже сошелся на “ты”, по отвратительной дороге, в самом веселом расположении духа, поскакал назад, беспрестанно погоняя ямщика, с тем чтобы поспеть на вечер к губернатору.

Переодевшись, надушившись и облив голову холодной водой, Николай хотя несколько поздно, но с готовой фразой: vaut mieux tard que jamais[1], явился к губернатору.

Это был не бал, и не сказано было, что будут танцевать; но все знали, что Катерина Петровна будет играть на клавикордах вальсы и экосезы и что будут танцевать, и все, рассчитывая на это, съехались по-бальному.

Губернская жизнь в 1812 году была точно такая же, как и всегда, только с тою разницею, что в городе было оживленнее по случаю прибытия многих богатых семей из Москвы и что, как и во всем, что происходило в то время в России, была заметна какая-то особенная размашистость – море по колено, трын-трава в жизни, да еще в том, что тот пошлый разговор, который необходим между людьми и который прежде велся о погоде и об общих знакомых, теперь велся о Москве, о войске и Наполеоне.

Общество, собранное у губернатора, было лучшее общество Воронежа.

Дам было очень много, было несколько московских знакомых Николая; но мужчин не было никого, кто бы сколько-нибудь мог соперничать с георгиевским кавалером, ремонтером-гусаром и вместе с тем добродушным и благовоспитанным графом Ростовым. В числе мужчин был один пленный итальянец – офицер французской армии, и Николай чувствовал, что присутствие этого пленного еще более возвышало значение его – русского героя. Это был как будто трофей. Николай чувствовал это, и ему казалось, что все

1 лучше поздно, чем никогда.

так же смотрели на итальянца, и Николай обласкал этого офицера с достоинством и воздержностью.

Как только вошел Николай в своей гусарской форме, распространяя вокруг себя запах духов и вина, и сам сказал и слышал несколько раз сказанные ему слова: vaut mieux tard que jamais, его обступили; все взгляды обратились на него, и он сразу почувствовал, что вступил в подобающее ему в губернии и всегда приятное, но теперь, после долгого лишения, опьянившее его удовольствием положение всеобщего любимца. Не только на станциях, постоялых дворах и в коверной помещика были льстившиеся его вниманием служанки; но здесь, на вечере губернатора, было (как показалось Николаю) неисчерпаемое количество молоденьких дам и хорошеньких девиц, которые с нетерпением только ждали того, чтобы Николай обратил на них внимание. Дамы и девицы кокетничали с ним, и старушки с первого дня уже захлопотали о том, как бы женить и остепенить этого молодца-повесу гусара. В числе этих последних была сама жена губернатора, которая приняла Ростова, как близкого родственника, и называла его "Nicolas" и "ты".

Катерина Петровна действительно стала играть вальсы и экосезы, и начались танцы, в которых Николай еще более пленил своей ловкостью все губернское общество. Он удивил даже всех своей особенной, развязной манерой в танцах. Николай сам был несколько удивлен своей манерой танцевать в этот вечер. Он никогда так не танцевал в Москве и счел бы даже неприличным и mauvais genre[1], такую слишком развязную манеру танца; но здесь он чувствовал потребность удивить их всех чем-нибудь необыкновенным, чем-нибудь таким, что они должны были принять за обыкновенное в столицах, но неизвестное еще им в провинции.

Во весь вечер Николай обращал больше всего внимания на голубоглазую, полную и миловидную блондинку, жену одного из губернских чиновников. С тем наивным убеждением развеселившихся молодых людей, что чужие жены

1 дурным тоном.

сотворены для них, Ростов не отходил от этой дамы и дружески, несколько заговорщически, обращался с ее мужем, как будто они хотя и не говорили этого, но знали, как славно они сойдутся – то есть Николай с женой этого мужа. Муж, однако, казалось, не разделял этого убеждения и старался мрачно обращаться с Ростовым. Но добродушная наивность Николая была так безгранична, что иногда муж невольно поддавался веселому настроению духа Николая. К концу вечера, однако, по мере того как лицо жены становилось все румянее и оживленнее, лицо ее мужа становилось все грустнее и бледнее, как будто доля оживления была одна на обоих, и по мере того как она увеличивалась в жене, она уменьшалась в муже.

V

Николай, с несходящей улыбкой на лице, несколько изогнувшись на кресле, сидел, близко наклоняясь над блондинкой и говоря ей мифологические комплименты.

Переменяя бойко положение ног в натянутых рейтузах, распространяя от себя запах духов и любуясь и своей дамой, и собою, и красивыми формами своих ног под натянутыми кичкирами, Николай говорил блондинке, что он хочет здесь, в Воронеже, похитить одну даму.

– Какую же?

– Прелестную, божественную. Глаза у ней (Николай посмотрел на собеседницу) голубые, рот – кораллы, белизна... – он глядел на плечи, – стан – Дианы...

Муж подошел к ним и мрачно спросил у жены, о чем она говорит.

– А! Никита Иваныч, – сказал Николай, учтиво вставая. И, как бы желая, чтобы Никита Иваныч принял участие в его шутках, он начал и ему сообщать свое намерение похитить одну блондинку.

Муж улыбался угрюмо, жена весело. Добрая губернаторша с неодобрительным видом подошла к ним.

– Анна Игнатьевна хочет тебя видеть, Nicolas, – сказала она, таким голосом выговаривая слова: Анна Игнатьевна, что Ростову сейчас стало понятно, что Анна Игнатьевна очень важная дама. – Пойдем, Nicolas. Ведь ты позволил мне так называть тебя?

– О да, ma tante. Кто же это?

– Анна Игнатьевна Мальвинцева. Она слышала о тебе от своей племянницы, как ты спас ее... Угадаешь?..

– Мало ли я их там спасал! – сказал Николай.

– Ее племянницу, княжну Болконскую. Она здесь, в Воронеже, с теткой. Ого! как покраснел! Что, или?..

– И не думал, полноте, ma tante.

– Ну хорошо, хорошо. О! какой ты!

Губернаторша подводила его к высокой и очень толстой старухе в голубом токе, только что кончившей свою карточную партию с самыми важными лицами в городе. Это была Мальвинцева, тетка княжны Марьи по матери, богатая бездетная вдова, жившая всегда в Воронеже. Она стояла, рассчитываясь за карты, когда Ростов подошел к ней. Она строго и важно прищурилась, взглянула на него и продолжала бранить генерала, выигравшего у нее.

– Очень рада, мой милый, – сказала она, протянув ему руку. – Милости прошу ко мне.

Поговорив о княжне Марье и покойнике ее отце, которого, видимо, не любила Мальвинцева, и расспросив о том, что Николай знал о князе Андрее, который тоже, видимо, не пользовался ее милостями, важная старуха отпустила его, повторив приглашение быть у нее.

Николай обещал и опять покраснел, когда откланивался Мальвинцевой. При упоминании о княжне Марье Ростов испытывал непонятное для него самого чувство застенчивости, даже страха.

Отходя от Мальвинцевой, Ростов хотел вернуться к танцам, но маленькая губернаторша положила свою пухленькую ручку на рукав Николая и, сказав, что ей нужно поговорить с ним, повела его в диванную, из которой бывшие в ней вышли тотчас же, чтобы не мешать губернаторше.

– Знаешь, mon cher, – сказала губернаторша с серьезным выражением маленького доброго лица, – вот это тебе точно партия; хочешь, я тебя сосватаю?

– Кого, ma tante? – спросил Николай.

– Княжну сосватаю. Катерина Петровна говорит, что Лили, а по-моему, нет, – княжна. Хочешь? Я уверена, твоя maman благодарить будет. Право, какая девушка, прелесть! И она совсем не так дурна.

– Совсем нет, – как бы обидевшись, сказал Николай. – Я, ma tante, как следует солдату, никуда не напрашиваюсь и ни от чего не отказываюсь, – сказал Ростов прежде, чем он успел подумать о том, что он говорит.

– Так помни же: это не шутка.

– Какая шутка!

– Да, да, – как бы сама с собою говоря, сказала губернаторша. – А вот что еще, mon cher, entre autres. Vous êtes trop assidu auprès de l'autre, la blonde[1]. Муж уж жалок, право...

– Ах нет, мы с ним друзья, – в простоте душевной сказал Николай: ему и в голову не приходило, чтобы такое веселое для него препровождение времени могло бы быть для кого-нибудь не весело.

"Что я за глупость сказал, однако, губернаторше! – вдруг за ужином вспомнилось Николаю. – Она точно сватать начнет, а Соня?.." И, прощаясь с губернаторшей, когда она, улыбаясь, еще раз сказала ему: "Ну, так помни же", – он отвел ее в сторону:

– Но вот что, по правде вам сказать, ma tante...

– Что, что, мой друг; пойдем вот тут сядем.

Николай вдруг почувствовал желание и необходимость рассказать все свои задушевные мысли (такие, которые и не рассказал бы матери, сестре, другу) этой почти чужой женщине; Николаю потом, когда он вспоминал об этом порыве ничем не вызванной, необъяснимой откровенности, которая имела, однако, для него очень важные последствия, казалось (как это и кажется всегда людям), что так, глу-

1 мой друг. Ты слишком ухаживаешь за той за белокурой.

пый стих нашел; а между тем этот порыв откровенности, вместе с другими мелкими событиями, имел для него и для всей семьи огромные последствия.

– Вот что, ma tante. Maman меня давно женить хочет на богатой, но мне мысль одна эта противна, жениться из-за денег.

– О да, понимаю, – сказала губернаторша.

– Но княжна Болконская, это другое дело; во-первых, я вам правду скажу, она мне очень нравится, она по сердцу мне, и потом, после того как я ее встретил в таком положении, так странно, мне часто в голову приходило, что это судьба. Особенно подумайте: maman давно об этом думала, но прежде мне ее не случалось встречать, как-то все так случалось: не встречались. И во время, когда Наташа была невестой ее брата, ведь тогда мне бы нельзя было думать жениться на ней. Надо же, чтобы я ее встретил именно тогда, когда Наташина свадьба расстроилась, ну и потом всё... Да, вот что. Я никому не говорил этого и не скажу. А вам только.

Губернаторша пожала его благодарно за локоть.

– Вы знаете Софи, кузину? Я люблю ее, я обещал жениться и женюсь на ней... Поэтому вы видите, что про это не может быть и речи, – нескладно и краснея говорил Николай.

– Mon cher, mon cher, как же ты судишь? Да ведь у Софи ничего нет, а ты сам говорил, что дела твоего папа очень плохи. А твоя maman? Это убьет ее, раз. Потом Софи, ежели она девушка с сердцем, какая жизнь для нее будет? Мать в отчаянии, дела расстроены... Нет, mon cher, ты и Софи должны понять это.

Николай молчал. Ему приятно было слышать эти выводы.

– Все-таки, ma tante, этого не может быть, – со вздохом сказал он, помолчав немного. – Да пойдет ли еще за меня княжна? и опять, она теперь в трауре. Разве можно об этом думать?

– Да разве ты думаешь, что я тебя сейчас и женю. Il y a manière et manière[1], – сказала губернаторша.

1 На все есть манера.

— Какая вы сваха, ma tante... — сказал Nicolas, целуя ее пухлую ручку.

VI

Приехав в Москву после своей встречи с Ростовым, княжна Марья нашла там своего племянника с гувернером и письмо от князя Андрея, который предписывал им их маршрут в Воронеж, к тетушке Мальвинцевой. Заботы о переезде, беспокойство о брате, устройство жизни в новом доме, новые лица, воспитание племянника — все это заглушило в душе княжны Марьи то чувство как будто искушения, которое мучило ее во время болезни и после кончины ее отца и в особенности после встречи с Ростовым. Она была печальна. Впечатление потери отца, соединявшееся в ее душе с погибелью России, теперь, после месяца, прошедшего с тех пор в условиях покойной жизни, все сильнее и сильнее чувствовалось ей. Она была тревожна: мысль об опасностях, которым подвергался ее брат — единственный близкий человек, оставшийся у нее, мучила ее беспрестанно. Она была озабочена воспитанием племянника, для которого она чувствовала себя постоянно неспособной; но в глубине души ее было согласие с самой собою, вытекавшее из сознания того, что она задавила в себе поднявшиеся было, связанные с появлением Ростова, личные мечтания и надежды.

Когда на другой день после своего вечера губернаторша приехала к Мальвинцевой и, переговорив с теткой о своих планах (сделав оговорку о том, что хотя при теперешних обстоятельствах нельзя и думать о формальном сватовстве, все-таки можно свести молодых людей, дать им узнать друг друга), и когда, получив одобрение тетки, губернаторша при княжне Марье заговорила о Ростове, хваля его и рассказывая, как он покраснел при упоминании о княжне, — княжна Марья испытала не радостное, но болезненное чувство: внутреннее согласие ее не существовало более, и опять поднялись желания, сомнения, упреки и надежды.

В те два дня, которые прошли со времени этого известия и до посещения Ростова, княжна Марья не переставая думала о том, как ей должно держать себя в отношении Ростова. То она решала, что она не выйдет в гостиную, когда он приедет к тетке, что ей, в ее глубоком трауре, неприлично принимать гостей; то она думала, что это будет грубо после того, что он сделал для нее; то ей приходило в голову, что ее тетка и губернаторша имеют какие-то виды на нее и Ростова (их взгляды и слова иногда, казалось, подтверждали это предположение); то она говорила себе, что только она с своей порочностью могла думать это про них: не могли они не помнить, что в ее положении, когда еще она не сняла плёрёзы, такое сватовство было бы оскорбительно и ей и памяти ее отца. Предполагая, что она выйдет к нему, княжна Марья придумывала те слова, которые он скажет ей и которые она скажет ему; и то слова эти казались ей незаслуженно холодными, то имеющими слишком большое значение. Больше же всего она при свидании с ним боялась за смущение, которое, она чувствовала, должно было овладеть ею и выдать ее, как скоро она его увидит.

Но когда, в воскресенье после обедни, лакей доложил в гостиной, что приехал граф Ростов, княжна не выказала смущения; только легкий румянец выступил ей на щеки, и глаза осветились новым, лучистым светом.

– Вы его видели, тетушка? – сказала княжна Марья спокойным голосом, сама не зная, как это она могла быть так наружно спокойна и естественна.

Когда Ростов вошел в комнату, княжна опустила на мгновенье голову, как бы предоставляя время гостю поздороваться с теткой, и потом, в самое то время, как Николай обратился к ней, она подняла голову и блестящими глазами встретила его взгляд. Полным достоинства и грации движением она с радостной улыбкой приподнялась, протянула ему свою тонкую, нежную руку и заговорила голосом, в котором в первый раз звучали новые, женские грудные звуки. M-lle Bourienne, бывшая в гостиной, с недоумевающим удивлением смотрела на княжну Марью. Самая искусная кокетка, она сама не могла бы лучше маневрировать при встрече с человеком, которому надо было понравиться.

"Или ей черное так к лицу, или действительно она так похорошела, и я не заметила. И главное – этот такт и грация!" – думала m-lle Bourienne.

Ежели бы княжна Марья в состоянии была думать в эту минуту, она еще более, чем m-lle Bourienne, удивилась бы перемене, происшедшей в ней. С той минуты как она увидала это милое, любимое лицо, какая-то новая сила жизни овладела ею и заставляла ее, помимо ее воли, говорить и действовать. Лицо ее, с того времени как вошел Ростов, вдруг преобразилось. Как вдруг с неожиданной поражающей красотой выступает на стенках расписного и резного фонаря та сложная искусная художественная работа, казавшаяся прежде грубою, темною и бессмысленною, когда зажигается свет внутри: так вдруг преобразилось лицо княжны Марьи. В первый раз вся та чистая духовная внутренняя работа, которою она жила до сих пор, выступила наружу. Вся ее внутренняя, недовольная собой работа, ее страдания, стремление к добру, покорность, любовь, самопожертвование – все это светилось теперь в этих лучистых глазах, в тонкой улыбке, в каждой черте ее нежного лица.

Ростов увидал все это так же ясно, как будто он знал всю ее жизнь. Он чувствовал, что существо, бывшее перед ним, было совсем другое, лучшее, чем все те, которые он встречал до сих пор, и лучшее, главное, чем он сам.

Разговор был самый простой и незначительный. Они говорили о войне, невольно, как и все, преувеличивая свою печаль об этом событии, говорили о последней встрече, причем Николай старался отклонять разговор на другой предмет, говорили о доброй губернаторше, о родных Николая и княжны Марьи.

Княжна Марья не говорила о брате, отвлекая разговор на другой предмет, как только тетка ее заговаривала об Андрее. Видно было, что о несчастиях России она могла говорить притворно, но брат ее был предмет, слишком близкий ее сердцу, и она не хотела и не могла слегка говорить о нем.

Николай заметил это, как он вообще с несвойственной ему проницательной наблюдательностью замечал все оттенки характера княжны Марьи, которые все только подтверждали его убеждение, что она была совсем особенное и необыкновенное существо. Николай, точно так же, как и княжна Марья, краснел и смущался, когда ему говорили про княжну и даже когда он думал о ней, но в ее присутствии чувствовал себя совершенно свободным и говорил совсем не то, что он приготавливал, а то, что мгновенно и всегда кстати приходило ему в голову.

Во время короткого визита Николая, как и всегда, где есть дети, в минуту молчания Николай прибег к маленькому сыну князя Андрея, лаская его и спрашивая, хочет ли он быть гусаром? Он взял на руки мальчика, весело стал вертеть его и оглянулся на княжну Марью. Умиленный, счастливый и робкий взгляд следил за любимым ею мальчиком на руках любимого человека. Николай заметил и этот взгляд и, как бы поняв его значение, покраснел от удовольствия и добродушно весело стал целовать мальчика.

Княжна Марья не выезжала по случаю траура, а Николай не считал приличным бывать у них; но губернаторша все-таки продолжала свое дело сватовства и, передав Николаю то лестное, что сказала про него княжна Марья, и обратно, настаивала на том, чтобы Ростов объяснился с княжной Марьей. Для этого объяснения она устроила свиданье между молодыми людьми у архиерея перед обедней.

Хотя Ростов и сказал губернаторше, что он не будет иметь никакого объяснения с княжной Марьей, но он обещался приехать.

Как в Тильзите Ростов не позволил себе усомниться в том, хорошо ли то, что признано всеми хорошим, точно так же и теперь, после короткой, но искренней борьбы между попыткой устроить свою жизнь по своему разуму и смиренным подчинением обстоятельствам, он выбрал последнее и предоставил себя той власти, которая его (он чувствовал) непреодолимо влекла куда-то. Он знал, что, обещав Соне, высказать свои чувства княжне Марье было бы то, что он называл подлость. И он знал, что подлости никогда не сделает. Но он знал тоже (и не то, что знал, а в глубине души чувствовал), что, отдаваясь теперь во власть обстоятельств и людей, руководивших им, он не только не делает ничего дурного, но делает что-то очень, очень важное, такое важное, чего он еще никогда не делал в жизни.

После его свиданья с княжной Марьей, хотя образ жизни его наружно оставался тот же, но все прежние удовольствия потеряли для него свою прелесть, и он часто думал о княжне Марье; но он никогда не думал о ней так, как он без исключения думал о всех барышнях, встречавшихся ему в свете, не так, как он долго и когда-то с восторгом думал о Соне. О всех барышнях, как и почти всякий честный молодой человек, он думал как о будущей жене, примеривал в своем воображении к ним все условия супружеской жизни: белый капот, жена за самоваром, женина карета, ребятишки, maman и papa, их отношения с ней и т.д., и т.д., и эти представления будущего доставляли ему удовольствие; но когда он думал о княжне Марье, на которой его сватали, он никогда не мог ничего представить себе из будущей супружеской жизни. Ежели он и пытался, то все выходило нескладно и фальшиво. Ему только становилось жутко.

VII

Страшное известие о Бородинском сражении, о наших потерях убитыми и ранеными, а еще более страшное известие о потере Москвы были получены в Воронеже в половине сентября. Княжна Марья, узнав только из газет о ране брата и не имея о нем никаких определенных сведений, собралась ехать отыскивать князя Андрея, как слышал Николай (сам же он не видал ее).

Получив известие о Бородинском сражении и об оставлении Москвы, Ростов не то чтобы испытывал отчаяние, злобу или месть и тому подобные чувства, но ему вдруг все стало скучно, досадно в Воронеже, все как-то совестно и неловко. Ему казались притворными все разговоры, которые он слышал; он не знал, как судить про все это, и чувствовал, что только в полку все ему опять станет ясно. Он торопился с окончанием покупки лошадей и часто несправедливо приходил в горячность с своим слугой и вахмистром.

Несколько дней перед отъездом Ростова в соборе было назначено молебствие по случаю победы, одержанной русскими войсками, и Николай поехал к обедне. Он стал несколько позади губернатора и с служебной степенностью, размышляя о самых разнообразных предметах, выстоял службу. Когда молебствие кончилось, губернаторша подозвала его к себе.

– Ты видел княжну? – сказала она, головой указывая на даму в черном, стоявшую за клиросом.

Николай тотчас же узнал княжну Марью не столько по профилю ее, который виднелся из-под шляпы, сколько по тому чувству осторожности, страха и жалости, которое тотчас же охватило его. Княжна Марья, очевидно погруженная в свои мысли, делала последние кресты перед выходом из церкви.

Николай с удивлением смотрел на ее лицо. Это было то же лицо, которое он видел прежде, то же было в нем общее выражение тонкой, внутренней, духовной работы; но теперь оно было совершенно иначе освещено. Трогательное выражение печали, мольбы и надежды было на нем. Как и прежде бывало с Николаем в ее присутствии, он, не дожидаясь совета губернаторши подойти к ней, не спрашивая себя, хорошо ли, прилично ли, или нет будет его обращение к ней здесь, в церкви, подошел к ней и сказал, что он слышал о ее горе и всей душой соболезнует ему. Едва только она услыхала его голос, как вдруг яркий свет загорелся в ее лице, освещая в одно и то же время и печаль ее, и радость.

– Я одно хотел вам сказать, княжна, – сказал Ростов, – это то, что ежели бы князь Андрей Николаевич не был бы жив, то, как полковой командир, в газетах это сейчас было бы объявлено.

Княжна смотрела на него, не понимая его слов, но радуясь выражению сочувствующего страдания, которое было в его лице.

– И я столько примеров знаю, что рана осколком (в газетах сказано гранатой) бывает или смертельна сейчас же, или, напротив, очень легкая, – говорил Николай. – Надо надеяться на лучшее, и я уверен...

Княжна Марья перебила его.

– О, это было бы так ужа... – начала она и, не договорив от волнения, грациозным движением (как и все, что она делала при нем) наклонив голову и благодарно взглянув на него, пошла за теткой.

Вечером этого дня Николай никуда не поехал в гости и остался дома, с тем чтобы покончить некоторые счеты с продавцами лошадей. Когда он покончил дела, было уже поздно, чтобы ехать куда-нибудь, но было еще рано, чтобы ложиться спать, и Николай долго один ходил взад и вперед по комнате, обдумывая свою жизнь, что с ним редко случалось.

Княжна Марья произвела на него приятное впечатление под Смоленском. То, что он встретил ее тогда в таких особенных условиях, и то, что именно на нее одно время его мать указывала ему как на богатую партию, сделали то, что он обратил на нее особенное внимание. В Воронеже, во время его посещения, впечатление это было не только приятное, но сильное. Николай был поражен той особенной, нравственной красотой, которую он в этот раз заметил в ней. Однако он собирался уезжать, и ему в голову не приходило пожалеть о том, что, уезжая из Воронежа, он лишается случая видеть княжну. Но нынешняя встреча с княжной Марьей в церкви (Николай чувствовал это) засела ему глубже в сердце, чем он это предвидел, и глубже, чем он желал для своего спокойствия. Это бледное, тонкое, печальное лицо, этот лучистый взгляд, эти тихие, грациозные движения и главное – эта глубокая и нежная печаль, выражавшаяся во всех чертах ее, тревожили его и требовали его участия. В мужчинах Ростов терпеть не мог видеть выражение высшей, духовной жизни (оттого он не любил князя Андрея), он презрительно называл это философией, мечтательностью; но в княжне Марье, именно в этой печали, выказывавшей всю глубину этого чуждого для Николая духовного мира, он чувствовал неотразимую привлекательность.

“Чудная должна быть девушка! Вот именно ангел! – говорил он сам с собою. – Отчего я не свободен, отчего я поторопился с Соней?” И невольно ему представилось сравнение между двумя: бедность в одной и богатство в другой тех духовных даров, которых не имел Николай и которые потому он так высоко ценил. Он попробовал себе представить, что бы было, если б он был свободен. Каким образом он сделал бы ей предложение и она стала бы его женою? Нет, он не мог себе представить этого. Ему делалось жутко, и никакие ясные образы не представлялись ему. С Соней он давно уже составил себе будущую картину, и все это было просто и ясно, именно потому, что все это было выдумано, и он знал все, что было в Соне; но с княжной Марьей нельзя было себе представить будущей жизни, потому что он не понимал ее, а только любил.

Мечтания о Соне имели в себе что-то веселое, игрушечное. Но думать о княжне Марье всегда было трудно и немного страшно.

“Как она молилась! – вспомнил он. – Видно было, что вся душа ее была в молитве. Да, это та молитва, которая сдвигает горы, и я уверен, что молитва ее будет исполнена. Отчего я не молюсь о том, что мне нужно? – вспомнил он. – Что мне нужно? Свободы, развязки с Соней. Она правду говорила, – вспомнил он слова губернаторши, – кроме несчастья, ничего не будет из того, что я женюсь на ней. Путаница, горе maman... дела... путаница, страшная путаница! Да я и не люблю ее. Да, не так люблю, как надо. Боже мой! выведи меня из этого ужасного, безвыходного положения! – начал он вдруг молиться. – Да, молитва сдвинет гору, но надо верить и не так молиться, как мы детьми молились с Наташей о том, чтобы снег сделался сахаром, и выбегали на двор пробовать, делается ли из снегу сахар. Нет, но я не о пустяках молюсь теперь”, – сказал он, ставя в угол трубку и, сложив руки, становясь перед образом. И, умиленный воспоминанием о княжне Марье, он начал молиться так, как он давно не молился. Слезы у него были на глазах и в горле, когда в дверь вошел Лаврушка с какими-то бумагами.

– Дурак! что лезешь, когда тебя не спрашивают! – сказал Николай, быстро переменяя положение.

– От губернатора, – заспанным голосом сказал Лаврушка, – кульер приехал, письмо вам.

– Ну, хорошо, спасибо, ступай!

Николай взял два письма. Одно было от матери, другое от Сони. Он узнал их по почеркам и распечатал первое письмо Сони. Не успел он прочесть нескольких строк, как лицо его побледнело и глаза его испуганно и радостно раскрылись.

– Нет, это не может быть! – проговорил он вслух. Не в силах сидеть на месте, он с письмом в руках, читая его, стал ходить по комнате. Он пробежал письмо, потом прочел его раз, другой, и, подняв плечи и разведя руками, он остановился посреди комнаты с открытым ртом и остановившимися глазами. То, о чем он только что молился, с уверенностью, что бог исполнит его молитву, было исполнено; но Николай был удивлен этим так, как будто это было что-то необыкновенное, и как будто он никогда не ожидал этого, и как будто именно то, что это так быстро совершилось, доказывало то, что это происходило не от бога, которого он просил, а от обыкновенной случайности.

Тот, казавшийся неразрешимым, узел, который связывал свободу Ростова, был разрешен этим неожиданным (как казалось Николаю), ничем не вызванным письмом Сони. Она писала, что последние несчастные обстоятельства, потеря почти всего имущества Ростовых в Москве, и не раз высказываемые желания графини о том, чтобы Николай женился на княжне Болконской, и его молчание и холодность за последнее время – все это вместе заставило ее решиться отречься от его обещаний и дать ему полную свободу.

“Мне слишком тяжело было думать, что я могу быть причиной горя или раздора в семействе, которое меня облагодетельствовало, – писала она, – и любовь моя имеет одною целью счастье тех, кого я люблю; и потому я умоляю вас, Nicolas, считать себя свободным и знать, что, несмотря ни на что, никто сильнее не может вас любить, как ваша Соня".

Оба письма были из Троицы. Другое письмо было от графини. В письме этом описывались последние дни в Москве, выезд, пожар и погибель всего состояния. В письме этом, между прочим, графиня писала о том, что князь Андрей в числе раненых ехал вместе с ними. Положение его было очень опасно, но теперь доктор говорит, что есть больше надежды. Соня и Наташа, как сиделки, ухаживают за ним.

С этим письмом на другой день Николай поехал к княжне Марье. Ни Николай, ни княжна Марья ни слова не сказали о том, что могли означать слова: "Наташа ухаживает за ним"; но благодаря этому письму Николай вдруг сблизился с княжной в почти родственные отношения.

На другой день Ростов проводил княжну Марью в Ярославль и через несколько дней сам уехал в полк.

VIII

Письмо Сони к Николаю, бывшее осуществлением его молитвы, было написано из Троицы. Вот чем оно было вызвано. Мысль о женитьбе Николая на богатой невесте все больше и больше занимала старую графиню. Она знала, что Соня была главным препятствием для этого. И жизнь Сони последнее время, в особенности после письма Николая, описывавшего свою встречу в Богучарове с княжной Марьей, становилась тяжелее и тяжелее в доме графини. Графиня не пропускала ни одного случая для оскорбительного или жестокого намека Соне.

Но несколько дней перед выездом из Москвы, растроганная и взволнованная всем тем, что происходило, графиня, призвав к себе Соню, вместо упреков и требований, со слезами обратилась к ней с мольбой о том, чтобы она, пожертвовав собою, отплатила бы за все, что было для нее сделано, тем, чтобы разорвала свои связи с Николаем.

– Я не буду покойна до тех пор, пока ты мне не дашь этого обещания.

Соня разрыдалась истерически, отвечала сквозь рыдания, что она сделает все, что она на все готова, но не дала прямого обещания и в душе своей не могла решиться на то, чего от нее требовали. Надо было жертвовать собой для счастья семьи, которая вскормила и воспитала ее. Жертвовать собой для счастья других было привычкой Сони. Ее положение в доме было таково, что только на пути жертвованья она могла выказывать свои достоинства, и она привыкла и любила жертвовать собой. Но прежде во всех действиях самопожертвованья она с радостью сознавала, что она, жертвуя собой, этим самым возвышает себе цену в глазах себя и других и становится более достойною Nicolas, которого она любила больше всего в жизни; но теперь жертва ее должна была состоять в том, чтобы отказаться от того, что для нее составляло всю награду жертвы, весь смысл жизни. И в первый раз в жизни она почувствовала горечь к тем людям, которые облагодетельствовали ее для того, чтобы больнее замучить; почувствовала зависть к Наташе, никогда не испытывавшей ничего подобного, никогда не нуждавшейся в жертвах и заставлявшей других жертвовать себе и все-таки всеми любимой. И в первый раз Соня почувствовала, как из ее тихой, чистой любви к Nicolas вдруг начинало вырастать страстное чувство, которое стояло выше и правил, и добродетели, и религии; и под влиянием этого чувства Соня невольно, выученная своею зависимою жизнью скрытности, в общих неопределенных словах ответив графине, избегала с ней разговоров и решилась ждать свидания с Николаем с тем, чтобы в этом свидании не освободить, но, напротив, навсегда связать себя с ним.

Хлопоты и ужас последних дней пребывания Ростовых в Москве заглушили в Соне тяготившие ее мрачные мысли. Она рада была находить спасение от них в практической деятельности. Но когда она узнала о присутствии в их доме князя Андрея, несмотря на всю искреннюю жалость, которую она испытала к нему и к Наташе, радостное и суеверное чувство того, что бог не хочет того, чтобы она была разлучена с Nicolas, охватило ее. Она знала, что Наташа любила одного князя Андрея и не переставала любить его. Она знала, что теперь, сведенные вместе в таких страшных условиях, они снова полюбят друг друга и что тогда Николаю вследствие родства, которое будет между ними, нельзя будет жениться на княжне Марье. Несмотря на весь ужас всего происходившего в последние дни и во время первых дней путешествия, это чувство, это сознание вмешательства провидения в ее личные дела радовало Соню.

В Троицкой лавре Ростовы сделали первую дневку в своем путешествии.

В гостинице лавры Ростовым были отведены три большие комнаты, из которых одну занимал князь Андрей. Раненому было в этот день гораздо лучше. Наташа сидела с ним. В соседней комнате сидели граф и графиня, почтительно беседуя с настоятелем, посетившим своих давнишних знакомых и вкладчиков. Соня сидела тут же, и ее мучило любопытство о том, о чем говорили князь Андрей с Наташей. Она из-за двери слушала звуки их голосов. Дверь комнаты князя Андрея отворилась. Наташа с взволнованным лицом вышла оттуда и, не замечая приподнявшегося ей навстречу и взявшегося за широкий рукав правой руки монаха, подошла к Соне и взяла ее за руку.

– Наташа, что ты? Поди сюда, – сказала графиня.

Наташа подошла под благословенье, и настоятель посоветовал обратиться за помощью к богу и его Угоднику.

Тотчас после ухода настоятеля Наташа взяла за руку свою подругу и пошла с ней в пустую комнату.

– Соня, да? он будет жив? – сказала она. – Соня, как я счастлива и как я несчастна! Соня, голубчик, – все по-старому. Только бы он был жив. Он не может... потому что, потому... что... – И Наташа расплакалась.

– Так! Я знала это! Слава богу, – проговорила Соня. – Он будет жив!

Соня была взволнована не меньше своей подруги – и ее страхом и горем, и своими личными, никому не высказанными мыслями. Она, рыдая, целовала, утешала Наташу. "Только бы он был жив!" – думала она. Поплакав, поговорив и отерев слезы, обе подруги подошли к двери князя Андрея. Наташа, осторожно отворив двери, заглянула в комнату. Соня рядом с ней стояла у полуотворенной двери.

Князь Андрей лежал высоко на трех подушках. Бледное лицо его было покойно, глаза закрыты, и видно было, как он ровно дышал.

– Ах, Наташа! – вдруг почти вскрикнула Соня, хватаясь за руку своей кузины и отступая от двери.

– Что? что? – спросила Наташа.

– Это то, то, вот... – сказала Соня с бледным лицом и дрожащими губами.

Наташа тихо затворила дверь и отошла с Соней к окну, не понимая еще того, что ей говорили.

– Помнишь ты, – с испуганным и торжественным лицом говорила Соня, – помнишь, когда я за тебя в зеркало смотрела... В Отрадном, на святках... Помнишь, что я видела?..

– Да, да! – широко раскрывая глаза, сказала Наташа, смутно вспоминая, что тогда Соня сказала что-то о князе Андрее, которого она видела лежащим.

– Помнишь? – продолжала Соня. – Я видела тогда и сказала всем, и тебе, и Дуняше. Я видела, что он лежит на постели, – говорила она, при каждой подробности делая жест рукою с поднятым пальцем, – и что он закрыл глаза, и что он покрыт именно розовым одеялом, и что он сложил руки, – говорила Соня, убеждаясь, по мере того как она описывала виденные ею сейчас подробности, что эти самые подробности она *видела* тогда. Тогда она ничего не видела, но рассказала, что видела то, что ей пришло в голову; но то, что она придумала тогда, представлялось ей столь же действительным, как и всякое другое воспоминание. То, что она тогда сказала, что он оглянулся на нее и улыбнулся и был покрыт чем-то, красным; она не только помнила, но твердо была убеждена, что еще тогда она сказала и видела, что он был покрыт розовым, именно розовым одеялом, и что глаза его были закрыты.

– Да, да, именно розовым, – сказала Наташа, которая тоже теперь, казалось, помнила, что было сказано розовым, и в этом самом видела главную необычайность и таинственность предсказания.

– Но что же это значит? – задумчиво сказала Наташа.

– Ах, я не знаю, как все это необычайно! – сказала Соня, хватаясь за голову.

Через несколько минут князь Андрей позвонил, и Наташа вошла к нему; а Соня, испытывая редко испытанное ею волнение и умиление, осталась у окна, обдумывая всю необычайность случившегося.

В этот день был случай отправить письма в армию, и графиня писала письмо сыну.

– Соня, – сказала графиня, поднимая голову от письма, когда племянница проходила мимо нее. – Соня, ты не напишешь Николеньке? – сказала графиня тихим, дрогнувшим голосом, и во взгляде ее усталых, смотревших через очки глаз Соня прочла все, что разумела графиня этими словами. В этом взгляде выражались и мольба, и страх отказа, и стыд за то, что надо было просить, и готовность на непримиримую ненависть в случае отказа.

Соня подошла к графине и, став на колени, поцеловала ее руку.

– Я напишу, maman, – сказала она.

Соня была размягчена, взволнована и умилена всем тем, что происходило в этот день, в особенности тем таинственным совершением гаданья, которое она сейчас видела. Теперь, когда она знала, что по случаю возобновления отношений Наташи с князем Андреем Николай не мог жениться на княжне Марье, она с радостью почувствовала возвращение того настроения самопожертвования, в котором она любила и привыкла жить. И со слезами на глазах и с радостью сознания совершения великодушного поступка, она, несколько раз прерываясь от слез, которые отуманивали ее бархатные черные глаза, написала то трогательное письмо, получение которого так поразило Николая.

IX

На гауптвахте, куда был отведен Пьер, офицер и солдаты, взявшие его, обращались с ним враждебно, но вместе с тем и уважительно. Еще чувствовалось в их отношениях к нему и сомнение о том, кто он такой (не очень ли важный человек), и враждебность вследствие еще свежей их личной борьбы с ним.

Но когда, в утро другого дня, пришла смена, то Пьер почувствовал, что для нового караула – для офицеров и солдат – он уже не имел того смысла, который имел для тех, которые его взяли. И действительно, в этом большом, толстом человеке в мужицком кафтане караульные другого дня уже не видели того живого человека, который так отчаянно дрался с мародером и с конвойными солдатами и сказал торжественную фразу о спасении ребенка, а видели только семнадцатого из содержащихся зачем-то, по приказанию высшего начальства, взятых русских. Ежели и было что-нибудь особенное в Пьере, то только его неробкий, сосредоточенно-задумчивый вид и французский язык, на котором он, удивительно для французов, хорошо изъяснялся. Несмотря на то, в тот же день Пьера соединили с другими взятыми подозрительными, так как отдельная комната, которую он занимал, понадобилась офицеру.

Все русские, содержавшиеся с Пьером, были люди самого низкого звания. И все они, узнав в Пьере барина, чуждались его, тем более что он говорил по-французски. Пьер с грустью слышал над собою насмешки.

На другой день вечером Пьер узнал, что все эти содержащиеся (и, вероятно, он в том же числе) должны были быть судимы за поджигательство. На третий день Пьера водили с другими в какой-то дом, где сидели французский генерал с белыми усами, два полковника и другие французы с шарфами на руках. Пьеру, наравне с другими, делали с той, мнимо превышающею человеческие слабости, точностью и определительностью, с которой обыкновенно обращаются с подсудимыми, вопросы о том, кто он? где он был? с какою целью? и т.п.

Вопросы эти, оставляя в стороне сущность жизненного дела и исключая возможность раскрытия этой сущности, как и все вопросы, делаемые на судах, имели целью только подставление того желобка, по которому судящие желали, чтобы потекли ответы подсудимого и привели его к желаемой цели, то есть к обвинению. Как только он начинал говорить что-нибудь такое, что не удовлетворяло цели обвинения, так принимали желобок, и вода могла течь куда ей угодно. Кроме того, Пьер испытал то же, что во всех судах испытывает подсудимый: недоумение, для чего делали ему все эти вопросы. Ему чувствовалось, что только из снисходительности или как бы из учтивости употреблялась эта уловка подставляемого желобка. Он знал, что находился во власти этих людей, что только власть привела его сюда, что только власть давала им право требовать ответы на вопросы, что единственная цель этого собрания состояла в том, чтоб обвинить его. И поэтому, так как была власть и было желание обвинить, то не нужно было и уловки вопросов и суда. Очевидно было, что все ответы должны были привести к виновности. На вопрос, что он делал, когда его взяли, Пьер отвечал с некоторою трагичностью, что он нес к родителям ребенка, qu'il avait sauvé des flammes[1]. – Для чего он дрался с мародером? Пьер отвечал, что он защищал женщину, что защита оскорбляемой женщины есть обязанность каждого человека, что... Его остановили: это не шло к делу. Для чего он был на дворе загоревшегося дома, на котором его видели свидетели? Он отвечал, что шел посмотреть, что делалось в Москве. Его опять остановили: у него не спрашивали, куда он шел, а для чего он находился подле пожара. Кто он? повторили ему первый вопрос, на который он сказал, что не хочет отвечать. Опять он отвечал, что не может сказать этого.

– Запишите, это нехорошо. Очень нехорошо, – строго сказал ему генерал с белыми усами и красным, румяным лицом.

1 которого он спас из пламени. – *Ред.*

На четвертый день пожары начались на Зубовском валу.

Пьера с тринадцатью другими отвели на Крымский Брод, в каретный сарай купеческого дома. Проходя по улицам, Пьер задыхался от дыма, который, казалось, стоял над всем городом. С разных сторон виднелись пожары. Пьер тогда еще не понимал значения сожженной Москвы и с ужасом смотрел на эти пожары.

В каретном сарае одного дома у Крымского Брода Пьер пробыл еще четыре дня и во время этих дней из разговора французских солдат узнал, что все содержащиеся здесь ожидали с каждым днем решения маршала. Какого маршала, Пьер не мог узнать от солдат. Для солдата, очевидно, маршал представлялся высшим и несколько таинственным звеном власти.

Эти первые дни, до 8-го сентября, – дня, в который пленных повели на вторичный допрос, были самые тяжелые для Пьера.

X

8-го сентября в сарай к пленным вошел очень важный офицер, судя по почтительности, с которой с ним обращались караульные. Офицер этот, вероятно штабный, с списком в руках, сделал перекличку всем русским, назвав Пьера: celui qui n'avoue pas son nom[1]. И, равнодушно и лениво оглядев всех пленных, он приказал караульному офицеру прилично одеть и прибрать их, прежде чем вести к маршалу. Через час прибыла рота солдат, и Пьера с другими тринадцатью повели на Девичье поле. День был ясный, солнечный после дождя, и воздух был необыкновенно чист. Дым не стлался низом, как в тот день, когда Пьера вывели из гауптвахты Зубовского вала; дым поднимался столбами в чистом воздухе. Огня пожаров нигде не было видно, но со всех сторон поднимались столбы дыма, и вся Москва, все, что толь-

1 тот, который не говорит своего имени.

ко мог видеть Пьер, было одно пожарище. Со всех сторон виднелись пустыри с печами и трубами и изредка обгорелые стены каменных домов. Пьер приглядывался к пожарищам и не узнавал знакомых кварталов города. Кое-где виднелись уцелевшие церкви. Кремль, неразрушенный, белел издалека с своими башнями и Иваном Великим. Вблизи весело блестел купол Новодевичьего монастыря, и особенно звонко слышался оттуда благовест. Благовест этот напомнил Пьеру, что было воскресенье и праздник рождества Богородицы. Но казалось, некому было праздновать этот праздник: везде было разоренье пожарища, и из русского народа встречались только изредка оборванные, испуганные люди, которые прятались при виде французов.

Очевидно, русское гнездо было разорено и уничтожено; но за уничтожением этого русского порядка жизни Пьер бессознательно чувствовал, что над этим разоренным гнездом установился свой, совсем другой, но твердый французский порядок. Он чувствовал это по виду тех, бодро и весело, правильными рядами шедших солдат, которые конвоировали его с другими преступниками; он чувствовал это по виду какого-то важного французского чиновника в парной коляске, управляемой солдатом, проехавшего ему навстречу. Он это чувствовал по веселым звукам полковой музыки, доносившимся с левой стороны поля, и в особенности он чувствовал и понимал это по тому списку, который, перекликая пленных, прочел нынче утром приезжавший французский офицер. Пьер был взят одними солдатами, отведен в одно, в другое место с десятками других людей; казалось, они могли бы забыть про него, смешать его с другими. Но нет: ответы его, данные на допросе, вернулись к нему в форме наименования его: celui qui n'avoue pas son nom. И под этим названием, которое страшно было Пьеру, его теперь вели куда-то, с несомненной уверенностью, написанною на их лицах, что все остальные пленные и он были те самые, которых нужно, и что их ведут туда, куда нужно. Пьер чувствовал себя ничтожной щепкой, попавшей в колеса неизвестной ему, но правильно действующей машины.

Пьера с другими преступниками привели на правую сторону Девичьего поля, недалеко от монастыря, к большому белому дому с огромным садом. Это был дом князя Щербатова, в котором Пьер часто прежде бывал у хозяина и в котором теперь, как он узнал из разговора солдат, стоял маршал, герцог Экмюльский.

Их подвели к крыльцу и по одному стали вводить в дом. Пьера ввели шестым. Через стеклянную галерею, сени, переднюю, знакомые Пьеру, его ввели в длинный низкий кабинет, у дверей которого стоял адъютант.

Даву сидел на конце комнаты над столом, с очками на носу. Пьер близко подошел к нему. Даву, не поднимая глаз, видимо справлялся с какой-то бумагой, лежавшей перед ним. Не поднимая же глаз, он тихо спросил:

– Qui êtes vous?[1]

Пьер молчал оттого, что не в силах был выговорить слова. Даву для Пьера не был просто французский генерал; для Пьера Даву был известный своей жестокостью человек. Глядя на холодное лицо Даву, который, как строгий учитель, соглашался до времени иметь терпение и ждать ответа, Пьер чувствовал, что всякая секунда промедления могла стоить ему жизни; но он не знал, что сказать. Сказать то же, что он говорил на первом допросе, он не решался; открыть свое звание и положение было и опасно и стыдно. Пьер молчал. Но прежде чем Пьер успел на что-нибудь решиться, Даву приподнял голову, приподнял очки на лоб, прищурил глаза и пристально посмотрел на Пьера.

– Я знаю этого человека, – мерным, холодным голосом, очевидно рассчитанным для того, чтобы испугать Пьера, сказал он. Холод, пробежавший прежде по спине Пьера, охватил его голову, как тисками.

– Mon général, vous ne pouvez pas me connaître, je ne vous ai jamais vu...

– C'est un espion russe[2], – перебил его Даву, обращаясь к другому генералу, бывшему в комнате и которого не заме-

1 Кто вы такой?
2 Вы не могли меня знать, генерал, я никогда не видал вас... – Это русский шпион.

тил Пьер. И Даву отвернулся. С неожиданным раскатом в голосе Пьер вдруг быстро заговорил:

– Non, Monseigneur, – сказал он, неожиданно вспомнив, что Даву был герцог. – Non, Monseigneur, vous n'avez pas pu me connaître. Je suis un officier militionnaire et je n'ai pas quitté Moscou.

– Votre nom? – повторил Даву,

– Besouhof.

– Qu'est ce qui me prouvera que vous ne mentez pas?

– Monseigneur![1] – вскрикнул Пьер не обиженным, но умоляющим голосом.

Даву поднял глаза и пристально посмотрел на Пьера. Несколько секунд они смотрели друг на друга, и этот взгляд спас Пьера. В этом взгляде, помимо всех условий войны и суда, между этими двумя людьми установились человеческие отношения. Оба они в эту одну минуту смутно перечувствовали бесчисленное количество вещей и поняли, что они оба дети человечества, что они братья.

В первом взгляде для Даву, приподнявшего только голову от своего списка, где людские дела и жизнь назывались нумерами, Пьер был только обстоятельство; и, не взяв на совесть дурного поступка, Даву застрелил бы его; но теперь уже он видел в нем человека. Он задумался на мгновение.

– Comment me prouverez vous la vérité de ce que vous me dites?[2] – сказал Даву холодно.

Пьер вспомнил Рамбаля и назвал его полк, и фамилию, и улицу, на которой был дом.

– Vous n'êtes pas ce que vous dites[3], – опять сказал Даву.

Пьер дрожащим, прерывающимся голосом стал приводить доказательства справедливости своего показания.

Но в это время вошел адъютант и что-то доложил Даву.

Даву вдруг просиял при известии, сообщенном адъютантом, и стал застегиваться. Он, видимо, совсем забыл о Пьере.

1 – Нет, ваше высочество... Нет, ваше высочество, вы не могли меня знать. Я офицер милиции, и я не выезжал из Москвы. – Ваше имя? – Безухов. – Кто мне докажет, что вы не лжете? – Ваше высочество!

2 Чем вы докажете мне справедливость ваших слов?

3 Вы не то, что вы говорите.

Когда адъютант напомнил ему о пленном, он, нахмурившись, кивнул в сторону Пьера и сказал, чтобы его вели. Но куда должны были его вести – Пьер не знал: назад в балаган или на приготовленное место казни, которое, проходя по Девичьему полю, ему показывали товарищи.

Он обернул голову и видел, что адъютант переспрашивал что-то.

– Oui, sans doute![1] – сказал Даву, но что "да", Пьер не знал.

Пьер не помнил, как, долго ли он шел и куда. Он, в состоянии совершенного бессмыслия и отупления, ничего не видя вокруг себя, передвигал ногами вместе с другими до тех пор, пока все остановились, и он остановился. Одна мысль за все это время была в голове Пьера. Это была мысль о том: кто, кто же, наконец, приговорил его к казни. Это были не те люди, которые допрашивали его в комиссии: из них ни один не хотел и, очевидно, не мог этого сделать. Это был не Даву, который так человечески посмотрел на него. Еще бы одна минута, и Даву понял бы, что они делают дурно, но этой минуте помешал адъютант, который вошел. И адъютант этот, очевидно, не хотел ничего худого, но он мог бы не войти. Кто же это, наконец, казнил, убивал, лишал жизни его – Пьера со всеми его воспоминаниями, стремлениями, надеждами, мыслями? Кто делал это? И Пьер чувствовал, что это был никто.

Это был порядок, склад обстоятельств.

Порядок какой-то убивал его – Пьера, лишал его жизни, всего, уничтожал его.

XI

От дома князя Щербатова пленных повели прямо вниз по Девичьему полю, левее Девичьего монастыря и подвели к огороду, на котором стоял столб. За столбом была вырыта большая яма с свежевыкопанной землей, и около ямы и

1 Да, разумеется!

столба полукругом стояла большая толпа народа. Толпа состояла из малого числа русских и большого числа наполеоновских войск вне строя: немцев, итальянцев и французов в разнородных мундирах. Справа и слева столба стояли фронты французских войск в синих мундирах с красными эполетами, в штиблетах и киверах.

Преступников расставили по известному порядку, который был в списке (Пьер стоял шестым), и подвели к столбу. Несколько барабанов вдруг ударили с двух сторон, и Пьер почувствовал, что с этим звуком как будто оторвалась часть его души. Он потерял способность думать и соображать. Он только мог видеть и слышать. И только одно желание было у него – желание, чтобы поскорее сделалось что-то страшное, что должно было быть сделано. Пьер оглядывался на своих товарищей и рассматривал их.

Два человека с края были бритые острожные. Один высокий, худой; другой черный, мохнатый, мускулистый, с приплюснутым носом. Третий был дворовый, лет сорока пяти, с седеющими волосами и полным, хорошо откормленным телом. Четвертый был мужик, очень красивый, с окладистой русой бородой и черными глазами. Пятый был фабричный, желтый, худой малый, лет восемнадцати, в халате.

Пьер слышал, что французы совещались, как стрелять – по одному или по два? "По два", – холодно-спокойно отвечал старший офицер. Сделалось передвижение в рядах солдат, и заметно было, что все торопились, – и торопились не так, как торопятся, чтобы сделать понятное для всех дело, но так, как торопятся, чтобы окончить необходимое, но неприятное и непостижимое дело.

Чиновник-француз в шарфе подошел к правой стороне шеренги преступников и прочел по-русски и по-французски приговор.

Потом две пары французов подошли к преступникам и взяли, по указанию офицера, двух острожных, стоявших с края. Острожные, подойдя к столбу, остановились и, пока принесли мешки, молча смотрели вокруг себя, как смотрит подбитый зверь на подходящего охотника. Один все крестился, другой чесал спину и делал губами движение, подобное улыбке. Солдаты, торопясь руками, стали завязывать им глаза, надевать мешки и привязывать к столбу.

Двенадцать человек стрелков с ружьями мерным, твердым шагом вышли из-за рядов и остановились в восьми шагах от столба, Пьер отвернулся, чтобы не видать того, что будет. Вдруг послышался треск и грохот, показавшиеся Пьеру громче самых страшных ударов грома, и он оглянулся. Был дым, и французы с бледными лицами и дрожащими руками что-то делали у ямы. Повели других двух. Так же, такими же глазами и эти двое смотрели на всех, тщетно, одними глазами, молча, прося защиты и, видимо, не понимая и не веря тому, что будет. Они не могли верить, потому что они одни знали, что такое была для них их жизнь, и потому не понимали и не верили, чтобы можно было отнять ее.

Пьер хотел не смотреть и опять отвернулся; но опять как будто ужасный взрыв поразил его слух, и вместе с этими звуками он увидал дым, чью-то кровь и бледные испуганные лица французов, опять что-то делавших у столба, дрожащими руками толкая друг друга. Пьер, тяжело дыша, оглядывался вокруг себя, как будто спрашивая: что это такое? Тот же вопрос был и во всех взглядах, которые встречались со взглядом Пьера.

На всех лицах русских, на лицах французских солдат, офицеров, всех без исключения, он читал такой же испуг, ужас и борьбу, какие были в его сердце. "Да кто же это делает наконец? Они все страдают так же, как и я. Кто же? Кто же?" – на секунду блеснуло в душе Пьера.

– Tirailleurs du 86-me, en avant![1] – прокричал кто-то. Повели пятого, стоявшего рядом с Пьером, – одного. Пьер не понял того, что он спасен, что он и все остальные были приведены сюда только для присутствия при казни. Он со все возраставшим ужасом, не ощущая ни радости, ни успокоения, смотрел на то, что делалось. Пятый был фабричный в халате. Только что до него дотронулись, как он в ужасе от-

1 Стрелки 86-го, вперед!

прыгнул и схватился за Пьера (Пьер вздрогнул и оторвался от него). Фабричный не мог идти. Его тащили под мышки, и он что-то кричал. Когда его подвели к столбу, он вдруг замолк. Он как будто вдруг что-то понял. То ли он понял, что напрасно кричать, или то, что невозможно, чтобы его убили люди, но он стал у столба, ожидая повязки вместе с другими и, как подстреленный зверь, оглядываясь вокруг себя блестящими глазами.

Пьер уже не мог взять на себя отвернуться и закрыть глаза. Любопытство и волнение его и всей толпы при этом пятом убийстве дошло до высшей степени. Так же как и другие, этот пятый казался спокоен: он запахивал халат и почесывал одной босой ногой о другую.

Когда ему стали завязывать глаза, он поправил сам узел на затылке, который резал ему; потом, когда прислонили его к окровавленному столбу, он завалился назад, и, так как ему в этом положении было неловко, он поправился и, ровно поставив ноги, покойно прислонился. Пьер не сводил с него глаз, не упуская ни малейшего движения.

Должно быть, послышалась команда, должно быть, после команды раздались выстрелы восьми ружей. Но Пьер, сколько он ни старался вспомнить потом, не слыхал ни малейшего звука от выстрелов. Он видел только, как почему-то вдруг опустился на веревках фабричный, как показалась кровь в двух местах и как самые веревки, от тяжести повисшего тела, распустились и фабричный, неестественно опустив голову и подвернув ногу, сел. Пьер подбежал к столбу. Никто не удерживал его. Вокруг фабричного что-то делали испуганные, бледные люди. У одного старого усатого француза тряслась нижняя челюсть, когда он отвязывал веревки. Тело спустилось. Солдаты неловко и торопливо потащили его за столб и стали сталкивать в яму.

Все, очевидно, несомненно знали, что они были преступники, которым надо было скорее скрыть следы своего преступления.

Пьер заглянул в яму и увидел, что фабричный лежал там коленами кверху, близко к голове, одно плечо выше другого. И это плечо судорожно, равномерно опускалось и поднималось. Но уже лопатины земли сыпались на все тело. Один из солдат сердито, злобно и болезненно крикнул на Пьера, чтобы он вернулся. Но Пьер не понял его и стоял у столба, и никто не отгонял его.

Когда уже яма была вся засыпана, послышалась команда. Пьера отвели на его место, и французские войска, стоявшие фронтами по обеим сторонам столба, сделали полуоборот и стали проходить мерным шагом мимо столба. Двадцать четыре человека стрелков с разряженными ружьями, стоявшие в середине круга примыкали бегом к своим местам, в то время как роты проходили мимо них.

Пьер смотрел теперь бессмысленными глазами на этих стрелков, которые попарно выбегали из круга. Все, кроме одного, присоединились к ротам. Молодой солдат с мертво-бледным лицом, в кивере, свалившемся назад, спустив ружье, все еще стоял против ямы на том месте, с которого он стрелял. Он, как пьяный, шатался, делая то вперед, то назад несколько шагов, чтобы поддержать свое падающее тело. Старый солдат, унтер-офицер, выбежал из рядов и, схватив за плечо молодого солдата, втащил его в роту. Толпа русских и французов стала расходиться. Все шли молча, с опущенными головами.

– Ça leur apprendra à incendier[1], – сказал кто-то из французов. Пьер оглянулся на говорившего и увидал, что это был солдат, который хотел утешиться чем-нибудь в том, что было сделано, но не мог. Не договорив начатого, он махнул рукою и пошел прочь.

XII

После казни Пьера отделили от других подсудимых и оставили одного в небольшой, разоренной и загаженной церкви.

1 Это их научит поджигать.

Перед вечером караульный унтер-офицер с двумя солдатами вошел в церковь и объявил Пьеру, что он прощен и поступает теперь в бараки военнопленных. Не понимая того, что ему говорили, Пьер встал и пошел с солдатами. Его привели к построенным вверху поля из обгорелых досок, бревен и тесу балаганам и ввели в один из них. В темноте человек двадцать различных людей окружили Пьера. Пьер смотрел на них, не понимая, кто такие эти люди, зачем они и чего хотят от него. Он слышал слова, которые ему говорили, но не делал из них никакого вывода и приложения: не понимал их значения. Он сам отвечал на то, что у него спрашивали, но не соображал того, кто слушает его и как поймут его ответы. Он смотрел на лица и фигуры, и все они казались ему одинаково бессмысленны.

С той минуты, как Пьер увидал это страшное убийство, совершенное людьми, не хотевшими этого делать, в душе его как будто вдруг выдернута была та пружина, на которой все держалось и представлялось живым, и все завалилось в кучу бессмысленного сора. "В нем, хотя он и не отдавал себе отчета, уничтожилась вера и в благоустройство мира, и в человеческую, и в свою душу, и в бога. Это состояние было испытываемо Пьером прежде, но никогда с такою силой, как теперь. Прежде, когда на Пьера находили такого рода сомнения, – сомнения эти имели источником собственную вину. И в самой глубине души Пьер тогда чувствовал, что от того отчаяния и тех сомнений было спасение в самом себе. Но теперь он чувствовал, что не его вина была причиной того, что мир завалился в его глазах и остались одни бессмысленные развалины. Он чувствовал, что возвратиться к вере в жизнь – не в его власти.

Вокруг него в темноте стояли люди: верно, что-то их очень занимало в нем. Ему рассказывали что-то, расспрашивали о чем-то, потом повели куда-то, и он, наконец, очутился в углу балагана рядом с какими-то людьми, переговаривавшимися с разных сторон, смеявшимися.

– И вот, братцы мои... тот самый принц, *который* (с особенным ударением на слове который)... – говорил чей-то голос в противуположном углу балагана.

Молча и неподвижно сидя у стены на соломе, Пьер то открывал, то закрывал глаза. Но только что он закрывал глаза, он видел пред собой то же страшное, в особенности страшное своей простотой, лицо фабричного и еще более страшные своим беспокойством лица невольных убийц. И он опять открывал глаза и бессмысленно смотрел в темноте вокруг себя.

Рядом с ним сидел, согнувшись, какой-то маленький человек, присутствие которого Пьер заметил сначала по крепкому запаху пота, который отделялся от него при всяком его движении. Человек этот что-то делал в темноте с своими ногами, и, несмотря на то, что Пьер не видал его лица, он чувствовал, что человек этот беспрестанно взглядывал на него. Присмотревшись в темноте, Пьер понял, что человек этот разувался. И то, каким образом он это делал, заинтересовало Пьера.

Размотав бечевки, которыми была завязана одна нога, он аккуратно свернул бечевки и тотчас принялся за другую ногу, взглядывая на Пьера. Пока одна рука вешала бечевку, другая уже принималась разматывать другую ногу. Таким образом аккуратно, круглыми, спорыми, без замедления следовавшими одно за другим движеньями, разувшись, человек развесил свою обувь на колышки, вбитые у него над головами, достал ножик, обрезал что-то, сложил ножик, положил под изголовье и, получше усевшись, обнял свои поднятые колени обеими руками и прямо уставился на Пьера. Пьеру чувствовалось что-то приятное, успокоительное и круглое в этих спорых движениях, в этом благоустроенном в углу его хозяйстве, в запахе даже этого человека, и он, не спуская глаз, смотрел на него.

– А много вы нужды увидали, барин? А? – сказал вдруг маленький человек. И такое выражение ласки и простоты было в певучем голосе человека, что Пьер хотел отвечать, но у него задрожала челюсть, и он почувствовал слезы. Маленький человек в ту же секунду, не давая Пьеру времени выказать свое смущение, заговорил тем же приятным голосом.

– Э, соколик, не тужи, – сказал он с той нежно-певучей лаской, с которой говорят старые русские бабы. – Не тужи, дружок: час терпеть, а век жить! Вот так-то, милый мой. А живем тут, слава богу, обиды нет. Тоже люди и худые и добрые есть, – сказал он и, еще говоря, гибким движением перегнулся на колени, встал и, прокашливаясь, пошел куда-то.

– Ишь, шельма, пришла! – услыхал Пьер в конце балагана тот же ласковый голос. – Пришла шельма, помнит! Ну, ну, буде. – И солдат, отталкивая от себя собачонку, прыгавшую к нему, вернулся к своему месту и сел. В руках у него было что-то завернуто в тряпке.

– Вот, покушайте, барин, – сказал он, опять возвращаясь к прежнему почтительному тону и развертывая и подавая Пьеру несколько печеных картошек. – В обеде похлебка была. А картошки важнеющие!

Пьер не ел целый день, и запах картофеля показался ему необыкновенно приятным. Он поблагодарил солдата и стал есть.

– Что ж, так-то? – улыбаясь, сказал солдат и взял одну из картошек. – А ты вот как. – Он достал опять складной ножик, разрезал на своей ладони картошку на равные две половины, посыпал соли из тряпки и поднес Пьеру.

– Картошки важнеющие, – повторил он. – Ты покушай вот так-то.

Пьеру казалось, что он никогда не ел кушанья вкуснее этого.

– Нет, мне все ничего, – сказал Пьер, – но за что они расстреляли этих несчастных!.. Последний лет двадцати.

– Тц, тц... – сказал маленький человек. – Греха-то, греха-то... – быстро прибавил он, и, как будто слова его всегда были готовы во рту его и нечаянно вылетали из него, он продолжал: – Что ж это, барин, вы так в Москве-то остались?

– Я не думал, что они так скоро придут. Я нечаянно остался, – сказал Пьер.

– Да как же они взяли тебя, соколик, из дома твоего?

– Нет, я пошел на пожар, и тут они схватили меня, судили за поджигателя.

– Где суд, там и неправда, – вставил маленький человек.

– А ты давно здесь? – спросил Пьер, дожевывая последнюю картошку.

– Я-то? В то воскресенье меня взяли из гошпиталя в Москве.

– Ты кто же, солдат?

– Солдаты Апшеронского полка. От лихорадки умирал. Нам и не сказали ничего. Наших человек двадцать лежало. И не думали, не гадали.

– Что ж, тебе скучно здесь? – спросил Пьер.

– Как не скучно, соколик. Меня Платоном звать; Каратаевы прозвище, – прибавил он, видимо с тем, чтобы облегчить Пьеру обращение к нему. – Соколиком на службе прозвали. Как не скучать, соколик! Москва, она городам мать. Как не скучать на это смотреть. Да червь капусту гложе, а сам прежде того пропадае: так-то старички говаривали, – прибавил он быстро.

– Как, как это ты сказал? – спросил Пьер.

– Я-то? – спросил Каратаев. – Я говорю: не нашим умом, а божьим судом, – сказал он, думая, что повторяет сказанное. И тотчас же продолжал: – Как же у вас, барин, и вотчины есть? И дом есть? Стало быть, полная чаша! И хозяйка есть? А старики родители живы? – спрашивал он, и хотя Пьер не видел в темноте, но чувствовал, что у солдата морщились губы сдержанною улыбкой ласки в то время, как он спрашивал это. Он, видимо, был огорчен тем, что у Пьера не было родителей, в особенности матери.

– Жена для совета, теща для привета, а нет милей родной матушки! – сказал он. – Ну, а детки есть? – продолжал он спрашивать. Отрицательный ответ Пьера опять, видимо, огорчил его, и он поспешил прибавить: – Что ж, люди молодые, еще даст бог, будут. Только бы в совете жить...

– Да теперь все равно, – невольно сказал Пьер.

– Эх, милый человек ты, – возразил Платон. – От сумы да от тюрьмы никогда не отказывайся. – Он уселся получше, прокашлялся, видимо приготовляясь к длинному рассказу. – Так-то, друг мой любезный, жил я еще дома, – начал он. – Вотчина у нас богатая, земли много, хорошо живут мужики, и наш дом, слава тебе богу. Сам-сем батюшка косить выходил. Жили хорошо. Христьяне настоящие были. Случись... – и Платон Каратаев рассказал длинную историю о том, как он поехал в чужую рощу за лесом и попался сторожу, как его секли, судили и отдали в солдаты. – Что ж, соколик, – говорил он изменяющимся от улыбки голосом, – думали горе, ан радость! Брату бы идти, кабы не мой грех. А у брата меньшого сам-пят ребят, – а у меня, гляди, одна солдатка осталась. Была девочка, да еще до солдатства бог прибрал. Пришел я на побывку, скажу я тебе. Гляжу – лучше прежнего живут. Животов полон двор, бабы дома, два брата на заработках. Один Михайло, меньшой, дома. Батюшка и говорит: “Мне, говорит, все детки равны: какой палец ни укуси, все больно. А кабы не Платона тогда забрили, Михаиле бы идти”. Позвал нас всех – веришь – поставил перед образа. Михайло, говорит, поди сюда, кланяйся ему в ноги, и ты, баба, кланяйся, и внучата кланяйтесь. Поняли? говорит. Так-то, друг мой любезный. Рок головы ищет. А мы всё судим: то не хорошо, то не ладно. Наше счастье, дружок, как вода в бредне: тянешь – надулось, а вытащишь – ничего нету. Так-то. – И Платон пересел на своей соломе.

Помолчав несколько времени, Платон встал.

– Что ж, я чай, спать хочешь? – сказал он и быстро начал креститься, приговаривая:

– Господи, Иисус Христос, Никола-угодник, Фрола и Лавра, господи Иисус Христос, Никола-угодник! Фрола и Лавра, господи Иисус Христос – помилуй и спаси нас! – заключил он, поклонился в землю, встал и, вздохнув, сел на свою солому. – Вот так-то. Положи, боже, камушком, подними калачиком, – проговорил он и лег, натягивая на себя шинель.

– Какую это ты молитву читал? – спросил Пьер.

– Ась? – проговорил Платон (он уже было заснул). – Читал что? Богу молился. А ты рази не молишься?

– Нет, и я молюсь, – сказал Пьер. – Но что ты говорил: Фрола и Лавра?

– А как же, – быстро отвечал Платон, – лошадиный праздник. И скота жалеть надо, – сказал Каратаев. – Вишь, шельма, свернулась. Угрелась, сукина дочь, – сказал он, ощупав собаку у своих ног, и, повернувшись опять, тотчас же заснул.

Наружи слышались где-то вдалеке плач и крики, и сквозь щели балагана виднелся огонь; но в балагане было тихо и темно. Пьер долго не спал и с открытыми глазами лежал в темноте на своем месте, прислушиваясь к мерному храпенью Платона, лежавшего подле него, и чувствовал, что прежде разрушенный мир теперь с новой красотой, на каких-то новых и незыблемых основах, воздвигался в его душе.

XIII

В балагане, в который поступил Пьер и в котором он пробыл четыре недели, было двадцать три человека пленных солдат, три офицера и два чиновника.

Все они потом как в тумане представлялись Пьеру, но Платон Каратаев остался навсегда в душе Пьера самым сильным и дорогим воспоминанием и олицетворением всего русского, доброго и круглого. Когда на другой день, на рассвете, Пьер увидал своего соседа, первое впечатление чего-то круглого подтвердилось вполне: вся фигура Платона в его подпоясанной веревкою французской шинели, в фуражке и лаптях, была круглая, голова была совершенно круглая, спина, грудь, плечи, даже руки, которые он носил, как бы всегда собираясь обнять что-то, были круглые; приятная улыбка и большие карие нежные глаза были круглые.

Платону Каратаеву должно было быть за пятьдесят лет, судя по его рассказам о походах, в которых он участвовал давнишним солдатом. Он сам не знал и никак не мог определить, сколько ему было лет; но зубы его, ярко-белые и крепкие, которые все выкатывались своими двумя полукругами, когда он смеялся (что он часто делал), были все хороши и целы; ни одного седого волоса не было в его бороде и волосах, и все тело его имело вид гибкости и в особенности твердости и сносливости.

Лицо его, несмотря на мелкие круглые морщинки, имело выражение невинности и юности; голос у него был приятный и певучий. Но главная особенность его речи состояла в непосредственности и спорости. Он, видимо, никогда не думал о том, что он сказал и что он скажет; и от этого в быстроте и верности его интонаций была особенная неотразимая убедительность.

Физические силы его и поворотливость были таковы первое время плена, что, казалось, он не понимал, что такое усталость и болезнь. Каждый день утром и вечером он, ложась, говорил: "Положи, господи, камушком, подними калачиком"; поутру, вставая, всегда одинаково пожимая плечами, говорил: "Лег – свернулся, встал – встряхнулся". И действительно, стоило ему лечь, чтобы тотчас же заснуть камнем, и стоило встряхнуться, чтобы тотчас же, без секунды промедления, взяться за какое-нибудь дело, как дети, вставши, берутся за игрушки. Он все умел делать, не очень хорошо, но и не дурно. Он пек, варил, шил, строгал, тачал сапоги. Он всегда был занят и только по ночам позволял себе разговоры, которые он любил, и песни. Он пел песни, не так, как поют песенники, знающие, что их слушают, но пел, как поют птицы, очевидно потому, что звуки эти ему было так же необходимо издавать, как необходимо бывает потянуться или расходиться; и звуки эти всегда бывали тонкие, нежные, почти женские, заунывные, и лицо его при этом бывало очень серьезно.

Попав в плен и обросши бородою, он, видимо, отбросил от себя все напущенное на него, чуждое, солдатское и невольно возвратился к прежнему, крестьянскому, народному складу.

– Солдат в отпуску – рубаха из порток, – говаривал он. Он неохотно говорил про свое солдатское время, хотя не жаловался, и часто повторял, что он всю службу ни разу бит не был. Когда он рассказывал, то преимущественно рассказывал из своих старых и, видимо, дорогих ему воспоминаний "христианского", как он выговаривал, крестьянского быта. Поговорки, которые наполняли его речь, не были те, большей частью неприличные и бойкие поговорки, которые говорят солдаты, но это были те народные изречения, которые кажутся столь незначительными, взятые отдельно, и которые получают вдруг значение глубокой мудрости, когда они сказаны кстати.

Часто он говорил совершенно противоположное тому, что он говорил прежде, но и то и другое было справедливо. Он любил говорить и говорил хорошо, украшая свою речь ласкательными и пословицами, которые, Пьеру казалось, он сам выдумывал; но главная прелесть его рассказов состояла в том, что в его речи события самые простые, иногда те самые, которые, не замечая их, видел Пьер, получали характер торжественного благообразия. Он любил слушать сказки, которые рассказывал по вечерам (всё одни и те же) один солдат, но больше всего он любил слушать рассказы о настоящей жизни. Он радостно улыбался, слушая такие рассказы, вставляя слова и делая вопросы, клонившиеся к тому, чтобы уяснить себе благообразие того, что ему рассказывали. Привязанностей, дружбы, любви, как понимал их Пьер, Каратаев не имел никаких; но он любил и любовно жил со всем, с чем его сводила жизнь, и в особенности с человеком – не с известным каким-нибудь человеком, а с теми людьми, которые были перед его глазами. Он любил свою шавку, любил товарищей, французов, любил Пьера, который был его соседом; но Пьер чувствовал, что Каратаев, несмотря на всю свою ласковую нежность к нему (которою он невольно отдавал должное духовной жизни Пьера), ни на минуту не огорчился бы разлукой с ним. И Пьер то же чувство начинал испытывать к Каратаеву.

Платон Каратаев был для всех остальных пленных самым обыкновенным солдатом; его звали соколик или Платоша, добродушно трунили над ним, посылали его за посылками. Но для Пьера, каким он представился в первую ночь, непостижимым, круглым и вечным олицетворением духа простоты и правды, таким он и остался навсегда.

Платон Каратаев ничего не знал наизусть, кроме своей молитвы. Когда он говорил свои речи, он, начиная их, казалось, не знал, чем он их кончит.

Когда Пьер, иногда пораженный смыслом его речи, просил повторить сказанное, Платон не мог вспомнить того, что он сказал минуту тому назад, — так же, как он никак не мог словами сказать Пьеру свою любимую песню. Там было: "родимая, березанька и тошненько мне", но на словах не выходило никакого смысла. Он не понимал и не мог понять значения слов, отдельно взятых из речи. Каждое слово его и каждое действие было проявлением неизвестной ему деятельности, которая была его жизнь. Но жизнь его, как он сам смотрел на нее, не имела смысла как отдельная жизнь. Она имела смысл только как частица целого, которое он постоянно чувствовал. Его слова и действия выливались из него так же равномерно, необходимо и непосредственно, как запах отделяется от цветка. Он не мог понять ни цены, ни значения отдельно взятого действия или слова.

XIV

Получив от Николая известие о том, что брат ее находится с Ростовыми, в Ярославле, княжна Марья, несмотря на отговариванья тетки, тотчас же собралась ехать, и не только одна, но с племянником. Трудно ли, нетрудно, возможно или невозможно это было, она не спрашивала и не хотела знать: ее обязанность была не только самой быть подле, может быть, умирающего брата, но и сделать все возможное для того, чтобы привезти ему сына, и она поднялась ехать. Если князь Андрей сам не уведомлял ее, то княжна Марья объясняла это или тем, что он был слишком слаб, чтобы писать, или тем, что он считал для нее и для своего сына этот длинный переезд слишком трудным и опасным.

В несколько дней княжна Марья собралась в дорогу. Экипажи ее состояли из огромной княжеской кареты, в которой она приехала в Воронеж, брички и повозки. С ней ехали m-lle Bourienne, Николушка с гувернером, старая няня, три девушки, Тихон, молодой лакей и гайдук, которого тетка отпустила с нею.

Ехать обыкновенным путем на Москву нельзя было и думать, и потому окольный путь, который должна была сделать княжна Марья: на Липецк, Рязань, Владимир, Шую, был очень длинен, по неимению везде почтовых лошадей, очень труден и около Рязани, где, как говорили, показывались французы, даже опасен.

Во время этого трудного путешествия m-lle Bourienne, Десаль и прислуга княжны Марьи были удивлены ее твердостью духа и деятельностью. Она позже всех ложилась, раньше всех вставала, и никакие затруднения не могли остановить ее. Благодаря ее деятельности и энергии, возбуждавшим ее спутников, к концу второй недели они подъезжали к Ярославлю.

В последнее время своего пребывания в Воронеже княжна Марья испытала лучшее счастье в своей жизни. Любовь ее к Ростову уже не мучила, не волновала ее. Любовь эта наполняла всю ее душу, сделалась неразделеною частью ее самой, и она не боролась более против нее. В последнее время княжна Марья убедилась, – хотя она никогда ясно словами определенно не говорила себе этого, – убедилась, что она была любима и любила. В этом она убедилась в последнее свое свидание с Николаем, когда он приехал ей объявить о том, что ее брат был с Ростовыми. Николай ни одним словом не намекнул на то, что теперь (в случае выздоровления князя Андрея) прежние отношения между ним и Наташей могли возобновиться, но княжна Марья видела по его лицу, что он знал и думал это. И, несмотря на то, его отношения к ней – осторожные, нежные и любовные – не только не изменились, но он, казалось, радовался тому, что теперь родство между ним и княжной Марьей позволяло ему свободнее выражать ей свою дружбу-любовь, как иногда думала княжна Марья. Княжна Марья знала, что она любила в первый и последний раз в жизни, и чувствовала, что она любима, и была счастлива, спокойна в этом отношении.

Но это счастье одной стороны душевной не только не мешало ей во всей силе чувствовать горе о брате, но, напротив, это душевное спокойствие в одном отношении давало ей большую возможность отдаваться вполне своему чувству к брату. Чувство это было так сильно в первую минуту выезда из Воронежа, что провожавшие ее были уверены, глядя на ее измученное, отчаянное лицо, что она непременно заболеет дорогой; но именно трудности и заботы путешествия, за которые с такою деятельностью взялась княжна Марья, спасли ее на время от ее горя и придали ей силы.

Как и всегда это бывает во время путешествия, княжна Марья думала только об одном путешествии, забывая о том, что было его целью. Но, подъезжая к Ярославлю, когда открылось опять то, что могло предстоять ей, и уже не через много дней, а нынче вечером, волнение княжны Марьи дошло до крайних пределов.

Когда посланный вперед гайдук, чтобы узнать в Ярославле, где стоят Ростовы и в каком положении находится князь Андрей, встретил у заставы большую въезжавшую карету, он ужаснулся, увидав страшно бледное лицо княжны, которое высунулось ему из окна.

– Все узнал, ваше сиятельство: ростовские стоят на площади, в доме купца Бронникова. Недалече, над самой над Волгой, – сказал гайдук.

Княжна Марья испуганно-вопросительно смотрела на его лицо, не понимая того, что он говорил ей, не понимая, почему он не отвечал на главный вопрос: что брат? m-lle Bourienne сделала этот вопрос за княжну Марью.

– Что князь? – спросила она.

– Их сиятельство с ними в том же доме стоят.

"Стало быть, он жив", – подумала княжна и тихо спросила: что он?

– Люди сказывали, все в том же положении.

Что значило "все в том же положении", княжна не стала спрашивать и мельком только, незаметно взглянув на семилетнего Николушку, сидевшего перед нею и радовавшегося на город, опустила голову и не поднимала ее до тех пор, пока тяжелая карета, гремя, трясясь и колыхаясь, не остановилась где-то. Загремели откидываемые подножки.

Отворились дверцы. Слева была вода – река большая, справа было крыльцо; на крыльце были люди, прислуга и какая-то румяная, с большой черной косой, девушка, которая неприятно-притворно улыбалась, как показалось княжне Марье (это была Соня). Княжна взбежала по лестнице, притворно улыбавшаяся девушка сказала: – Сюда, сюда! – и княжна очутилась в передней перед старой женщиной с восточным типом лица, которая с растроганным выражением быстро шла ей навстречу. Это была графиня. Она обняла княжну Марью и стала целовать ее.

– Mon enfant! – проговорила она, – je vous aime et vous connais depuis longtemps[1].

Несмотря на все свое волнение, княжна Марья поняла, что это была графиня и что надо было ей сказать что-нибудь. Она, сама не зная как, проговорила какие-то учтивые французские слова, в том же тоне, в котором были те, которые ей говорили, и спросила: что он?

– Доктор говорит, что нет опасности, – сказала графиня, но в то время, как она говорила это, она со вздохом подняла глаза кверху, и в этом жесте было выражение, противоречащее ее словам.

– Где он? Можно его видеть, можно? – спросила княжна.

– Сейчас, княжна, сейчас, мой дружок. Это его сын? – сказала она, обращаясь к Николушке, который входил с Десалем. – Мы все поместимся, дом большой. О, какой прелестный мальчик!

Графиня ввела княжну в гостиную. Соня разговаривала с m-lle Bourienne. Графиня ласкала мальчика. Старый граф вошел в комнату, приветствуя княжну. Старый граф чрезвычайно переменился с тех пор, как его последний раз видела княжна. Тогда он был бойкий, веселый, самоуверенный старичок, теперь он казался жалким, затерянным человеком. Он, говоря с княжной, беспрестанно оглядывался, как бы

1 Дитя мое! я вас люблю и знаю давно.

спрашивая у всех, то ли он делает, что надобно. После разорения Москвы и его имения, выбитый из привычной колеи, он, видимо, потерял сознание своего значения и чувствовал, что ему уже нет места в жизни.

Несмотря на то волнение, в котором она находилась, несмотря на одно желание поскорее увидать брата и на досаду за то, что в эту минуту, когда ей одного хочется – увидать его, – ее занимают и притворно хвалят ее племянника, княжна замечала все, что делалось вокруг нее, и чувствовала необходимость на время подчиниться этому новому порядку, в который она вступала. Она знала, что все это необходимо, и ей было это трудно, но она не досадовала на них.

– Это моя племянница, – сказал граф, представляя Соню, – вы не знаете ее, княжна?

Княжна повернулась к ней и, стараясь затушить поднявшееся в ее душе враждебное чувство к этой девушке, поцеловала ее. Но ей становилось тяжело оттого, что настроение всех окружающих было так далеко от того, что было в ее душе.

– Где он? – спросила она еще раз, обращаясь ко всем.

– Он внизу, Наташа с ним, – отвечала Соня, краснея. – Пошли узнать. Вы, я думаю, устали, княжна?

У княжны выступили на глаза слезы досады. Она отвернулась и хотела опять спросить у графини, где пройти к нему, как в дверях послышались легкие, стремительные, как будто веселые шаги. Княжна оглянулась и увидела почти вбегающую Наташу, ту Наташу, которая в то давнишнее свидание в Москве так не понравилась ей.

Но не успела княжна взглянуть на лицо этой Наташи, как она поняла, что это был ее искренний товарищ по горю, и потому ее друг. Она бросилась ей навстречу и, обняв ее, заплакала на ее плече.

Как только Наташа, сидевшая у изголовья князя Андрея, узнала о приезде княжны Марьи, она тихо вышла из его комнаты теми быстрыми, как показалось княжне Марье, как будто веселыми шагами и побежала к ней.

На взволнованном лице ее, когда она вбежала в комнату, было только одно выражение – выражение любви, беспредельной любви к нему, к ней, ко всему тому, что было близко любимому человеку, выраженье жалости, страданья за других и страстного желанья отдать себя всю для того, чтобы помочь им. Видно было, что в эту минуту ни одной мысли о себе, о своих отношениях к нему не было в душе Наташи.

Чуткая княжна Марья с первого взгляда на лицо Наташи поняла все это и с горестным наслаждением плакала на ее плече.

– Пойдемте, пойдемте к нему, Мари, – проговорила Наташа, отводя ее в другую комнату.

Княжна Марья подняла лицо, отерла глаза и обратилась к Наташе. Она чувствовала, что от нее она все поймет и узнает.

– Что... – начала она вопрос, но вдруг остановилась. Она почувствовала, что словами нельзя ни спросить, ни ответить. Лицо и глаза Наташи должны были сказать все яснее и глубже.

Наташа смотрела на нее, но, казалось, была в страхе и сомнении – сказать или не сказать все то, что она знала; она как будто почувствовала, что перед этими лучистыми глазами, проникавшими в самую глубь ее сердца, нельзя не сказать всю, всю истину, какою она ее видела. Губа Наташи вдруг дрогнула, уродливые морщины образовались вокруг ее рта, и она, зарыдав, закрыла лицо руками.

Княжна Марья поняла все.

Но она все-таки надеялась и спросила словами, в которые она не верила:

– Но как его рана? Вообще в каком он положении?

– Вы, вы... увидите, – только могла сказать Наташа.

Они посидели несколько времени внизу подле его комнаты, с тем чтобы перестать плакать и войти к нему с спокойными лицами.

– Как шла вся болезнь? Давно ли ему стало хуже? Когда *это* случилось? – спрашивала княжна Марья.

Наташа рассказывала, что первое время была опасность от горячечного состояния и от страданий, но в Троице это прошло, и доктор боялся одного – антонова огня. Но и эта опасность миновалась. Когда приехали в Ярославль, рана стала гноиться (Наташа знала все, что касалось нагноения и т.п.), и доктор говорил, что нагноение может пойти правильно. Сделалась лихорадка. Доктор говорил, что лихорадка эта не так опасна.

– Но два дня тому назад, – начала Наташа, – вдруг это сделалось... – Она удержала рыданья. – Я не знаю отчего, но вы увидите, какой он стал.

– Ослабел? похудел?.. – спрашивала княжна.

– Нет, не то, но хуже. Вы увидите. Ах, Мари, Мари, он слишком хорош, он не может, не может жить... потому что...

XV

Когда Наташа привычным движением отворила его дверь, пропуская вперед себя княжну, княжна Марья чувствовала уже в горле своем готовые рыданья. Сколько она ни готовилась, ни старалась успокоиться, она знала, что не в силах будет без слез увидать его.

Княжна Марья понимала то, что разумела Наташа словами: *с ним случилось это два дня тому назад.* Она понимала, что это означало то, что он вдруг смягчился, и что смягчение, умиление эти были признаками смерти. Она, подходя к двери, уже видела в воображении своем то лицо Андрюши, которое она знала с детства, нежное, кроткое, умиленное, которое так редко бывало у него и потому так сильно всегда на нее действовало. Она знала, что он скажет ей тихие, нежные слова, как те, которые сказал ей отец перед смертью, и что она не вынесет этого и разрыдается над ним. Но, рано ли, поздно ли, это должно было быть, и она вошла в комнату. Рыдания все ближе и ближе подступали ей к горлу, в то время как она своими близорукими глазами яснее и яснее различала его форму и отыскивала его черты, и вот она увидала его лицо и встретилась с ним взглядом.

Он лежал на диване, обложенный подушками, в меховом беличьем халате. Он был худ и бледен. Одна худая, прозрачно-белая рука его держала платок, другою он, тихими движениями пальцев, трогал тонкие отросшие усы. Глаза его смотрели на входивших.

Увидав его лицо и встретившись с ним взглядом, княжна Марья вдруг умерила быстроту своего шага и почувствовала, что слезы вдруг пересохли и рыдания остановились. Уловив выражение его лица и взгляда, она вдруг оробела и почувствовала себя виноватой.

"Да в чем же я виновата?" – спросила она себя. "В том, что живешь и думаешь о живом, а я!.." – отвечал его холодный, строгий взгляд.

В глубоком, не из себя, но в себя смотревшем взгляде была почти враждебность, когда он медленно оглянул сестру и Наташу.

Он поцеловался с сестрой рука в руку, по их привычке.

– Здравствуй, Мари, как это ты добралась? – сказал он голосом таким же ровным и чуждым, каким был его взгляд. Ежели бы он завизжал отчаянным криком, то этот крик менее бы ужаснул княжну Марью, чем звук этого голоса.

– И Николушку привезла? – сказал он также ровно и медленно и с очевидным усилием воспоминанья.

– Как твое здоровье теперь? – говорила княжна Марья, сама удивляясь тому, что она говорила.

– Это, мой друг, у доктора спрашивать надо, – сказал он, и, видимо сделав еще усилие, чтобы быть ласковым, он сказал одним ртом (видно было, что он вовсе не думал того, что говорил): – Merci, chère amie, d'être venue[1].

Княжна Марья пожала его руку. Он чуть заметно поморщился от пожатия ее руки. Он молчал, и она не знала, что говорить. Она поняла то, что случилось с ним за два дня. В словах, в тоне его, в особенности во взгляде этом – холодном, почти враждебном взгляде – чувствовалась страшная для живого человека отчужденность от всего мирского. Он, видимо, с трудом понимал теперь все живое; но вместе с тем чувствовалось, что он не понимал живого не потому, чтобы он был лишен силы понимания, но потому, что он

1 Спасибо, милый друг, что приехала.

понимал что-то другое, такое, чего не понимали и не могли понять живые и что поглощало его всего.

– Да, вот как странно судьба свела нас! – сказал он, прерывая молчание и указывая на Наташу. – Она все ходит за мной.

Княжна Марья слушала и не понимала того, что он говорил. Он, чуткий, нежный князь Андрей, как мог он говорить это при той, которую он любил и которая его любила! Ежели бы он думал жить, то не таким холодно-оскорбительным тоном он сказал бы это. Ежели бы он не знал, что умрет, то как же ему не жалко было ее, как он мог при ней говорить это! Одно объяснение только могло быть этому, это то, что ему было все равно, и все равно оттого, что что-то другое, важнейшее, было открыто ему.

Разговор был холодный, несвязный и прерывался беспрестанно.

– Мари проехала через Рязань, – сказала Наташа. Князь Андрей не заметил, что она называла его сестру Мари. А Наташа, при нем назвав ее так, в первый раз сама это заметила.

– Ну что же? – сказал он.

– Ей рассказывали, что Москва вся сгорела, совершенно, что будто бы...

Наташа остановилась: нельзя было говорить. Он, очевидно, делал усилия, чтобы слушать, и все-таки не мог.

– Да, сгорела, говорят, – сказал он. – Это очень жалко, – и он стал смотреть вперед, пальцами рассеянно расправляя усы.

– А ты встретилась с графом Николаем, Мари? – сказал вдруг князь Андрей, видимо желая сделать им приятное. – Он писал сюда, что ты ему очень полюбилась, – продолжал он просто, спокойно, видимо не в силах понимать всего того сложного значения, которое имели его слова для живых людей. – Ежели бы ты его полюбила тоже, то было бы очень хорошо... чтобы вы женились, – прибавил он несколько скорее, как бы обрадованный словами, которые он долго искал и нашел наконец. Княжна Марья слышала его слова, но они не имели для нее никакого другого значения, кроме того, что они доказывали то, как страшно далек он был теперь от всего живого.

– Что обо мне говорить! – сказала она спокойно и взглянула на Наташу. Наташа, чувствуя на себе ее взгляд, не смотрела на нее. Опять все молчали.

– André, ты хоч... – вдруг сказала княжна Марья содрогнувшимся голосом, – ты хочешь видеть Николушку? Он все время вспоминал о тебе.

Князь Андрей чуть заметно улыбнулся в первый раз, но княжна Марья, так знавшая его лицо, с ужасом поняла, что эта была улыбка не радости, не нежности к сыну, но тихой, кроткой насмешки над тем, что княжна Марья употребляла, по ее мнению, последнее средство для приведения его в чувства.

– Да, я очень рад Николушке. Он здоров?

Когда привели к князю Андрею Николушку, испуганно смотревшего на отца, но не плакавшего, потому что никто не плакал, князь Андрей поцеловал его и, очевидно, не знал, что говорить с ним.

Когда Николушку уводили, княжна Марья подошла еще раз к брату, поцеловала его и, не в силах удерживаться более, заплакала.

Он пристально посмотрел на нее.

– Ты об Николушке? – сказал он.

Княжна Марья, плача, утвердительно нагнула голову.

– Мари, ты знаешь еван... – но он вдруг замолчал.

– Что ты говоришь?

– Ничего. Не надо плакать здесь, – сказал он, тем же холодным взглядом глядя на нее.

Когда княжна Марья заплакала, он понял, что она плакала о том, что Николушка останется без отца. С большим усилием над собой он постарался вернуться назад в жизнь и перенесся на их точку зрения.

"Да, им это должно казаться жалко! – подумал он. – А как это просто!"

"Птицы небесные ни сеют, ни жнут, но Отец ваш питает их", – сказал он сам себе и хотел то же сказать княжне. "Но нет, они поймут это по-своему, они не поймут! Этого они не могут понимать, что все эти чувства, которыми они дорожат, все наши, все эти мысли, которые кажутся нам так важны, что они – *не нужны.* Мы не можем понимать друг друга". – И он замолчал.

Маленькому сыну князя Андрея было семь лет. Он едва умел читать, он ничего не знал. Он многое пережил после этого дня, приобретая знания, наблюдательность, опытность; но ежели бы он владел тогда всеми этими после приобретенными способностями, он не мог бы лучше, глубже понять все значение той сцены, которую он видел между отцом, княжной Марьей и Наташей, чем он ее понял теперь. Он все понял и, не плача, вышел из комнаты, молча подошел к Наташе, вышедшей за ним, застенчиво взглянул на нее задумчивыми прекрасными глазами; приподнятая румяная верхняя губа его дрогнула, он прислонился к ней головой и заплакал.

С этого дня он избегал Десаля, избегал ласкавшую его графиню и либо сидел один, либо робко подходил к княжне Марье и к Наташе, которую он, казалось, полюбил еще больше своей тетки, и тихо и застенчиво ласкался к ним.

Княжна Марья, выйдя от князя Андрея, поняла вполне все то, что сказало ей лицо Наташи. Она не говорила больше с Наташей о надежде на спасение его жизни. Она чередовалась с нею у его дивана и не плакала больше, но беспрестанно молилась, обращаясь душою к тому вечному, непостижимому, которого присутствие так ощутительно было теперь над умиравшим человеком.

XVI

Князь Андрей не только знал, что он умрет, но он чувствовал, что он умирает, что он уже умер наполовину. Он испытывал сознание отчужденности от всего земного и радостной и странной легкости бытия. Он, не торопясь и не тревожась, ожидал того, что предстояло ему. То грозное, вечное, неведомое и далекое, присутствие которого он не переставал ощущать в продолжение всей своей жизни, теперь для него было близкое и – по той странной легкости бытия, которую он испытывал, – почти понятное и ощущаемое.

. . . .

Прежде он боялся конца. Он два раза испытал это страшное мучительное чувство страха смерти, конца, и теперь уже не понимал его.

Первый раз он испытал это чувство тогда, когда граната волчком вертелась перед ним и он смотрел на жнивье, на кусты, на небо и знал, что перед ним была смерть. Когда он очнулся после раны и в душе его, мгновенно, как бы освобожденный от удерживавшего его гнета жизни, распустился этот цветок любви, вечной, свободной, не зависящей от этой жизни, он уже не боялся смерти и не думал о ней.

Чем больше он, в те часы страдальческого уединения и полубреда, которые он провел после своей раны, вдумывался в новое, открытое ему начало вечной любви, тем более он, сам не чувствуя того, отрекался от земной жизни. Всё, всех любить, всегда жертвовать собой для любви, значило никого не любить, значило не жить этою земною жизнию. И чем больше он проникался этим началом любви, тем больше он отрекался от жизни и тем совершеннее уничтожал ту страшную преграду, которая без любви стоит между жизнью и смертью. Когда он, это первое время, вспоминал о том, что ему надо было умереть, он говорил себе: ну что ж, тем лучше.

Но после той ночи в Мытищах, когда в полубреду перед ним явилась та, которую он желал, и когда он, прижав к своим губам ее руку, заплакал тихими, радостными слезами, любовь к одной женщине незаметно закралась в его сердце и опять привязала его к жизни. И радостные и тревожные мысли стали приходить ему. Вспоминая ту минуту на перевязочном пункте, когда он увидал Курагина, он теперь не мог возвратиться к тому чувству: его мучил вопрос о том, жив ли он? И он не смел спросить этого.

Болезнь его шла своим физическим порядком, но то, что Наташа называла: *это сделалось с ним*, случилось с ним два дня перед приездом княжны Марьи. Это была та последняя нравственная борьба между жизнью и смертью, в которой смерть одержала победу. Это было неожиданное сознание того, что он еще дорожил жизнью, представлявшейся ему в любви к Наташе, и последний, покоренный припадок ужаса перед неведомым.

Это было вечером. Он был, как обыкновенно после обеда, в легком лихорадочном состоянии, и мысли его были чрезвычайно ясны. Соня сидела у стола. Он задремал. Вдруг ощущение счастья охватило его.

"А, это она вошла!" – подумал он.

Действительно, на месте Сони сидела только что неслышными шагами вошедшая Наташа.

С тех пор как она стала ходить за ним, он всегда испытывал это физическое ощущение ее близости. Она сидела на кресле, боком к нему, заслоняя собой от него свет свечи, и вязала чулок. (Она выучилась вязать чулки с тех пор, как раз князь Андрей сказал ей, что никто так не умеет ходить за больными, как старые няни, которые вяжут чулки, и что в вязании чулка есть что-то успокоительное.) Тонкие пальцы ее быстро перебирали изредка сталкивающиеся спицы, и задумчивый профиль ее опущенного лица был ясно виден ему. Она сделала движенье – клубок скатился с ее колен. Она вздрогнула, оглянулась на него и, заслоняя свечу рукой, осторожным, гибким и точным движением изогнулась, подняла клубок и села в прежнее положение.

Он смотрел на нее, не шевелясь, и видел, что ей нужно было после своего движения вздохнуть во всю грудь, но она не решалась этого сделать и осторожно переводила дыханье.

В Троицкой лавре они говорили о прошедшем, и он сказал ей, что, ежели бы он был жив, он бы благодарил вечно бога за свою рану, которая свела его опять с нею; но с тех пор они никогда не говорили о будущем.

"Могло или не могло это быть? – думал он теперь, глядя на нее и прислушиваясь к легкому стальному звуку спиц. –

Неужели только затем так странно свела меня с нею судьба, чтобы мне умереть?.. Неужели мне открылась истина жизни только для того, чтобы я жил во лжи? Я люблю ее больше всего в мире. Но что же делать мне, ежели я люблю ее?" – сказал он, и он вдруг невольно застонал, по привычке, которую он приобрел во время своих страданий.

Услыхав этот звук, Наташа положила чулок, перегнулась ближе к нему и вдруг, заметив его светящиеся глаза, подошла к нему легким шагом и нагнулась.

– Вы не спите?

– Нет, я давно смотрю на вас; я почувствовал, когда вы вошли. Никто, как вы, не дает мне той мягкой тишины... того света. Мне так и хочется плакать от радости.

Наташа ближе придвинулась к нему. Лицо ее сияло восторженною радостью.

– Наташа, я слишком люблю вас. Больше всего на свете.

– А я? – Она отвернулась на мгновение. – Отчего же слишком? – сказала она.

– Отчего слишком?.. Ну, как вы думаете, как вы чувствуете по душе, по всей душе, буду я жив? Как вам кажется?

– Я уверена, я уверена! – почти вскрикнула Наташа, страстным движением взяв его за обе руки.

Он помолчал.

– Как бы хорошо! – И, взяв ее руку, он поцеловал ее.

Наташа была счастлива и взволнована; и тотчас же она вспомнила, что этого нельзя, что ему нужно спокойствие.

– Однако вы не спали, – сказала она, подавляя свою радость. – Постарайтесь заснуть... пожалуйста.

Он выпустил, пожав ее, ее руку, она перешла к свече и опять села в прежнее положение. Два раза она оглянулась на него, глаза его светились ей навстречу. Она задала себе урок на чулке и сказала себе, что до тех пор она не оглянется, пока не кончит его.

Действительно, скоро после этого он закрыл глаза и заснул. Он спал недолго и вдруг в холодном поту тревожно проснулся.

Засыпая, он думал все о том же, о чем он думал все это время, – о жизни и смерти. И больше о смерти. Он чувствовал себя ближе к ней.

"Любовь? Что такое любовь? – думал он. – Любовь мешает смерти. Любовь есть жизнь. Все, все, что я понимаю, я понимаю только потому, что люблю. Все есть, все существует только потому, что я люблю. Все связано одною ею. Любовь есть бог, и умереть – значит мне, частице любви, вернуться к общему и вечному источнику". Мысли эти показались ему утешительны. Но это были только мысли. Чего-то недоставало в них, что-то было односторонне личное, умственное – не было очевидности. И было то же беспокойство и неясность. Он заснул.

Он видел во сне, что он лежит в той же комнате, в которой он лежал в действительности, но что он не ранен, а здоров. Много разных лиц, ничтожных, равнодушных, являются перед князем Андреем. Он говорит с ними, спорит о чем-то ненужном. Они сбираются ехать куда-то. Князь Андрей смутно припоминает, что все это ничтожно и что у него есть другие, важнейшие заботы, но продолжает говорить, удивляя их, какие-то пустые, остроумные слова. Понемногу, незаметно все эти лица начинают исчезать, и все заменяется одним вопросом о затворенной двери. Он встает и идет к двери, чтобы задвинуть задвижку и запереть ее. Оттого, что он успеет или не успеет запереть ее, зависит *все.* Он идет, спешит, ноги его не двигаются, и он знает, что не успеет запереть дверь, но все-таки болезненно напрягает все свои силы. И мучительный страх охватывает его. И этот страх есть страх смерти: за дверью стоит оно. Но в то же время как он бессильно-неловко подползает к двери, это что-то ужасное, с другой стороны уже, надавливая, ломится в нее. Что-то не человеческое – смерть – ломится в дверь, и надо удержать ее. Он ухватывается за дверь, напрягает последние усилия – запереть уже нельзя – хоть удержать ее; но силы его слабы, неловки, и, надавливаемая ужасным, дверь отворяется и опять затворяется.

Еще раз оно надавило оттуда. Последние, сверхъестественные усилия тщетны, и обе половинки отворились беззвучно. Оно вошло, и оно есть *смерть*. И князь Андрей умер.

Но в то же мгновение, как он умер, князь Андрей вспомнил, что он спит, и в то же мгновение, как он умер, он, сделав над собою усилие, проснулся.

“Да, это была смерть. Я умер – я проснулся. Да, смерть – пробуждение!” – вдруг просветлело в его душе, и завеса, скрывавшая до сих пор неведомое, была приподнята перед его душевным взором. Он почувствовал как бы освобождение прежде связанной в нем силы и ту странную легкость, которая с тех пор не оставляла его.

Когда он, очнувшись в холодном поту, зашевелился на диване, Наташа подошла к нему и спросила, что с ним. Он не ответил ей и, не понимая ее, посмотрел на нее странным взглядом.

Это-то было то, что случилось с ним за два дня до приезда княжны Марьи. С этого же дня, как говорил доктор, изнурительная лихорадка приняла дурной характер, но Наташа не интересовалась тем, что говорил доктор: она видела эти страшные, более для нее несомненные, нравственные признаки.

С этого дня началось для князя Андрея вместе с пробуждением от сна – пробуждение от жизни. И относительно продолжительности жизни оно не казалось ему более медленно, чем пробуждение от сна относительно продолжительности сновидения.

Ничего не было страшного и резкого в этом, относительно-медленном, пробуждении.

Последние дни и часы его прошли обыкновенно и просто. И княжна Марья и Наташа, не отходившие от него, чувствовали это. Они не плакали, не содрогались и последнее время, сами чувствуя это, ходили уже не за ним (его уже не было, он ушел от них), а за самым близким воспоминанием о нем – за его телом. Чувства обеих были так сильны, что на них не действовала внешняя, страшная сторона смерти, и они не находили нужным растравлять свое горе. Они не плакали ни при нем, ни без него, но и никогда не говорили про него между собой. Они чувствовали, что не могли выразить словами того, что они понимали.

Они обе видели, как он глубже и глубже, медленно и спокойно, опускался от них куда-то туда, и обе знали, что это так должно быть и что это хорошо.

Его исповедовали, причастили; все приходили к нему прощаться. Когда ему привели сына, он приложил к нему свои губы и отвернулся, не потому, чтобы ему было тяжело или жалко (княжна Марья и Наташа понимали это), но только потому, что он полагал, что это все, что от него требовали; но когда ему сказали, чтобы он благословил его, он исполнил требуемое и оглянулся, как будто спрашивая, не нужно ли еще что-нибудь сделать.

Когда происходили последние содрогания тела, оставляемого духом, княжна Марья и Наташа были тут.

– Кончилось?! – сказала княжна Марья, после того как тело его уже несколько минут неподвижно, холодея, лежало перед ними. Наташа подошла, взглянула в мертвые глаза и поспешила закрыть их. Она закрыла их и не поцеловала их, а приложилась к тому, что было ближайшим воспоминанием о нем.

“Куда он ушел? Где он теперь?..”

Когда одетое, обмытое тело лежало в гробу на столе, все подходили к нему прощаться, и все плакали.

Николушка плакал от страдальческого недоумения, разрывавшего его сердце. Графиня и Соня плакали от жалости к Наташе и о том, что его нет больше. Старый граф плакал о том, что скоро, он чувствовал, и ему предстояло сделать тот же страшный шаг.

Наташа и княжна Марья плакали тоже теперь, но они плакали не от своего личного горя; они плакали от благоговейного умиления, охватившего их души перед сознанием простого и торжественного таинства смерти, совершившегося перед ними.

Часть вторая

I

Для человеческого ума недоступна совокупность причин явлений. Но потребность отыскивать причины вложена в душу человека. И человеческий ум, не вникнувши в бесчисленность и сложность условий явлений, из которых каждое отдельно может представляться причиною, хватается за первое, самое понятное сближение и говорит: вот причина. В исторических событиях (где предметом наблюдения суть действия людей) самым первобытным сближением представляется воля богов, потом воля тех людей, которые стоят на самом видном историческом месте, — исторических героев. Но стоит только вникнуть в сущность каждого исторического события, то есть в деятельность всей массы людей, участвовавших в событии, чтобы убедиться, что воля исторического героя не только не руководит действиями масс, но сама постоянно руководима. Казалось бы, все равно понимать значение исторического события так или иначе. Но между человеком, который говорит, что народы Запада пошли на Восток, потому что Наполеон захотел этого, и человеком, который говорит, что это совершилось, потому что должно было совершиться, существует то же различие, которое существовало между людьми, утверждавшими, что земля стоит твердо и планеты движутся вокруг нее, и теми, которые говорили, что они не знают, на чем держится земля, но знают, что есть законы, управляющие движением и ее и других планет. Причин исторического события – нет и не может быть, кроме единственной причины всех причин. Но есть законы, управляющие событиями, отчасти неизвестные, отчасти нащупываемые нами. Открытие этих законов возможно только тогда, когда мы вполне отрешимся от отыскиванья причин в воле одного человека, точно так же, как открытие законов движения планет стало возможно только тогда, когда люди отрешились от представления утвержденности земли.

После Бородинского сражения, занятия неприятелем Москвы и сожжения ее, важнейшим эпизодом войны 1812 года историки признают движение русской армии с Рязанской на Калужскую дорогу и к Тарутинскому лагерю – так называемый фланговый марш за Красной Пахрой. Историки приписывают славу этого гениального подвига различным лицам и спорят о том, кому, собственно, она принадлежит. Даже иностранные, даже французские историки признают гениальность русских полководцев, говоря об этом фланговом марше. Но почему военные писатели, а за ними и все, полагают, что этот *фланговый* марш есть весьма глубокомысленное изобретение какого-нибудь одного лица, спасшее Россию и погубившее Наполеона, – весьма трудно понять. Во-первых, трудно понять, в чем состоит глубокомыслие и гениальность этого движения; ибо для того, чтобы догадаться, что самое лучшее положение армии (когда ее не атакуют) находиться там, где больше продовольствия, – не нужно большого умственного напряжения. И каждый, даже глупый тринадцатилетний мальчик, без труда мог догадаться, что в 1812 году самое выгодное положение армии, после отступления от Москвы, было на Калужской дороге. Итак, нельзя понять, во-первых, какими умозаключениями доходят историки до того, чтобы видеть что-то глубокомысленное в этом маневре. Во-вторых, еще труднее понять, в чем именно историки видят спасительность этого маневра для русских и пагубность его для французов;

ибо фланговый марш этот, при других, предшествующих, сопутствовавших и последовавших обстоятельствах, мог быть пагубным для русского и спасительным для французского войска. Если с того времени, как совершилось это движение, положение русского войска стало улучшаться, то из этого никак не следует, чтобы это движение было тому причиною.

Этот фланговый марш не только не мог бы принести какие-нибудь выгоды, но мог бы погубить русскую армию, ежели бы при том не было совпадения других условий. Что бы было, если бы не сгорела Москва? Если бы Мюрат не потерял из виду русских? Если бы Наполеон не находился в бездействии? Если бы под Красной Пахрой русская армия, по совету Бенигсена и Барклая, дала бы сражение? Что бы было, если бы французы атаковали русских, когда они шли за Пахрой? Что бы было, если бы впоследствии Наполеон, подойдя к Тарутину, атаковал бы русских хотя бы с одной десятой долей той энергии, с которой он атаковал в Смоленске? Что бы было, если бы французы пошли на Петербург?.. При всех этих предположениях спасительность флангового марша могла перейти в пагубность.

В-третьих, и самое непонятное, состоит в том, что люди, изучающие историю, умышленно не хотят видеть того, что фланговый марш нельзя приписывать никакому одному человеку, что никто никогда его не предвидел, что маневр этот, точно так же как и отступление в Филях, в настоящем никогда никому не представлялся в его цельности, а шаг за шагом, событие за событием, мгновение за мгновением вытекал из бесчисленного количества самых разнообразных условий, и только тогда представился во всей своей цельности, когда он совершился и стал прошедшим.

На совете в Филях у русского начальства преобладающею мыслью было само собой разумевшееся отступление по прямому направлению назад, то есть по Нижегородской дороге. Доказательствами тому служит то, что большинство голосов на совете было подано в этом смысле, и, главное, известный разговор после совета главнокомандующего с Ланским, заведовавшим провиантскою частью. Ланской донес главнокомандующему, что продовольствие для армии собрано преимущественно по Оке, в Тульской и Калужской губерниях и что в случае отступления на Нижний запасы провианта будут отделены от армии большою рекою Окой, через которую перевоз в первозимье бывает невозможен. Это был первый признак необходимости уклонения от прежде представлявшегося самым естественным прямого направления на Нижний. Армия подержалась южнее, по Рязанской дороге, и ближе к запасам. Впоследствии бездействие французов, потерявших даже из виду русскую армию, заботы о защите Тульского завода и, главное, выгоды приближения к своим запасам заставили армию отклониться еще южнее, на Тульскую дорогу. Перейдя отчаянным движением за Пахрой на Тульскую дорогу, военачальники русской армии думали оставаться у Подольска, и не было мысли о Тарутинской позиции; но бесчисленное количество обстоятельств и появление опять французских войск, прежде потерявших из виду русских, и проекты сражения, и, главное, обилие провианта в Калуге заставили нашу армию еще более отклониться к югу и перейти в середину путей своего продовольствия, с Тульской на Калужскую дорогу, к Тарутину. Точно так же, как нельзя отвечать на тот вопрос, когда оставлена была Москва, нельзя отвечать и на то, когда именно и кем решено было перейти к Тарутину. Только тогда, когда войска пришли уже к Тарутину вследствие бесчисленных дифференциальных сил, тогда только стали люди уверять себя, что они этого хотели и давно предвидели.

II

Знаменитый фланговый марш состоял только в том, что русское войско, отступая все прямо назад по обратному направлению наступления, после того как наступление французов прекратилось, отклонилось от принятого сначала прямого направления и, не видя за собой преследования, естественно подалось в ту сторону, куда его влекло обилие продовольствия.

Если бы представить себе не гениальных полководцев во главе русской армии, но просто одну армию без начальников, то и эта армия не могла бы сделать ничего другого, кроме обратного движения к Москве, описывая дугу с той стороны, с которой было больше продовольствия и край был обильнее.

Передвижение это с Нижегородской на Рязанскую, Тульскую и Калужскую дороги было до такой степени естественно, что в этом самом направлении отбегали мародеры русской армии и что в этом самом направлении требовалось из Петербурга, чтобы Кутузов перевел свою армию. В Тарутине Кутузов получил почти выговор от государя за то, что он отвел армию на Рязанскую дорогу, и ему указывалось то самое положение против Калуги, в котором он уже находился в то время, как получил письмо государя.

Откатывавшийся по направлению толчка, данного ему во время всей кампании и в Бородинском сражении, шар русского войска, при уничтожении силы толчка и не получая новых толчков, принял то положение, которое было ему естественно.

Заслуга Кутузова не состояла в каком-нибудь гениальном, как это называют, стратегическом маневре, а в том, что он один понимал значение совершавшегося события. Он один понимал уже тогда значение бездействия французской армии, он один продолжал утверждать, что Бородинское сражение была победа; он один – тот, который, казалось бы, по своему положению главнокомандующего, должен был быть вызываем к наступлению, – он один все силы свои употреблял на то, чтобы удержать русскую армию от бесполезных сражений.

Подбитый зверь под Бородиным лежал там где-то, где его оставил отбежавший охотник; но жив ли, силен ли он был, или он только притаился, охотник не знал этого. Вдруг послышался стон этого зверя.

Стон этого раненого зверя, французской армии, обличивший ее погибель, была присылка Лористона в лагерь Кутузова с просьбой о мире.

Наполеон с своей уверенностью в том, что не то хорошо, что хорошо, а то хорошо, что ему пришло в голову, написал Кутузову слова, первые пришедшие ему в голову и не имеющие никакого смысла. Он писал:

"Monsieur le prince Koutouzov, – писал он, – j'envoie près de vous un de mes aides de camps généraux pour vous entretenir de plusieurs objets intéressants. Je désire que Votre Altesse ajoute foi a ce qu'il lui dira, *surtout lorsqu'il exprimera les sentiments d'estime et de particulière considération que j'ai depuis longtemps pour sa personne...* Cette lettre n'étant à autre fin, je prie Dieu, Monsieur le prince Koutouzov, qu'il vous ait en sa sainte et digne garde.

Moscou, le 3 Octobre, 1812. Signé:

Napoléon"[1].

"Je serais maudit par la postérité si l'on me regardait comme le premier moteur d'un accommodement quelconque. *"Tel est l'esprit actuel de ma nation"*[2], – отвечал Кутузов и продолжал употреблять все свои силы на то, чтобы удерживать войска от наступления.

В месяц грабежа французского войска в Москве и спокойной стоянки русского войска под Тарутиным совершилось изменение в отношении силы обоих войск (духа и численности), вследствие которого преимущество силы оказалось на стороне русских. Несмотря на то, что положение французского войска и его численность были неизвестны русским, как скоро изменилось отношение, необходимость наступления тотчас же выразилась в бесчисленном количестве при-

1 Князь Кутузов, посылаю к вам одного из моих генерал-адъютантов для переговоров с вами о многих важных предметах. Прошу Вашу Светлость верить всему, что он вам скажет, *особенно когда станет выражать вам чувствования уважения и особенного почтения, питаемые мною к вам с давнего времени.* Засим молю бога о сохранении вас под своим священным кровом. Москва, 3 октября, 1812. *Наполеон.*

2 Я бы был проклят, если бы на меня смотрели, как на первого зачинщика какой бы то ни было сделки: *такова воля нашего народа.*

знаков. Признаками этими были: и присылка Лористона, и изобилие провианта в Тарутине, и сведения, приходившие со всех сторон о бездействии и беспорядке французов, и комплектование наших полков рекрутами, и хорошая погода, и продолжительный отдых русских солдат, и обыкновенно возникающее в войсках вследствие отдыха нетерпение исполнять то дело, для которого все собраны, и любопытство о том, что делалось во французской армии, так давно потерянной из виду, и смелость, с которою теперь шныряли русские аванпосты около стоявших в Тарутине французов, и известия о легких победах над французами мужиков и партизанов, и зависть, возбуждаемая этим, и чувство мести, лежавшее в душе каждого человека до тех пор, пока французы были в Москве, и (главное) неясное, но возникшее в душе каждого солдата сознание того, что отношение силы изменилось теперь и преимущество находится на нашей стороне. Существенное отношение сил изменилось, и наступление стало необходимым. И тотчас же, так же верно, как начинают бить и играть в часах куранты, когда стрелка совершила полный круг, в высших сферах, соответственно существенному изменению сил, отразилось усиленное движение, шипение и игра курантов.

III

Русская армия управлялась Кутузовым с его штабом и государем из Петербурга. В Петербурге, еще до получения известия об оставлении Москвы, был составлен подробный план всей войны и прислан Кутузову для руководства. Несмотря на то, что план этот был составлен в предположении того, что Москва еще в наших руках, план этот был одобрен штабом и принят к исполнению. Кутузов писал только, что дальние диверсии всегда трудно исполнимы. И для разрешения встречавшихся трудностей присылались новые наставления и лица, долженствовавшие следить за его действиями и доносить о них.

Кроме того, теперь в русской армии преобразовался весь штаб. Замещались места убитого Багратиона и обиженного, удалившегося Барклая. Весьма серьезно обдумывали, что будет лучше: А. поместить на место Б., а Б. на место Д., или, напротив, Д. на место А. и т.д., как будто что-нибудь, кроме удовольствия А. и Б., могло зависеть от этого.

В штабе армии, по случаю враждебности Кутузова с своим начальником штаба, Бенигсеном, и присутствия доверенных лиц государя и этих перемещений, шла более, чем обыкновенно, сложная игра партий: А. подкапывался под Б., Д. под С. и т.д., во всех возможных перемещениях и сочетаниях. При всех этих подкапываниях предметом интриг большей частью было то военное дело, которым думали руководить все эти люди; но это военное дело шло независимо от них, именно так, как оно должно было идти, то есть никогда не совпадая с тем, что придумывали люди, а вытекая из сущности отношения масс. Все эти придумыванья, скрещиваясь, перепутываясь, представляли в высших сферах только верное отражение того, что должно было совершиться.

"Князь Михаил Иларионович! – писал государь от 2-го октября в письме, полученном после Тарутинского сражения. – С 2-го сентября Москва в руках неприятельских. Последние ваши рапорты от 20-го; и в течение всего сего времени не только что ничего не предпринято для действия противу неприятеля и освобождения первопрестольной столицы, но даже, по последним рапортам вашим, вы еще отступили назад. Серпухов уже занят отрядом неприятельским, и Тула, с знаменитым и столь для армии необходимым своим заводом, в опасности. По рапортам от генерала Винцингероде вижу я, что неприятельский 10 000-й корпус подвигается по Петербургской дороге. Другой, в нескольких тысячах, также подается к Дмитрову. Третий подвинулся вперед по Владимирской дороге. Четвертый, довольно значительный, стоит между Рузою и Можайском. Наполеон же сам по 25-е число находился в Москве. По всем сим сведениям, когда неприятель сильными отрядами раздробил свои силы, когда Наполеон еще в Москве сам, с своею гвардиею, возможно ли, чтобы силы неприятельские, находящиеся перед вами, были значительны и не позволяли вам действовать наступательно? С вероятностию, напротив того, должно полагать, что он вас преследует отрядами или по крайней мере корпусом, гораздо слабее армии, вам вверенной. Казалось, что, пользуясь сими обстоятельствами, могли бы вы с выгодою атаковать неприятеля слабее вас и истребить оного или, по меньшей мере, заставя его отступить, сохранить в наших руках знатную часть губерний, ныне неприятелем занимаемых, и тем самым отвратить опасность от Тулы и прочих внутренних наших городов. На вашей ответственности останется, если неприятель в состоянии будет отрядить значительный корпус на Петербург для угрожания сей столице, в которой не могло остаться много войска, ибо с вверенною вам армиею, действуя с решительностию и деятельностию, вы имеете все средства отвратить сие новое несчастие. Вспомните, что вы еще обязаны ответом оскорбленному отечеству в потере Москвы. Вы имели опыты моей готовности вас награждать. Сия готовность не ослабнет во мне, но я и Россия вправе ожидать с вашей стороны всего усердия, твердости и успехов, которые ум ваш, воинские таланты ваши и храбрость войск, вами предводительствуемых, нам предвещают".

Но в то время как письмо это, доказывающее то, что существенное отношение сил уже отражалось и в Петербурге, было в дороге, Кутузов не мог уже удержать командуемую им армию от наступления и сражение уже было дано.

2-го октября казак Шаповалов, находясь в разъезде, убил из ружья одного и подстрелил другого зайца. Гоняясь за подстреленным зайцем, Шаповалов забрел далеко в лес и наткнулся на левый фланг армии Мюрата, стоящий без всяких предосторожностей. Казак, смеясь, рассказал товарищам, как он чуть не попался французам. Хорунжий, услыхав этот рассказ, сообщил его командиру.

Казака призвали, расспросили; казачьи командиры хотели воспользоваться этим случаем, чтобы отбить лошадей, но один из начальников, знакомый с высшими чинами армии, сообщил этот факт штабному генералу. В последнее время в штабе армии положение было в высшей степени натянутое. Ермолов, за несколько дней перед этим, придя к Бенигсену, умолял его употребить свое влияние на главнокомандующего, для того чтобы сделано было наступление.

– Ежели бы я не знал вас, я подумал бы, что вы не хотите того, о чем вы просите. Стоит мне посоветовать одно, чтобы светлейший наверное сделал противоположное, – отвечал Бенигсен.

Известие казаков, подтвержденное посланными разъездами, доказало окончательную зрелость события. Натянутая струна соскочила, и зашипели часы, и заиграли куранты. Несмотря на всю свою мнимую власть, на свой ум, опытность, знание людей, Кутузов, приняв во внимание записку Бенигсена, посылавшего лично донесения государю, выражаемое всеми генералами одно и то же желание, предполагаемое им желание государя и сведение казаков, уже не мог удержать неизбежного движения и отдал приказание на то, что он считал бесполезным и вредным, – благословил совершившийся факт.

IV

Записка, поданная Бенигсеном о необходимости наступления, и сведения казаков о незакрытом левом фланге французов были только последние признаки необходимости отдать приказание о наступлении, и наступление было назначено на 5-е октября.

4-го октября утром Кутузов подписал диспозицию. Толь прочел ее Ермолову, предлагая ему заняться дальнейшими распоряжениями.

– Хорошо, хорошо, мне теперь некогда, – сказал Ермолов и вышел из избы. Диспозиция, составленная Толем, была очень хорошая. Так же, как и в аустерлицкой диспозиции, было написано, хотя и не по-немецки:

“Die erste Colonne marschirt[1] туда-то и туда-то, die zweite Colonne marschirt[2] туда-то и туда-то” и т.д. И все эти колонны на бумаге приходили в назначенное время в свое место и уничтожали неприятеля. Все было, как и во всех диспозициях, прекрасно придумано, и, как и по всем диспозициям, ни одна колонна не пришла в свое время и на свое место.

Когда диспозиция была готова в должном количестве экземпляров, был призван офицер и послан к Ермолову, чтобы передать ему бумаги для исполнения. Молодой кавалергардский офицер, ординарец Кутузова, довольный важностью данного ему поручения, отправился на квартиру Ермолова.

– Уехали, – отвечал денщик Ермолова. Кавалергардский офицер пошел к генералу, у которого часто бывал Ермолов.

– Нет, и генерала нет.

Кавалергардский офицер, сев верхом, поехал к другому.

– Нет, уехали.

“Как бы мне не отвечать за промедление! Вот досада!” – думал офицер. Он объездил весь лагерь. Кто говорил, что видели, как Ермолов проехал с другими генералами куда-то, кто говорил, что он, верно, опять дома. Офицер, не обедая, искал до шести часов вечера. Нигде Ермолова не было, и никто не знал, где он был. Офицер наскоро перекусил у товарища и поехал опять в авангард к Милорадовичу. Милорадовича не было тоже дома, но тут ему сказали, что Милорадович на балу у генерала Кикина, что, должно быть, и Ермолов там.

– Да где же это?

– А вон, в Ечкине, – сказал казачий офицер, указывая на далекий помещичий дом.

– Да как же там, за цепью?

– Выслали два полка наших в цепь, там нынче такой кутеж идет, беда! Две музыки, три хора песенников.

Офицер поехал за цепь к Ечкину. Издалека еще, подъезжая к дому, он услыхал дружные, веселые звуки плясовой солдатской песни.

1 Первая колонна идет *(нем.)*.
2 вторая колонна идет *(нем.)*.

“Во-олузя-а-ах... во-олузях!..” – с присвистом и с торбаном слышалось ему, изредка заглушаемое криком голосов. Офицеру и весело стало на душе от этих звуков, но вместе с тем и страшно за то, что он виноват, так долго не передав важного, порученного ему приказания. Был уже девятый час. Он слез с лошади и вошел на крыльцо и в переднюю большого, сохранившегося в целости помещичьего дома, находившегося между русских и французов. В буфетной и в передней суетились лакеи с винами и яствами. Под окнами стояли песенники. Офицера ввели в дверь, и он увидал вдруг всех вместе важнейших генералов армии, в том числе и большую, заметную фигуру Ермолова. Все генералы были в расстегнутых сюртуках, с красными, оживленными лицами и громко смеялись, стоя полукругом. В середине залы красивый невысокий генерал с красным лицом бойко и ловко выделывал трепака.

– Ха, ха, ха! Ай да Николай Иванович! ха, ха, ха!..

Офицер чувствовал, что, входя в эту минуту с важным приказанием, он делается вдвойне виноват, и он хотел подождать; но один из генералов увидал его и, узнав, зачем он, сказал Ермолову. Ермолов с нахмуренным лицом вышел к офицеру и, выслушав, взял от него бумагу, ничего не сказав ему.

– Ты думаешь, это нечаянно он уехал? – сказал в этот вечер штабный товарищ кавалергардскому офицеру про Ермолова. – Это штуки, это все нарочно. Коновницына подкатить. Посмотри, завтра каша какая будет!

V

На другой день, рано утром, дряхлый Кутузов встал, помолился богу, оделся и с неприятным сознанием того, что он должен руководить сражением, которого он не одобрял, сел в коляску и выехал из Леташевки, в пяти верстах позади Тарутина, к тому месту, где должны были быть собраны наступающие колонны. Кутузов ехал, засыпая и просыпаясь и прислушиваясь, нет ли справа выстрелов, не начиналось ли дело? Но все еще было тихо. Только начинался рассвет сырого и пасмурного осеннего дня. Подъезжая к Тарутину, Кутузов заметил кавалеристов, ведших на водопой лошадей через дорогу, по которой ехала коляска. Кутузов присмотрелся к ним, остановил коляску и спросил, какого полка? Кавалеристы были из той колонны, которая должна была быть уже далеко впереди в засаде. "Ошибка, может быть", – подумал старый главнокомандующий. Но, проехав еще дальше, Кутузов увидал пехотные полки, ружья в козлах, солдат за кашей и с дровами, в подштанниках. Позвали офицера. Офицер доложил, что никакого приказания о выступлении не было.

– Как не бы... – начал Кутузов, но тотчас же замолчал и приказал позвать к себе старшего офицера. Вылезши из коляски, опустив голову и тяжело дыша, молча ожидая, ходил он взад и вперед. Когда явился потребованный офицер генерального штаба Эйхен, Кутузов побагровел не оттого, что этот офицер был виною ошибки, но оттого, что он был достойный предмет для выражения гнева. И, трясясь, задыхаясь, старый человек, придя в то состояние бешенства, в которое он в состоянии был приходить, когда валялся по земле от гнева, он напустился на Эйхена, угрожая руками, крича и ругаясь площадными словами. Другой подвернувшийся, капитан Брозин, ни в чем не виноватый, потерпел ту же участь.

– Это что за каналья еще? Расстрелять мерзавцев! – хрипло кричал он, махая руками и шатаясь. Он испытывал физическое страдание. Он, главнокомандующий, светлейший, которого все уверяют, что никто никогда не имел в России такой власти, как он, он поставлен в это положение – поднят на смех перед всей армией. "Напрасно так хлопотал молиться об нынешнем дне, напрасно не спал ночь и все обдумывал! – думал он о самом себе. – Когда был мальчишкой-офицером, никто бы не смел так надсмеяться надо мной... А теперь!" Он испытывал физическое страдание, как от телесного наказания, и не мог не выражать его гневными и страдальческими криками; но скоро силы его ослабели, и он, оглядываясь, чувствуя, что он много наговорил нехорошего, сел в коляску и молча уехал назад.

Излившийся гнев уже не возвращался более, и Кутузов, слабо мигая глазами, выслушивал оправдания и слова защиты (Ермолов сам не являлся к нему до другого дня) и настояния Бенигсена, Коновницына и Толя о том, чтобы то же неудавшееся движение сделать на другой день. И Кутузов должен был опять согласиться.

VI

На другой день войска с вечера собрались в назначенных местах и ночью выступили. Была осенняя ночь с черно-лиловатыми тучами, но без дождя. Земля была влажна, но грязи не было, и войска шли без шума, только слабо слышно было изредка бренчанье артиллерии. Запретили разговаривать громко, курить трубки, высекать огонь; лошадей удерживали от ржания. Таинственность предприятия увеличивала его привлекательность. Люди шли весело. Некоторые колонны остановились, поставили ружья в козлы и улеглись на холодной земле, полагая, что они пришли туда, куда надо было; некоторые (большинство) колонны шли целую ночь и, очевидно, зашли не туда, куда им надо было.

Граф Орлов-Денисов с казаками (самый незначительный отряд из всех других) один попал на свое место и в свое время. Отряд этот остановился у крайней опушки леса, на тропинке из деревни Стромиловой в Дмитровское.

Перед зарею задремавшего графа Орлова разбудили. Привели перебежчика из французского лагеря. Это был польский унтер-офицер корпуса Понятовского. Унтер-офицер этот по-польски объяснил, что он перебежал потому, что его обидели по службе, что ему давно бы пора быть офицером, что он храбрее всех и потому бросил их и хочет их наказать. Он говорил, что Мюрат ночует в версте от них и что, ежели ему дадут сто человек конвою, он живьем возьмет его. Граф Орлов-Денисов посоветовался с своими товарищами. Предложение было слишком лестно, чтобы отказаться. Все вызывались ехать, все советовали попытаться. После многих споров и соображений генерал-майор Греков с двумя казачьими полками решился ехать с унтер-офицером.

— Ну помни же, — сказал граф Орлов-Денисов унтер-офицеру, отпуская его, — в случае ты соврал, я тебя велю повесить, как собаку, а правда — сто червонцев.

Унтер-офицер с решительным видом не отвечал на эти слова, сел верхом и поехал с быстро собравшимся Грековым. Они скрылись в лесу. Граф Орлов, пожимаясь от свежести начинавшего брезжить утра, взволнованный тем, что им затеяно на свою ответственность, проводив Грекова, вышел из леса и стал оглядывать неприятельский лагерь, видневшийся теперь обманчиво в свете начинавшегося утра и догоравших костров. Справа от графа Орлова-Денисова, по открытому склону, должны были показаться наши колонны. Граф Орлов глядел туда; но, несмотря на то, что издалека они были бы заметны, колонн этих не было видно. Во французском лагере, как показалось графу Орлову-Денисову, и в особенности по словам его очень зоркого адъютанта, начинали шевелиться.

— Ах, право, поздно, — сказал граф Орлов, поглядев на лагерь. Ему вдруг, как это часто бывает, после того как человека, которому мы поверим, нет больше перед глазами, ему вдруг совершенно ясно и очевидно стало, что унтер-офицер этот обманщик, что он наврал и только испортит все дело атаки отсутствием этих двух полков, которых он заведет бог знает куда. Можно ли из такой массы войск выхватить главнокомандующего?

— Право, он врет, этот шельма, — сказал граф.

— Можно воротить, — сказал один из свиты, который почувствовал так же, как и граф Орлов-Денисов, недоверие к предприятию, когда посмотрел на лагерь.

— А? Право?.. как вы думаете, или оставить? Или нет?

— Прикажете воротить?

– Воротить, воротить! – вдруг решительно сказал граф Орлов, глядя на часы, – поздно будет, совсем светло.

И адъютант поскакал лесом за Грековым. Когда Греков вернулся, граф Орлов-Денисов, взволнованный и этой отмененной попыткой, и тщетным ожиданием пехотных колонн, которые все не показывались, и близостью неприятеля (все люди его отряда испытывали то же), решил наступать.

Шепотом прокомандовал он: "Садись!" Распределились, перекрестились...

– С богом!

"Урааааа!" – зашумело по лесу, и, одна сотня за другой, как из мешка высыпаясь, полетели весело казаки с своими дротиками наперевес, через ручей к лагерю.

Один отчаянный, испуганный крик первого увидавшего казаков француза – и все, что было в лагере, неодетое, спросонков бросило пушки, ружья, лошадей и побежало куда попало.

Ежели бы казаки преследовали французов, не обращая внимания на то, что было позади и вокруг них, они взяли бы и Мюрата и все, что тут было. Начальники и хотели этого. Но нельзя было сдвинуть с места казаков, когда они добрались до добычи и пленных. Команды никто не слушал. Взято было тут же тысяча пятьсот человек пленных, тридцать восемь орудий, знамена и, что важнее всего для казаков, лошади, седла, одеяла и различные предметы. Со всем этим надо было обойтись, прибрать к рукам пленных, пушки, поделить добычу, покричать, даже подраться между собой: всем этим занялись казаки.

Французы, не преследуемые более, стали понемногу опоминаться, собрались командами и принялись стрелять. Орлов-Денисов ожидал все колонны и не наступал дальше.

Между тем по диспозиции: "die erste Colonne marschirt"[1] и т.д., пехотные войска опоздавших колонн, которыми ко-

1 первая колонна идет *(нем.)*.

мандовал Бенигсен и управлял Толь, выступили как следует и, как всегда бывает, пришли куда-то, но только не туда, куда им было назначено. Как и всегда бывает, люди, вышедшие весело, стали останавливаться; послышалось неудовольствие, сознание путаницы, двинулись куда-то назад. Проскакавшие адъютанты и генералы кричали, сердились, ссорились, говорили, что совсем не туда и опоздали, кого-то бранили и т.д., и, наконец, все махнули рукой и пошли только с тем, чтобы идти куда-нибудь. "Куда-нибудь да придем!" И действительно, пришли, но не туда, а некоторые туда, но опоздали так, что пришли без всякой пользы, только для того, чтобы в них стреляли. Толь, который в этом сражении играл роль Вейротера в Аустерлицком, старательно скакал из места в место и везде находил все навыворот. Так он наскакал на корпус Багговута в лесу, когда уже было совсем светло, а корпус этот давно уже должен был быть там, с Орловым-Денисовым. Взволнованный, огорченный неудачей и полагая, что кто-нибудь виноват в этом, Толь подскакал к корпусному командиру и строго стал упрекать его, говоря, что за это расстрелять следует. Багговут, старый, боевой, спокойный генерал, тоже измученный всеми остановками, путаницами, противоречиями, к удивлению всех, совершенно противно своему характеру, пришел в бешенство и наговорил неприятных вещей Толю.

– Я уроков принимать ни от кого не хочу, а умирать с своими солдатами умею не хуже другого, – сказал он и с одной дивизией пошел вперед.

Выйдя на поле под французские выстрелы, взволнованный и храбрый Багговут, не соображая того, полезно или бесполезно его вступление в дело теперь, и с одной дивизией, пошел прямо и повел свои войска под выстрелы. Опасность, ядра, пули были то самое, что нужно ему было в его гневном настроении. Одна из первых пуль убила его, следующие пули убили многих солдат. И дивизия его постояла несколько времени без пользы под огнем.

VII

Между тем с фронта другая колонна должна была напасть на французов, но при этой колонне был Кутузов. Он знал хорошо, что ничего, кроме путаницы, не выйдет из этого против его воли начатого сражения, и, насколько то было в его власти, удерживал войска. Он не двигался.

Кутузов молча ехал на своей серенькой лошадке, лениво отвечая на предложения атаковать.

– У вас все на языке атаковать, а не видите, что мы не умеем делать сложных маневров, – сказал он Милорадовичу, просившемуся вперед.

– Не умели утром взять живьем Мюрата и прийти вовремя на место: теперь нечего делать! – отвечал он другому.

Когда Кутузову доложили, что в тылу французов, где, по донесениям казаков, прежде никого не было, теперь было два батальона поляков, он покосился назад на Ермолова (он с ним не говорил еще со вчерашнего дня).

– Вот просят наступления, предлагают разные проекты, а чуть приступишь к делу, ничего не готово, и предупрежденный неприятель берет свои меры.

Ермолов прищурил глаза и слегка улыбнулся, услыхав эти слова. Он понял, что для него гроза прошла и что Кутузов ограничится этим намеком.

– Это он на мой счет забавляется, – тихо сказал Ермолов, толкнув коленкой Раевского, стоявшего подле него.

Вскоре после этого Ермолов выдвинулся вперед к Кутузову и почтительно доложил:

– Время не упущено, ваша светлость, неприятель не ушел. Если прикажете наступать? А то гвардия и дыма не увидит.

Кутузов ничего не сказал, но когда ему донесли, что войска Мюрата отступают, он приказал наступленье; но через каждые сто шагов останавливался на три четверти часа.

Все сраженье состояло только в том, что сделали казаки Орлова-Денисова; остальные войска лишь напрасно потеряли несколько сот людей.

Вследствие этого сражения Кутузов получил алмазный знак, Бенигсен тоже алмазы и сто тысяч рублей, другие, по чинам соответственно, получили тоже много приятного, и после этого сражения сделаны еще новые перемещения в штабе.

“Вот как *у нас всегда* делается, все навыворот!” – говорили после Тарутинского сражения русские офицеры и генералы, – точно так же, как и говорят теперь, давая чувствовать, что кто-то там глупый делает так, навыворот, а мы бы не так сделали. Но люди, говорящие так, или не знают дела, про которое говорят, или умышленно обманывают себя. Всякое сражение – Тарутинское, Бородинское, Аустерлицкое – всякое совершается не так, как предполагали его распорядители. Это есть существенное условие.

Бесчисленное количество свободных сил (ибо нигде человек не бывает свободнее, как во время сражения, где дело идет о жизни и смерти) влияет на направление сражения, и это направление никогда не может быть известно вперед и никогда не совпадает с направлением какой-нибудь одной силы.

Ежели многие, одновременно и разнообразно направленные силы действуют на какое-нибудь тело, то направление движения этого тела не может совпадать ни с одной из сил; а будет всегда среднее, кратчайшее направление, то, что в механике выражается диагональю параллелограмма сил.

Ежели в описаниях историков, в особенности французских, мы находим, что у них войны и сражения исполняются по вперед определенному плану, то единственный вывод, который мы можем сделать из этого, состоит в том, что описания эти не верны.

Тарутинское сражение, очевидно, не достигло той цели, которую имел в виду Толь: по порядку ввести по диспозиции в дело войска, и той, которую мог иметь граф Орлов: взять в плен Мюрата, или цели истребления мгновенно всего корпуса, которую могли иметь Бенигсен и другие лица, или цели офицера желавшего попасть в дело и отличиться, или казака, который хотел приобрести больше добычи, чем он приобрел, и т.д. Но, если целью было то, что действительно совершилось, и то, что для всех русских людей тогда было общим желанием (изгнание французов из России и истребление их армии), то будет совершенно ясно, что Тарутинское сражение, именно вследствие его несообразностей, было то самое, что было нужно в тот период кампании. Трудно и невозможно придумать какой-нибудь исход этого сражения, более целесообразный, чем тот, который оно имело. При самом малом напряжении, при величайшей путанице и при самой ничтожной потере были приобретены самые большие результаты во всю кампанию, был сделан переход от отступления к наступлению, была обличена слабость французов и был дан тот толчок, которого только и ожидало наполеоновское войско для начатия бегства.

VIII

Наполеон вступает в Москву после блестящей победы de la Moskowa; сомнения в победе не может быть, так как поле сражения остается за французами. Русские отступают и отдают столицу. Москва, наполненная провиантом, оружием, снарядами и несметными богатствами, – в руках Наполеона. Русское войско, вдвое слабейшее французского, в продолжение месяца не делает ни одной попытки нападения. Положение Наполеона самое блестящее. Для того чтобы двойными силами навалиться на остатки русской армии и истребить ее, для того чтобы выговорить выгодный мир или, в случае отказа, сделать угрожающее движение на Петербург, для того чтобы даже, в случае неудачи, вернуться в Смоленск или в Вильну, или остаться в Москве, – для того, одним словом, чтобы удержать то блестящее положение, в котором находилось в то время французское войско, казалось бы, не нужно особенной гениальности. Для этого нужно было сделать самое простое и легкое: не допустить войска до грабежа, заготовить зимние одежды, которых достало бы в Москве на всю армию, и правильно собрать находившийся в Москве более чем на полгода (по показанию французских историков) провиант всему войску. Наполеон, этот гениальнейший из гениев и имевший власть управлять армиею, как утверждают историки, ничего не сделал этого.

Он не только не сделал ничего этого, но, напротив, употребил свою власть на то, чтобы из всех представлявшихся ему путей деятельности выбрать то, что было глупее и пагубнее всего. Из всего, что мог сделать Наполеон: зимовать в Москве, идти на Петербург, идти на Нижний Новгород, идти назад, севернее или южнее, тем путем, которым пошел потом Кутузов, – ну что бы ни придумать, глупее и пагубнее того, что сделал Наполеон, то есть оставаться до октября в Москве, предоставляя войскам грабить город, потом, колеблясь, оставить или не оставить гарнизон, выйти из Москвы, подойти к Кутузову, не начать сражения, пойти вправо, дойти до Малого Ярославца, опять не испытав случайности пробиться, пойти не по той дороге, по которой пошел Кутузов, а пойти назад на Можайск и по разоренной Смоленской дороге, – глупее этого, пагубнее для войска ничего нельзя было придумать, как то и показали последствия. Пускай самые искусные стратегики придумают, представив себе, что цель Наполеона состояла в том, чтобы погубить свою армию, придумают другой ряд действий, который бы с такой же несомненностью и независимостью от всего того, что бы ни предприняли русские войска, погубил бы так совершенно всю французскую армию, как то, что сделал Наполеон.

Гениальный Наполеон сделал это. Но сказать, что Наполеон погубил свою армию потому, что он хотел этого, или потому, что он был очень глуп, было бы точно так же несправедливо, как сказать, что Наполеон довел свои войска до Москвы потому, что он хотел этого, и потому, что он был очень умен и гениален.

В том и другом случае личная деятельность его, не имевшая больше силы, чем личная деятельность каждого солдата, только совпадала с теми законами, по которым совершалось явление.

Совершенно ложно (только потому, что последствия не оправдали деятельности Наполеона) представляют нам историки силы Наполеона ослабевшими в Москве. Он, точно так же, как и прежде, как и после, в 13-м году, употреблял все свое уменье и силы на то, чтобы сделать наилучшее для себя и своей армии. Деятельность Наполеона за это время не менее изумительна, чем в Египте, в Италии, в Австрии и в Пруссии. Мы не знаем верно о том, в какой степени была действительна гениальность Наполеона в Египте, где сорок веков смотрели на его величие, потому что эти все великие подвиги описаны нам только французами. Мы не можем верно судить о его гениальности в Австрии и Пруссии, так как сведения о его деятельности там должны черпать из французских и немецких источников; а непостижимая сдача в плен корпусов без сражений и крепостей без осады должна склонять немцев к признанию гениальности как к единственному объяснению той войны, которая велась в Германии. Но нам признавать его гениальность, чтобы скрыть свой стыд, слава богу, нет причины. Мы заплатили за то, чтоб иметь право просто и прямо смотреть на дело, и мы не уступим этого права.

Деятельность его в Москве так же изумительна и гениальна, как и везде. Приказания за приказаниями и планы за планами исходят из него со времени его вступления в Москву и до выхода из нее. Отсутствие жителей и депутации и самый пожар Москвы не смущают его. Он не упускает из виду ни блага своей армии, ни действий неприятеля, ни блага народов России, ни управления делами Парижа, ни дипломатических соображений о предстоящих условиях мира.

IX

В военном отношении, тотчас по вступлении в Москву, Наполеон строго приказывает генералу Себастиани следить за движениями русской армии, рассылает корпуса по разным дорогам и Мюрату приказывает найти Кутузова. Потом он старательно распоряжается об укреплении Кремля; потом делает гениальный план будущей кампании по всей карте России. В отношении дипломатическом, Наполеон призывает к себе ограбленного и оборванного капитана Яковлева, не знающего, как выбраться из Москвы, подробно излагает ему всю свою политику и свое великодушие и, написав письмо к императору Александру, в котором он считает своим долгом сообщить своему другу и брату, что Растопчин дурно распорядился в Москве, он отправляет Яковлева в Петербург. Изложив так же подробно свои виды и великодушие перед Тутолминым, он и этого старичка отправляет в Петербург для переговоров.

В отношении юридическом, тотчас же после пожаров, велено найти виновных и казнить их. И злодей Растопчин наказан тем, что велено сжечь его дома.

В отношении административном, Москве дарована конституция, учрежден муниципалитет и обнародовано следующее:

"Жители Москвы!

Несчастия ваши жестоки, но его величество император и король хочет прекратить течение оных. Страшные примеры вас научили, каким образом он наказывает непослушание и преступление. Строгие меры взяты, чтобы прекратить беспорядок и возвратить общую безопасность. Отеческая администрация, избранная из самих вас, составлять будет ваш муниципалитет или градское правление. Оное будет пещись об вас, об ваших нуждах, об вашей пользе. Члены оного отличаются красною лентою, которую будут носить через плечо, а градской голова будет иметь сверх оного белый пояс. Но, исключая время должности их, они будут иметь только красную ленту вокруг левой руки.

Городовая полиция учреждена по прежнему положению, а чрез ее деятельность уже лучший существует порядок. Правительство назначило двух генеральных комиссаров или полицмейстеров и двадцать комиссаров или частных приставов, поставленных во всех частях города. Вы их узнаете по белой ленте, которую будут они носить вокруг левой руки. Некоторые церкви разного исповедания открыты, и в них беспрепятственно отправляется божественная служба. Ваши сограждане возвращаются ежедневно в свои жилища, и даны приказы, чтобы они в них находили помощь и покровительство, следуемые несчастию. Сии суть средства, которые правительство употребило, чтобы возвратить порядок и облегчить ваше положение; но, чтобы достигнуть до того, нужно, чтобы вы с ним соединили ваши старания, чтобы забыли, если можно, ваши несчастия, которые претерпели, предались надежде не столь жестокой судьбы, были уверены, что неизбежимая и постыдная смерть ожидает тех, кои дерзнут на ваши особы и оставшиеся ваши имущества, а напоследок и не сомневались, что оные будут сохранены, ибо такая есть воля величайшего и справедливейшего из всех монархов. Солдаты и жители, какой бы вы нации ни были! Восстановите публичное доверие, источник счастия государства, живите, как братья, дайте взаимно друг другу помощь и покровительство, соединитесь, чтоб опровергнуть намерения зломыслящих, повинуйтесь воинским и гражданским начальствам, и скоро ваши слезы течь перестанут".

В отношении продовольствия войска, Наполеон предписал всем войскам поочередно ходить в Москву à la maraude[1] для заготовления себе провианта, так, чтобы таким образом армия была обеспечена на будущее время.

В отношении религиозном, Наполеон приказал ramener les popes[2] и возобновить служение в церквах.

В торговом отношении и для продовольствия армии было развешено везде следующее.

Провозглашение

"Вы, спокойные московские жители, мастеровые и рабочие люди, которых несчастия удалили из города, и вы, рассеянные земледельцы, которых неосновательный страх еще задерживает в полях, слушайте! Тишина возвращается в сию столицу, и порядок в ней восстановляется. Ваши земляки выходят смело из своих убежищ, видя, что их уважают. Всякое насильствие, учи-

1 мародерствовать.
2 привести назад попов.

ненное против их и их собственности, немедленно наказывается. Его величество император и король их покровительствует и между вами никого не почитает за своих неприятелей, кроме тех, кои ослушиваются его повелениям. Он хочет прекратить ваши несчастия и возвратить вас вашим дворам и вашим семействам. Соответствуйте ж его благотворительным намерениям и приходите к нам без всякой опасности. Жители! Возвращайтесь с доверием в ваши жилища: вы скоро найдете способы удовлетворить вашим нуждам! Ремесленники и трудолюбивые мастеровые! Приходите обратно к вашим рукодельям: домы, лавки, охранительные караулы вас ожидают, а за вашу работу получите должную вам плату! И вы, наконец, крестьяне, выходите из лесов, где от ужаса скрылись, возвращайтесь без страха в ваши избы, в точном уверении, что найдете защищение. Лабазы учреждены в городе, куда крестьяне могут привозить излишние запасы и земельные растения. Правительство приняло следующие меры, чтоб обеспечить им свободную продажу: 1) Считая от сего числа, крестьяне, земледельцы и живущие в окрестностях Москвы могут без всякой опасности привозить в город свои припасы, какого бы роду ни были, в двух назначенных лабазах, то есть на Моховую и в Охотный ряд. 2) Оные продовольствия будут покупаться у них по такой цене, на какую покупатель и продавец согласятся между собою; но если продавец не получит требуемую им справедливую цену, то волен будет повезти их обратно в свою деревню, в чем никто ему ни под каким видом препятствовать не может. 3) Каждое воскресенье и середа назначены еженедельно для больших торговых дней; почему достаточное число войск будет расставлено по вторникам и субботам на всех больших дорогах, в таком расстоянии от города, чтоб защищать те обозы. 4) Таковые ж меры будут взяты, чтоб на возвратном пути крестьянам с их повозками и лошадьми не последовало препятствия. 5) Немедленно средства употреблены будут для восстановления обыкновенных торгов. Жители города и деревень и вы, работники и мастеровые, какой бы вы нации ни были! Вас взывают исполнять отеческие намерения его величества императора и короля и способствовать с ним к общему благополучию. Несите к его стопам почтение и доверие и не медлите *соединиться* с нами!"

В отношении поднятия духа войска и народа, беспрестанно делались смотры, раздавались награды. Император разъезжал верхом по улицам и утешал жителей; и, несмотря на всю озабоченность государственными делами, сам посетил учрежденные по его приказанию театры.

В отношении благотворительности, лучшей доблести венценосцев, Наполеон делал тоже все, что от него зависело. На богоугодных заведениях он велел надписать Maison de ma mère[1], соединяя этим актом нежное сыновнее чувство с величием добродетели монарха. Он посетил Воспитательный дом и, дав облобызать свои белые руки спасенным им сиротам, милостиво беседовал с Тутолминым. Потом, по красноречивому изложению Тьера, он велел раздать жалованье своим войскам русскими, сделанными им, фальшивыми деньгами. Relevant l'emploi de ces moyens par un acte digne de lui et de l'armée Française, il fit distribuer des secours aux incendiés. Mais les vivres étant trop précieux pour être donnés a des étrangers la plupart ennemis, Napoléon aima mieux leur fournir de l'argent afin qu'ils se fournissent au dehors, et il leur fit distribuer des roubles papiers[2].

В отношении дисциплины армии, беспрестанно выдавались приказы о строгих взысканиях за неисполнение долга службы и о прекращении грабежа.

X

Но странное дело, все эти распоряжения, заботы и планы, бывшие вовсе не хуже других, издаваемых в подобных же случаях, не затрагивали сущности дела, а, как стрелки циферблата в часах, отделенного от механизма, вертелись произвольно и бесцельно, не захватывая колес.

1 Дом моей матери.
2 Возвышая употребление этих мер действием, достойным его и французской армии, он приказал раздать пособия погоревшим. Но, так как съестные припасы были слишком дороги для того, чтобы давать их людям чужой земли и по большей части враждебно расположенным, Наполеон счел лучшим дать им денег, чтобы они добывали себе продовольствие на стороне; и он приказал оделять их бумажными рублями.

В военном отношении, гениальный план кампании, про который Тьер говорит: que son génie n'avait jamais rien imaginé de plus profond, de plus habile et de plus admirable[1] и относительно которого Тьер, вступая в полемику с г-м Феном, доказывает, что составление этого гениального плана должно быть отнесено не к 4-му, а к 15-му октября, план этот никогда не был и не мог быть исполнен, потому что ничего не имел близкого к действительности. Укрепление Кремля, для которого надо было срыть la Mosquée[2] (так Наполеон назвал церковь Василия Блаженного), оказалось совершенно бесполезным. Подведение мин под Кремлем только содействовало исполнению желания императора при выходе из Москвы, чтобы Кремль был взорван, то есть чтобы был побит тот пол, о который убился ребенок. Преследование русской армии, которое так озабочивало Наполеона, представило неслыханное явление. Французские военачальники потеряли шестидесятитысячную русскую армию, и только, по словам Тьера, искусству и, кажется, тоже гениальности Мюрата удалось найти, как булавку, эту шестидесятитысячную русскую армию.

В дипломатическом отношении, все доводы Наполеона о своем великодушии и справедливости, и перед Тутолминым, и перед Яковлевым, озабоченным преимущественно приобретением шинели и повозки, оказались бесполезны: Александр не принял этих послов и не отвечал на их посольство.

В отношении юридическом, после казни мнимых поджигателей сгорела другая половина Москвы.

В отношении административном, учреждение муниципалитета не остановило грабежа и принесло только пользу некоторым лицам, участвовавшим в этом муниципалитете и, под предлогом соблюдения порядка, грабившим Москву или сохранявшим свое от грабежа.

В отношении религиозном, так легко устроенное в Египте дело посредством посещения мечети, здесь не принесло

1 гений его никогда не изобретал ничего более глубокого, более искусного и более удивительного.

2 мечеть.

никаких результатов. Два или три священника, найденные в Москве, попробовали исполнить волю Наполеона, но одного из них по щекам прибил французский солдат во время службы, а про другого доносил следующее французский чиновник: "Le prêtre, que j'avais découvert et invité à recommencer à dire la messe, a nettoyé et fermé l'église. Cette nuit on est venu de nouveau enfoncer les portes, casser les cadenas, déchirer les livres et commettre d'autres désordres"[1].

В торговом отношении, на провозглашение трудолюбивым ремесленникам и всем крестьянам не последовало никакого ответа. Трудолюбивых ремесленников не было, а крестьяне ловили тех комиссаров, которые слишком далеко заезжали с этим провозглашением, и убивали их.

В отношении увеселений народа и войска театрами, дело точно так же не удалось. Учрежденные в Кремле и в доме Познякова театры тотчас же закрылись, потому что ограбили актрис и актеров.

Благотворительность и та не принесла желаемых результатов. Фальшивые ассигнации и нефальшивые наполняли Москву и не имели цены. Для французов, собиравших добычу, нужно было только золото. Не только фальшивые ассигнации, которые Наполеон так милостиво раздавал несчастным, не имели цены, но серебро отдавалось ниже своей стоимости за золото.

Но самое поразительное явление недействительности высших распоряжений в то время было старание Наполеона остановить грабежи и восстановить дисциплину.

Вот что доносили чины армии.

> "Грабежи продолжаются в городе, несмотря на повеление прекратить их. Порядок еще не восстановлен, и нет ни одного купца, отправляющего торговлю законным образом. Только маркитанты позволяют себе продавать, да и то награбленные вещи".

1 "Священник, которого я нашел и пригласил начать служить обедню, вычистил и запер церковь. В ту же ночь пришли опять ломать двери и замки, рвать книги и производить другие беспорядки".

“La partie de mon arrondissement continue à être en proie au pillage des soldats du 3 corps, qui, non contents d’arracher aux malheureux réfugiés dans des souterrains le peu qui leur reste, ont même la férocité de les blesser à coups de sabre, comme j’en ai vu plusieurs exemples”.

“Rien de nouveau outre que les soldats se permettent de voler et de piller. Le 9 octobre”.

“Le vol et le pillage continuent. Il y a une bande de voleurs dans notre district qu’il faudra faire arrêter par de fortes gardes. Le 11 octobre”[1].

“Император чрезвычайно недоволен, что, несмотря на строгие повеления остановить грабеж, только и видны отряды гвардейских мародеров, возвращающиеся в Кремль. В старой гвардии беспорядки и грабеж сильнее, нежели когда-либо, возобновились вчера, в последнюю ночь и сегодня. С соболезнованием видит император, что отборные солдаты, назначенные охранять его особу, долженствующие подавать пример подчиненности, до такой степени простирают ослушание, что разбивают погреба и магазины, заготовленные для армии. Другие унизились до того, что не слушали часовых и караульных офицеров, ругали их и били”.

“Le grand maréchal du palais se plaint vivement, — писал губернатор, — que malgré les défenses réiterées, les soldats continuent à faire leurs besoins dans toutes les cours et même jusque sous les fenêtres de l’Empereur”[2].

Войско это, как распущенное стадо, топча под ногами тот корм, который мог бы спасти его от голодной смерти,

1 “Часть моего округа продолжает подвергаться грабежу солдат 3-го корпуса, которые не довольствуются тем, что отнимают скудное достояние несчастных жителей, попрятавшихся в подвалы, но еще и с жестокостию наносят им раны саблями, как я сам много раз видел”.
“Ничего нового, только что солдаты позволяют себе грабить и воровать. 9 октября”.
“Воровство и грабеж продолжаются. Существует шайка воров в нашем участке, которую надо будет остановить сильными мерами. 11 октября”.

2 “Обер-церемониймейстер дворца сильно жалуется на то, что, несмотря на все запрещения, солдаты продолжают ходить на час во всех дворах и даже под окнами императора”.

распадалось и гибло с каждым днем лишнего пребывания в Москве.

Но оно не двигалось.

Оно побежало только тогда, когда его вдруг охватил панический страх, произведенный перехватами обозов по Смоленской дороге и Тарутинским сражением. Это же самое известие о Тарутинском сражении, неожиданно на смотру полученное Наполеоном, вызвало в нем желание наказать русских, как говорит Тьер, и он отдал приказание о выступлении, которого требовало все войско.

Убегая из Москвы, люди этого войска захватили с собой все, что было награблено. Наполеон тоже увозил с собой свой собственный trésor[1]. Увидав обоз, загромождавший армию, Наполеон ужаснулся (как говорит Тьер). Но он, с своей опытностью войны, не велел сжечь все лишние повозки, как он это сделал с повозками маршала, подходя к Москве, но он посмотрел на эти коляски и кареты, в которых ехали солдаты, и сказал, что это очень хорошо, что экипажи эти употребятся для провианта, больных и раненых.

Положение всего войска было подобно положению раненого животного, чувствующего свою погибель и не знающего, что оно делает. Изучать искусные маневры Наполеона и его войска и его цели со времени вступления в Москву и до уничтожения этого войска – все равно, что изучать значение предсмертных прыжков и судорог смертельно раненного животного. Очень часто раненое животное, заслышав шорох, бросается на выстрел на охотника, бежит вперед, назад и само ускоряет свой конец. То же самое делал Наполеон под давлением всего его войска. Шорох Тарутинского сражения спугнул зверя, и он бросился вперед на выстрел, добежал до охотника, вернулся назад, опять вперед, опять назад и, наконец, как всякий зверь, побежал назад, по самому невыгодному, опасному пути, но по знакомому, старому следу.

1 сокровище.

Наполеон, представляющийся нам руководителем всего этого движения (как диким представлялась фигура, вырезанная на носу корабля, силою, руководящею корабль), Наполеон во все это время своей деятельности был подобен ребенку, который, держась за тесемочки, привязанные внутри кареты, воображает, что он правит.

XI

6-го октября, рано утром, Пьер вышел из балагана и, вернувшись назад, остановился у двери, играя с длинной, на коротких кривых ножках, лиловой собачонкой, вертевшейся около него. Собачонка эта жила у них в балагане, ночуя с Каратаевым, но иногда ходила куда-то в город и опять возвращалась. Она, вероятно, никогда никому не принадлежала, и теперь она была ничья и не имела никакого названия. Французы звали ее Азор, солдат-сказочник звал ее Фемгалкой, Каратаев и другие звали ее Серый, иногда Вислый. Непринадлежание ее никому и отсутствие имени и даже породы, даже определенного цвета, казалось, нисколько не затрудняло лиловую собачонку. Пушной хвост панашем твердо и кругло стоял кверху, кривые ноги служили ей так хорошо, что часто она, как бы пренебрегая употреблением всех четырех ног, поднимала грациозно одну заднюю и очень ловко и скоро бежала на трех лапах. Все для нее было предметом удовольствия. То, взвизгивая от радости, она валялась на спине, то грелась на солнце с задумчивым и значительным видом, то резвилась, играя с щепкой или соломинкой.

Одеяние Пьера теперь состояло из грязной продранной рубашки, единственном остатке его прежнего платья, солдатских порток, завязанных для тепла веревочками на щиколках по совету Каратаева, из кафтана и мужицкой шапки. Пьер очень изменился физически в это время. Он не казался уже толст, хотя и имел все тот же вид крупности и силы, наследственной в их породе. Борода и усы обросли нижнюю часть лица; отросшие, спутанные волосы на голове, наполненные вшами, курчавились теперь шапкою. Выражение глаз было твердое, спокойное и оживленно-готовое, такое, какого никогда не имел прежде взгляд Пьера. Прежняя его распущенность, выражавшаяся и во взгляде, заменилась теперь энергической, готовой на деятельность и отпор — подобранностью. Ноги его были босые.

Пьер смотрел то вниз по полю, по которому в нынешнее утро разъездились повозки и верховые, то вдаль за реку, то на собачонку, притворявшуюся, что она не на шутку хочет укусить его, то на свои босые ноги, которые он с удовольствием переставлял в различные положения, пошевеливая грязными, толстыми, большими пальцами. И всякий раз, как он взглядывал на свои босые ноги, на лице его пробегала улыбка оживления и самодовольства. Вид этих босых ног напоминал ему все то, что он пережил и понял за это время, и воспоминание это было ему приятно.

Погода уже несколько дней стояла тихая, ясная, с легкими заморозками по утрам — так называемое бабье лето.

В воздухе, на солнце, было тепло, и тепло это с крепительной свежестью утреннего заморозка, еще чувствовавшегося в воздухе, было особенно приятно.

На всем, и на дальних и на ближних предметах, лежал тот волшебно-хрустальный блеск, который бывает только в эту пору осени. Вдалеке виднелись Воробьевы горы, с деревнею, церковью и большим белым домом. И оголенные деревья, и песок, и камни, и крыши домов, и зеленый шпиль церкви, и углы дальнего белого дома — все это неестественно-отчетливо, тончайшими линиями вырезалось в прозрачном воздухе. Вблизи виднелись знакомые развалины полуобгорелого барского дома, занимаемого французами, с темно-зелеными еще кустами сирени, росшими по ограде. И даже этот развалeнный и загаженный дом, отталкивающий своим безобразием в пасмурную погоду, теперь, в ярком, неподвижном блеске, казался чем-то успокоительно-прекрасным.

Французский капрал, по-домашнему расстегнутый, в колпаке, с коротенькой трубкой в зубах, вышел из-за угла балагана и, дружески подмигнув, подошел к Пьеру.

– Quel soleil, hein, monsieur Kiril? (так звали Пьера все французы). On dirait le printemps[1]. – И капрал прислонился к двери и предложил Пьеру трубку, несмотря на то, что всегда он ее предлагал и всегда Пьер отказывался.

– Si l'on marchait par un temps comme celui-là...[2] – начал он.

Пьер расспросил его, что слышно о выступлении, и капрал рассказал, что почти все войска выступают и что нынче должен быть приказ и о пленных. В балагане, в котором был Пьер, один из солдат, Соколов, был при смерти болен, и Пьер сказал капралу, что надо распорядиться этим солдатом. Капрал сказал, что Пьер может быть спокоен, что на это есть подвижной и постоянный госпитали, и что о больных будет распоряжение, и что вообще все, что только может случиться, все предвидено начальством.

– Et puis, monsieur Kiril, vous n'avez qu'à dire un mot au capitaine, vous savez. Oh, c'est un... qui n'oublie jamais rien. Dites au capitaine quand il fera sa tournée, il fera tout pour vous...[3]

Капитан, про которого говорил капрал, почасту и подолгу беседовал с Пьером и оказывал ему всякого рода снисхождения.

– Vois-tu, St. Thomas, qu'il me disait l'autre jour: Kiril c'est un homme qui a de l'instruction, qui parle français; c'est un seigneur russe, qui a eu des malheurs, mais c'est un homme. Et il s'y entend le... S'il demande quelque chose, qu'il me dise, il n'y a pas de refus. Quand on a fait ses études, voyez vous, on aime l'instruction et les gens comme il faut. C'est pour vous, que je dis celà, monsieur Kiril. Dans l'affaire de l'autre jour si ce n'était grâce à vous, ça aurait fini mal[4].

1 Каково солнце, а, господин Кирил? Точно весна.

2 В такую бы погоду в поход идти...

3 И потом, господин Кирил, вам стоит сказать слово капитану, вы знаете... Это такой... ничего не забывает. Скажите капитану, когда он будет делать обход; он все для вас сделает...

4 Вот, клянусь святым Фомою, он мне говорил однажды: Кирил – это человек образованный, говорит по-французски; это русский барин, с ко-

И, поболтав еще несколько времени, капрал ушел. (Дело, случившееся намедни, о котором упоминал капрал, была драка между пленными и французами, в которой Пьеру удалось усмирить своих товарищей.) Несколько человек пленных слушали разговор Пьера с капралом и тотчас же стали спрашивать, что он сказал. В то время как Пьер рассказывал своим товарищам то, что капрал сказал о выступлении, к двери балагана подошел худощавый, желтый и оборванный французский солдат. Быстрым и робким движением приподняв пальцы ко лбу в знак поклона, он обратился к Пьеру и спросил его, в этом ли балагане солдат Platoche, которому он отдал шить рубаху.

С неделю тому назад французы получили сапожный товар и полотно и роздали шить сапоги и рубахи пленным солдатам.

– Готово, готово, соколик! – сказал Каратаев, выходя с аккуратно сложенной рубахой.

Каратаев, по случаю тепла и для удобства работы, был в одних портках и в черной, как земля, продранной рубашке. Волоса его, как это делают мастеровые, были обвязаны мочалочкой, и круглое лицо его казалось еще круглее и миловиднее.

– Уговорец – делу родной братец. Как сказал к пятнице, так и сделал, – говорил Платон, улыбаясь и развертывая сшитую им рубашку.

Француз беспокойно оглянулся и, как будто преодолев сомнение, быстро скинул мундир и надел рубаху. Под мундиром на французе не было рубахи, а на голое, желтое, худое тело был надет длинный, засаленный, шелковый с цветочками жилет. Француз, видимо, боялся, чтобы пленные, смотревшие на него, не засмеялись, и поспешно сунул голову в рубашку. Никто из пленных не сказал ни слова.

торым случилось несчастие, но он человек. Он знает толк... Если ему что нужно, отказа нет. Когда учился кой-чему, то любишь просвещение и людей благовоспитанных. Это я про вас говорю, господин Кирил. Намедни, если бы не вы, то худо бы кончилось.

– Вишь, в самый раз, – приговаривал Платон, обдергивая рубаху. Француз, просунув голову и руки, не поднимая глаз, оглядывал на себе рубашку и рассматривал шов.

– Что ж, соколик, ведь это не швальня, и струмента настоящего нет; а сказано: без снасти и вша не убьешь, – говорил Платон, кругло улыбаясь и, видимо, сам радуясь на свою работу.

– C'est bien, c'est bien, merci, mais vous devez avoir de la toile de reste?[1] – сказал француз.

– Она еще ладнее будет, как ты на тело-то наденешь, – говорил Каратаев, продолжая радоваться на свое произведение. – Вот и хорошо и приятно будет...

– Merci, merci, mon vieux, le reste?.. – повторил француз, улыбаясь, и, достав ассигнацию, дал Каратаеву, – mais le reste...[2]

Пьер видел, что Платон не хотел понимать того, что говорил француз, и, не вмешиваясь, смотрел на них. Каратаев поблагодарил за деньги и продолжал любоваться своею работой. Француз настаивал на остатках и попросил Пьера перевести то, что он говорил.

– На что же ему остатки-то? – сказал Каратаев. – Нам подверточки-то важные бы вышли. Ну, да бог с ним. – И Каратаев с вдруг изменившимся, грустным лицом достал из-за пазухи сверточек обрезков и, не глядя на него, подал французу. – Эхма! – проговорил Каратаев и пошел назад. Француз поглядел на полотно, задумался, взглянул вопросительно на Пьера, и как будто взгляд Пьера что-то сказал ему.

– Platoche, dites donc, Platoche, – вдруг покраснев, крикнул француз пискливым голосом. – Gardez pour vous[3], – сказал он, подавая обрезки, повернулся и ушел.

– Вот поди ты, – сказал Каратаев, покачивая головой. – Говорят нехристи, а тоже душа есть. То-то старички говаривали: потная рука таровата, сухая неподатлива. Сам голый, а вот отдал же. – Каратаев, задумчиво улыбаясь и гля-

1 Хорошо, хорошо, спасибо, а полотно где, что осталось?
2 Спасибо, спасибо, любезный, а остаток-то где?.. Остаток-то давай.
3 Платош, а Платош... Возьми себе.

дя на обрезки, помолчал несколько времени. – А подверточки, дружок, важнеющие выдут, – сказал он и вернулся в балаган.

XII

Прошло четыре недели с тех пор, как Пьер был в плену. Несмотря на то, что французы предлагали перевести его из солдатского балагана в офицерский, он остался в том балагане, в который поступил с первого дня.

В разоренной и сожженной Москве Пьер испытал почти крайние пределы лишений, которые может переносить человек; но, благодаря своему сильному сложению и здоровью, которого он не сознавал до сих пор, и в особенности благодаря тому, что эти лишения подходили так незаметно, что нельзя было сказать, когда они начались, он переносил не только легко, но и радостно свое положение. И именно в это-то самое время он получил то спокойствие и довольство собой, к которым он тщетно стремился прежде. Он долго в своей жизни искал с разных сторон этого успокоения, согласия с самим собою, того, что так поразило его в солдатах в Бородинском сражении, – он искал этого в филантропии, в масонстве, в рассеянии светской жизни, в вине, в геройском подвиге самопожертвования, в романтической любви к Наташе; он искал этого путем мысли, и все эти искания и попытки все обманули его. И он, сам не думая о том, получил это успокоение и это согласие с самим собою только через ужас смерти, через лишения и через то, что он понял в Каратаеве. Те страшные минуты, которые он пережил во время казни, как будто смыли навсегда из его воображения и воспоминания тревожные мысли и чувства, прежде казавшиеся ему важными. Ему не приходило и мысли ни о России, ни о войне, ни о политике, ни о Наполеоне. Ему очевидно было, что все это не касалось его, что он не призван был и потому не мог судить обо всем этом. "России да лету – союзу нету", – повторял он слова Каратаева, и эти слова странно успокоивали его. Ему казалось теперь непонятным и даже смешным его намерение убить Наполеона и его вычисления о кабалистическом числе и звере Апокалипсиса. Озлобление его против жены и тревога о том, чтобы не было посрамлено его имя, теперь казались ему не только ничтожны, но забавны. Что ему было за дело до того, что эта женщина вела там где-то ту жизнь, которая ей нравилась? Кому, в особенности ему, какое дело было до того, что узнают или не узнают, что имя их пленного было граф Безухов?

Теперь он часто вспоминал свой разговор с князем Андреем и вполне соглашался с ним, только несколько иначе понимая мысль князя Андрея. Князь Андрей думал и говорил, что счастье бывает только отрицательное, но он говорил это с оттенком горечи и иронии. Как будто, говоря это, он высказывал другую мысль – о том, что все вложенные в нас стремленья к счастью положительному вложены только для того, чтобы, не удовлетворяя, мучить нас. Но Пьер без всякой задней мысли признавал справедливость этого. Отсутствие страданий, удовлетворение потребностей и вследствие того свобода выбора занятий, то есть образа жизни, представлялись теперь Пьеру несомненным и высшим счастьем человека. Здесь, теперь только, в первый раз Пьер вполне оценил наслажденье еды, когда хотелось есть, питья, когда хотелось пить, сна, когда хотелось спать, тепла, когда было холодно, разговора с человеком, когда хотелось говорить и послушать человеческий голос. Удовлетворение потребностей – хорошая пища, чистота, свобода – теперь, когда он был лишен всего этого, казались Пьеру совершенным счастием, а выбор занятия, то есть жизнь, теперь, когда выбор этот был так ограничен, казались ему таким легким делом, что он забывал то, что избыток удобств жизни уничтожает все счастие удовлетворения потребностей, а большая свобода выбора занятий, та свобода, которую ему в его жизни давали образование, богатство, положение в свете, что эта-то свобода и делает выбор занятий неразрешимо трудным и уничтожает самую потребность и возможность занятия.

Все мечтания Пьера теперь стремились к тому времени, когда он будет свободен. А между тем впоследствии и во всю свою жизнь Пьер с восторгом думал и говорил об этом месяце плена, о тех невозвратимых, сильных и радостных ощущениях и, главное, о том полном душевном спокойствии, о совершенной внутренней свободе, которые он испытывал только в это время.

Когда он в первый день, встав рано утром, вышел на заре из балагана и увидал сначала темные купола, кресты Новодевичьего монастыря, увидал морозную росу на пыльной траве, увидал холмы Воробьевых гор и извивающийся над рекою и скрывающийся в лиловой дали лесистый берег, когда ощутил прикосновение свежего воздуха и услыхал звуки летевших из Москвы через поле галок и когда потом вдруг брызнуло светом с востока и торжественно выплыл край солнца из-за тучи, и купола, и кресты, и роса, и даль, и река, все заиграло в радостном свете, – Пьер почувствовал новое, не испытанное им чувство радости и крепости жизни.

И чувство это не только не покидало его во все время плена, но, напротив, возрастало в нем по мере того, как увеличивались трудности его положения.

Чувство это готовности на все, нравственной подобранности еще более поддерживалось в Пьере тем высоким мнением, которое, вскоре по его вступлении в балаган, установилось о нем между его товарищами. Пьер с своим знанием языков, с тем уважением, которое ему оказывали французы, с своей простотой, отдававший все, что у него просили (он получал офицерские три рубля в неделю), с своей силой, которую он показал солдатам, вдавливая гвозди в стену балагана, с кротостью, которую он выказывал в обращении с товарищами, с своей непонятной для них способностью сидеть неподвижно и, ничего не делая, думать, представлялся солдатам несколько таинственным и высшим существом. Те самые свойства его, которые в том свете, в котором он жил прежде, были для него если не вредны, то стеснительны – его сила, пренебрежение к удобствам жизни, рассеянность, простота, – здесь, между этими людьми, давали ему положение почти героя. И Пьер чувствовал, что этот взгляд обязывал его.

XIII

В ночь с 6-го на 7-е октября началось движение выступавших французов: ломались кухни, балаганы, укладывались повозки и двигались войска и обозы.

В семь часов утра конвой французов, в походной форме, в киверах, с ружьями, ранцами и огромными мешками, стоял перед балаганами, и французский оживленный говор, пересыпаемый ругательствами, перекатывался по всей линии.

В балагане все были готовы, одеты, подпоясаны, обуты и ждали только приказания выходить. Больной солдат Соколов, бледный, худой, с синими кругами вокруг глаз, один, не обутый и не одетый, сидел на своем месте и выкатившимися от худобы глазами вопросительно смотрел на не обращавших на него внимания товарищей и негромко и равномерно стонал. Видимо, не столько страдания – он был болен кровавым поносом, – сколько страх и горе оставаться одному заставляли его стонать.

Пьер, обутый в башмаки, сшитые для него Каратаевым из цибика, который принес француз для подшивки себе подошв, подпоясанный веревкою, подошел к больному и присел перед ним на корточки.

– Что ж, Соколов, они ведь не совсем уходят! У них тут гошпиталь. Может, тебе еще лучше нашего будет, – сказал Пьер.

– О господи! О смерть моя! О господи! – громче застонал солдат.

– Да я сейчас еще спрошу их, – сказал Пьер и, поднявшись, пошел к двери балагана. В то время как Пьер подходил к двери, снаружи подходил с двумя солдатами тот капрал, который вчера угощал Пьера трубкой. И капрал и солдаты были в походной форме, в ранцах и киверах с застегнутыми чешуями, изменявшими их знакомые лица.

Капрал шел к двери с тем, чтобы, по приказанию начальства, затворить ее. Перед выпуском надо было пересчитать пленных.

– Caporal, que fera-t-on du malade?..[1] – начал Пьер; но в ту минуту, как он говорил это, он усумнился, тот ли это знакомый его капрал, или другой, неизвестный человек: так не похож был на себя капрал в эту минуту. Кроме того, в ту минуту, как Пьер говорил это, с двух сторон вдруг послышался треск барабанов. Капрал нахмурился на слова Пьера и, проговорив бессмысленное ругательство, захлопнул дверь. В балагане стало полутемно; с двух сторон резко трещали барабаны, заглушая стоны больного.

"Вот оно!.. Опять оно!" – сказал себе Пьер, и невольный холод пробежал по его спине. В измененном лице капрала, в звуке его голоса, в возбуждающем и заглушающем треске барабанов Пьер узнал ту таинственную, безучастную силу, которая заставляла людей против своей воли умерщвлять себе подобных, ту силу, действие которой он видел во время казни. Бояться, стараться избегать этой силы, обращаться с просьбами или увещаниями к людям, которые служили орудиями ее, было бесполезно. Это знал теперь Пьер. Надо было ждать и терпеть. Пьер не подошел больше к больному и не оглянулся на него. Он, молча, нахмурившись, стоял у двери балагана.

Когда двери балагана отворились и пленные, как стадо баранов, давя друг друга, затеснились в выходе, Пьер пробился вперед их и подошел к тому самому капитану, который, по уверению капрала, готов был все сделать для Пьера. Капитан тоже был в походной форме, и из холодного лица его смотрело тоже "оно", которое Пьер узнал в словах капрала и в треске барабанов.

– Filez, filez[2], – приговаривал капитан, строго хмурясь и глядя на толпившихся мимо него пленных. Пьер знал, что его попытка будет напрасна, но подошел к нему.

1 Капрал, что с больным делать?..
2 Проходите, проходите.

– Eh bien, qu'est ce qu'il y a? – холодно оглянувшись, как бы не узнав, сказал офицер. Пьер сказал про больного.

– Il pourra marcher, que diable! – сказал капитан. – Filez, filez[1], – продолжал он приговаривать, не глядя на Пьера.

– Mais non, il est à l'agonie...[2] – начал было Пьер,

– Voulez vous bien?![3] – злобно нахмурившись, крикнул капитан.

Драм да да дам, дам, дам, трещали барабаны. И Пьер понял, что таинственная сила уже вполне овладела этими людьми и что теперь говорить еще что-нибудь было бесполезно.

Пленных офицеров отделили от солдат и велели им идти впереди. Офицеров, в числе которых был Пьер, было человек тридцать, солдатов человек триста.

Пленные офицеры, выпущенные из других балаганов, были все чужие, были гораздо лучше одеты, чем Пьер, и смотрели на него, в его обуви, с недоверчивостью и отчужденностью. Недалеко от Пьера шел, видимо пользующийся общим уважением своих товарищей пленных толстый майор в казанском халате, подпоясанный полотенцем, с пухлым, желтым, сердитым лицом. Он одну руку с кисетом держал за пазухой, другою опирался на чубук. Майор, пыхтя и отдуваясь, ворчал и сердился на всех за то, что ему казалось, что его толкают и что все торопятся, когда торопиться некуда, все чему-то удивляются, когда ни в чем ничего нет удивительного. Другой, маленький худой офицер, со всеми заговаривал, делая предположения о том, куда их ведут теперь и как далеко они успеют пройти нынешний день. Чиновник, в валеных сапогах и комиссариатской форме, забегал с разных сторон и высматривал сгоревшую Москву, громко сообщая свои наблюдения о том, что сгорело и какая была та или эта видневшаяся часть Москвы. Третий офицер, польского происхождения по акценту, спорил с комиссариатским чиновником, доказывая ему, что он ошибался в определении кварталов Москвы.

1 Ну, что еще?.. – Он пойдет, черт возьми!.. Проходите, проходите.

2 Да нет же, он умирает...

3 Пойди ты к...

– О чем спорите? – сердито говорил майор. – Николы ли, Власа ли, все одно; видите, все сгорело, ну и конец... Что толкаетесь-то, разве дороги мало, – обратился он сердито к шедшему сзади и вовсе не толкавшему его.

– Ай, ай, ай, что наделали! – слышались, однако, то с той, то с другой стороны голоса пленных, оглядывающих пожарища. – И Замоскворечье-то, и Зубово, и в Кремле-то, смотрите, половины нет... Да я вам говорил, что все Замоскворечье, вон так и есть.

– Ну, знаете, что сгорело, ну о чем же толковать! – говорил майор.

Проходя через Хамовники (один из немногих несгоревших кварталов Москвы) мимо церкви, вся толпа пленных вдруг пожалась к одной стороне, и послышались восклицания ужаса и омерзения.

– Ишь мерзавцы! То-то нехристи! Да мертвый, мертвый и есть... Вымазали чем-то.

Пьер тоже подвинулся к церкви, у которой было то, что вызывало восклицания, и смутно увидал что-то прислоненное к ограде церкви. Из слов товарищей, видевших лучше его, он узнал, что это что-то был труп человека, поставленный стоймя у ограды и вымазанный в лице сажей.

– Marchez, sacré nom... Filez... trente mille diables...[1] – послышались ругательства конвойных, и французские солдаты с новым озлоблением разогнали тесаками толпу пленных, смотревшую на мертвого человека.

XIV

По переулкам Хамовников пленные шли одни с своим конвоем и повозками и фурами, принадлежавшими конвойным и ехавшими сзади; но, выйдя к провиантским магазинам, они попали в середину огромного, тесно двигавшегося артиллерийского обоза, перемешанного с частными повозками.

1 Иди! иди! Черти! Дьяволы!

У самого моста все остановились, дожидаясь того, чтобы продвинулись ехавшие впереди. С моста пленным открылись сзади и впереди бесконечные ряды других двигавшихся обозов. Направо, там, где загибалась Калужская дорога мимо Нескучного, пропадая вдали, тянулись бесконечные ряды войск и обозов. Это были вышедшие прежде всех войска корпуса Богарне; назади по набережной и через Каменный мост, тянулись войска и обозы Нея.

Войска Даву, к которым принадлежали пленные, шли через Крымский брод и уже отчасти вступали в Калужскую улицу. Но обозы так растянулись, что последние обозы Богарне еще не вышли из Москвы в Калужскую улицу, а голова войск Нея уже выходила из Большой Ордынки.

Пройдя Крымский брод, пленные двигались по нескольку шагов и останавливались, и опять двигались, и со всех сторон экипажи и люди все больше и больше стеснялись. Пройдя более часа те несколько сот шагов, которые отделяют мост от Калужской улицы, и дойдя до площади, где сходятся Замоскворецкие улицы с Калужскою, пленные, сжатые в кучу, остановились и несколько часов простояли на этом перекрестке. Со всех сторон слышался неумолкаемый, как шум моря, грохот колес, и топот ног, и неумолкаемые сердитые крики и ругательства. Пьер стоял прижатый к стене обгорелого дома, слушая этот звук, сливавшийся в его воображении с звуками барабана.

Несколько пленных офицеров, чтобы лучше видеть, влезли на стену обгорелого дома, подле которого стоял Пьер.

– Народу-то! Эка народу!.. И на пушках-то навалили! Смотри: меха... – говорили они. – Вишь, стервецы, награбили... Вон у того-то сзади, на телеге... Ведь это – с иконы, ей-богу!.. Это немцы, должно быть. И наш мужик, ей-богу!.. Ах, подлецы!.. Вишь, навьючился-то, насилу идет! Вот-те на, дрожки – и те захватили!.. Вишь, уселся на сундуках-то. Батюшки!.. Подрались!..

– Так его по морде-то, по морде! Этак до вечера не дождешься. Гляди, глядите... а это, верно, самого Наполеона. Видишь, лошади-то какие! в вензелях с короной. Это дом складной. Уронил мешок, не видит. Опять подрались... Женщина с ребеночком, и недурна. Да, как же, так тебя и пропустят... Смотри, и конца нет. Девки русские, ей-богу девки! В колясках ведь как покойно уселись!

Опять волна общего любопытства, как и около церкви в Хамовниках, надвинула всех пленных к дороге, и Пьер благодаря своему росту через головы других увидал то, что так привлекло любопытство пленных. В трех колясках, замешавшихся между зарядными ящиками, ехали, тесно сидя друг на друге, разряженные, в ярких цветах, нарумяненные, что-то кричащие пискливыми голосами женщины.

С той минуты как Пьер сознал появление таинственной силы, ничто не казалось ему странно или страшно: ни труп, вымазанный для забавы сажей, ни эти женщины, спешившие куда-то, ни пожарища Москвы. Все, что видел теперь Пьер, не производило на него почти никакого впечатления – как будто душа его, готовясь к трудной борьбе, отказывалась принимать впечатления, которые могли ослабить ее.

Поезд женщин проехал. За ним тянулись опять телеги, солдаты, фуры, солдаты, палубы, кареты, солдаты, ящики, солдаты, изредка женщины.

Пьер не видал людей отдельно, а видел движение их.

Все эти люди, лошади как будто гнались какой-то невидимою силою. Все они, в продолжение часа, во время которого их наблюдал Пьер, выплывали из разных улиц с одним и тем же желанием скорее пройти; все они одинаково, сталкиваясь с другими, начинали сердиться, драться; оскаливались белые зубы, хмурились брови, перебрасывались все одни и те же ругательства, и на всех лицах было одно и то же молодечески-решительное и жестоко-холодное выражение, которое поутру поразило Пьера при звуке барабана на лице капрала.

Уже перед вечером конвойный начальник собрал свою команду и с криком и спорами втеснился в обозы, и пленные, окруженные со всех сторон, вышли на Калужскую дорогу.

Шли очень скоро, не отдыхая, и остановились только, когда уже солнце стало садиться. Обозы надвинулись одни на других, и люди стали готовиться к ночлегу. Все казались сердиты и недовольны. Долго с разных сторон слышались ругательства, злобные крики и драки. Карета, ехавшая сзади конвойных, надвинулась на повозку конвойных и пробила ее дышлом. Несколько солдат с разных сторон сбежались к повозке; одни били по головам лошадей, запряженных в карете, сворачивая их, другие дрались между собой, и Пьер видел, что одного немца тяжело ранили тесаком в голову.

Казалось, все эти люди испытывали теперь, когда остановились посреди поля в холодных сумерках осеннего вечера, одно и то же чувство неприятного пробуждения от охватившей всех при выходе поспешности и стремительного куда-то движения. Остановившись, все как будто поняли, что неизвестно еще, куда идут, и что на этом движении много будет тяжелого и трудного.

С пленными на этом привале конвойные обращались еще хуже, чем при выступлении. На этом привале в первый раз мясная пища пленных была выдана кониною.

От офицеров до последнего солдата было заметно в каждом как будто личное озлобление против каждого из пленных, так неожиданно заменившее прежде дружелюбные отношения.

Озлобление это еще более усилилось, когда при пересчитывании пленных оказалось, что во время суеты, выходя из Москвы, один русский солдат, притворявшийся больным от живота, – бежал. Пьер видел, как француз избил русского солдата за то, что тот отошел далеко от дороги, и слышал, как капитан, его приятель, выговаривал унтер-офицеру за побег русского солдата и угрожал ему судом. На отговорку унтер-офицера о том, что солдат был болен и не мог идти, офицер сказал, что велено пристреливать тех, кто будет отставать. Пьер чувствовал, что та роковая сила, которая смяла его во время казни и которая была незаметна во время плена, теперь опять овладела его существованием. Ему было страшно; но он чувствовал, как по мере усилий, которые делала роковая сила, чтобы раздавить его, в душе его вырастала и крепла независимая от нее сила жизни.

Пьер поужинал похлебкою из ржаной муки с лошадиным мясом и поговорил с товарищами.

Ни Пьер и никто из товарищей его не говорили ни о том, что они видели в Москве, ни о грубости обращения французов, ни о том распоряжении пристреливать, которое было объявлено им: все были, как бы в отпор ухудшающемуся положению, особенно оживлены и веселы. Говорили о личных воспоминаниях, о смешных сценах, виденных во время похода, и заминали разговоры о настоящем положении.

Солнце давно село. Яркие звезды зажглись кое-где по небу; красное, подобное пожару, зарево встающего полного месяца разлилось по краю неба, и огромный красный шар удивительно колебался в сероватой мгле. Становилось светло. Вечер уже кончился, но ночь еще не начиналась. Пьер встал от своих новых товарищей и пошел между костров на другую сторону дороги, где, ему сказали, стояли пленные солдаты. Ему хотелось поговорить с ними. На дороге французский часовой остановил его и велел воротиться.

Пьер вернулся, но не к костру, к товарищам, а к отпряженной повозке, у которой никого не было. Он, поджав ноги и опустив голову, сел на холодную землю у колеса повозки и долго неподвижно сидел, думая. Прошло более часа. Никто не тревожил Пьера. Вдруг он захохотал своим толстым, добродушным смехом так громко, что с разных сторон с удивлением оглянулись люди на этот странный, очевидно, одинокий смех.

– Ха, ха, ха! – смеялся Пьер. И он проговорил вслух сам с собою: – Не пустил меня солдат. Поймали меня, заперли меня. В плену держат меня. Кого меня? Меня? Меня – мою бессмертную душу! Ха, ха, ха!.. Ха, ха, ха!.. – смеялся он с выступившими на глаза слезами.

Какой-то человек встал и подошел посмотреть, о чем один смеется этот странный большой человек. Пьер перестал смеяться, встал, отошел подальше от любопытного и оглянулся вокруг себя.

Прежде громко шумевший треском костров и говором людей, огромный, нескончаемый бивак затихал; красные огни костров потухали и бледнели. Высоко в светлом небе стоял полный месяц. Леса и поля, невидные прежде вне расположения лагеря, открывались теперь вдали. И еще дальше этих лесов и полей виднелась светлая, колеблющаяся, зовущая в себя бесконечная даль. Пьер взглянул в небо, в глубь уходящих, играющих звезд. "И все это мое, и все это во мне, и все это я! – думал Пьер. – И все это они поймали и посадили в балаган, загороженный досками!" Он улыбнулся и пошел укладываться спать к своим товарищам.

XV

В первых числах октября к Кутузову приезжал еще парламентер с письмом от Наполеона и предложением мира, обманчиво означенным из Москвы, тогда как Наполеон уже был недалеко впереди Кутузова, на старой Калужской дороге. Кутузов отвечал на это письмо так же, как на первое, присланное с Лористоном: он сказал, что о мире речи быть не может.

Вскоре после этого из партизанского отряда Дорохова, ходившего налево от Тарутина, получено донесение о том, что в Фоминском показались войска, что войска эти состоят из дивизии Брусье и что дивизия эта, отделенная от других войск, легко может быть истреблена. Солдаты и офицеры опять требовали деятельности. Штабные генералы, возбужденные воспоминанием о легкости победы под Тарутиным, настаивали у Кутузова об исполнении предложения Дорохова. Кутузов не считал нужным никакого наступления. Вышло среднее, то, что должно было совершиться; послан был в Фоминское небольшой отряд, который должен был атаковать Брусье.

По странной случайности это назначение – самое трудное и самое важное, как оказалось впоследствии, – получил Дохтуров; тот самый скромный, маленький Дохтуров, которого никто не описывал нам составляющим планы сражений, летающим перед полками, кидающим кресты на батареи, и т.п., которого считали и называли нерешительным и непроницательным, но тот самый Дохтуров, которого во время всех войн русских с французами, с Аустерлица и до тринадцатого года, мы находим начальствующим везде, где только положение трудно. В Аустерлице он остается последним у плотины Аугеста, собирая полки, спасая, что можно, когда все бежит и гибнет и ни одного генерала нет в ариергарде. Он, больной в лихорадке, идет в Смоленск с двадцатью тысячами защищать город против всей наполеоновской армии. В Смоленске, едва задремал он на Молоховских воротах, в пароксизме лихорадки, его будит канонада по Смоленску, и Смоленск держится целый день. В Бородинский день, когда убит Багратион и войска нашего левого фланга перебиты в пропорции 9 к 1 и вся сила французской артиллерии направлена туда, – посылается никто другой, а именно нерешительный и непроницательный Дохтуров, и Кутузов торопится поправить свою ошибку, когда он послал было туда другого. И маленький, тихенький Дохтуров едет туда, и Бородино – лучшая слава русского войска. И много героев описано нам в стихах и прозе, но о Дохтурове почти ни слова.

Опять Дохтурова посылают туда в Фоминское и оттуда в Малый Ярославец, в то место, где было последнее сражение с французами, и в то место, с которого, очевидно, уже начинается погибель французов, и опять много гениев и героев описывают нам в этот период кампании, но о Дохтурове ни слова, или очень мало, или сомнительно. Это-то умолчание о Дохтурове очевиднее всего доказывает его достоинства.

Естественно, что для человека, не понимающего хода машины, при виде ее действия кажется, что важнейшая часть этой машины есть та щепка, которая случайно попала в нее и, мешая ее ходу, треплется в ней. Человек, не знающий устройства машины, не может понять того, что не эта портящая и мешающая делу щепка, а та маленькая, передаточная шестерня, которая неслышно вертится, есть одна из существеннейших частей машины.

10-го октября, в тот самый день, как Дохтуров прошел половину дороги до Фоминского и остановился в деревне Аристове, приготавливаясь в точности исполнить отданное приказание, все французское войско, в своем судорожном движении дойдя до позиции Мюрата, как казалось, для того, чтобы дать сражение, вдруг без причины повернуло влево на новую Калужскую дорогу и стало входить в Фоминское, в котором прежде стоял один Брусье. У Дохтурова под командою в это время были, кроме Дорохова, два небольших отряда Фигнера и Сеславина.

Вечером 11-го октября Сеславин приехал в Аристово к начальству с пойманным пленным французским гвардейцем. Пленный говорил, что войска, вошедшие нынче в Фоминское, составляли авангард всей большой армии, что Наполеон был тут же, что армия вся уже пятый день вышла из Москвы. В тот же вечер дворовый человек, пришедший из Боровска, рассказал, как он видел вступление огромного войска в город. Казаки из отряда Дорохова доносили, что они видели французскую гвардию, шедшую по дороге к Боровску. Из всех этих известий стало очевидно, что там, где думали найти одну дивизию, теперь была вся армия французов, шедшая из Москвы по неожиданному направлению – по старой Калужской дороге. Дохтуров ничего не хотел предпринимать, так как ему не ясно было теперь, в чем состоит его обязанность. Ему велено было атаковать Фоминское. Но в Фоминском прежде был один Брусье, теперь была вся французская армия. Ермолов хотел поступить по своему усмотрению, но Дохтуров настаивал на том, что ему нужно иметь приказание от светлейшего. Решено было послать донесение в штаб.

Для этого избран толковый офицер, Болховитинов, который, кроме письменного донесения, должен был на словах рассказать все дело. В двенадцатом часу ночи Болховитинов, получив конверт и словесное приказание, поскакал, сопутствуемый казаком с запасными лошадьми, в главный штаб.

XVI

Ночь была темная, теплая, осенняя. Шел дождик уже четвертый день. Два раза переменив лошадей и в полтора часа проскакав тридцать верст по грязной вязкой дороге, Болховитинов во втором часу ночи был в Леташевке. Слезши у избы, на плетневом заборе которой была вывеска: "Главный штаб", и бросив лошадь, он вошел в темные сени.

– Дежурного генерала скорее! Очень важное! – проговорил он кому-то, поднимавшемуся и сопевшему в темноте сеней.

– С вечера нездоровы очень были, третью ночь не спят, – заступнически прошептал денщицкий голос. – Уж вы капитана разбудите сначала.

– Очень важное, от генерала Дохтурова, – сказал Болховитинов, входя в ощупанную им растворенную дверь. Денщик прошел вперед его и стал будить кого-то:

– Ваше благородие, ваше благородие – кульер.

– Что, что? от кого? – проговорил чей-то сонный голос.

– От Дохтурова и от Алексея Петровича. Наполеон в Фоминском, – сказал Болховитинов, не видя в темноте того, кто спрашивал его, но по звуку голоса предполагая, что это был не Коновницын.

Разбуженный человек зевал и тянулся.

– Будить-то мне его не хочется, – сказал он, ощупывая что-то. – Больнёшенек! Может, так, слухи.

– Вот донесение, – сказал Болховитинов, – велено сейчас же передать дежурному генералу.

– Постойте, огня зажгу. Куда ты, проклятый, всегда засунешь? – обращаясь к денщику, сказал тянувшийся человек. Это был Щербинин, адъютант Коновницына. – Нашел, нашел, – прибавил он.

Денщик рубил огонь, Щербинин ощупывал подсвечник.

– Ах, мерзкие, – с отвращением сказал он.

При свете искр Болховитинов увидел молодое лицо Щербинина со свечой и в переднем углу еще спящего человека. Это был Коновницын.

Когда сначала синим и потом красным пламенем загорелись серники о трут, Щербинин зажег сальную свечку, с подсвечника которой побежали обгладывавшие ее прусаки, и осмотрел вестника. Болховитинов был весь в грязи и, рукавом обтираясь, размазывал себе лицо.

– Да кто доносит? – сказал Щербинин, взяв конверт.

– Известие верное, – сказал Болховитинов. – И пленные, и казаки, и лазутчики – все единогласно показывают одно и то же.

– Нечего делать, надо будить, – сказал Щербинин, вставая и подходя к человеку в ночном колпаке, укрытому шинелью. – Петр Петрович! – проговорил он. Коновницын не шевелился. – В главный штаб! – проговорил он, улыбнувшись, зная, что эти слова наверное разбудят его. И действительно, голова в ночном колпаке поднялась тотчас же. На красивом, твердом лице Коновницына, с лихорадочно-воспаленными щеками, на мгновение оставалось еще выражение далеких от настоящего положения мечтаний сна, но потом вдруг он вздрогнул: лицо его приняло обычно-спокойное и твердое выражение.

– Ну, что такое? От кого? – неторопливо, но тотчас же спросил он, мигая от света. Слушая донесение офицера, Коновницын распечатал и прочел. Едва прочтя, он опустил ноги в шерстяных чулках на земляной пол и стал обуваться. Потом снял колпак и, причесав виски, надел фуражку.

– Ты скоро доехал? Пойдем к светлейшему.

Коновницын тотчас понял, что привезенное известие имело большую важность и что нельзя медлить. Хорошо ли, дурно ли это было, он не думал и не спрашивал себя. Его это не интересовало. На все дело войны он смотрел не умом, не рассуждением, а чем-то другим. В душе его было глубокое, невысказанное убеждение, что все будет хорошо; но что этому верить не надо, и тем более не надо говорить этого, а надо делать только свое дело. И это свое дело он делал, отдавая ему все свои силы.

Петр Петрович Коновницын, так же как и Дохтуров, только как бы из приличия внесенный в список так называемых героев 12-го года – Барклаев, Раевских, Ермоловых, Платовых, Милорадовичей, так же как и Дохтуров, пользовался репутацией человека весьма ограниченных способностей и сведений, и, так же как и Дохтуров, Коновницын никогда не делал проектов сражений, но всегда находился там, где было труднее всего; спал всегда с раскрытой дверью с тех пор, как был назначен дежурным генералом, приказывая каждому посланному будить себя, всегда во время сраженья был под огнем, так что Кутузов упрекал его за то и боялся посылать, и был так же, как и Дохтуров, одной из тех незаметных шестерен, которые, не треща и не шумя, составляют самую существенную часть машины.

Выходя из избы в сырую, темную ночь, Коновницын нахмурился частью от головной усилившейся боли, частью от неприятной мысли, пришедшей ему в голову о том, как теперь взволнуется все это гнездо штабных, влиятельных людей при этом известии, в особенности Бенигсен, после Тарутина бывший на ножах с Кутузовым; как будут предлагать, спорить, приказывать, отменять. И это предчувствие неприятно ему было, хотя он и знал, что без этого нельзя.

Действительно, Толь, к которому он зашел сообщить новое известие, тотчас же стал излагать свои соображения генералу, жившему с ним, и Коновницын, молча и устало слушавший, напомнил ему, что надо идти к светлейшему.

XVII

Кутузов, как и все старые люди, мало спал по ночам. Он днем часто неожиданно задремывал; но ночью он, не раздеваясь, лежа на своей постели, большею частию не спал и думал.

Так он лежал и теперь на своей кровати, облокотив тяжелую, большую изуродованную голову на пухлую руку, и думал, открытым одним глазом присматриваясь к темноте.

С тех пор как Бенигсен, переписывавшийся с государем и имевший более всех силы в штабе, избегал его, Кутузов был спокойнее в том отношении, что его с войсками не заставят опять участвовать в бесполезных наступательных действиях. Урок Тарутинского сражения и кануна его, болезненно памятный Кутузову, тоже должен был подействовать, думал он.

"Они должны понять, что мы только можем проиграть, действуя наступательно. Терпение и время, вот мои воины-богатыри!" – думал Кутузов. Он знал, что не надо срывать яблока, пока оно зелено. Оно само упадет, когда будет зрело, а сорвешь зелено, испортишь яблоко и дерево, и сам оскомину набьешь. Он, как опытный охотник, знал, что зверь ранен, ранен так, как только могла ранить вся русская сила, но смертельно или нет, это был еще не разъясненный вопрос. Теперь, по присылкам Лористона и Бертелеми и по донесениям партизанов, Кутузов почти знал, что он ранен смертельно. Но нужны были еще доказательства, надо было ждать.

"Им хочется бежать посмотреть, как они его убили. Подождите, увидите. Все маневры, все наступления! – думал он. – К чему? Все отличиться. Точно что-то веселое есть в том, чтобы драться. Они точно дети, от которых не добьешься толку, как было дело, оттого что все хотят доказать, как они умеют драться. Да не в том теперь дело.

И какие искусные маневры предлагают мне все эти! Им кажется, что, когда они выдумали две–три случайности (он вспомнил об общем плане из Петербурга), они выдумали их все. А им всем нет числа!"

Неразрешенный вопрос о том, смертельна или не смертельна ли была рана, нанесенная в Бородине, уже целый месяц висел над головой Кутузова. С одной стороны, французы заняли Москву. С другой стороны, несомненно всем существом своим Кутузов чувствовал, что тот страшный удар, в котором он вместе со всеми русскими людьми напряг все свои силы, должен был быть смертелен. Но во всяком случае нужны были доказательства, и он ждал их уже месяц, и чем дальше проходило время, тем нетерпеливее он становился. Лежа на своей постели в свои бессонные ночи, он делал то самое, что делала эта молодежь генералов, то самое, за что он упрекал их. Он придумывал все возможные случайности, в которых выразится эта верная, уже свершившаяся погибель Наполеона. Он придумывал эти случайности так же, как и молодежь, но только с той разницей, что он ничего не основывал на этих предположениях и что он видел их не две и три, а тысячи. Чем дальше он думал, тем больше их представлялось. Он придумывал всякого рода движения Наполеоновской армии, всей или частей ее – к Петербургу, на него, в обход его, придумывал (чего он больше всего боялся) и ту случайность, что Наполеон станет бороться против него его же оружием, что он останется в Москве, выжидая его. Кутузов придумывал даже движение Наполеоновской армии назад на Медынь и Юхнов; но одного, чего он не мог предвидеть, это того, что совершилось, того безумного, судорожного метания войска Наполеона в продолжение первых одиннадцати дней его выступления из Москвы, – метания, которое сделало возможным то, о чем все-таки не смел еще тогда думать Кутузов: совершенное истребление французов. Донесения Дорохова о дивизии Брусье, известия от партизанов о бедствиях армии Наполеона, слухи о сборах к выступлению из Москвы – все подтверждало предположение, что французская армия разбита и сбирается бежать; но это были только предположения, казавшиеся важными для молодежи, но не для Кутузова. Он с своей шестидесятилетней опытностью знал, какой вес надо приписывать слухам, знал, как способны люди, желающие чего-нибудь, группировать все известия так, что они как будто подтверждают желаемое, и знал, как в этом случае охотно упускают все противоречащее. И чем больше желал этого Кутузов, тем меньше он позволял себе этому верить. Вопрос этот занимал все его душевные силы. Все остальное было для него только привычным исполнением жизни. Таким привычным исполнением и подчинением жизни были его разговоры с штабными, письма к m-me Staël, которые он писал из Тарутина, чтение романов, раздачи наград, переписка с

Петербургом и т.п. Но погибель французов, предвиденная им одним, было его душевное, единственное желание.

В ночь 11-го октября он лежал, облокотившись на руку, и думал об этом.

В соседней комнате зашевелилось, и послышались шаги Толя, Коновницына и Болховитинова.

– Эй, кто там? Войдите, войди! Что новенького? – окликнул их фельдмаршал.

Пока лакей зажигал свечу, Толь рассказывал содержание известий.

– Кто привез? – спросил Кутузов с лицом, поразившим Толя, когда загорелась свеча, своей холодной строгостью.

– Не может быть сомнения, ваша светлость.

– Позови, позови его сюда!

Кутузов сидел, спустив одну ногу с кровати и навалившись большим животом на другую, согнутую ногу. Он щурил свой зрячий глаз, чтобы лучше рассмотреть посланного, как будто в его чертах он хотел прочесть то, что занимало его.

– Скажи, скажи, дружок, – сказал он Болховитинову своим тихим старческим голосом, закрывая распахнувшуюся на груди рубашку. – Подойди, подойди поближе. Какие ты привез мне весточки? А? Наполеон из Москвы ушел? Воистину так? А?

Болховитинов подробно доносил сначала все то, что ему было приказано.

– Говори, говори скорее, не томи душу, – перебил его Кутузов.

Болховитинов рассказал все и замолчал, ожидая приказания. Толь начал было говорить что-то, но Кутузов перебил его. Он хотел сказать что-то, но вдруг лицо его сщурилось, сморщилось; он, махнув рукой на Толя, повернулся в противную сторону, к красному углу избы, черневшему от образов.

– Господи, создатель мой! Внял ты молитве нашей... – дрожащим голосом сказал он, сложив руки. – Спасена Россия. Благодарю тебя, господи! – И он заплакал.

XVIII

Со времени этого известия и до конца кампании вся деятельность Кутузова заключается только в том, чтобы властью, хитростью, просьбами удерживать свои войска от бесполезных наступлений, маневров и столкновений с гибнущим врагом. Дохтуров идет к Малоярославцу, но Кутузов медлит со всей армией и отдает приказания об очищении Калуги, отступление за которую представляется ему весьма возможным.

Кутузов везде отступает, но неприятель, не дожидаясь его отступления, бежит назад, в противную сторону.

Историки Наполеона описывают нам искусный маневр его на Тарутино и Малоярославец и делают предположения о том, что бы было, если бы Наполеон успел проникнуть в богатые полуденные губернии.

Но не говоря о том, что ничто не мешало Наполеону идти в эти полуденные губернии (так как русская армия давала ему дорогу), историки забывают то, что армия Наполеона не могла быть спасена ничем, потому что она в самой себе несла уже тогда неизбежные условия гибели. Почему эта армия, нашедшая обильное продовольствие в Москве и не могшая удержать его, а стоптавшая его под ногами, эта армия, которая, придя в Смоленск, не разбирала продовольствия, а грабила его, почему эта армия могла бы поправиться в Калужской губернии, населенной теми же русскими, как и в Москве, и с тем же свойством огня сжигать то, что зажигают?

Армия не могла нигде поправиться. Она, с Бородинского сражения и грабежа Москвы, несла в себе уже как бы химические условия разложения.

Люди этой бывшей армии бежали с своими предводителями сами не зная куда, желая (Наполеон и каждый солдат) только одного: выпутаться лично как можно скорее из того безвыходного положения, которое, хотя и неясно, они все сознавали.

Только поэтому, на совете в Малоярославце, когда, притворяясь, что они, генералы, совещаются, подавая разные мнения, последнее мнение простодушного солдата Мутона, сказавшего то, что все думали, что надо только уйти как можно скорее, закрыло все рты, и никто, даже Наполеон, не мог сказать ничего против этой всеми сознаваемой истины.

Но хотя все и знали, что надо было уйти, оставался еще стыд сознания того, что надо бежать. И нужен был внешний толчок, который победил бы этот стыд. И толчок этот явился в нужное время. Это было так называемое у французов le Hourra de l'Empereur[1].

На другой день после совета Наполеон, рано утром, притворяясь, что хочет осматривать войска и поле прошедшего и будущего сражения, с свитой маршалов и конвоя ехал по середине линии расположения войск. Казаки, шнырявшие около добычи, наткнулись на самого императора и чуть-чуть не поймали его. Ежели казаки не поймали в этот раз Наполеона, то спасло его то же, что губило французов: добыча, на которую и в Тарутине и здесь, оставляя людей, бросались казаки. Они, не обращая внимания на Наполеона, бросились на добычу, и Наполеон успел уйти.

Когда вот-вот les enfants du Don[2] могли поймать самого императора в середине его армии, ясно было, что нечего больше делать, как только бежать как можно скорее по ближайшей знакомой дороге. Наполеон, с своим сорокалетним брюшком, не чувствуя в себе уже прежней поворотливости и смелости, понял этот намек. И под влиянием страха, которого он набрался от казаков, тотчас же согласился с Мутоном и отдал, как говорят историки, приказание об отступлении назад на Смоленскую дорогу.

То, что Наполеон согласился с Мутоном и что войска пошли назад, не доказывает того, что он приказал это, но что силы, действовавшие на всю армию, в смысле направления ее по Можайской дороге, одновременно действовали и на Наполеона.

1 императорское ура.
2 сыны Дона.

XIX

Когда человек находится в движении, он всегда придумывает себе цель этого движения. Для того чтобы идти тысячу верст, человеку необходимо думать, что что-то хорошее есть за этими тысячью верст. Нужно представление об обетованной земле для того, чтобы иметь силы двигаться.

Обетованная земля при наступлении французов была Москва, при отступлении была родина. Но родина была слишком далеко, и для человека, идущего тысячу верст, непременно нужно сказать себе, забыв о конечной цели: "Нынче я приду за сорок верст на место отдыха и ночлега", и в первый переход это место отдыха заслоняет конечную цель и сосредоточивает на себе все желанья и надежды. Те стремления, которые выражаются в отдельном человеке, всегда увеличиваются в толпе.

Для французов, пошедших назад по старой Смоленской дороге, конечная цель родины была слишком отдалена, и ближайшая цель, та, к которой, в огромной пропорции усиливаясь в толпе, стремились все желанья и надежды, – была Смоленск. Не потому, чтобы люди знали, что в Смоленске было много провианту и свежих войск, не потому, чтобы им говорили это (напротив, высшие чины армии и сам Наполеон знали, что там мало провианта), но потому, что это одно могло им дать силу двигаться и переносить настоящие лишения. Они, и те, которые знали, и те, которые не знали, одинаково обманывая себя, как к обетованной земле, стремились к Смоленску.

Выйдя на большую дорогу, французы с поразительной энергией, с быстротою неслыханной побежали к своей выдуманной цели. Кроме этой причины общего стремления, связывавшей в одно целое толпы французов и придававшей им некоторую энергию, была еще другая причина, связывавшая их. Причина эта состояла в их количестве. Сама огромная масса их, как в физическом законе притяжения, притягивала к себе отдельные атомы людей. Они двигались своей стотысячной массой как целым государством.

Каждый человек из них желал только одного – отдаться в плен, избавиться от всех ужасов и несчастий. Но, с одной стороны, сила общего стремления к цели Смоленска увлекала каждого в одном и том же направлении; с другой стороны – нельзя было корпусу отдаться в плен роте, и несмотря на то, что французы пользовались всяким удобным случаем для того, чтобы отделаться друг от друга и при малейшем приличном предлоге отдаваться в плен, предлоги эти не всегда случались. Самое число их и тесное, быстрое движение лишало их этой возможности и делало для русских не только трудным, но невозможным остановить это движение, на которое направлена была вся энергия массы французов. Механическое разрывание тела не могло ускорить дальше известного предела совершавшийся процесс разложения.

Ком снега невозможно растопить мгновенно. Существует известный предел времени, ранее которого никакие усилия тепла не могут растопить снега. Напротив, чем больше тепла, тем более крепнет остающийся снег.

Из русских военачальников никто, кроме Кутузова, не понимал этого. Когда определилось направление бегства французской армии по Смоленской дороге, тогда то, что предвидел Коновницын в ночь 11-го октября, начало сбываться. Все высшие чины армии хотели отличиться, отрезать, перехватить, полонить, опрокинуть французов, и все требовали наступления.

Кутузов один все силы свои (силы эти очень невелики у каждого главнокомандующего) употреблял на то, чтобы противодействовать наступлению.

Он не мог им сказать то, что мы говорим теперь: зачем сраженье, и загораживанье дороги, и потеря своих людей, и бесчеловечное добиванье несчастных? Зачем все это, когда от Москвы до Вязьмы без сражения растаяла одна треть этого войска? Но он говорил им, выводя из своей старческой мудрости то, что они могли бы понять, – он говорил им про золотой мост, и они смеялись над ним, клеветали его, и рвали, и метали, и куражились над убитым зверем.

Под Вязьмой Ермолов, Милорадович, Платов и другие, находясь в близости от французов, не могли воздержаться от желания отрезать и опрокинуть два французские корпуса. Кутузову, извещая его о своем намерении, они прислали в конверте, вместо донесения, лист белой бумаги.

И сколько ни старался Кутузов удержать войска, войска наши атаковали, стараясь загородить дорогу. Пехотные полки, как рассказывают, с музыкой и барабанным боем ходили в атаку и побили и потеряли тысячи людей.

Но отрезать – никого не отрезали и не опрокинули. И французское войско, стянувшись крепче от опасности, продолжало, равномерно тая, все тот же свой гибельный путь к Смоленску.

Часть третья

I

Бородинское сражение с последовавшими за ним занятием Москвы и бегством французов, без новых сражений, – есть одно из самых поучительных явлений истории.

Все историки согласны в том, что внешняя деятельность государств и народов, в их столкновениях между собой, выражается войнами; что непосредственно, вследствие больших или меньших успехов военных, увеличивается или уменьшается политическая сила государств и народов.

Как ни странны исторические описания того, как какой-нибудь король или император, поссорившись с другим императором или королем, собрал войско, сразился с войском врага, одержал победу, убил три, пять, десять тысяч человек и вследствие того покорил государство и целый народ в несколько миллионов; как ни непонятно, почему поражение одной армии, одной сотой всех сил народа, заставило покориться народ, – все факты истории (насколько она нам известна) подтверждают справедливость того, что большие или меньшие успехи войска одного народа против войска другого народа суть причины или по крайней мере существенные признаки увеличения или уменьшения силы народов. Войско одержало победу, и тотчас же увеличились права победившего народа в ущерб побежденному. Войско понесло поражение, и тотчас же по степени поражения народ лишается прав, а при совершенном поражении своего войска совершенно покоряется.

Так было (по истории) с древнейших времен и до настоящего времени. Все войны Наполеона служат подтверждением этого правила. По степени поражения австрийских войск – Австрия лишается своих прав, и увеличиваются права и силы Франции. Победа французов под Иеной и Ауерштетом уничтожает самостоятельное существование Пруссии.

Но вдруг в 1812-м году французами одержана победа под Москвой, Москва взята, и вслед за тем, без новых сражений, не Россия перестала существовать, а перестала существовать шестисоттысячная армия, потом наполеоновская Франция. Натянуть факты на правила истории, сказать, что поле сражения в Бородине осталось за русскими, что после Москвы были сражения, уничтожившие армию Наполеона, – невозможно.

После Бородинской победы французов не было ни одного не только генерального, но сколько-нибудь значительного сражения, и французская армия перестала существовать. Что это значит? Ежели бы это был пример из истории Китая, мы бы могли сказать, что это явление не историческое (лазейка историков, когда что не подходит под их мерку); ежели бы дело касалось столкновения непродолжительного, в котором участвовали бы малые количества войск, мы бы могли принять это явление за исключение; но событие это совершилось на глазах наших отцов, для которых решался вопрос жизни и смерти отечества, и война эта была величайшая из всех известных войн...

Период кампании 1812 года от Бородинского сражения до изгнания французов доказал, что выигранное сражение не только не есть причина завоевания, но даже и не постоянный признак завоевания; доказал, что сила, решающая участь народов, лежит не в завоевателях, даже не в армиях и сражениях, а в чем-то другом.

Французские историки, описывая положение французского войска перед выходом из Москвы, утверждают, что все в Великой армии было в порядке, исключая кавалерии, артиллерии и обозов, да не было фуража для корма лошадей и рогатого скота. Этому бедствию не могло помочь ничто, потому что окрестные мужики жгли свое сено и не давали французам.

Выигранное сражение не принесло обычных результатов, потому что мужики Карп и Влас, которые после выступления французов приехали в Москву с подводами грабить город и вообще не выказывали лично геройских чувств, и все бесчисленное количество таких мужиков не везли сена в Москву за хорошие деньги, которые им предлагали, а жгли его.

Представим себе двух людей, вышедших на поединок с шпагами по всем правилам фехтовального искусства: фехтование продолжалось довольно долгое время; вдруг один из противников, почувствовав себя раненым – поняв, что дело это не шутка, а касается его жизни, бросил свою шпагу и, взяв первую попавшуюся дубину, начал ворочать ею. Но представим себе, что противник, так разумно употребивший лучшее и простейшее средство для достижения цели, вместе с тем воодушевленный преданиями рыцарства, захотел бы скрыть сущность дела и настаивал бы на том, что он по всем правилам искусства победил на шпагах. Можно себе представить, какая путаница и неясность произошла бы от такого описания происшедшего поединка.

Фехтовальщик, требовавший борьбы по правилам искусства, были французы; его противник, бросивший шпагу и поднявший дубину, были русские; люди, старающиеся объяснить все по правилам фехтования, – историки, которые писали об этом событии.

Со времени пожара Смоленска началась война, не подходящая ни под какие прежние предания войн. Сожжение городов и деревень, отступление после сражений, удар Бородина и опять отступление, оставление и пожар Москвы, ловля мародеров, переимка транспортов, партизанская война – все это были отступления от правил.

Наполеон чувствовал это, и с самого того времени, когда он в правильной позе фехтовальщика остановился в Москве и вместо шпаги противника увидал поднятую над собой дубину, он не переставал жаловаться Кутузову и императору Александру на то, что война велась противно всем правилам (как будто существовали какие-то правила для того, чтобы убивать людей). Несмотря на жалобы французов о неисполнении правил, несмотря на то, что русским, высшим по положению людям казалось почему-то стыдным драться дубиной, а хотелось по всем правилам стать в позицию en quarte или en tierce[1], сделать искусное выпадение в prime[2] и т.д., – дубина народной войны поднялась со всей своей грозной и величественной силой и, не спрашивая ничьих вкусов и правил, с глупой простотой, но с целесообразностью, не разбирая ничего, поднималась, опускалась и гвоздила французов до тех пор, пока не погибло все нашествие.

И благо тому народу, который не как французы в 1813 году, отсалютовав по всем правилам искусства и перевернув шпагу эфесом, грациозно и учтиво передает ее великодушному победителю, а благо тому народу, который в минуту испытания, не спрашивая о том, как по правилам поступали другие в подобных случаях, с простотою и легкостью поднимает первую попавшуюся дубину и гвоздит ею до тех пор, пока в душе его чувство оскорбления и мести не заменяется презрением и жалостью.

II

Одним из самых осязательных и выгодных отступлений от так называемых правил войны есть действие разрозненных людей против людей, жмущихся в кучу. Такого рода действия всегда проявляются в войне, принимающей народный характер. Действия эти состоят в том, что, вместо

1 четвертую, третью.
2 первую.

того чтобы становиться толпой против толпы, люди расходятся врозь, нападают поодиночке и тотчас же бегут, когда на них нападают большими силами, а потом опять нападают, когда представляется случай. Это делали гверильясы в Испании; это делали горцы на Кавказе; это делали русские в 1812-м году.

Войну такого рода назвали партизанскою и полагали, что, назвав ее так, объяснили ее значение. Между тем такого рода война не только не подходит ни под какие правила, но прямо противоположна известному и признанному за непогрешимое тактическому правилу. Правило это говорит, что атакующий должен сосредоточивать свои войска с тем, чтобы в момент боя быть сильнее противника.

Партизанская война (всегда успешная, как показывает история) прямо противоположна этому правилу.

Противоречие это происходит оттого, что военная наука принимает силу войск тождественною с их числительностию. Военная наука говорит, что чем больше войска, тем больше силы. Les gros bataillons ont toujours raison[1].

Говоря это, военная наука подобна той механике, которая, основываясь на рассмотрении сил только по отношению к их массам, сказала бы, что силы равны или не равны между собою, потому что равны или не равны их массы.

Сила (количество движения) есть произведение из массы на скорость.

В военном деле сила войска есть также произведение из массы на что-то такое, на какое-то неизвестное *x*.

Военная наука, видя в истории бесчисленное количество примеров того, что масса войск не совпадает с силой, что малые отряды побеждают большие, смутно признает существование этого неизвестного множителя и старается отыскать его то в геометрическом построении, то в вооружении, то — самое обыкновенное — в гениальности полководцев. Но подстановление всех этих значений множителя не доставляет результатов, согласных с историческими фактами.

1 Право всегда на стороне больших армий.

А между тем стоит только отрешиться от установившегося, в угоду героям, ложного взгляда на действительность распоряжений высших властей во время войны для того, чтобы отыскать этот неизвестный *x*.

X этот есть дух войска, то есть большее или меньшее желание драться и подвергать себя опасностям всех людей, составляющих войско, совершенно независимо от того, дерутся ли люди под командой гениев или не гениев, в трех или двух линиях, дубинами или ружьями, стреляющими тридцать раз в минуту. Люди, имеющие наибольшее желание драться, всегда поставят себя и в наивыгоднейшие условия для драки.

Дух войска – есть множитель на массу, дающий произведение силы. Определить и выразить значение духа войска, этого неизвестного множителя, есть задача науки.

Задача эта возможна только тогда, когда мы перестанем произвольно подставлять вместо значения всего неизвестного *X* те условия, при которых проявляется сила, как-то: распоряжения полководца, вооружение и т.д., принимая их за значение множителя, а признаем это неизвестное во всей его цельности, то есть как большее или меньшее желание драться и подвергать себя опасности. Тогда только, выражая уравнениями известные исторические факты, из сравнения относительного значения этого неизвестного можно надеяться на определение самого неизвестного.

Десять человек, батальонов или дивизий, сражаясь с пятнадцатью человеками, батальонами или дивизиями, победили пятнадцать, то есть убили и забрали в плен всех без остатка и сами потеряли четыре; стало быть, уничтожились с одной стороны четыре, с другой стороны пятнадцать. Следовательно, четыре были равны пятнадцати, и, следовательно, $4x=15y$. Следовательно, $x:y=15:4$. Уравнение это не дает значения неизвестного, но оно дает отношение между двумя неизвестными. И из подведения под таковые уравнения исторических различно взятых единиц (сражений, кампаний, периодов войн) получатся ряды чисел, в которых должны существовать и могут быть открыты законы.

Тактическое правило о том, что надо действовать массами при наступлении и разрозненно при отступлении, бессознательно подтверждает только ту истину, что сила войска зависит от его духа. Для того чтобы вести людей под ядра, нужно больше дисциплины, достигаемой только движением в массах, чем для того, чтобы отбиваться от нападающих. Но правило это, при котором упускается из вида дух войска, беспрестанно оказывается неверным и в особенности поразительно противоречит действительности там, где является сильный подъем или упадок духа войска, — во всех народных войнах.

Французы, отступая в 1812-м году, хотя и должны бы защищаться отдельно, по тактике, жмутся в кучу, потому что дух войска упал так, что только масса сдерживает войско вместе. Русские, напротив, по тактике должны бы были нападать массой, на деле же раздробляются, потому что дух поднят так, что отдельные лица бьют без приказания французов и не нуждаются в принуждении для того, чтобы подвергать себя трудам и опасностям.

III

Так называемая партизанская война началась со вступления неприятеля в Смоленск.

Прежде чем партизанская война была официально принята нашим правительством, уже тысячи людей неприятельской армии — отсталые мародеры, фуражиры — были истреблены казаками и мужиками, побивавшими этих людей так же бессознательно, как бессознательно собаки загрызают забеглую бешеную собаку. Денис Давыдов своим русским чутьем первый понял значение той страшной дубины, которая, не спрашивая правил военного искусства, уничтожала французов, и ему принадлежит слава первого шага для узаконения этого приема войны.

24-го августа был учрежден первый партизанский отряд Давыдова, и вслед за его отрядом стали учреждаться другие. Чем дальше подвигалась кампания, тем более увеличивалось число этих отрядов.

Партизаны уничтожали Великую армию по частям. Они подбирали те отпадавшие листья, которые сами собою сыпались с иссохшего дерева – французского войска, и иногда трясли это дерево. В октябре, в то время как французы бежали к Смоленску, этих партий различных величин и характеров были сотни. Были партии, перенимавшие все приемы армии, с пехотой, артиллерией, штабами, с удобствами жизни; были одни казачьи, кавалерийские; были мелкие, сборные, пешие и конные, были мужицкие и помещичьи, никому не известные. Был дьячок начальником партии, взявший в месяц несколько сот пленных. Была старостиха Василиса, побившая сотни французов.

Последние числа октября было время самого разгара партизанской войны. Тот первый период этой войны, во время которого партизаны, сами удивляясь своей дерзости, боялись всякую минуту быть пойманными и окруженными французами и, не расседлывая и почти не слезая с лошадей, прятались по лесам, ожидая всякую минуту погони, – уже прошел. Теперь уже война эта определилась, всем стало ясно, что можно было предпринять с французами и чего нельзя было предпринимать. Теперь уже только те начальники отрядов, которые с штабами, по правилам, ходили вдали от французов, считали еще многое невозможным. Мелкие же партизаны, давно уже начавшие свое дело и близко высматривавшие французов, считали возможным то, о чем не смели и думать начальники больших отрядов. Казаки же и мужики, лазившие между французами, считали, что теперь уже все было возможно.

22-го октября Денисов, бывший одним из партизанов, находился с своей партией в самом разгаре партизанской страсти. С утра он с своей партией был на ходу. Он целый день по лесам, примыкавшим к большой дороге, следил за большим французским транспортом кавалерийских вещей и русских пленных, отделившимся от других войск и под сильным прикрытием, как это было известно от лазутчиков и пленных, направлявшимся к Смоленску. Про этот транспорт было известно не только Денисову и Долохову (тоже партизану с небольшой партией), ходившему близко от Денисова, но и начальникам больших отрядов с штабами: все знали про этот транспорт и, как говорил Денисов, точили на него зубы. Двое из этих больших отрядных начальников – один поляк, другой немец – почти в одно и то же время прислали Денисову приглашение присоединиться каждый к своему отряду, с тем чтобы напасть на транспорт.

– Нет, бг'ат, я сам с усам, – сказал Денисов, прочтя эти бумаги, и написал немцу, что, несмотря на душевное желание, которое он имел служить под начальством столь доблестного и знаменитого генерала, он должен лишить себя этого счастья, потому что уже поступил под начальство генерала-поляка. Генералу же поляку он написал то же самое, уведомляя его, что он уже поступил под начальство немца.

Распорядившись таким образом, Денисов намеревался, без донесения о том высшим начальникам, вместе с Доловым атаковать и взять этот транспорт своими небольшими силами. Транспорт шел 22 октября от деревни Микулиной к деревне Шамшевой. С левой стороны дороги от Микулина к Шамшеву шли большие леса, местами подходившие к самой дороге, местами отдалявшиеся от дороги на версту и больше. По этим-то лесам целый день, то углубляясь в середину их, то выезжая на опушку, ехал с партией Денисов, не выпуская из виду двигавшихся французов. С утра, недалеко от Микулина, там, где лес близко подходил к дороге, казаки из партии Денисова захватили две ставшие в грязи французские фуры с кавалерийскими седлами и увезли их в лес. С тех пор и до самого вечера партия, не нападая, следила за движением французов. Надо было, не испугав их, дать спокойно дойти до Шамшева и тогда, соединившись с Долоховым, который должен был к вечеру приехать на совещание к караулке в лесу (в версте от Шамшева), на рассвете пасть с двух сторон как снег на голову и побить и забрать всех разом.

Позади, в двух верстах от Микулина, там, где лес подходил к самой дороге, было оставлено шесть казаков, которые должны были донести сейчас же, как только покажутся новые колонны французов.

Впереди Шамшева точно так же Долохов должен был исследовать дорогу, чтобы знать, на каком расстоянии есть еще другие французские войска. При транспорте предполагалось тысяча пятьсот человек. У Денисова было двести человек, у Долохова могло быть столько же. Но превосходство числа не останавливало Денисова. Одно только, что еще нужно было знать ему, это то, какие именно были эти войска; и для этой цели Денисову нужно было взять *языка* (то есть человека из неприятельской колонны). В утреннее нападение на фуры дело сделалось с такою поспешностью, что бывших при фурах французов всех перебили и захватили живым только мальчишку-барабанщика, который был отсталый и ничего не мог сказать положительно о том, какие были войска в колонне.

Нападать другой раз Денисов считал опасным, чтобы не встревожить всю колонну, и потому он послал вперед в Шамшево бывшего при его партии мужика Тихона Щербатого – захватить, ежели можно, хоть одного из бывших там французских передовых квартиргеров.

IV

Был осенний, теплый, дождливый день. Небо и горизонт были одного и того же цвета мутной воды. То падал как будто туман, то вдруг припускал косой, крупный дождь.

На породистой, худой, с подтянутыми боками лошади, в бурке и папахе, с которых струилась вода, ехал Денисов. Он, так же как и его лошадь, косившая голову и поджимавшая уши, морщился от косого дождя и озабоченно присматривался вперед. Исхудавшее и обросшее густой, короткой, черной бородой лицо его казалось сердито.

Рядом с Денисовым, также в бурке и папахе, на сытом, крупном донце ехал казачий эсаул – сотрудник Денисова.

Эсаул Ловайский – третий, также в бурке и папахе, был длинный, плоский, как доска, белолицый, белокурый человек с узкими светлыми глазками и спокойно-самодовольным выражением и в лице и в посадке. Хотя и нельзя было сказать, в чем состояла особенность лошади и седока, но при первом взгляде на эсаула и Денисова видно было, что Денисову и мокро и неловко, – что Денисов человек, который сел на лошадь; тогда как, глядя на эсаула, видно было, что ему так же удобно и покойно, как и всегда, и что он не человек, который сел на лошадь, а человек вместе с лошадью одно, увеличенное двойною силою, существо.

Немного впереди их шел насквозь промокший мужичок-проводник, в сером кафтане и белом колпаке.

Немного сзади, на худой, тонкой киргизской лошаденке с огромным хвостом и гривой и с продранными в кровь губами, ехал молодой офицер в синей французской шинели.

Рядом с ним ехал гусар, везя за собой на крупе лошади мальчика в французском оборванном мундире и синем колпаке. Мальчик держался красными от холода руками за гусара, пошевеливал, стараясь согреть их, свои босые ноги, и, подняв брови, удивленно оглядывался вокруг себя. Это был взятый утром французский барабанщик.

Сзади, по три, по четыре, по узкой, раскиснувшей и изъезженной лесной дороге, тянулись гусары, потом казаки, кто в бурке, кто во французской шинели, кто в попоне, накинутой на голову. Лошади, и рыжие и гнедые, все казались вороными от струившегося с них дождя. Шеи лошадей казались странно тонкими от смокшихся грив. От лошадей поднимался пар. И одежды, и седла, и поводья – все было мокро, склизко и раскисло, так же как и земля и опавшие листья, которыми была уложена дорога. Люди сидели нахохлившись, стараясь не шевелиться, чтобы отогревать ту воду, которая пролилась до тела, и не пропускать новую холодную, подтекавшую под сиденья, колени и за шеи. В середине вытянувшихся казаков две фуры на французских и подпряженных в седлах казачьих лошадях громыхали по пням и сучьям и бурчали по наполненным водою колеям дороги.

Лошадь Денисова, обходя лужу, которая была на дороге, потянулась в сторону и толканула его коленкой о дерево.

– Э, чог'т! – злобно вскрикнул Денисов и, оскаливая зубы, плетью раза три ударил лошадь, забрызгав себя и товарищей грязью. Денисов был не в духе: и от дождя, и от голода (с утра никто ничего не ел), и главное оттого, что от Долохова до сих пор не было известий и посланный взять языка не возвращался.

"Едва ли выйдет другой такой случай, как нынче, напасть на транспорт. Одному нападать слишком рискованно, а отложить до другого дня – из-под носа захватит добычу кто-нибудь из больших партизанов", – думал Денисов, беспрестанно взглядывая вперед, думая увидать ожидаемого посланного от Долохова.

Выехав на просеку, по которой видно было далеко направо, Денисов остановился.

– Едет кто-то, – сказал он.

Эсаул посмотрел по направлению, указываемому Денисовым.

– Едут двое – офицер и казак. Только не *предположительно,* чтобы был сам подполковник, – сказал эсаул, любивший употреблять неизвестные казакам слова.

Ехавшие, спустившись под гору, скрылись из вида и через несколько минут опять показались. Впереди усталым галопом, погоняя нагайкой, ехал офицер – растрепанный, насквозь промокший и с взбившимися выше колен панталонами. За ним, стоя на стременах, рысил казак. Офицер этот, очень молоденький мальчик, с широким румяным лицом и быстрыми, веселыми глазами, подскакал к Денисову и подал ему промокший конверт.

– От генерала, – сказал офицер, – извините, что не совсем сухо...

Денисов, нахмурившись, взял конверт и стал распечатывать.

– Вот говорили всё, что опасно, опасно, – сказал офицер, обращаясь к эсаулу, в то время как Денисов читал поданный ему конверт. – Впрочем, мы с Комаровым, – он указал на казака, – приготовились. У нас по два писто... А это что ж? – спросил он, увидав французского барабанщика, – пленный? Вы уже в сраженье были? Можно с ним поговорить?

– Г'остов! Петя! – крикнул в это время Денисов, пробежав поданный ему конверт. – Да как же ты не сказал, кто ты? – И Денисов с улыбкой, обернувшись, протянул руку офицеру.

Офицер этот был Петя Ростов.

Во всю дорогу Петя приготавливался к тому, как он, как следует большому и офицеру, не намекая на прежнее знакомство, будет держать себя с Денисовым. Но как только Денисов улыбнулся ему, Петя тотчас же просиял, покраснел от радости и, забыв приготовленную официальность, начал рассказывать о том, как он проехал мимо французов, и как он рад, что ему дано такое поручение, и что он был уже в сражении под Вязьмой, и что там отличился один гусар.

– Ну, я г'ад тебя видеть, – перебил его Денисов, и лицо его приняло опять озабоченное выражение.

– Михаил Феоклитыч, – обратился он к эсаулу, – ведь это опять от немца. Он пг'и нем состоит. – И Денисов рассказал эсаулу, что содержание бумаги, привезенной сейчас, состояло в повторенном требовании от генерала-немца присоединиться для нападения на транспорт. – Ежели мы его завтг'а не возьмем, они у нас из-под носа выг'вут, – заключил он.

В то время как Денисов говорил с эсаулом, Петя, сконфуженный холодным тоном Денисова и предполагая, что причиной этого тона было положение его панталон, так, чтобы никто этого не заметил, под шинелью поправлял взбившиеся панталоны, стараясь иметь вид как можно воинственнее.

– Будет какое-нибудь приказание от вашего высокоблагородия? – сказал он Денисову, приставляя руку к козырьку и опять возвращаясь к игре в адъютанта и генерала, к которой он приготовился, – или должен я оставаться при вашем высокоблагородии?

– Пг’иказания?.. – задумчиво сказал Денисов. – Да ты можешь ли остаться до завтг’ашнего дня?

– Ах, пожалуйста... Можно мне при вас остаться? – вскрикнул Петя.

– Да как тебе именно велено от генег’ала – сейчас вег’нуться? – спросил Денисов. Петя покраснел.

– Да он ничего не велел. Я думаю, можно? – сказал он вопросительно.

– Ну, ладно, – сказал Денисов. И, обратившись к своим подчиненным, он сделал распоряжения о том, чтоб партия шла к назначенному у караулки в лесу месту отдыха и чтобы офицер на киргизской лошади (офицер этот исполнял должность адъютанта) ехал отыскивать Долохова, узнать, где он и придет ли он вечером. Сам же Денисов с эсаулом и Петей намеревался подъехать к опушке леса, выходившей к Шамшеву, с тем чтобы взглянуть на то место расположения французов, на которое должно было быть направлено завтрашнее нападение.

– Ну, бог’ода, – обратился он к мужику-проводнику, – веди к Шамшеву.

Денисов, Петя и эсаул, сопутствуемые несколькими казаками и гусаром, который вез пленного, поехали влево через овраг, к опушке леса.

V

Дождик прошел, только падал туман и капли воды с веток деревьев. Денисов, эсаул и Петя молча ехали за мужиком в колпаке, который, легко и беззвучно ступая своими вывернутыми в лаптях ногами по кореньям и мокрым листьям, вел их к опушке леса.

Выйдя на изволок, мужик приостановился, огляделся и направился к редевшей стене деревьев. У большого дуба, еще не скинувшего листа, он остановился и таинственно поманил к себе рукою.

Денисов и Петя подъехали к нему. С того места, на котором остановился мужик, были видны французы. Сейчас за лесом шло вниз полубугром яровое поле. Вправо, через крутой овраг, виднелась небольшая деревушка и барский домик с разваленными крышами. В этой деревушке и в барском доме, и по всему бугру, в саду, у колодцев и пруда, и по всей дороге в гору от моста к деревне, не более как в двухстах саженях расстояния, виднелись в колеблющемся тумане толпы народа. Слышны были явственно их нерусские крики на выдиравшихся в гору лошадей в повозках и призывы друг другу.

– Пленного дайте сюда, – негромко сказал Денисов, не спуская глаз с французов.

Казак слез с лошади, снял мальчика и вместе с ним подошел к Денисову. Денисов, указывая на французов, спрашивал, какие и какие это были войска. Мальчик, засунув свои озябшие руки в карманы и подняв брови, испуганно смотрел на Денисова и, несмотря на видимое желание сказать все, что он знал, путался в своих ответах и только подтверждал то, что спрашивал Денисов. Денисов, нахмурившись, отвернулся от него и обратился к эсаулу, сообщая ему свои соображения.

Петя, быстрыми движениями поворачивая голову, оглядывался то на барабанщика, то на Денисова, то на эсаула, то на французов в деревне и на дороге, стараясь не пропустить чего-нибудь важного.

– Пг'идет, не пг'идет Долохов, надо бг'ать!.. А? – сказал Денисов, весело блеснув глазами.

– Место удобное, – сказал эсаул.

– Пехоту низом пошлем – болотами, – продолжал Денисов, – они подлезут к саду; вы заедете с казаками оттуда, – Денисов указал на лес за деревней, – а я отсюда, с своими гусаг'ами. И по выстг'елу...

– Лощиной нельзя будет – трясина, – сказал эсаул. – Коней увязишь, надо объезжать полевее...

В то время как они вполголоса говорили таким образом, внизу, в лощине от пруда, щелкнул один выстрел, забелелся дымок, другой и послышался дружный, как будто веселый крик сотен голосов французов, бывших на полугоре. В первую минуту и Денисов и эсаул подались назад. Они были так близко, что им показалось, что они были причиной этих выстрелов и криков. Но выстрелы и крики не относились к ним. Низом, по болотам, бежал человек в чем-то красном. Очевидно, по нем стреляли и на него кричали французы.

– Ведь это Тихон наш, – сказал эсаул.

– Он! он и есть!

– Эка шельма, – сказал Денисов.

– Уйдет! – щуря глаза, сказал эсаул.

Человек, которого они называли Тихоном, подбежав к речке, бултыхнулся в нее так, что брызги полетели, и, скрывшись на мгновенье, весь черный от воды, выбрался на четвереньках и побежал дальше. Французы, бежавшие за ним, остановились.

– Ну ловок, – сказал эсаул.

– Экая бестия! – с тем же выражением досады проговорил Денисов. – И что он делал до сих пор?

– Это кто? – спросил Петя.

– Это наш пластун. Я его посылал языка взять

– Ах, да, – сказал Петя с первого слова Денисова, кивая головой, как будто он все понял, хотя он решительно не понял ни одного слова.

Тихон Щербатый был один из самых нужных людей в партии. Он был мужик из Покровского под Гжатью. Когда, при начале своих действий, Денисов пришел в Покровское и, как всегда, призвав старосту, спросил о том, что им известно про французов, староста отвечал, как отвечали и все старосты, как бы защищаясь, что они ничего знать не знают, ведать не ведают. Но когда Денисов объяснил им, что его цель бить французов, и когда он спросил, не забредали ли к ним французы, то староста сказал, что *миродеры* бывали точно, но что у них в деревне только один Тишка Щербатый занимался этими делами. Денисов велел позвать к себе Тихона и, похвалив его за его деятельность, сказал при старосте несколько слов о той верности царю и отечеству и ненависти к французам, которую должны блюсти сыны отечества.

– Мы французам худого не делаем, – сказал Тихон, видимо оробев при этих словах Денисова. – Мы только так, значит, по охоте баловались с ребятами. *Миродеров* точно десятка два побили, а то мы худого не делали... – На другой день, когда Денисов, совершенно забыв про этого мужика, вышел из Покровского, ему доложили, что Тихон пристал к партии и просился, чтобы его при ней оставили. Денисов велел оставить его.

Тихон, сначала исправлявший черную работу раскладки костров, доставления воды, обдирания лошадей и т.п., скоро оказал большую охоту и способность к партизанской войне. Он по ночам уходил на добычу и всякий раз приносил с собой платье и оружие французское, а когда ему приказывали, то приводил и пленных. Денисов отставил Тихона от работ, стал брать его с собою в разъезды и зачислил в казаки.

Тихон не любил ездить верхом и всегда ходил пешком, никогда не отставая от кавалерии. Оружие его составляли мушкетон, который он носил больше для смеха, пика и топор, которым он владел, как волк владеет зубами, одинаково легко выбирая ими блох из шерсти и перекусывая толстые кости. Тихон одинаково верно, со всего размаха, раскалывал топором бревна и, взяв топор за обух, выстрагивал им тонкие колышки и вырезывал ложки. В партии Денисова Тихон занимал свое особенное, исключительное место. Когда надо было сделать что-нибудь особенно трудное и гадкое – выворотить плечом в грязи повозку, за хвост вытащить из болота лошадь, ободрать ее, залезть в самую середину французов, пройти в день по пятьдесят верст, – все указывали, посмеиваясь, на Тихона.

– Что ему, черту, делается, меренина здоровенный, – говорили про него.

Один раз француз, которого брал Тихон, выстрелил в него из пистолета и попал ему в мякоть спины. Рана эта, от которой Тихон лечился только водкой, внутренне и наружно, была предметом самых веселых шуток во всем отряде и шуток, которым охотно поддавался Тихон.

– Что, брат, не будешь? Али скрючило? – смеялись ему казаки, и Тихон, нарочно скорчившись и делая рожи, притворяясь, что он сердится, самыми смешными ругательствами бранил французов. Случай этот имел на Тихона только то влияние, что после своей раны он редко приводил пленных.

Тихон был самый полезный и храбрый человек в партии. Никто больше его не открыл случаев нападения, никто больше его не побрал и не побил французов; и вследствие этого он был шут всех казаков, гусаров и сам охотно поддавался этому чину. Теперь Тихон был послан Денисовым, в ночь еще, в Шамшево для того, чтобы взять языка. Но, или потому, что он не удовлетворился одним французом, или потому, что он проспал ночь, он днем залез в кусты, в самую середину французов и, как видел с горы Денисов, был открыт ими.

VI

Поговорив еще несколько времени с эсаулом о завтрашнем нападении, которое теперь, глядя на близость французов, Денисов, казалось, окончательно решил, он повернул лошадь и поехал назад.

– Ну, бг'ат, тепег'ь поедем обсушимся, – сказал он Пете.

Подъезжая к лесной караулке, Денисов остановился, вглядываясь в лес. По лесу, между деревьев, большими легкими шагами шел на длинных ногах, с длинными мотающимися руками, человек в куртке, лаптях и казанской шляпе, с ружьем через плечо и топором за поясом. Увидав Денисова, человек этот поспешно швырнул что-то в куст и, сняв с отвисшими полями мокрую шляпу, подошел к начальнику. Это был Тихон. Изрытое оспой и морщинами лицо его с маленькими узкими глазами сияло самодовольным весельем. Он, высоко подняв голову и как будто удерживаясь от смеха, уставился на Денисова.

– Ну, где пг'опадал? – сказал Денисов.

– Где пропадал? За французами ходил, – смело и поспешно отвечал Тихон хриплым, но певучим басом.

– Зачем же ты днем полез? Скотина! Ну что ж, не взял?..

– Взять-то взял, – сказал Тихон.

– Где ж он?

– Да я его взял сперва-наперво на зорьке еще, – продолжал Тихон, переставляя пошире плоские вывернутые в лаптях ноги, – да и свел в лес. Вижу, не ладен. Думаю, дай схожу, другого поаккуратнее какого возьму.

– Ишь, шельма, так и есть, – сказал Денисов эсаулу. – Зачем же ты этого не пг'ивел?

– Да что ж его водить-то, – сердито и поспешно перебил Тихон, – не гожающий. Разве я не знаю, каких вам надо?

– Эка бестия!.. Ну?..

– Пошел за другим, – продолжал Тихон, – подполоз я таким манером в лес, да и лег. – Тихон неожиданно и гибко лег на брюхо, представляя в лицах, как он это сделал. – Один и навернись, – продолжал он. – Я его таким манером и сграбь. – Тихон быстро, легко вскочил. – Пойдем, говорю, к полковнику. Как загалдит. А их тут четверо. Бросились на меня с шпажками. Я на них таким манером топором: что вы, мол, Христос с вами, – вскрикнул Тихон, размахнув руками и грозно хмурясь, выставляя грудь.

– То-то мы с горы видели, как ты стречка задавал через лужи-то, – сказал эсаул, суживая свои блестящие глаза.

Пете очень хотелось смеяться, но он видел, что все удерживались от смеха. Он быстро переводил глаза с лица Тихона на лицо эсаула и Денисова, не понимая того, что все это значило.

– Ты дуг'ака-то не пг'едставляй, – сказал Денисов, сердито покашливая. – Зачем пег'вого не пг'ивел?

Тихон стал чесать одной рукой спину, другой голову, и вдруг вся рожа его растянулась в сияющую глупую улыбку, открывшую недостаток зуба (за что он и прозван Щербатый). Денисов улыбнулся, и Петя залился веселым смехом, к которому присоединился и сам Тихон.

– Да что, совсем несправный, – сказал Тихон. – Одежонка плохенькая на нем, куда же его водить-то. Да и грубиян, ваше благородие. Как же, говорит, я сам анаральский сын, не пойду, говорит.

– Экая скотина! – сказал Денисов. – Мне расспросить надо...

– Да я его спрашивал, – сказал Тихон. – Он говорит: плохо *зна́ком*. Наших, говорит, и много, да всё плохие; только, говорит, одна названия. Ахнете, говорит, хорошенько, всех заберете, – заключил Тихон, весело и решительно взглянув в глаза Денисова.

– Вот я те всыплю сотню гог'ячих, ты и будешь дуг'ака-то когʼчить, – сказал Денисов строго.

– Да что же серчать-то, – сказал Тихон, – что ж, я не видал французов ваших? Вот дай позатемняет, я табе каких хошь, хоть троих приведу.

– Ну, поедем, – сказал Денисов, и до самой караулки он ехал, сердито нахмурившись и молча.

Тихон зашел сзади, и Петя слышал, как смеялись с ним и над ним казаки о каких-то сапогах, которые он бросил в куст.

Когда прошел тот овладевший им смех при словах и улыбке Тихона, и Петя понял на мгновенье, что Тихон этот убил человека, ему сделалось неловко. Он оглянулся на пленного барабанщика, и что-то кольнуло его в сердце. Но эта неловкость продолжалась только одно мгновенье. Он почувствовал необходимость повыше поднять голову, подбодриться и расспросить эсаула с значительным видом о завтрашнем предприятии, с тем чтобы не быть недостойным того общества, в котором он находился.

Посланный офицер встретил Денисова на дороге с известием, что Долохов сам сейчас приедет и что с его стороны все благополучно.

Денисов вдруг повеселел и подозвал к себе Петю.

– Ну, г'аскажи ты мне пг'о себя, – сказал он.

VII

Петя при выезде из Москвы, оставив своих родных, присоединился к своему полку и скоро после этого был взят ординарцем к генералу, командовавшему большим отрядом. Со времени своего производства в офицеры и в особенности с поступления в действующую армию, где он участвовал в Вяземском сражении, Петя находился в постоянно счастливо-возбужденном состоянии радости на то, что он большой, и в постоянно восторженной поспешности не пропустить какого-нибудь случая настоящего геройства. Он был очень счастлив тем, что он видел и испытал в армии, но вместе с тем ему все казалось, что там, где его нет, там-то теперь и совершается самое настоящее, геройское. И он торопился поспеть туда, где его не было.

Когда 21-го октября его генерал выразил желание послать кого-нибудь в отряд Денисова, Петя так жалостно просил, чтобы послать его, что генерал не мог отказать. Но, отправляя его, генерал, поминая безумный поступок Пети в Вяземском сражении, где Петя, вместо того чтобы ехать дорогой туда, куда он был послан, поскакал в цепь под огонь французов и выстрелил там два раза из своего пистолета, – отправляя его, генерал именно запретил Пете участвовать в каких бы то ни было действиях Денисова. От этого-то Петя покраснел и смешался, когда Денисов спросил, можно ли ему остаться. До выезда на опушку леса Петя считал, что ему надобно, строго исполняя свой долг, сейчас же вернуться. Но когда он увидал французов, увидал Тихона, узнал, что в ночь непременно атакуют, он, с быстротою переходов молодых людей от одного взгляда к другому, решил сам с собою, что генерал его, которого он до сих пор очень уважал, – дрянь, немец, что Денисов герой, и эсаул герой, и что Тихон герой, и что ему было бы стыдно уехать от них в трудную минуту.

Уже смеркалось, когда Денисов с Петей и эсаулом подъехали к караулке. В полутьме виднелись лошади в седлах, казаки, гусары, прилаживавшие шалашики на поляне и (чтобы не видели дыма французы) разводившие красневший огонь в лесном овраге. В сенях маленькой избушки казак, засучив рукава, рубил баранину. В самой избе были три офицера из партии Денисова, устроивавшие стол из двери. Петя снял, отдав сушить, свое мокрое платье и тотчас принялся содействовать офицерам в устройстве обеденного стола.

Через десять минут был готов стол, покрытый салфеткой. На столе была водка, ром в фляжке, белый хлеб и жареная баранина с солью.

Сидя вместе с офицерами за столом и разрывая руками, по которым текло сало, жирную душистую баранину, Петя находился в восторженном детском состоянии нежной любви ко всем людям и вследствие того уверенности в такой же любви к себе других людей.

– Так что же вы думаете, Василий Федорович, – обратился он к Денисову, – ничего, что я с вами останусь на денек? – И, не дожидаясь ответа, он сам отвечал себе: – Ведь мне велено узнать, ну вот я и узнаю... Только вы меня пустите в самую... в главную... Мне не нужно наград... А мне хочется... – Петя стиснул зубы и оглянулся, подергивая кверху поднятой головой и размахивая рукой.

– В самую главную... – повторил Денисов, улыбаясь.

– Только уж, пожалуйста, мне дайте команду совсем, чтобы я командовал, – продолжал Петя, – ну что вам стоит? Ах, вам ножик? – обратился он к офицеру, хотевшему отрезать баранины. И он подал свой складной ножик.

Офицер похвалил ножик.

– Возьмите, пожалуйста, себе. У меня много таких... – покраснев, сказал Петя. – Батюшки! Я и забыл совсем, – вдруг вскрикнул он. – У меня изюм чудесный, знаете, такой, без косточек. У нас маркитант новый – и такие прекрасные вещи. Я купил десять фунтов. Я привык что-нибудь сладкое. Хотите?.. – И Петя побежал в сени к своему казаку, принес торбы, в которых было фунтов пять изюму. – Кушайте, господа, кушайте.

– А то не нужно ли вам кофейник? – обратился он к эсаулу. – Я у нашего маркитанта купил, чудесный! У него прекрасные вещи. И он честный очень. Это главное. Я вам пришлю непременно. А может быть еще, у вас вышли, обились кремни, – ведь это бывает. Я взял с собою, у меня вот тут... – он показал на торбы – сто кремней. Я очень дешево купил. Возьмите, пожалуйста, сколько нужно, а то и все... – И вдруг, испугавшись, не заврался ли он, Петя остановился и покраснел.

Он стал вспоминать, не сделал ли он еще каких-нибудь глупостей. И, перебирая воспоминания нынешнего дня, воспоминание о французе-барабанщике представилось ему. "Нам-то отлично, а ему каково? Куда его дели? Покормили ли его? Не обидели ли?" – подумал он. Но заметив, что он заврался о кремнях, он теперь боялся.

"Спросить бы можно, – думал он, – да скажут: сам мальчик и мальчика пожалел. Я им покажу завтра, какой я мальчик! Стыдно будет, если я спрошу? – думал Петя. – Ну, да все равно!" – и тотчас же, покраснев и испуганно глядя на офицеров, не будет ли в их лицах насмешки, он сказал:

– А можно позвать этого мальчика, что взяли в плен? дать ему чего-нибудь поесть... может...

– Да, жалкий мальчишка, – сказал Денисов, видимо не найдя ничего стыдного в этом напоминании. – Позвать его сюда. Vincent Bosse его зовут. Позвать.

– Я позову, – сказал Петя.

– Позови, позови. Жалкий мальчишка, – повторил Денисов.

Петя стоял у двери, когда Денисов сказал это. Петя пролез между офицерами и близко подошел к Денисову.

– Позвольте вас поцеловать, голубчик, – сказал он. – Ах, как отлично! как хорошо! – И, поцеловав Денисова, он побежал на двор.

– Bosse! Vincent! – прокричал Петя, остановясь у двери.

– Вам кого, сударь, надо? – сказал голос из темноты. Петя отвечал, что того мальчика-француза, которого взяли нынче.

– А! Весеннего? – сказал казак.

Имя его Vincent уже переделали: казаки – в Весеннего, а мужики и солдаты – в Висеню. В обеих переделках это напоминание о весне сходилось с представлением о молоденьком мальчике.

– Он там у костра грелся. Эй, Висеня! Висеня! Весенний! – послышались в темноте передающиеся голоса и смех.

– А мальчонок шустрый, – сказал гусар, стоявший подле Пети. – Мы его покормили давеча. Страсть голодный был!

В темноте послышались шаги и, шлепая босыми ногами по грязи, барабанщик подошел к двери.

– Ah c'est vous! – сказал Петя. – Voulez-vous manger? N'ayez pas peur, on ne vous fera pas de mal, – прибавил он, робко и ласково дотрогиваясь до его руки. – Entrez, entrez[1].

– Merci, monsieur[2], – отвечал барабанщик дрожащим, почти детским голосом и стал обтирать о порог свои грязные ноги. Пете многое хотелось сказать барабанщику, но он не смел. Он, переминаясь, стоял подле него в сенях. Потом в темноте взял его за руку и пожал ее.

– Entrez, entrez, – повторил он только нежным шепотом.

"Ах, что бы мне ему сделать!" – проговорил сам с собою Петя и, отворив дверь, пропустил мимо себя мальчика.

Когда барабанщик вошел в избушку, Петя сел подальше от него, считая для себя унизительным обращать на него внимание. Он только ощупывал в кармане деньги и был в сомненье, не стыдно ли будет дать их барабанщику.

VIII

От барабанщика, которому по приказанию Денисова дали водки, баранины и которого Денисов велел одеть в русский кафтан, с тем чтобы, не отсылая с пленными, оставить его при партии, внимание Пети было отвлечено приездом До-

1 Ах, это вы!.. Хотите есть? Не бойтесь, вам ничего не сделают... Войдите, войдите.

2 Благодарю, господин.

лохова. Петя в армии слышал много рассказов про необычайные храбрость и жестокость Долохова с французами, и потому с тех пор, как Долохов вошел в избу, Петя, не спуская глаз, смотрел на него и все больше подбадривался, подергивая поднятой головой, с тем чтобы не быть недостойным даже и такого общества, как Долохов.

Наружность Долохова странно поразила Петю своей простотой.

Денисов одевался в чекмень, носил бороду и на груди образ Николая-чудотворца и в манере говорить, во всех приемах выказывал особенность своего положения. Долохов же, напротив, прежде, в Москве, носивший персидский костюм, теперь имел вид самого чопорного гвардейского офицера. Лицо его было чисто выбрито, одет он был в гвардейский ваточный сюртук с Георгием в петлице и в прямо надетой простой фуражке. Он снял в углу мокрую бурку и, подойдя к Денисову, не здороваясь ни с кем, тотчас же стал расспрашивать о деле. Денисов рассказывал ему про замыслы, которые имели на их транспорт большие отряды, и про присылку Пети, и про то, как он отвечал обоим генералам. Потом Денисов рассказал все, что он знал про положение французского отряда.

– Это так, но надо знать, какие и сколько войск, – сказал Долохов, – надо будет съездить. Не зная верно, сколько их, пускаться в дело нельзя. Я люблю аккуратно дело делать. Вот, не хочет ли кто из господ съездить со мной в их лагерь. У меня мундиры с собою.

– Я, я... я поеду с вами! – вскрикнул Петя.

– Совсем и тебе не нужно ездить, – сказал Денисов, обращаясь к Долохову, – а уж его я ни за что не пущу.

– Вот прекрасно! – вскрикнул Петя, – отчего же мне не ехать?..

– Да оттого, что незачем.

– Ну, уж вы меня извините, потому что... потому что... я поеду, вот и все. Вы возьмете меня? – обратился он к Долохову.

– Отчего ж... – рассеянно отвечал Долохов, вглядываясь в лицо французского барабанщика.

– Давно у тебя молодчик этот? – спросил он у Денисова.

– Нынче взяли, да ничего не знает. Я оставил его пг'и себе.

– Ну, а остальных ты куда деваешь? – сказал Долохов.

– Как куда? Отсылаю под г'асписки! – вдруг покраснев, вскрикнул Денисов. – И смело скажу, что на моей совести нет ни одного человека. Г'азве тебе тг'удно отослать тг'идцать ли, тг'иста ли человек под конвоем в гог'од, чем маг'ать, я пг'ямо скажу, честь солдата.

– Вот молоденькому графчику в шестнадцать лет говорить эти любезности прилично, – с холодной усмешкой сказал Долохов, – а тебе-то уж это оставить пора.

– Что ж, я ничего не говорю, я только говорю, что я непременно поеду с вами, – робко сказал Петя.

– А нам с тобой пора, брат, бросить эти любезности, – продолжал Долохов, как будто он находил особенное удовольствие говорить об этом предмете, раздражавшем Денисова. – Ну этого ты зачем взял к себе? – сказал он, покачивая головой. – Затем, что тебе его жалко? Ведь мы знаем эти твои расписки. Ты пошлешь их сто человек, а придут тридцать. Помрут с голоду или побьют. Так не все ли равно их и не брать?

Эсаул, щуря светлые глаза, одобрительно кивал головой.

– Это все г'авно, тут г'ассуждать нечего. Я на свою душу взять не хочу. Ты говог'ишь – помг'ут. Ну, хог'ошо. Только бы не от меня.

Долохов засмеялся.

– Кто же им не велел меня двадцать раз поймать? А ведь поймают – меня и тебя, с твоим рыцарством, все равно на осинку. – Он помолчал. – Однако надо дело делать. Послать моего казака с вьюком! У меня два французских мундира. Что ж, едем со мной? – спросил он у Пети.

– Я? Да, да, непременно, – покраснев почти до слез, вскрикнул Петя, взглядывая на Денисова.

Опять в то время, как Долохов заспорил с Денисовым о том, что надо делать с пленными, Петя почувствовал неловкость и торопливость; но опять не успел понять хорошенько того, о чем они говорили. "Ежели так думают большие, известные, стало быть, так надо, стало быть, это хорошо, – думал он. – А главное, надо, чтобы Денисов не смел думать, что я послушаюсь его, что он может мной командовать. Непременно поеду с Долоховым во французский лагерь. Он может, и я могу".

На все убеждения Денисова не ездить Петя отвечал, что он тоже привык все делать аккуратно, а не наобум Лазаря, и что он об опасности себе никогда не думает.

– Потому что, – согласитесь сами, – если не знать верно, сколько там, от этого зависит жизнь, может быть, сотен, а тут мы одни, и потом мне очень этого хочется, и непременно, непременно поеду, вы уж меня не удержите, – говорил он, – только хуже будет...

IX

Одевшись в французские шинели и кивера, Петя с Долоховым поехали на ту просеку, с которой Денисов смотрел на лагерь, и, выехав из леса в совершенной темноте, спустились в лощину. Съехав вниз, Долохов велел сопровождавшим его казакам дожидаться тут и поехал крупной рысью по дороге к мосту. Петя, замирая от волнения, ехал с ним рядом.

– Если попадемся, я живым не отдамся, у меня пистолет, – прошептал Петя.

– Не говори по-русски, – быстрым шепотом сказал Долохов, и в ту же минуту в темноте послышался оклик: "Qui vive?"[1] и звон ружья.

Кровь бросилась в лицо Пети, и он схватился за пистолет.

– Lanciers du sixième[2], – проговорил Долохов, не укорачивая и не прибавляя хода лошади. Черная фигура часового стояла на мосту.

1 Кто идет?
2 Уланы шестого полка.

– Mot d'ordre?[1] – Долохов придержал лошадь и поехал шагом.

– Dites donc, le colonel Gérard est ici?[2] – сказал он.

– Mot d'ordre! – не отвечая, сказал часовой, загораживая дорогу.

– Quand un officier fait sa ronde, les sentinelles ne demandent pas le mot d'ordre... – крикнул Долохов, вдруг вспыхнув, наезжая лошадью на часового. – Je vous demande si le colonel est ici?[3]

И, не дожидаясь ответа от посторонившегося часового, Долохов шагом поехал в гору.

Заметив черную тень человека, переходящего через дорогу, Долохов остановил этого человека и спросил, где командир и офицеры? Человек этот, с мешком на плече, солдат, остановился, близко подошел к лошади Долохова, дотрогиваясь до нее рукою, и просто и дружелюбно рассказал, что командир и офицеры были выше на горе, с правой стороны, на дворе фермы (так он называл господскую усадьбу).

Проехав по дороге, с обеих сторон которой звучал от костров французский говор, Долохов повернул во двор господского дома. Проехав в ворота, он слез с лошади и подошел к большому пылавшему костру, вокруг которого, громко разговаривая, сидело несколько человек. В котелке с краю варилось что-то, и солдат в колпаке и синей шинели, стоя на коленях, ярко освещенный огнем, мешал в нем шомполом.

– Oh, c'est un dur à cuire[4], – говорил один из офицеров, сидевших в тени с противоположной стороны костра.

– Il les fera marcher les lapins...[5] – со смехом сказал другой. Оба замолкли, вглядываясь в темноту на звук шагов Долохова и Пети, подходивших к костру с своими лошадьми.

1 Отзыв?
2 Скажи, здесь ли полковник Жерар?
3 Когда офицер объезжает цепь, часовые не спрашивают отзыва... Я спрашиваю, тут ли полковник?
4 С этим чертом не сладишь.
5 Он их проберет...

– Bonjour, messieurs![1] – громко, отчетливо выговорил Долохов.

Офицеры зашевелились в тени костра, и один, высокий офицер с длинной шеей, обойдя огонь, подошел к Долохову.

– C'est vous, Clément? – сказал он. – D'où, diable...[2] – но он не докончил, узнав свою ошибку, и, слегка нахмурившись, как с незнакомым, поздоровался с Долоховым, спрашивая его, чем он может служить. Долохов рассказал, что он с товарищем догонял свой полк, и спросил, обращаясь ко всем вообще, не знали ли офицеры чего-нибудь о шестом полку. Никто ничего не знал; и Пете показалось, что офицеры враждебно и подозрительно стали осматривать его и Долохова. Несколько секунд все молчали.

– Si vous comptez sur la soupe du soir, vous venez trop tard[3], – сказал с сдержанным смехом голос из-за костра.

Долохов отвечал, что они сыты и что им надо в ночь же ехать дальше.

Он отдал лошадей солдату, мешавшему в котелке, и на корточках присел у костра рядом с офицером с длинной шеей. Офицер этот, не спуская глаз, смотрел на Долохова и переспросил его еще раз: какого он был полка? Долохов не отвечал, как будто не слыхал вопроса, и, закуривая коротенькую французскую трубку, которую он достал из кармана, спрашивал офицеров о том, в какой степени безопасна дорога от казаков впереди их.

– Les brigands sont partout[4], – отвечал офицер из-за костра.

Долохов сказал, что казаки страшны только для таких отсталых, как он с товарищем, но что на большие отряды казаки, вероятно, не смеют нападать, прибавил он вопросительно. Никто ничего не ответил.

"Ну, теперь он уедет", – всякую минуту думал Петя, стоя перед костром и слушая его разговор.

Но Долохов начал опять прекратившийся разговор и прямо стал расспрашивать, сколько у них людей в баталь-

1 Здравствуйте, господа!
2 Это вы, Клеман? Откуда, черт...
3 Если вы рассчитываете на ужин, то вы опоздали.
4 Эти разбойники везде.

оне, сколько батальонов, сколько пленных. Спрашивая про пленных русских, которые были при их отряде, Долохов сказал:

– La vilaine affaire de trainer ces cadavres après soi. Vaudrait mieux fusiller cette canaille[1], – и громко засмеялся таким странным смехом, что Пете показалось, французы сейчас узнают обман, и он невольно отступил на шаг от костра. Никто не ответил на слова и смех Долохова, и французский офицер, которого не видно было (он лежал, укутавшись шинелью), приподнялся и прошептал что-то товарищу. Долохов встал и кликнул солдата с лошадьми.

"Подадут или нет лошадей?" – думал Петя, невольно приближаясь к Долохову.

Лошадей подали.

– Bonjour, messieurs[2], – сказал Долохов.

Петя хотел сказать bonsoir[3] и не мог договорить слова. Офицеры что-то шепотом говорили между собою. Долохов долго садился на лошадь, которая не стояла; потом шагом поехал из ворот. Петя ехал подле него, желая и не смея оглянуться, чтоб увидать, бегут или не бегут за ними французы.

Выехав на дорогу, Долохов поехал не назад в поле, а вдоль по деревне. В одном месте он остановился, прислушиваясь.

– Слышишь? – сказал он.

Петя узнал звуки русских голосов, увидал у костров темные фигуры русских пленных. Спустившись вниз к мосту, Петя с Долоховым проехали часового, который, ни слова не сказав, мрачно ходил по мосту, и выехали в лощину, где дожидались казаки.

– Ну, теперь прощай. Скажи Денисову, что на заре, по первому выстрелу, – сказал Долохов и хотел ехать, но Петя схватился за него рукою.

– Нет! – вскрикнул он, – вы такой герой. Ах, как хорошо! Как отлично! Как я вас люблю.

1 Скверное дело таскать за собой эти трупы. Лучше бы расстрелять эту сволочь.

2 Прощайте, господа.

3 добрый вечер.

– Хорошо, хорошо, – сказал Долохов, но Петя не отпускал его, и в темноте Долохов рассмотрел, что Петя нагибался к нему. Он хотел поцеловаться. Долохов поцеловал его, засмеялся и, повернув лошадь, скрылся в темноте.

X

Вернувшись к караулке, Петя застал Денисова в сенях. Денисов в волнении, беспокойстве и досаде на себя, что отпустил Петю, ожидал его.

– Слава богу! – крикнул он. – Ну, слава богу! – повторял он, слушая восторженный рассказ Пети. – И чог'т тебя возьми, из-за тебя не спал! – проговорил Денисов. – Ну, слава богу, тепег'ь ложись спать. Еще вздг'емнем до утг'а.

– Да... Нет, – сказал Петя. – Мне еще не хочется спать. Да я и себя знаю, ежели засну, так уж кончено. И потом я привык не спать перед сражением.

Петя посидел несколько времени в избе, радостно вспоминая подробности своей поездки и живо представляя себе то, что будет завтра. Потом, заметив, что Денисов заснул, он встал и пошел на двор.

На дворе еще было совсем темно. Дождик прошел, но капли еще падали с деревьев. Вблизи от караулки виднелись черные фигуры казачьих шалашей и связанных вместе лошадей. За избушкой чернелись две фуры, у которых стояли лошади, и в овраге краснелся догоравший огонь. Казаки и гусары не все спали: кое-где слышались, вместе с звуком падающих капель и близкого звука жевания лошадей, негромкие, как бы шепчущиеся голоса.

Петя вышел из сеней, огляделся в темноте и подошел к фурам. Под фурами храпел кто-то, и вокруг них стояли, жуя овес, оседланные лошади. В темноте Петя узнал свою лошадь, которую он называл Карабахом, хотя она была малороссийская лошадь, и подошел к ней.

– Ну, Карабах, завтра послужим, – сказал он, нюхая ее ноздри и целуя ее.

– Что, барин, не спите? – сказал казак, сидевший под фурой.

– Нет; а... Лихачев, кажется, тебя звать? Ведь я сейчас только приехал. Мы ездили к французам. – И Петя подробно рассказал казаку не только свою поездку, но и то, почему он ездил и почему он считает, что лучше рисковать своей жизнью, чем делать наобум Лазаря.

– Что же, соснули бы, – сказал казак.

– Нет, я привык, – отвечал Петя. – А что, у вас кремни в пистолетах не обились? Я привез с собою. Не нужно ли? Ты возьми.

Казак высунулся из-под фуры, чтобы поближе рассмотреть Петю.

– Оттого, что я привык все делать аккуратно, – сказал Петя. – Иные так, кое-как, не приготовятся, потом и жалеют. Я так не люблю.

– Это точно, – сказал казак.

– Да еще вот что, пожалуйста, голубчик, наточи мне саблю; затупи... (но Петя боялся солгать) она никогда отточена не была. Можно это сделать?

– Отчего ж, можно.

Лихачев встал, порылся в вьюках, и Петя скоро услыхал воинственный звук стали о брусок. Он влез на фуру и сел на край ее. Казак под фурой точил саблю.

– А что же, спят молодцы? – сказал Петя.

– Кто спит, а кто так вот.

– Ну, а мальчик что?

– Весенний-то? Он там, в сенцах, завалился. Со страху спится. Уж рад-то был.

Долго после этого Петя молчал, прислушиваясь к звукам. В темноте послышались шаги и показалась черная фигура.

– Что точишь? – спросил человек, подходя к фуре.

– А вот барину наточить саблю.

– Хорошее дело, – сказал человек, который показался Пете гусаром. – У вас, что ли, чашка осталась?

– А вон у колеса.

Гусар взял чашку.

– Небось скоро свет, – проговорил он, зевая, и прошел куда-то.

Петя должен бы был знать, что он в лесу, в партии Денисова, в версте от дороги, что он сидит на фуре, отбитой у французов, около которой привязаны лошади, что под ним сидит казак Лихачев и натачивает ему саблю, что большое черное пятно направо – караулка, и красное яркое пятно внизу налево – догоравший костер, что человек, приходивший за чашкой, – гусар, который хотел пить; но он ничего не знал и не хотел знать этого. Он был в волшебном царстве, в котором ничего не было похожего на действительность. Большое черное пятно, может быть, точно была караулка, а может быть, была пещера, которая вела в самую глубь земли. Красное пятно, может быть, был огонь, а может быть – глаз огромного чудовища. Может быть, он точно сидит теперь на фуре, а очень может быть, что он сидит не на фуре, а на страшно высокой башне, с которой ежели упасть, то лететь бы до земли целый день, целый месяц – все лететь и никогда не долетишь. Может быть, что под фурой сидит просто казак Лихачев, а очень может быть, что это – самый добрый, храбрый, самый чудесный, самый превосходный человек на свете, которого никто не знает. Может быть, это точно проходил гусар за водой и пошел в лощину, а может быть, он только что исчез из виду и совсем исчез, и его не было.

Что бы ни увидал теперь Петя, ничто бы не удивило его. Он был в волшебном царстве, в котором все было возможно.

Он поглядел на небо. И небо было такое же волшебное, как и земля. На небе расчищало, и над вершинами дерев быстро бежали облака, как будто открывая звезды. Иногда казалось, что на небе расчищало и показывалось черное, чистое небо. Иногда казалось, что эти черные пятна были тучки. Иногда казалось, что небо высоко, высоко поднимается над головой; иногда небо спускалось совсем, так что рукой можно было достать его.

Петя стал закрывать глаза и покачиваться.

Капли капали. Шел тихий говор. Лошади заржали и подрались. Храпел кто-то.

– Ожиг, жиг, ожиг, жиг... – свистела натачиваемая сабля. И вдруг Петя услыхал стройный хор музыки, игравшей какой-то неизвестный, торжественно сладкий гимн. Петя был музыкален, так же как Наташа, и больше Николая, но он никогда не учился музыке, не думал о музыке, и потому мотивы, неожиданно приходившие ему в голову, были для него особенно новы и привлекательны. Музыка играла все слышнее и слышнее. Напев разрастался, переходил из одного инструмента в другой. Происходило то, что называется фугой, хотя Петя не имел ни малейшего понятия о том, что такое фуга. Каждый инструмент, то похожий на скрипку, то на трубы – но лучше и чище, чем скрипки и трубы, – каждый инструмент играл свое и, не доиграв еще мотива, сливался с другим, начинавшим почти то же, и с третьим, и с четвертым, и все они сливались в одно и опять разбегались, и опять сливались то в торжественно церковное, то в ярко блестящее и победное.

"Ах, да, ведь это я во сне, – качнувшись наперед, сказал себе Петя. – Это у меня в ушах. А может быть, это моя музыка. Ну, опять. Валяй моя музыка! Ну!.."

Он закрыл глаза. И с разных сторон, как будто издалека, затрепетали звуки, стали слаживаться, разбегаться, сливаться, и опять все соединилось в тот же сладкий и торжественный гимн. "Ах, это прелесть что такое! Сколько хочу и как хочу", – сказал себе Петя. Он попробовал руководить этим огромным хором инструментов.

"Ну, тише, тише, замирайте теперь. – И звуки слушались его. – Ну, теперь полнее, веселее. Еще, еще радостнее. – И из неизвестной глубины поднимались усиливающиеся, торжественные звуки. – Ну, голоса, приставайте!" – приказал Петя. И сначала издалека послышались голоса мужские, потом женские. Голоса росли, росли в равномерном торжественном усилии. Пете страшно и радостно было внимать их необычайной красоте.

С торжественным победным маршем сливалась песня, и капли капали, и вжиг, жиг, жиг... свистела сабля, и опять подрались и заржали лошади, не нарушая хора, а входя в него.

Петя не знал, как долго это продолжалось: он наслаждался, все время удивлялся своему наслаждению и жалел, что некому сообщить его. Его разбудил ласковый голос Лихачева.

– Готово, ваше благородие, надвое хранцуза распластаете.

Петя очнулся.

– Уж светает, право, светает! – вскрикнул он.

Невидные прежде лошади стали видны до хвостов, и сквозь оголенные ветки виднелся водянистый свет. Петя встряхнулся, вскочил, достал из кармана целковый и дал Лихачеву, махнув, попробовал шашку и положил ее в ножны. Казаки отвязывали лошадей и подтягивали подпруги.

– Вот и командир, – сказал Лихачев.

Из караулки вышел Денисов и, окликнув Петю, приказал собираться.

XI

Быстро в полутьме разобрали лошадей, подтянули подпруги и разобрались по командам. Денисов стоял у караулки, отдавая последние приказания. Пехота партии, шлепая сотней ног, прошла вперед по дороге и быстро скрылась между деревьев в предрассветном тумане. Эсаул что-то приказывал казакам. Петя держал свою лошадь в поводу, с нетерпением ожидая приказания садиться. Обмытое холодной водой, лицо его, в особенности глаза горели огнем, озноб пробегал по спине, и во всем теле что-то быстро и равномерно дрожало.

– Ну, готово у вас все? – сказал Денисов. – Давай лошадей.

Лошадей подали. Денисов рассердился на казака за то, что подпруги были слабы, и, разбранив его, сел. Петя взялся за стремя. Лошадь, по привычке, хотела куснуть его за ногу, но Петя, не чувствуя своей тяжести, быстро вскочил в седло и, оглядываясь на тронувшихся сзади в темноте гусар, подъехал к Денисову.

– Василий Федорович, вы мне поручите что-нибудь? Пожалуйста... ради бога... – сказал он. Денисов, казалось, забыл про существование Пети. Он оглянулся на него.

– Об одном тебя пг'ошу, – сказал он строго, – слушаться меня и никуда не соваться.

Во все время переезда Денисов ни слова не говорил больше с Петей и ехал молча. Когда подъехали к опушке леса, в поле заметно уже стало светлеть. Денисов поговорил что-то шепотом с эсаулом, и казаки стали проезжать мимо Пети и Денисова. Когда они все проехали, Денисов тронул свою лошадь и поехал под гору. Садясь на зады и скользя, лошади спускались с своими седоками в лощину. Петя ехал рядом с Денисовым. Дрожь во всем его теле все усиливалась. Становилось все светлее и светлее, только туман скрывал отдаленные предметы. Съехав вниз и оглянувшись назад, Денисов кивнул головой казаку, стоявшему подле него.

– Сигнал! – проговорил он.

Казак поднял руку, раздался выстрел. И в то же мгновение послышался топот впереди поскакавших лошадей, крики с разных сторон и еще выстрелы.

В то же мгновение, как раздались первые звуки топота и крика, Петя, ударив свою лошадь и выпустив поводья, не слушая Денисова, кричавшего на него, поскакал вперед. Пете показалось, что вдруг совершенно, как середь дня, ярко рассвело в ту минуту, как послышался выстрел. Он подскакал к мосту. Впереди по дороге скакали казаки. На мосту он столкнулся с отставшим казаком и поскакал дальше. Впереди какие-то люди, – должно быть, это были французы, – бежали с правой стороны дороги на левую. Один упал в грязь под ногами Петиной лошади.

У одной избы столпились казаки, что-то делая. Из середины толпы послышался страшный крик. Петя подскакал к этой толпе, и первое, что он увидал, было бледное, с трясущейся нижней челюстью лицо француза, державшегося за древко направленной на него пики.

– Ура!.. Ребята... наши... – прокричал Петя и, дав поводья разгорячившейся лошади, поскакал вперед по улице.

Впереди слышны были выстрелы. Казаки, гусары и русские оборванные пленные, бежавшие с обеих сторон дороги, все громко и нескладно кричали что-то. Молодцеватый, без шапки, с красным нахмуренным лицом, француз в синей шинели отбивался штыком от гусаров. Когда Петя подскакал, француз уже упал. Опять опоздал, мелькнуло в голове Пети, и он поскакал туда, откуда слышались частые выстрелы. Выстрелы раздавались на дворе того барского дома, на котором он был вчера ночью с Долоховым. Французы засели там за плетнем в густом, заросшем кустами саду и стреляли по казакам, столпившимся у ворот. Подъезжая к воротам, Петя в пороховом дыму увидал Долохова с бледным, зеленоватым лицом, кричавшего что-то людям. "В объезд! Пехоту подождать!" – кричал он, в то время как Петя подъехал к нему.

– Подождать?.. Ураааа!.. – закричал Петя и, не медля ни одной минуты, поскакал к тому месту, откуда слышались выстрелы и где гуще был пороховой дым. Послышался залп, провизжали пустые и во что-то шлепнувшие пули. Казаки и Долохов вскакали вслед за Петей в ворота дома. Французы в колеблющемся густом дыме одни бросали оружие и выбегали из кустов навстречу казакам, другие бежали под гору к пруду. Петя скакал на своей лошади вдоль по барскому двору и, вместо того чтобы держать поводья, странно и быстро махал обеими руками и все дальше и дальше сбивался с седла на одну сторону. Лошадь, набежав на тлевший в утреннем свете костер, уперлась, и Петя тяжело упал на мокрую землю. Казаки видели, как быстро задергались его руки и ноги, несмотря на то, что голова его не шевелилась. Пуля пробила ему голову.

Переговоривши с старшим французским офицером, который вышел к нему из-за дома с платком на шпаге и объявил, что они сдаются, Долохов слез с лошади и подошел к неподвижно, с раскинутыми руками, лежавшему Пете.

– Готов, – сказал он, нахмурившись, и пошел в ворота навстречу ехавшему к нему Денисову.

– Убит?! – вскрикнул Денисов, увидав еще издалека то знакомое ему, несомненно безжизненное положение, в котором лежало тело Пети.

– Готов, – повторил Долохов, как будто выговаривание этого слова доставляло ему удовольствие, и быстро пошел к пленным, которых окружили спешившиеся казаки. – Брать не будем! – крикнул он Денисову.

Денисов не отвечал; он подъехал к Пете, слез с лошади и дрожащими руками повернул к себе запачканное кровью и грязью, уже побледневшее лицо Пети.

"Я привык что-нибудь сладкое. Отличный изюм, берите весь", – вспомнилось ему. И казаки с удивлением оглянулись на звуки, похожие на собачий лай, с которыми Денисов быстро отвернулся, подошел к плетню и схватился за него.

В числе отбитых Денисовым и Долоховым русских пленных был Пьер Безухов.

XII

О той партии пленных, в которой был Пьер, во время всего своего движения от Москвы, не было от французского начальства никакого нового распоряжения. Партия эта 22-го октября находилась уже не с теми войсками и обозами, с которыми она вышла из Москвы. Половина обоза с сухарями, который шел за ними первые переходы, была отбита казаками, другая половина уехала вперед; пеших кавалеристов, которые шли впереди, не было ни одного больше; они все исчезли. Артиллерия, которая первые переходы виднелась впереди, заменилась теперь огромным обозом маршала Жюно, конвоируемого вестфальцами. Сзади пленных ехал обоз кавалерийских вещей.

От Вязьмы французские войска, прежде шедшие тремя колоннами, шли теперь одной кучей. Те признаки беспорядка, которые заметил Пьер на первом привале из Москвы, теперь дошли до последней степени.

Дорога, по которой они шли, с обеих сторон была уложена мертвыми лошадьми; оборванные люди, отсталые от разных команд, беспрестанно переменяясь, то присоединялись, то опять отставали от шедшей колонны.

Несколько раз во время похода бывали фальшивые тревоги, и солдаты конвоя поднимали ружья, стреляли и бежали стремглав, давя друг друга, но потом опять собирались и бранили друг друга за напрасный страх.

Эти три сборища, шедшие вместе, – кавалерийское депо, депо пленных и обоз Жюно, – все еще составляли что-то отдельное и цельное, хотя и то, и другое, и третье быстро таяло.

В депо, в котором было сто двадцать повозок сначала, теперь оставалось не больше шестидесяти; остальные были отбиты или брошены. Из обоза Жюно тоже было оставлено и отбито несколько повозок. Три повозки были разграблены набежавшими отсталыми солдатами из корпуса Даву. Из разговоров немцев Пьер слышал, что к этому обозу ставили караул больше, чем к пленным, и что один из их товарищей, солдат-немец, был расстрелян по приказанию самого маршала за то, что у солдата нашли серебряную ложку, принадлежавшую маршалу.

Больше же всего из этих трех сборищ растаяло депо пленных. Из трехсот тридцати человек, вышедших из Москвы, теперь оставалось меньше ста. Пленные еще более, чем седла кавалерийского депо и чем обоз Жюно, тяготили конвоирующих солдат. Седла и ложки Жюно, они понимали, что могли для чего-нибудь пригодиться, но для чего было голодным и холодным солдатам конвоя стоять на карауле и стеречь таких же холодных и голодных русских, которые мерли и отставали дорогой, которых было велено пристреливать, – это было не только непонятно, но и противно. И конвойные, как бы боясь в том горестном положении, в котором они сами находились, не отдаться бывшему в них чувству жалости к пленным и тем ухудшить свое положение, особенно мрачно и строго обращались с ними.

В Дорогобуже, в то время как, заперев пленных в конюшню, конвойные солдаты ушли грабить свои же магазины, несколько человек пленных солдат подкопались под стену и убежали, но были захвачены французами и расстреляны.

Прежний, введенный при выходе из Москвы, порядок, чтобы пленные офицеры шли отдельно от солдат, уже давно был уничтожен; все те, которые могли идти, шли вместе, и Пьер с третьего перехода уже соединился опять с Каратаевым и лиловой кривоногой собакой, которая избрала себе хозяином Каратаева.

С Каратаевым, на третий день выхода из Москвы, сделалась та лихорадка, от которой он лежал в московском гошпитале, и по мере того как Каратаев ослабевал, Пьер отдалялся от него. Пьер не знал отчего, но, с тех пор как Каратаев стал слабеть, Пьер должен был делать усилие над собой, чтобы подойти к нему. И подходя к нему и слушая те тихие стоны, с которыми Каратаев обыкновенно на привалах ложился, и чувствуя усилившийся теперь запах, который издавал от себя Каратаев, Пьер отходил от него подальше и не думал о нем.

В плену, в балагане, Пьер узнал не умом, а всем существом своим, жизнью, что человек сотворен для счастья, что счастье в нем самом, в удовлетворении естественных человеческих потребностей, и что все несчастье происходит не от недостатка, а от излишка; но теперь, в эти последние три недели похода, он узнал еще новую, утешительную истину – он узнал, что на свете нет ничего страшного. Он узнал, что так как нет положения, в котором бы человек был счастлив и вполне свободен, так и нет положения, в котором бы он был бы несчастлив и несвободен. Он узнал, что есть граница страданий и граница свободы и что эта граница очень близка; что тот человек, который страдал оттого, что в розовой постели его завернулся один листок, точно так же страдал, как страдал он теперь, засыпая на голой, сырой земле, остужая одну сторону и пригревая другую; что, когда он, бывало, надевал свои бальные узкие башмаки, он точно так же страдал, как теперь, когда он шел уже босой совсем (обувь его давно растрепалась), ногами, покрытыми болячками. Он узнал, что, когда он, как ему казалось, по собственной своей воле женился на своей жене, он был не более свободен, чем теперь, когда его запирали на ночь в конюшню. Из всего того, что потом и он называл страданием, но которое он тогда почти не чувствовал, главное были босые, стертые, заструпелые ноги. (Лошадиное мясо было вкусно и питательно, селитренный букет пороха, употребляемого вместо соли, был даже приятен, холода большого не было, и днем на ходу всегда бывало жарко, а ночью были костры; вши, евшие тело, приятно согревали.) Одно было тяжело в первое время – это ноги.

Во второй день перехода, осмотрев у костра свои болячки, Пьер думал невозможным ступить на них; но когда все поднялись, он пошел, прихрамывая, и потом, когда разогрелся, пошел без боли, хотя к вечеру страшнее еще было смотреть на ноги. Но он не смотрел на них и думал о другом.

Теперь только Пьер понял всю силу жизненности человека и спасительную силу перемещения внимания, вложенную в человека, подобную тому спасительному клапану в паровиках, который выпускает лишний пар, как только плотность его превышает известную норму.

Он не видал и не слыхал, как пристреливали отсталых пленных, хотя более сотни из них уже погибли таким образом. Он не думал о Каратаеве, который слабел с каждым днем и, очевидно, скоро должен был подвергнуться той же участи. Еще менее Пьер думал о себе. Чем труднее становилось его положение, чем страшнее была будущность, тем независимее от того положения, в котором он находился, приходили ему радостные и успокоительные мысли, воспоминания и представления.

XIII

22-го числа, в полдень, Пьер шел в гору по грязной, скользкой дороге, глядя на свои ноги и на неровности пути. Изредка он взглядывал на знакомую толпу, окружающую его, и опять на свои ноги. И то и другое было одинаково свое и знакомое ему. Лиловый кривоногий Серый весело бежал стороной дороги, изредка, в доказательство своей ловкости и довольства, поджимая заднюю лапу и прыгая на трех и потом опять на всех четырех бросаясь с лаем на вороньев, которые сидели на падали. Серый был веселее и глаже, чем в Москве. Со всех сторон лежало мясо различных животных – от человеческого до лошадиного, в различных степенях разложения; и волков не подпускали шедшие люди, так что Серый мог наедаться сколько угодно.

Дождик шел с утра, и казалось, что вот-вот он пройдет и на небе расчистит, как вслед за непродолжительной остановкой припускал дождик еще сильнее. Напитанная дождем дорога уже не принимала в себя воды, и ручьи текли по колеям.

Пьер шел, оглядываясь по сторонам, считая шаги по три, и загибал на пальцах. Обращаясь к дождю, он внутренне приговаривал: ну-ка, ну-ка еще, еще наддай.

Ему казалось, что он ни о чем не думает; но далеко и глубоко где-то, что-то важное и утешительное думала его душа. Это что-то было тончайшее духовное извлечение из вчерашнего его разговора с Каратаевым.

Вчера, на ночном привале, озябнув у потухшего огня, Пьер встал и перешел к ближайшему, лучше горящему костру. У костра, к которому он подошел, сидел Платон, укрывшись, как ризой, с головой шинелью, и рассказывал солдатам своим спорым, приятным, но слабым, болезненным голосом знакомую Пьеру историю. Было уже за полночь. Это было то время, в которое Каратаев обыкновенно оживал от лихорадочного припадка и бывал особенно оживлен. Подойдя к костру и услыхав слабый, болезненный голос Платона и увидав его ярко освещенное огнем жалкое лицо, Пьера что-то неприятно кольнуло в сердце. Он испугался своей жалости к этому человеку и хотел уйти, но другого костра не было, и Пьер, стараясь не глядеть на Платона, подсел к костру.

– Что, как твое здоровье? – спросил он.

– Что здоровье? На болезнь плакаться – бог смерти не даст, – сказал Каратаев и тотчас же возвратился к начатому рассказу.

– ...И вот, братец ты мой, – продолжал Платон с улыбкой на худом, бледном лице и с особенным, радостным блеском в глазах, – вот, братец ты мой...

Пьер знал эту историю давно, Каратаев раз шесть ему одному рассказывал эту историю, и всегда с особенным, радостным чувством. Но как ни хорошо знал Пьер эту историю, он теперь прислушался к ней, как к чему-то новому, и тот тихий восторг, который, рассказывая, видимо, испытывал Каратаев, сообщился и Пьеру. История эта была о старом купце, благообразно и богобоязненно жившем с семьей и поехавшем однажды с товарищем, богатым купцом, к Макарью.

Остановившись на постоялом дворе, оба купца заснули, и на другой день товарищ купца был найден зарезанным и ограбленным. Окровавленный нож найден был под подушкой старого купца. Купца судили, наказали кнутом и, выдернув ноздри, – как следует по порядку, говорил Каратаев, – сослали в каторгу.

– И вот, братец ты мой (на этом месте Пьер застал рассказ Каратаева), проходит тому делу годов десять или больше того. Живет старичок на каторге. Как следовает, покоряется, худого не делает. Только у бога смерти просит. – Хорошо. И соберись они, ночным делом, каторжные-то, так же вот, как мы с тобой, и старичок с ними. И зашел разговор, кто за что страдает, в чем богу виноват. Стали сказывать, тот душу загубил, тот две, тот поджег, тот беглый, так ни за что. Стали старичка спрашивать: ты за что, мол, дедушка, страдаешь? Я, братцы мои миленькие, говорит, за свои да за людские грехи страдаю. А я ни душ не губил, ни чужого не брал, акромя что нищую братию оделял. Я, братцы мои миленькие, купец; и богатство большое имел. Так и так, говорит. И рассказал им, значит, как все дело было, по порядку. Я, говорит, о себе не тужу. Меня, значит, бог сыскал. Одно, говорит, мне свою старуху и деток жаль. И так-то заплакал старичок. Случись в их компании тот самый человек, значит, что купца убил. Где, говорит, дедушка, было? Когда, в каком месяце? все расспросил. Заболело у него сердце. Подходит таким манером к старичку – хлоп в ноги. За меня ты, говорит, старичок, пропадаешь. Правда истинная; безвинно напрасно, говорит, ребятушки, человек этот мучится. Я, говорит, то самое дело сделал и нож тебе под голова сонному подложил. Прости, говорит, дедушка, меня ты ради Христа.

Каратаев замолчал, радостно улыбаясь, глядя на огонь, и поправил поленья.

– Старичок и говорит: бог, мол, тебя простит, а мы все, говорит, богу грешны, я за свои грехи страдаю. Сам заплакал горючьми слезьми. Что же думаешь, соколик, – все светлее и светлее сияя восторженной улыбкой, говорил Каратаев, как будто в том, что он имел теперь рассказать, заключалась главная прелесть и все значение рассказа, – что же думаешь, соколик, объявился этот убийца самый по начальству. Я, говорит, шесть душ загубил (большой злодей был), но всего мне жальче старичка этого. Пускай же он на меня не плачется. Объявился: списали, послали бумагу, как следовает. Место дальнее, пока суд да дело, пока все бумаги списали как должно, по начальствам, значит. До царя доходило. Пока что, пришел царский указ: выпустить купца, дать ему награждения, сколько там присудили. Пришла бумага, стали старичка разыскивать. Где такой старичок безвинно напрасно страдал? От царя бумага вышла. Стали искать. – Нижняя челюсть Каратаева дрогнула. – А его уж бог простил – помер. Так-то, соколик, – закончил Каратаев и долго, молча улыбаясь, смотрел перед собой.

Не самый рассказ этот, но таинственный смысл его, та восторженная радость, которая сияла в лице Каратаева при этом рассказе, таинственное значение этой радости, это-то смутно и радостно наполняло теперь душу Пьера.

XIV

– A vos places![1] – вдруг закричал голос.

Между пленными и конвойными произошло радостное смятение и ожидание чего-то счастливого и торжественного. Со всех сторон послышались крики команды, и с левой стороны, рысью объезжая пленных, показались кавалеристы, хорошо одетые, на хороших лошадях. На всех лицах было выражение напряженности, которая бывает у людей при близости высших властей. Пленные сбились в кучу, их столкнули с дороги; конвойные построились.

– L'Empereur! L'Empereur! Le maréchal! Le duc![2] – и только что проехали сытые конвойные, как прогремела карета цугом, на серых лошадях. Пьер мельком увидал спокойное, красивое, толстое и белое лицо человека в треугольной шляпе. Это был один из маршалов. Взгляд маршала обратился на крупную, заметную фигуру Пьера, и в том выражении, с которым маршал этот нахмурился и отвернул лицо, Пьеру показалось сострадание и желание скрыть его.

Генерал, который вел депо, с красным испуганным лицом, погоняя свою худую лошадь, скакал за каретой. Несколько офицеров сошлось вместе, солдаты окружили их. У всех были взволнованно-напряженные лица.

– Qu'est ce qu'il a dit? Qu'est ce qu'il a dit?..[3] – слышал Пьер.

Во время проезда маршала пленные сбились в кучу, и Пьер увидал Каратаева, которого он не видал еще в нынешнее утро. Каратаев в своей шинельке сидел, прислонившись к березе. В лице его, кроме выражения вчерашнего радостного умиления при рассказе о безвинном страдании купца, светилось еще выражение тихой торжественности.

Каратаев смотрел на Пьера своими добрыми, круглыми глазами, подернутыми теперь слезою, и, видимо, подзывал

1 По местам!
2 Император! Император! Маршал! Герцог!
3 Что он сказал? Что? Что?..

его к себе, хотел сказать что-то. Но Пьеру слишком страшно было за себя. Он сделал так, как будто не видал его взгляда, и поспешно отошел.

Когда пленные опять тронулись, Пьер оглянулся назад. Каратаев сидел на краю дороги, у березы; и два француза что-то говорили над ним. Пьер не оглядывался больше. Он шел, прихрамывая, в гору.

Сзади, с того места, где сидел Каратаев, послышался выстрел. Пьер слышал явственно этот выстрел, но в то же мгновение, как он услыхал его, Пьер вспомнил, что он не кончил еще начатое перед проездом маршала вычисление о том, сколько переходов оставалось до Смоленска. И он стал считать. Два французские солдата, из которых один держал в руке снятое, дымящееся ружье, пробежали мимо Пьера. Они оба были бледны, и в выражении их лиц – один из них робко взглянул на Пьера – было что-то похожее на то, что он видел в молодом солдате на казни. Пьер посмотрел на солдата и вспомнил о том, как этот солдат третьего дня сжег, высушивая на костре, свою рубаху и как смеялись над ним.

Собака завыла сзади, с того места, где сидел Каратаев. "Экая дура, о чем она воет?" – подумал Пьер.

Солдаты-товарищи, шедшие рядом с Пьером, не оглядывались, так же как и он, на то место, с которого послышался выстрел и потом вой собаки; но строгое выражение лежало на всех лицах.

XV

Депо, и пленные, и обоз маршала остановились в деревне Шамшеве. Все сбилось в кучу у костров. Пьер подошел к костру, поел жареного лошадиного мяса, лег спиной к огню и тотчас же заснул. Он спал опять тем же сном, каким он спал в Можайске после Бородина.

Опять события действительности соединялись с сновидениями, и опять кто-то, сам ли он, или кто другой, говорил ему мысли, и даже те же мысли, которые ему говорились в Можайске.

“Жизнь есть всё. Жизнь есть бог. Все перемещается и движется, и это движение есть бог. И пока есть жизнь, есть наслаждение самосознания божества. Любить жизнь, любить бога. Труднее и блаженнее всего любить эту жизнь в своих страданиях, в безвинности страданий”.

“Каратаев!” – вспомнилось Пьеру.

И вдруг Пьеру представился, как живой, давно забытый, кроткий старичок учитель, который в Швейцарии преподавал Пьеру географию. “Постой”, – сказал старичок. И он показал Пьеру глобус. Глобус этот был живой, колеблющийся шар, не имеющий размеров. Вся поверхность шара состояла из капель, плотно сжатых между собой. И капли эти все двигались, перемещались и то сливались из нескольких в одну, то из одной разделялись на многие. Каждая капля стремилась разлиться, захватить наибольшее пространство, но другие, стремясь к тому же, сжимали ее, иногда уничтожали, иногда сливались с нею.

– Вот жизнь, – сказал старичок учитель.

“Как это просто и ясно, – подумал Пьер. – Как я мог не знать этого прежде”.

– В середине бог, и каждая капля стремится расшириться, чтобы в наибольших размерах отражать его. И растет, сливается, и сжимается, и уничтожается на поверхности, уходит в глубину и опять всплывает. Вот он, Каратаев, вот разлился и исчез. – Vous avez compris, mon enfant[1], – сказал учитель

– Vous avez compris, sacré nom[2], – закричал голос, и Пьер проснулся.

Он приподнялся и сел. У костра, присев на корточках, сидел француз, только что оттолкнувший русского солдата, и жарил надетое на шомпол мясо. Жилистые, засученные, обросшие волосами, красные руки с короткими пальцами

1 Понимаешь ты.
2 Понимаешь ты, черт тебя дери.

ловко поворачивали шомпол. Коричневое мрачное лицо с насупленными бровями ясно виднелось в свете угольев.

– Ça lui est bien égal, – проворчал он, быстро обращаясь к солдату, стоявшему за ним – ...brigand. Va![1]

И солдат, вертя шомпол, мрачно взглянул на Пьера. Пьер отвернулся, вглядываясь в тени. Один русский солдат пленный, тот, которого оттолкнул француз, сидел у костра и трепал по чем-то рукой. Вглядевшись ближе, Пьер узнал лиловую собачонку, которая, виляя хвостом, сидела подле солдата.

– А, пришла? – сказал Пьер. – А, Пла... – начал он и не договорил. В его воображении вдруг, одновременно, связываясь между собой, возникло воспоминание о взгляде, которым смотрел на него Платон, сидя под деревом, о выстреле, слышанном на том месте, о вое собаки, о преступных лицах двух французов, пробежавших мимо его, о снятом дымящемся ружье, об отсутствии Каратаева на этом привале, и он готов уже был понять, что Каратаев убит, но в то же самое мгновенье в его душе, взявшись бог знает откуда, возникло воспоминание о вечере, проведенном им с красавицей полькой, летом, на балконе своего киевского дома. И все-таки не связав воспоминаний нынешнего дня и не сделав о них вывода, Пьер закрыл глаза, и картина летней природы смешалась с воспоминанием о купанье, о жидком колеблющемся шаре, и он опустился куда-то в воду, так что вода сошлась над его головой.

Перед восходом солнца его разбудили громкие частые выстрелы и крики. Мимо Пьера пробежали французы.

– Les cosaques![2] – прокричал один из них, и через минуту толпа русских лиц окружила Пьера.

Долго не мог понять Пьер того, что с ним было. Со всех сторон он слышал вопли радости товарищей.

– Братцы! Родимые мои, голубчики! – плача, кричали старые солдаты, обнимая казаков и гусар. Гусары и казаки

1 Ему все равно... разбойник, право!
2 Казаки!

окружали пленных и торопливо предлагали кто платья, кто сапоги, кто хлеба. Пьер рыдал, сидя посреди их, и не мог выговорить ни слова; он обнял первого подошедшего к нему солдата и, плача, целовал его.

Долохов стоял у ворот разваленного дома, пропуская мимо себя толпу обезоруженных французов. Французы, взволнованные всем происшедшим, громко говорили между собой; но когда они проходили мимо Долохова, который слегка хлестал себя по сапогам нагайкой и глядел на них своим холодным, стеклянным, ничего доброго не обещающим взглядом, говор их замолкал. С другой стороны стоял казак Долохова и считал пленных, отмечая сотни чертой мела на воротах.

– Сколько? – спросил Долохов у казака, считавшего пленных.

– На вторую сотню, – отвечал казак.

– Filez, filez[1], – приговаривал Долохов, выучившись этому выражению у французов, и, встречаясь глазами с проходившими пленными, взгляд его вспыхивал жестоким блеском.

Денисов, с мрачным лицом, сняв папаху, шел позади казаков, несших к вырытой в саду яме тело Пети Ростова.

XVI

С 28-го октября, когда начались морозы, бегство французов получило только более трагический характер замерзающих и изжаривающихся насмерть у костров людей и продолжающих в шубах и колясках ехать с награбленным добром императора, королей и герцогов; но в сущности своей процесс бегства и разложения французской армии со времени выступления из Москвы нисколько не изменился.

От Москвы до Вязьмы из семидесятитрехтысячной французской армии, не считая гвардии (которая во всю войну ничего не делала, кроме грабежа), из семидесяти трех тысяч ос-

1 Проходи, проходи.

талось тридцать шесть тысяч (из этого числа не более пяти тысяч выбыло в сражениях). Вот первый член прогрессии, которым математически верно определяются последующие.

Французская армия в той же пропорции таяла и уничтожалась от Москвы до Вязьмы, от Вязьмы до Смоленска, от Смоленска до Березины, от Березины до Вильны, независимо от большей или меньшей степени холода, преследования, заграждения пути и всех других условий, взятых отдельно. После Вязьмы войска французские вместо трех колонн сбились в одну кучу и так шли до конца. Бертье писал своему государю (известно, как отдаленно от истины позволяют себе начальники описывать положение армии). Он писал:

"Je crois devoir faire connaître a Votre Majesté l'état de ses troupes dans les différents corps d'armée que j'ai été à même d'observer depuis deux ou trois jours dans différents passages. Elles sont presque débandées. Le nombre des soldats qui suivent les drapeaux est en proportion du quart au plus dans presque tous les régiments, les autres marchent isolément dans differentes directions et pour leur compte, dans l'espérance de trouver des subsistances et pour se débarrasser de la discipline. En général ils regardent Smolensk comme le point où ils doivent se refaire. Ces derniers jours on a remarqué que beaucoup de soldats jettent leurs cartouches et leurs armes. Dans cet état de choses, l'intérêt du service de Votre Majesté exige, quelles que soient ses vues ultérieures qu'on rallie l'armée à Smolensk en commençant à la débarrasser des non-combattans, tels que hommes demontés et des bagages inutiles et du matèriel de l'artillerie qui n'est plus en proportion avec les forces actuelles. En outre les jours de repos, des subsistances sont nécessaires aux soldats qui sont exténués par la faim et la fatigue; beaucoup sont morts ces derniers jours sur la route et dans les bivacs. Cet état de choses va toujours en augmentant et donne lieu de craindre que si l'on n'y prête un prompt reméde, on ne soit plus maître des troupes dans un combat. Le 9 Novembre, à 30 verstes de Smolensk"[1].

1 Долгом поставляю донести вашему величеству о состоянии корпусов, осмотренных мною на марше в последние три дня. Они почти в совершенном разброде. Только четвертая часть солдат остается при знаменах, прочие идут сами по себе разными направлениями, стараясь сыс-

Ввалившись в Смоленск, представлявшийся им обетованной землей, французы убивали друг друга за провиант, ограбили свои же магазины и, когда все было разграблено, побежали дальше.

Все шли, сами не зная, куда и зачем они идут. Еще менее других знал это гений Наполеона, так как никто ему не приказывал. Но все-таки он и его окружающие соблюдали свои давнишние привычки: писались приказы, письма, рапорты, ordre du jour;[1] называли друг друга: "Sire, Mon Cousin, Prince d'Ekmuhl, roi de Nâples"[2] и т.д. Но приказы и рапорты были только на бумаге, ничто по ним не исполнялось, потому что не могло исполняться, и, несмотря на именование друг друга величествами, высочествами и двоюродными братьями, все они чувствовали, что они жалкие и гадкие люди, наделавшие много зла, за которое теперь приходилось расплачиваться. И, несмотря на то, что они притворялись, будто заботятся об армии, они думали только каждый о себе и о том, как бы поскорее уйти и спастись.

XVII

Действия русского и французского войск во время обратной кампании от Москвы и до Немана подобны игре в жмурки, когда двум играющим завязывают глаза и один из-

кать пропитание и избавиться от службы. Все думают только о Смоленске, где надеются отдохнуть. В последние дни много солдат побросали патроны и ружья. Какие бы ни были ваши дальнейшие намерения, но польза службы вашего величества требует собрать корпуса в Смоленске и отделить от них спешенных кавалеристов, безоружных, лишние обозы и часть артиллерии, ибо она теперь не в соразмерности с числом войск. Необходимо продовольствие и несколько дней покоя; солдаты изнурены голодом и усталостью; в последние дни многие умерли на дороге и на биваках. Такое бедственное положение беспрестанно усиливается и заставляет опасаться, что, если не будут приняты быстрые меры для предотвращения зла, мы скоро не будем иметь войска в своей власти в случае сражения. 9 ноября, в 30 верстах от Смоленска.

1 распорядок дня.

2 Ваше величество, брат мой, принц Экмюльский, король Неаполитанский."

редка звонит колокольчиком, чтобы уведомить о себе ловящего. Сначала тот, кого ловят, звонит, не боясь неприятеля, но когда ему приходится плохо, он, стараясь неслышно идти, убегает от своего врага и часто, думая убежать, идет прямо к нему в руки.

Сначала наполеоновские войска еще давали о себе знать – это было в первый период движения по Калужской дороге, но потом, выбравшись на Смоленскую дорогу, они побежали, прижимая рукой язычок колокольчика, и часто, думая, что они уходят, набегали прямо на русских.

При быстроте бега французов и за ними русских и вследствие того изнурения лошадей, главное средство приблизительного узнавания положения, в котором находится неприятель, – разъезды кавалерии, – не существовало. Кроме того, вследствие частых и быстрых перемен положений обеих армий, сведения, какие и были, не могли поспевать вовремя. Если второго числа приходило известие о том, что армия неприятеля была там-то первого числа, то третьего числа, когда можно было предпринять что-нибудь, уже армия эта сделала два перехода и находилась совсем в другом положении.

Одна армия бежала, другая догоняла. От Смоленска французам предстояло много различных дорог; и, казалось бы, тут, простояв четыре дня, французы могли бы узнать, где неприятель, сообразить что-нибудь выгодное и предпринять что-нибудь новое. Но после четырехдневной остановки толпы их опять побежали не вправо, не влево, но, без всяких маневров и соображений, по старой, худшей дороге, на Красное и Оршу – по пробитому следу.

Ожидая врага сзади, а не спереди, французы бежали, растянувшись и разделившись друг от друга на двадцать четыре часа расстояния. Впереди всех бежал император, потом короли, потом герцоги. Русская армия, думая, что Наполеон возьмет вправо за Днепр, что было одно разумно, подалась тоже вправо и вышла на большую дорогу к Красному. И тут, как в игре в жмурки, французы наткнулись на наш авангард. Неожиданно увидав врага, французы смешались, приостановились от неожиданности испуга, но потом опять побежали, бросая своих сзади следовавших товарищей. Тут, как сквозь строй русских войск, проходили три дня, одна за одной, отдельные части французов, сначала вице-короля, потом Даву, потом Нея. Все они побросали друг друга, побросали все свои тяжести, артиллерию, половину народа и убегали, только по ночам справа полукругами обходя русских.

Ней, шедший последним (потому что, несмотря на несчастное их положение или именно вследствие его, им хотелось побить тот пол, который ушиб их, он занялся взрыванием никому не мешавших стен Смоленска), – шедший последним, Ней, с своим десятитысячным корпусом прибежал в Оршу к Наполеону только с тысячью человеками, побросав и всех людей, и все пушки и ночью, украдучись, пробравшись лесом через Днепр.

От Орши побежали дальше по дороге к Вильно, точно так же играя в жмурки с преследующей армией. На Березине опять замешались, многие потонули, многие сдались, но те, которые перебрались через реку, побежали дальше. Главный начальник их надел шубу и, сев в сани, поскакал один, оставив своих товарищей. Кто мог – уехал тоже, кто не мог – сдался или умер.

XVIII

Казалось бы, в этой-то кампании бегства французов, когда они делали все то, что только можно было, чтобы погубить себя; когда ни в одном движении этой толпы, начиная от поворота на Калужскую дорогу и до бегства начальника от армии, не было ни малейшего смысла, – казалось бы, в этот период кампании невозможно уже историкам, приписывающим действия масс воле одного человека, описывать это отступление в их смысле. Но нет. Горы книг написаны историками об этой кампании, и везде описаны распоряжения Наполеона и глубокомысленные его планы – маневры, руководившие войском, и гениальные распоряжения его маршалов.

Отступление от Малоярославца тогда, когда ему дают дорогу в обильный край и когда ему открыта та параллельная дорога, по которой потом преследовал его Кутузов, ненужное отступление по разоренной дороге объясняется нам по разным глубокомысленным соображениям. По таким же глубокомысленным соображениям описывается его отступление от Смоленска на Оршу. Потом описывается его геройство при Красном, где он будто бы готовится принять сражение и сам командовать, и ходит с березовой палкой и говорит:

– J'ai assez fait l'Empereur, il est temps de faire le général[1], – и, несмотря на то, тотчас же после этого бежит дальше, оставляя на произвол судьбы разрозненные части армии, находящиеся сзади.

Потом описывают нам величие души маршалов, в особенности Нея, величие души, состоящее в том, что он ночью пробрался лесом в обход через Днепр и без знамен и артиллерии и без девяти десятых войска прибежал в Оршу.

И, наконец, последний отъезд великого императора от геройской армии представляется нам историками как что-то великое и гениальное. Даже этот последний проступок бегства, на языке человеческом называемый последней степенью подлости, которой учится стыдиться каждый ребенок, и этот поступок на языке историков получает оправдание.

Тогда, когда уже невозможно дальше растянуть столь эластичные нити исторических рассуждений, когда действие уже явно противно тому, что все человечество называет добром и даже справедливостью, является у историков спасительное понятие о величии. Величие как будто исключает возможность меры хорошего и дурного. Для великого – нет дурного. Нет ужаса, который бы мог быть поставлен в вину тому, кто велик.

1 Довольно уже я представлял императора, теперь время быть генералом.

“C’est grand!”[1] – говорят историки, и тогда уже нет ни хорошего, ни дурного, а есть “grand” и “не grand”. Grand – хорошо, не grand – дурно. Grand есть свойство, по их понятиям, каких-то особенных животных, называемых ими героями. И Наполеон, убираясь в теплой шубе домой от гибнущих не только товарищей, но (по его мнению) людей, им приведенных сюда, чувствует que c’est grand, и душа его покойна.

“Du sublime (он что-то sublime видит в себе) au ridicule il n’y a qu’un pas”, – говорит он. И весь мир пятьдесят лет повторяет: “Sublime! Grand! Napoléon le grand! Du sublime au ridicule il n’y a qu’un pas”[2].

И никому в голову не придет, что признание величия, неизмеримого мерой хорошего и дурного, есть только признание своей ничтожности и неизмеримой малости.

Для нас, с данной нам Христом мерой хорошего и дурного, нет неизмеримого. И нет величия там, где нет простоты, добра и правды.

XIX

Кто из русских людей, читая описания последнего периода кампании 1812 года, не испытывал тяжелого чувства досады, неудовлетворенности и неясности. Кто не задавал себе вопросов: как не забрали, не уничтожили всех французов, когда все три армии окружали их в превосходящем числе, когда расстроенные французы, голодая и замерзая, сдавались толпами и когда (как нам рассказывает история) цель русских состояла именно в том, чтобы остановить, отрезать и забрать в плен всех французов.

Каким образом то русское войско, которое, слабее числом французов, дало Бородинское сражение, каким обра-

1 Это величественно!

2 величественное... От величественного до смешного только один шаг... Величественное! Великое! Наполеон великий! От величественного до смешного только шаг.

зом это войско, с трех сторон окружавшее французов и имевшее целью их забрать, не достигло своей цели? Неужели такое громадное преимущество перед нами имеют французы, что мы, с превосходными силами окружив, не могли побить их? Каким образом это могло случиться?

История (та, которая называется этим словом), отвечая на эти вопросы, говорит, что это случилось оттого, что Кутузов, и Тормасов, и Чичагов, и тот-то, и тот-то не сделали таких-то и таких-то маневров.

Но отчего они не сделали всех этих маневров? Отчего, ежели они были виноваты в том, что не достигнута была предназначавшаяся цель, – отчего их не судили и не казнили? Но, даже ежели и допустить, что виною *неудачи* русских были Кутузов и Чичагов и т.п., нельзя понять все-таки, почему и в тех условиях, в которых находились русские войска под Красным и под Березиной (в обоих случаях русские были в превосходных силах), почему не взято в плен французское войско с маршалами, королями и императорами, когда в этом состояла цель русских?

Объяснение этого странного явления тем (как то делают русские военные историки), что Кутузов помешал нападению, неосновательно потому, что мы знаем, что воля Кутузова не могла удержать войска от нападения под Вязьмой и под Тарутиным.

Почему то русское войско, которое с слабейшими силами одержало победу под Бородиным над неприятелем во всей его силе, под Красным и под Березиной в превосходных силах было побеждено расстроенными толпами французов?

Если цель русских состояла в том, чтобы отрезать и взять в плен Наполеона и маршалов, и цель эта не только не была достигнута, и все попытки к достижению этой цели всякий раз были разрушены самым постыдным образом, то последний период кампании совершенно справедливо представляется французами рядом побед и совершенно несправедливо представляется русскими историками победоносным.

Русские военные историки, настолько, насколько для них обязательна логика, невольно приходят к этому заключению и, несмотря на лирические воззвания о мужестве и преданности и т.д., должны невольно признаться, что отступление французов из Москвы есть ряд побед Наполеона и поражений Кутузова.

Но, оставив совершенно в стороне народное самолюбие, чувствуется, что заключение это само в себе заключает противуречие, так как ряд побед французов привел их к совершенному уничтожению, а ряд поражений русских привел их к полному уничтожению врага и очищению своего отечества.

Источник этого противуречия лежит в том, что историками, изучающими события по письмам государей и генералов, по реляциям, рапортам, планам и т.п., предположена ложная, никогда не существовавшая цель последнего периода войны 1812 года, – цель, будто бы состоявшая в том, чтобы отрезать и поймать Наполеона с маршалами и армией.

Цели этой никогда не было и не могло быть, потому что она не имела смысла, и достижение ее было совершенно невозможно.

Цель эта не имела никакого смысла, во-первых, потому, что расстроенная армия Наполеона со всей возможной быстротой бежала из России, то есть исполняла то самое, что мог желать всякий русский. Для чего же было делать различные операции над французами, которые бежали так быстро, как только они могли?

Во-вторых, бессмысленно было становиться на дороге людей, всю свою энергию направивших на бегство.

В-третьих, бессмысленно было терять свои войска для уничтожения французских армий, уничтожавшихся без внешних причин в такой прогрессии, что без всякого загораживания пути они не могли перевести через границу больше того, что они перевели в декабре месяце, то есть одну сотую всего войска.

В-четвертых, бессмысленно было желание взять в плен императора, королей, герцогов – людей, плен которых в высшей степени затруднил бы действия русских, как то признавали самые искусные дипломаты того времени (J. Maistre и другие). Еще бессмысленнее было желание взять корпуса французов, когда свои войска растаяли наполовину до Красного, а к корпусам пленных надо было отделять дивизии конвоя, и когда свои солдаты не всегда получали полный провиант и забранные уже пленные мерли с голода.

Весь глубокомысленный план о том, чтобы отрезать и поймать Наполеона с армией, был подобен тому плану огородника, который, выгоняя из огорода потоптавшую его гряды скотину, забежал бы к воротам и стал бы по голове бить эту скотину. Одно, что можно бы было сказать в оправдание огородника, было бы то, что он очень рассердился. Но это нельзя было даже сказать про составителей проекта, потому что не они пострадали от потоптанных гряд.

Но кроме того, что отрезывание Наполеона с армией было бессмысленно, оно было невозможно.

Невозможно это было, во-первых, потому что, так как из опыта видно, что движение колонн на пяти верстах в одном сражении никогда не совпадает с планами, то вероятность того, чтобы Чичагов, Кутузов и Витгенштейн сошлись вовремя в назначенное место, была столь ничтожна, что она равнялась невозможности, как то и думал Кутузов, еще при получении плана сказавший, что диверсии на большие расстояния не приносят желаемых результатов.

Во-вторых, невозможно было потому, что, для того чтобы парализировать ту силу инерции, с которой двигалось назад войско Наполеона, надо было без сравнения большие войска, чем те, которые имели русские.

В-третьих, невозможно это было потому, что военное слово отрезать не имеет никакого смысла. Отрезать можно кусок хлеба, но не армию. Отрезать армию – перегородить ей дорогу – никак нельзя, ибо места кругом всегда много, где можно обойти, и есть ночь, во время которой ничего не видно, в чем могли бы убедиться военные ученые хоть из примеров Красного и Березины. Взять же в плен никак нельзя без того, чтобы тот, кого берут в плен, на это не согласился, как нельзя поймать ласточку, хотя и можно взять ее, когда она сядет на руку. Взять в плен можно того, кто сдается, как немцы, по правилам стратегии и тактики. Но французские войска совершенно справедливо не находили этого удобным, так как одинаковая голодная и холодная смерть ожидала их на бегстве и в плену.

В-четвертых же, и главное, это было невозможно потому, что никогда, с тех пор как существует мир, не было войны при тех страшных условиях, при которых она происходила в 1812 году, и русские войска в преследовании французов напрягли все свои силы и не могли сделать большего, не уничтожившись сами.

В движении русской армии от Тарутина до Красного выбыло пятьдесят тысяч больными и отсталыми, то есть число, равное населению большого губернского города. Половина людей выбыла из армии без сражений.

И об этом-то периоде кампании, когда войска без сапог и шуб, с неполным провиантом, без водки, по месяцам ночуют в снегу и при пятнадцати градусах мороза; когда дня только семь и восемь часов, а остальное ночь, во время которой не может быть влияния дисциплины; когда, не так как в сраженье, на несколько часов только люди вводятся в область смерти, где уже нет дисциплины, а когда люди по месяцам живут, всякую минуту борясь с смертью от голода и холода; когда в месяц погибает половина армии, – об этом-то периоде кампании нам рассказывают историки, как Милорадович должен был сделать фланговый марш туда-то, а Тормасов туда-то и как Чичагов должен был передвинуться туда-то (передвинуться выше колена в снегу), и как тот опрокинул и отрезал, и т.д., и т.д.

Русские, умиравшие наполовину, сделали все, что можно сделать и должно было сделать для достижения достойной народа цели, и не виноваты в том, что другие русские люди, сидевшие в теплых комнатах, предполагали сделать то, что было невозможно.

Все это странное, непонятное теперь противоречие факта с описанием истории происходит только оттого, что историки, писавшие об этом событии, писали историю прекрасных чувств и слов разных генералов, а не историю событий.

Для них кажутся очень занимательны слова Милорадовича, награды, которые получил тот и этот генерал, и их предположения; а вопрос о тех пятидесяти тысячах, которые остались по госпиталям и могилам, даже не интересует их, потому что не подлежит их изучению.

А между тем стоит только отвернуться от изучения рапортов и генеральных планов, а вникнуть в движение тех сотен тысяч людей, принимавших прямое, непосредственное участие в событии, и все, казавшиеся прежде неразрешимыми, вопросы вдруг с необыкновенной легкостью и простотой получают несомненное разрешение.

Цель отрезывания Наполеона с армией никогда не существовала, кроме как в воображении десятка людей. Она не могла существовать, потому что она была бессмысленна, и достижение ее было невозможно.

Цель народа была одна: очистить свою землю от нашествия. Цель эта достигалась, во-первых, сама собою, так как французы бежали, и потому следовало только не останавливать это движение. Во-вторых, цель эта достигалась действиями народной войны, уничтожавшей французов, и, в-третьих, тем, что большая русская армия шла следом за французами, готовая употребить силу в случае остановки движения французов.

Русская армия должна была действовать, как кнут на бегущее животное. И опытный погонщик знал, что самое выгодное держать кнут поднятым, угрожая им, а не по голове стегать бегущее животное.

Часть четвертая

I

Когда человек видит умирающее животное, ужас охватывает его: то, что есть он сам, – сущность его, в его глазах очевидно уничтожается – перестает быть. Но когда умирающее есть человек, и человек любимый – ощущаемый, тогда, кроме ужаса перед уничтожением жизни, чувствуется разрыв и духовная рана, которая, так же как и рана физическая, иногда убивает, иногда залечивается, но всегда болит и боится внешнего раздражающего прикосновения.

После смерти князя Андрея Наташа и княжна Марья одинаково чувствовали это. Они, нравственно согнувшись и зажмурившись от грозного, нависшего над ними облака смерти, не смели взглянуть в лицо жизни. Они осторожно берегли свои открытые раны от оскорбительных, болезненных прикосновений. Все: быстро проехавший экипаж по улице, напоминание об обеде, вопрос девушки о платье, которое надо приготовить; еще хуже, слово неискреннего, слабого участия болезненно раздражало рану, казалось оскорблением и нарушало ту необходимую тишину, в которой они обе старались прислушиваться к незамолкшему еще в их воображении страшному, строгому хору, и мешало вглядываться в те таинственные бесконечные дали, которые на мгновенье открылись перед ними.

Только вдвоем им было не оскорбительно и не больно. Они мало говорили между собой. Ежели они говорили, то о самых незначительных предметах. И та и другая одинаково избегали упоминания о чем-нибудь, имеющем отношение к будущему.

Признавать возможность будущего казалось им оскорблением его памяти. Еще осторожнее они обходили в своих разговорах все то, что могло иметь отношение к умершему. Им казалось, что то, что они пережили и перечувствовали, не могло быть выражено словами. Им казалось, что всякое упоминание словами о подробностях его жизни нарушало величие и святыню совершившегося в их глазах таинства.

Беспрестанные воздержания речи, постоянное старательное обхождение всего того, что могло навести на слово о нем: эти остановки с разных сторон на границе того, чего нельзя было говорить, еще чище и яснее выставляли перед их воображением то, что они чувствовали.

Но чистая, полная печаль так же невозможна, как чистая и полная радость. Княжна Марья, по своему положению одной независимой хозяйки своей судьбы, опекунши и воспитательницы племянника, первая была вызвана жизнью из того мира печали, в котором она жила первые две недели. Она получила письма от родных, на которые надо было отвечать; комната, в которую поместили Николеньку, была сыра, и он стал кашлять. Алпатыч приехал в Ярославль с отчетами о делах и с предложениями и советами переехать в Москву в Вздвиженский дом, который остался цел и требовал только небольших починок. Жизнь не останавливалась, и надо было жить. Как ни тяжело было княжне Марье выйти из того мира уединенного созерцания, в котором она жила до сих пор, как ни жалко и как будто совестно было покинуть Наташу одну, — заботы жизни требовали ее участия, и она невольно отдалась им. Она поверяла счеты с Алпатычем, советовалась с Десалем о племяннике и делала распоряжения и приготовления для своего переезда в Москву.

Наташа оставалась одна и с тех пор, как княжна Марья стала заниматься приготовлениями к отъезду, избегала и ее.

Княжна Марья предложила графине отпустить с собой Наташу в Москву, и мать и отец радостно согласились на это предложение, с каждым днем замечая упадок физических сил дочери и полагая для нее полезным и перемену места и помощь московских врачей.

– Я никуда не поеду, – отвечала Наташа, когда ей сделали это предложение, – только, пожалуйста, оставьте меня, – сказала она и выбежала из комнаты, с трудом удерживая слезы не столько горя, сколько досады и озлобления.

После того как она почувствовала себя покинутой княжной Марьей и одинокой в своем горе, Наташа большую часть времени, одна в своей комнате, сидела с ногами в углу дивана и, что-нибудь разрывая или переминая своими тонкими, напряженными пальцами, упорным, неподвижным взглядом смотрела на то, на чем останавливались глаза. Уединение это изнуряло, мучило ее; но оно было для нее необходимо. Как только кто-нибудь входил к ней, она быстро вставала, изменяла положение и выражение взгляда и бралась за книгу или шитье, очевидно с нетерпением ожидая ухода того, кто помешал ей.

Ей все казалось, что она вот-вот сейчас поймет, проникнет то, на что с страшным, непосильным ей вопросом устремлен был ее душевный взгляд.

В конце декабря, в черном шерстяном платье, с небрежно связанной пучком косой, худая и бледная, Наташа сидела с ногами в углу дивана, напряженно комкая и распуская концы пояса, и смотрела на угол двери.

Она смотрела туда, куда ушел он, на ту сторону жизни. И та сторона жизни, о которой она прежде никогда не думала, которая прежде ей казалась такою далекою, невероятною, теперь была ей ближе и роднее, понятнее, чем эта сторона жизни, в которой все было или пустота и разрушение, или страдание и оскорбление.

Она смотрела туда, где она знала, что был он; но она не могла его видеть иначе, как таким, каким он был здесь. Она видела его опять таким же, каким он был в Мытищах, у Троицы, в Ярославле.

Она видела его лицо, слышала его голос и повторяла его слова и свои слова, сказанные ему, и иногда придумывала за себя и за него новые слова, которые тогда могли бы быть сказаны.

Вот он лежит на кресле в своей бархатной шубке, облокотив голову на худую, бледную руку. Грудь его страшно низка и плечи подняты. Губы твердо сжаты, глаза блестят, и на бледном лбу вспрыгивает и исчезает морщина. Одна нога его чуть заметно быстро дрожит. Наташа знает, что он борется с мучительной болью. "Что такое эта боль? Зачем боль? Что он чувствует? Как у него болит!" – думает Наташа. Он заметил ее вниманье, поднял глаза и, не улыбаясь, стал говорить.

"Одно ужасно, – сказал он, – это связать себя навеки с страдающим человеком. Это вечное мученье". И он испытующим взглядом – Наташа видела теперь этот взгляд – посмотрел на нее. Наташа, как и всегда, ответила тогда прежде, чем успела подумать о том, что она отвечает; она сказала: "Это не может так продолжаться, этого не будет, вы будете здоровы – совсем".

Она теперь сначала видела его и переживала теперь все то, что она чувствовала тогда. Она вспомнила продолжительный, грустный, строгий взгляд его при этих словах и поняла значение упрека и отчаяния этого продолжительного взгляда.

"Я согласилась, – говорила себе теперь Наташа, – что было бы ужасно, если б он остался всегда страдающим. Я сказала это тогда так только потому, что для него это было бы ужасно, а он понял это иначе. Он подумал, что это *для меня* ужасно бы было. Он тогда еще хотел жить – боялся смерти. И я так грубо, глупо сказала ему. Я не думала этого. Я думала совсем другое. Если бы я сказала то, что думала, я бы сказала: пускай бы он умирал, все время умирал бы перед моими глазами, я была бы счастлива в сравнении с тем, что я теперь. Теперь... Ничего, никого нет. Знал ли он это? Нет. Не знал и никогда не узнает. И теперь никогда, никогда уже нельзя поправить этого". И опять он говорил ей те же слова, но теперь в воображении своем Наташа отвечала ему иначе. Она останавливала его и говорила: “Ужасно для вас, но не для меня. Вы знайте, что мне без вас нет ничего в жизни, и страдать с вами для меня лучшее счастие”. И он брал ее руку и жал ее так, как он жал ее в тот страшный вечер, за четыре дня перед смертью. И в воображении своем она говорила ему еще другие нежные, любовные речи, которые она могла бы сказать тогда, которые она говорила теперь. “Я люблю тебя... тебя... люблю, люблю...” – говорила она, судорожно сжимая руки, стискивая зубы с ожесточенным усилием.

И сладкое горе охватывало ее, и слезы уже выступали в глаза, но вдруг она спрашивала себя: кому она говорит это? Где он и *кто* он теперь? И опять все застилалось сухим, жестким недоумением, и опять, напряженно сдвинув брови, она вглядывалась туда, где он был. И вот, вот, ей казалось, она проникает тайну... Но в ту минуту, как уж ей открывалось, казалось, непонятное, громкий стук ручки замка двери болезненно поразил ее слух. Быстро и неосторожно, с испуганным, незанятым ею выражением лица, в комнату вошла горничная Дуняша.

– Пожалуйте к папаше, скорее, – сказала Дуняша с особенным и оживленным выражением. – Несчастье, о Петре Ильиче... письмо, – всхлипнув, проговорила она.

II

Кроме общего чувства отчуждения от всех людей, Наташа в это время испытывала особенное чувство отчуждения от лиц своей семьи. Все свои: отец, мать, Соня, были ей так близки, привычны, так будничны, что все их слова, чувства казались ей оскорблением того мира, в котором она жила последнее время, и она не только была равнодушна, но враждебно смотрела на них. Она слышала слова Дуняши о Петре Ильиче, о несчастии, но не поняла их.

“Какое там у них несчастие, какое может быть несчастие? У них все свое старое, привычное и покойное”, – мысленно сказала себе Наташа.

Когда она вошла в залу, отец быстро выходил из комнаты графини. Лицо его было сморщено и мокро от слез. Он, видимо, выбежал из той комнаты, чтобы дать волю давившим его рыданиям. Увидав Наташу, он отчаянно взмахнул руками и разразился болезненно судорожными всхлипываниями, исказившими его круглое, мягкое лицо.

– Пе... Петя... Поди, поди, она... она... зовет... – И он, рыдая, как дитя, быстро семеня ослабевшими ногами, подошел к стулу и упал почти на него, закрыв лицо руками.

Вдруг как электрический ток пробежал по всему существу Наташи. Что-то страшно больно ударило ее в сердце. Она почувствовала страшную боль; ей показалось, что что-то отрывается в ней и что она умирает. Но вслед за болью она почувствовала мгновенно освобождение от запрета жизни, лежавшего на ней. Увидав отца и услыхав из-за двери страшный, грубый крик матери, она мгновенно забыла себя и свое горе. Она подбежала к отцу, но он, бессильно махая рукой, указывал на дверь матери. Княжна Марья, бледная, с дрожащей нижней челюстью, вышла из двери и взяла Наташу за руку, говоря ей что-то. Наташа не видела, не слышала ее. Она быстрыми шагами вошла в дверь, остановилась на мгновение, как бы в борьбе с самой собой, и подбежала к матери.

Графиня лежала на кресле, странно-неловко вытягиваясь, и билась головой об стену. Соня и девушки держали ее за руки.

– Наташу, Наташу!.. – кричала графиня. – Неправда, неправда... Он лжет... Наташу! – кричала она, отталкивая от себя окружающих. – Подите прочь все, неправда! Убили!.. ха-ха-ха-ха!.. неправда!

Наташа стала коленом на кресло, нагнулась над матерью, обняла ее, с неожиданной силой подняла, повернула к себе ее лицо и прижалась к ней.

– Маменька!.. голубчик!.. Я тут, друг мой. Маменька, – шептала она ей, не замолкая ни на секунду.

Она не выпускала матери, нежно боролась с ней, требовала подушки, воды, расстегивала и разрывала платье на матери.

– Друг мой, голубушка... маменька, душенька, – не переставая шептала она, целуя ее голову, руки, лицо и чувствуя, как неудержимо, ручьями, щекоча ей нос и щеки, текли ее слезы.

Графиня сжала руку дочери, закрыла глаза и затихла на мгновение. Вдруг она с непривычной быстротой поднялась, бессмысленно оглянулась и, увидав Наташу, стала из всех сил сжимать ее голову. Потом она повернула к себе ее морщившееся от боли лицо и долго вглядывалась в него.

– Наташа, ты меня любишь, – сказала она тихим, доверчивым шепотом. – Наташа, ты не обманешь меня? Ты мне скажешь всю правду?

Наташа смотрела на нее налитыми слезами глазами, и в лице ее была только мольба о прощении и любви.

– Друг мой, маменька, – повторяла она, напрягая все силы своей любви на то, чтобы как-нибудь снять с нее на себя излишек давившего ее горя.

И опять в бессильной борьбе с действительностью мать, отказываясь верить в то, что она могла жить, когда был убит цветущий жизнью ее любимый мальчик, спасалась от действительности в мире безумия.

Наташа не помнила, как прошел этот день, ночь, следующий день, следующая ночь. Она не спала и не отходила от матери. Любовь Наташи, упорная, терпеливая, не как объяснение, не как утешение, а как призыв к жизни, всякую секунду как будто со всех сторон обнимала графиню. На третью ночь графиня затихла на несколько минут, и Наташа закрыла глаза, облокотив голову на ручку кресла. Кровать скрипнула. Наташа открыла глаза. Графиня сидела на кровати и тихо говорила.

– Как я рада, что ты приехал. Ты устал, хочешь чаю? – Наташа подошла к ней. – Ты похорошел и возмужал, – продолжала графиня, взяв дочь за руку.

– Маменька, что вы говорите!..

– Наташа, его нет, нет больше! – И, обняв дочь, в первый раз графиня начала плакать.

III

Княжна Марья отложила свой отъезд. Соня, граф старались заменить Наташу, но не могли. Они видели, что она одна могла удерживать мать от безумного отчаяния. Три недели Наташа безвыходно жила при матери, спала на кресле в ее комнате, поила, кормила ее и не переставая говорила с ней, – говорила, потому что один нежный, ласкающий голос ее успокоивал графиню.

Душевная рана матери не могла залечиться. Смерть Пети оторвала половину ее жизни. Через месяц после известия о смерти Пети, заставшего ее свежей и бодрой пятидесятилетней женщиной, она вышла из своей комнаты полумертвой и не принимающею участия в жизни – старухой. Но та же рана, которая наполовину убила графиню, эта новая рана вызвала Наташу к жизни.

Душевная рана, происходящая от разрыва духовного тела, точно так же, как и рана физическая, как ни странно это кажется, после того как глубокая рана зажила и кажется сошедшейся своими краями, рана душевная, как и физическая, заживает только изнутри выпирающею силой жизни.

Так же зажила рана Наташи. Она думала, что жизнь ее кончена. Но вдруг любовь к матери показала ей, что сущность ее жизни – любовь – еще жива в ней. Проснулась любовь, и проснулась жизнь.

Последние дни князя Андрея связали Наташу с княжной Марьей. Новое несчастье еще более сблизило их. Княжна Марья отложила свой отъезд и последние три недели, как за больным ребенком, ухаживала за Наташей. Последние недели, проведенные Наташей в комнате матери, надорвали ее физические силы.

Однажды княжна Марья, в середине дня, заметив, что Наташа дрожит в лихорадочном ознобе, увела ее к себе и уложила на своей постели. Наташа легла, но когда княжна Марья, опустив сторы, хотела выйти, Наташа подозвала ее к себе.

– Мне не хочется спать. Мари, посиди со мной.

– Ты устала – постарайся заснуть.

– Нет, нет. Зачем ты увела меня? Она спросит.

– Ей гораздо лучше. Она нынче так хорошо говорила, – сказала княжна Марья.

Наташа лежала в постели и в полутьме комнаты рассматривала лицо княжны Марьи.

"Похожа она на него? – думала Наташа. – Да, похожа и не похожа. Но она особенная, чужая, совсем новая, неизвестная. И она любит меня. Что у ней на душе? Все доброе. Но как? Как она думает? Как она на меня смотрит? Да, она прекрасная".

– Маша, – сказала она, робко притянув к себе ее руку. – Маша, ты не думай, что я дурная. Нет? Маша, голубушка. Как я тебя люблю. Будем совсем, совсем друзьями.

И Наташа, обнимая, стала целовать руки и лицо княжны Марьи. Княжна Марья стыдилась и радовалась этому выражению чувств Наташи.

С этого дня между княжной Марьей и Наташей установилась та страстная и нежная дружба, которая бывает только между женщинами. Они беспрестанно целовались, говорили друг другу нежные слова и большую часть времени проводили вместе. Если одна выходила, то другая была беспокойна и спешила присоединиться к ней. Они вдвоем чувствовали большее согласие между собой, чем порознь, каждая сама с собою. Между ними установилось чувство сильнейшее, чем дружба: это было исключительное чувство возможности жизни только в присутствии друг друга.

Иногда они молчали целые часы; иногда, уже лежа в постелях, они начинали говорить и говорили до утра. Они говорили большей частию о дальнем прошедшем. Княжна Марья рассказывала про свое детство, про свою мать, про своего отца, про свои мечтания; и Наташа, прежде с спокойным непониманием отворачивавшаяся от этой жизни преданности, покорности, от поэзии христианского самоотвержения, теперь, чувствуя себя связанной любовью с княжной Марьей, полюбила и прошедшее княжны Марьи и поняла непонятную ей прежде сторону жизни. Она не думала прилагать к своей жизни покорность и самоотвержение, потому что она привыкла искать других радостей, но она поняла и полюбила в другой эту прежде непонятную ей добродетель. Для княжны Марьи, слушавшей рассказы о детстве и первой молодости Наташи, тоже открывалась прежде непонятная сторона жизни, вера в жизнь, в наслаждения жизни.

Они всё точно так же никогда не говорили про *него* с тем, чтобы не нарушать словами, как им казалось, той высоты чувства, которая была в них, а это умолчание о нем делало то, что понемногу, не веря этому, они забывали его.

Наташа похудела, побледнела и физически так стала слаба, что все постоянно говорили о ее здоровье, и ей это приятно было. Но иногда на нее неожиданно находил не только страх смерти, но страх болезни, слабости, потери красоты, и невольно она иногда внимательно разглядывала свою голую руку, удивляясь на ее худобу, или заглядывалась по утрам в зеркало на свое вытянувшееся, жалкое, как ей казалось, лицо. Ей казалось, что это так должно быть, и вместе с тем становилось страшно и грустно.

Один раз она скоро взошла наверх и тяжело запыхалась. Тотчас же невольно она придумала себе дело внизу и оттуда вбежала опять наверх, пробуя силы и наблюдая за собой.

Другой раз она позвала Дуняшу, и голос ее задребезжал. Она еще раз кликнула ее, несмотря на то, что она слышала ее шаги, – кликнула тем грудным голосом, которым она певала, и прислушалась к нему.

Она не знала этого, не поверила бы, но под казавшимся ей непроницаемым слоем ила, застлавшим ее душу, уже пробивались тонкие, нежные молодые иглы травы, которые должны были укорениться и так застлать своими жизненными побегами задавившее ее горе, что его скоро будет не видно и не заметно. Рана заживала изнутри.

В конце января княжна Марья уехала в Москву, и граф настоял на том, чтобы Наташа ехала с нею, с тем чтобы посоветоваться с докторами.

IV

После столкновения при Вязьме, где Кутузов не мог удержать свои войска от желания опрокинуть, отрезать и т.д., дальнейшее движение бежавших французов и за ними бежавших русских, до Красного, происходило без сражений. Бегство было так быстро, что бежавшая за французами русская армия не могла поспевать за ними, что лошади в кавалерии и артиллерии становились и что сведения о движении французов были всегда неверны.

Люди русского войска были так измучены этим непрерывным движением по сорок верст в сутки, что не могли двигаться быстрее.

Чтобы понять степень истощения русской армии, надо только ясно понять значение того факта, что, потеряв ранеными и убитыми во все время движения от Тарутина не более пяти тысяч человек, не потеряв сотни людей пленными, армия русская, вышедшая из Тарутина в числе ста тысяч, пришла к Красному в числе пятидесяти тысяч.

Быстрое движение русских за французами действовало на русскую армию точно так же разрушительно, как и бегство французов. Разница была только в том, что русская армия двигалась произвольно, без угрозы погибели, которая висела над французской армией, и в том, что отсталые больные у французов оставались в руках врага, отсталые русские оставались у себя дома. Главная причина уменьшения армии Наполеона была быстрота движения, и несомненным доказательством тому служит соответственное уменьшение русских войск.

Вся деятельность Кутузова, как это было под Тарутиным и под Вязьмой, была направлена только к тому, чтобы, – насколько то было в его власти, – не останавливать этого гибельного для французов движения (как хотели в Петербурге и в армии русские генералы), а содействовать ему и облегчить движение своих войск.

Но, кроме того, со времени выказавшихся в войсках утомления и огромной убыли, происходивших от быстроты движения, еще другая причина представлялась Кутузову для замедления движения войск и для выжидания. Цель русских войск была – следование за французами. Путь французов был неизвестен, и потому, чем ближе следовали наши войска по пятам французов, тем больше они проходили расстояния. Только следуя в некотором расстоянии, можно было по кратчайшему пути перерезывать зигзаги, которые делали французы. Все искусные маневры, которые предлагали генералы, выражались в передвижениях войск, в увеличении переходов, а единственно разумная цель состояла в том, чтобы уменьшить эти переходы. И к этой цели во всю кампанию, от Москвы до Вильны, была направлена деятельность Кутузова – не случайно, не временно, но так последовательно, что он ни разу не изменил ей.

Кутузов знал не умом или наукой, а всем русским существом своим знал и чувствовал то, что чувствовал каждый русский солдат, что французы побеждены, что враги бегут и надо выпроводить их; но вместе с тем он чувствовал, заодно с солдатами, всю тяжесть этого, неслыханного по быстроте и времени года, похода.

Но генералам, в особенности не русским, желавшим отличиться, удивить кого-то, забрать в плен для чего-то какого-нибудь герцога или короля, – генералам этим казалось теперь, когда всякое сражение было и гадко и бессмысленно, им казалось, что теперь-то самое время давать сражения и побеждать кого-то. Кутузов только пожимал плечами, когда ему один за другим представляли проекты маневров с теми дурно обутыми, без полушубков, полуголодными солдатами, которые в один месяц, без сражений, растаяли до половины и с которыми, при наилучших условиях продолжающегося бегства, надо было пройти до границы пространство больше того, которое было пройдено.

В особенности это стремление отличиться и маневрировать, опрокидывать и отрезывать проявлялось тогда, когда русские войска наталкивались на войска французов.

Так это случилось под Красным, где думали найти одну из трех колонн французов и наткнулись на самого Наполеона с шестнадцатью тысячами. Несмотря на все средства, употребленные Кутузовым, для того чтобы избавиться от этого пагубного столкновения и чтобы сберечь свои войска, три дня у Красного продолжалось добивание разбитых сборищ французов измученными людьми русской армии.

Толь написал диспозицию: die erste Colonne marschirt[1] и т.д. И, как всегда, сделалось все не по диспозиции. Принц Евгений Виртембергский расстреливал с горы мимо бегущие толпы французов и требовал подкрепления, которое не приходило. Французы, по ночам обегая русских, рассыпались, прятались в леса и пробирались кто как мог дальше.

Милорадович, который говорил, что он знать ничего не хочет о хозяйственных делах отряда, которого никогда нельзя было найти, когда его было нужно, "chevalier sans peur et sans reproche"[2], как он сам называл себя, и охотник до разговоров с французами, посылал парламентеров, требуя сдачи, и терял время и делал не то, что ему приказывали.

– Дарю вам, ребята, эту колонну, – говорил он, подъезжая к войскам и указывая кавалеристам на французов. И кавалеристы на худых, ободранных еле двигающихся лошадях, подгоняя их шпорами и саблями, рысцой, после сильных напряжений, подъезжали к подаренной колонне, то есть к толпе обмороженных, закоченевших и голодных французов; и подаренная колонна кидала оружие и сдавалась, чего ей уже давно хотелось.

Под Красным взяли двадцать шесть тысяч пленных, сотни пушек, какую-то палку, которую называли маршальским

1 первая колонна направится туда-то *(нем)*.
2 "рыцарь без страха и упрека".

жезлом, и спорили о том, кто там отличился, и были этим довольны, но очень сожалели о том, что не взяли Наполеона или хоть какого-нибудь героя, маршала, и упрекали в этом друг друга и в особенности Кутузова.

Люди эти, увлекаемые своими страстями, были слепыми исполнителями только самого печального закона необходимости; но они считали себя героями и воображали, что то, что они делали, было самое достойное и благородное дело. Они обвиняли Кутузова и говорили, что он с самого начала кампании мешал им победить Наполеона, что он думает только об удовлетворении своих страстей и не хотел выходить из Полотняных Заводов, потому что ему там было покойно; что он под Красным остановил движенье только потому, что, узнав о присутствии Наполеона, он совершенно потерялся; что можно предполагать, что он находится в заговоре с Наполеоном, что он подкуплен им[1], и т.д., и т.д.

Мало того, что современники, увлекаемые страстями, говорили так, – потомство и история признали Наполеона grand[2], а Кутузова: иностранцы – хитрым, развратным, слабым придворным стариком; русские – чем-то неопределенным – какой-то куклой, полезной только по своему русскому имени...

V

В 12-м и 13-м годах Кутузова прямо обвиняли за ошибки. Государь был недоволен им. И в истории, написанной недавно по высочайшему повелению, сказано, что Кутузов был хитрый придворный лжец, боявшийся имени Наполеона и своими ошибками под Красным и под Березиной лишивший русские войска славы – полной победы над французами[3].

1 Записки Вильсона. *(Прим. Л.Н.Толстого.)*
2 великим.
3 История 1812 года Богдановича: характеристика Кутузова и рассуждение о неудовлетворительности результатов Красненских сражений. *(Прим. Л.Н.Толстого.)*

Такова судьба не великих людей, не grand-homme, которых не признает русский ум, а судьба тех редких, всегда одиноких людей, которые, постигая волю провидения, подчиняют ей свою личную волю. Ненависть и презрение толпы наказывают этих людей за прозрение высших законов.

Для русских историков – странно и страшно сказать – Наполеон – это ничтожнейшее орудие истории – никогда и нигде, даже в изгнании, не выказавший человеческого достоинства, – Наполеон есть предмет восхищения и восторга; он grand. Кутузов же, тот человек, который от начала и до конца своей деятельности в 1812 году, от Бородина и до Вильны, ни разу ни одним действием, ни словом не изменяя себе, являет необычайный в истории пример самоотвержения и сознания в настоящем будущего значения события, – Кутузов представляется им чем-то неопределенным и жалким, и, говоря о Кутузове и 12-м годе, им всегда как будто немножко стыдно.

А между тем трудно себе представить историческое лицо, деятельность которого так неизменно постоянно была бы направлена к одной и той же цели. Трудно вообразить себе цель, более достойную и более совпадающую с волею всего народа. Еще труднее найти другой пример в истории, где бы цель, которую поставило себе историческое лицо, была бы так совершенно достигнута, как та цель, к достижению которой была направлена вся деятельность Кутузова в 1812 году.

Кутузов никогда не говорил о сорока веках, которые смотрят с пирамид, о жертвах, которые он приносит отечеству, о том, что он намерен совершить или совершил: он вообще ничего не говорил о себе, не играл никакой роли, казался всегда самым простым и обыкновенным человеком и говорил самые простые и обыкновенные вещи. Он писал письма своим дочерям и m-me Staël, читал романы, любил общество красивых женщин, шутил с генералами, офицерами и солдатами и никогда не противоречил тем людям, которые хотели ему что-нибудь доказывать. Когда граф Растопчин на Яузском мосту подскакал к Кутузову с личными упреками о том, кто виноват в погибели Москвы, и сказал: "Как же вы обещали не оставлять Москвы, не дав сраженья?" – Кутузов отвечал: "Я и не оставлю Москвы без сражения", несмотря на то, что Москва была уже оставлена. Когда приехавший к нему от государя Аракчеев сказал, что надо бы Ермолова назначить начальником артиллерии, Кутузов отвечал: "Да, я и сам только что говорил это", – хотя он за минуту говорил совсем другое. Какое дело было ему, одному понимавшему тогда весь громадный смысл события, среди бестолковой толпы, окружавшей его, какое ему дело было до того, к себе или к нему отнесет граф Растопчин бедствие столицы? Еще менее могло занимать его то, кого назначат начальником артиллерии.

Не только в этих случаях, но беспрестанно этот старый человек, дошедший опытом жизни до убеждения в том, что мысли и слова, служащие им выражением, не суть двигатели людей, говорил слова совершенно бессмысленные – первые, которые ему приходили в голову.

Но этот самый человек, так пренебрегавший своими словами, ни разу во всю свою деятельность не сказал ни одного слова, которое было бы не согласно с той единственной целью, к достижению которой он шел во время всей войны. Очевидно, невольно, с тяжелой уверенностью, что не поймут его, он неоднократно в самых разнообразных обстоятельствах высказывал свою мысль. Начиная от Бородинского сражения, с которого начался его разлад с окружающими, он один говорил, что *Бородинское сражение есть победа,* и повторял это и изустно, и в рапортах, и донесениях до самой своей смерти. Он один сказал, *что потеря Москвы не есть потеря России.* Он в ответ Лористону на предложение о мире отвечал, *что мира не может быть, потому что такова воля народа;* он один во время отступления французов говорил, что *все наши маневры не нужны, что все сделается само собой лучше, чем мы того желаем, что неприятелю надо дать золотой мост, что ни Тарутинское, ни Вяземское, ни Красненское сражения не нужны, что с чем-нибудь надо прийти на границу, что за десять французов он не отдаст одного русского.*

И он один, этот придворный человек, как нам изображают его, человек, который лжет Аракчееву с целью угодить государю, – он один, этот придворный человек, в Вильне, тем заслуживая немилость государя, говорит, что *дальнейшая война за границей вредна и бесполезна*.

Но одни слова не доказали бы, что он тогда понимал значение события. Действия его – все без малейшего отступления, все были направлены к одной и той же цели, выражающейся в трех действиях: 1) напрячь все свои силы для столкновения с французами, 2) победить их и 3) изгнать из России, облегчая, насколько возможно, бедствия народа и войска.

Он, тот медлитель Кутузов, которого девиз есть терпение и время, враг решительных действий, он дает Бородинское сражение, облекая приготовления к нему в беспримерную торжественность. Он, тот Кутузов, который в Аустерлицком сражении, прежде начала его, говорит, что оно будет проиграно, в Бородине, несмотря на уверения генералов о том, что сражение проиграно, несмотря на неслыханный в истории пример того, что после выигранного сражения войско должно отступать, он один, в противность всем, до самой смерти утверждает, что Бородинское сражение – победа. Он один во все время отступления настаивает на том, чтобы не давать сражений, которые теперь бесполезны, не начинать новой войны и не переходить границ России.

Теперь понять значение события, если только не прилагать к деятельности масс целей, которые были в голове десятка людей, легко, так как все событие с его последствиями лежит перед нами.

Но каким образом тогда этот старый человек, один, в противность мнения всех, мог угадать, так верно угадал тогда значение народного смысла события, что ни разу во всю свою деятельность не изменил ему?

Источник этой необычайной силы прозрения в смысл совершающихся явлений лежал в том народном чувстве, которое он носил в себе во всей чистоте и силе его.

Только признание в нем этого чувства заставило народ такими странными путями из в немилости находящегося старика выбрать его против воли царя, в представители народной войны. И только это чувство поставило его на ту высшую человеческую высоту, с которой он, главнокомандующий, направлял все свои силы не на то, чтоб убивать и истреблять людей, а на то, чтобы спасать и жалеть их.

Простая, скромная и потому истинно величественная фигура эта не могла улечься в ту лживую форму европейского героя, мнимо управляющего людьми, которую придумала история.

Для лакея не может быть великого человека, потому что у лакея свое понятие о величии.

VI

5 ноября был первый день так называемого Красненского сражения. Перед вечером, когда уже после многих споров и ошибок генералов, зашедших не туда, куда надо; после рассылок адъютантов с противуприказаниями, когда уже стало ясно, что неприятель везде бежит и сражения не может быть и не будет, Кутузов выехал из Красного и поехал в Доброе, куда была переведена в нынешний день главная квартира.

День был ясный, морозный. Кутузов с огромной свитой недовольных им, шушукающихся за ним генералов, верхом на своей жирной белой лошадке ехал к Доброму. По всей дороге толпились, отогреваясь у костров, партии взятых нынешний день французских пленных (их взято было в этот день семь тысяч). Недалеко от Доброго огромная толпа оборванных, обвязанных и укутанных чем попало пленных гудела говором, стоя на дороге подле длинного ряда отпряженных французских орудий. При приближении главнокомандующего говор замолк, и все глаза уставились на Кутузова, который в своей белой с красным околышем шапке и ватной шинели, горбом сидевшей на его сутуловых плечах, медленно подвигался по дороге. Один из генералов докладывал Кутузову, где взяты орудия и пленные.

Кутузов, казалось, чем-то озабочен и не слышал слов генерала. Он недовольно щурился и внимательно и пристально вглядывался в те фигуры пленных, которые представляли особенно жалкий вид. Большая часть лиц французских солдат были изуродованы отмороженными носами и щеками, и почти у всех были красные, распухшие и гноившиеся глаза.

Одна кучка французов стояла близко у дороги, и два солдата – лицо одного из них было покрыто болячками – разрывали руками кусок сырого мяса. Что-то было страшное и животное в том беглом взгляде, который они бросили на проезжавших, и в том злобном выражении, с которым солдат с болячками, взглянув на Кутузова, тотчас же отвернулся и продолжал свое дело.

Кутузов долго внимательно поглядел на этих двух солдат; еще более сморщившись, он прищурил глаза и раздумчиво покачал головой. В другом месте он заметил русского солдата, который, смеясь и трепля по плечу француза, что-то ласково говорил ему. Кутузов опять с тем же выражением покачал головой.

– Что ты говоришь? Что? – спросил он у генерала, продолжавшего докладывать и обращавшего внимание главнокомандующего на французские взятые знамена, стоявшие перед фронтом Преображенского полка.

– А, знамена! – сказал Кутузов, видимо с трудом отрываясь от предмета, занимавшего его мысли. Он рассеянно оглянулся. Тысячи глаз со всех сторон, ожидая его слова, смотрели на него.

Перед Преображенским полком он остановился, тяжело вздохнул и закрыл глаза. Кто-то из свиты махнул, чтобы державшие знамена солдаты подошли и поставили их древками знамен вокруг главнокомандующего. Кутузов помолчал несколько секунд и, видимо неохотно, подчиняясь необходимости своего положения, поднял голову и начал говорить. Толпы офицеров окружили его. Он внимательно ным взглядом обвел кружок офицеров, узнав некоторых из них.

– Благодарю всех! – сказал он, обращаясь к солдатам и опять к офицерам. В тишине, воцарившейся вокруг него, отчетливо слышны были его медленно выговариваемые слова. – Благодарю всех за трудную и верную службу. Победа совершенная, и Россия не забудет вас. Вам слава вовеки! – Он помолчал, оглядываясь.

– Нагни, нагни ему голову-то, – сказал он солдату, державшему французского орла и нечаянно опустившему его перед знаменем преображенцев. – Пониже, пониже, так-то вот. Ура! ребята, – быстрым движением подбородка обратясь к солдатам, проговорил он.

– Ура-ра-ра! – заревели тысячи голосов.

Пока кричали солдаты, Кутузов, согнувшись на седле, склонил голову, и глаз его засветился кротким, как будто насмешливым, блеском.

– Вот что, братцы, – сказал он, когда замолкли голоса...

И вдруг голос и выражение лица его изменились: перестал говорить главнокомандующий, а заговорил простой, старый человек, очевидно что-то самое нужное желавший сообщить теперь своим товарищам.

В толпе офицеров и в рядах солдат произошло движение, чтобы яснее слышать то, что он скажет теперь.

– А вот что, братцы. Я знаю, трудно вам, да что же делать! Потерпите; недолго осталось. Выпроводим гостей, отдохнем тогда. За службу вашу вас царь не забудет. Вам трудно, да все же вы дома; а они – видите, до чего они дошли, – сказал он, указывая на пленных. – Хуже нищих последних. Пока они были сильны, мы себя не жалели, а теперь их и пожалеть можно. Тоже и они люди. Так, ребята?

Он смотрел вокруг себя, и в упорных, почтительно недоумевающих, устремленных на него взглядах он читал сочувствие своим словам: лицо его становилось все светлее и светлее от старческой кроткой улыбки, звездами морщившейся в углах губ и глаз. Он помолчал и как бы в недоумении опустил голову.

– А и то сказать, кто же их к нам звал? Поделом им, м... и... в г... – вдруг сказал он, подняв голову. И, взмахнув нагайкой, он галопом, в первый раз во всю кампанию, поехал прочь от радостно хохотавших и ревевших ура, расстроивавших ряды солдат.

Слова, сказанные Кутузовым, едва ли были поняты войсками. Никто не сумел бы передать содержания сначала торжественной и под конец простодушно-стариковской речи фельдмаршала; но сердечный смысл этой речи не только был понят, но то самое, то самое чувство величественного торжества в соединении с жалостью к врагам и сознанием своей правоты, выраженное этим, именно этим стариковским, добродушным ругательством, – это самое чувство лежало в душе каждого солдата и выразилось радостным, долго не умолкавшим криком. Когда после этого один из генералов с вопросом о том, не прикажет ли главнокомандующий приехать коляске, обратился к нему, Кутузов, отвечая, неожиданно всхлипнул, видимо находясь в сильном волнении.

VII

8-го ноября последний день Красненских сражений; уже смерклось, когда войска пришли на место ночлега. Весь день был тихий, морозный, с падающим легким, редким снегом; к вечеру стало выясняться. Сквозь снежинки виднелось черно-лиловое звездное небо, и мороз стал усиливаться.

Мушкатерский полк, вышедший из Тарутина в числе трех тысяч, теперь, в числе девятисот человек, пришел одним из первых на назначенное место ночлега, в деревне на большой дороге. Квартиргеры, встретившие полк, объявили, что все избы заняты больными и мертвыми французами, кавалеристами и штабами. Была только одна изба для полкового командира.

Полковой командир подъехал к своей избе. Полк прошел деревню и у крайних изб на дороге поставил ружья в козлы.

Как огромное, многочленное животное, полк принялся за работу устройства своего логовища и пищи. Одна часть солдат разбрелась, по колено в снегу, в березовый лес, бывший вправо от деревни, и тотчас же послышались в лесу стук топоров, тесаков, треск ломающихся сучьев и веселые голоса; другая часть возилась около центра полковых повозок и лошадей, поставленных в кучку, доставая котлы, сухари и задавая корм лошадям; третья часть рассыпалась в деревне, устраивая помещения штабным, выбирая мертвые тела французов, лежавшие по избам, и растаскивая доски, сухие дрова и солому с крыш для костров и плетни для защиты.

Человек пятнадцать солдат за избами, с края деревни, с веселым криком раскачивали высокий плетень сарая, с которого снята уже была крыша.

– Ну, ну, разом, налегни! – кричали голоса, и в темноте ночи раскачивалось с морозным треском огромное, запорошенное снегом полотно плетня. Чаще и чаще трещали нижние колья, и, наконец, плетень завалился вместе с солдатами, напиравшими на него. Послышался громкий грубо-радостный крик и хохот.

– Берись по двое! рочаг подавай сюда! вот так-то. Куда лезешь-то?

– Ну, разом... Да стой, ребята!.. С накрика!

Все замолкли, и негромкий, бархатно-приятный голос запел песню. В конце третьей строфы, враз с окончанием последнего звука, двадцать голосов дружно вскрикнули: "Уууу! Идет! Разом! Навались, детки!.." Но, несмотря на дружные усилия, плетень мало тронулся, и в установившемся молчании слышалось тяжелое пыхтенье.

– Эй вы, шестой роты! Черти, дьяволы! Подсоби... тоже мы пригодимся.

Шестой роты человек двадцать, шедшие в деревню, присоединились к тащившим; и плетень, саженей в пять длины и в сажень ширины, изогнувшись, надавя и режа плечи пыхтевших солдат, двинулся вперед по улице деревни.

– Иди, что ли... Падай, эка... Чего стал? То-то...

Веселые, безобразные ругательства не замолкали.

– Вы чего? – вдруг послышался начальственный голос солдата, набежавшего на несущих.

– Господа тут; в избе сам анарал, а вы, черти, дьяволы, матершинники. Я вас! – крикнул фельдфебель и с размаха ударил в спину первого подвернувшегося солдата. – Разве тихо нельзя?

Солдаты замолкли. Солдат, которого ударил фельдфебель, стал, покряхтывая, обтирать лицо, которое он в кровь разодрал, наткнувшись на плетень.

– Вишь, черт, дерется как! Аж всю морду раскровянил, – сказал он робким шепотом, когда отошел фельдфебель.

– Али не любишь? – сказал смеющийся голос; и, умеряя звуки голосов, солдаты пошли дальше. Выбравшись за деревню, они опять заговорили так же громко, пересыпая разговор теми же бесцельными ругательствами.

В избе, мимо которой проходили солдаты, собралось высшее начальство, и за чаем шел оживленный разговор о прошедшем дне и предполагаемых маневрах будущего. Предполагалось сделать фланговый марш влево, отрезать вице-короля и захватить его.

Когда солдаты притащили плетень, уже с разных сторон разгорались костры кухонь. Трещали дрова, таял снег, и черные тени солдат туда и сюда сновали по всему занятому, притоптанному в снегу, пространству.

Топоры, тесаки работали со всех сторон. Все делалось без всякого приказания. Тащились дрова про запас ночи, пригораживались шалашики начальству, варились котелки, справлялись ружья и амуниция.

Притащенный плетень осьмою ротой поставлен полукругом со стороны севера, подперт сошками, и перед ним разложен костер. Пробили зарю, сделали расчет, поужинали и разместились на ночь у костров – кто чиня обувь, кто куря трубку, кто, донага раздетый, выпаривая вшей.

VIII

Казалось бы, что в тех, почти невообразимо тяжелых условиях существования, в которых находились в то время русские солдаты, – без теплых сапог, без полушубков, без крыши над головой, в снегу при 18° мороза, без полного даже количества провианта, не всегда поспевавшего за армией, – казалось, солдаты должны бы были представлять самое печальное и унылое зрелище.

Напротив, никогда, в самых лучших материальных условиях, войско не представляло более веселого, оживленного зрелища. Это происходило оттого, что каждый день выбрасывалось из войска все то, что начинало унывать или слабеть. Все, что было физически и нравственно слабого, давно уже осталось назади: оставался один цвет войска – по силе духа и тела.

К осьмой роте, пригородившей плетень, собралось больше всего народа. Два фельдфебеля присели к ним, и костер их пылал ярче других. Они требовали за право сиденья под плетнем приношения дров.

– Эй, Макеев, что ж ты... – запропал или тебя волки съели? Неси дров-то, – кричал один краснорожий рыжий солдат, щурившийся и мигавший от дыма, но не отодвигавшийся от огня. – Поди хоть ты, ворона, неси дров, – обратился этот солдат к другому. Рыжий был не унтер-офицер и не ефрейтор, но был здоровый солдат, и потому повелевал теми, которые были слабее его. Худенький, маленький, с вострым носиком солдат, которого назвали вороной, покорно встал и пошел было исполнять приказание, но в это время в свет костра вступила уже тонкая красивая фигура молодого солдата, несшего беремя дров.

– Давай сюда. Во важно-то!

Дрова наломали, надавили, поддули ртами и полами шинелей, и пламя зашипело и затрещало. Солдаты, придвинувшись, закурили трубки. Молодой, красивый солдат, который притащил дрова, подперся руками в бока и стал быстро и ловко топотать озябшими ногами на месте.

– Ах, маменька, холодная роса, да хороша, да в мушкатера... – припевал он, как будто икая на каждом слоге песни.

– Эй, подметки отлетят! – крикнул рыжий, заметив, что у плясуна болталась подметка. – Экой яд плясать!

Плясун остановился, оторвал болтавшуюся кожу и бросил в огонь.

– И то, брат, – сказал он; и, сев, достал из ранца обрывок французского синего сукна и стал обвертывать им ногу. – С пару зашлись, – прибавил он, вытягивая ноги к огню.

– Скоро новые отпустят. Говорят, перебьем до конца, тогда всем по двойному товару.

– А вишь, сукин сын Петров, отстал-таки, – сказал фельдфебель.

– Я его давно замечал, – сказал другой.

– Да что, солдатенок...

– А в третьей роте, сказывали, за вчерашний день девять человек недосчитали.

– Да, вот суди, как ноги зазнобишь, куда пойдешь?

– Э, пустое болтать! – сказал фельдфебель.

– Али и тебе хочется того же? – сказал старый солдат, с упреком обращаясь к тому, который сказал, что ноги зазнобил.

– А ты что же думаешь? – вдруг приподнявшись из-за костра, пискливым и дрожащим голосом заговорил востроносенький солдат, которого называли ворона. – Кто гладок, так похудает, а худому смерть. Вот хоть бы я. Мочи моей нет, – сказал он вдруг решительно, обращаясь к фельдфебелю, – вели в госпиталь отослать, ломота одолела; а то все одно отстанешь...

– Ну буде, буде, – спокойно сказал фельдфебель.

Солдатик замолчал, и разговор продолжался.

– Нынче мало ли французов этих побрали; а сапог, прямо сказать, ни на одном настоящих нет, так, одна званье, – начал один из солдат новый разговор.

– Всё казаки поразули. Чистили для полковника избу, выносили их. Жалости смотреть, ребята, – сказал плясун. –

Разворочали их: так живой один, веришь ли, лопочет что-то, по-своему.

– А чистый народ, ребята, – сказал первый. – Белый, вот как береза белый, и бравые есть, скажи, благородные.

– А ты думаешь как? У него от всех званий набраны.

– А ничего не знают по-нашему, – с улыбкой недоумения сказал плясун. – Я ему говорю: “Чьей короны?”, а он свое лопочет. Чудесный народ!

– Ведь то мудрено, братцы мои, – продолжал тот, который удивлялся их белизне, – сказывали мужики под Можайским, как стали убирать битых, где страженья-то была, так ведь что, говорит, почитай месяц лежали мертвые ихние-то. Что ж, говорит, лежит, говорит, ихний-то, как бумага белый, чистый, ни синь пороха не пахнет.

– Что ж, от холода, что ль? – спросил один.

– Эка ты умный! От холода! Жарко ведь было. Кабы от стужи, так и наши бы тоже не протухли. А то, говорит, подойдешь к нашему, весь, говорит, прогнил в червях. Так, говорит, платками обвяжемся, да, отворотя морду, и тащим; мóчи нет. А ихний, говорит, как бумага белый; ни синь пороха не пахнет.

Все помолчали.

– Дóлжно от пищи, – сказал фельдфебель, – господскую пищу жрали.

Никто не возражал.

– Сказывал мужик-то этот, под Можайским, где страженья-то была, их с десяти деревень согнали, двадцать дён возили, не свозили всех, мертвых-то. Волкóв этих что, говорит...

– Та страженья была настоящая, – сказал старый солдат. – Только и было чем помянуть; а то всё после того... Так, только народу мученье.

– И то, дядюшка. Позавчера набежали мы, так куда те, до себя не допущают. Живо ружья покидали. На коленки. Пардон – говорит. Так, только пример один. Сказывали, самого Полиона-то Платов два раза брал. Слова не знает. Возьмет-возьмет: вот на те, в руках прикинется птицей, улетит да и улетит. И убить тоже нет положенья.

– Эка врать здоров ты, Киселев, посмотрю я на тебя.

– Какое врать, правда истинная.

– А кабы на мой обычай, я бы его, изловимши, да в землю бы закопал. Да осиновым колом. А то что народу загубил.

– Все одно конец сделаем, не будет ходить, – зевая, сказал старый солдат.

Разговор замолк, солдаты стали укладываться.

– Вишь, звезды-то, страсть, так и горят! Скажи, бабы холсты разложили, – сказал солдат, любуясь на Млечный Путь.

– Это, ребята, к урожайному году.

– Дровец-то еще надо будет.

– Спину погреешь, а брюха замерзла. Вот чуда.

– О, господи!

– Что толкаешься-то, – про тебя одного огонь, что ли? Вишь... развалился.

Из-за устанавливающегося молчания послышался храп некоторых заснувших; остальные поворачивались и грелись, изредка переговариваясь. От дальнего, шагов за сто, костра послышался дружный, веселый хохот.

– Вишь, грохочат в пятой роте, – сказал один солдат. – И народу что – страсть!

Один солдат поднялся и пошел к пятой роте.

– То-то смеху, – сказал он, возвращаясь. – Два хранцуза пристали. Один мерзлый вовсе, а другой такой куражный, бяда! Песни играет.

– О-о? пойти посмотреть... – Несколько солдат направились к пятой роте.

IX

Пятая рота стояла подле самого леса. Огромный костер ярко горел посреди снега, освещая отягченные инеем ветви деревьев.

В середине ночи солдаты пятой роты услыхали в лесу шаги по снегу и хряск сучьев.

– Ребята, ведмедь, – сказал один солдат. Все подняли головы, прислушались, и из леса, в яркий свет костра, выступили две, держащиеся друг за друга, человеческие странно одетые фигуры.

Это были два прятавшиеся в лесу француза. Хрипло говоря что-то на непонятном солдатам языке, они подошли к костру. Один был повыше ростом, в офицерской шляпе, и казался совсем ослабевшим. Подойдя к костру, он хотел сесть, но упал на землю. Другой, маленький, коренастый, обвязанный платком по щекам солдат, был сильнее. Он поднял своего товарища и, указывая на свой рот, говорил что-то. Солдаты окружили французов, подстелили больному шинель и обоим принесли каши и водки.

Ослабевший французский офицер был Рамбаль; повязанный платком был его денщик Морель.

Когда Морель выпил водки и доел котелок каши, он вдруг болезненно развеселился и начал не переставая говорить что-то не понимавшим его солдатам. Рамбаль отказывался от еды и молча лежал на локте у костра, бессмысленными красными глазами глядя на русских солдат. Изредка он издавал протяжный стон и опять замолкал. Морель, показывая на плечи, внушал солдатам, что это был офицер и что его надо отогреть. Офицер русский, подошедший к костру, послал спросить у полковника, не возьмет ли он к себе отогреть французского офицера; и когда вернулись и сказали, что полковник велел привести офицера, Рамбалю передали, чтобы он шел. Он встал и хотел идти, но пошатнулся и упал бы, если бы подле стоящий солдат не поддержал его.

– Что? Не будешь? – насмешливо подмигнув, сказал один солдат, обращаясь к Рамбалю.

– Э, дурак! Что врешь нескладно! То-то мужик, право, мужик, – послышались с разных сторон упреки пошутившему солдату. Рамбаля окружили, подняли двое на руки, перехватившись ими, и понесли в избу. Рамбаль обнял шеи солдат и, когда его понесли, жалобно заговорил:

– Oh, mes braves, oh, mes bons, mes bons amis! Voila des hommes! oh, mes braves, mes bons amis![1] – и, как ребенок, головой склонился на плечо одному солдату.

Между тем Морель сидел на лучшем месте, окруженный солдатами.

Морель, маленький коренастый француз, с воспаленными, слезившимися глазами, обвязанный по-бабьи платком сверх фуражки, был одет в женскую шубенку. Он, видимо захмелев, обнявши рукой солдата, сидевшего подле него, пел хриплым, перерывающимся голосом французскую песню. Солдаты держались за бока, глядя на него.

– Ну-ка, ну-ка, научи, как? Я живо перейму. Как?.. – говорил шутник-песенник, которого обнимал Морель.

Vive Henri Quatre,
Vive ce roi vaillant![2] –

пропел Морель, подмигивая глазом.

Ce diable à quatre...

– Виварика́! Виф серувару! сидябляка́... – повторил солдат, взмахнув рукой и действительно уловив напев.

– Вишь, ловко! Го-го-го-го-го!.. – поднялся с разных сторон грубый, радостный хохот. Морель, сморщившись, смеялся тоже.

– Ну, валяй еще, еще!

Qui eut le triple talent,
De boire, de battre,
Et d'être un vert galant...[3]

– А ведь тоже складно. Ну, ну, Залетаев!..

1 О молодцы! О мои добрые, добрые друзья! Вот люди! О мои добрые друзья!

2 Да здравствует Генрих Четвертый! Да здравствует сей храбрый король! и т.д. *(французская песня).*

3 Имевший тройной талант,
Пить, драться
И быть любезником...

– Кю... – с усилием выговорил Залетаев. – Кью-ю-ю... – вытянул он, старательно оттопырив губы, – летриптала, де бу де ба и детравагала, – пропел он.

– Ай, важно! Вот так хранцуз! ой... го-го-го-го! – Что ж, еще есть хочешь?

– Дай ему каши-то; ведь не скоро наестся с голоду-то.

Опять ему дали каши; и Морель, посмеиваясь, принялся за третий котелок. Радостные улыбки стояли на всех лицах молодых солдат, смотревших на Мореля. Старые солдаты, считавшие неприличным заниматься такими пустяками, лежали с другой стороны костра, но изредка, приподнимаясь на локте, с улыбкой взглядывали на Мореля.

– Тоже люди, – сказал один из них, уворачиваясь в шинель. – И полынь на своем кореню растет.

– Оо! Господи, господи! Как звездно, страсть! К морозу... – И все затихло.

Звезды, как будто зная, что теперь никто не увидит их, разыгрались в черном небе. То вспыхивая, то потухая, то вздрагивая, они хлопотливо о чем-то радостном, но таинственном перешептывались между собой.

X

Войска французские равномерно таяли в математически правильной прогрессии. И тот переход через Березину, про который так много было писано, была только одна из промежуточных ступеней уничтожения французской армии, а вовсе не решительный эпизод кампании. Ежели про Березину так много писали и пишут, то со стороны французов это произошло только потому, что на Березинском прорванном мосту бедствия, претерпеваемые французской армией прежде равномерно, здесь вдруг сгруппировались в один момент и в одно трагическое зрелище, которое у всех осталось в памяти. Со стороны же русских так много говорили и писали про Березину только потому, что вдали от театра войны, в Петербурге, был составлен план (Пфулем же) поимки в стратегическую западню Наполеона на реке Березине. Все уверились, что все будет на деле точно так, как в плане, и потому настаивали на том, что именно Березинская переправа погубила французов. В сущности же, результаты Березинской переправы были гораздо менее гибельны для французов потерей орудий и пленных, чем Красное, как то показывают цифры.

Единственное значение Березинской переправы заключается в том, что эта переправа очевидно и несомненно доказала ложность всех планов отрезыванья и справедливость единственно возможного, требуемого и Кутузовым и всеми войсками (массой) образа действий, – только следования за неприятелем. Толпа французов бежала с постоянно усиливающейся силой быстроты, со всею энергией, направленной на достижение цели. Она бежала, как раненый зверь, и нельзя ей было стать на дороге. Это доказало не столько устройство переправы, сколько движение на мостах. Когда мосты были прорваны, безоружные солдаты, московские жители, женщины с детьми, бывшие в обозе французов, – все под влиянием силы инерции не сдавалось, а бежало вперед в лодки, в мерзлую воду.

Стремление это было разумно. Положение и бегущих и преследующих было одинаково дурно. Оставаясь со своими, каждый в бедствии надеялся на помощь товарища, на определенное, занимаемое им место между своими. Отдавшись же русским, он был в том же положении бедствия, но становился на низшую ступень в разделе удовлетворения потребностей жизни. Французам не нужно было иметь верных сведений о том, что половина пленных, с которыми не знали, что делать, несмотря на все желание русских спасти их, – гибли от холода и голода; они чувствовали, что это не могло быть иначе. Самые жалостливые русские начальники и охотники до французов, французы в русской службе не могли ничего сделать для пленных. Французов губило бедствие, в котором находилось русское войско. Нельзя было отнять хлеб и платье у голодных, нужных солдат, чтобы отдать не вредным, не ненавидимым, не виноватым, но просто ненужным французам. Некоторые и делали это; но это было только исключение.

Назади была верная погибель; впереди была надежда. Корабли были сожжены; не было другого спасения, кроме совокупного бегства, и на это совокупное бегство были устремлены все силы французов.

Чем дальше бежали французы, чем жальче были их остатки, в особенности после Березины, на которую, вследствие петербургского плана, возлагались особенные надежды, тем сильнее разгорались страсти русских начальников, обвинявших друг друга и в особенности Кутузова. Полагая, что неудача Березинского петербургского плана будет отнесена к нему, недовольство им, презрение к нему и подтрунивание над ним выражались сильнее и сильнее. Подтрунивание и презрение, само собой разумеется, выражалось в почтительной форме, в той форме, в которой Кутузов не мог и спросить, в чем и за что его обвиняют. С ним не говорили серьезно; докладывая ему и спрашивая его разрешения, делали вид исполнения печального обряда, а за спиной его подмигивали и на каждом шагу старались его обманывать.

Всеми этими людьми, именно потому, что они не могли понимать его, было признано, что со стариком говорить нечего; что он никогда не поймет всего глубокомыслия их планов; что он будет отвечать свои фразы (им казалось, что это только фразы) о золотом мосте, о том, что за границу нельзя прийти с толпой бродяг, и т.п. Это всё они уже слышали от него. И все, что он говорил: например, то, что надо подождать провиант, что люди без сапог, все это было так просто, а все, что они предлагали, было так сложно и умно, что очевидно было для них, что он был глуп и стар, а они были не властные, гениальные полководцы.

В особенности после соединения армий блестящего адмирала и героя Петербурга Витгенштейна это настроение и штабная сплетня дошли до высших пределов. Кутузов видел это и, вздыхая, пожимал только плечами. Только один раз, после Березины, он рассердился и написал Бенигсену, доносившему отдельно государю, следующее письмо:

"По причине болезненных ваших припадков, извольте, ваше высокопревосходительство, с получения сего, отправиться в Калугу, где и ожидайте дальнейшего повеления и назначения от его императорского величества".

Но вслед за отсылкой Бенигсена к армии приехал великий князь Константин Павлович, делавший начало кампании и удаленный из армии Кутузовым. Теперь великий князь, приехав к армии, сообщил Кутузову о неудовольствии государя императора за слабые успехи наших войск и за медленность движения. Государь император сам на днях намеревался прибыть к армии.

Старый человек, столь же опытный в придворном деле, как и в военном, тот Кутузов, который в августе того же года был выбран главнокомандующим против воли государя, тот, который удалил наследника и великого князя из армии, тот, который своей властью, в противность воле государя, предписал оставление Москвы, этот Кутузов теперь тотчас же понял, что время его кончено, что роль его сыграна и что этой мнимой власти у него уже нет больше. И не по одним придворным отношениям он понял это. С одной стороны, он видел, что военное дело, то, в котором он играл свою роль, – кончено, и чувствовал, что его призвание исполнено. С другой стороны, он в то же самое время стал чувствовать физическую усталость в своем старом теле и необходимость физического отдыха.

29 ноября Кутузов въехал в Вильно – в свою добрую Вильну, как он говорил. Два раза в свою службу Кутузов был в Вильне губернатором. В богатой уцелевшей Вильне, кроме удобств жизни, которых так давно уже он был лишен, Кутузов нашел старых друзей и воспоминания. И он, вдруг отвернувшись от всех военных и государственных забот, погрузился в ровную, привычную жизнь настолько, насколько ему давали покоя страсти, кипевшие вокруг него, как будто все, что совершалось теперь и имело совершиться в историческом мире, нисколько его не касалось.

Чичагов, один из самых страстных отрезывателей и опрокидывателей, Чичагов, который хотел сначала сделать диверсию в Грецию, а потом в Варшаву, но никак не хотел идти туда, куда ему было велено, Чичагов, известный своею смелостью речи с государем, Чичагов, считавший Кутузова собою облагодетельствованным, потому что, когда он был послан в 11-м году для заключения мира с Турцией помимо Кутузова, он, убедившись, что мир уже заключен, признал перед государем, что заслуга заключения мира принадлежит Кутузову; этот-то Чичагов первый встретил Кутузова в Вильне у за́мка, в котором должен был остановиться Кутузов. Чичагов в флотском вицмундире, с кортиком, держа фуражку под мышкой, подал Кутузову строевой рапорт и ключи от города. То презрительно-почтительное отношение молодежи к выжившему из ума старику выражалось в высшей степени во всем обращении Чичагова, знавшего уже обвинения, взводимые на Кутузова.

Разговаривая с Чичаговым, Кутузов, между прочим, сказал ему, что отбитые у него в Борисове экипажи с посудою целы и будут возвращены ему.

– C'est pour me dire que je n'ai pas sur quoi manger... Je puis au contraire vous fournir de tout dans le cas même où vous voudriez donner des dîners[1], – вспыхнув, проговорил Чичагов, каждым словом своим желавший доказать свою правоту и потому предполагавший, что и Кутузов был озабочен этим самым. Кутузов улыбнулся своей тонкой, проницательной улыбкой и, пожав плечами, отвечал: – Ce n'est que pour vous dire ce que je vous dis[2].

В Вильне Кутузов, в противность воле государя, остановил бо́льшую часть войск. Кутузов, как говорили его приближенные, необыкновенно опустился и физически ослабел в это свое пребывание в Вильне. Он неохотно занимался делами по армии, предоставляя все своим генералам, и, ожидая государя, предавался рассеянной жизни.

1 Вы хотите мне сказать, что мне не на чем есть. Напротив, могу вам служить всем, даже если бы вы захотели давать обеды.

2 Я хочу сказать только то, что говорю.

Выехав с своей свитой – графом Толстым, князем Волконским, Аракчеевым и другими, 7-го декабря из Петербурга, государь 11-го декабря приехал в Вильну и в дорожных санях прямо подъехал к за́мку. У за́мка, несмотря на сильный мороз, стояло человек сто генералов и штабных офицеров в полной парадной форме и почетный караул Семеновского полка.

Курьер, подскакавший к за́мку на потной тройке, впереди государя, прокричал: "Едет!" Коновницын бросился в сени доложить Кутузову, дожидавшемуся в маленькой швейцарской комнатке.

Через минуту толстая большая фигура старика, в полной парадной форме, со всеми регалиями, покрывавшими грудь, и подтянутым шарфом брюхом, перекачиваясь, вышла на крыльцо. Кутузов надел шляпу по фронту, взял в руки перчатки и бочком, с трудом переступая вниз ступеней, сошел с них и взял в руку приготовленный для подачи государю рапорт.

Беготня, шепот, еще отчаянно пролетевшая тройка, и все глаза устремились на подскакивающие сани, в которых уже видны были фигуры государя и Волконского.

Все это по пятидесятилетней привычке физически тревожно подействовало на старого генерала; он озабоченно торопливо ощупал себя, поправил шляпу и враз, в ту минуту как государь, выйдя из саней, поднял к нему глаза, подбодрившись и вытянувшись, подал рапорт и стал говорить своим мерным, заискивающим голосом.

Государь быстрым взглядом окинул Кутузова с головы до ног, на мгновенье нахмурился, но тотчас же, преодолев себя, подошел и, расставив руки, обнял старого генерала. Опять по старому, привычному впечатлению и по отношению к задушевной мысли его, объятие это, как и обыкновенно, подействовало на Кутузова: он всхлипнул.

Государь поздоровался с офицерами, с Семеновским караулом и, пожав еще раз за руку старика, пошел с ним в замок.

Оставшись наедине с фельдмаршалом, государь высказал ему свое неудовольствие за медленность преследования, за ошибки в Красном и на Березине и сообщил свои соображения о будущем походе за границу. Кутузов не делал ни возражений, ни замечаний. То самое покорное и бессмысленное выражение, с которым он, семь лет тому назад, выслушивал приказания государя на Аустерлицком поле, установилось теперь на его лице.

Когда Кутузов вышел из кабинета и своей тяжелой, ныряющей походкой, опустив голову, пошел по зале, чей-то голос остановил его.

– Ваша светлость, – сказал кто-то.

Кутузов поднял голову и долго смотрел в глаза графу Толстому, который, с какой-то маленькою вещицей на серебряном блюде, стоял перед ним. Кутузов, казалось, не понимал, чего от него хотели.

Вдруг он как будто вспомнил: чуть заметная улыбка мелькнула на его пухлом лице, и он, низко, почтительно наклонившись, взял предмет, лежавший на блюде. Это был Георгий 1-й степени.

XI

На другой день были у фельдмаршала обед и бал, которые государь удостоил своим присутствием. Кутузову пожалован Георгий 1-й степени; государь оказывал ему высочайшие почести; но неудовольствие государя против фельдмаршала было известно каждому. Соблюдалось приличие, и государь показывал первый пример этого; но все знали, что старик виноват и никуда не годится. Когда на бале Кутузов, по старой екатерининской привычке, при входе государя в бальную залу велел к ногам его повергнуть взятые знамена, государь неприятно поморщился и проговорил слова, в которых некоторые слышали: "старый комедиант".

Неудовольствие государя против Кутузова усилилось в Вильне в особенности потому, что Кутузов, очевидно, не хотел или не мог понимать значение предстоящей кампании.

Когда на другой день утром государь сказал собравшимся у него офицерам: "Вы спасли не одну Россию; вы спасли Европу", – все уже тогда поняли, что война не кончена.

Один Кутузов не хотел понимать этого и открыто говорил свое мнение о том, что новая война не может улучшить положение и увеличить славу России, а только может ухудшить ее положение и уменьшить ту высшую степень славы, на которой, по его мнению, теперь стояла Россия. Он старался доказать государю невозможность набрания новых войск; говорил о тяжелом положении населений, о возможности неудач и т.п.

При таком настроении фельдмаршал, естественно, представлялся только помехой и тормозом предстоящей войны.

Для избежания столкновений со стариком сам собою нашелся выход, состоящий в том, чтобы, как в Аустерлице и как в начале кампании при Барклае, вынуть из-под главнокомандующего, не тревожа его, не объявляя ему о том, ту почву власти, на которой он стоял, и перенести ее к самому государю.

С этою целью понемногу переформировался штаб, и вся существенная сила штаба Кутузова была уничтожена и перенесена к государю. Толь, Коновницын, Ермолов – получили другие назначения. Все громко говорили, что фельдмаршал стал очень слаб и расстроен здоровьем.

Ему надо было быть слабым здоровьем, для того чтобы передать свое место тому, кто заступал его. И действительно здоровье его было слабо.

Как естественно, и просто, и постепенно явился Кутузов из Турции в казенную палату Петербурга собирать ополчение и потом в армию, именно тогда, когда он был необходим, точно так же естественно, постепенно и просто теперь, когда роль Кутузова была сыграна, на место его явился новый, требовавшийся деятель.

Война 1812-го года, кроме своего дорогого русскому сердцу народного значения, должна была иметь другое – европейское.

За движением народов с запада на восток должно было последовать движение народов с востока на запад, и для этой новой войны нужен был новый деятель, имеющий другие, чем Кутузов, свойства, взгляды, движимый другими побуждениями.

Александр Первый для движения народов с востока на запад и для восстановления границ народов был так же необходим, как необходим был Кутузов для спасения и славы России.

Кутузов не понимал того, что значило Европа, равновесие, Наполеон. Он не мог понимать этого. Представителю русского народа, после того как враг был уничтожен, Россия освобождена и поставлена на высшую степень своей славы, русскому человеку, как русскому, делать больше было нечего. Представителю народной войны ничего не оставалось, кроме смерти. И он умер.

XII

Пьер, как это большею частью бывает, почувствовал всю тяжесть физических лишений и напряжений, испытанных в плену, только тогда, когда эти напряжения и лишения кончились. После своего освобождения из плена он приехал в Орел и на третий день своего приезда, в то время как он собрался в Киев, заболел и пролежал больным в Орле три месяца; с ним сделалась, как говорили доктора, желчная горячка. Несмотря на то, что доктора лечили его, пускали кровь и давали пить лекарства, он все-таки выздоровел.

Все, что было с Пьером со времени освобождения и до болезни, не оставило в нем почти никакого впечатления. Он помнил только серую, мрачную, то дождливую, то снежную погоду, внутреннюю физическую тоску, боль в ногах, в боку; помнил общее впечатление несчастий, страданий людей; помнил тревожившее его любопытство офицеров, генералов, расспрашивавших его, свои хлопоты о том, чтобы найти экипаж и лошадей, и, главное, помнил свою неспособность мысли и чувства в то время. В день своего освобождения он видел труп Пети Ростова. В тот же день он узнал, что князь Андрей был жив более месяца после Бородинского сражения и только недавно умер в Ярославле, в доме Ростовых. И в тот же день Денисов, сообщивший эту новость Пьеру, между разговором упомянул о смерти Элен, предполагая, что Пьеру это уже давно известно. Все это Пьеру казалось тогда только странно. Он чувствовал, что не может понять значения всех этих известий. Он тогда торопился только поскорее, поскорее уехать из этих мест, где люди убивали друг друга, в какое-нибудь тихое убежище и там опомниться, отдохнуть и обдумать все то странное и новое, что он узнал за это время. Но как только он приехал в Орел, он заболел. Проснувшись от своей болезни, Пьер увидал вокруг себя своих двух людей, приехавших из Москвы, – Терентия и Ваську, и старшую княжну, которая, живя в Ельце, в имении Пьера, и узнав о его освобождении и болезни, приехала к нему, чтобы ходить за ним.

Во время своего выздоровления Пьер только понемногу отвыкал от сделавшихся привычными ему впечатлений последних месяцев и привыкал к тому, что его никто никуда не погонит завтра, что теплую постель его никто не отнимет и что у него наверное будет обед, и чай, и ужин. Но во сне он еще долго видел себя все в тех же условиях плена. Так же понемногу Пьер понимал те новости, которые он узнал после своего выхода из плена: смерть князя Андрея, смерть жены, уничтожение французов.

Радостное чувство свободы – той полной, неотъемлемой, присущей человеку свободы, сознание которой он в первый раз испытал на первом привале, при выходе из Москвы, наполняло душу Пьера во время его выздоровления. Он удивлялся тому, что эта внутренняя свобода, независимая от внешних обстоятельств, теперь как будто с излишком, с роскошью обставлялась и внешней свободой. Он был один в чужом городе, без знакомых. Никто от него ничего не требовал; никуда его не посылали. Все, что ему хотелось, было у него; вечно мучившей его прежде мысли о жене больше не было, так как и ее уже не было.

– Ах, как хорошо! Как славно! – говорил он себе, когда ему подвигали чисто накрытый стол с душистым бульоном, или когда он на ночь ложился на мягкую чистую постель, или когда ему вспоминалось, что жены и французов нет больше. – Ах, как хорошо, как славно! – И по старой привычке он делал себе вопрос: ну, а потом что? что я буду делать? И тотчас же он отвечал себе: ничего. Буду жить. Ах, как славно!

То самое, чем он прежде мучился, чего он искал постоянно, цели жизни, теперь для него не существовало. Эта искомая цель жизни теперь не случайно не существовала для него только в настоящую минуту, но он чувствовал, что ее нет и не может быть. И это-то отсутствие цели давало ему то полное, радостное сознание свободы, которое в это время составляло его счастие.

Он не мог иметь цели, потому что он теперь имел веру, – не веру в какие-нибудь правила, или слова, или мысли, но веру в живого, всегда ощущаемого бога. Прежде он искал его в целях, которые он ставил себе. Это искание цели было только искание бога; и вдруг он узнал в своем плену не словами, не рассуждениями, но непосредственным чувством то, что ему давно уж говорила нянюшка: что бог вот он, тут, везде. Он в плену узнал, что бог в Каратаеве более велик, бесконечен и непостижим, чем в признаваемом масонами Архитектоне вселенной. Он испытывал чувство человека, нашедшего искомое у себя под ногами, тогда как он напрягал зрение, глядя далеко от себя. Он всю жизнь свою смотрел туда куда-то, поверх голов окружающих людей, а надо было не напрягать глаз, а только смотреть перед собой.

Он не умел видеть прежде великого, непостижимого и бесконечного ни в чем. Он только чувствовал, что оно должно быть где-то, и искал его. Во всем близком, понятном он видел одно ограниченное, мелкое, житейское, бессмысленное. Он вооружался умственной зрительной трубой и смотрел в даль, туда, где это мелкое, житейское, скрываясь в тумане дали, казалось ему великим и бесконечным оттого только, что оно было неясно видимо. Таким ему представлялась европейская жизнь, политика, масонство, философия, филантропия. Но и тогда, в те минуты, которые он считал своей слабостью, ум его проникал и в эту даль, и там он видел то же мелкое, житейское, бессмысленное. Теперь же он выучился видеть великое, вечное и бесконечное во всем, и потому естественно, чтобы видеть его, чтобы наслаждаться его созерцанием, он бросил трубу, в которую смотрел до сих пор через головы людей, и радостно созерцал вокруг себя вечно изменяющуюся, вечно великую, непостижимую и бесконечную жизнь. И чем ближе он смотрел, тем больше он был спокоен и счастлив. Прежде разрушавший все его умственные постройки страшный вопрос: зачем? теперь для него не существовал. Теперь на этот вопрос – зачем? в душе его всегда готов был простой ответ: затем, что есть бог, тот бог, без воли которого не спадет волос с головы человека.

XIII

Пьер почти не изменился в своих внешних приемах. На вид он был точно таким же, каким он был прежде. Так же, как и прежде, он был рассеян и казался занятым не тем, что было перед глазами, а чем-то своим, особенным. Разница между прежним и теперешним его состоянием состояла в том, что прежде, когда он забывал то, что было перед ним, то, что ему говорили, он, страдальчески сморщивши лоб, как будто пытался и не мог разглядеть чего-то, далеко отстоящего от него. Теперь он так же забывал то, что ему говорили, и то, что было перед ним; но теперь с чуть заметной, как будто насмешливой, улыбкой он всматривался в то самое, что было перед ним, вслушивался в то, что ему говорили, хотя очевидно видел и слышал что-то совсем другое. Прежде он казался хотя и добрым человеком, но несчастным; и потому невольно люди отдалялись от него. Теперь улыбка радости жизни постоянно играла около его рта, и в глазах его светилось участие к людям – вопрос: довольны ли они так же, как и он? И людям приятно было в его присутствии.

Прежде он много говорил, горячился, когда говорил, и мало слушал; теперь он редко увлекался разговором и умел слушать так, что люди охотно высказывали ему свои самые задушевные тайны.

Княжна, никогда не любившая Пьера и питавшая к нему особенно враждебное чувство с тех пор, как после смерти старого графа она чувствовала себя обязанной Пьеру, к досаде и удивлению своему, после короткого пребывания в Орле, куда она приехала с намерением доказать Пьеру, что, несмотря на его неблагодарность, она считает своим долгом ходить за ним, княжна скоро почувствовала, что она его любит. Пьер ничем не заискивал расположения княжны. Он только с любопытством рассматривал ее. Прежде княжна чувствовала, что в его взгляде на нее были равнодушие и насмешка, и она, как и перед другими людьми, сжималась перед ним и выставляла только свою боевую сторону жизни; теперь, напротив, она чувствовала, что он как будто докапывался до самых задушевных сторон ее жизни; и она сначала с недоверием, а потом с благодарностью высказывала ему затаенные добрые стороны своего характера.

Самый хитрый человек не мог бы искуснее вкрасться в доверие княжны, вызывая ее воспоминания лучшего времени молодости и выказывая к ним сочувствие. А между тем вся хитрость Пьера состояла только в том, что он искал своего удовольствия, вызывая в озлобленной, сухой и по-своему гордой княжне человеческие чувства.

– Да, он очень, очень добрый человек, когда находится под влиянием не дурных людей, а таких людей, как я, – говорила себе княжна.

Перемена, происшедшая в Пьере, была замечена по-своему и его слугами – Терентием и Васькой. Они находили, что он много попростел. Терентий часто, раздев барина, с сапогами и платьем в руке, пожелав покойной ночи, медлил уходить, ожидая, не вступит ли барин в разговор. И большею частью Пьер останавливал Терентия, замечая, что ему хочется поговорить.

– Ну, так скажи мне... да как же вы доставали себе еду? – спрашивал он. И Терентий начинал рассказ о московском разорении, о покойном графе и долго стоял с платьем, рассказывая, а иногда слушая рассказы Пьера, и, с приятным сознанием близости к себе барина и дружелюбия к нему, уходил в переднюю.

Доктор, лечивший Пьера и навещавший его каждый день, несмотря на то, что, по обязанности докторов, считал своим долгом иметь вид человека, каждая минута которого драгоценна для страждущего человечества, засиживался часами у Пьера, рассказывая свои любимые истории и наблюдения над нравами больных вообще и в особенности дам.

– Да, вот с таким человеком поговорить приятно, не то, что у нас, в провинции, – говорил он.

В Орле жило несколько пленных французских офицеров, и доктор привел одного из них, молодого итальянского офицера.

Офицер этот стал ходить к Пьеру, и княжна смеялась над теми нежными чувствами, которые выражал итальянец к Пьеру.

Итальянец, видимо, был счастлив только тогда, когда он мог приходить к Пьеру и разговаривать и рассказывать ему про свое прошедшее, про свою домашнюю жизнь, про свою любовь и изливать ему свое негодование на французов и в особенности на Наполеона.

– Ежели все русские хотя немного похожи на вас, – говорил он Пьеру, – c'est un sacrilège que de faire la guerre à un peuple comme le vôtre[1]. Вы, пострадавшие столько от французов, вы даже злобы не имеете против них.

И страстную любовь итальянца Пьер теперь заслужил только тем, что он вызывал в нем лучшие стороны его души и любовался ими.

1 Это кощунство – воевать с таким народом, как вы.

Последнее время пребывания Пьера в Орле к нему приехал его старый знакомый масон – граф Вилларский, – тот самый, который вводил его в ложу в 1807 году. Вилларский был женат на богатой русской, имевшей большие имения в Орловской губернии, и занимал в городе временное место по продовольственной части.

Узнав, что Безухов в Орле, Вилларский, хотя и никогда не был коротко знаком с ним, приехал к нему с теми заявлениями дружбы и близости, которые выражают обыкновенно друг другу люди, встречаясь в пустыне. Вилларский скучал в Орле и был счастлив, встретив человека одного с собой круга и с одинаковыми, как он полагал, интересами.

Но, к удивлению своему, Вилларский заметил скоро, что Пьер очень отстал от настоящей жизни и впал, как он сам с собою определял Пьера, в апатию и эгоизм.

– Vous vous encroutez, mon cher[1], – говорил он ему. Несмотря на то, Вилларскому было теперь приятнее с Пьером, чем прежде, и он каждый день бывал у него. Пьеру же, глядя на Вилларского и слушая его теперь, странно и невероятно было думать, что он сам очень недавно был такой же.

Вилларский был женат, семейный человек, занятый и делами имения жены, и службой, и семьей. Он считал, что все эти занятия суть помеха в жизни и что все они презренны, потому что имеют целью личное благо его и семьи. Военные, административные, политические, масонские соображения постоянно поглощали его внимание. И Пьер, не стараясь изменить его взгляд, не осуждая его, с своей теперь постоянно тихой, радостной насмешкой, любовался на это странное, столь знакомое ему явление.

В отношениях своих с Вилларским, с княжною, с доктором, со всеми людьми, с которыми он встречался теперь, в Пьере была новая черта, заслуживавшая ему расположение всех людей: это признание возможности каждого человека думать, чувствовать и смотреть на вещи по-своему; признание невозможности словами разубедить человека. Эта за-

1 Вы запускаетесь, мой милый.

конная особенность каждого человека, которая прежде волновала и раздражала Пьера, теперь составляла основу участия и интереса, которые он принимал в людях. Различие, иногда совершенное противоречие взглядов людей с своею жизнью и между собою, радовало Пьера и вызывало в нем насмешливую и кроткую улыбку.

В практических делах Пьер неожиданно теперь почувствовал, что у него был центр тяжести, которого не было прежде. Прежде каждый денежный вопрос, в особенности просьбы о деньгах, которым он, как очень богатый человек, подвергался очень часто, приводили его в безвыходные волнения и недоуменья. "Дать или не дать?" – спрашивал он себя. "У меня есть, а ему нужно. Но другому еще нужнее. Кому нужнее? А может быть, оба обманщики?" И из всех этих предположений он прежде не находил никакого выхода и давал всем, пока было что давать. Точно в таком же недоуменье он находился прежде при каждом вопросе, касающемся его состояния, когда один говорил, что надо поступить так, а другой – иначе.

Теперь, к удивлению своему, он нашел, что во всех этих вопросах не было более сомнений и недоумений. В нем теперь явился судья, по каким-то неизвестным ему самому законам решавший, что было нужно и чего не нужно делать.

Он был так же, как прежде, равнодушен к денежным делам; но теперь он несомненно знал, что должно сделать и чего не должно. Первым приложением этого нового судьи была для него просьба пленного французского полковника, пришедшего к нему, много рассказывавшего о своих подвигах и под конец заявившего почти требование о том, чтобы Пьер дал ему четыре тысячи франков для отсылки жене и детям. Пьер без малейшего труда и напряжения отказал ему, удивляясь впоследствии, как было просто и легко то, что прежде казалось неразрешимо трудным. Вместе с тем тут же, отказывая полковнику, он решил, что необходимо употребить хитрость для того, чтобы, уезжая из Орла, заставить итальянского офицера взять денег, в которых он, видимо, нуждался. Новым доказательством для Пьера его утвердившегося взгляда на практические дела было его решение вопроса о долгах жены и о возобновлении или невозобновлении московских домов и дач.

В Орел приезжал к нему его главный управляющий, и с ним Пьер сделал общий счет своих изменившихся доходов. Пожар Москвы стоил Пьеру, по учету главноуправляющего, около двух миллионов.

Главноуправляющий, в утешение этих потерь, представил Пьеру расчет о том, что, несмотря на эти потери, доходы его не только не уменьшатся, но увеличатся, если он откажется от уплаты долгов, оставшихся после графини, к чему он не может быть обязан, и если он не будет возобновлять московских домов и подмосковной, которые стоили ежегодно восемьдесят тысяч и ничего не приносили.

– Да, да, это правда, – сказал Пьер, весело улыбаясь. – Да, да, мне ничего этого не нужно. Я от разоренья стал гораздо богаче.

Но в январе приехал Савельич из Москвы, рассказал про положение Москвы, про смету, которую ему сделал архитектор для возобновления дома и подмосковной, говоря про это, как про дело решенное. В это же время Пьер получил письмо от князя Василия и других знакомых из Петербурга. В письмах говорилось о долгах жены. И Пьер решил, что столь понравившийся ему план управляющего был неверен и что ему надо ехать в Петербург покончить дела жены и строиться в Москве. Зачем было это надо, он не знал; но он знал несомненно, что это надо. Доходы его вследствие этого решения уменьшались на три четверти. Но это было надо; он это чувствовал.

Вилларский ехал в Москву, и они условились ехать вместе.

Пьер испытывал во все время своего выздоровления в Орле чувство радости, свободы, жизни; но когда он, во время своего путешествия, очутился на вольном свете, увидал сотни новых лиц, чувство это еще более усилилось. Он все время путешествия испытывал радость школьника на вакации. Все лица: ямщик, смотритель, мужики на дороге или в деревне – все имели для него новый смысл. Присутствие и замечания Вилларского, постоянно жаловавшегося на бедность, отсталость от Европы, невежество России, только возвышали радость Пьера. Там, где Вилларский видел мертвенность, Пьер видел необычайную могучую силу жизненности, ту силу, которая в снегу, на этом пространстве, поддерживала жизнь этого целого, особенного и единого народа. Он не противоречил Вилларскому и, как будто соглашаясь с ним (так как притворное согласие было кратчайшее средство обойти рассуждения, из которых ничего не могло выйти), радостно улыбался, слушая его.

XIV

Так же, как трудно объяснить, для чего, куда спешат муравьи из раскиданной кочки, одни прочь из кочки, таща соринки, яйца и мертвые тела, другие назад в кочку – для чего они сталкиваются, догоняют друг друга, дерутся, – так же трудно было бы объяснить причины, заставлявшие русских людей после выхода французов толпиться в том месте, которое прежде называлось Москвою. Но так же, как, глядя на рассыпанных вокруг разоренной кочки муравьев, несмотря на полное уничтожение кочки, видно по цепкости, энергии, по бесчисленности копышущихся насекомых, что разорено все, кроме чего-то неразрушимого, невещественного, составляющего всю силу кочки, – так же и Москва, в октябре месяце, несмотря на то, что не было ни начальства, ни церквей, ни святынь, ни богатств, ни домов, была та же Москва, какою она была в августе. Все было разрушено, кроме чего-то невещественного, но могущественного и неразрушимого.

Побуждения людей, стремящихся со всех сторон в Москву после ее очищения от врага, были самые разнообразные, личные, и в первое время большей частью – дикие, животные. Одно только побуждение было общее всем – это стремление туда, в то место, которое прежде называлось Москвой, для приложения там своей деятельности.

Через неделю в Москве уже было пятнадцать тысяч жителей, через две было двадцать пять тысяч и т.д. Все возвышаясь и возвышаясь, число это к осени 1813 года дошло до цифры, превосходящей население 12-го года.

Первые русские люди, которые вступили в Москву, были казаки отряда Винцингероде, мужики из соседних деревень и бежавшие из Москвы и скрывавшиеся в ее окрестностях жители. Вступившие в разоренную Москву русские, застав ее разграбленною, стали тоже грабить. Они продолжали то, что делали французы. Обозы мужиков приезжали в Москву с тем, чтобы увозить по деревням все, что было брошено по разоренным московским домам и улицам. Казаки увозили, что могли, в свои ставки; хозяева домов забирали все то, что они находили в других домах, и переносили к себе под предлогом, что это была их собственность.

Но за первыми грабителями приезжали другие, третьи, и грабеж с каждым днем, по мере увеличения грабителей, становился труднее и труднее и принимал более определенные формы.

Французы застали Москву хотя и пустою, но со всеми формами органически правильно жившего города, с его различными отправлениями торговли, ремесел, роскоши, государственного управления, религии. Формы эти были безжизненны, но они еще существовали. Были ряды, лавки, магазины, лабазы, базары – большинство с товарами; были фабрики, ремесленные заведения; были дворцы, богатые дома, наполненные предметами роскоши; были больницы, остроги, присутственные места, церкви, соборы. Чем долее оставались французы, тем более уничтожались эти формы городской жизни, и под конец все слилось в одно нераздельное, безжизненное поле грабежа.

Грабеж французов, чем больше он продолжался, тем больше разрушал богатства Москвы и силы грабителей. Грабеж русских, с которого началось занятие русскими столицы, чем дольше он продолжался, чем больше было в нем участников, тем быстрее восстановлял он богатство Москвы и правильную жизнь города.

Кроме грабителей, народ самый разнообразный, влекомый – кто любопытством, кто долгом службы, кто расчетом, – домовладельцы, духовенство, высшие и низшие чиновники, торговцы, ремесленники, мужики – с разных сторон, как кровь к сердцу, – приливали к Москве.

Через неделю уже мужики, приезжавшие с пустыми подводами, для того чтоб увозить вещи, были останавливаемы начальством и принуждаемы к тому, чтобы вывозить мертвые тела из города. Другие мужики, прослышав про неудачу товарищей, приезжали в город с хлебом, овсом, сеном, сбивая цену друг другу до цены ниже прежней. Артели плотников, надеясь на дорогие заработки, каждый день входили в Москву, и со всех сторон рубились новые, чинились погорелые дома. Купцы в балаганах открывали торговлю. Харчевни, постоялые дворы устраивались в обгорелых домах. Духовенство возобновило службу во многих не погоревших церквах. Жертвователи приносили разграбленные церковные вещи. Чиновники прилаживали свои столы с сукном и шкафы с бумагами в маленьких комнатах. Высшее начальство и полиция распоряжались раздачею оставшегося после французов добра. Хозяева тех домов, в которых было много оставлено свезенных из других домов вещей, жаловались на несправедливость своза всех вещей в Грановитую палату; другие настаивали на том, что французы из разных домов свезли вещи в одно место, и оттого несправедливо отдавать хозяину дома те вещи, которые у него найдены. Бранили полицию; подкупали ее; писали вдесятеро сметы на погоревшие казенные вещи; требовали вспомоществований. Граф Растопчин писал свои прокламации.

XV

В конце января Пьер приехал в Москву и поселился в уцелевшем флигеле. Он съездил к графу Растопчину, к некоторым знакомым, вернувшимся в Москву, и собирался на третий день ехать в Петербург. Все торжествовали победу; все кипело жизнью в разоренной и оживающей столице. Пьеру все были рады; все желали видеть его, и все расспрашивали его про то, что он видел. Пьер чувствовал себя особенно дружелюбно расположенным ко всем людям, которых он встречал; но невольно теперь он держал себя со всеми людьми настороже, так, чтобы не связать себя чем-нибудь. Он на все вопросы, которые ему делали, – важные или самые ничтожные, – отвечал одинаково неопределенно; спрашивали ли у него: где он будет жить? будет ли он строиться? когда он едет в Петербург и возьмется ли свезти ящичек? – он отвечал: да, может быть, я думаю, и т.д.

О Ростовых он слышал, что они в Костроме, и мысль о Наташе редко приходила ему. Ежели она и приходила, то только как приятное воспоминание давно прошедшего. Он чувствовал себя не только свободным от житейских условий, но и от этого чувства, которое он, как ему казалось, умышленно напустил на себя.

На третий день своего приезда в Москву он узнал от Друбецких, что княжна Марья в Москве. Смерть, страдания, последние дни князя Андрея часто занимали Пьера и теперь с новой живостью пришли ему в голову. Узнав за обедом, что княжна Марья в Москве и живет в своем не сгоревшем доме на Вздвиженке, он в тот же вечер поехал к ней.

Дорогой к княжне Марье Пьер не переставая думал о князе Андрее, о своей дружбе с ним, о различных с ним встречах и в особенности о последней в Бородине.

“Неужели он умер в том злобном настроении, в котором он был тогда? Неужели не открылось ему перед смертью объяснение жизни?” – думал Пьер. Он вспомнил о Каратаеве, о его смерти и невольно стал сравнивать этих двух людей, столь различных и вместе с тем столь похожих по любви, которую он имел к обоим, и потому, что оба жили и оба умерли.

В самом серьезном расположении духа Пьер подъехал к дому старого князя. Дом этот уцелел. В нем видны были следы разрушения, но характер дома был тот же. Встретивший

Пьера старый официант с строгим лицом, как будто желая дать почувствовать гостю, что отсутствие князя не нарушает порядка дома, сказал, что княжна изволили пройти в свои комнаты и принимают по воскресеньям.

– Доложи; может быть, примут, – сказал Пьер.

– Слушаю-с, – отвечал официант, – пожалуйте в портретную.

Через несколько минут к Пьеру вышли официант и Десаль. Десаль от имени княжны передал Пьеру, что она очень рада видеть его и просит, если он извинит ее за бесцеремонность, войти наверх, в ее комнаты.

В невысокой комнатке, освещенной одной свечой, сидела княжна и еще кто-то с нею, в черном платье. Пьер помнил, что при княжне всегда были компаньонки. Кто такие и какие они, эти компаньонки, Пьер не знал и не помнил. "Это одна из компаньонок", – подумал он, взглянув на даму в черном платье.

Княжна быстро встала ему навстречу и протянула руку.

– Да, – сказала она, всматриваясь в его изменившееся лицо, после того как он поцеловал ее руку, – вот как мы с вами встречаемся. Он и последнее время часто говорил про вас, – сказала она, переводя свои глаза с Пьера на компаньонку с застенчивостью, которая на мгновение поразила Пьера.

– Я так была рада, узнав о вашем спасенье. Это было единственное радостное известие, которое мы получили с давнего времени. – Опять еще беспокойнее княжна оглянулась на компаньонку и хотела что-то сказать; но Пьер перебил ее.

– Вы можете себе представить, что я ничего не знал про него, – сказал он. – Я считал его убитым. Все, что я узнал, я узнал от других, через третьи руки. Я знаю только, что он попал к Ростовым... Какая судьба!

Пьер говорил быстро, оживленно. Он взглянул раз на лицо компаньонки, увидал внимательно ласково любопытный взгляд, устремленный на него, и, как это часто бывает во время разговора, он почему-то почувствовал, что эта компаньонка в черном платье – милое, доброе, славное существо, которое не помешает его задушевному разговору с княжной Марьей.

Но когда он сказал последние слова о Ростовых, замешательство в лице княжны Марьи выразилось еще сильнее. Она опять перебежала глазами с лица Пьера на лицо дамы в черном платье и сказала:

– Вы не узнаете разве?

Пьер взглянул еще раз на бледное, тонкое, с черными глазами и странным ртом, лицо компаньонки. Что-то родное, давно забытое и больше чем милое смотрело на него из этих внимательных глаз.

"Но нет, это не может быть, – подумал он. – Это строгое, худое и бледное, постаревшее лицо? Это не может быть она. Это только воспоминание того". Но в это время княжна Марья сказала: "Наташа". И лицо, с внимательными глазами, с трудом, с усилием, как отворяется заржавелая дверь, – улыбнулось, и из этой растворенной двери вдруг пахнуло и обдало Пьера тем давно забытым счастием, о котором, в особенности теперь, он не думал. Пахнуло, охватило и поглотило его всего. Когда она улыбнулась, уже не могло быть сомнений: это была Наташа, и он любил ее.

В первую же минуту Пьер невольно и ей, и княжне Марье, и, главное, самому себе сказал неизвестную ему самому тайну. Он покраснел радостно и страдальчески болезненно. Он хотел скрыть свое волнение. Но чем больше он хотел скрыть его, тем яснее – яснее, чем самыми определенными словами, – он себе, и ей, и княжне Марье говорил, что он любит ее.

"Нет, это так, от неожиданности", – подумал Пьер. Но только что он хотел продолжать начатый разговор с княжной Марьей, он опять взглянул на Наташу, и еще сильнейшая краска покрыла его лицо, и еще сильнейшее волнение радости и страха охватило его душу. Он запутался в словах и остановился на середине речи.

Пьер не заметил Наташи, потому что он никак не ожидал видеть ее тут, но он не узнал ее потому, что происшедшая в ней, с тех пор как он не видал ее, перемена была огромна. Она похудела и побледнела. Но не это делало ее неузнаваемой: ее нельзя было узнать в первую минуту, как он вошел, потому что на этом лице, в глазах которого прежде всегда светилась затаенная улыбка радости жизни, теперь, когда он вошел и в первый раз взглянул на нее, не было и тени улыбки; были одни глаза, внимательные, добрые и печально-вопросительные.

Смущение Пьера не отразилось на Наташе смущением, но только удовольствием, чуть заметно осветившим все ее лицо.

XVI

– Она приехала гостить ко мне, – сказала княжна Марья. – Граф и графиня будут на днях. Графиня в ужасном положении. Но Наташе самой нужно было видеть доктора. Ее насильно отослали со мной.

– Да, есть ли семья без своего горя? – сказал Пьер, обращаясь к Наташе. – Вы знаете, что это было в тот самый день, как нас освободили. Я видел его. Какой был прелестный мальчик!

Наташа смотрела на него, и в ответ на его слова только больше открылись и засветились ее глаза.

– Что можно сказать или подумать в утешенье? – сказал Пьер. – Ничего. Зачем было умирать такому славному, полному жизни мальчику?

– Да, в наше время трудно жить бы было без веры... – сказала княжна Марья.

– Да, да. Вот это истинная правда, – поспешно перебил Пьер.

– Отчего? – спросила Наташа, внимательно глядя в глаза Пьеру.

– Как отчего? – сказала княжна Марья. – Одна мысль о том, что ждет там...

Наташа, не дослушав княжны Марьи, опять вопросительно поглядела на Пьера.

– И оттого, – продолжал Пьер, – что только тот человек, который верит в то, что есть бог, управляющий нами, может перенести такую потерю, как ее и... ваша, – сказал Пьер.

Наташа раскрыла уже рот, желая сказать что-то, но вдруг остановилась. Пьер поспешил отвернуться от нее и обратился опять к княжне Марье с вопросом о последних днях жизни своего друга. Смущение Пьера теперь почти исчезло; но вместе с тем он чувствовал, что исчезла вся его прежняя свобода. Он чувствовал, что над каждым его словом, действием теперь есть судья, суд, который дороже ему суда всех людей в мире. Он говорил теперь и вместе с своими словами соображал то впечатление, которое производили его слова на Наташу. Он не говорил нарочно того, что бы могло понравиться ей; но, что бы он ни говорил, он с ее точки зрения судил себя.

Княжна Марья неохотно, как это всегда бывает, начала рассказывать про то положение, в котором она застала князя Андрея. Но вопросы Пьера, его оживленно беспокойный взгляд, его дрожащее от волнения лицо понемногу заставили ее вдаться в подробности, которые она боялась для самой себя возобновлять в воображенье.

– Да, да, так, так... – говорил Пьер, нагнувшись вперед всем телом над княжной Марьей и жадно вслушиваясь в ее рассказ. – Да, да; так он успокоился? смягчился? Он так всеми силами души всегда искал одного: быть вполне хорошим, что он не мог бояться смерти. Недостатки, которые были в нем, – если они были, – происходили не от него. Так он смягчился? – говорил Пьер. – Какое счастье, что он свиделся с вами, – сказал он Наташе, вдруг обращаясь к ней и глядя на нее полными слез глазами.

Лицо Наташи вздрогнуло. Она нахмурилась и на мгновенье опустила глаза. С минуту она колебалась: говорить или не говорить?

– Да, это было счастье, – сказала она тихим грудным голосом, – для меня наверное это было счастье. – Она помолчала. – И он... он... он говорил, что он желал этого, в ту минуту, как я пришла к нему... – Голос Наташи оборвался. Она покраснела, сжала руки на коленах и вдруг, видимо сделав усилие над собой, подняла голову и быстро начала говорить:

– Мы ничего не знали, когда ехали из Москвы. Я не смела спросить про него. И вдруг Соня сказала мне, что он с нами. Я ничего не думала, не могла представить себе, в каком он положении; мне только надо было видеть его, быть с ним, – говорила она, дрожа и задыхаясь. И, не давая перебивать себя, она рассказала то, чего она еще никогда, никому не рассказывала: все то, что она пережила в те три недели их путешествия и жизни в Ярославле.

Пьер слушал ее с раскрытым ртом и не спуская с нее своих глаз, полных слезами. Слушая ее, он не думал ни о князе Андрее, ни о смерти, ни о том, что она рассказывала. Он слушал ее и только жалел ее за то страдание, которое она испытывала теперь, рассказывая.

Княжна, сморщившись от желания удержать слезы, сидела подле Наташи и слушала в первый раз историю этих последних дней любви своего брата с Наташей.

Этот мучительный и радостный рассказ, видимо, был необходим для Наташи.

Она говорила, перемешивая ничтожнейшие подробности с задушевнейшими тайнами, и, казалось, никогда не могла кончить. Несколько раз она повторяла то же самое.

За дверью послышался голос Десаля, спрашивавшего, можно ли Николушке войти проститься.

– Да вот и все, все... – сказала Наташа. Она быстро встала, в то время как входил Николушка, и почти побежала к двери, стукнулась головой о дверь, прикрытую портьерой, и с стоном не то боли, не то печали вырвалась из комнаты.

Пьер смотрел на дверь, в которую она вышла, и не понимал, отчего он вдруг один остался во всем мире.

Княжна Марья вызвала его из рассеянности, обратив его внимание на племянника, который вошел в комнату.

Лицо Николушки, похожее на отца, в минуту душевного размягчения, в котором Пьер теперь находился, так на него подействовало, что он, поцеловав Николушку, поспешно встал и, достав платок, отошел к окну. Он хотел проститься с княжной Марьей, но она удержала его.

– Нет, мы с Наташей не спим иногда до третьего часа; пожалуйста, посидите. Я велю дать ужинать. Подите вниз; мы сейчас придем.

Прежде чем Пьер вышел, княжна сказала ему:

– Это в первый раз она так говорила о нем.

XVII

Пьера провели в освещенную большую столовую; через несколько минут послышались шаги, и княжна с Наташей вошли в комнату. Наташа была спокойна, хотя строгое, без улыбки, выражение теперь опять установилось на ее лице. Княжна Марья, Наташа и Пьер одинаково испытывали то чувство неловкости, которое следует обыкновенно за оконченным серьезным и задушевным разговором. Продолжать прежний разговор невозможно; говорить о пустяках – совестно, а молчать неприятно, потому что хочется говорить, а этим молчанием как будто притворяешься. Они молча подошли к столу. Официанты отодвинули и пододвинули стулья. Пьер развернул холодную салфетку и, решившись прервать молчание, взглянул на Наташу и княжну Марью. Обе, очевидно, в то же время решились на то же: у обеих в глазах светилось довольство жизнью и признание того, что, кроме горя, есть и радости.

– Вы пьете водку, граф? – сказала княжна Марья, и эти слова вдруг разогнали тени прошедшего.

– Расскажите же про себя, – сказала княжна Марья. – Про вас рассказывают такие невероятные чудеса.

– Да, – с своей, теперь привычной, улыбкой кроткой насмешки отвечал Пьер. – Мне самому даже рассказывают про такие чудеса, каких я и во сне не видел. Марья Абрамовна приглашала меня к себе и все рассказывала мне, что со мной случилось или должно было случиться. Степан

Степаныч тоже научил меня, как мне надо рассказывать. Вообще я заметил, что быть интересным человеком очень покойно (я теперь интересный человек); меня зовут и мне рассказывают.

Наташа улыбнулась и хотела что-то сказать.

– Нам рассказывали, – перебила ее княжна Марья, – что вы в Москве потеряли два миллиона. Правда это?

– А я стал втрое богаче, – сказал Пьер. Пьер, несмотря на то, что долги жены и необходимость построек изменили его дела, продолжал рассказывать, что он стал втрое богаче.

– Что я выиграл несомненно, – сказал он, – так это свободу... – начал он было серьезно; но раздумал продолжать, заметив, что это был слишком эгоистический предмет разговора.

– А вы строитесь?

– Да, Савельич велит.

– Скажите, вы не знали еще о кончине графини, когда остались в Москве? – сказала княжна Марья и тотчас же покраснела, заметив, что, делая этот вопрос вслед за его словами о том, что он свободен, она приписывает его словам такое значение, которого они, может быть, не имели.

– Нет, – отвечал Пьер, не найдя, очевидно, неловким то толкование, которое дала княжна Марья его упоминанию о своей свободе. – Я узнал это в Орле, и вы не можете себе представить, как меня это поразило. Мы не были примерные супруги, – сказал он быстро, взглянув на Наташу и заметив в лице ее любопытство о том, как он отзовется о своей жене. – Но смерть эта меня страшно поразила. Когда два человека ссорятся – всегда оба виноваты. И своя вина делается вдруг страшно тяжела перед человеком, которого уже нет больше. И потом такая смерть... без друзей, без утешения. Мне очень, очень жаль ее, – кончил он и с удовольствием заметил радостное одобрение на лице Наташи.

– Да, вот вы опять холостяк и жених, – сказала княжна Марья.

Пьер вдруг багрово покраснел и долго старался не смотреть на Наташу. Когда он решился взглянуть на нее, лицо ее было холодно, строго и даже презрительно, как ему показалось.

– Но вы точно видели и говорили с Наполеоном, как нам рассказывали? – сказала княжна Марья.

Пьер засмеялся.

– Ни разу, никогда. Всегда всем кажется, что быть в плену, значить быть в гостях у Наполеона. Я не только не видал его, но и не слыхал о нем. Я был гораздо в худшем обществе.

Ужин кончался, и Пьер, сначала отказывавшийся от рассказа о своем плене, понемногу вовлекся в этот рассказ.

– Но ведь правда, что вы остались, чтоб убить Наполеона? – спросила его Наташа, слегка улыбаясь. – Я тогда догадалась, когда мы вас встретили у Сухаревой башни; помните?

Пьер признался, что это была правда, и с этого вопроса, понемногу руководимый вопросами княжны Марьи и в особенности Наташи, вовлекся в подробный рассказ о своих похождениях.

Сначала он рассказывал с тем насмешливым, кротким взглядом, который он имел теперь на людей и в особенности на самого себя; но потом, когда он дошел до рассказа об ужасах и страданиях, которые он видел, он, сам того не замечая, увлекся и стал говорить с сдержанным волнением человека, в воспоминании переживающего сильные впечатления.

Княжна Марья с кроткой улыбкой смотрела то на Пьера, то на Наташу. Она во всем этом рассказе видела только Пьера и его доброту. Наташа, облокотившись на руку, с постоянно изменяющимся, вместе с рассказом, выражением лица, следила, ни на минуту не отрываясь, за Пьером, видимо переживая с ним вместе то, что он рассказывал. Не только ее взгляд, но восклицания и короткие вопросы, которые она делала, показывали Пьеру, что из того, что он рассказывал, она понимала именно то, что он хотел передать. Видно было, что она понимала не только то, что он рассказывал, но и то, что он хотел бы и не мог выразить словами. Про эпизод свой с ребенком и женщиной, за защиту которых он был взят, Пьер рассказал таким образом:

– Это было ужасное зрелище, дети брошены, некоторые в огне... При мне вытащили ребенка... женщины, с которых стаскивали вещи, вырывали серьги...

Пьер покраснел и замялся.

– Тут приехал разъезд, и всех тех, которые не грабили, всех мужчин забрали. И меня.

– Вы, верно, не все рассказываете; вы, верно, сделали что-нибудь... – сказала Наташа и помолчала, – хорошее.

Пьер продолжал рассказывать дальше. Когда он рассказывал про казнь, он хотел обойти страшные подробности; но Наташа требовала, чтобы он ничего не пропускал.

Пьер начал было рассказывать про Каратаева (он уже встал из-за стола и ходил, Наташа следила за ним глазами) и остановился.

– Нет, вы не можете понять, чему я научился у этого безграмотного человека – дурачка.

– Нет, нет, говорите, – сказала Наташа. – Он где же?

– Его убили почти при мне. – И Пьер стал рассказывать последнее время их отступления, болезнь Каратаева (голос его дрожал беспрестанно) и его смерть.

Пьер рассказывал свои похождения так, как он никогда их еще не рассказывал никому, как он сам с собою никогда еще не вспоминал их. Он видел теперь как будто новое значение во всем том, что он пережил. Теперь, когда он рассказывал все это Наташе, он испытывал то редкое наслаждение, которое дают женщины, слушая мужчину, – не *умные* женщины, которые, слушая, стараются или запомнить, что им говорят, для того чтобы обогатить свой ум и при случае пересказать то же или приладить рассказываемое к своему и сообщить поскорее свои умные речи, выработанные в своем маленьком умственном хозяйстве; а то наслажденье, которое дают настоящие женщины, одаренные способностью выбирания и всасыванья в себя всего лучшего, что только есть в проявлениях мужчины. Наташа, сама не зная этого, была вся внимание: она не упускала ни слова, ни колебания голоса, ни взгляда, ни вздрагиванья мускула лица, ни жеста Пьера. Она на лету ловила еще не высказанное слово и прямо вносила в свое раскрытое сердце, угадывая тайный смысл всей душевной работы Пьера.

Княжна Марья понимала рассказ, сочувствовала ему, но она теперь видела другое, что поглощало все ее внимание; она видела возможность любви и счастия между Наташей и Пьером. И в первый раз пришедшая ей эта мысль наполняла ее душу радостию.

Было три часа ночи. Официанты с грустными и строгими лицами приходили переменять свечи, но никто не замечал их.

Пьер кончил свой рассказ. Наташа блестящими, оживленными глазами продолжала упорно и внимательно глядеть на Пьера, как будто желая понять еще то остальное, что он не высказал, может быть. Пьер в стыдливом и счастливом смущении изредка взглядывал на нее и придумывал, что бы сказать теперь, чтобы перевести разговор на другой предмет. Княжна Марья молчала. Никому в голову не приходило, что три часа ночи и что пора спать.

– Говорят: несчастия, страдания, – сказал Пьер. – Да ежели бы сейчас, сию минуту мне сказали: хочешь оставаться, чем ты был до плена, или сначала пережить все это? Ради бога, еще раз плен и лошадиное мясо. Мы думаем, как нас выкинет из привычной дорожки, что все пропало; а тут только начинается новое, хорошее. Пока есть жизнь, есть и счастье. Впереди много, много. Это я вам говорю, – сказал он, обращаясь к Наташе.

– Да, да, – сказала она, отвечая на совсем другое, – и я ничего бы не желала, как только пережить все сначала.

Пьер внимательно посмотрел на нее.

– Да, и больше ничего, – подтвердила Наташа.

– Неправда, неправда, – закричал Пьер. – Я не виноват, что я жив и хочу жить; и вы тоже.

Вдруг Наташа опустила голову на руки и заплакала.

– Что ты, Наташа? – сказала княжна Марья.

– Ничего, ничего. – Она улыбнулась сквозь слезы Пьеру. – Прощайте, пора спать.

Пьер встал и простился.

Княжна Марья и Наташа, как и всегда, сошлись в спальне. Они поговорили о том, что рассказывал Пьер. Княжна Марья не говорила своего мнения о Пьере. Наташа тоже не говорила о нем.

– Ну, прощай, Мари, – сказала Наташа. – Знаешь, я часто боюсь, что мы не говорим о *нем* (князе Андрее), как будто мы боимся унизить наше чувство, и забываем.

Княжна Марья тяжело вздохнула и этим вздохом признала справедливость слов Наташи; но словами она не согласилась с ней.

– Разве можно забыть? – сказала она.

– Мне так хорошо было нынче рассказать все; и тяжело, и больно, и хорошо. Очень хорошо, – сказала Наташа, – я уверена, что он точно любил его. От этого я рассказала ему... ничего, что я рассказала ему? – вдруг покраснев, спросила она.

– Пьеру? О нет! Какой он прекрасный, – сказала княжна Марья.

– Знаешь, Мари, – вдруг сказала Наташа с шаловливой улыбкой, которой давно не видала княжна Марья на ее лице. – Он сделался какой-то чистый, гладкий, свежий; точно из бани, ты понимаешь? – морально из бани. Правда?

– Да, – сказала княжна Марья, – он много выиграл.

– И сюртучок коротенький и стриженые волосы; точно, ну точно из бани... папа бывало...

– Я понимаю, что *он* (князь Андрей) никого так не любил, как его, – сказала княжна Марья.

– Да, и он особенный от него. Говорят, что дружны мужчины, когда совсем особенные. Должно быть, это правда. Правда, он совсем на него не похож ничем?

– Да, и чудесный.

– Ну, прощай, – отвечала Наташа. И та же шаловливая улыбка, как бы забывшись, долго оставалась на ее лице.

XVIII

Пьер долго не мог заснуть в этот день; он взад и вперед ходил по комнате, то нахмурившись, вдумываясь во что-то трудное, вдруг пожимая плечами и вздрагивая, то счастливо улыбаясь.

Он думал о князе Андрее, о Наташе, об их любви, и то ревновал ее к прошедшему, то упрекал, то прощал себя за это. Было уже шесть часов утра, а он все ходил по комнате.

"Ну что ж делать. Уж если нельзя без этого! Что ж делать! Значит, так надо", – сказал он себе и, поспешно раздевшись, лег в постель, счастливый и взволнованный, но без сомнений и нерешительностей.

"Надо, как ни странно, как ни невозможно это счастье, – надо сделать все для того, чтобы быть с ней мужем и женой", – сказал он себе.

Пьер еще за несколько дней перед этим назначил в пятницу день своего отъезда в Петербург. Когда он проснулся, в четверг, Савельич пришел к нему за приказаниями об укладке вещей в дорогу.

"Как в Петербург? Что такое Петербург? Кто в Петербурге? – невольно, хотя и про себя, спросил он. – Да, что-то такое давно, давно, еще прежде, чем это случилось, я зачем-то собирался ехать в Петербург, – вспомнил он. – Отчего же? я и поеду, может быть. Какой он добрый, внимательный, как все помнит! – подумал он, глядя на старое лицо Савельича. – И какая улыбка приятная!" – подумал он.

– Что ж, все не хочешь на волю, Савельич? – спросил Пьер.

– Зачем мне, ваше сиятельство, воля? При покойном графе, царство небесное, жили и при вас обиды не видим.

– Ну, а дети?

– И дети проживут, ваше сиятельство: за такими господами жить можно.

– Ну, а наследники мои? – сказал Пьер. – Вдруг я женюсь... Ведь может случиться, – прибавил он с невольной улыбкой.

– И осмеливаюсь доложить: хорошее дело, ваше сиятельство.

“Как он думает это легко, – подумал Пьер. – Он не знает, как это страшно, как опасно. Слишком рано или слишком поздно... Страшно!”

– Как же изволите приказать? Завтра изволите ехать? – спросил Савельич.

– Нет; я немножко отложу. Я тогда скажу. Ты меня извини за хлопоты, – сказал Пьер и, глядя на улыбку Савельича, подумал: “Как странно, однако, что он не знает, что теперь нет никакого Петербурга и что прежде всего надо, чтоб решилось то. Впрочем, он, верно, знает, но только притворяется. Поговорить с ним? Как он думает? – подумал Пьер. – Нет, после когда-нибудь”.

За завтраком Пьер сообщил княжне, что он был вчера у княжны Марьи и застал там, – можете себе представить кого? – Натали Ростову.

Княжна сделала вид, что она в этом известии не видит ничего более необыкновенного, как в том, что Пьер видел Анну Семеновну.

– Вы ее знаете? – спросил Пьер.

– Я видела княжну, – отвечала она. – Я слышала, что ее сватали за молодого Ростова. Это было бы очень хорошо для Ростовых; говорят, они совсем разорились.

– Нет, Ростову вы знаете?

– Слышала тогда только про эту историю. Очень жалко.

“Нет, она не понимает или притворяется, – подумал Пьер. – Лучше тоже не говорить ей”.

Княжна также приготавливала провизию на дорогу Пьеру.

“Как они добры все, – думал Пьер, – что они теперь, когда уж наверное им это не может быть более интересно, занимаются всем этим. И все для меня; вот что удивительно”.

В этот же день к Пьеру приехал полицеймейстер с предложением прислать доверенного в Грановитую палату для приема вещей, раздаваемых нынче владельцам.

“Вот и этот тоже, – думал Пьер, глядя в лицо полицеймейстера, – какой славный, красивый офицер и как добр!

Теперь занимается такими пустяками. А еще говорят, что он не честен и пользуется. Какой вздор! А впрочем, отчего же ему и не пользоваться? Он так и воспитан. И все так делают. А такое приятное, доброе лицо, и улыбается, глядя на меня".

Пьер поехал обедать к княжне Марье.

Проезжая по улицам между пожарищами домов, он удивлялся красоте этих развалин. Печные трубы домов, отвалившиеся стены, живописно напоминая Рейн и Колизей, тянулись, скрывая друг друга, по обгорелым кварталам. Встречавшиеся извозчики и ездоки, плотники, рубившие срубы, торговки и лавочники, все с веселыми, сияющими лицами, взглядывали на Пьера и говорили как будто: "А, вот он! Посмотрим, что выйдет из этого".

При входе в дом княжны Марьи на Пьера нашло сомнение в справедливости того, что он был здесь вчера, виделся с Наташей и говорил с ней. "Может быть, это я выдумал. Может быть, я войду и никого не увижу". Но не успел он вступить в комнату, как уже во всем существе своем, по мгновенному лишению своей свободы, он почувствовал ее присутствие. Она была в том же черном платье с мягкими складками и так же причесана, как и вчера, но она была совсем другая. Если б она была такою вчера, когда он вошел в комнату, он бы не мог ни на мгновение не узнать ее.

Она была такою же, какою он знал ее почти ребенком и потом невестой князя Андрея. Веселый вопросительный блеск светился в ее глазах; на лице было ласковое и странно-шаловливое выражение.

Пьер обедал и просидел бы весь вечер; но княжна Марья ехала ко всенощной, и Пьер уехал с ними вместе.

На другой день Пьер приехал рано, обедал и просидел весь вечер. Несмотря на то, что княжна Марья и Наташа были очевидно рады гостю; несмотря на то, что весь интерес жизни Пьера сосредоточивался теперь в этом доме, к вечеру они всё переговорили, и разговор переходил беспрестанно с одного ничтожного предмета на другой и часто прерывался. Пьер засиделся в этот вечер так поздно, что княжна Марья и Наташа переглядывались между собою, очевидно ожидая, скоро ли он уйдет. Пьер видел это и не мог уйти. Ему становилось тяжело, неловко, но он все сидел, потому что *не мог* подняться и уйти.

Княжна Марья, не предвидя этому конца, первая встала и, жалуясь на мигрень, стала прощаться.

– Так вы завтра едете в Петербург? – сказала она.

– Нет, я не еду, – с удивлением и как будто обидясь, поспешно сказал Пьер. – Да нет, в Петербург? Завтра; только я не прощаюсь. Я заеду за комиссиями, – сказал он, стоя перед княжной Марьей, краснея и не уходя.

Наташа подала ему руку и вышла. Княжна Марья, напротив, вместо того чтобы уйти, опустилась в кресло и своим лучистым, глубоким взглядом строго и внимательно посмотрела на Пьера. Усталость, которую она очевидно выказывала перед этим, теперь совсем прошла. Она тяжело и продолжительно вздохнула, как будто приготавливаясь к длинному разговору.

Все смущение и неловкость Пьера, при удалении Наташи, мгновенно исчезли и заменились взволнованным оживлением. Он быстро придвинул кресло совсем близко к княжне Марье.

– Да, я и хотел сказать вам, – сказал он, отвечая, как на слова, на ее взгляд. – Княжна, помогите мне. Что мне делать? Могу я надеяться? Княжна, друг мой, выслушайте меня. Я все знаю. Я знаю, что я не стою ее; я знаю, что теперь невозможно говорить об этом. Но я хочу быть братом ей. Нет, я не хочу... я не могу...

Он остановился и потер себе лицо и глаза руками.

– Ну, вот, – продолжал он, видимо сделав усилие над собой, чтобы говорить связно. – Я не знаю, с каких пор я люблю ее. Но я одну только ее, одну любил во всю мою жизнь и люблю так, что без нее не могу себе представить жизни. Просить руки ее теперь я не решаюсь; но мысль о том, что, может быть, она могла бы быть моею и что я упущу эту возможность... возможность... ужасна. Скажите, могу я надеяться? Скажите, что мне делать? Милая княжна, –

сказал он, помолчав немного и тронув ее за руку, так как она не отвечала.

– Я думаю о том, что вы мне сказали, – отвечала княжна Марья. – Вот что я скажу вам. Вы правы, что теперь говорить ей об любви... – Княжна остановилась. Она хотела сказать: говорить ей о любви теперь невозможно; но она остановилась, потому что она третий день видела по вдруг переменившейся Наташе, что не только Наташа не оскорбилась бы, если б ей Пьер высказал свою любовь, но что она одного только этого и желала.

– Говорить ей теперь... нельзя, – все-таки сказала княжна Марья.

– Но что же мне делать?

– Поручите это мне, – сказала княжна Марья. – Я знаю...

Пьер смотрел в глаза княжне Марье.

– Ну, ну... – говорил он.

– Я знаю, что она любит... полюбит вас, – поправилась княжна Марья.

Не успела она сказать эти слова, как Пьер вскочил и с испуганным лицом схватил за руку княжну Марью.

– Отчего вы думаете? Вы думаете, что я могу надеяться? Вы думаете?!..

– Да, думаю, – улыбаясь, сказала княжна Марья. – Напишите родителям. И поручите мне. Я скажу ей, когда будет можно. Я желаю этого. И сердце мое чувствует, что это будет.

– Нет, это не может быть! Как я счастлив! Но это не может быть... Как я счастлив! Нет, не может быть! – говорил Пьер, целуя руки княжны Марьи.

– Вы поезжайте в Петербург; это лучше. А я напишу вам, – сказала она.

– В Петербург? Ехать? Хорошо, да, ехать. Но завтра я могу приехать к вам?

На другой день Пьер приехал проститься. Наташа была менее оживлена, чем в прежние дни; но в этот день, иногда взглянув ей в глаза, Пьер чувствовал, что он исчезает, что ни его, ни ее нет больше, а есть одно чувство счастья. "Неужели? Нет, не может быть", – говорил он себе при каждом ее взгляде, жесте, слове, наполнявших его душу радостью.

Когда он, прощаясь с нею, взял ее тонкую, худую руку, он невольно несколько дольше удержал ее в своей.

"Неужели эта рука, это лицо, эти глаза, все это чуждое мне сокровище женской прелести, неужели это все будет вечно мое, привычное, такое же, каким я сам для себя? Нет, это невозможно!.."

– Прощайте, граф, – сказала она ему громко. – Я очень буду ждать вас, – прибавила она шепотом.

И эти простые слова, взгляд и выражение лица, сопровождавшие их, в продолжение двух месяцев составляли предмет неистощимых воспоминаний, объяснений и счастливых мечтаний Пьера. "Я очень буду ждать вас... Да, да, как она сказала? Да, я очень буду ждать вас. Ах, как я счастлив! Что ж это такое, как я счастлив!" – говорил себе Пьер.

XIX

В душе Пьера теперь не происходило ничего подобного тому, что происходило в ней в подобных же обстоятельствах во время его сватовства с Элен.

Он не повторял, как тогда, с болезненным стыдом слов, сказанных им, не говорил себе: "Ах, зачем я не сказал этого, и зачем, зачем я сказал тогда "je vous aime"[1]? Теперь, напротив, каждое слово ее, свое он повторял в своем воображении со всеми подробностями лица, улыбки и ничего не хотел ни убавить, ни прибавить: хотел только повторять. Сомнений в том, хорошо ли, или дурно то, что он предпринял, – теперь не было и тени. Одно только страшное сомнение иногда приходило ему в голову. Не во сне ли все это? Не ошиблась ли княжна Марья? Не слишком ли я горд и самонадеян? Я верю; а вдруг, что и должно случиться, княжна Марья скажет ей, а она улыбнется и ответит: "Как

1 я люблю вас.

странно! Он, верно, ошибся. Разве он не знает, что он человек, просто человек, а я?.. Я совсем другое, высшее".

Только это сомнение часто приходило Пьеру. Планов он тоже не делал теперь никаких. Ему казалось так невероятно предстоящее счастье, что стоило этому совершиться, и уж дальше ничего не могло быть. Все кончалось.

Радостное, неожиданное сумасшествие, к которому Пьер считал себя неспособным, овладело им. Весь смысл жизни, не для него одного, но для всего мира, казался ему заключающимся только в его любви и в возможности ее любви к нему. Иногда все люди казались ему занятыми только одним – его будущим счастьем. Ему казалось иногда, что все они радуются так же, как и он сам, и только стараются скрыть эту радость, притворяясь занятыми другими интересами. В каждом слове и движении он видел намеки на свое счастие. Он часто удивлял людей, встречавшихся с ним, своими значительными, выражавшими тайное согласие, счастливыми взглядами и улыбками. Но когда он понимал, что люди могли не знать про его счастье, он от всей души жалел их и испытывал желание как-нибудь объяснить им, что все то, чем они заняты, есть совершенный вздор и пустяки, не стоящие внимания.

Когда ему предлагали служить или когда обсуждали какие-нибудь общие, государственные дела и войну, предполагая, что от такого или такого исхода такого-то события зависит счастие всех людей, он слушал с кроткой соболезнующею улыбкой и удивлял говоривших с ним людей своими странными замечаниями. Но как те люди, которые казались Пьеру понимающими настоящий смысл жизни, то есть его чувство, так и те несчастные, которые, очевидно, не понимали этого, – все люди в этот период времени представлялись ему в таком ярком свете сиявшего в нем чувства, что без малейшего усилия, он сразу, встречаясь с каким бы то ни было человеком, видел в нем все, что было хорошего и достойного любви.

Рассматривая дела и бумаги своей покойной жены, он к ее памяти не испытывал никакого чувства, кроме жалости в том, что она не знала того счастья, которое он знал теперь. Князь Василий, особенно гордый теперь получением нового места и звезды, представлялся ему трогательным, добрым и жалким стариком.

Пьер часто потом вспоминал это время счастливого безумия. Все суждения, которые он составил себе о людях и обстоятельствах за этот период времени, остались для него навсегда верными. Он не только не отрекался впоследствии от этих взглядов на людей и вещи, но, напротив, в внутренних сомнениях и противуречиях прибегал к тому взгляду, который он имел в это время безумия, и взгляд этот всегда оказывался верен.

“Может быть, – думал он, – я и казался тогда странен и смешон; но я тогда не был так безумен, как казалось. Напротив, я был тогда умнее и проницательнее, чем когда-либо, и понимал все, что стоит понимать в жизни, потому что... я был счастлив”.

Безумие Пьера состояло в том, что он не дожидался, как прежде, личных причин, которые он называл достоинствами людей, для того чтобы любить их, а любовь переполняла его сердце, и он, беспричинно любя людей, находил несомненные причины, за которые стоило любить их.

XX

С первого того вечера, когда Наташа, после отъезда Пьера, с радостно-насмешливой улыбкой сказала княжне Марье, что он точно, ну точно из бани, и сюртучок, и стриженый, с этой минуты что-то скрытое и самой ей неизвестное, но непреодолимое проснулось в душе Наташи.

Все: лицо, походка, взгляд, голос – все вдруг изменилось в ней. Неожиданные для нее самой – сила жизни, надежды на счастье всплыли наружу и требовали удовлетворения. С первого вечера Наташа как будто забыла все то, что с ней было. Она с тех пор ни разу не пожаловалась на свое положение, ни одного слова не сказала о прошедшем и не боялась уже делать веселые планы на будущее. Она мало говорила о Пьере, но когда княжна Марья упоминала о нем, давно потухший блеск зажигался в ее глазах и губы морщились странной улыбкой.

Перемена, происшедшая в Наташе, сначала удивила княжну Марью; но когда она поняла ее значение, то перемена эта огорчила ее. "Неужели она так мало любила брата, что так скоро могла забыть его", – думала княжна Марья, когда она одна обдумывала происшедшую перемену. Но когда она была с Наташей, то не сердилась на нее и не упрекала ее. Проснувшаяся сила жизни, охватившая Наташу, была, очевидно, так неудержима, так неожиданна для нее самой, что княжна Марья в присутствии Наташи чувствовала, что она не имела права упрекать ее даже в душе своей.

Наташа с такой полнотой и искренностью вся отдалась новому чувству, что и не пыталась скрывать, что ей было теперь не горестно, а радостно и весело.

Когда, после ночного объяснения с Пьером, княжна Марья вернулась в свою комнату, Наташа встретила ее на пороге.

– Он сказал? Да? Он сказал? – повторила она. И радостное и вместе жалкое, просящее прощения за свою радость, выражение остановилось на лице Наташи.

– Я хотела слушать у двери; но я знала, что ты скажешь мне.

Как ни понятен, как ни трогателен был для княжны Марьи тот взгляд, которым смотрела на нее Наташа; как ни жалко ей было видеть ее волнение; но слова Наташи в первую минуту оскорбили княжну Марью. Она вспомнила о брате, о его любви.

"Но что же делать! она не может иначе", – подумала княжна Марья; и с грустным и. несколько строгим лицом передала она Наташе все, что сказал ей Пьер. Услыхав, что он собирается в Петербург, Наташа изумилась.

– В Петербург? – повторила она, как бы не понимая. Но, вглядевшись в грустное выражение лица княжны Марьи, она догадалась о причине ее грусти и вдруг заплакала. – Мари, – сказала она, – научи, что мне делать. Я боюсь быть дурной. Что ты скажешь, то я буду делать; научи меня...

– Ты любишь его?

– Да, – прошептала Наташа.

– О чем же ты плачешь? Я счастлива за тебя, – сказала княжна Марья, за эти слезы простив уже совершенно радость Наташи.

– Это будет не скоро, когда-нибудь. Ты подумай, какое счастие, когда я буду его женой, а ты выйдешь за Nicolas.

– Наташа, я тебя просила не говорить об этом. Будем говорить о тебе.

Они помолчали.

– Только для чего же в Петербург! – вдруг сказала Наташа, и сама же поспешно ответила себе: – Нет, нет, это так надо... Да, Мари? Так надо...

Эпилог

Часть первая

I

Прошло семь лет после 12-го года. Взволнованное историческое море Европы улеглось в свои берега. Оно казалось затихшим; но таинственные силы, двигающие человечество (таинственные потому, что законы, определяющие их движение, неизвестны нам), продолжали свое действие.

Несмотря на то, что поверхность исторического моря казалась неподвижною, так же непрерывно, как движение времени, двигалось человечество. Слагались, разлагались различные группы людских сцеплений; подготовлялись причины образования и разложения государств, перемещений народов.

Историческое море, не как прежде, направлялось порывами от одного берега к другому: оно бурлило в глубине. Исторические лица, не как прежде, носились волнами от одного берега к другому; теперь они, казалось, кружились на одном месте. Исторические лица, прежде во главе войск отражавшие приказаниями войн, походов, сражений движение масс, теперь отражали бурлившее движение политическими и дипломатическими соображениями, законами, трактатами...

Эту деятельность исторических лиц историки называют реакцией.

Описывая деятельность этих исторических лиц, бывших, по их мнению, причиною того, что они называют *реак-*

цией, историки строго осуждают их. Все известные люди того времени, от Александра и Наполеона до m-me Staël, Фотия, Шеллинга, Фихте, Шатобриана и проч., проходят перед их строгим судом и оправдываются или осуждаются, смотря по тому, содействовали ли они *прогрессу* или *реакции*.

В России, по их описанию, в этот период времени тоже происходила реакция, и главным виновником этой реакции был Александр I – тот самый Александр I, который, по их же описаниям, был главным виновником либеральных начинаний своего царствования и спасения России.

В настоящей русской литературе, от гимназиста до ученого историка, нет человека, который не бросил бы своего камушка в Александра I за неправильные поступки его в этот период царствования.

"Он должен был поступить так-то и так-то. В таком случае он поступил хорошо, в таком дурно. Он прекрасно вел себя в начале царствования и во время 12-го года; но он поступил дурно, дав конституцию Польше, сделав Священный Союз, дав власть Аракчееву, поощряя Голицына и мистицизм, потом поощряя Шишкова и Фотия. Он сделал дурно, занимаясь фронтовой частью армии; он поступил дурно, раскассировав Семеновский полк, и т.д."

Надо бы исписать десять листов для того, чтобы перечислить все те упреки, которые делают ему историки на основании того знания блага человечества, которым они обладают.

Что значат эти упреки?

Те самые поступки, за которые историки одобряют Александра I, – как-то: либеральные начинания царствования, борьба с Наполеоном, твердость, выказанная им в 12-м году, и поход 13-го года, не вытекают ли из одних и тех же источников – условий крови, воспитания, жизни, сделавших личность Александра тем, чем она была, – из которых вытекают и те поступки, за которые историки порицают его, как-то: Священный Союз, восстановление Польши, реакция 20-х годов?

В чем же состоит сущность этих упреков?

В том, что такое историческое лицо, как Александр I, лицо, стоявшее на высшей возможной ступени человеческой власти, как бы в фокусе ослепляющего света всех сосредоточивающихся на нем исторических лучей; лицо, подлежавшее тем сильнейшим в мире влияниям интриг, обманов, лести, самообольщения, которые неразлучны с властью; лицо, чувствовавшее на себе, всякую минуту своей жизни, ответственность за все совершавшееся в Европе, и лицо не выдуманное, а живое, как и каждый человек, с своими личными привычками, страстями, стремлениями к добру, красоте, истине, – что это лицо, пятьдесят лет тому назад, не то что не было добродетельно (за это историки не упрекают), а не имело тех воззрений на благо человечества, которые имеет теперь профессор, смолоду занимающийся наукой, то есть читанием книжек, лекций и списыванием этих книжек и лекций в одну тетрадку.

Но если даже предположить, что Александр I пятьдесят лет тому назад ошибался в своем воззрении на то, что есть благо народов, невольно должно предположить, что и историк, судящий Александра, точно так же по прошествии некоторого времени окажется несправедливым в своем воззрении на то, что есть благо человечества. Предположение это тем более естественно и необходимо, что, следя за развитием истории, мы видим, что с каждым годом, с каждым новым писателем изменяется воззрение на то, что есть благо человечества; так что то, что казалось благом, через десять лет представляется злом; и наоборот. Мало того, одновременно мы находим в истории совершенно противоположные взгляды на то, что было зло и что было благо: одни данную Польше конституцию и Священный Союз ставят в заслугу, другие в укор Александру.

Про деятельность Александра и Наполеона нельзя сказать, чтобы она была полезна или вредна, ибо мы не можем сказать, для чего она полезна и для чего вредна. Если деятельность эта кому-нибудь не нравится, то она не нравится ему только вследствие несовпадения ее с ограниченным пониманием его о том, что есть благо. Представляется ли мне благом сохранение в 12-м году дома моего отца в Москве, или слава русских войск, или процветание Петербургского и других университетов, или свобода Польши, или могущество России, или равновесие Европы, или известного рода европейское просвещение — прогресс, я должен признать, что деятельность всякого исторического лица имела, кроме этих целей, еще другие, более общие и недоступные мне цели.

Но положим, что так называемая наука имеет возможность примирить все противоречия и имеет для исторических лиц и событий неизменное мерило хорошего и дурного.

Положим, что Александр мог сделать все иначе. Положим, что он мог, по предписанию тех, которые обвиняют его, тех, которые профессируют знание конечной цели движения человечества, распорядиться по той программе народности, свободы, равенства и прогресса (другой, кажется, нет), которую бы ему дали теперешние обвинители. Положим, что эта программа была бы возможна и составлена и что Александр действовал бы по ней. Что же сталось бы тогда с деятельностью всех тех людей, которые противодействовали тогдашнему направлению правительства, — с деятельностью, которая, по мнению историков, хороша и полезна? Деятельности бы этой не было; жизни бы не было; ничего бы не было.

Если допустить, что жизнь человеческая может управляться разумом, — то уничтожится возможность жизни.

II

Если допустить, как то делают историки, что великие люди ведут человечество к достижению известных целей, состоящих или в величии России или Франции, или в равновесии Европы, или в разнесении идей революции, или в общем прогрессе, или в чем бы то ни было, то невозможно объяснить явлений истории без понятий о *случае* и о *гении*.

Если цель европейских войн начала нынешнего столетия состояла в величии России, то эта цель могла быть достигнута без всех предшествовавших войн и без нашествия. Если цель – величие Франции, то эта цель могла быть достигнута и без революции и без империи. Если цель – распространение идей, то книгопечатание исполнило бы это гораздо лучше, чем солдаты. Если цель – прогресс цивилизации, то весьма легко предположить, что, кроме истребления людей и их богатств, есть другие более целесообразные пути для распространения цивилизации.

Почему же это случилось так, а не иначе?

Потому что это так случилось. "*Случай* сделал положение; *гений* воспользовался им", – говорит история.

Но что такое *случай?* Что такое *гений?*

Слова *случай* и *гений* не обозначают ничего действительно существующего и потому не могут быть определены. Слова эти только обозначают известную степень понимания явлений. Я не знаю, почему происходит такое-то явление; думаю, что не могу знать; потому не хочу знать и говорю: *случай.* Я вижу силу, производящую несоразмерное с общечеловеческими свойствами действие; не понимаю, почему это происходит, и говорю: *гений.*

Для стада баранов тот баран, который каждый вечер отгоняется овчаром в особый денник к корму и становится вдвое толще других, должен казаться гением. И то обстоятельство, что каждый вечер именно этот самый баран попадает не в общую овчарню, а в особый денник к овсу, и что этот, именно этот самый баран, облитый жиром, убивается на мясо, должно представляться поразительным соединением гениальности с целым рядом необычайных случайностей.

Но баранам стоит только перестать думать, что все, что делается с ними, происходит только для достижения их бараньих целей; стоит допустить, что происходящие с ними события могут иметь и непонятные для них цели, – и они тотчас же увидят единство, последовательность в том, что происходит с откармливаемым бараном. Ежели они и не будут знать, для какой цели он откармливался, то по крайней мере они будут знать, что все случившееся с бараном случилось не нечаянно, и им уже не будет нужды в понятии ни о *случае*, ни о *гении*.

Только отрешившись от знаний близкой, понятной цели и признав, что конечная цель нам недоступна, мы увидим последовательность и целесообразность в жизни исторических лиц; нам откроется причина того несоразмерного с общечеловеческими свойствами действия, которое они производят, и не нужны будут нам слова *случай* и *гений*.

Стоит только признать, что цель волнений европейских народов нам неизвестна, а известны только факты, состоящие в убийствах, сначала во Франции, потом в Италии, в Африке, в Пруссии, в Австрии, в Испании, в России, и что движения с запада на восток и с востока на запад составляют сущность и цель этих событий, и нам не только не нужно будет видеть исключительность и *гениальность* в характерах Наполеона и Александра, но нельзя будет представить себе эти лица иначе, как такими же людьми, как и все остальные; и не только не нужно будет объяснять *случайностию* тех мелких событий, которые сделали этих людей тем, чем они были, но будет ясно, что все эти мелкие события были необходимы.

Отрешившись от знания конечной цели, мы ясно поймем, что точно так же, как ни к одному растению нельзя придумать других, более соответственных ему, цвета и семени, чем те, которые оно производит, точно так же невозможно придумать других двух людей, со всем их прошедшим, которое соответствовало бы до такой степени, до таких мельчайших подробностей тому назначению, которое им предлежало исполнить.

III

Основной, существенный смысл европейских событий начала нынешнего столетия есть воинственное движение масс европейских народов с запада на восток и потом с востока на запад. Первым зачинщиком этого движения было движение с запада на восток. Для того чтобы народы запада могли совершить то воинственное движение до Москвы, которое они совершили, необходимо было: 1) чтобы они сложились в воинственную группу такой величины, которая была бы в состоянии вынести столкновение с воинственной группой востока; 2) чтобы они отрешились от всех установившихся преданий и привычек и 3) чтобы, совершая свое воинственное движение, они имели во главе своей человека, который, и для себя и для них, мог бы оправдывать имеющие совершиться обманы, грабежи и убийства, которые сопутствовали этому движению.

И начиная с французской революции разрушается старая, недостаточно великая группа; уничтожаются старые привычки и предания; вырабатываются, шаг за шагом, группа новых размеров, новые привычки и предания, и приготовляется тот человек, который должен стоять во главе будущего движения и нести на себе всю ответственность имеющего совершиться.

Человек без убеждений, без привычек, без преданий, без имени, даже не француз, самыми, кажется, странными случайностями продвигается между всеми волнующими Францию партиями и, не приставая ни к одной из них, выносится на заметное место.

Невежество сотоварищей, слабость и ничтожество противников, искренность лжи и блестящая и самоуверенная ограниченность этого человека выдвигают его во главу армии. Блестящий состав солдат итальянской армии, нежелание драться противников, ребяческая дерзость и самоуверенность приобретают ему военную славу. Бесчисленное количество так называемых случайностей сопутствует ему везде. Немилость, в которую он впадает у правителей Франции, служит ему в пользу. Попытки его изменить предназначенный ему путь не удаются: его не принимают на службу в Россию, и не удается ему определение в Турцию. Во время войн в Италии он несколько раз находится на краю гибели и всякий раз спасается неожиданным образом. Русские войска, те самые, которые могут разрушить его славу, по разным дипломатическим соображениям, не вступают в Европу до тех пор, пока он там.

По возвращении из Италии он находит правительство в Париже в том процессе разложения, в котором люди, попадающие в это правительство, неизбежно стираются и уничтожаются. И сам собой для него является выход из этого опасного положения, состоящий в бессмысленной, беспричинной экспедиции в Африку. Опять те же так называемые случайности сопутствуют ему. Неприступная Мальта сдается без выстрела; самые неосторожные распоряжения увенчиваются успехом. Неприятельский флот, который не пропустит после ни одной лодки, пропускает целую армию. В Африке над безоружными почти жителями совершается целый ряд злодеяний. И люди, совершающие злодеяния эти, и в особенности их руководитель, уверяют себя, что это прекрасно, что это слава, что это похоже на Кесаря и Александра Македонского и что это хорошо.

Тот идеал *славы* и *величия*, состоящий в том, чтобы не только ничего не считать для себя дурным, но гордиться всяким своим преступлением, приписывая ему непонятное сверхъестественное значение, – этот идеал, долженствующий руководить этим человеком и связанными с ним людьми, на просторе вырабатывается в Африке. Все, что он ни делает, удается ему. Чума не пристает к нему. Жестокость убийства пленных не ставится ему в вину. Ребячески неосторожный, беспричинный и неблагородный отъезд его из Африки, от товарищей в беде, ставится ему в заслугу, и опять неприятельский флот два раза упускает его. В то время как он, уже совершенно одурманенный совершенными им счастливыми преступлениями, готовый для своей роли, без всякой цели приезжает в Париж, то разложение республиканского правительства, которое могло погубить его год тому назад, теперь дошло до крайней степени, и присутствие его, свежего от партий человека, теперь только может возвысить его.

Он не имеет никакого плана; он всего боится; но партии ухватываются за него и требуют его участия.

Он один, с своим выработанным в Италии и Египте идеалом славы и величия, с своим безумием самообожания, с своею дерзостью преступлений, с своею искренностью лжи, — он один может оправдать то, что имеет совершиться.

Он нужен для того места, которое ожидает его, и потому, почти независимо от его воли и несмотря на его нерешительность, на отсутствие плана, на все ошибки, которые он делает, он втягивается в заговор, имеющий целью овладение властью, и заговор увенчивается успехом.

Его вталкивают в заседание правителей. Испуганный, он хочет бежать, считая себя погибшим; притворяется, что падает в обморок; говорит бессмысленные вещи, которые должны бы погубить его. Но правители Франции, прежде сметливые и гордые, теперь, чувствуя, что роль их сыграна, смущены еще более, чем он, говорят не те слова, которые им нужно бы было говорить, для того чтоб удержать власть и погубить его.

Случайность, миллионы *случайностей* дают ему власть, и все люди, как бы сговорившись, содействуют утверждению этой власти. *Случайности* делают характеры тогдашних правителей Франции подчиняющимися ему; *случайности* делают характер Павла I, признающего его власть; *случайность* делает против него заговор, не только не вредящий ему, но утверждающий его власть. *Случайность* посылает ему в руки Энгиенского и нечаянно заставляет его убить, тем самым, сильнее всех других средств, убеждая толпу, что он имеет право, так как он имеет силу. *Случайность* делает то, что он напрягает все силы на экспедицию в Англию, которая, очевидно, погубила бы его, и никогда не исполняет этого намерения, а нечаянно нападает на Мака с австрийцами, которые сдаются без сражения. *Случайность* и гениальность дают ему победу под Аустерлицем, и *случайно* все люди, не только французы, но и вся Европа, за исключением Англии, которая и не примет участия в имеющих совершиться событиях, все люди, несмотря на прежний ужас и отвращение к его преступлениям, теперь признают за ним его власть, название, которое он себе дал, и его идеал величия и славы, который кажется всем чем-то прекрасным и разумным.

Как бы примериваясь и приготовляясь к предстоящему движению, силы запада несколько раз, в 1805-м, 6-м, 7-м, 9-м году стремятся на восток, крепчая и нарастая. В 1811-м году группа людей, сложившаяся во Франции, сливается в одну огромную группу с серединными народами. Вместе с увеличивающейся группой людей дальше развивается сила оправдания человека, стоящего во главе движения. В десятилетний приготовительный период времени, предшествующий большому движению, человек этот сводится со всеми коронованными лицами Европы. Разоблаченные владыки мира не могут противопоставить наполеоновскому идеалу *славы и величия*, не имеющего смысла, никакого разумного идеала. Один перед другим, они стремятся показать ему свое ничтожество. Король прусский посылает свою жену заискивать милости великого человека; император Австрии считает за милость то, что человек этот принимает в свое ложе дочь кесарей; Папа, блюститель святыни народов, служит своей религией возвышению великого человека. Не столько сам Наполеон приготовляет себя для исполнения своей роли, сколько все окружающее готовит его к принятию на себя всей ответственности того, что совершается и имеет совершиться. Нет поступка, нет злодеяния или мелочного обмана, который бы он совершил и который тотчас же в устах его окружающих не отразился бы в форме великого деяния. Лучший праздник, который могут придумать для него германцы, – это празднование Иены и Ауерштета. Не только он велик, но велики его предки, его братья, его пасынки, зятья. Все совершается для того, чтобы лишить его последней силы разума и приготовить к его страшной роли. И когда он готов, готовы и силы.

Нашествие стремится на восток, достигает конечной цели – Москвы. Столица взята; русское войско более уничтожено, чем когда-нибудь были уничтожены неприятельские войска в прежних войнах от Аустерлица до Ваграма. Но вдруг вместо тех *случайностей* и *гениальности*, которые так последовательно вели его до сих пор непрерывным рядом успехов к предназначенной цели, является бесчисленное количество обратных *случайностей* от насморка в Бородине до морозов и искры, зажегшей Москву; и вместо *гениальности* являются глупость и подлость, не имеющие примеров.

Нашествие бежит, возвращается назад, опять бежит, и все случайности постоянно теперь уже не за, а против него.

Совершается противодвижение с востока на запад с замечательным сходством с предшествовавшим движением с запада на восток. Те же попытки движения с востока на запад в 1805–1807–1809 годах предшествуют большому движению; то же сцепление в группу огромных размеров; то же приставание серединных народов к движению; то же колебание в середине пути и та же быстрота по мере приближения к цели.

Париж – крайняя цель достигнута. Наполеоновское правительство и войска разрушены. Сам Наполеон не имеет больше смысла; все действия его очевидно жалки и гадки; но опять совершается необъяснимая случайность: союзники ненавидят Наполеона, в котором они видят причину своих бедствий; лишенный силы и власти, изобличенный в злодействах и коварствах, он бы должен был представляться им таким, каким он представлялся им десять лет тому назад и год после, – разбойником вне закона. Но по какой-то странной случайности никто не видит этого. Роль его еще не кончена. Человека, которого десять лет тому назад и год после считали разбойником вне закона, посылают в два дня переезда от Франции на остров, отдаваемый ему во владение с гвардией и миллионами, которые платят ему за что-то.

IV

Движение народов начинает укладываться в свои берега. Волны большого движения отхлынули, и на затихшем море образуются круги, по которым носятся дипломаты, воображая, что именно они производят затишье движения.

Но затихшее море вдруг поднимается. Дипломатам кажется, что они, их несогласия, причиной этого нового напора сил; они ждут войны между своими государями; положение им кажется неразрешимым. Но волна, подъем которой они чувствуют, несется не оттуда, откуда они ждут ее. Поднимается та же волна, с той же исходной точки движения – Парижа. Совершается последний отплеск движения с запада; отплеск, который должен разрешить кажущиеся неразрешимыми дипломатические затруднения и положить конец воинственному движению этого периода.

Человек, опустошивший Францию, один, без заговора, без солдат, приходит во Францию. Каждый сторож может взять его; но, по странной случайности, никто не только не берет, но все с восторгом встречают того человека, которого проклинали день тому назад и будут проклинать через месяц.

Человек этот нужен еще для оправдания последнего совокупного действия.

Действие совершено. Последняя роль сыграна. Актеру велено раздеться и смыть сурьму и румяны: он больше не понадобится.

И проходят несколько лет в том, что этот человек, в одиночестве на своем острове, играет сам перед собой жалкую комедию, мелочно интригует и лжет, оправдывая свои деяния, когда оправдание это уже не нужно, и показывает всему миру, что такое было то, что люди принимали за силу, когда невидимая рука водила им.

Распорядитель, окончив драму и раздев актера, показал его нам.

– Смотрите, чему вы верили! Вот он! Видите ли вы теперь, что не он, а Я двигал вас?

Но, ослепленные силой движения, люди долго не понимали этого.

Еще большую последовательность и необходимость представляет жизнь Александра I, того лица, которое стояло во главе противодвижения с востока на запад.

Что нужно для того человека, который бы, заслоняя других, стоял во главе этого движения с востока на запад?

Нужно чувство справедливости, участие к делам Европы, но отдаленное, не затемненное мелочными интересами; нужно преобладание высоты нравственной над сотоварищами – государями того времени; нужна кроткая и привлекательная личность; нужно личное оскорбление против Наполеона. И все это есть в Александре I; все это подготовлено бесчисленными так называемыми *случайностями* всей его прошедшей жизни: и воспитанием, и либеральными начинаниями и окружающими советниками, и Аустерлицем, и Тильзитом, и Эрфуртом.

Во время народной войны лицо это бездействует, так как оно не нужно. Но как скоро является необходимость общей европейской войны, лицо это в данный момент является на свое место и, соединяя европейские народы, ведет их к цели.

Цель достигнута. После последней войны 1815 года Александр находится на вершине возможной человеческой власти. Как же он употребляет ее?

Александр I, умиротворитель Европы, человек, с молодых лет стремившийся только к благу своих народов, первый зачинщик либеральных нововведений в своем отечестве, теперь, когда, кажется, он владеет наибольшей властью и потому возможностью сделать благо своих народов, в то время как Наполеон в изгнании делает детские и лживые планы о том, как бы он осчастливил человечество, если бы имел власть, Александр I, исполнив свое призвание и почуяв на себе руку божию, вдруг признает ничтожность этой мнимой власти, отворачивается от нее, передает ее в руки презираемых им и презренных людей и говорит только:

– "Не нам, не нам, а имени Твоему!" Я человек тоже, как и вы; оставьте меня жить, как человека, и думать о своей душе и о боге.

Как солнце и каждый атом эфира есть шар, законченный в самом себе и вместе с тем только атом недоступного человеку по огромности целого, – так и каждая личность носит в самой себе свои цели и между тем носит их для того, чтобы служить недоступным человеку целям общим.

Пчела, сидевшая на цветке, ужалила ребенка. И ребенок боится пчел и говорит, что цель пчелы состоит в том, чтобы жалить людей. Поэт любуется пчелой, впивающейся в чашечку цветка, и говорит, цель пчелы состоит во впивании в себя аромата цветов. Пчеловод, замечая, что пчела собирает цветочную пыль и приносит ее в улей, говорит, что цель пчелы состоит в собирании меда. Другой пчеловод, ближе изучив жизнь роя, говорит, что пчела собирает пыль для выкармливанья молодых пчел и выведения матки, что цель ее состоит в продолжении рода. Ботаник замечает, что, перелетая с пылью двудомного цветка на пестик, пчела оплодотворяет его, и ботаник в этом видит цель пчелы. Другой, наблюдая переселение растений, видит, что пчела содействует этому переселению, и этот новый наблюдатель может сказать, что в этом состоит цель пчелы. Но конечная цель пчелы не исчерпывается ни тою, ни другой, ни третьей целью, которые в состоянии открыть ум человеческий. Чем выше поднимается ум человеческий в открытии этих целей, тем очевиднее для него недоступность конечной цели.

Человеку доступно только наблюдение над соответственностью жизни пчелы с другими явлениями жизни. То же с целями исторических лиц и народов.

V

Свадьба Наташи, вышедшей в 13-м году за Безухова, было последнее радостное событие в старой семье Ростовых. В тот же год граф Илья Андреевич умер, и, как это всегда бывает, со смертью его распалась старая семья.

События последнего года: пожар Москвы и бегство из нее, смерть князя Андрея и отчаяние Наташи, смерть Пети, горе графини – все это, как удар за ударом, падало на голову старого графа. Он, казалось, не понимал и чувствовал себя не в силах понять значение всех этих событий и, нравственно согнув свою старую голову, как будто ожидал и просил новых ударов, которые бы его покончили. Он казался то испуганным и растерянным, то неестественно оживленным и предприимчивым.

Свадьба Наташи на время заняла его своей внешней стороной. Он заказывал обеды, ужины и, видимо, хотел казаться веселым; но веселье его не сообщалось, как прежде, а, напротив, возбуждало сострадание в людях, знавших и любивших его.

После отъезда Пьера с женой он затих и стал жаловаться на тоску. Через несколько дней он заболел и слег в постель. С первых дней его болезни, несмотря на утешения докторов, он понял, что ему не вставать. Графиня, не раздеваясь, две недели провела в кресле у его изголовья. Всякий раз, как она давала ему лекарство, он, всхлипывая, молча целовал ее руку. В последний день он, рыдая, просил прощения у жены и заочно у сына за разорение именья – главную вину, которую он за собой чувствовал. Причастившись и особоровавшись, он тихо умер, и на другой день толпа знакомых, приехавших отдать последний долг покойнику, наполняла наемную квартиру Ростовых. Все эти знакомые, столько раз обедавшие и танцевавшие у него, столько раз смеявшиеся над ним, теперь все с одинаковым чувством внутреннего упрека и умиления, как бы оправдываясь перед кем-то, говорили: "Да, там как бы то ни было, а прекраснейший был человек. Таких людей нынче уж не встретишь... А у кого ж нет своих слабостей?.."

Именно в то время, когда дела графа так запутались, что нельзя было себе представить, чем это все кончится, если продолжится еще год, он неожиданно умер.

Николай был с русскими войсками в Париже, когда к нему пришло известие о смерти отца. Он тотчас же подал в отставку и, не дожидаясь ее, взял отпуск и приехал в Москву. Положение денежных дел через месяц после смерти графа совершенно обозначилось, удивив всех громадностию суммы разных мелких долгов, существования которых никто и не подозревал. Долгов было вдвое больше, чем имения.

Родные и друзья советовали Николаю отказаться от наследства. Но Николай в отказе от наследства видел выражение укора священной для него памяти отца и потому не хотел слышать об отказе и принял наследство с обязательством уплаты долгов.

Кредиторы, так долго молчавшие, будучи связаны при жизни графа тем неопределенным, но могучим влиянием, которое имела на них его распущенная доброта, вдруг все подали ко взысканию. Явилось, как это всегда бывает, соревнование – кто прежде получит, – и те самые люди, которые, как Митенька и другие, имели безденежные векселя – подарки, явились теперь самыми требовательными кредиторами. Николаю не давали ни срока, ни отдыха, и те, которые, по-видимому, жалели старика, бывшего виновником их потери (если были потери), теперь безжалостно накинулись на очевидно невинного перед ними молодого наследника, добровольно взявшего на себя уплату.

Ни один из предполагаемых Николаем оборотов не удался; имение с молотка было продано за полцены, а половина долгов оставалась все-таки не уплаченною. Николай взял предложенные ему зятем Безуховым тридцать тысяч для уплаты той части долгов, которые он признавал за денежные, настоящие долги. А чтобы за оставшиеся долги не быть посаженным в яму, чем ему угрожали кредиторы, он снова поступил на службу.

Ехать в армию, где он был на первой вакансии полкового командира, нельзя было потому, что мать теперь держалась за сына, как за последнюю приманку жизни; и потому, несмотря на нежелание оставаться в Москве в кругу людей, знавших его прежде, несмотря на свое отвращение к статской службе, он взял в Москве место по статской части и, сняв любимый им мундир, поселился с матерью и Соней на маленькой квартире, на Сивцевом Вражке.

Наташа и Пьер жили в это время в Петербурге, не имея ясного понятия о положении Николая. Николай, заняв у зятя деньги, старался скрыть от него свое бедственное положение. Положение Николая было особенно дурно потому, что своими тысячью двумястами рублями жалованья он не только должен был содержать себя, Соню и мать, но он должен был содержать мать так, чтобы она не замечала, что они бедны. Графиня не могла понять возможности жизни без привычных ей с детства условий роскоши и беспрестанно, не понимая того, как это трудно было для сына, требовала то экипажа, которого у них не было, чтобы послать за знакомой, то дорогого кушанья для себя и вина для сына, то денег, чтобы сделать подарок-сюрприз Наташе, Соне и тому же Николаю.

Соня вела домашнее хозяйство, ухаживала за теткой, читала ей вслух, переносила ее капризы и затаенное нерасположение и помогала Николаю скрывать от старой графини то положение нужды, в котором они находились. Николай чувствовал себя в неоплатном долгу благодарности перед Соней за все, что она делала для его матери, восхищался ее терпением и преданностью, но старался отдаляться от нее.

Он в душе своей как будто упрекал ее за то, что она была слишком совершенна, и за то, что не в чем было упрекать ее. В ней было все, за что ценят людей; но было мало того, что бы заставило его любить ее. И он чувствовал, что чем больше он ценит, тем меньше любит ее. Он поймал ее на слове, в ее письме, которым она давала ему свободу, и теперь держал себя с нею так, как будто все то, что было между ними, уже давным-давно забыто и ни в каком случае не может повториться.

Положение Николая становилось хуже и хуже. Мысль о том, чтобы откладывать из своего жалованья, оказалась мечтою. Он не только не откладывал, но, удовлетворяя требования матери, должал по мелочам. Выхода из его положения ему не представлялось никакого. Мысль о женитьбе на богатой наследнице, которую ему предлагали его родственницы, была ему противна. Другой выход из его положения – смерть матери – никогда не приходила ему в голову. Он ничего не желал, ни на что не надеялся; и в самой глубине души испытывал мрачное и строгое наслаждение в безропотном перенесении своего положения. Он старался избегать прежних знакомых с их соболезнованием и предложениями оскорбительной помощи, избегал всякого рассеяния и развлечения, даже дома ничем не занимался, кроме раскладывания карт с своей матерью, молчаливыми прогулками по комнате и курением трубки за трубкой. Он как будто старательно соблюдал в себе то мрачное настроение духа, в котором одном он чувствовал себя в состоянии переносить свое положение.

VI

В начале зимы княжна Марья приехала в Москву. Из городских слухов она узнала о положении Ростовых и о том, как "сын жертвовал собой для матери", – так говорили в городе.

"Я и не ожидала от него другого", – говорила себе княжна Марья, чувствуя радостное подтверждение своей любви к нему. Вспоминая свои дружеские и почти родственные отношения ко всему семейству, она считала своей обязанностью ехать к ним. Но, вспоминая свои отношения к Николаю в Воронеже, она боялась этого. Сделав над собой большое усилие, она, однако, через несколько недель после своего приезда в город приехала к Ростовым.

Николай первый встретил ее, так как к графине можно было проходить только через его комнату. При первом взгляде на нее лицо Николая вместо выражения радости, которую ожидала увидать на нем княжна Марья, приняло невиданное прежде княжной выражение холодности, сухости и гордости. Николай спросил о ее здоровье, проводил к матери и, посидев минут пять, вышел из комнаты.

Когда княжна выходила от графини, Николай опять встретил ее и особенно торжественно и сухо проводил до передней. Он ни слова не ответил на ее замечания о здоровье графини. "Вам какое дело? Оставьте меня в покое", – говорил его взгляд.

– И что шляется? Чего ей нужно? Терпеть не могу этих барынь и все эти любезности! – сказал он вслух при Соне, видимо не в силах удерживать свою досаду, после того как карета княжны отъехала от дома.

– Ах, как можно так говорить, Nicolas! – сказала Соня, едва скрывая свою радость. – Она такая добрая, и maman так любит ее.

Николай ничего не отвечал и хотел бы вовсе не говорить больше о княжне. Но со времени ее посещения старая графиня всякий день по нескольку раз заговаривала о ней.

Графиня хвалила ее, требовала, чтобы сын съездил к ней, выражала желание видеть ее почаще, но вместе с тем всегда становилась не в духе, когда она о ней говорила.

Николай старался молчать, когда мать говорила о княжне, но молчание его раздражало графиню.

– Она очень достойная и прекрасная девушка, – говорила она, – и тебе надо к ней съездить. Все-таки ты увидишь кого-нибудь; а то тебе скука, я думаю, с нами.

– Да я нисколько не желаю, маменька.

– То хотел видеть, а теперь не желаю. Я тебя, мой милый, право, не понимаю. То тебе скучно, то ты вдруг никого не хочешь видеть.

– Да я не говорил, что мне скучно.

– Как же, ты сам сказал, что ты и видеть ее не желаешь. Она очень достойная девушка и всегда тебе нравилась; а теперь вдруг какие-то резоны. Всё от меня скрывают.

– Да нисколько, маменька.

– Если б я тебя просила сделать что-нибудь неприятное, а то я тебя прошу съездить отдать визит. Кажется, и учтивость требует... Я тебя просила и теперь больше не вмешиваюсь, когда у тебя тайны от матери.

– Да я поеду, если вы хотите.

– Мне все равно; я для тебя желаю.

Николай вздыхал, кусая усы, и раскладывал карты, стараясь отвлечь внимание матери на другой предмет.

На другой, на третий и на четвертый день повторился тот же и тот же разговор.

После своего посещения Ростовых и того неожиданного, холодного приема, сделанного ей Николаем, княжна Марья призналась себе, что она была права, не желая ехать первая к Ростовым.

“Я ничего и не ожидала другого, – говорила она себе, призывая на помощь свою гордость. – Мне нет никакого дела до него, и я только хотела видеть старушку, которая была всегда добра ко мне и которой я многим обязана”.

Но она не могла успокоиться этими рассуждениями: чувство, похожее на раскаяние, мучило ее, когда она вспоминала свое посещение. Несмотря на то, что она твердо решилась не ездить больше к Ростовым и забыть все это, она чувствовала себя беспрестанно в неопределенном положении. И когда она спрашивала себя, что же такое было то, что мучило ее, она должна была признаваться, что это были ее отношения к Ростову. Его холодный, учтивый тон не вытекал из его чувства к ней (она это знала), а тон этот прикрывал что-то. Это что-то ей надо было разъяснить; и до тех пор она чувствовала, что не могла быть покойна.

В середине зимы она сидела в классной, следя за уроками племянника, когда ей пришли доложить о приезде Ростова. С твердым решением не выдавать своей тайны и не выказать своего смущения она пригласила m-lle Bourienne и с ней вместе вышла в гостиную.

При первом взгляде на лицо Николая она увидала, что он приехал только для того, чтобы исполнить долг учтивости, и решилась твердо держаться в том самом тоне, в котором он обратится к ней.

Они заговорили о здоровье графини, об общих знакомых, о последних новостях войны, и когда прошли те требуемые приличием десять минут, после которых гость может встать, Николай поднялся, прощаясь.

Княжна с помощью m-lle Bourienne выдержала разговор очень хорошо; но в самую последнюю минуту, в то время как он поднялся, она так устала говорить о том, до чего ей не было дела, и мысль о том, за что ей одной так мало дано радостей в жизни, так заняла ее, что она в припадке рассеянности, устремив вперед себя свои лучистые глаза, сидела неподвижно, не замечая, что он поднялся.

Николай посмотрел на нее и, желая сделать вид, что он не замечает ее рассеянности, сказал несколько слов m-lle Bourienne и опять взглянул на княжну. Она сидела так же неподвижно, и на нежном лице ее выражалось страдание. Ему вдруг стало жалко ее и смутно представилось, что, может быть, он был причиной той печали, которая выражалась на ее лице. Ему захотелось помочь ей, сказать ей что-нибудь приятное; но он не мог придумать, что бы сказать ей.

– Прощайте, княжна, – сказал он. Она опомнилась, вспыхнула и тяжело вздохнула.

– Ах, виновата, – сказала она, как бы проснувшись. – Вы уже едете, граф; ну, прощайте! А подушку графине?

– Постойте, я сейчас принесу ее, – сказала m-lle Bourienne и вышла из комнаты.

Оба молчали, изредка взглядывая друг на друга.

– Да, княжна, – сказал, наконец, Николай, грустно улыбаясь, – недавно кажется, а сколько воды утекло с тех пор, как мы с вами в первый раз виделись в Богучарове. Как мы все казались в несчастии, – а я бы дорого дал, чтобы воротить это время... да не воротишь.

Княжна пристально глядела ему в глаза своим лучистым взглядом, когда он говорил это. Она как будто старалась понять тот тайный смысл его слов, который бы объяснил ей его чувство к ней.

– Да, да, – сказала она, – но вам нечего жалеть прошедшего, граф. Как я понимаю вашу жизнь теперь, вы всегда с наслаждением будете вспоминать ее, потому что самоотвержение, которым вы живете теперь...

– Я не принимаю ваших похвал, – перебил он ее поспешно, – напротив, я беспрестанно себя упрекаю; но это совсем неинтересный и невеселый разговор.

И опять взгляд его принял прежнее сухое и холодное выражение. Но княжна уже увидала в нем опять того же человека, которого она знала и любила, и говорила теперь только с этим человеком.

– Я думала, что вы позволите мне сказать вам это, – сказала она. – Мы так сблизились с вами... и с вашим семейством, и я думала, что вы не почтете неуместным мое участие;

но я ошиблась, – сказала она. Голос ее вдруг дрогнул. – Я не знаю почему, – продолжала она, оправившись, – вы прежде были другой и...

– Есть тысячи причин *почему* (он сделал особое ударение на слово *почему*). Благодарю вас, княжна, – сказал он тихо. – Иногда тяжело.

"Так вот отчего! Вот отчего! – говорил внутренний голос в душе княжны Марьи. – Нет, я не один этот веселый, добрый и открытый взгляд, не одну красивую внешность полюбила в нем; я угадала его благородную, твердую, самоотверженную душу, – говорила она себе. – Да, он теперь беден, а я богата... Да, только от этого... Да, если б этого не было..." И, вспоминая прежнюю его нежность и теперь глядя на его доброе и грустное лицо, она вдруг поняла причину его холодности.

– Почему же, граф, почему? – вдруг почти вскрикнула она невольно, подвигаясь к нему. – Почему, скажите мне? Вы должны сказать. – Он молчал. – Я не знаю, граф, вашего *почему*, – продолжала она. – Но мне тяжело, мне... Я признаюсь вам в этом. Вы за что-то хотите лишить меня прежней дружбы. И мне это больно. – У нее слезы были в глазах и в голосе. – У меня так мало было счастия в жизни, что мне тяжела всякая потеря... Извините меня, прощайте. – Она вдруг заплакала и пошла из комнаты.

– Княжна! постойте, ради бога, – вскрикнул он, стараясь остановить ее. – Княжна!

Она оглянулась. Несколько секунд они молча смотрели в глаза друг другу, и далекое, невозможное вдруг стало близким, возможным и неизбежным. . . . .

. . . .

VII

Осенью 1814-го года Николай женился на княжне Марье и с женой, матерью и Соней переехал на житье в Лысые Горы.

В три года он, не продавая именья жены, уплатил оставшиеся долги и, получив небольшое наследство после умершей кузины, заплатил и долг Пьеру.

Еще через три года, к 1820-му году, Николай так устроил свои денежные дела, что прикупил небольшое именье подле Лысых Гор и вел переговоры о выкупе отцовского Отрадного, что составляло его любимую мечту.

Начав хозяйничать по необходимости, он скоро так пристрастился к хозяйству, что оно сделалось для него любимым и почти исключительным занятием. Николай был хозяин простой, не любил нововведений, в особенности английских, которые входили тогда в моду, смеялся над теоретическими сочинениями о хозяйстве, не любил заводов, дорогих производств, посевов дорогих хлебов и вообще не занимался отдельно ни одной частью хозяйства. У него перед глазами всегда было только одно *именье,* а не какая-нибудь отдельная часть его. В именье же главным предметом был не азот и не кислород, находящиеся в почве и воздухе, не особенный плуг и назем, а то главное орудие, чрез посредство которого действует и азот, и кислород, и назем, и плуг – то есть работник-мужик. Когда Николай взялся за хозяйство и стал вникать в различные его части, мужик особенно привлек к себе его внимание; мужик представлялся ему не только орудием, но и целью и судьею. Он сначала всматривался в мужика, стараясь понять, что ему нужно, что он считает дурным и хорошим, и только притворялся, что распоряжается и приказывает, в сущности же только учился у мужиков и приемам, и речам, и суждениям о том, что хорошо и что дурно. И только тогда, когда понял вкусы и стремления мужика, научился говорить его речью и понимать тайный смысл его речи, когда почувствовал себя сроднившимся с ним, только тогда стал он смело управлять им, то есть исполнять по отношению к мужикам ту самую должность, исполнение которой от него требовалось. И хозяйство Николая приносило самые блестящие результаты.

Принимая в управление имение, Николай сразу, без ошибки, по какому-то дару прозрения, назначал бурмистром, старостой, выборным тех самых людей, которые были бы выбраны самими мужиками, если б они могли выбирать, и начальники его никогда не переменялись. Прежде чем исследовать химические свойства навоза, прежде чем вдаваться в *дебет* и *кредит* (как он любил насмешливо говорить), он узнавал количество скота у крестьян и увеличивал это количество всеми возможными средствами. Семьи крестьян он поддерживал в самых больших размерах, не позволяя делиться. Ленивых, развратных и слабых он одинаково преследовал и старался изгонять из общества.

При посевах и уборке сена и хлебов он совершенно одинаково следил за своими и мужицкими полями. И у редких хозяев были так рано и хорошо посеяны и убраны поля и так много дохода, как у Николая.

С дворовыми он не любил иметь никакого дела, называл их *дармоедами* и, как все говорили, распустил и избаловал их; когда надо было сделать какое-нибудь распоряжение насчет дворового, в особенности когда надо было наказывать, он бывал в нерешительности и советовался со всеми в доме; только когда возможно было отдать в солдаты вместо мужика дворового, он делал это без малейшего колебания. Во всех же распоряжениях, касавшихся мужиков, он никогда не испытывал ни малейшего сомнения. Всякое распоряжение его – он это знал – будет одобрено всеми против одного или нескольких.

Он одинаково не позволял себе утруждать или казнить человека потому только, что ему этого так хотелось, как и облегчать и награждать человека потому, что в этом состояло его личное желание. Он не умел бы сказать, в чем состояло это мерило того, что должно и чего не должно; но мерило это в его душе было твердо и непоколебимо.

Он часто говаривал с досадой о какой-нибудь неудаче или беспорядке: *"С нашим русским народом"*, – и воображал себе, что он терпеть не может мужика.

Но он всеми силами души любил этот *наш русский народ* и его быт и потому только понял и усвоил себе тот единственный путь и прием хозяйства, которые приносили хорошие результаты.

Графиня Марья ревновала своего мужа к этой любви его и жалела, что не могла в ней участвовать, но не могла понять радостей и огорчений, доставляемых ему этим отдельным, чуждым для нее миром. Она не могла понять, отчего он бывал так особенно оживлен и счастлив, когда он, встав на заре и проведя все утро в поле или на гумне, возвращался к ее чаю с посева, покоса или уборки. Она не понимала, чем он восхищался, рассказывая с восторгом про богатого хозяйственного мужика Матвея Ермишина, который всю ночь с семьей возил снопы, и еще ни у кого ничего не было убрано, а у него уже стояли одонья. Она не понимала, отчего он так радостно, переходя от окна к балкону, улыбался под усами и подмигивал, когда на засыхающие всходы овса выпадал теплый частый дождик, или отчего, когда в покос или уборку угрожающая туча уносилась ветром, он, красный, загорелый и в поту, с запахом полыни и горчавки в волосах, приходя с гумна, радостно потирая руки, говорил: "Ну еще денек, и мое и крестьянское все будет в гумне".

Еще менее могла она понять, почему он, с его добрым сердцем, с его всегдашнею готовностью предупредить ее желания, приходил почти в отчаяние, когда она передавала ему просьбы каких-нибудь баб или мужиков, обращавшихся к ней, чтобы освободить их от работ, почему он, добрый Nicolas, упорно отказывал ей, сердито прося ее не вмешиваться не в свое дело. Она чувствовала, что у него был особый мир, страстно им любимый, с какими-то законами, которых она не понимала.

Когда она иногда, стараясь понять его, говорила ему о его заслуге, состоящей в том, что он делает добро своих подданных, он сердился и отвечал: "Вот уж нисколько: никогда и в голову мне не приходит; и для их блага вот чего не сделаю. Все это поэзия и бабьи сказки, – все это благо ближнего. Мне нужно, чтобы наши дети не пошли по миру; мне надо устроить наше состояние, пока я жив; вот и все. Для этого нужен порядок, нужна строгость... Вот что!" – говорил он, сжимая свой сангвинический кулак. "И справедливость, разумеется, – прибавлял он, – потому что если крестьянин гол и голоден, и лошаденка у него одна, так он ни на себя, ни на меня не сработает".

И, должно быть, потому, что Николай не позволял себе мысли о том, что он делает что-нибудь для других, для добродетели, – все, что он делал, было плодотворно: состояние его быстро увеличивалось; соседние мужики приходили просить его, чтобы он купил их, и долго после его смерти в народе хранилась набожная память об его управлении. "Хозяин был... Наперед мужицкое, а потом свое. Ну и потачки не давал. Одно слово – хозяин!"

VIII

Одно, что мучило Николая по отношению к его хозяйничанию, это была его вспыльчивость в соединении с старой гусарской привычкой давать волю рукам. В первое время он не видел в этом ничего предосудительного, но на второй год своей женитьбы его взгляд на такого рода расправы вдруг изменился.

Однажды летом из Богучарова был вызван староста, заменивший умершего Дрона, обвиняемый в разных мошенничествах и неисправностях. Николай вышел к нему на крыльцо, и с первых ответов старосты в сенях послышались крики и удары. Вернувшись к завтраку домой, Николай подошел к жене, сидевшей с низко опущенной над пяльцами головой, и стал рассказывать ей, по обыкновению, все то, что занимало его в это утро, и между прочим и про богучаровского старосту. Графиня Марья, краснея, бледнея и поджимая губы, сидела все так же, опустив голову, и ничего не отвечала на слова мужа.

– Эдакой наглый мерзавец, – говорил он, горячась при одном воспоминании. – Ну, сказал бы он мне, что был пьян, не видал... Да что с тобой, Мари? – вдруг спросил он.

Графиня Марья подняла голову, хотела что-то сказать, но опять поспешно потупилась и собрала губы.

– Что ты? что с тобой, дружок мой?..

Некрасивая графиня Марья всегда хорошела, когда плакала. Она никогда не плакала от боли или досады, но всегда от грусти и жалости. И когда она плакала, лучистые глаза ее приобретали неотразимую прелесть.

Как только Николай взял ее за руку, она не в силах была удержаться и заплакала.

– Nicolas, я видела... он виноват, но ты, зачем ты! Nicolas!.. – И она закрыла лицо руками.

Николай замолчал, багрово покраснел и, отойдя от нее, молча стал ходить по комнате. Он понял, о чем она плакала; но вдруг он не мог в душе своей согласиться с ней, что то, с чем он сжился с детства, что он считал самым обыкновенным, – было дурно.

"Любезности это, бабьи сказки, или она права?" – спрашивал он сам себя. Не решив сам с собою этого вопроса, он еще раз взглянул на ее страдающее и любящее лицо и вдруг понял, что она была права, а он давно уже виноват сам перед собою.

– Мари, – сказал он тихо, подойдя к ней, – этого больше не будет никогда; даю тебе слово. Никогда, – повторил он дрогнувшим голосом, как мальчик, который просит прощения.

Слезы еще чаще полились из глаз графини. Она взяла руку мужа и поцеловала ее.

– Nicolas, когда ты разбил камэ? – чтобы переменить разговор, сказала она, разглядывая его руку, на которой был перстень с головой Лаокоона.

– Нынче; все то же. Ах, Мари, не напоминай мне об этом. – Он опять вспыхнул. – Даю тебе честное слово, что этого больше не будет. И пусть это будет мне память навсегда, – сказал он, указывая на разбитый перстень.

С тех пор, как только при объяснениях со старостами и приказчиками кровь бросалась ему в лицо и руки начинали сжиматься в кулаки, Николай вертел разбитый перстень на пальце и опускал глаза перед человеком, рассердившим его. Однако же раза два в год он забывался и тогда, придя к жене, признавался и опять давал обещание, что уже теперь это было последний раз.

– Мари, ты, верно, меня презираешь? – говорил он ей. – Я стóю этого.

– Ты уйди, уйди поскорее, ежели чувствуешь себя не в силах удержаться, – с грустью говорила графиня Марья, стараясь утешить мужа.

В дворянском обществе губернии Николай был уважаем, но не любим. Дворянские интересы не занимали его. И за это-то одни считали его гордым, другие – глупым человеком. Все время его летом, с весеннего посева и до уборки, проходило в занятиях по хозяйству. Осенью он с тою *же* деловою серьезностию, с которою занимался хозяйством, предавался охоте, уходя на месяц и на два в отъезд с своей охотой. Зимой он ездил по другим деревням и занимался чтением. Чтение его составляли книги преимущественно исторические, выписывавшиеся им ежегодно на известную сумму. Он составлял себе, как говорил, серьезную библиотеку и за правило поставлял прочитывать все те книги, которые он покупал. Он с значительным видом сиживал в кабинете за этим чтением, сперва возложенным на себя как обязанность, а потом сделавшимся привычным занятием, доставлявшим ему особого рода удовольствие и сознание того, что он занят серьезным делом. За исключением поездок по делам, большую часть времени зимой он проводил дома, сживаясь с семьей и входя в мелкие отношения между матерью и детьми. С женой он сходился все ближе и ближе, с каждым днем открывая в ней новые душевные сокровища.

Соня со времени женитьбы Николая жила в его доме. Еще перед своей женитьбой Николай, обвиняя себя и хваля ее, рассказал своей невесте все, что было между ним и Соней. Он просил княжну Марью быть ласковой и доброй с его кузиной. Графиня Марья чувствовала вполне вину своего мужа; чувствовала и свою вину перед Соней; думала, что ее состояние имело влияние на выбор Николая, не могла ни в чем упрекнуть Соню, желала любить ее; но не только не любила, а часто находила против нее в своей душе злые чувства и не могла преодолеть их.

Однажды она разговорилась с другом своим Наташей о Соне и о своей к ней несправедливости.

– Знаешь что, – сказала Наташа, – вот ты много читала евангелие; там есть одно место прямо о Соне.

– Что? – с удивлением спросила графиня Марья.

– "Имущему дастся, а у неимущего отнимется", помнишь? Она – неимущий: за что? не знаю; в ней нет, может быть, эгоизма, – я не знаю, но у нее отнимется, и все отнялось. Мне ее ужасно жалко иногда; я ужасно желала прежде, чтобы Nicolas женился на ней; но я всегда как бы предчувствовала, что этого не будет. Она *пустоцвет,* знаешь, как на клубнике? Иногда мне ее жалко, а иногда я думаю, что она не чувствует этого, как чувствовали бы мы.

И несмотря на то, что графиня Марья толковала Наташе, что эти слова евангелия надо понимать иначе, – глядя на Соню, она соглашалась с объяснением, данным Наташей. Действительно, казалось, что Соня не тяготится своим положением и совершенно примирилась с своим назначением *пустоцвета.* Она дорожила, казалось, не столько людьми, сколько всей семьей. Она, как кошка, прижилась не к людям, а к дому. Она ухаживала за старой графиней, ласкала и баловала детей, всегда была готова оказать те мелкие услуги, на которые она была способна; но все это принималось невольно с слишком слабою благодарностию...

Усадьба Лысых Гор была вновь отстроена, но уже не на ту ногу, на которой она была при покойном князе.

Постройки, начатые во времена нужды, были более чем просты. Огромный дом, на старом каменном фундаменте, был деревянный, оштукатуренный только снутри. Большой поместительный дом с некрашеным дощатым полом был меблирован самыми простыми жесткими диванами и креслами, столами и стульями из своих берез и работы своих столяров. Дом был поместителен, с комнатами для дворни и отделениями для приезжих. Родные Ростовых и Болконских иногда съезжались гостить в Лысые Горы семьями, на своих шестнадцати лошадях, с десятками слуг, и жили месяцами. Кроме того, четыре раза в год, в именины и рожденья хозяев, съезжалось до ста человек гостей на один–два дня. Остальное время года шла ненарушимо правильная жизнь с обычными занятиями, чаями, завтраками, обедами, ужинами из домашней провизии.

IX

Был канун зимнего Николина дня, 5-е декабря 1820 года. В этот год Наташа с детьми и мужем с начала осени гостила у брата. Пьер был в Петербурге, куда он поехал по своим особенным делам, как он говорил, на три недели, и где он теперь проживал уже седьмую. Его ждали каждую минуту.

5-го декабря, кроме семейства Безуховых, у Ростовых гостил еще старый друг Николая, отставной генерал Василий Федорович Денисов.

6-го числа, в день торжества, в который съедутся гости, Николай знал, что ему придется снять бешмет, надеть сюртук и с узкими носками узкие сапоги и ехать в новую построенную им церковь, а потом принимать поздравления и предлагать закуски и говорить о дворянских выборах и урожае; но канун дня он еще считал себя вправе провести обычно. До обеда Николай поверил счеты бурмистра из рязанской деревни, по именью племянника жены, написал два письма по делам и прошелся на гумно, скотный и конный дворы. Приняв меры против ожидаемого на завтра общего пьянства по случаю престольного праздника, он пришел к обеду и, не успев с глазу на глаз переговорить с женою, сел за длинный стол в двадцать приборов, за который собрались все домашние. За столом были мать, жившая при ней старушка Белова, жена, трое детей, гувернантка, гувернер, племянник с своим гувернером, Соня, Денисов, Наташа, ее трое детей, их гувернантка и старичок Михаил Иваныч, архитектор князя, живший в Лысых Горах на покое.

Графиня Марья сидела на противоположном конце стола. Как только муж сел на свое место, по тому жесту, с которым он, сняв салфетку, быстро передвинул стоявшие перед ним стакан и рюмку, графиня Марья решила, что он не в духе, как это иногда с ним бывает, в особенности перед супом и когда он прямо с хозяйства придет к обеду. Графиня Марья знала очень хорошо это его настроение, и, когда она сама была в хорошем расположении, она спокойно ожидала, пока он поест супу, и тогда уже начинала говорить с ним и заставляла его признаваться, что он без причины был не в духе; но нынче она совершенно забыла это свое наблюдение; ей стало больно, что он без причины на нее сердится, и она почувствовала себя несчастной. Она спросила его, где он был. Он отвечал. Она еще спросила, все ли в порядке по хозяйству. Он неприятно поморщился от ее ненатурального тона и поспешно ответил.

"Так я не ошибалась, – подумала графиня Марья, – и за что он на меня сердится?" В тоне, которым он отвечал ей, графиня Марья слышала недоброжелательство к себе и желание прекратить разговор. Она чувствовала, что ее слова были неестественны; но она не могла удержаться, чтобы не сделать еще несколько вопросов.

Разговор за обедом благодаря Денисову скоро сделался общим и оживленным, и графиня Марья не говорила с мужем. Когда вышли из-за стола и пришли благодарить старую графиню, графиня Марья поцеловала, подставляя свою руку, мужа и спросила, за что он на нее сердится.

– У тебя всегда странные мысли; и не думал сердиться, – сказал он.

Но слово *всегда* отвечало графине Марье: да, сержусь и не хочу сказать.

Николай жил с своей женой так хорошо, что даже Соня и старая графиня, желавшие из ревности несогласия между ними, не могли найти предлога для упрека; но и между ними бывали минуты враждебности. Иногда, именно после самых счастливых периодов, на них находило вдруг чувство отчужденности и враждебности; это чувство являлось чаще всего во времена беременности графини Марьи. Теперь она находилась в этом периоде.

– Ну, messieurs et mesdames, – сказал Николай громко и как бы весело (графине Марье казалось, что это нарочно, чтобы ее оскорбить), – я с шести часов на ногах. Завтра уж надо страдать, а нынче пойти отдохнуть. – И, не сказав больше ничего графине Марье, он ушел в маленькую диванную и лег на диван.

“Вот это *всегда* так, – думала графиня Марья. – Со всеми говорит, только не со мною. Вижу, вижу, что я ему противна. Особенно в этом положении”. Она посмотрела на свой высокий живот и в зеркало на свое желто-бледное, исхудавшее лицо с более, чем когда-нибудь, большими глазами.

И все ей стало неприятно: и крик и хохот Денисова, и разговор Наташи, и в особенности тот взгляд, который на нее поспешно бросила Соня.

Соня всегда была первым предлогом, который избирала графиня Марья для своего раздражения.

Посидев с гостями и не понимая ничего из того, что они говорили, она потихоньку вышла и пошла в детскую.

Дети на стульях ехали в Москву и пригласили ее с собою. Она села, поиграла с ними, но мысль о муже и о беспричинной досаде его не переставая мучила ее. Она встала и пошла, с трудом ступая на цыпочки, в маленькую диванную.

“Может, он не спит; я объяснюсь с ним”, – сказала она себе. Андрюша, старший мальчик, подражая ей, пошел за ней на цыпочках. Графиня Марья не заметила его.

– Chère Marie, il dort, je crois; il est si fatigué[1], – сказала (как казалось графине Марье везде ей встречавшаяся) Соня в большой диванной. – Андрюша не разбудил бы его.

Графиня Марья оглянулась, увидала за собой Андрюшу, почувствовала, что Соня права, и именно от этого вспыхнула и, видимо, с трудом удержалась от жесткого слова. Она ничего не сказала и, чтобы не послушаться ее, сделала знак рукой, чтобы Андрюша не шумел, а все-таки шел за ней, и подошла к двери. Соня прошла в другую дверь. Из комнаты, в которой спал Николай, слышалось его ровное, знакомое

1 Мари, он спит, кажется; он устал.

жене до малейших оттенков дыхание. Она, слыша это дыхание, видела перед собой его гладкий красивый лоб, усы, все лицо, на которое она так часто подолгу глядела, когда он спал, в тишине ночи. Николай вдруг пошевелился и крякнул. И в то же мгновение Андрюша из-за двери закричал:

– Папенька, маменька тут стоит.

Графиня Марья побледнела от испуга и стала делать знаки сыну. Он замолк, и с минуту продолжалось страшное для графини Марьи молчание. Она знала, как не любил Николай, чтобы его будили. Вдруг за дверью послышалось новое кряхтение, движение, и недовольный голос Николая сказал:

– Ни минуты не дадут покоя. Мари, ты? Зачем ты привела его сюда?

– Я подошла только посмотреть, я не видала... извини...

Николай прокашлялся и замолк. Графиня Марья отошла от двери и проводила сына в детскую. Через пять минут маленькая черноглазая трехлетняя Наташа, любимица отца, узнав от брата, что папенька спит в маленькой диванной, не замеченная матерью, побежала к отцу. Черноглазая девочка смело скрыпнула дверью, подошла энергическими шажками тупых ножек к дивану и, рассмотрев положение отца, спавшего к ней спиною, поднялась на цыпочки и поцеловала лежавшую под головой руку отца. Николай обернулся с умиленной улыбкой на лице.

– Наташа, Наташа! – слышался из двери испуганный шепот графини Марьи, – папенька спать хочет.

– Нет, мама, он не хочет спать, – с убедительностью отвечала маленькая Наташа, – он смеется.

Николай спустил ноги, поднялся и взял на руки дочь.

– Взойди, Маша, – сказал он жене. Графиня Марья вошла в комнату и села подле мужа.

– Я и не видала, как он за мной прибежал, – робко сказала она. – Я так...

Николай, держа одной рукой дочь, поглядел на жену и, заметив виноватое выражение ее лица, другой рукой обнял ее и поцеловал в волоса.

– Можно целовать мамá? – спросил он у Наташи.

Наташа застенчиво улыбнулась.

– Опять, – сказала она, с повелительным жестом указывая на то место, куда Николай поцеловал жену.

– Я не знаю, отчего ты думаешь, что я не в духе, – сказал Николай, отвечая на вопрос, который, он знал, был в душе его жены.

– Ты не можешь себе представить, как я бываю несчастна, одинока, когда ты такой. Мне все кажется...

– Мари, полно, глупости. Как тебе не совестно, – сказал он весело.

– Мне кажется, что ты не можешь любить меня, что я так дурна... и всегда... а теперь... в этом по...

– Ах, какая ты смешная! Не по хорошу мил, а по милу хорош. Это только Malvina и других любят за то, что они красивы; а жену разве я люблю? Я не люблю, а так, не знаю, как тебе сказать. Без тебя и когда вот так у нас какая-то кошка пробежит, я как будто пропал и ничего не могу. Ну, что я люблю палец свой? Я не люблю, а попробуй, отрежь его...

– Нет, я не так, но я понимаю. Так ты на меня не сердишься?

– Ужасно сержусь, – сказал он, улыбаясь, и, встав и оправив волосы, стал ходить по комнате.

– Ты знаешь, Мари, о чем я думал? – начал он, теперь, когда примирение было сделано, тотчас же начиная думать вслух при жене. Он не спрашивал о том, готова ли она слушать его; ему все равно было. Мысль пришла ему, стало быть, и ей. И он рассказал ей свое намерение уговорить Пьера остаться с ними до весны.

Графиня Марья выслушала его, сделала замечания и начала в свою очередь думать вслух свои мысли. Ее мысли были о детях.

– Как женщина видна уже теперь, – сказала она по-французски, указывая на Наташу. – Вы нас, женщин, упрекаете в нелогичности. Вот она – наша логика. Я говорю: папа хочет спать, а она говорит: нет, он смеется. И она права, – сказала графиня Марья, счастливо улыбаясь.

– Да, да! – И Николай, взяв на свою сильную руку дочь, высоко поднял ее, посадил на плечо, перехватив за ножки, и стал с ней ходить по комнате. У отца и у дочери были одинаково бессмысленно-счастливые лица.

– А знаешь, ты, может быть, несправедлив. Ты слишком любишь эту, – шепотом по-французски сказала графиня Марья.

– Да, но что ж делать?.. Я стараюсь не показать...

В это время в сенях и передней послышались звуки блока и шагов, похожих на звуки приезда.

– Кто-то приехал.

– Я уверена, что Пьер. Я пойду узнаю, – сказала графиня Марья и вышла из комнаты.

В ее отсутствие Николай позволил себе галопом прокатить дочь вокруг комнаты. Запыхавшись, он быстро скинул смеющуюся девочку и прижал ее к груди. Его прыжки напомнили ему танцы, и он, глядя на детское круглое счастливое личико, думал о том, какою она будет, когда он начнет вывозить ее старичком и, как, бывало, покойник отец танцовывал с дочерью Данилу Купора, пройдется с нею мазурку.

– Он, он, Nicolas, – сказала через несколько минут графиня Марья, возвращаясь в комнату. – Теперь ожила наша Наташа. Надо было видеть ее восторг и как ему досталось сейчас же за то, что он просрочил. – Ну, пойдем скорее, пойдем! Расстаньтесь же наконец, – сказала она, улыбаясь, глядя на девочку, жавшуюся к отцу. Николай вышел, держа дочь за руку.

Графиня Марья осталась в диванной.

– Никогда, никогда не поверила бы, – прошептала она сама с собой, – что можно быть так счастливой. – Лицо ее просияло улыбкой; но в то же самое время она вздохнула, и тихая грусть выразилась в ее глубоком взгляде. Как будто, кроме того счастья, которое она испытывала, было другое, недостижимое в этой жизни счастье, о котором она невольно вспомнила в эту минуту.

X

Наташа вышла замуж ранней весной 1813 года, и у ней в 1820 году было уже три дочери и один сын, которого она страстно желала и теперь сама кормила. Она пополнела и поширела, так что трудно было узнать в этой сильной матери прежнюю тонкую, подвижную Наташу. Черты лица ее определились и имели выражение спокойной мягкости и ясности. В ее лице не было, как прежде, этого непрестанно горевшего огня оживления, составлявшего ее прелесть. Теперь часто видно было одно ее лицо и тело, а души вовсе не было видно. Видна была одна сильная, красивая и плодовитая самка. Очень редко зажигался в ней теперь прежний огонь. Это бывало только тогда, когда, как теперь, возвращался муж, когда выздоравливал ребенок или когда она с графиней Марьей вспоминала о князе Андрее (с мужем она, предполагая, что он ревнует ее к памяти князя Андрея, никогда не говорила о нем), и очень редко, когда что-нибудь случайно вовлекало ее в пение, которое она совершенно оставила после замужества. И в те редкие минуты, когда прежний огонь зажигался в ее развившемся красивом теле, она бывала еще более привлекательна, чем прежде.

Со времени своего замужества Наташа жила с мужем в Москве, в Петербурге, и в подмосковной деревне, и у матери, то есть у Николая. В обществе молодую графиню Безухову видели мало, и те, которые видели, остались ею недовольны. Она не была ни мила, ни любезна. Наташа не то что любила уединение (она не знала, любила ли она, или нет; ей даже казалось, что нет), но она, нося, рожая, кормя детей и принимая участие в каждой минуте жизни мужа, не могла удовлетворить этим потребностям иначе, как отказавшись от света. Все, знавшие Наташу до замужества, удивлялись происшедшей в ней перемене, как чему-то необыкновенному. Одна старая графиня, материнским чутьем понявшая, что все порывы Наташи имели началом только потребность иметь семью, иметь мужа, как она, не столько шутя, сколько взаправду, кричала в Отрадном. Мать удивлялась удивлению людей, не понимавших Наташи, и повторяла, что она всегда знала, что Наташа будет примерной женой и матерью.

– Она только до крайности доводит свою любовь к мужу и детям, – говорила графиня, – так что это даже глупо.

Наташа не следовала тому золотому правилу, проповедоваемому умными людьми, в особенности французами, и состоящему в том, что девушка, выходя замуж, не должна опускаться, не должна бросать свои таланты, должна еще более, чем в девушках, заниматься своей внешностью, должна прельщать мужа так же, как она прежде прельщала не мужа. Наташа, напротив, бросила сразу все свои очарованья, из которых у ней было одно необычайно сильное – пение. Она оттого и бросила его, что это было сильное очарованье. Она, то что называют, опустилась. Наташа не заботилась ни о своих манерах, ни о деликатности речей, ни о том, чтобы показываться мужу в самых выгодных позах, ни о своем туалете, ни о том, чтобы не стеснять мужа своей требовательностью. Она делала все противное этим правилам. Она чувствовала, что те очарования, которые инстинкт ее научал употреблять прежде, теперь только были бы смешны в глазах ее мужа, которому она с первой минуты отдалась вся – то есть всей душой, не оставив ни одного уголка не открытым для него. Она чувствовала, что связь ее с мужем держалась не теми поэтическими чувствами, которые привлекли его к ней, а держалась чем-то другим, неопределенным, но твердым, как связь ее собственной души с ее телом.

Взбивать локоны, надевать роброны и петь романсы, для того чтобы привлечь к себе своего мужа, показалось бы ей так же странным, как украшать себя для того, чтобы быть самой собою довольной. Украшать же себя, для того чтобы нравиться другим, – может быть, теперь это и было бы приятно ей, – она не знала, – но было совершенно некогда. Главная же причина, по которой она не занималась ни пением, ни туалетом, ни обдумыванием своих слов, состояла в том, что ей было совершенно некогда заниматься этим.

Известно, что человек имеет способность погрузиться весь в один предмет, какой бы он ни казался ничтожный. И известно, что нет такого ничтожного предмета, который бы при сосредоточенном внимании, обращенном на него, не разросся до бесконечности.

Предмет, в который погрузилась вполне Наташа, – была семья, то есть муж, которого надо было держать так, чтобы он нераздельно принадлежал ей, дому, – и дети, которых надо было носить, рожать, кормить, воспитывать.

И чем больше она вникала, не умом, а всей душой, всем существом своим в занимавший ее предмет, тем более предмет этот разрастался под ее вниманием, и тем слабее и ничтожнее казались ей ее силы, так что она их все сосредоточивала на одно и то же, и все-таки не успевала сделать всего того, что ей казалось нужно.

Толки и рассуждения о правах женщин, об отношениях супругов, о свободе и правах их, хотя и не назывались еще, как теперь, *вопросами*, были тогда точно такие же, как и теперь; но эти вопросы не только не интересовали Наташу, но она решительно не понимала их.

Вопросы эти и тогда, как и теперь, существовали только для тех людей, которые в браке видят одно удовольствие, получаемое супругами друг от друга, то есть одно начало брака, а не все его значение, состоящее в семье.

Рассуждения эти и теперешние вопросы, подобные вопросам о том, каким образом получить как можно более удовольствия от обеда, тогда, как и теперь, не существуют для людей, для которых цель обеда есть питание и цель супружества – семья.

Если цель обеда – питание тела, то тот, кто съест вдруг два обеда, достигнет, может быть, большего удовольствия, но не достигнет цели, ибо оба обеда не переварятся желудком.

Если цель брака есть семья, то тот, кто захочет иметь много жен и мужей, может быть, получит много удовольствия, но ни в каком случае не будет иметь семьи.

Весь вопрос, ежели цель обеда есть питание, а цель брака – семья, разрешается только тем, чтобы не есть больше того, что может переварить желудок, и не иметь больше жен и мужей, чем столько, сколько нужно для семьи, то есть одной и одного. Наташе нужен был муж. Муж был дан ей. И муж дал ей семью. И в другом, лучшем муже она не только не видела надобности, но, так как все силы душевные ее были устремлены на то, чтобы служить этому мужу и семье, она и не могла себе представить и не видела никакого интереса в представлении о том, что бы было, если б было другое.

Наташа не любила общества вообще, но она тем более дорожила обществом родных – графини Марьи, брата, матери и Сони. Она дорожила обществом тех людей, к которым она, растрепанная, в халате, могла выйти большими шагами из детской с радостным лицом и показать пеленку с желтым вместо зеленого пятна, и выслушать утешения о том, что теперь ребенку гораздо лучше.

Наташа до такой степени опустилась, что ее костюмы, ее прическа, ее невпопад сказанные слова, ее ревность – она ревновала к Соне, к гувернантке, ко всякой красивой и некрасивой женщине – были обычным предметом шуток всех ее близких. Общее мнение было то, что Пьер был под башмаком своей жены, и действительно это было так. С самых первых дней их супружества Наташа заявила свои требования. Пьер удивился очень этому совершенно новому для него воззрению жены, состоящему в том, что каждая минута его жизни принадлежит ей и семье; Пьер удивился требованиям своей жены, но был польщен ими и подчинился им.

Подвластность Пьера заключалась в том, что он не смел не только ухаживать, но не смел с улыбкой говорить с другой женщиной, не смел ездить в клубы, на обеды так, для того чтобы провести время, не смел расходовать денег для прихоти, не смел уезжать на долгие сроки, исключая как по делам, в число которых жена включала и его занятия науками, в которых она ничего не понимала, но которым она приписывала большую важность. Взамен этого Пьер имел полное право у себя в доме располагать не только самим собой, как он хотел, но и всей семьею. Наташа у себя в доме ставила себя на ногу рабы мужа; и весь дом ходил на цыпочках, когда Пьер занимался – читал или писал в своем кабинете. Стоило Пьеру показать какое-нибудь пристрастие, чтобы то, что он любил, постоянно исполнялось. Стоило ему выразить желание, чтобы Наташа вскакивала и бежала исполнять его.

Весь дом руководился только мнимыми повелениями мужа, то есть желаниями Пьера, которые Наташа старалась угадывать. Образ, место жизни, знакомства, связи, занятия Наташи, воспитание детей – не только все делалось по выраженной воле Пьера, но Наташа стремилась угадать то, что могло вытекать из высказанных в разговорах мыслей Пьера. И она верно угадывала то, в чем состояла сущность желаний Пьера, и, раз угадав ее, она уже твердо держалась раз избранного. Когда Пьер сам уже хотел изменить своему желанию, она боролась против него его же оружием.

Так, в тяжелое время, навсегда памятное Пьеру, Наташе, после родов первого слабого ребенка, когда им пришлось переменить трех кормилиц и Наташа заболела от отчаяния, Пьер однажды сообщил ей мысли Руссо, с которыми он был совершенно согласен, о неестественности и вреде кормилиц. С следующим ребенком, несмотря на противудействие матери, докторов и самого мужа, восстававших против ее кормления, как против вещи тогда неслыханной и вредной, она настояла на своем и с тех пор всех детей кормила сама.

Весьма часто, в минуты раздражения, случалось, что муж с женой спорили подолгу, потом после спора Пьер, к радости и удивлению своему, находил не только в словах, но и в действиях жены свою ту самую мысль, против которой она спорила. И не только он находил ту же мысль, но он находил ее очищенною от всего того, что было лишнего, вызванного увлечением и спором, в выражении мысли Пьера.

После семи лет супружества Пьер чувствовал радостное, твердое сознание того, что он не дурной человек, и чувствовал он это потому, что он видел себя отраженным в своей жене. В себе он чувствовал все хорошее и дурное смешанным и затемнявшим одно другое. Но на жене его отражалось только то, что было истинно хорошо: все не совсем хорошее было откинуто. И отражение это произошло не путем логической мысли, а другим — таинственным, непосредственным отражением.

XI

Два месяца тому назад Пьер, уже гостя у Ростовых, получил письмо от князя Федора, призывавшего его в Петербург для обсуждения важных вопросов, занимавших в Петербурге членов одного общества, которого Пьер был одним из главных основателей.

Прочтя это письмо, Наташа, как она читала все письма мужа, несмотря на всю тяжесть для нее отсутствия мужа, сама предложила ему ехать в Петербург. Всему, что было умственным, отвлеченным делом мужа, она приписывала, не понимая его, огромную важность и постоянно находилась в страхе быть помехой в этой деятельности ее мужа. На робкий, вопросительный взгляд Пьера после прочтения письма она отвечала просьбой, чтобы он ехал, но только определил бы ей верно время возвращения. И отпуск был дан на четыре недели.

С того времени, как вышел срок отпуска Пьера, две недели тому назад, Наташа находилась в неперестававшем состоянии страха, грусти и раздражения.

Денисов, отставной, недовольный настоящим положением дел генерал, приехавший в эти последние две недели, с удивлением и грустью, как на непохожий портрет когда-то любимого человека, смотрел на Наташу. Унылый, скучающий взгляд, невпопад ответы и разговоры о детской, было все, что он видел и слышал от прежней волшебницы.

Наташа была все это время грустна и раздражена, в особенности тогда, когда, утешая ее, мать, брат или графиня

Марья старались извинить Пьера и придумать причины его замедления.

– Все глупости, все пустяки, – говорила Наташа, – все его размышления, которые ни к чему не ведут, и все эти дурацкие общества, – говорила она о тех самых делах, в великую важность которых она твердо верила. И она уходила в детскую кормить своего единственного мальчика Петю.

Никто ничего не мог ей сказать столько успокоивающего, разумного, сколько это маленькое трехмесячное существо, когда оно лежало у ее груди и она чувствовала его движение рта и сопенье носиком. Существо это говорило: "Ты сердишься, ты ревнуешь, ты хотела бы ему отмстить, ты боишься, а я вот он. А я вот он..." И отвечать нечего было. Это было больше, чем правда.

Наташа в эти две недели беспокойства так часто прибегала к ребенку за успокоением, так возилась над ним, что она перекормила его и он заболел. Она ужасалась его болезни, а вместе с тем этого-то ей и нужно было. Ухаживая за ним, она легче переносила беспокойство о муже.

Она кормила, когда зашумел у подъезда возок Пьера, и няня, знавшая, чем обрадовать барыню, неслышно, но быстро, с сияющим лицом, вошла в дверь.

– Приехал? – быстрым шепотом спросила Наташа, боясь пошевелиться, чтобы не разбудить засыпавшего ребенка.

– Приехали, матушка, – прошептала няня.

Кровь бросилась в лицо Наташи, и ноги невольно сделали движение; но вскочить и бежать было нельзя. Ребенок опять открыл глазки, взглянул. "Ты тут", – как будто сказал он и опять лениво зачмокал губами.

Потихоньку отняв грудь, Наташа покачала его, передала няне и пошла быстрыми шагами в дверь. Но у двери она остановилась, как бы почувствовав упрек совести за то, что, обрадовавшись, слишком скоро оставила ребенка, и оглянулась. Няня, подняв локти, переносила ребенка за перильца кроватки.

– Да уж идите, идите, матушка, будьте покойны, идите, – улыбаясь прошептала няня, с фамильярностью, устанавливающейся между няней и барыней.

И Наташа легкими шагами побежала в переднюю.

Денисов, с трубкой, вышедший в залу из кабинета, тут в первый раз узнал Наташу. Яркий, блестящий, радостный свет лился потоками из ее преобразившегося лица.

– Приехал! – проговорила она ему на бегу, и Денисов почувствовал, что он был в восторге от того, что приехал Пьер, которого он очень мало любил. Вбежав в переднюю, Наташа увидала высокую фигуру в шубе, разматывающую шарф.

"Он! он! Правда! Вот он! – проговорила она сама с собой и, налетев на него, обняла, прижала к себе, головой к груди, и потом, отстранив, взглянула на заиндевевшее, румяное и счастливое лицо Пьера. – Да, это он; счастливый, довольный..."

И вдруг она вспомнила все те муки ожидания, которые она перечувствовала в последние две недели: сияющая на ее лице радость скрылась; она нахмурилась, и поток упреков и злых слов излился на Пьера:

– Да, тебе хорошо! Ты очень рад, ты веселился... А каково мне? Хоть бы ты детей пожалел. Я кормлю, у меня молоко испортилось. Петя был при смерти. А тебе очень весело. Да, тебе весело.

Пьер знал, что он не виноват, потому что ему нельзя было приехать раньше; знал, что этот взрыв с ее стороны неприличен, и знал, что через две минуты это пройдет; он знал, главное, что ему самому было весело и радостно. Он бы хотел улыбнуться, но и не посмел подумать об этом. Он сделал жалкое, испуганное лицо и согнулся.

– Я не мог, ей-богу! Но что Петя?

– Теперь ничего, пойдем. Как тебе не совестно! Кабы ты мог видеть, какая я без тебя, как я мучилась...

– Ты здорова?

– Пойдем, пойдем, – говорила она, не выпуская его руки. И они пошли в свои комнаты.

Когда Николай с женою пришли отыскивать Пьера, он был в детской и держал на своей огромной правой ладони проснувшегося грудного сына и тетёшкал его. На широком лице его с раскрытым беззубым ртом остановилась веселая улыбка. Буря уже давно вылилась, и яркое, радостное солнце сияло на лице Наташи, умиленно смотревшей на мужа и сына.

– И хорошо всё переговорили с князем Федором? – говорила Наташа.

– Да, отлично.

– Видишь, держит (голову, разумела Наташа). Ну, как он меня напугал!

– А княгиню видел? правда, что она влюблена в этого?..

– Да, можешь себе представить...

В это время вошли Николай с графиней Марьей. Пьер, не спуская с рук сына, нагнувшись, поцеловался с ними и отвечал на расспросы. Но, очевидно, несмотря на многое интересное, что нужно было переговорить, ребенок в колпачке, с качающейся головой, поглощал все внимание Пьера.

– Как мил! – сказала графиня Марья, глядя на ребенка и играя с ним. – Вот этого я не понимаю, Nicolas, – обратилась она к мужу, – как ты не понимаешь прелесть этих чудо прелестей.

– Не понимаю, не могу, – сказал Николай, холодным взглядом глядя на ребенка. – Кусок мяса. Пойдем, Пьер.

– Ведь главное, он такой нежный отец, – сказала графиня Марья, оправдывая своего мужа, – но только, когда уже год или этак...

– Нет, Пьер отлично их нянчит, – сказала Наташа, – он говорит, что у него рука как раз сделана по задку ребенка. Посмотрите.

– Ну, только не для этого, – вдруг, смеясь, сказал Пьер, перехватывая ребенка и передавая его няне.

XII

Как в каждой настоящей семье, в лысогорском доме жило вместе несколько совершенно различных миров, которые, каждый удерживая свою особенность и делая уступки один другому, сливались в одно гармоническое целое. Каждое событие, случавшееся в доме, было одинаково – радостно или печально – важно для всех этих миров; но каждый мир имел совершенно свои, независимые от других, причины радоваться или печалиться какому-либо событию.

Так приезд Пьера было радостное, важное событие, и таким оно отразилось на всех.

Слуги, вернейшие судьи господ, потому что они судят не по разговорам и выраженным чувствам, а по действиям и образу жизни, – были рады приезду Пьера, потому что при нем, они знали, граф перестанет ходить ежедневно по хозяйству и будет веселее и добрее, и еще потому, что всем будут богатые подарки к празднику.

Дети и гувернантки радовались приезду Безухова, потому что никто так не вовлекал их в общую жизнь, как Пьер. Он один умел на клавикордах играть тот экосез (единственная его пьеса), под который можно танцевать, как он говорил, всевозможные танцы, и он привез, наверное, всем подарки.

Николенька, который был теперь пятнадцатилетний худой, с вьющимися русыми волосами и прекрасными глазами, болезненный, умный мальчик, радовался потому, что дядя Пьер, как он называл его, был предметом его восхищения и страстной любви. Никто не внушал Николеньке особенной любви к Пьеру, и он только изредка видал его. Воспитательница его, графиня Марья, все силы употребляла, чтобы заставить Николеньку любить ее мужа так же, как она его любила, и Николенька любил дядю; но любил с чуть заметным оттенком презрения. Пьера же он обожал. Он не хотел быть ни гусаром, ни георгиевским кавалером, как дядя Николай, он хотел быть ученым, умным и добрым, как Пьер. В присутствии Пьера на его лице было всегда радостное сияние, и он краснел и задыхался, когда Пьер обращался к нему. Он не проранивал ни одного слова из того, что говорил Пьер, и потом с Десалем и сам с собою вспоминал и соображал значение каждого слова Пьера. Прошедшая жизнь Пьера, его несчастия до 12-го года (о которых он из слышанных слов составил себе смутное поэтическое представление), его приключения в Москве, плен, Платон Каратаев (о котором он слыхал от Пьера), его любовь к Наташе (которую тоже особенною любовью любил мальчик) и, главное, его дружба к отцу, которого не помнил Николенька, – все это делало для него из Пьера героя и святыню.

Из прорывавшихся речей об его отце и Наташе, из того волнения, с которым говорил Пьер о покойном, из той осторожной, благоговейной нежности, с которой Наташа говорила о нем же, мальчик, только что начинавший догадываться о любви, составил себе понятие о том, что отец его любил Наташу и завещал ее, умирая, своему другу. Отец же этот, которого не помнил мальчик, представлялся ему божеством, которого нельзя было себе вообразить и о котором он иначе не думал; как с замиранием сердца и слезами грусти и восторга. И мальчик был счастлив вследствие приезда Пьера.

Гости были рады Пьеру, как человеку, всегда оживлявшему и сплочавшему всякое общество.

Взрослые домашние, не говоря о жене, были рады другу, при котором жилось легче и спокойнее.

Старушки были рады и подаркам, которые он привезет, и, главное, тому, что опять оживет Наташа.

Пьер чувствовал эти различные на себя воззрения различных миров и спешил каждому дать ожидаемое.

Пьер, самый рассеянный, забывчивый человек, теперь, по списку, составленному женой, купил все, не забыв ни комиссий матери и брата, ни подарков на платье Беловой, ни игрушек племянникам. Ему странно показалось в первое время своей женитьбы это требование жены – исполнить и не забыть всего того, что он взялся купить, и поразило серьезное огорчение ее, когда он в первую свою поездку все перезабыл. Но впоследствии он привык к этому. Зная, что Наташа для себя ничего не поручала, а для других поручала только тогда, когда он сам вызывался, он теперь находил неожиданное для самого себя детское удовольствие в этих покупках подарков для всего дома и ничего никогда не забывал. Ежели он заслуживал упреки от Наташи, то только за то, что покупал лишнее и слишком дорого. Ко всем своим недостаткам, по мнению большинства: неряшливости, опущенности, или качествам, по мнению Пьера, Наташа присоединяла еще и скупость.

С того самого времени, как Пьер стал жить большим домом, семьей, требующей больших расходов, он, к удивлению своему, заметил, что он проживал вдвое меньше, чем прежде, и что его расстроенные последнее время в особенности долгами первой жены дела стали поправляться.

Жить было дешевле потому, что жизнь была связана: той самой дорогой роскоши, состоящей в таком роде жизни, что всякую минуту можно изменить его, Пьер не имел уже, да и не желал иметь более. Он чувствовал, что образ жизни его определен теперь раз навсегда, до смерти, что изменить его не в его власти, и потому этот образ жизни был дешев.

Пьер с веселым, улыбающимся лицом разбирал свои покупки.

– Каково! – говорил он, развертывая, как лавочник, кусок ситца. Наташа, держа на коленях старшую дочь и быстро переводя сияющие глаза с мужа на то, что он показывал, сидела против него.

– Это для Беловой? Отлично. – Она пощупала доброту.

– Это по рублю, верно?

Пьер сказал цену.

– Дорого, – сказала Наташа. – Ну, как дети рады будут и maman. Только напрасно ты мне это купил, – прибавила она, не в силах удержать улыбку, любуясь на золотой с жемчугами гребень, которые тогда только стали входить в моду.

– Меня Адель сбила: купить да купить, – сказал Пьер.

– Когда же я надену? – Наташа вложила его в косу. – Это Машеньку вывозить; может, тогда опять будут носить. Ну, пойдем.

И, забрав подарки, они пошли сначала в детскую, потом к графине.

Графиня, по обычаю, сидела с Беловой за гранпасьянсом, когда Пьер и Наташа с свертками под мышками вошли в гостиную.

Графине было уже за шестьдесят лет. Она была совсем седа и носила чепчик, обхватывавший все лицо рюшем. Лицо ее было сморщено, верхняя губа ушла, и глаза были тусклы.

После так быстро последовавших одна за другой смертей сына и мужа она чувствовала себя нечаянно забытым на этом свете существом, не имеющим никакой цели и смысла. Она ела, пила, спала, бодрствовала, но она не жила. Жизнь не давала ей никаких впечатлений. Ей ничего не нужно было от жизни, кроме спокойствия, и спокойствие это она могла найти только в смерти. Но пока смерть еще не приходила, ей надо было жить, то есть употреблять свое время, свои силы жизни. В ней в высшей степени было заметно то, что заметно в очень маленьких детях и очень старых людях. В ее жизни не видно было никакой внешней цели, а очевидна была только потребность упражнять свои различные склонности и способности. Ей надо было покушать, поспать, подумать, поговорить, поплакать, поработать, посердиться и т.д. только потому, что у ней был желудок, был мозг, были мускулы, нервы и печень. Все это она делала, не вызываемая чем-нибудь внешним, не так, как делают это люди во всей силе жизни, когда из-за цели, к которой они стремятся, не заметна другая цель – приложения своих сил. Она говорила только потому, что ей физически надо было поработать легкими и языком. Она плакала, как ребенок, потому что ей надо было просморкаться и т.д. То, что для людей в полной силе представляется целью, для нее был, очевидно, предлог.

Так поутру, в особенности ежели накануне она покушала чего-нибудь жирного, у ней являлась потребность посердиться, и тогда она выбирала ближайший предлог – глухоту Беловой.

Она с другого конца комнаты начинала говорить ей что-нибудь тихо.

– Нынче, кажется, теплее, моя милая, – говорила она шепотом. И когда Белова отвечала: "Как же, приехали", она сердито ворчала: – Боже мой, как глуха и глупа!

Другой предлог был нюхательный табак, который ей казался то сух, то сыр, то дурно растерт. После этих раздражений желчь разливалась у нее в лице, и горничные ее знали по верным признакам, когда будет опять глуха Белова, и опять табак сделается сыр, и когда будет желтое лицо. Так как ей нужно было поработать желчью, так ей нужно было иногда поработать оставшимися способностями мыслить, и для этого предлогом был пасьянс. Когда нужно было поплакать, тогда предметом был покойный граф. Когда нужно было тревожиться, предлогом был Николай и его здоровье; когда нужно было язвительно поговорить, тогда предлогом была графиня Марья. Когда нужно было дать упражнение органу голоса, – это бывало большей частью в седьмом часу, после пищеварительного отдыха в темной комнате, – тогда предлогом были рассказы все одних и тех же историй и все одним и тем же слушателям.

Это состояние старушки понималось всеми домашними, хотя никто никогда не говорил об этом и всеми употреблялись всевозможные усилия для удовлетворения этих ее потребностей. Только в редком взгляде и грустной полуулыбке, обращенной друг к другу между Николаем, Пьером, Наташей и Марьей, бывало выражаемо это взаимное понимание ее положения.

Но взгляды эти, кроме того, говорили еще другое; они говорили о том, что она сделала уже свое дело в жизни, о том, что она не вся в том, что теперь видно в ней, о том, что и все мы будем такие же и что радостно покоряться ей, сдерживать себя для этого когда-то дорогого, когда-то такого же полного, как и мы, жизни, теперь жалкого существа. Memento mori[1], – говорили эти взгляды.

Только совсем дурные и глупые люди да маленькие дети из всех домашних не понимали этого и чуждались ее.

1 Помни о смерти *(лат.)*.

XIII

Когда Пьер с женою пришли в гостиную, графиня находилась в привычном состоянии потребности занять себя умственной работой гранпасьянса и потому, несмотря на то, что она по привычке сказала слова, всегда говоримые ею при возвращении Пьера или сына: "Пора, пора, мой милый; заждались. Ну, слава богу". И при передаче ей подарков – сказала другие привычные слова: "Не дорог подарок, дружок, – спасибо, что меня, старуху, даришь..." – видимо было, что приход Пьера был ей неприятен в эту минуту, потому что отвлекал ее от не доложенного гранпасьянса. Она окончила пасьянс и тогда только принялась за подарки. Подарки состояли из прекрасной работы футляра для карт, севрской ярко-синей чашки с крышкой и с изображениями пастушек и из золотой табакерки с портретом покойного графа, который Пьер заказывал в Петербурге миниатюристу. (Графиня давно желала этого.) Ей не хотелось теперь плакать, и потому она равнодушно посмотрела на портрет и занялась больше футляром.

– Благодарствуй, мой друг, ты утешил меня, – сказала она, как всегда говорила. – Но лучше всего, что сам себя привез. А то это ни на что не похоже; хоть бы ты побранил свою жену. Что это? Как сумасшедшая без тебя. Ничего не видит, не помнит, – говорила она привычные слова. – Посмотри, Анна Тимофеевна, – прибавила она, – какой сынок футляр нам привез.

Белова хвалила подарки и восхищалась своим ситцем.

Хотя Пьеру, Наташе, Николаю, Марье и Денисову многое нужно было поговорить такого, что не говорилось при графине, не потому, чтобы что-нибудь скрывалось от нее, но потому, что она так отстала от многого, что, начав говорить про что-нибудь при ней, надо бы было отвечать на ее вопросы, некстати вставляемые, и повторять вновь уже несколько раз повторенное ей: рассказывать, что тот умер, тот женился, чего она не могла вновь запомнить; но они, по обычаю, сидели за чаем в гостиной у самовара, и Пьер отвечал на вопросы графини, ей самой ненужные и никого не интересующие, о том, что князь Василий постарел и что графиня Марья Алексеевна велела кланяться и помнит и т.д. ...

Такой разговор, никому не интересный, но необходимый, велся во все время чая. За чай вокруг круглого стола и самовара, у которого сидела Соня, собирались все взрослые члены семейства. Дети, гувернеры и гувернантки уже отпили чай, и голоса их слышались в соседней диванной. За чаем все сидели на обычных местах; Николай сидел у печки за маленьким столиком, к которому ему подавали чай. Старая, с совершенно седым лицом, из которого еще резче выкатывались большие черные глаза, борзая Милка, дочь первой Милки, лежала подле него на кресле. Денисов с поседевшими наполовину курчавыми волосами, усами и бакенбардами, в расстегнутом генеральском сюртуке, сидел подле графини Марьи. Пьер сидел между женою и старою графиней. Он рассказывал то, что – он знал – могло интересовать старушку и быть понято ею. Он говорил о внешних, общественных событиях и о тех людях, которые когда-то составляли кружок сверстников старой графини, которые когда-то были действительным, живым отдельным кружком, но которые теперь, большей частью разбросанные по миру, так же как она, доживали свой век, собирая остальные колосья того, что они посеяли в жизни. Но они-то, эти сверстники, казались старой графине исключительно серьезным и настоящим миром. По оживлению Пьера Наташа видела, что поездка его была интересна, что ему многое хотелось рассказать, но он не смел говорить при графине. Денисов, не будучи членом семьи, поэтому не понимая осторожности Пьера, кроме того, как недовольный, весьма интересовался тем, что делалось в Петербурге, и беспрестанно вызывал Пьера на рассказы то о только что случившейся истории в Семеновском полку, то об Аракчееве, то о Библейском обществе. Пьер иногда увлекался и начинал рассказывать, но Николай и Наташа всякий раз возвращали его к здоровью князя Ивана и графини Марьи Антоновны.

– Ну что же, все это безумие, и Госнер и Татаринова, – спросил Денисов, – неужели все продолжается?

– Как продолжается? – вскрикнул Пьер. – Сильнее чем когда-нибудь. Библейское общество – это теперь все правительство.

– Это что же, mon cher ami? – спросила графиня, отпившая свой чай и, видимо, желая найти предлог для того, чтобы посердиться после пищи. – Как же это ты говоришь: правительство; я это не пойму.

– Да, знаете, maman, – вмешался Николай, знавший, как надо было переводить на язык матери, – это князь Александр Николаевич Голицын устроил общество, так он в большой силе, говорят.

– Аракчеев и Голицын, – неосторожно сказал Пьер, – это теперь все правительство. И какое! Во всем видят заговоры, всего боятся.

– Что ж, князь Александр Николаевич-то чем же виноват? Он очень почтенный человек. Я встречала его тогда у Марьи Антоновны, – обиженно сказала графиня и, еще больше обиженная тем, что все замолчали, продолжала: – Нынче всех судить стали. Евангельское общество – ну что ж дурного? – И она встала (все встали тоже) и с строгим видом поплыла к своему столу в диванную.

Среди установившегося грустного молчания из соседней комнаты послышались детские смех и голоса. Очевидно, между детьми происходило какое-то радостное волнение.

– Готово, готово! – послышался из-за всех радостный вопль маленькой Наташи. Пьер переглянулся с графиней Марьей и Николаем (Наташу он всегда видел) и счастливо улыбнулся.

– Вот музыка-то чудная! – сказал он.

– Это Анна Макаровна чулок кончила, – сказала графиня Марья.

– О, пойду смотреть, – вскакивая, сказал Пьер. – Ты знаешь, – сказал он, останавливаясь у двери, – отчего я особенно люблю эту музыку? – они мне первые дают знать, что все хорошо. Нынче еду: чем ближе к дому, тем больше страх. Как вошел в переднюю, слышу, заливается Андрюша о чем-то, – ну, значит, все хорошо...

– Знаю, знаю я это чувство, – подтвердил Николай. – Мне идти нельзя, ведь чулки – сюрприз мне.

Пьер вошел к детям, и хохот и крики еще более усилились. – Ну, Анна Макаровна, – слышался голос Пьера, – вот сюда, на середину, и по команде – раз, два, и когда я скажу три, ты сюда становись. Тебя на руки. Ну, раз, два... – проговорил голос Пьера; сделалось молчание. – Три! – и восторженный стон детских голосов поднялся в комнате.

– Два, два! – кричали дети.

Это были два чулка, которые по одному ей известному секрету Анна Макаровна сразу вязала на спицах и которые она всегда торжественно при детях вынимала один из другого, когда чулок был довязан.

XIV

Вскоре после этого дети пришли прощаться. Дети перецеловались со всеми, гувернеры и гувернантки раскланялись и вышли. Оставался один Десаль с своим воспитанником. Гувернер шепотом приглашал своего воспитанника идти вниз.

– Non, monsieur Dessales, je demanderai à ma tante de rester[1], – отвечал также шепотом Николенька Болконский.

– Ma tante, позвольте мне остаться, – сказал Николенька, подходя к тетке. Лицо его выражало мольбу, волнение и восторг. Графиня Марья поглядела на него и обратилась к Пьеру.

– Когда вы тут, он оторваться не может... – сказала она ему.

– Je vous le ramènerai tout-à-l'heure, monsieur Dessales; bonsoir[2], – сказал Пьер, подавая швейцарцу руку, и, улыбаясь, обратился к Николеньке. – Мы совсем не видались с тобой.

1 Нет, мосье Десаль, я попрошусь у тетеньки остаться.
2 Я сейчас приведу вам его, месье Десаль; покойной ночи.

Мари, как он похож становится, – прибавил он, обращаясь к графине Марье.

– На отца? – сказал мальчик, багрово вспыхнув и снизу вверх глядя на Пьера восхищенными, блестящими глазами. Пьер кивнул ему головой и продолжал прерванный детьми рассказ. Графиня Марья работала на руках по канве; Наташа, не спуская глаз, смотрела на мужа. Николай и Денисов вставали, спрашивали трубки, курили, брали чай у Сони, сидевшей уныло и упорно за самоваром, и расспрашивали Пьера. Кудрявый болезненный мальчик, с своими блестящими глазами, сидел никем не замечаемый в уголку, и только поворачивая кудрявую голову на тонкой шее, выходившей из отложных воротничков, в ту сторону, где был Пьер, он изредка вздрагивал и что-то шептал сам с собою, видимо испытывая какое-то новое и сильное чувство.

Разговор вертелся на той современной сплетне из высшего управления, в которой большинство людей видит обыкновенно самый важный интерес внутренней политики. Денисов, недовольный правительством за свои неудачи по службе, с радостью узнавал все глупости, которые, по его мнению, делались теперь в Петербурге, и в сильных и резких выражениях делал свои замечания на слова Пьера.

– Пг'ежде немцем надо было быть, тепег'ь надо плясать с Татаг'иновой и madame Кг'юднег', читать... Экаг'стгаузена и бг'атию. Ох! спустил бы опять молодца нашего Бонапаг'та! Он бы всю дуг'ь повыбил. Ну на что похоже – солдату Шваг'цу дать Семеновский полк? – кричал он.

Николай, хотя без того желания находить все дурным, которое было у Денисова, считал также весьма достойным и важным делом посудить о правительстве и считал, что то, что А. назначен министром того-то, а что Б. генерал-губернатором туда-то и что государь сказал то-то, а министр то-то, что все это дела очень значительные. И он считал нужным интересоваться этим и расспрашивал Пьера. За расспросами этих двух собеседников разговор не выходил из этого обычного характера сплетни высших правительственных сфер.

Но Наташа, знавшая все приемы и мысли своего мужа, видела, что Пьер давно хотел и не мог вывести разговор на другую дорогу и высказать свою задушевную мысль, ту самую, для которой он и ездил в Петербург – советоваться с новым другом своим, князем Федором; и она помогла ему вопросом: что же его дело с князем Федором?

– О чем это? – спросил Николай.

– Все о том же и о том же, – сказал Пьер, оглядываясь вокруг себя. – Все видят, что дела идут так скверно, что это нельзя так оставить, и что обязанность всех честных людей противодействовать по мере сил.

– Что ж честные люди могут сделать? – слегка нахмурившись, сказал Николай. – Что же можно сделать?

– А вот что...

– Пойдемте в кабинет, – сказал Николай.

Наташа, уже давно угадывавшая, что ее придут звать кормить, услыхала зов няни и пошла в детскую. Графиня Марья пошла с нею. Мужчины пошли в кабинет, и Николенька Болконский, не замеченный дядей, пришел туда же и сел в тени, к окну, у письменного стола.

– Ну, что ж ты сделаешь? – сказал Денисов.

– Вечно фантазии, – сказал Николай.

– Вот что, – начал Пьер, не садясь и то ходя по комнате, то останавливаясь, шепелявя и делая быстрые жесты руками в то время, как он говорил. – Вот что. Положение в Петербурге вот какое: государь ни во что не входит. Он весь предан этому мистицизму (мистицизма Пьер никому не прощал теперь). Он ищет только спокойствия, и спокойствие ему могут дать только те люди sans foi ni loi[1], которые рубят и душат всё сплеча: Магницкий, Аракчеев и tutti quanti...[2] Ты согласен, что ежели бы ты сам не занимался хозяйством, а хотел только спокойствия, то, чем жесточе бы был твой бурмистр, тем скорее ты бы достиг цели? – обратился он к Николаю.

– Ну, да к чему ты это говоришь? – сказал Николай.

1 без совести и чести.
2 и тому подобные... *(ит.)*.

– Ну, и все гибнет. В судах воровство, в армии одна палка: шагистика, поселения, – мучат народ, просвещение душат. Что молодо, честно, то губят! Все видят, что это не может так идти. Все слишком натянуто и непременно лопнет, – говорил Пьер (как, с тех пор как существует правительство, вглядевшись в действия какого бы то ни было правительства, всегда говорят люди). – Я одно говорил им в Петербурге.

– Кому? – спросил Денисов.

– Ну, вы знаете кому, – сказал Пьер, значительно взглядывая исподлобья: князю Федору и им всем. Соревновать просвещению и благотворительности, все это хорошо, разумеется. Цель прекрасная, и все; но в настоящих обстоятельствах надо другое.

В это время Николай заметил присутствие племянника. Лицо его сделалось мрачно; он подошел к нему.

– Зачем ты здесь?

– Отчего? Оставь его, – сказал Пьер, взяв за руку Николая, и продолжал: – Этого мало, я им говорю: теперь нужно другое. Когда вы стоите и ждете, что вот-вот лопнет эта натянутая струна; когда все ждут неминуемого переворота, – надо как можно теснее и больше народа взяться рука с рукой, чтобы противостоять общей катастрофе. Все молодое, сильное притягивается туда и развращается. Одного соблазняют женщины, другого почести, третьего тщеславие, деньги – и они переходят в тот лагерь. Независимых, свободных людей, как вы и я, совсем не остается. Я говорю: расширьте круг общества; mot d'ordre[1] пусть будет не одна добродетель, но независимость и деятельность.

Николай, оставив племянника, сердито передвинул кресло, сел в него и, слушая Пьера, недовольно покашливал и все больше и больше хмурился.

– Да с какою же целью деятельность? – вскрикнул он. – И в какие отношения станете вы к правительству?

– Вот в какие! В отношения помощников. Общество может быть не тайное, ежели правительство его допустит. Оно

1 лозунг.

не только не враждебное правительству, но это общество настоящих консерваторов. Общество джентльменов в полном значении этого слова. Мы только для того, чтобы завтра Пугачев не пришел зарезать и моих и твоих детей и чтобы Аракчеев не послал меня в военное поселение, – мы только для этого беремся рука с рукой, с одной целью общего блага и общей безопасности.

– Да; но тайное общество – следовательно, враждебное и вредное, которое может породить только зло, – возвышая голос, сказал Николай.

– Отчего? Разве тугендбунд, который спас Европу (тогда еще не смели думать, что Россия спасла Европу), произвел что-нибудь вредное? Тугендбунд – это союз добродетели, это любовь, взаимная помощь; это то, что на кресте проповедовал Христос.

Наташа, вошедшая в середине разговора в комнату, радостно смотрела на мужа. Она не радовалась тому, что он говорил. Это даже не интересовало ее, потому что ей казалось, что все это было чрезвычайно просто и что она все это давно знала (ей казалось это потому, что она знала то, из чего все это выходило, – всю душу Пьера). Но она радовалась, глядя на его оживленную, восторженную фигуру.

Еще более радостно-восторженно смотрел на Пьера забытый всеми мальчик с тонкой шеей, выходившей из отложных воротничков. Всякое слово Пьера жгло его сердце, и он нервным движением пальцев ломал – сам не замечая этого – попадавшиеся ему в руки сургучи и перья на столе дяди.

– Совсем не то, что ты думаешь, а вот что такое было немецкий тугендбунд и тот, который я предлагаю.

– Ну, бг'ат, это колбасникам хог'ошо тугендбунд. А я этого не понимаю, да и не выговог'ю, – послышался громкий, решительный голос Денисова. – Все скверг'но и мег'зко, я согласен, только тугендбунд я не понимаю, а не нг'авится – так *бунт*, вот это так! Je suis vot'e homme![1]

Пьер улыбнулся, Наташа засмеялась, но Николай еще более сдвинул брови и стал доказывать Пьеру, что никако-

1 Тогда я ваш!

го переворота не предвидится и что вся опасность, о которой он говорит, находится только в его воображении. Пьер доказывал противное, и так как его умственные способности были сильнее и изворотливее, Николай почувствовал себя поставленным в тупик. Это еще больше рассердило его, так как он в душе своей, не по рассуждению, а по чему-то сильнейшему, чем рассуждение, знал несомненную справедливость своего мнения.

– Я вот что тебе скажу, – проговорил он, вставая и нервным движением уставляя в угол трубку и, наконец, бросив ее. – Доказать я тебе не могу. Ты говоришь, что у нас все скверно и что будет переворот; я этого не вижу; но ты говоришь, что присяга условное дело, и на это я тебе скажу: что ты лучший мой друг, ты это знаешь, но, составь вы тайное общество, начни вы противодействовать правительству, какое бы оно ни было, я знаю, что мой долг повиноваться ему. И вели мне сейчас Аракчеев идти на вас с эскадроном и рубить – ни на секунду не задумаюсь и пойду. А там суди как хочешь.

После этих слов произошло неловкое молчание. Наташа первая заговорила, защищая мужа и нападая на брата. Защита ее была слаба и неловка, но цель ее была достигнута. Разговор снова возобновился и уже не в том неприятно враждебном тоне, в котором сказаны были последние слова Николая.

Когда все поднялись к ужину, Николенька Болконский подошел к Пьеру, бледный, с блестящими, лучистыми глазами.

– Дядя Пьер... вы... нет... Ежели бы папа был жив... он бы согласен был с вами? – спросил он.

Пьер вдруг понял, какая особенная, независимая, сложная и сильная работа чувства и мысли должна была происходить в этом мальчике во время его разговора, и, вспомнив все, что он говорил, ему стало досадно, что мальчик слышал его. Однако надо было ответить ему.

– Я думаю, что да, – сказал он неохотно и вышел из кабинета.

Мальчик нагнул голову и тут в первый раз как будто заметил то, что он наделал на столе. Он вспыхнул и подошел к Николаю.

– Дядя, извини меня, это я сделал нечаянно, – сказал он, показывая на поломанные сургучи и перья.

Николай сердито вздрогнул.

– Хорошо, хорошо, – сказал он, бросая под стол куски сургуча и перья. И, видимо с трудом удерживая поднятый в нем гнев, он отвернулся от него.

– Тебе вовсе тут и быть не следовало, – сказал он.

XV

За ужином разговор не шел более о политике и обществах, а, напротив, затеялся самый приятный для Николая, – о воспоминаниях 12-го года, на который вызвал Денисов и в котором Пьер был особенно мил и забавен. И родные разошлись в самых дружеских отношениях

Когда после ужина Николай, раздевшись в кабинете и отдав приказания заждавшемуся управляющему, пришел в халате в спальню, он застал жену еще за письменным столом: она что-то писала.

– Что ты пишешь, Мари? – спросил Николай. Графиня Марья покраснела. Она боялась, что то, что она писала, не будет понято и одобрено мужем.

Она бы желала скрыть от него то, что она писала, но вместе с тем и рада была тому, что он застал ее и что надо сказать ему.

– Это дневник, Nicolas, – сказала она, подавая ему синенькую тетрадку, исписанную ее твердым, крупным почерком.

– Дневник?.. – с оттенком насмешливости сказал Николай и взял в руки тетрадку. Было написано по-французски:

“4 декабря. Нынче Андрюша, старший сын, проснувшись, не хотел одеваться, и m-lle Louise прислала за мной. Он был в капризе и упрямстве. Я попробовала угрожать, но он только еще больше рассердился. Тогда я взяла на себя, оставила его и стала с няней поднимать других детей, а ему сказала, что я не люблю его. Он долго молчал, как бы удивившись; потом, в одной рубашонке, выскочил ко мне и разрыдался так, что я долго его не могла успокоить. Видно было, что он мучился больше всего тем, что огорчил меня; потом, когда я вечером дала ему билетец, он опять жалостно расплакался, целуя меня. С ним все можно сделать нежностью".

– Что такое билетец? – спросил Николай.

– Я начала давать старшим по вечерам записочки, как они вели себя.

Николай взглянул в лучистые глаза, смотревшие на него, и продолжал перелистывать и читать. В дневнике записывалось все то из детской жизни, что для матери казалось замечательным, выражая характеры детей или наводя на общие мысли о приемах воспитания. Это были большей частью самые ничтожные мелочи; но они не казались таковыми ни матери, ни отцу, когда он теперь в первый раз читал этот детский дневник.

5-го декабря было записано:

"Митя шалил за столом. Папа не велел давать ему пирожного. Ему не дали; но он так жалостно и жадно смотрел на других, пока они ели! Я думаю, что наказывать, не давая сластей, развивает жадность. Сказать Nicolas".

Николай оставил книжку и посмотрел на жену. Лучистые глаза вопросительно (одобрял или не одобрял он дневник) смотрели на него. Не могло быть сомнения не только в одобрении, но в восхищении Николая перед своей женой.

"Может быть, не нужно было делать это так педантически; может быть, и вовсе не нужно", – думал Николай; но это неустанное, вечное душевное напряжение, имеющее целью только нравственное добро детей, – восхищало его. Ежели бы Николай мог сознавать свое чувство, то он нашел бы, что главное основание его твердой, нежной и гордой любви к жене имело основанием всегда это чувство удивления перед ее душевностью, перед тем, почти недоступным для Николая, возвышенным, нравственным миром, в котором всегда жила его жена.

Он гордился тем, что она так умна и хороша, сознавая свое ничтожество перед нею в мире духовном, и тем более радовался тому, что она с своей душой не только принадлежала ему, но составляла часть его самого.

– Очень и очень одобряю, мой друг, – сказал он с значительным видом. И, помолчав немного, он прибавил: – А я нынче скверно себя вел. Тебя не было в кабинете. Мы заспорили с Пьером, и я погорячился. Да невозможно. Это такой ребенок. Я не знаю, что бы с ним было, ежели бы Наташа не держала его за уздцы. Можешь себе представить, зачем ездил в Петербург... Они там устроили...

– Да, я знаю, – сказала графиня Марья. – Мне Наташа рассказала.

– Ну, так ты знаешь, – горячась при одном воспоминании о споре, продолжал Николай. – Он хочет меня уверить, что обязанность всякого честного человека состоит в том, чтобы идти против правительства, тогда как присяга и долг... Я жалею, что тебя не было. А то на меня все напали, и Денисов, и Наташа... Наташа уморительна. Ведь как она его под башмаком держит, а чуть дело до рассуждений – у ней своих слов нет – она так его словами и говорит, – прибавил Николай, поддаваясь тому непреодолимому стремлению, которое вызывает на суждение о людях самых дорогих и близких. Николай забывал, что слово в слово то же, что он говорил о Наташе, можно было сказать о нем в отношении его жены.

– Да, я это замечала, – сказала графиня Марья.

– Когда я ему сказал, что долг и присяга выше всего, он стал доказывать бог знает что. Жаль, что тебя не было; что бы ты сказала?

– По-моему, ты совершенно прав. Я так и сказала Наташе. Пьер говорит, что все страдают, мучатся, развращаются и что наш долг помочь своим ближним. Разумеется, он прав, – говорила графиня Марья, – но он забывает, что у нас есть другие обязанности ближе, которые сам бог указал нам, и что мы можем рисковать собой, но не детьми.

– Ну вот, вот, это самое я и говорил ему, – подхватил Николай, которому действительно казалось, что он говорил это самое. – А он свое: что любовь к ближнему и христианство, и все это при Николеньке, который тут забрался в кабинет и переломал все.

– Ах, знаешь ли, Nicolas, Николенька так часто меня мучит, – сказала графиня Марья. – Это такой необыкновенный мальчик. И я боюсь, что я забываю его за своими. У нас у всех дети, у всех родня; а у него никого нет. Он вечно один с своими мыслями.

– Ну уж, кажется, тебе себя упрекать за него нечего. Все, что может сделать самая нежная мать для своего сына, ты делала и делаешь для него. И я, разумеется, рад этому. Он славный, славный мальчик. Нынче он в каком-то беспамятстве слушал Пьера. И можешь себе представить: мы выходим к ужину; я смотрю, он изломал вдребезги у меня все на столе и сейчас же сказал. Я никогда не видал, чтоб он сказал неправду. Славный, славный мальчик! – повторил Николай, которому по душе не нравился Николенька, но которого ему всегда бы хотелось признавать славным.

– Всё не то, что мать, – сказала графиня Марья, – я чувствую, что не то, и меня это мучит. Чудный мальчик; но я ужасно боюсь за него. Ему полезно будет общество.

– Что ж, ненадолго; нынче летом я отвезу его в Петербург, – сказал Николай. – Да, Пьер всегда был и останется мечтателем, – продолжал он, возвращаясь к разговору в кабинете, который, видимо, взволновал его. – Ну какое мне дело до всего этого там – что Аракчеев нехорош и всё, – какое мне до этого дело было, когда я женился и у меня долгов столько, что меня в яму сажают, и мать, которая этого не может видеть и понимать. А потом ты, дети, дела. Разве я для своего удовольствия с утра до вечера и в конторе, и по делам? Нет, я знаю, что я должен работать, чтоб успокоить мать, отплатить тебе и детей не оставить такими нищими, как я был.

Графине Марье хотелось сказать ему, что не о едином хлебе сыт будет человек, что он слишком много приписывает важности этим *делам;* но она знала, что этого говорить не нужно и бесполезно. Она только взяла его руку и поцеловала. Он принял этот жест жены за одобрение и подтверждение своих мыслей и, подумав несколько времени молча, вслух продолжал свои мысли.

– Ты знаешь, Мари, – сказал он, – нынче приехал Илья Митрофаныч (это был управляющий делами) из тамбовской деревни и рассказывает, что за лес уже дают восемьдесят тысяч. – И Николай с оживленным лицом стал рассказывать о возможности в весьма скором времени выкупить Отрадное. – Еще десять годков жизни, и я оставлю детям десять тысяч в отличном положении.

Графиня Марья слушала мужа и понимала все, что он говорил ей. Она знала, что когда он так думал вслух, он иногда спрашивал ее, что он сказал, и сердился, когда замечал, что она думала о другом. Но она делала для этого большие усилия, потому что ее нисколько не интересовало то, что он говорил. Она смотрела на него и не то что думала о другом, а чувствовала о другом. Она чувствовала покорную, нежную любовь к этому человеку, который никогда не поймет всего того, что она понимает, и как бы от этого она еще сильнее, с оттенком страстной нежности, любила его. Кроме этого чувства, поглощавшего ее всю и мешавшего ей вникать в подробности планов мужа, в голове ее мелькали мысли, не имеющие ничего общего с тем, о чем он говорил. Она думала о племяннике (рассказ мужа о его волнении при разговоре Пьера сильно поразил ее), различные черты его нежного, чувствительного характера представлялись ей; и она, думая о племяннике, думала и о своих детях. Она не сравнивала племянника и своих детей, но она сравнивала свое чувство к ним и с грустью находила, что в чувстве ее к Николеньке чего-то недоставало.

Иногда ей приходила мысль, что различие это происходит от возраста; но она чувствовала, что была виновата перед ним, и в душе своей обещала себе исправиться и сделать невозможное – то есть в этой жизни любить и своего мужа, и детей, и Николеньку, и всех ближних так, как Христос любил человечество. Душа графини Марьи всегда стремилась к бесконечному, вечному и совершенному и потому никогда не могла быть покойна. На лице ее выступило строгое выражение затаенного высокого страдания души, тяготящейся телом. Николай посмотрел на нее.

“Боже мой! что с нами будет, если она умрет, как это мне кажется, когда у нее такое лицо”, – подумал он, и, став перед образом, он стал читать вечерние молитвы.

XVI

Наташа, оставшись с мужем одна, тоже разговаривала так, как только разговаривают жена с мужем, то есть с необыкновенной ясностью и быстротой познавая и сообщая мысли друг друга, путем противным всем правилам логики, без посредства суждений, умозаключений и выводов, а совершенно особенным способом. Наташа до такой степени привыкла говорить с мужем этим способом, что верным признаком того, что что-нибудь было не ладно между ей и мужем, для нее служил логический ход мыслей Пьера. Когда он начинал доказывать, говорить рассудительно и спокойно и когда она, увлекаясь его примером, начинала делать то же, она знала, что это непременно поведет к ссоре.

С того самого времени, как они остались одни и Наташа с широко раскрытыми, счастливыми глазами подошла к нему тихо и вдруг, быстро схватив его за голову, прижала ее к своей груди и сказала: “Теперь весь, весь мой, мой! Не уйдешь!” – с этого времени начался этот разговор, противный всем законам логики, противный уже потому, что в одно и то же время говорилось о совершенно различных предметах. Это одновременное обсуждение многого не только не мешало ясности понимания, но, напротив, было вернейшим признаком того, что они вполне понимают друг друга.

Как в сновидении все бывает неверно, бессмысленно и противоречиво, кроме чувства, руководящего сновидением, так и в этом общении, противном всем законам рассудка, последовательны и ясны не речи, а только чувство, которое руководит ими.

Наташа рассказывала Пьеру о житье-бытье брата, о том, как она страдала, а не жила без мужа, и о том, как она еще больше полюбила Мари, и о том, как Мари во всех отношениях лучше ее. Говоря это, Наташа признавалась искренно в том, что она видит превосходство Мари, но вместе с тем она, говоря это, требовала от Пьера, чтобы он все-таки предпочитал ее Мари и всем другим женщинам, и теперь вновь, особенно после того, как он видел много женщин в Петербурге, повторил бы ей это.

Пьер, отвечая на слова Наташи, рассказал ей, как невыносимо было для него в Петербурге бывать на вечерах и обедах с дамами.

– Я совсем разучился говорить с дамами, – сказал он, – просто скучно. Особенно, я так был занят.

Наташа пристально посмотрела на него и продолжала:

– Мари, это такая прелесть! – сказала она. – Как она умеет понимать детей. Она как будто только душу их видит. Вчера, например, Митенька стал капризничать...

– Ах, как он похож на отца, – перебил Пьер.

Наташа поняла, почему он сделал это замечание о сходстве Митеньки с Николаем: ему неприятно было воспоминание о его споре с шурином и хотелось знать об этом мнение Наташи.

– У Николеньки есть эта слабость, что если что не принято всеми, он ни за что не согласится. А я понимаю, ты именно дорожишь тем, чтобы ouvrir un carriére[1], – сказала она, повторяя слова, раз сказанные Пьером.

– Нет, главное для Николая, – сказал Пьер, – мысли и рассуждения – забава, почти препровождение времени. Вот он собирает библиотеку и за правило поставил не покупать новой книги, не прочтя купленной, – и Сисмонди, и Руссо, и

1 открыть поприще.

Монтескье, – с улыбкой прибавил Пьер. – Ты ведь знаешь, как я его... – начал было он смягчать свои слова; но Наташа перебила его, давая чувствовать, что это не нужно.

– Так ты говоришь, для него мысли забава...

– Да, а для меня все остальное забава. Я все время в Петербурге как во сне всех видел. Когда меня занимает мысль, то все остальное забава.

– Ах, как жаль, что я не видала, как ты здоровался с детьми, – сказала Наташа. – Которая больше всех обрадовалась? Верно, Лиза?

– Да, – сказал Пьер и продолжал то, что занимало его. – Николай говорит, мы не должны думать. Да я не могу. Не говоря уже о том, что в Петербурге я чувствовал это (я тебе могу сказать), что без меня все это распадалось, каждый тянул в свою сторону. Но мне удалось всех соединить, и потом моя мысль так проста и ясна. Ведь я не говорю, что мы должны противудействовать тому-то и тому-то. Мы можем ошибаться. А я говорю: возьмемтесь рука с рукою те, которые любят добро, и пусть будет одно знамя – деятельная добродетель. Князь Сергий славный человек и умен.

Наташа не сомневалась бы в том, что мысль Пьера была великая мысль, но одно смущало ее. Это было то, что он был ее муж. "Неужели такой важный и нужный человек для общества – вместе с тем мой муж? Отчего это так случилось?" Ей хотелось выразить ему это сомнение. "Кто и кто те люди, которые могли бы решить, действительно ли он так умнее всех?" – спрашивала она себя и перебирала в своем воображении тех людей, которые были очень уважаемы Пьером. Никого из всех людей, судя по его рассказам, он так не уважал, как Платона Каратаева.

– Ты знаешь, о чем я думаю? – сказала она, – о Платоне Каратаеве. Как он? Одобрил бы тебя теперь?

Пьер нисколько не удивлялся этому вопросу. Он понял ход мыслей жены.

– Платон Каратаев? – сказал он и задумался, видимо искренно стараясь представить себе суждение Каратаева об этом предмете. – Он не понял бы, а впрочем, я думаю, что да.

– Я ужасно люблю тебя! – сказала вдруг Наташа. – Ужасно. Ужасно!

– Нет, не одобрил бы, – сказал Пьер, подумав. – Что он одобрил бы, это нашу семейную жизнь. Он так желал видеть во всем благообразие, счастье, спокойствие, и я с гордостью показал бы ему нас. Вот ты говоришь – разлука. А ты не поверишь, какое особенное чувство я к тебе имею после разлуки...

– Да, вот еще... – начала было Наташа.

– Нет, не то. Я никогда не перестаю тебя любить. И больше любить нельзя; а это особенно... Ну, да... – Он не договорил, потому что встретившийся взгляд их договорил остальное.

– Какие глупости, – сказала вдруг Наташа, – медовый месяц и что самое счастье в первое время. Напротив, теперь самое лучшее. Ежели бы ты только не уезжал. Помнишь, как мы ссорились? И всегда я была виновата. Всегда я. И о чем мы ссорились – я не помню даже.

– Все об одном, – сказал Пьер, улыбаясь, – ревно...

– Не говори, терпеть не могу, – вскрикнула Наташа. И холодный, злой блеск засветился в ее глазах. – Ты видел ее? – прибавила она, помолчав.

– Нет, да и видел бы, не узнал.

Они помолчали.

– Ах, знаешь? Когда ты в кабинете говорил, я смотрела на тебя, – заговорила Наташа, видимо стараясь отогнать набежавшее облако. – Ну, две капли воды ты на него похож, на мальчика. (Она так называла сына.) Ах, пора к нему идти... Пришло... А жалко уходить.

Они замолчали на несколько секунд. Потом вдруг в одно и то же время повернулись друг к другу и начали что-то говорить. Пьер начал с самодовольствием и увлечением; Наташа – с тихой, счастливой улыбкой. Столкнувшись, они оба остановились, давая друг другу дорогу.

– Нет, ты что? говори, говори.

– Нет, ты скажи, я так, глупости, – сказала Наташа.

Пьер сказал то, что он начал. Это было продолжение его самодовольных рассуждений об его успехе в Петербурге.

Ему казалось в эту минуту, что он был призван дать новое направление всему русскому обществу и всему миру.

– Я хотел сказать только, что все мысли, которые имеют огромные последствия, – всегда просты. Вся моя мысль в том, что ежели люди порочные связаны между собой и составляют силу, то людям честным надо сделать только то же самое. Ведь как просто.

– Да.

– А ты что хотела сказать?

– Я так, глупости.

– Нет, все-таки.

– Да ничего, пустяки, – сказала Наташа, еще светлее просияв улыбкой, – я только хотела сказать про Петю: нынче няня подходит взять его от меня, он засмеялся, зажмурился и прижался ко мне – верно, думал, что спрятался. Ужасно мил. Вот он кричит. Ну, прощай! – И она пошла из комнаты.

В это же время внизу, в отделении Николеньки Болконского, в его спальне, как всегда, горела лампадка (мальчик боялся темноты, и его не могли отучить от этого недостатка). Десаль спал высоко на своих четырех подушках, и его римский нос издавал равномерные звуки храпенья. Николенька, только что проснувшись, в холодном поту, с широко раскрытыми глазами, сидел на своей постели и смотрел перед собой. Страшный сон разбудил его. Он видел во сне себя и Пьера в касках – таких, которые были нарисованы в издании Плутарха. Они с дядей Пьером шли впереди огромного войска. Войско это было составлено из белых косых линий, наполнявших воздух подобно тем паутинам, которые летают осенью и которые Десаль называл le fil de la Vierge[1]. Впереди была слава, такая же, как и эти нити, но только несколько плотнее. Они – он и Пьер – неслись легко и радостно все ближе и ближе к цели. Вдруг нити, которые двигали их, стали ослабевать, путаться; стало тяжело.

1 нитями богородицы.

И дядя Николай Ильич остановился перед ними в грозной и строгой позе.

– Это вы сделали? – сказал он, указывая на поломанные сургучи и перья. – Я любил вас, но Аракчеев велел мне, и я убью первого, кто двинется вперед. – Николенька оглянулся на Пьера; но Пьера уже не было. Пьер был отец – князь Андрей, и отец не имел образа и формы, но он был, и, видя его, Николенька почувствовал слабость любви: он почувствовал себя бессильным, бескостным и жидким. Отец ласкал и жалел его. Но дядя Николай Ильич все ближе и ближе надвигался на них. Ужас обхватил Николеньку, и он проснулся.

"Отец, – думал он. – Отец (несмотря на то, что в доме было два похожих портрета, Николенька никогда не воображал князя Андрея в человеческом образе), отец был со мною и ласкал меня. Он одобрял меня, он одобрял дядю Пьера. Что бы он ни говорил – я сделаю это. Муций Сцевола сжег свою руку. Но отчего же и у меня в жизни не будет того же? Я знаю, они хотят, чтобы я учился. И я буду учиться. Но когда-нибудь я перестану; и тогда я сделаю. Я только об одному прошу бога: чтобы было со мною то, что было с людьми Плутарха, и я сделаю то же. Я сделаю лучше. Все узнают, все полюбят меня, все восхитятся мною". И вдруг Николенька почувствовал рыдания, захватившие его грудь, и заплакал.

– Etês-vous indisposé?[1] – послышался голос Десаля.

– Non[2], – отвечал Николенька и лег на подушку. "Он добрый и хороший, я люблю его, – думал он о Десале. – А дядя Пьер! О, какой чудный человек! А отец? Отец! Отец! Да, я сделаю то, чем бы даже *он* был доволен..."

1 Вы нездоровы?
2 Нет.

Часть вторая

I

Предмет истории есть жизнь народов и человечества. Непосредственно уловить и обнять словом – описать жизнь не только человечества, но одного народа представляется невозможным.

Все древние историки употребляли один и тот же прием для того, чтобы описать и уловить кажущуюся неуловимой – жизнь народа. Они описывали деятельность единичных людей, правящих народом; и эта деятельность выражала для них деятельность всего народа.

На вопросы о том, каким образом единичные люди заставляли действовать народы по своей воле и чем управлялась сама воля этих людей, древние отвечали: на первый вопрос – признанием воли божества, подчинявшей народы воле одного избранного человека; и на второй вопрос – признанием того же божества, направлявшего эту волю избранного к предназначенной цели.

Для древних вопросы эти разрешались верою в непосредственное участие божества в делах человечества.

Новая история в теории своей отвергла оба эти положения.

Казалось бы, что, отвергнув верования древних о подчинении людей божеству и об определенной цели, к которой ведутся народы, новая история должна бы была изучать не проявления власти, а причины, образующие ее. Но новая история не сделала этого. Отвергнув в теории воззрения древних, она следует им на практике.

Вместо людей, одаренных божественной властью и непосредственно руководимых волею божества, новая история поставила или героев, одаренных необыкновенными, нечеловеческими способностями, или просто людей самых разнообразных свойств, от монархов до журналистов, руководящих массами. Вместо прежних, угодных божеству, целей народов: иудейского, греческого, римского, которые древним представлялись целями движения человечества, новая история поставила свои цели – блага французского, германского, английского и, в самом своем высшем отвлечении, цели блага цивилизации всего человечества, под которым разумеются обыкновенно народы, занимающие маленький северозападный уголок большого материка.

Новая история отвергла верования древних, не поставив на место их нового воззрения, и логика положения заставила историков, мнимо отвергших божественную власть царей и фатум древних, прийти другим путем к тому же самому: к признанию того, что: 1) народы руководятся единичными людьми и 2) что существует известная цель, к которой движутся народы и человечество.

Во всех сочинениях новейших историков от Гибона до Бокля, несмотря на их кажущееся разногласие и на кажущуюся новизну их воззрений, лежат в основе эти два старые неизбежные положения.

Во-первых, историк описывает деятельность отдельных лиц, по его мнению, руководивших человечеством (один считает таковыми одних монархов, полководцев, министров; другой – кроме монархов и ораторов – ученых реформаторов, философов и поэтов). Во-вторых, цель, к которой ведется человечество, известна историку (для одного цель эта есть величие римского, испанского, французского государств; для другого – это свобода, равенство, известного рода цивилизация маленького уголка мира, называемого Европою).

В 1789 году поднимается брожение в Париже; оно растет, разливается и выражается движением народов с запада на восток. Несколько раз движение это направляется на восток, приходит в столкновение с противодвижением с востока на запад; в 12-м году оно доходит до своего крайнего предела – Москвы, и, с замечательной симметрией, совершается противодвижение с востока на запад, точно так же, как и в первом движении, увлекая за собой серединные народы. Обратное движение доходит до точки исхода движения на западе – до Парижа, и затихает.

В этот двадцатилетний период времени огромное количество полей не паханы; дома сожжены; торговля переменяет направление; миллионы людей беднеют, богатеют, переселяются, и миллионы людей христиан, исповедующих закон любви ближнего, убивают друг друга.

Что такое все это значит? Отчего произошло это? Что заставляло этих людей сжигать дома и убивать себе подобных? Какие были причины этих событий? Какая сила заставила людей поступать таким образом? Вот невольные, простодушные и самые законные вопросы, которые предлагает себе человечество, натыкаясь на памятники и предания прошедшего периода движения.

За разрешением этих вопросов здравый смысл человечества обращается к науке истории, имеющей целью самопознание народов и человечества.

Ежели бы история удержала воззрение древних, она бы сказала: божество, в награду или в наказание своему народу, дало Наполеону власть и руководило его волей для достижения своих божественных целей. И ответ был бы полный и ясный. Можно было веровать или не веровать в божественное значение Наполеона; но для верующего в него, во всей истории этого времени, все бы было понятно и не могло бы быть ни одного противоречия.

Но новая история не может отвечать таким образом. Наука не признает воззрения древних на непосредственное участие божества в делах человечества, и потому она должна дать другие ответы.

Новая история, отвечая на эти вопросы, говорит: вы хотите знать, что значит это движение, отчего оно произошло и какая сила произвела эти события? Слушайте:

“Людовик XIV был очень гордый и самонадеянный человек; у него были такие-то любовницы и такие-то министры, и он дурно управлял Францией. Наследники Людовика тоже были слабые люди и тоже дурно управляли Францией. И у них были такие-то любимцы и такие-то любовницы. Притом некоторые люди писали в это время книжки. В конце 18-го столетия в Париже собралось десятка два людей, которые стали говорить о том, что все люди равны и свободны. От этого во всей Франции люди стали резать и топить друг друга. Люди эти убили короля и еще многих. В это же время во Франции был гениальный человек – Наполеон. Он везде всех побеждал, то есть убивал много людей, потому что он был очень гениален. И он поехал убивать для чего-то африканцев, и так хорошо их убивал и был такой хитрый и умный, что, приехав во Францию, велел всем себе повиноваться. И все повиновались ему. Сделавшись императором, он опять пошел убивать народ в Италии, Австрии и Пруссии. И там много убил. В России же был император Александр, который решился восстановить порядок в Европе и потому воевал с Наполеоном. Но в 7-м году он вдруг подружился с ним, а в 11-м опять поссорился, и опять они стали убивать много народа. И Наполеон привел шестьсот тысяч человек в Россию и завоевал Москву; а потом он вдруг убежал из Москвы, и тогда император Александр, с помощью советов Штейна и других, соединил Европу для ополчения против нарушителя ее спокойствия. Все союзники Наполеона сделались вдруг его врагами; и это ополчение пошло против собравшего новые силы Наполеона. Союзники победили Наполеона, вступили в Париж, заставили Наполеона отречься от престола и сослали его на остров Эльбу, не лишая его сана императора и оказывая ему всякое уважение, несмотря на то, что пять лет тому назад и год после этого все его считали разбойником вне закона. А царствовать стал Людовик XVIII, над которым до тех пор и французы и союзники только смеялись. Наполеон же, проливая слезы перед старой гвардией, отрекся от престола и поехал в изгнание. Потом искусные государственные люди и дипломаты (в особенности Талейран, успевший сесть прежде другого на известное кресло и тем увеличивший границы Франции) разговаривали в Вене и этим разговором делали народы счастливыми или несчастливыми. Вдруг дипломаты и монархи чуть было не поссорились; они уже готовы были опять велеть своим войскам убивать друг друга; но в это время Наполеон с батальоном приехал во Францию, и французы, ненавидевшие его, тотчас же все ему покорились. Но союзные монархи за это рассердились и пошли опять воевать с французами. И гениального Наполеона победили и повезли на остров Елены, вдруг признав его разбойником. И там изгнанник, разлученный с милыми сердцу и с любимой им Францией, умирал на скале медленной смертью и передал свои великие деяния потомству. А в Европе произошла реакция, и все государи стали опять обижать свои народы".

Напрасно подумали бы, что это есть насмешка, карикатура исторических описаний. Напротив, это есть самое мягкое выражение тех противоречивых и не отвечающих на вопросы ответов, которые дает *вся* история, от составителей мемуаров и историй отдельных государств до общих историй и нового рода историй *культуры* того времени.

Странность и комизм этих ответов вытекают из того, что новая история подобна глухому человеку, отвечающему на вопросы, которых никто ему не делает.

Если цель истории есть описание движения человечества и народов, то первый вопрос, без ответа на который все остальное непонятно, – следующий: какая сила движет народами? На этот вопрос новая история озабоченно рассказывает или то, что Наполеон был очень гениален, или то, что Людовик XIV был очень горд, или еще то, что такие-то писатели написали такие-то книжки.

Все это очень может быть, и человечество готово на это согласиться; но оно не об этом спрашивает. Все это могло бы быть интересно, если бы мы признавали божественную власть, основанную на самой себе и всегда одинаковую, управляющею своими народами через Наполеонов, Людовиков и писателей; но власти этой мы не признаем, и потому, прежде чем говорить о Наполеонах, Людовиках и писателях, надо показать существующую связь между этими лицами и движением народов.

Если вместо божественной власти стала другая сила, то надо объяснить, в чем состоит эта новая сила, ибо именно в этой-то силе и заключается весь интерес истории.

История как будто предполагает, что сила эта сама собой разумеется и всем известна. Но, несмотря на все желание признать эту новую силу известною, тот, кто прочтет очень много исторических сочинений, невольно усомнится в том, чтобы новая сила эта, различно понимаемая самими историками, была всем совершенно известна.

II

Какая сила движет народами?

Частные историки биографические и историки отдельных народов понимают эту силу, как власть, присущую героям и владыкам. По их описаниям, события производятся исключительно волей Наполеонов, Александров или вообще тех лиц, которые описывает частный историк. Ответы, даваемые этого рода историками на вопрос о той силе, которая движет событиями, удовлетворительны, но только до тех пор, пока существует один историк по каждому событию. Но как скоро историки различных национальностей и воззрений начинают описывать одно и то же событие, то ответы, ими даваемые, тотчас же теряют весь смысл, ибо сила эта понимается каждым из них не только различно, но часто совершенно противоположно. Один историк утверждает, что событие произведено властью Наполеона; другой утверждает, что оно произведено властью Александра; третий — что властью какого-нибудь третьего лица. Кроме того, историки этого рода противоречат один другому даже и в объяснениях той силы, на которой основана власть одного и того же лица. Тьер, бонапартист, говорит, что власть Наполеона была основана на его добродетели и гениальности, Lanfrey, республиканец, говорит, что она была основана на его мошенничестве и на обмане народа. Так что историки этого рода, взаимно уничтожая положения друг друга, тем самым уничтожают понятие о силе, производящей события, и не дают никакого ответа на существенный вопрос истории.

Общие историки, имеющие дело со всеми народами, как будто признают несправедливость воззрения частных историков на силу, производящую события. Они не признают этой силы как власть, присущую героям и владыкам, а признают ее результатом разнообразно направленных многих сил. Описывая войну или покорение народа, общий историк отыскивает причину события не во власти одного лица, но во взаимодействии друг на друга многих лиц, связанных с событием.

По этому воззрению власть исторических лиц, представляясь произведением многих сил, казалось бы, не может уже быть рассматриваема как сила, сама себе производящая события. Между тем общие историки в большей части случаев употребляют понятие о власти опять как силу, саму в себе производящую события и относящуюся к ним как причина. По их изложению, то историческое лицо есть произведение своего времени, и власть его есть только произведение различных сил; то власть его есть сила, производящая события. Гервинус, Шлоссер, например, и другие то доказывают, что Наполеон есть произведение революции, идей 1789 года и т.д., то прямо говорят, что поход 12-го года и другие не нравящиеся им события суть только произведения ложно направленной воли Наполеона и что самые идеи 1789-го года были остановлены в своем развитии вследствие произвола Наполеона. Идеи революции, общее настроение произвело власть Наполеона. Власть же Наполеона подавила идеи революции и общее настроение.

Странное противоречие это не случайно. Оно не только встречается на каждом шагу, но из последовательного ряда таких противоречий составлены все описания общих историков. Противоречие это происходит оттого, что, вступив на почву анализа, общие историки останавливаются на половине дороги.

Для того чтобы найти составляющие силы, равные составной или равнодействующей, необходимо, чтобы сумма составляющих равнялась составной. Это-то условие никогда не соблюдено общими историками, и потому, чтобы объяснить силу равнодействующую, они необходимо должны допускать, кроме недостаточных составляющих, еще необъясненную силу, действующую по составной.

Частный историк, описывая поход ли 13-го года, или восстановление Бурбонов, прямо говорит, что события эти произведены волей Александра. Но общий историк Гервинус, опровергая это воззрение частного историка, стремится показать, что поход 13-го года и восстановление Бурбонов, кроме воли Александра, имели причинами деятельность Штейна, Меттерниха, m-me Staël, Талейрана, Фихте, Шатобриана и других. Историк, очевидно, разложил власть Александра на составные: Талейрана, Шатобриана и т.д.; сумма этих составных, то есть воздействие друг на друга Шатобриана, Талейрана, m-me Staël и других, очевидно, не равняется всей равнодействующей, то есть тому явлению, что миллионы французов покорились Бурбонам. Из того, что Шатобриан, m-me Staël и другие сказали друг другу такие-то слова, вытекает только их отношение между собой, но не покорение миллионов. И потому, чтобы объяснить, каким образом из этого их отношения вытекло покорение миллионов, то есть из составных, равных одному А, вытекла равнодействующая, равная тысяче А, историк необходимо должен допустить опять ту же силу власти, которую он отрицает, признавая ее результатом сил, то есть он должен допустить необъясненную силу, действующую по составной. Это самое и делают общие историки. И вследствие того не только противоречат частным историкам, но и сами себе.

Деревенские жители, которые, смотря по тому, хочется ли им дождя или вёдра, не имея ясного понятия о причинах дождя, говорят: ветер разогнал тучи и ветер нагнал тучи. Так точно общие историки: иногда, когда им этого хочется, когда это подходит к их теории, говорят, что власть есть результат событий; а иногда, когда нужно доказать другое, – они говорят, что власть производит события.

Третьи историки, называющиеся историками *культуры*, следуя по пути, проложенному общими историками, признающими иногда писателей и дам силами, производящими события, еще совершенно иначе понимают эту силу. Они видят ее в так называемой культуре, в умственной деятельности.

Историки культуры совершенно последовательны по отношению к своим родоначальникам, – общим историкам, ибо если исторические события можно объяснять тем, что некоторые люди так-то и так-то относились друг к другу, то почему не объяснять их тем, что такие-то люди писали такие-то книжки? Эти историки из всего огромного числа признаков, сопровождающих всякое живое явление, выбирают признак умственной деятельности и говорят, что этот признак есть причина. Но, несмотря на все их старания показать, что причина события лежала в умственной деятельности, только с большой уступчивостью можно согласиться с тем, что между умственной деятельностью и движением народов есть что-то общее, но уже ни в каком случае нельзя допустить, чтобы умственная деятельность руководила деятельностью людей, ибо такие явления, как жесточайшие убийства французской революции, вытекающие из проповедей о равенстве человека, и злейшие войны и казни, вытекающие из проповеди о любви, не подтверждают этого предположения.

Но, допустив даже, что справедливы все хитросплетенные рассуждения, которыми наполнены эти истории; допустив, что народы управляются какой-то неопределимой силой, называемой *идеей*, – существенный вопрос истории все-таки или остается без ответа, или к прежней власти монархов и к вводимому общими историками влиянию советчиков и других лиц присоединяется еще новая сила *идеи*, связь которой с массами требует объяснения. Возможно понять, что Наполеон имел власть, и потому совершилось событие; с некоторой уступчивостью можно еще понять, что Наполеон, вместе с другими влияниями, был причиной события; но каким образом книга Contrat Social[1] сделала то, что французы стали топить друг друга, – не может быть понято без объяснения причинной связи этой новой силы с событием.

Несомненно, существует связь между всем одновременно живущим, и потому есть возможность найти некоторую связь между умственной деятельностью людей и их историческим движением, точно так же как эту связь можно найти между движением человечества и торговлей, ремеслами, садоводством и чем хотите. Но почему умственная деятельность людей представляется историками культуры причиной или выражением всего исторического движения – это понять трудно. К такому заключению историков могли привести только следующие соображения: 1) что история пишется учеными, и потому им естественно и приятно думать, что деятельность их сословия есть основание движения всего человечества, точно так же, как это естественно и приятно думать купцам, земледельцам, солдатам (это не высказывается только потому, что купцы и солдаты не пишут истории), и 2) что духовная деятельность, просвещение, цивилизация, культура, идея – все это понятия неясные, неопределенные, под знаменем которых весьма удобно употреблять слова, имеющие еще менее ясного значения и потому легко подставляемые под всякие теории.

Но, не говоря о внутреннем достоинстве этого рода историй (может быть, они для кого-нибудь или для чего-нибудь и нужны), истории культуры, к которым начинают более и более сводиться все общие истории, знаменательны тем, что они, подробно и серьезно разбирая различные религиозные, философские, политические учения как при-

1 Общественный договор.

чины событий, всякий раз, как им только приходится описать действительное историческое событие, как, например, поход 12-го года, описывают его невольно как произведение власти, прямо говоря, что поход этот есть произведение воли Наполеона. Говоря таким образом, историки культуры невольно противоречат самим себе или доказывают, что та новая сила, которую они придумали, не выражает исторических событий, а что единственное средство понимать историю есть та власть, которой они будто бы не признают.

III

Идет паровоз. Спрашивается, отчего он движется? Мужик говорит: это черт движет его. Другой говорит, что паровоз идет оттого, что в нем движутся колеса. Третий утверждает, что причина движения заключается в дыме, относимом ветром.

Мужик неопровержим. Для того чтобы его опровергнуть, надо, чтобы кто-нибудь доказал ему, что нет черта, или чтобы другой мужик объяснил, что не черт, а немец движет паровоз. Только тогда из противоречий они увидят, что они оба не правы. Но тот, который говорит, что причина есть движение колес, сам себя опровергает, ибо, если он вступил на почву анализа, он должен идти дальше и дальше: он должен объяснить причину движения колес. И до тех пор, пока он не придет к последней причине движения паровоза, к сжатому в паровике пару, он не будет иметь права остановиться в отыскивании причины. Тот же, который объяснял движение паровоза относимым назад дымом, заметив, что объяснение о колесах не дает причины, взял первый попавшийся признак и, с своей стороны, выдал его за причину.

Единственное понятие, которое может объяснить движение паровоза, есть понятие силы, равной видимому движению.

Единственное понятие, посредством которого может быть объяснено движение народов, есть понятие силы, равной всему движению народов.

Между тем под понятием этим разумеются различными историками совершенно различные и все не равные видимому движению силы. Одни видят в нем силу, непосредственно присущую героям, – как мужик черта в паровозе; другие – силу производную из других некоторых сил, – как движение колес; третьи – умственное влияние, – как относимый дым.

До тех пор, пока пишутся истории отдельных лиц, – будь они Кесари, Александры или Лютеры и Вольтеры, а не история *всех*, без одного исключения *всех* людей, принимающих участие в событии, – нет никакой возможности описывать движение человечества без понятия о силе, заставляющей людей направлять свою деятельность к одной цели. И единственное известное историкам такое понятие есть власть.

Понятие это есть единственная ручка, посредством которой можно владеть материалом истории при теперешнем ее изложении, и тот, кто отломил бы эту ручку, как то сделал Бокль, не узнав другого приема обращения с историческим материалом, только лишил бы себя последней возможности обращаться с ним. Неизбежность понятия о власти для объяснения исторических явлений лучше всего доказывают сами общие историки и историки культуры, мнимо отрешающиеся от понятия о власти и неизбежно на каждом шагу употребляющие его.

Историческая наука до сих пор по отношению к вопросам человечества подобна обращающимся деньгам – ассигнациям и звонкой монете. Биографические и частные народные истории подобны ассигнациям. Они могут ходить и обращаться, удовлетворяя своему назначению, без вреда кому бы то ни было и даже с пользой, до тех пор пока не возникнет вопрос о том, чем они обеспечены. Стоит только забыть про вопрос о том, каким образом воля героев производит события, и истории Тьеров будут интересны, поучительны и, кроме того, будут иметь оттенок поэзии.

Но точно так же, как сомнение в действительной стоимости бумажек возникнет или из того, что так как их делать легко, то начнут их делать много, или из того, что захотят взять за них золото, – точно так же возникает сомнение в действительном значении историй этого рода, – или из того, что их является слишком много, или из того, что кто-нибудь в простоте души спросит: какою же силой сделал это Наполеон? то есть захочет разменять ходячую бумажку на чистое золото действительного понятия.

Общие же историки и историки культуры подобны людям, которые, признав неудобство ассигнаций, решили бы вместо бумажки сделать звонкую монету из металла, не имеющего плотности золота. И монета действительно вышла бы *звонкая*, но только *звонкая*. Бумажка еще могла обманывать не знающих; а монета звонкая, но не ценная, не может обмануть никого. Так же как золото тогда только золото, когда оно может быть употреблено не для одной мены, а и для дела, так же и общие историки только тогда будут золотом, когда они будут в силах ответить на существенный вопрос истории: что такое власть? Общие историки отвечают на этот вопрос противоречиво, а историки культуры вовсе отстраняют его, отвечая на что-то совсем другое. И как жетоны, похожие на золото, могут быть только употребляемы между собранием людей, согласившихся признавать их за золото, и между теми, которые не знают свойства золота, так и общие историки и историки культуры, не отвечая на существенные вопросы человечества, для каких-то своих целей служат ходячей монетою университетам и толпе читателей – охотников до серьезных книжек, как они это называют.

IV

Отрешившись от воззрения древних на божественное подчинение воли народа одному избранному и на подчинение этой воли божеству, история не может сделать ни одного шага без противоречия, не выбрав одного из двух: или возвратиться к прежнему верованию в непосредственное участие божества в делах человечества, или определенно объяснить значение той силы, производящей исторические события, которая называется властью.

Возвратиться к первому невозможно: верованье разрушено, и потому необходимо объяснить значение власти.

Наполеон приказал собрать войска и идти на войну. Представление это до такой степени нам привычно, до такой степени мы сжились с этим взглядом, что вопрос о том, почему шестьсот тысяч человек идут на войну, когда Наполеон сказал такие-то слова, кажется нам бессмысленным. Он имел власть, и потому было исполнено то, что он велел.

Ответ этот совершенно удовлетворителен, если мы верим, что власть дана была ему от бога. Но как скоро мы не признаем этого, необходимо определить, что такое эта власть одного человека над другими.

Власть эта не может быть той непосредственной властью физического преобладания сильного существа над слабым, преобладания, основанного на приложении или угрозе приложения физической силы, – как власть Геркулеса; она не может быть тоже основана на преобладании нравственной силы, как то, в простоте душевной, думают некоторые историки, говоря, что исторические деятели суть герои, то есть люди, одаренные особенной силой души и ума и называемой гениальностью. Власть эта не может быть основана на преобладании нравственной силы, ибо, не говоря о людях-героях, как Наполеоны, о нравственных достоинствах которых мнения весьма разноречивы, история показывает нам, что ни Людовики XI-е, ни Меттернихи, управлявшие миллионами людей, не имели никаких особенных свойств силы душевной, а, напротив, были по большей части нравственно слабее каждого из миллионов людей, которыми они управляли.

Если источник власти лежит не в физических и не в нравственных свойствах лица, ею обладающего, то очевидно, что источник этой власти должен находиться вне лица – в тех отношениях к массам, в которых находится лицо, обладающее властью.

Так точно и понимает власть наука о праве, та самая разменная касса истории, обещающая разменять историческое понимание власти на чистое золото.

Власть есть совокупность воль масс, перенесенная выраженным или молчаливым согласием на избранных массами правителей.

В области науки права, составленной из рассуждений о том, как бы надо было устроить государство и власть, если бы можно было все это устроить, все это очень ясно, но в приложении к истории это определение власти требует разъяснений.

Наука права рассматривает государство и власть, как древние рассматривали огонь, – как что-то абсолютно существующее. Для истории же государство и власть суть только явления, точно так же, как для физики нашего времени огонь есть не стихия, а явление.

От этого-то основного различия воззрения истории и науки права происходит то, что наука права может рассказать подробно о том, как, по ее мнению, надо бы устроить власть и что такое есть власть, неподвижно существующая вне времени; но на вопросы исторические о значении видоизменяющейся во времени власти она не может ответить ничего.

Если власть есть перенесенная на правителя совокупность воль, то Пугачев есть ли представитель воль масс? Если не есть, то почему Наполеон I есть представитель? Почему Наполеон III, когда его поймали в Булони, был преступник, а потом были преступники те, которых он поймал?

При дворцовых революциях, в которых участвуют иногда два–три человека, переносится ли тоже воля масс на новое лицо? При международных отношениях переносится ли воля масс народа на своего завоевателя? В 1808-м году воля Рейнского Союза была ли перенесена на Наполеона? Воля массы русского народа была ли перенесена на Наполеона во время 1809 года, когда наши войска в союзе с французами шли воевать против Австрии?

На эти вопросы можно отвечать трояко:

Или 1) признать, что воля масс всегда безусловно передается тому или тем правителям, которых они избрали, и что поэтому всякое возникновение новой власти, всякая борьба против раз переданной власти должна быть рассматриваема только как нарушение настоящей власти.

Или 2) признать, что воля масс переносится на правителей условно под определенными и известными условиями, и показать, что все стеснения, столкновения и даже уничтожения власти происходят от несоблюдения правителями тех условий, под которыми им передана власть.

Или 3) признать, что воля масс переносится на правителей условно, но под условиями неизвестными, неопределенными, и что возникновение многих властей, борьба их и падение происходят только от большего или меньшего исполнения правителями тех неизвестных условий, на которых переносятся воли масс с одних лиц на другие.

Так трояко и объясняют историки отношения масс к правителям.

Одни историки, не понимая, в простоте душевной, вопроса о значении власти, те самые частные и биографические историки, о которых было говорено выше, признают как будто то, что совокупность воль масс переносится на исторические лица безусловно, и потому, описывая какую-нибудь одну власть, эти историки предполагают, что эта самая власть есть одна абсолютная и настоящая, а что всякая другая сила, противодействующая этой настоящей власти, есть не власть, а нарушение власти – насилие.

Теория их, годная для первобытных и мирных периодов истории, в приложении к сложным и бурным периодам жизни народов, во время которых возникают одновременно и борются между собой различные власти, имеет то неудобство, что историк-легитимист будет доказывать, что Конвент, Директория и Бонапарт были только нарушения власти, а республиканец и бонапартист будут доказывать:

один, что Конвент, а другой, что Империя была настоящей властью, а что все остальное было нарушение власти. Очевидно, что таким образом, взаимно опровергая друг друга, объяснения власти этих историков могут годиться только для детей в самом нежном возрасте.

Признавая ложность этого взгляда на историю, другой род историков говорит, что власть основана на условной передаче правителям совокупности воль масс и что исторические лица имеют власть только под условиями исполнения той программы, которую молчаливым согласием предписала им воля народа. Но в чем состоят эти условия, историки эти не говорят нам, или если и говорят, то постоянно противоречат один другому.

Каждому историку, смотря по его взгляду на то, что составляет цель движения народа, представляются эти условия в величии, богатстве, свободе, просвещении граждан Франции или другого государства. Но не говоря уже о противоречии историков о том, какие эти условия, допустив даже, что существует одна общая всем программа этих условий, мы найдем, что исторические факты почти всегда противоречат этой теории. Если условия, под которыми передается власть, состоят в богатстве, свободе, просвещении народа, то почему Людовики XIV-е и Иоанны IV-е спокойно доживают свои царствования, а Людовики XVI-е и Карлы I-е казнятся народами? На этот вопрос историки эти отвечают тем, что деятельность Людовика XIV-го, противная программе, отразилась на Людовике XVI-м. Но почему же она не отразилась на Людовике XIV и XV, почему именно она должна была отразиться на Людовике XVI? И какой срок этого отражения? На эти вопросы нет и не может быть ответов. Так же мало объясняется при этом воззрении причина того, что совокупность воль несколько веков не переносится с своих правителей и их наследников, а потом вдруг, в продолжение пятидесяти лет, переносится на Конвент, на Директорию, на Наполеона, на Александра, на Людовика XVIII, опять на Наполеона, на Карла X, на Людовика-Филиппа, на республиканское правительство, на Наполеона III. При объяснении этих быстро совершающихся перенесений воль с одного лица на другое и в особенности при международных отношениях, завоеваниях и союзах историки эти невольно должны признать, что часть этих явлений уже не суть правильные перенесения воль, а случайности, зависящие то от хитрости, то от ошибки, или коварства, или слабости дипломата, или монарха, или руководителя партии. Так что большая часть явлений истории — междоусобия, революции, завоевания — представляются этими историками уже не произведениями перенесения свободных воль, а произведением ложно направленной воли одного или нескольких людей, то есть опять нарушениями власти. И потому исторические события и этого рода историками представляются отступлениями от теории.

Историки эти подобны тому ботанику, который, приметив, что некоторые растения выходят из семени в двух долях-листиках, настаивал бы на том, что все, что растет, растет только раздвояясь на два листка; и что пальма, и гриб, и даже дуб, разветвляясь в своем полном росте и не имея более подобия двух листиков, отступают от теории.

Третьи историки признают, что воля масс переносится на исторические лица условно, но что условия эти нам неизвестны. Они говорят, что исторические лица имеют власть только потому, что они исполняют перенесенную на них волю масс.

Но в таком случае, если сила, двигающая народами, лежит не в исторических лицах, а в самих народах, то в чем же состоит значение этих исторических лиц?

Исторические лица, говорят эти историки, выражают собою волю масс; деятельность исторических лиц служит представительницею деятельности масс.

Но в таком случае является вопрос, вся ли деятельность исторических лиц служит выражением воли масс, или только известная сторона ее? Если вся деятельность исторических лиц служит выражением воли масс, как то и думают некоторые, то биографии Наполеонов, Екатерин, со всеми подробностями придворной сплетни, служат выражением жизни народов, что есть очевидная бессмыслица; если же только одна сторона деятельности исторического лица служит выражением жизни народов, как то и думают другие мнимо философы-историки, то для того, чтобы определить, какая сторона деятельности исторического лица выражает жизнь народа, нужно знать прежде, в чем состоит жизнь народа.

Встречаясь с этим затруднением, историки этого рода придумывают самое неясное, неосязаемое и общее отвлечение, под которое возможно подвести наибольшее число событий, и говорят, что в этом отвлечении состоит цель движения человечества. Самые обыкновенные, принимаемые почти всеми историками общие отвлечения суть: свобода, равенство, просвещение, прогресс, цивилизация, культура. Поставив за цель движения человечества какое-нибудь отвлечение, историки изучают людей, оставивших по себе наибольшее число памятников, – царей, министров, полководцев, сочинителей, реформаторов, пап, журналистов, – по мере того как все эти лица, по их мнению, содействовали или противодействовали известному отвлечению. Но так как ничем не доказано, чтобы цель человечества состояла в свободе, равенстве, просвещении или цивилизации, и так как связь масс с правителями и просветителями человечества основана только на произвольном предположении, что совокупность воль масс всегда переносится на те лица, которые нам заметны, то и деятельность миллионов людей, переселяющихся, сжигающих дома, бросающих земледелие, истребляющих друг друга, никогда не выражается в описании деятельности десятка лиц, не сжигающих домов, не занимающихся земледелием, не убивающих себе подобных.

История на каждом шагу доказывает это. Брожение народов запада в конце прошлого века и стремление их на восток объясняется ли деятельностью Людовиков XIV-го, XV-го и XVI-го, их любовниц, министров, жизнью Наполеона, Руссо, Дидерота, Бомарше и других?

Движение русского народа на восток, в Казань и Сибирь, выражается ли в подробностях больного характера Иоанна IV-го и его переписки с Курбским?

Движение народов во время крестовых походов объясняется ли изучением Готфридов и Людовиков и их дам? Для нас осталось непонятным движение народов с запада на восток, без всякой цели, без предводительства, с толпой бродяг, с Петром Пустынником. И еще более осталось непонятно прекращение этого движения тогда, когда ясно поставлена была историческими деятелями разумная, святая цель походов — освобождение Иерусалима. Папы, короли и рыцари побуждали народ к освобождению Святой земли; но народ не шел, потому что та неизвестная причина, которая побуждала его прежде к движению, более не существовала. История Готфридов и миннезенгеров, очевидно, не может вместить в себя жизнь народов. И история Готфридов и миннезенгеров осталась историей Готфридов и миннезенгеров, а история жизни народов и их побуждений осталась неизвестной.

Еще менее объяснит нам жизнь народов история писателей и реформаторов.

История культуры объяснит нам побуждения, условия жизни и мысли писателя или реформатора. Мы узнаем, что Лютер имел вспыльчивый характер и говорил такие-то речи; узнаем, что Руссо был недоверчив и писал такие-то книжки; но не узнаем мы, отчего после реформации резались народы и отчего во время французской революции казнили друг друга.

Если соединить обе эти истории вместе, как то и делают новейшие историки, то это будут истории монархов и писателей, а не история жизни народов.

V

Жизнь народов не вмещается в жизнь нескольких людей, ибо связь между этими несколькими людьми и народами не найдена. Теория о том, что связь эта основана на перенесении совокупности воль на исторические лица, есть гипотеза, не подтверждаемая опытом истории.

Теория о перенесении совокупности воль масс на исторические лица, может быть, весьма много объясняет в области науки права и, может быть, необходима для своих целей; но в приложении к истории, как только являются революции, завоевания, междоусобия, как только начинается история, – теория эта ничего не объясняет.

Теория эта кажется неопровержимой именно потому, что акт перенесения воль народа не может быть проверен, так как он никогда не существовал.

Какое бы ни совершилось событие, кто бы ни стал во главе события, теория всегда может сказать, что такое лицо стало во главе события, потому что совокупность воль была перенесена на него.

Ответы, даваемые этой теорией на исторические вопросы, подобны ответам человека, который, глядя на двигающееся стадо и не принимая во внимание ни различной доброты пастбища в разных местах поля, ни погони пастуха, судил бы о причинах того или другого направления стада по тому, какое животное идет впереди стада.

“Стадо идет по этому направлению потому, что впереди идущее животное ведет его, и совокупность воль всех остальных животных перенесена на этого правителя стада”. Так отвечает первый разряд историков, признающих безусловную передачу власти.

“Ежели животные, идущие во главе стада, переменяются, то это происходит оттого, что совокупность воль всех животных переносится с одного правителя на другого, смотря по тому, ведет ли это животное по тому направлению, которое избрало все стадо”. Так отвечают историки, признающие, что совокупность воль масс переносится на правителей под условиями, которые они считают известными. (При таком приеме наблюдения весьма часто бывает, что наблюдатель, соображаясь с избранным им направлением, считает вожаками тех, которые по случаю перемены направления масс не суть уже передовые, а боковые, а иногда задние.)

“Если беспрестанно переменяются стоящие во главе животные и беспрестанно переменяются направления всего стада, то это происходит оттого, что для достижения того направления, которое нам известно, животные передают свои воли тем животным, которые нам заметны, и для того, чтобы изучать движение стада, надо наблюдать всех заметных нам животных, идущих со всех сторон стада”. Так говорят историки третьего разряда, признающие выражениями своего времени все исторические лица, от монархов до журналистов.

Теория перенесения воль масс на исторические лица есть только перифраза – только выражение другими словами слов вопроса.

Какая причина исторических событий? – Власть. Что есть власть? – Власть есть совокупность воль, перенесенных на одно лицо. При каких условиях переносятся воли масс на одно лицо? – При условиях выражения лицом воли всех людей. То есть власть есть власть. То есть власть есть слово, значение которого нам непонятно.

Если бы область человеческого знания ограничивалась одним отвлеченным мышлением, то, подвергнув критике то объяснение власти, которое дает *наука,* человечество пришло бы к заключению, что власть есть только слово и в действительности не существует. Но для познавания явлений, кроме отвлеченного мышления, человек имеет орудие опыта, на котором он поверяет результаты мышления. И опыт говорит, что власть не есть слово, но действительно существующее явление.

Не говоря о том, что без понятия власти не может обойтись ни одно описание совокупной деятельности людей, существование власти доказывается как историею, так и наблюдением современных событий.

Всегда, когда совершается событие, является человек или люди, по воле которых событие представляется совершившимся. Наполеон III предписывает, и французы идут в Мексику. Прусский король и Бисмарк предписывают, и войска идут в Богемию. Наполеон I приказывает, и войска идут в Россию. Александр I приказывает, и французы покоряются Бурбонам. Опыт показывает нам, что какое бы ни совершилось событие, оно всегда связано с волею одного или нескольких людей, которые его приказали.

Историки, по старой привычке признания божественного участия в делах человечества, хотят видеть причину события в выражении воли лица, облеченного властью; но заключение это не подтверждается ни рассуждением, ни опытом.

С одной стороны, рассуждение показывает, что выражение воли человека – его слова – суть только часть общей деятельности, выражающейся в событии, как, например, в войне или революции; и потому, без признания непонятной, сверхъестественной силы – чуда, нельзя допустить, чтобы слова могли быть непосредственной причиной движения миллионов; с другой стороны, если даже допустить, что слова могут быть причиной события, то история показывает, что выражения воли исторических лиц в бóльшей части случаев не производят никакого действия, то есть что приказания их часто не только не исполняются, но что иногда происходит даже совершенно обратное тому, что ими приказано.

Не допуская божественного участия в делах человечества, мы не можем принимать власть за причину событий.

Власть, с точки зрения опыта, есть только зависимость, существующая между выражением воли лица и исполнением этой воли другими людьми.

Для того чтобы объяснить себе условия этой зависимости, мы должны восстановить прежде всего понятие выражения воли, относя его к человеку, а не к божеству.

Ежели божество отдает приказание, выражает свою волю, как то нам показывает история древних, то выражение этой воли не зависит от времени и ничем не вызвано, так как божество ничем не связано с событием. Но, говоря о приказаниях – выражении воли людей, действующих во времени и связанных между собой, мы, для того чтобы объяснить себе связь приказаний с событиями, должны восстановить: 1) условие всего совершающегося: непрерывность движения во времени как событий, так и приказывающего лица, и 2) условие необходимой связи, в которой находится приказывающее лицо к тем людям, которые исполняют его приказание.

VI

Только выражение воли божества, не зависящее от времени, может относиться к целому ряду событий, имеющему совершиться через несколько лет или столетий, и только божество, ничем не вызванное, по одной своей воле может определить направление движения человечества; человек же действует во времени и сам участвует в событии.

Восстановляя первое упущенное условие – условие времени, мы увидим, что ни одно приказание не может быть исполнено без того, чтобы не было предшествовавшего приказания, делающего возможным исполнение последнего.

Никогда ни одно приказание не появляется самопроизвольно и не включает в себя целого ряда событий; но каждое приказание вытекает из другого и никогда не относится к целому ряду событий, а всегда только к одному моменту события.

Когда мы говорим, например, что Наполеон приказал войскам идти на войну, мы соединяем в одно одновременно выраженное приказание ряд последовательных приказаний, зависевших друг от друга. Наполеон не мог приказать поход на Россию и никогда не приказывал его. Он приказал нынче написать такие-то бумаги в Вену, в Берлин и в Петербург; завтра – такие-то декреты и приказы по армии, флоту и интендантству и т.д., и т.д., – миллионы приказаний, из которых составился ряд приказаний, соответствующих ряду событий, приведших французские войска в Россию.

Если Наполеон во все свое царствование отдает приказания об экспедиции в Англию, ни на одно из своих предприятий не тратит столько усилий и времени и, несмотря на то, во все свое царствование даже ни разу не пытается исполнить своего намерения, а делает экспедицию в Россию, с которой он, по неоднократно высказываемому убеждению, считает выгодным быть в союзе, то это происходит оттого, что первые приказания не соответствовали, а вторые соответствовали ряду событий.

Для того, чтобы приказание было наверное исполнено, надо, чтобы человек выразил такое приказание, которое могло бы быть исполнено. Знать же то, что может и что не может быть исполнено, невозможно не только для наполеоновского похода на Россию, где принимают участие миллионы, но и для самого несложного события, ибо для исполнения того и другого всегда могут встретиться миллионы препятствий. Всякое исполненное приказание есть всегда одно из огромного количества неисполненных. Все невозможные приказания не связываются с событием и не бывают исполнены. Только те, которые возможны, связываются в последовательные ряды приказаний, соответствующие рядам событий, и бывают исполнены.

Ложное представление наше о том, что предшествующее событию приказание есть причина события, происходит оттого, что когда событие совершилось и те одни из тысячи приказаний, которые связались с событиями, исполнились, то мы забываем о тех, которые не были, потому что не могли быть исполнены. Кроме того, главный источник заблуждения нашего в этом смысле происходит оттого, что в историческом изложении целый ряд бесчисленных, разнообразных, мельчайших событий, как, например, все то, что привело войска французские в Россию, обобщается в одно событие по тому результату, который произвел этот ряд событий, и соответственно этому обобщению обобщается и весь ряд приказаний в одно выражение воли.

Мы говорим: Наполеон захотел и сделал поход на Россию. В действительности же мы никогда не найдем во всей деятельности Наполеона ничего подобного выражению этой воли, а увидим ряды приказаний или выражений его воли, самым разнообразным и неопределенным образом направленных. Из бесчисленного ряда неисполненных наполеоновских приказаний составился ряд исполненных приказаний для похода 12-го года не потому, чтобы приказания эти чем-нибудь отличались от других, неисполненных приказаний, а потому, что ряд этих приказаний совпал с рядом событий, приведших французские войска в Россию; точно так же, как в трафарете нарисуется такая или другая фигура не потому, в какую сторону и как мазать по нем красками, а потому, что по фигуре, вырезанной в трафарете, во все стороны было мазано краской.

Так что, рассматривая во времени отношение приказаний к событиям, мы найдем, что приказание ни в каком случае не может быть причиной события, а что между тем и другим существует известная определенная зависимость.

Для того чтобы понять, в чем состоит эта зависимость, необходимо восстановить другое упущенное условие всякого приказания, исходящего не от божества, а от человека, и состоящее в том, что сам приказывающий человек участвует в событии.

Это-то отношение приказывающего к тем, кому он приказывает, и есть именно то, что называется властью. Отношение это состоит в следующем:

Для общей деятельности люди складываются всегда в известные соединения, в которых, несмотря на различие цели, поставленной для совокупного действия, отношение между людьми, участвующими в действии, всегда бывает одинаковое.

Складываясь в эти соединения, люди всегда становятся между собой в такое отношение, что наибольшее количество людей принимают наибольшее прямое участие и наименьшее количество людей – наименьшее прямое участие в том совокупном действии, для которого они складываются.

Из всех тех соединений, в которые складываются люди для совершения совокупных действий, одна из самых резких и определенных есть войско.

Всякое войско составляется из низших по военному званию членов: рядовых, которых всегда самое большое количество; из следующих по военному званию более высших чинов – капралов, унтер-офицеров, которых число меньше первого; еще высших, число которых еще меньше, и т.д. до высшей военной власти, которая сосредоточивается в одном лице.

Военное устройство может быть совершенно точно выражено фигурой конуса, в котором основание с самым большим диаметром будут составлять рядовые; высшее, меньшее основание, – высшие чины армии и т.д. до вершины конуса, точку которой будет составлять полководец.

Солдаты, которых наибольшее число, составляют низшие точки конуса и его основание. Солдат сам непосредственно колет, режет, жжет, грабит и всегда на эти действия получает приказание от вышестоящих лиц; сам же никогда не приказывает. Унтер-офицер (число унтер-офицеров уже меньше) реже совершает самое действие, чем солдат; но уже приказывает. Офицер еще реже совершает самое действие и еще чаще приказывает. Генерал уже только приказывает идти войскам, указывая цель, и почти никогда не употребляет оружия. Полководец уже никогда не может принимать прямого участия в самом действии и только делает общие распоряжения о движении масс. То же отношение лиц между собою обозначается во всяком соединении людей для общей деятельности, – в земледелии, торговле и во всяком управлении.

Итак, не разделяя искусственно всех сливающихся точек конуса и чинов армии, или званий и положений какого бы то ни было управления, или общего дела, от низших до высших, обозначается закон, по которому люди для совершения совокупных действий слагаются всегда между собой в таком отношении, что, чем непосредственнее люди участвуют в совершении действия, тем менее они могут приказывать и тем их большее число; и что, чем меньше то прямое участие, которое люди принимают в самом действии, тем они больше приказывают и тем число их меньше; таким образом, восходя от низших слоев, до одного последнего человека, принимающего наименьшее прямое участие в событии и более всех направляющего свою деятельность на приказывание.

Это-то отношение лиц приказывающих к тем, которым они приказывают, и составляет сущность понятия, называемого властью.

Восстановив условия времени, при которых совершаются все события, мы нашли, что приказание исполняется только тогда, когда оно относится к соответствующему ряду событий. Восстановляя же необходимое условие связи между приказывающим и исполняющим, мы нашли, что по самому свойству своему приказывающие принимают наименьшее участие в самом событии и что деятельность их исключительно направлена на приказывание.

VII

Когда совершается какое-нибудь событие, люди выражают свои мнения, желания о событии, и так как событие вытекает из совокупного действия многих людей, то одно из выраженных мнений или желаний непременно исполняется хотя приблизительно. Когда одно из выраженных мнений исполнено, мнение это связывается с событием, как предшествовавшее ему приказание.

Люди тащат бревно. Каждый высказывает свое мнение о том, как и куда тащить. Люди вытаскивают бревно, и оказывается, что это сделано так, как сказал один из них. Он приказал. Вот приказание и власть в своем первобытном виде.

Тот, кто больше работал руками, мог меньше обдумывать то, что он делал, и соображать то, что может выйти из общей деятельности, и приказывать. Тот, кто больше приказывал, вследствие своей деятельности словами, очевидно, мог меньше действовать руками. При большем сборище людей, направляющих деятельность на одну цель, еще резче отделяется разряд людей, которые тем менее принимают прямое участие в общей деятельности, чем более деятельность их направлена на приказывание.

Человек, когда он действует один, всегда носит сам в себе известный ряд соображений, руководивших, как ему кажется, его прошедшей деятельностью, служащих для него оправданием его настоящей деятельности и руководящих его в предположении о будущих его поступках.

Точно то же делают сборища людей, предоставляя тем, которые не участвуют в действии, придумывать соображения, оправдания и предположения об их совокупной деятельности.

По известным или неизвестным нам причинам французы начинают топить и резать друг друга. И соответственно событию ему сопутствует его оправдание в выраженных волях людей о том, что это необходимо для блага Франции, для свободы, для равенства. Люди перестают резать друг друга, и событию этому сопутствует оправдание необходимости единства власти, отпора Европе и т.д. Люди идут с запада на восток, убивая себе подобных, и событию этому сопутствуют слова о славе Франции, низости Англии и т.д. История показывает нам, что эти оправдания события не имеют никакого общего смысла, противоречат сами себе, как убийство человека, вследствие признания его прав, и убийство миллионов в России для унижения Англии. Но оправдания эти в современном смысле имеют необходимое значение.

Оправдания эти снимают нравственную ответственность с людей, производящих события. Временные цели эти подобны щеткам, идущим для очищения пути по рельсам впереди поезда: они очищают путь нравственной ответственности людей. Без этих оправданий не мог бы быть объяснен самый простой вопрос, представляющийся при рассмотрении каждого события: каким образом миллионы людей совершают совокупные преступления, войны, убийства и т.д.?

При настоящих, усложненных формах государственной и общественной жизни в Европе возможно ли придумать какое бы то ни было событие, которое бы не было предписано, указано, приказано государями, министрами, парламентами, газетами? Есть ли какое-нибудь совокупное действие, которое не нашло бы себе оправдания в государственном единстве, в национальности, в равновесии Европы, в цивилизации? Так что всякое совершившееся событие неизбежно совпадает с каким-нибудь выраженным желанием и, получая себе оправдание, представляется как произведение воли одного или нескольких людей.

Куда бы ни направился движущийся корабль, впереди его всегда будет видна струя рассекаемых им волн. Для людей, находящихся на корабле, движение этой струи будет единственно заметное движение.

Только следя вблизи, момент за моментом, за движением этой струи и сравнивая это движение с движением корабля, мы убедимся, что каждый момент движения струи определяется движением корабля и что нас ввело в заблуждение то, что мы сами незаметно движемся.

То же самое мы увидим, следя момент за моментом за движением исторических лиц, (то есть восстановляя необходимое условие всего совершающегося – условие непрерывности движения во времени) и не упуская из виду необходимой связи исторических лиц с массами.

Когда корабль идет по одному направлению, то впереди его находится одна и та же струя; когда он часто переменяет направление, то часто переменяются и бегущие впереди его струи. Но куда бы он ни повернулся, везде будет струя, предшествующая его движению.

Что бы ни совершилось, всегда окажется, что это самое было предвидено и приказано. Куда бы ни направлялся корабль, струя, не руководя, не усиливая его движения, бурлит впереди его и будет издали представляться нам не только произвольно движущейся, но и руководящей движением корабля.

Рассматривая только те выражения воли исторических лиц, которые отнеслись к событиям как приказания, историки полагали, что события находятся в зависимости от приказаний. Рассматривая же самые события и ту связь с массами, в которой находятся исторические лица, мы нашли, что исторические лица и их приказания находятся в зависимости от события. Несомненным доказательством этого вывода служит то, что, сколько бы ни было приказаний, событие не совершится, если на это нет других причин; но как скоро совершится событие – какое бы то ни было, – то из числа всех беспрерывно выражаемых воль различных лиц найдутся такие, которые по смыслу и по времени отнесутся к событию как приказанию.

Прийдя к этому заключению, мы можем прямо и положительно ответить на те два существенные вопроса истории:

1) Что есть власть?

2) Какая сила производит движение народов?

1) Власть есть такое отношение известного лица к другим лицам, в котором лицо это тем менее принимает участие в действии, чем более оно выражает мнения, предположения и оправдания совершающегося совокупного действия.

2) Движение народов производят не власть, не умственная деятельность, даже не соединение того и другого, как то думали историки, но деятельность *всех* людей, принимающих участие в событии и соединяющихся всегда так, что те, которые принимают наибольшее прямое участие в событии, принимают на себя наименьшую ответственность; и наоборот.

В нравственном отношении причиною события представляется власть; в физическом отношении – те, которые подчиняются власти. Но так как нравственная деятельность немыслима без физической, то причина события находится ни в той, ни в другой, а в соединении обеих.

Или, другими словами, к явлению, которое мы рассматриваем, понятие причины неприложимо.

В последнем анализе мы приходим к кругу вечности, к той крайней грани, к которой во всякой области мышления приходит ум человеческий, если не играет своим предметом. Электричество производит тепло, тепло производит электричество. Атомы притягиваются, атомы отталкиваются.

Говоря о взаимодействии тепла и электричества и об атомах, мы не можем сказать, почему это происходит, и говорим, что это так есть потому, что немыслимо иначе, потому что так должно быть, что это закон. То же самое относится и до исторических явлений. Почему происходит война или революция? мы не знаем; мы знаем только, что для совершения того или другого действия люди складываются в известное соединение и участвуют все; и мы говорим, что это так есть, потому что немыслимо иначе, что это закон.

VIII

Если бы история имела дело до внешних явлений, постановление этого простого и очевидного закона было бы достаточно, и мы бы кончили наше рассуждение. Но закон истории относится до человека. Частица материи не может сказать нам, что она вовсе не чувствует потребности притягиванья и отталкиванья и что это неправда; человек же, который есть предмет истории, прямо говорит: я свободен и потому не подлежу законам.

Присутствие хотя не высказанного вопроса о свободе воли человека чувствуется на каждом шагу истории.

Все серьезно мыслившие историки невольно приходили к этому вопросу. Все противоречия, неясности истории, тот ложный путь, по которому идет эта наука, основаны только на неразрешенности этого вопроса.

Если воля каждого человека была свободна, то есть что каждый мог поступить так, как ему захотелось, то вся история есть ряд бессвязных случайностей.

Если даже один человек из миллионов в тысячелетний период времени имел возможность поступить свободно, то есть так, как ему захотелось, то очевидно, что один свободный поступок этого человека, противный законам, уничтожает возможность существования каких бы то ни было законов для всего человечества.

Если же есть хоть один закон, управляющий действиями людей, то не может быть свободной воли, ибо воля людей должна подлежать этому закону.

В этом противоречии заключается вопрос о свободе воли, с древнейших времен занимавший лучшие умы человечества и с древнейших времен постановленный во всем его громадном значении.

Вопрос состоит в том, что, глядя на человека, как на предмет наблюдения с какой бы то ни было точки зрения – богословской, исторической, этической, философской, – мы находим общий закон необходимости, которому он подлежит так же, как и все существующее. Глядя же на него из себя, как на то, что мы сознаем, мы чувствуем себя свободными.

Сознание это есть совершенно отдельный и независимый от разума источник самопознавания. Чрез разум человек наблюдает сам себя; но знает он сам себя только через сознание.

Без сознания себя немыслимо и никакое наблюдение и приложение разума.

Для того чтобы понимать, наблюдать, умозаключать, человек должен прежде сознавать себя живущим. Живущим человек знает себя не иначе, как хотящим, то есть сознает свою волю. Волю же свою, составляющую сущность его жизни, человек сознает и не может сознавать иначе, как свободною.

Если, подвергая себя наблюдению, человек видит, что воля его направляется всегда по одному и тому же закону (наблюдает ли он необходимость принимать пищу, или деятельность мозга, или что бы то ни было), он не может понимать это всегда одинаковое направление своей воли иначе, как ограничением ее. То, что не было бы свободно, не могло бы быть и ограничено. Воля человека представляется ему ограниченною именно потому, что он сознает ее не иначе, как свободною.

Вы говорите: я не свободен. А я поднял и опустил руку. Всякий понимает, что этот нелогический ответ есть неопровержимое доказательство свободы.

Ответ этот есть выражение сознания, не подлежащего разуму.

Если бы сознание свободы не было отдельным и независимым от разума источником самопознания, оно бы подчинялось рассуждению и опыту; но в действительности такого подчинения никогда не бывает, и немыслимо.

Ряд опытов и рассуждений показывает каждому человеку, что он как предмет наблюдения подлежит известным законам, и человек подчиняется им и никогда не борется с раз узнанным им законом тяготения или непроницаемости. Но тот же ряд опытов и рассуждений показывает ему, что полная свобода, которую он сознает в себе, – невозможна, что всякое действие его зависит от его организации, от его характера и действующих на него мотивов; но человек никогда не подчиняется выводам этих опытов и рассуждений.

Узнав из опыта и рассуждения, что камень падает вниз, человек несомненно верит этому и во всех случаях ожидает исполнения узнанного им закона.

Но, узнав так же несомненно, что воля его подлежит законам, он не верит и не может верить этому.

Сколько бы раз опыт и рассуждение ни показывали человеку, что в тех же условиях, с тем же характером он сделает то же самое, что и прежде, он, в тысячный раз приступая в тех же условиях, с тем же характером к действию, всегда кончавшемуся одинаково, несомненно чувствует себя столь же уверенным в том, что он может поступать, как он захочет, как и до опыта. Всякий человек, дикий и мыслитель, как бы неотразимо ему ни доказывали рассуждение и опыт то, что невозможно представить себе два поступка в одних и тех же условиях, чувствует, что без этого бессмысленного представления (составляющего сущность свободы) он не может себе представить жизни. Он чувствует, что, как бы это ни было невозможно, это есть; ибо без этого представления свободы он не только не понимал бы жизни, но не мог бы жить ни одного мгновения.

Он не мог бы жить потому, что все стремления людей, все побуждения к жизни суть только стремления к увеличению свободы. Богатство – бедность, слава – неизвестность, власть – подвластность, сила – слабость, здоровье – болезнь, образование – невежество, труд – досуг, сытость – голод, добродетель – порок суть только большие или меньшие степени свободы.

Представить себе человека, не имеющего свободы, нельзя иначе, как лишенным жизни.

Если понятие о свободе для разума представляется бессмысленным противоречием, как возможность совершить два поступка в один и тот же момент времени или действие без причины, то это доказывает только то, что сознание не подлежит разуму.

Это-то непоколебимое, неопровержимое, не подлежащее опыту и рассуждению сознание свободы, признаваемое всеми мыслителями и ощущаемое всеми людьми без исключения, сознание, без которого немыслимо никакое представление о человеке, и составляет другую сторону вопроса.

Человек есть творение всемогущего, всеблагого и всеведущего бога. Что же такое есть грех, понятие о котором вытекает из сознания свободы человека? вот вопрос богословия.

Действия людей подлежат общим, неизменным законам, выражаемым статистикой. В чем же состоит ответственность человека перед обществом, понятие о которой вытекает из сознания свободы? вот вопрос права.

Поступки человека вытекают из его прирожденного характера и мотивов, действующих на него. Что такое есть совесть и сознание добра и зла поступков, вытекающих из сознания свободы? вот вопрос этики.

Человек, в связи с общей жизнью человечества, представляется подчиненным законам, определяющим эту жизнь. Но тот же человек, независимо от этой связи, представляется свободным. Как должна быть рассматриваема прошедшая жизнь народов и человечества – как произведение свободной или несвободной деятельности людей? вот вопрос истории.

Только в наше самоуверенное время популяризации знаний, благодаря сильнейшему орудию невежества – распространению книгопечатания, вопрос о свободе воли сведен на такую почву, на которой и не может быть самого вопроса. В наше время большинство так называемых передовых людей, то есть толпа невежд, приняла работы естествоиспытателей, занимающихся одной стороной вопроса, за разрешение всего вопроса.

Души и свободы нет, потому что жизнь человека выражается мускульными движениями, а мускульные движения обусловливаются нервной деятельностью; души и свободы нет, потому что мы в неизвестный период времени произошли от обезьян, – говорят, пишут и печатают они, вовсе и не подозревая того, что тысячелетия тому назад всеми религиями, всеми мыслителями не только признан, но никогда и не был отрицаем тот самый закон необходимости, который с таким старанием они стремятся доказать теперь физиологией и сравнительной зоологией. Они не видят того, что роль естественных наук в этом вопросе состоит только в том, чтобы служить орудием для освещения одной стороны его. Ибо то, что с точки зрения наблюдения, разум и воля суть только отделения (secretion) мозга, и то, что человек, следуя общему закону, мог развиться из низших животных в неизвестный период времени, уясняет только с новой стороны тысячелетия тому назад признанную всеми религиями и философскими теориями истину о том, что, с точки зрения разума, человек подлежит законам необходимости, но ни на волос не подвигает разрешение вопроса, имеющего другую, противоположную сторону, основанную на сознании свободы.

Если люди произошли от обезьян в неизвестный период времени, то это столь же понятно, как и то, что люди произошли от горсти земли в известный период времени (в первом случае X есть время, во втором – происхождение), и вопрос о том, каким образом соединяется сознание свободы человека с законом необходимости, которому подлежит человек, не может быть разрешен сравнительною физиологией и зоологией, ибо в лягушке, кролике и обезьяне мы можем наблюдать только мускульно-нервную деятельность, а в человеке – и мускульно-нервную деятельность и сознание.

Естествоиспытатели и их поклонники, думающие разрешать вопрос этот, подобны штукатурам, которых бы приставили заштукатурить одну сторону стены церкви и которые, пользуясь отсутствием главного распорядителя работ, в порыве усердия замазывали бы своею штукатуркой и окна, и образа, и леса, и неутвержденные еще стены и радовались бы на то, как, с их штукатурной точки зрения, все выходит ровно и гладко.

IX

Разрешение вопроса о свободе и необходимости для истории – перед другими отраслями знания, в которых разрешался этот вопрос, – имеет то преимущество, что для истории вопрос этот относится не к самой сущности воли человека, а к представлению о проявлении этой воли в прошедшем и в известных условиях.

История по разрешению этого вопроса становится к другим наукам в положение науки опытной к наукам умозрительным.

История своим предметом имеет не самую волю человека, а наше представление о ней.

И потому для истории не существует, как для богословия, этики и философии, неразрешимой тайны о соединении двух противоречий свободы и необходимости. История рассматривает представление о жизни человека, в котором соединение этих двух противоречий уже совершилось.

В действительной жизни каждое историческое событие, каждое действие человека понимается весьма ясно и определенно, без ощущения малейшего противоречия, несмотря на то, что каждое событие представляется частию свободным, частию необходимым.

Для разрешения вопроса о том, как соединяются свобода и необходимость и что составляет сущность этих двух понятий, философия истории может и должна идти путем, противным тому, по которому шли другие науки. Вместо того чтобы, определив в самих себе понятия о свободе и о необходимости, под составленные определения подводить явления жизни, – история из огромного количества подлежащих ей явлений, всегда представляющихся в зависимости от свободы и необходимости, должна вывести определение самих понятий о свободе и о необходимости.

Какое бы мы ни рассматривали представление о деятельности многих людей или одного человека, мы понимаем ее не иначе, как произведением отчасти свободы человека, отчасти законов необходимости.

Говоря ли о переселении народов и набегах варваров, или о распоряжениях Наполеона III, или о поступке человека, совершенном час тому назад и состоящем в том, что из нескольких направлений прогулки он выбрал одно, – мы не видим ни малейшего противоречия. Мера свободы и необходимости, руководившей поступками этих людей, ясно определена для нас.

Весьма часто представление о большей или меньшей свободе различно, смотря по различной точке зрения, с которой мы рассматриваем явление; но – всегда одинаково – каждое действие человека представляется нам не иначе, как известным соединением свободы и необходимости. В каждом рассматриваемом действии мы видим известную долю свободы и известную долю необходимости. И всегда, чем более в каком бы то ни было действии мы видим свободы, тем менее необходимости; и чем более необходимости, тем менее свободы.

Отношение свободы к необходимости уменьшается и увеличивается, смотря по той точке зрения, с которой рассматривается поступок; но отношение это всегда остается обратно пропорциональным.

Человек тонущий, хватаясь за другого и потопляя его, или изнуренная кормлением ребенка голодная мать, крадущая пищу, или человек, приученный к дисциплине, по команде в строю убивающий беззащитного человека, – представляются менее виновными, то есть менее свободными и более подлежащими закону необходимости, тому, кто знает те условия, в которых находились эти люди, и более свободными тому, кто не знает, что тот человек сам тонул, что мать была голодна, солдат был в строю и т.д. Точно так же человек, двадцать лет тому назад совершивший убийство и после того спокойно и безвредно живший в обществе, представляется менее виновным; поступок его – более подлежавшим закону необходимости для того, кто рассматривает его поступок по истечении двадцати лет, и более свободным тому, кто рассматривал тот же поступок через день после того, как он был совершен. И точно так же каждый поступок человека сумасшедшего, пьяного или сильно возбужденного представляется менее свободным и более необходимым тому, кто знает душевное состояние того, кто совершил поступок, и более свободным и менее необходимым тому, кто этого не знает. Во всех этих случаях увеличивается или уменьшается понятие о свободе и, соответственно тому, уменьшается или увеличивается понятие о необходимости, – смотря по той точке зрения, с которой рассматривается поступок. Так что, чем большая представляется необходимость, тем меньшая представляется свобода. И наоборот.

Религия, здравый смысл человечества, наука права и сама история одинаково понимают это отношение между необходимостью и свободой.

Все без исключения случаи, в которых увеличивается и уменьшается наше представление о свободе и о необходимости, имеют только три основания:

1) отношение человека, совершившего поступок, к внешнему миру,

2) ко времени и

3) к причинам, произведшим поступок.

1) Первое основание есть большее или меньшее видимое нами отношение человека к внешнему миру, более или менее ясное понятие о том определенном месте, которое занимает каждый человек по отношению ко всему, одновременно с ним существующему. Это есть то основание, вследствие которого очевидно, что тонущий человек менее свободен и более подлежит необходимости, чем человек, стоящий на суше; то основание, вследствие которого действия человека, живущего в тесной связи с другими людьми в густонаселенной местности, действия человека, связанного семьей, службой, предприятиями, представляются несомненно менее свободными и более подлежащими необходимости, чем действия человека одинокого и уединенного.

Если мы рассматриваем человека одного, без отношения его ко всему окружающему, то каждое действие его представляется нам свободным. Но если мы видим хоть какое-нибудь отношение его к тому, что окружает его, если мы видим связь его с чем бы то ни было – с человеком, который говорит с ним, с книгой, которую он читает, с трудом, которым он занят, даже с воздухом, который его окружает, с светом даже, который падает на окружающие его предметы, – мы видим, что каждое из этих условий имеет на него влияние и руководит хотя одной стороной его деятельности. И настолько, насколько мы видим этих влияний, – настолько уменьшается наше представление о его свободе и увеличивается представление о необходимости, которой он подлежит.

2) Второе основание есть: большее или меньшее видимое временное отношение человека к миру; более или ме-

нее ясное понятие о том месте, которое действие человека занимает во времени. Это есть то основание, вследствие которого падение первого человека, имевшее своим последствием происхождение рода человеческого, представляется, очевидно, менее свободным, чем вступление в брак современного человека. Это есть то основание, вследствие которого жизнь и деятельность людей, живших века тому назад, и связанная со мною во времени, не может представляться мне столь свободною, как жизнь современная, последствия которой мне еще неизвестны.

Постепенность представления о большей или меньшей свободе и необходимости в этом отношении зависит от большего или меньшего промежутка времени от совершения поступка до суждения о нем.

Если я рассматриваю поступок, совершенный мной минуту тому назад, при приблизительно тех же самых условиях, при которых я нахожусь теперь, – мой поступок представляется мне несомненно свободным. Но если я обсуживаю поступок, совершенный месяц тому назад, то, находясь в других условиях, я невольно признаю, что, если бы поступок этот не был совершен, – многое полезное, приятное и даже необходимое, вытекшее из этого поступка, не имело бы места. Если я перенесусь воспоминанием к поступку еще более отдаленному, за десять лет и далее, то последствия моего поступка представятся мне еще очевиднее; и мне трудно будет представить себе, что бы было, если бы не было поступка. Чем дальше назад буду переноситься я воспоминаниями или, что то же самое, вперед суждением, тем рассуждение мое о свободе поступка будет становиться сомнительнее.

Точно ту же прогрессию убедительности об участии свободной воли в общих делах человечества мы находим и в истории. Совершившееся современное событие представляется нам несомненно произведением всех известных людей; но в событии более отдаленном мы видим уже его неизбежные последствия, помимо которых мы ничего другого не можем представить. И чем дальше переносимся мы назад в рассматривании событий, тем менее они нам представляются произвольными.

Австро-прусская война представляется нам несомненным последствием действий хитрого Бисмарка и т.п.

Наполеоновские войны, хотя уже сомнительно, но еще представляются нам произведениями воли героев; но в крестовых походах мы уже видим событие, определенно занимающее свое место и без которого немыслима новая история Европы, хотя точно так же для летописцев крестовых походов событие это представлялось только произведением воли некоторых лиц. В переселении народов, никому уже в наше время не приходит в голову, чтобы от произвола Атиллы зависело обновить европейский мир. Чем дальше назад мы переносим в истории предмет наблюдения, тем сомнительнее становится свобода людей, производивших события, и тем очевиднее закон необходимости.

3) Третье основание есть большая или меньшая доступность для нас той бесконечной связи причин, составляющей неизбежное требование разума и в которой каждое понимаемое явление, и потому каждое действие человека, должно иметь свое определенное место, как следствие для предыдущих и как причина для последующих.

Это есть то основание, вследствие которого действия свои и других людей представляются нам, с одной стороны, тем более свободными и менее подлежащими необходимости, чем более известны нам те выведенные из наблюдения физиологические, психологические и исторические законы, которым подлежит человек, и чем вернее усмотрена нами физиологическая, психологическая или историческая причина действия; с другой стороны, чем проще самое наблюдаемое действие и чем несложнее характером и умом тот человек, действие которого мы рассматриваем.

Когда мы совершенно не понимаем причины поступка: в случае ли злодейства, добродетели или даже безразличного по добру и злу поступка, — мы в таком поступке признаем наибольшую долю свободы. В случае злодейства мы более всего требуем за такой поступок наказания; в случае добродетели – более всего ценим такой поступок. В безразличном случае признаем наибольшую индивидуальность, оригинальность, свободу. Но если хоть одна из бесчисленных причин известна нам, мы признаем уже известную долю необходимости и менее требуем возмездия за преступление, менее признаем заслуги в добродетельном поступке, менее свободы в казавшемся оригинальным поступке. То, что преступник был воспитан в среде злодеев, уже смягчает его вину. Самоотвержение отца, матери, самоотвержение с возможностью награды более понятно, чем беспричинное самоотвержение, и потому представляется менее заслуживающим сочувствия, менее свободным. Основатель секты, партии, изобретатель менее удивляют нас, когда мы знаем, как и чем была подготовлена его деятельность. Если мы имеем большой ряд опытов, если наблюдение наше постоянно направлено на отыскание соотношений в действиях людей между причинами и следствиями, то действия людей представляются нам тем более необходимыми и тем менее свободными, чем вернее мы связываем последствия с причинами. Если рассматриваемые действия просты и мы для наблюдения имели огромное количество таких действий, то представление наше об их необходимости будет еще полнее. Бесчестный поступок сына бесчестного отца, дурное поведение женщины, попавшей в известную среду, возвращение к пьянству пьяницы и т.п. суть поступки, которые тем менее представляются нам свободными, чем понятнее для нас причина. Если же и самый человек, действие которого мы рассматриваем, стоит на самой низкой степени развития ума, как ребенок, сумасшедший, дурачок, то мы, зная причины действия и несложность характера и ума, уже видим столь большую долю необходимости и столь малую свободы, что как скоро нам известна причина, долженствующая произвести действие, мы можем предсказать поступок.

Только на этих трех основаниях строятся существующая во всех законодательствах невменяемость преступлений и уменьшающие вину обстоятельства. Вменяемость представляется большею или меньшею, смотря по большему или меньшему знанию условий, в которых находился человек, поступок которого обсуживается, по большему или меньшему промежутку времени от совершения поступка до суждения о нем и по большему или меньшему пониманию причин поступка.

X

Итак, представление наше о свободе и необходимости постепенно уменьшается и увеличивается, смотря по большей или меньшей связи с внешним миром, по большему или меньшему отдалению времени и большей или меньшей зависимости от причин, в которых мы рассматриваем явление жизни человека.

Так что, если мы рассматриваем такое положение человека, в котором связь его с внешним миром наиболее известна, период времени суждения от времени совершения поступка наибольший и причины поступка наидоступнейшие, то мы получаем представление о наибольшей необходимости и наименьшей свободе. Если же мы рассматриваем человека в наименьшей зависимости от внешних условий; если действие его совершено в ближайший момент к настоящему и причины его действия нам недоступны, то мы получим представление о наименьшей необходимости и наибольшей свободе.

Но ни в том, ни в другом случае, как бы мы ни изменяли нашу точку зрения, как бы ни уясняли себе ту связь, в которой находится человек с внешним миром, или как бы ни доступна она нам казалась, как бы ни удлиняли или укорачивали период времени, как бы понятны или непостижимы ни были для нас причины, – мы никогда не можем себе представить ни полной свободы, ни полной необходимости.

1) Как бы мы ни представляли себе человека исключенным от влияний внешнего мира, мы никогда не получим понятия о свободе в пространстве. Всякое действие человека неизбежно обусловлено и тем, что окружает его, са-

мым телом человека. Я поднимаю руку и опускаю ее. Действие мое кажется мне свободным; но, спрашивая себя: мог ли я по всем направлениям поднять руку, – я вижу, что я поднял руку по тому направлению, по которому для этого действия было менее препятствий, находящихся как в телах, меня окружающих, так и в устройстве моего тела. Если из всех возможных направлений я выбрал одно, то я выбрал его потому, что по этому направлению было меньше препятствий. Для того чтобы действие мое было свободным, необходимо, чтобы оно не встречало себе никаких препятствий. Для того чтобы представить себе человека свободным, мы должны представить его себе вне пространства, что очевидно невозможно.

2) Как бы мы ни приближали время суждения ко времени поступка, мы никогда не получим понятия свободы во времени. Ибо если я рассматриваю поступок, совершенный секунду тому назад, я все-таки должен признать несвободу поступка, так как поступок закован тем моментом времени, в котором он совершен. Могу ли я поднять руку? Я поднимаю ее; но спрашиваю себя: мог ли я не поднять руки в тот прошедший уже момент времени? Чтобы убедиться в этом, я в следующий момент не поднимаю руки. Но я не поднял руки не в тот первый момент, когда я спросил себя о свободе. Прошло время, удержать которое было не в моей власти, и та рука, которую я тогда поднял, и тот воздух, в котором я тогда сделал то движение, уже не тот воздух, который теперь окружает меня, и не та рука, которой я теперь не делаю движения. Тот момент, в который совершилось первое движение, невозвратим, и в тот момент я мог сделать только одно движение, и какое бы я ни сделал движение, движение это могло быть только одно. То, что я в следующую минуту не поднял руки, не доказало того, что я мог не поднять ее. И так как движение мое могло быть только одно, в один момент времени, то оно и не могло быть другое. Для того чтобы представить его себе свободным, надо представить его себе в настоящем, в грани прошедшего и будущего, то есть вне времени, что невозможно, и

3) Как бы ни увеличивалась трудность постижения причины, мы никогда не придем к представлению полной свободы, то есть к отсутствию причины. Как бы ни была непостижима для нас причина выражения воли в каком бы то ни было своем или чужом поступке, первое требование ума есть предположение и отыскание причины, без которой немыслимо никакое явление. Я поднимаю руку с тем, чтобы совершить поступок, независимый от всякой причины, но то, что я хочу совершить поступок, не имеющий причины, есть причина моего поступка.

Но даже если бы, представив себе человека совершенно исключенного от всех влияний, рассматривая только его мгновенный поступок настоящего и не вызванный никакой причиной, мы бы допустили бесконечно малый остаток необходимости равным нулю, мы бы и тогда не пришли к понятию о полной свободе человека; ибо существо, не принимающее на себя влияний внешнего мира, находящееся вне времени и не зависящее от причин, уже не есть человек.

Точно так же мы никогда не можем представить себе действия человека без участия свободы и подлежащего только закону необходимости.

1) Как бы ни увеличивалось наше знание тех пространственных условий, в которых находится человек, знание это никогда не может быть полное, так как число этих условий бесконечно велико так же, как бесконечно пространство. И потому как скоро определены не все условия влияний на человека, то и нет полной необходимости, а есть известная доля свободы.

2) Как бы мы ни удлиняли период времени от того явления, которое мы рассматриваем, до времени суждения, период этот будет конечен, а время бесконечно, а потому и в этом отношении никогда не может быть полной необходимости.

3) Как бы ни была доступна цепь причин какого бы то ни было поступка, мы никогда не будем знать всей цепи, так как она бесконечна, и опять никогда не получим полной необходимости.

Но, кроме того, если бы даже, допустив остаток наименьшей свободы равным нулю, мы бы признали в каком-нибудь случае, как, например, в умирающем человеке, в зародыше, в идиоте, полное отсутствие свободы, мы бы тем самым уничтожили самое понятие о человеке, которое мы рассматриваем; ибо как только нет свободы, нет и человека. И потому представление о действии человека, подлежащем одному закону необходимости, без малейшего остатка свободы, так же невозможно, как и представление о вполне свободном действии человека.

Итак, для того чтобы представить себе действие человека, подлежащее одному закону необходимости, без свободы, мы должны допустить знание *бесконечного* количества пространственных условий, *бесконечного* великого периода времени и *бесконечного* ряда причин.

Для того чтобы представить себе человека совершенно свободного, не подлежащего закону необходимости, мы должны представить его себе одного *вне пространства, вне времени* и *вне зависимости от причин.*

В первом случае, если бы возможна была необходимость без свободы, мы бы пришли к определению закона необходимости тою же необходимостью, то есть к одной форме без содержания.

Во втором случае, если бы возможна была свобода без необходимости, мы бы пришли к безусловной свободе вне пространства, времени и причин, которая по тому самому, что была бы безусловна и ничем не ограничивалась, была бы ничто или одно содержание без формы.

Мы бы пришли вообще к тем двум основаниям, из которых складывается все миросозерцание человека, – к непостижимой сущности жизни и к законам, определяющим эту сущность.

Разум говорит: 1) Пространство со всеми формами, которые дает ему видимость его – материя, – бесконечно и не может быть мыслимо иначе. 2) Время есть бесконечное движение без одного момента покоя, и оно не может быть мыслимо иначе. 3) Связь причин и последствий не имеет начала и не может иметь конца.

Сознание говорит: 1) я один, и все, что существует, есть только я; следовательно, я включаю пространство; 2) я меряю бегущее время неподвижным моментом настоящего, в котором одном я сознаю себя живущим; следовательно, я вне времени, и 3) я вне причины, ибо я чувствую себя причиной всякого проявления своей жизни.

Разум выражает законы необходимости. Сознание выражает сущность свободы.

Свобода, ничем не ограниченная, есть сущность жизни в сознании человека. Необходимость без содержания есть разум человека с его тремя формами.

Свобода есть то, что рассматривается. Необходимость есть то, что рассматривает. Свобода есть содержание. Необходимость есть форма.

Только при разъединении двух источников познавания, относящихся друг к другу, как форма к содержанию, получаются отдельно, взаимно исключающиеся и непостижимые понятия о свободе и о необходимости.

Только при соединении их получается ясное представление о жизни человека.

Вне этих двух взаимно определяющихся в соединении своем, – как форма с содержанием, – понятий невозможно никакое представление жизни.

Все, что мы знаем о жизни людей, есть только известное отношение свободы к необходимости, то есть сознания к законам разума.

Все, что мы знаем о внешнем мире природы, есть только известное отношение сил природы к необходимости или сущности жизни к законам разума.

Силы жизни природы лежат вне нас и не сознаваемы нами, и мы называем эти силы тяготением, инерцией, электричеством, животной силой и т.д.; но сила жизни человека сознаваема нами, и мы называем ее свободой.

Но точно так же, как непостижимая сама в себе сила тяготенья, ощущаемая всяким человеком, только настолько понятна нам, насколько мы знаем законы необходимости, которой она подлежит (от первого знания, что все тела тяжелы, до закона Ньютона), точно так же и непостижимая, сама в себе, сила свободы, сознаваемая каждым, только настолько понятна нам, насколько мы знаем законы необходимости, которым она подлежит (начиная от того, что всякий человек умирает, и до знания самых сложных экономических или исторических законов).

Всякое знание есть только подведение сущности жизни под законы разума.

Свобода человека отличается от всякой другой силы тем, что сила эта сознаваема человеком; но для разума она ничем не отличается от всякой другой силы. Сила тяготенья, электричества или химического средства только тем и отличаются друг от друга, что силы эти различно определены разумом. Точно так же сила свободы человека для разума отличается от других сил природы только тем определением, которое ей дает этот разум. Свобода же без необходимости, то есть без законов разума, определяющих ее, ничем не отличается от тяготенья, или тепла, или силы растительности, – она есть для разума только мгновенное, неопределимое ощущение жизни.

И как неопределимая сущность силы, двигающей небесные тела, неопределимая сущность силы тепла, электричества, или силы химического средства, или жизненной силы составляют содержание астрономии, физики, химии, ботаники, зоологии и т.д., точно так же сущность силы свободы составляет содержание истории. Но точно так же, как предмет всякой науки есть проявление этой неизвестной сущности жизни, сама же эта сущность может быть только предметом метафизики, – точно так же проявление силы свободы людей в пространстве, времени и зависимости от причин составляет предмет истории; сама же свобода есть предмет метафизики.

В науках опытных то, что известно нам, мы называем законами необходимости; то, что неизвестно нам, мы называем жизненной силой. Жизненная сила есть только выражение неизвестного остатка от того, что мы знаем о сущности жизни.

Точно так же в истории: то, что известно нам, мы называем законами необходимости; то, что неизвестно, – свободой. Свобода для истории есть только выражение неизвестного остатка от того, что мы знаем о законах жизни человека.

XI

История рассматривает проявления свободы человека в связи с внешним миром во времени и в зависимости от причин, то есть определяет эту свободу законами разума, и потому история только настолько есть наука, насколько эта свобода определена этими законами.

Для истории признание свободы людей как силы, могущей влиять на исторические события, то есть не подчиненной законам, – есть то же, что для астрономии признание свободной силы движения небесных сил.

Признание это уничтожает возможность существования законов, то есть какого бы то ни было знания. Если существует хоть одно свободно двигающееся тело, то не существует более законов Кеплера и Ньютона и не существует более никакого представления о движении небесных тел. Если существует один свободный поступок человека, то не существует ни одного исторического закона и никакого представления об исторических событиях.

Для истории существуют линии движения человеческих воль, один конец которых скрывается в неведомом, а на другом конце которых движется в пространстве, во времени и в зависимости от причин сознание свободы людей в настоящем.

Чем более раздвигается перед нашими глазами это поприще движения, тем очевиднее законы этого движения. Уловить и определить эти законы составляет задачу истории.

С той точки зрения, с которой наука смотрит теперь на свой предмет, по тому пути, по которому она идет, отыскивая причины явлений в свободной воле людей, выражение законов для науки невозможно, ибо как бы мы ни ограничивали свободу людей, как только мы ее признали за силу, не подлежащую законам, существование закона невозможно.

Только ограничив эту свободу до бесконечности, то есть рассматривая ее как бесконечно малую величину, мы убедимся в совершенной недоступности причин, и тогда вместо отыскания причин история поставит своей задачей отыскание законов.

Отыскание этих законов уже давно начато, и те новые приемы мышления, которые должна усвоить себе история, вырабатываются одновременно с самоуничтожением, к которому, все дробя и дробя причины явлений, идет старая история.

По этому пути шли все науки человеческие. Придя к бесконечно малому, математика, точнейшая из наук, оставляет процесс дробления и приступает к новому процессу суммования неизвестных, бесконечно малых. Отступая от понятия о причине, математика отыскивает закон, то есть свойства, общие всем неизвестным бесконечно малым элементам.

Хотя и в другой форме, но по тому же пути мышления шли и другие науки. Когда Ньютон высказал закон тяготения, он не сказал, что солнце или земля имеет свойство притягивать; он сказал, что всякое тело, от крупнейшего до малейшего, имеет свойство как бы притягивать одно другое, то есть, оставив в стороне вопрос о причине движения тел, он выразил свойство, общее всем телам, от бесконечно великих до бесконечно малых. То же делают естественные науки: оставляя вопрос о причине, они отыскивают законы. На том же пути стоит и история. И если история имеет предметом изучения движения народов и человечества, а не описание эпизодов из жизни людей, то она должна, отстранив понятие причин, отыскивать законы, общие всем равным и неразрывно связанным между собою бесконечно малым элементам свободы.

XII

С тех пор как найден и доказан закон Коперника, одно признание того, что движется не солнце, а земля, уничтожило всю космографию древних. Можно было, опровергнув закон, удержать старое воззрение на движения тел, но, не опровергнув его, нельзя было, казалось, продолжать изучение птоломеевых миров. Но и после открытия закона Коперника птоломеевы миры еще долго продолжали изучаться.

С тех пор как первый человек сказал и доказал, что количество рождений или преступлений подчиняется математическим законам и что известные географические и политико-экономические условия определяют тот или другой образ правления, что известные отношения населения к земле производят движения народа, – с тех пор уничтожились в сущности своей те основания, на которых строилась история.

Можно было, опровергнув новые законы, удержать прежнее воззрение на историю, но, не опровергнув их, нельзя было, казалось, продолжать изучать исторические события как произведение свободной воли людей. Ибо если установился такой-то образ правления или совершилось такое-то движение народа вследствие таких-то географических, этнографических или экономических условий, то воля тех людей, которые представляются нам установившими образ правления или возбудившими движение народа, уже не может быть рассматриваема как причина.

А между тем прежняя история продолжает изучаться наравне с законами статистики, географии, политической экономии, сравнительной филологии и геологии, прямо противоречащими ее положениям.

Долго и упорно шла в физической философии борьба между старым и новым взглядом. Богословие стояло на страже за старый взгляд и обвиняло новый в разрушении откровения. Но когда истина победила, богословие построилось так же твердо на новой почве.

Так же долго и упорно идет борьба в настоящее время между старым и новым воззрением на историю, и точно так же богословие стоит на страже за старый взгляд и обвиняет новый в разрушении откровения.

Как в том, так и в другом случае с обеих сторон борьба вызывает страсти и заглушает истину. С одной стороны, является борьба страха и жалости за все, веками воздвигнутое, здание; с другой – борьба страсти к разрушению.

Людям, боровшимся с возникавшей истиной физической философии, казалось, что, признай они эту истину, – разрушается вера в бога, в сотворение тверди, в чудо Иисуса Навина. Защитникам законов Коперника и Ньютона, Вольтеру, например, казалось, что законы астрономии разрушают религию, и он, как орудие против религии, употреблял законы тяготения.

Точно так же теперь кажется: стоит только признать закон необходимости, и разрушатся понятие о душе, о добре и зле и все воздвигнутые на этом понятии государственные и церковные учреждения.

Точно так же теперь, как Вольтер в свое время, непризванные защитники закона необходимости употребляют закон необходимости как орудие против религий; тогда как, – точно так же как и закон Коперника в астрономии, – закон необходимости в истории не только не уничтожает, но даже утверждает ту почву, на которой строятся государственные и церковные учреждения.

Как в вопросе астрономии тогда, как и теперь в вопросе истории, все различие воззрения основано на признании или непризнании абсолютной единицы, служащей мерилом видимых явлений. В астрономии это была неподвижность земли; в истории – это независимость личности – свобода.

Как для астрономии трудность признания движения земли состояла в том, чтобы отказаться от непосредственного чувства неподвижности земли и такого же чувства движения планет, так и для истории трудность признания подчиненности личности законам пространства, времени и причин состоит в том, чтобы отказаться от непосредственного чувства независимости своей личности. Но, как в астрономии новое воззрение говорило: “Правда, мы не чувствуем движения земли, но, допустив ее неподвижность, мы приходим к бессмыслице; допустив же движение, которого мы не чувствуем, мы приходим к законам”, – так и в истории новое воззрение говорит: “И правда, мы не чувствуем нашей зависимости, но, допустив нашу свободу, мы приходим к бессмыслице; допустив же свою зависимость от внешнего мира, времени и причин, приходим к законам”.

В первом случае надо было отказаться от сознания несуществующей неподвижности в пространстве и признать неощущаемое нами движение; в настоящем случае – точно так же необходимо отказаться от несуществующей свободы и признать неощущаемую нами зависимость.

Конец

Несколько слов по поводу книги "Война и мир"

Печатая сочинение, на которое положено мною пять лет непрестанного и исключительного труда, при наилучших условиях жизни, мне хотелось в предисловии к этому сочинению изложить мой взгляд на него и тем предупредить те недоумения, которые могут возникнуть в читателях. Мне хотелось, чтобы читатели не видели и не искали в моей книге того, чего я не хотел или не умел выразить, и обратили бы внимание на то именно, что я хотел выразить, но на чем (по условиям произведения) не считал удобным останавливаться. Ни время, ни мое уменье не позволили мне сделать вполне того, что я был намерен, и я пользуюсь гостеприимством специального журнала для того, чтобы хотя неполно и кратко, для тех читателей, которых это может интересовать, изложить взгляд автора на свое произведение.

1) Что такое "Война и мир"? Это не роман, еще менее поэма, еще менее историческая хроника. "Война и мир" есть то, что хотел и мог выразить автор в той форме, в которой оно выразилось. Такое заявление о пренебрежении автора к условным формам прозаического художественного произведения могло бы показаться самонадеянностью, ежели бы оно было умышленно и ежели бы оно не имело примеров. История русской литературы со времени Пушкина не только представляет много примеров такого отступления от европейской формы, но не дает даже ни одного примера противного. Начиная от "Мертвых душ" Гоголя и до "Мертвого дома" Достоевского, в новом периоде русской литературы нет ни одного художественного прозаического произведения, немного выходящего из посредственности, которое бы вполне укладывалось в форму романа, поэмы или повести.

2) Характер времени, как мне выражали некоторые читатели при появлении в печати первой части, недостаточно определен в моем сочинении. На этот упрек я имею возразить следующее. Я знаю, в чем состоит тот характер времени, которого не находят в моем романе, – это ужасы крепостного права, закладыванье жен в стены, сеченье взрослых сыновей, Салтычиха и т.п.; и этот характер того времени, который живет в нашем представлении, – я не считаю верным и не желал выразить. Изучая письма, дневники, предания, я не находил всех ужасов этого буйства в большей степени, чем нахожу их теперь или когда-либо. В те времена так же любили, завидовали, искали истины, добродетели, увлекались страстями; та же была сложная умственно-нравственная жизнь, даже иногда более утонченная, чем теперь, в высшем сословии. Ежели в понятии нашем составилось мнение о характере своевольства и грубой силы того времени, то только оттого, что в преданиях, записках, повестях и романах до нас доходили только выступающие случаи насилия и буйства. Заключать о том, что преобладающий характер того времени было буйство, так же несправедливо, как несправедливо заключил бы человек, из-за горы видящий одни макушки дерев, что в местности этой ничего нет, кроме деревьев. Есть характер того времени (как и характер каждой эпохи), вытекающий из большей отчужденности высшего круга от других сословий, из царствовавшей философии, из особенностей воспитания, из привычки употреблять французский язык и т.п. И этот характер я старался, сколько умел, выразить.

3) Употребление французского языка в русском сочинении. Для чего в моем сочинении говорят, не только русские, но и французы, частью по-русски, частью по-французски? Упрек в том, что лица говорят и пишут по-французски в русской книге, подобен тому упреку, который бы сделал человек, глядя на картину и заметив в ней черные пятна (тени), которых нет в действительности. Живописец неповинен в том, что некоторым – тень, сделанная им на лице картины, представляется черным пятном, которого не бывает в действительности: но живописец повинен только в том, ежели тени эти положены неверно и грубо. Занимаясь эпохой начала нынешнего века, изображая лица русские известного общества, и Наполеона, и французов, имевших такое прямое уча-

стие в жизни того времени, я невольно увлекся формой выражения того французского склада мысли больше, чем это было нужно. И потому, не отрицая того, что положенные мною тени, вероятно, неверны и грубы, я желал бы только, чтобы те, которым покажется очень смешно, как Наполеон говорит то по-русски, то по-французски, знали бы, что это им кажется только оттого, что они, как человек, смотрящий на портрет, видят не лицо с светом и тенями, а черное пятно под носом.

4) Имена действующих лиц: Болконский, Друбецкой, Билибин, Курагин и др. напоминают известные русские имена. Сопоставляя действующие не исторические лица с другими историческими лицами, я чувствовал неловкость для уха заставлять говорить графа Растопчина с князем Пронским, с Стрельским или с какими-нибудь другими князьями или графами вымышленной, двойной или одинокой фамилии. Болконский или Друбецкой, хотя не суть ни Волконский, ни Трубецкой, звучат чем-то знакомым и естественным в русском аристократическом кругу. Я не умел придумать для всех лиц имен, которые мне показались бы не фальшивыми для уха, как Безухий и Ростов, и не умел обойти эту трудность иначе, как взяв наудачу самые знакомые русскому уху фамилии и переменив в них некоторые буквы Я бы очень сожалел, ежели бы сходство вымышленных имен с действительными могло бы кому-нибудь дать мысль, что я хотел описать то или другое действительное лицо; в особенности потому, что та литературная деятельность, которая состоит в списывании действительно существующих или существовавших лиц, не имеет ничего общего с тою, которою я занимался.

М.Д. Афросимова и Денисов – вот исключительно лица, которым невольно и необдуманно я дал имена, близко подходящие к двум особенно характерным и милым действительным лицам тогдашнего общества. Это была моя ошибка, вытекшая из особенной характерности этих двух лиц, но ошибка моя в этом отношении ограничилась одною постановкою этих двух лиц; и читатели, вероятно, согласятся, что ничего похожего с действительностью не происходило с этими лицами. Все же остальные лица совершенно вымышленные и не имеют даже для меня определенных первообразов в предании или действительности.

5) Разногласие мое в описании исторических событий с рассказами историков. Оно не случайное, а неизбежное. Историк и художник, описывая историческую эпоху, имеют два совершенно различные предмета. Как историк будет неправ, ежели он будет пытаться представить историческое лицо во всей его цельности, во всей сложности отношений ко всем сторонам жизни, так и художник не исполнит своего дела, представляя лицо всегда в его значении историческом. Кутузов не всегда с зрительной трубкой, указывая на врагов, ехал на белой лошади. Растопчин не всегда с факелом зажигал вороновский дом (он даже никогда этого не делал), и императрица Мария Феодоровна не всегда стояла в горностаевой мантии, опершись рукой на свод законов; а такими их представляет себе народное воображение.

Для историка, в смысле содействия, оказанного лицом какой-нибудь одной цели, есть герои; для художника, в смысле соответственности этого лица всем сторонам жизни, не может и не должно быть героев, а должны быть люди.

Историк обязан иногда, пригибая истину, подводить все действия исторического лица под одну идею, которую он вложил в это лицо. Художник, напротив, в самой одиночности этой идеи видит несообразность с своей задачей и старается только понять и показать не известного деятеля, а человека.

В описании самых событий различие еще резче и существеннее.

Историк имеет дело до результатов события, художник – до самого факта события. Историк, описывая сражение, говорит: левый фланг такого-то войска был двинут против деревни такой-то, сбил неприятеля, но принужден был отступить; тогда пущенная в атаку кавалерия опрокинула... и т.д. Историк не может говорить иначе. А между тем для художника слова эти не имеют никакого смысла и даже не затрогивают самого события. Художник, из своей ли опытности или по письмам, запискам и рассказам, выводит свое представление о совершившемся событии, и весьма часто (в примере сражения) вывод о деятельности таких-то и таких-то войск, который позволяет себе делать историк, оказывается противуположным выводу художника. Различие добытых результатов объясняется и теми источниками, из которых и тот и другой черпают свои сведения. Для историка (продолжаем пример сражения) главный источник есть донесения частных начальников и главнокомандующего. Художник из таких источников ничего почерпнуть не может, они для него ничего не говорят, ничего не объясняют. Мало того, художник отворачивается от них, находя в них необходимую ложь. Нечего говорить уже о том, что при каждом сражении оба неприятеля почти всегда описывают сражение совершенно противуположно один другому; в каждом описании сражения есть необходимость лжи, вытекающая из потребности в нескольких словах описывать действия тысячей людей, раскинутых на нескольких верстах, находящихся в самом сильном нравственном раздражении под влиянием страха, позора и смерти.

В описаниях сражений пишется обыкновенно, что такие-то войска были направлены в атаку на такой-то пункт и потом велено отступать и т.д., как бы предполагая, что та самая дисциплина, которая покоряет десятки тысяч людей воле одного на плацу, будет иметь то же действие там, где идет дело жизни и смерти. Всякий, кто был на войне, знает, насколько это несправедливо;[1] а между тем на этом предположении основаны реляции, и на них военные описания. Объездите все войска тотчас после сражения, даже на другой, третий день, до тех пор, пока не написаны реляции, и спрашивайте у всех солдат, у старших и низших начальников о том, как было дело; вам будут рассказывать то, что испытали и видели все эти люди, и в вас образуется величественное, сложное, до бесконечности разнообразное и тяжелое, неясное впечатление; и ни от кого, еще менее от главнокомандующего, вы не узнаете, как было все дело. Но через два–три дня начинают подавать реляции, говоруны начинают рассказывать, как было то, чего они не видали; наконец, составляется общее донесение, и по этому донесению составляется общее мнение армии. Каждому об-

1 После напечатания моей первой части и описания Шенграбенского сражения мне были переданы слова Николая Николаевича Муравьева-Карского об этом описании сражения, слова, подтвердившие мне мое убеждение. Ник.Ник. Муравьев, главнокомандующий, отозвался, что он никогда не читал более верного описания сражения и что он своим опытом убедился в том, как невозможно исполнение распоряжений главнокомандующего во время сражения.

легчительно променять свои сомнения и вопросы на это лживое, но ясное и всегда лестное представление. Через месяц и два расспрашивайте человека, участвовавшего в сражении, – уж вы не чувствуете в его рассказе того сырого жизненного материала, который был прежде, а он рассказывает по реляции. Так рассказывали мне про Бородинское сражение многие живые, умные участники этого дела. Все рассказывали одно и то же, и все по неверному описанию Михайловского-Данилевского, по Глинке и др.; даже подробности, которые рассказывали они, несмотря на то, что рассказчики находились на расстоянии нескольких верст друг от друга, одни и те же.

После потери Севастополя начальник артиллерии Крыжановский прислал мне донесения артиллерийских офицеров со всех бастионов и просил, чтобы я составил из этих более чем 20-ти донесений – одно. Я жалею, что не списал этих донесений. Это был лучший образец той наивной, необходимой военной лжи, из которой составляются описания. Я полагаю, что многие из тех товарищей моих, которые составляли тогда эти донесения, прочтя эти строки, посмеются воспоминанию о том, как они, по приказанию начальства, писали то, чего не могли знать. Все, испытавшие войну, знают, как способны русские делать свое дело на войне и как мало способны к тому, чтобы его описывать с необходимой в этом деле хвастливой ложью. Все знают, что в наших армиях должность эту, составления реляции и донесении исполняют большей частью наши инородцы.

Все это я говорю к тому, чтобы показать неизбежность лжи в военных описаниях, служащих материалом для военных историков, и потому показать неизбежность частых несогласий художника с историком в понимании исторических событий. Но, кроме неизбежности неправды изложения исторических событий, у историков той эпохи, которая занимала меня, я встречал (вероятно, вследствие привычки группировать события, выражать их кратко и соображаться с трагическим тоном событий) особенный склад выспренной речи, в которой часто ложь и извращение переходят не только на события, но и на понимание значения события. Часто, изучая два главные исторические произведения этой эпохи, Тьера и Михайловского-Данилевского, я приходил в недоумение, каким образом могли быть печатаемы и читаемы эти книги. Не говоря уже об изложении одних и тех же событий самым серьезным, значительным тоном, с ссылками на материалы и диаметрально-противуположно один другому, я встречал в этих историках такие описания, что не знаешь, смеяться ли, или плакать, когда вспомнишь, что обе эти книги единственные памятники той эпохи и имеют миллионы читателей. Приведу только один пример из книги знаменитого историка Тьера. Рассказав, как Наполеон привез с собой фальшивых ассигнаций, он говорит: "Relevant l'emploi de ces moyens par un acte de bienfaisance *digne de lui et de l'armée française,* il fit distribuer des secours aux incendiés. Mais les vivres étant trop précieux pour être donnés longtemps à des étrangers, la plupart ennemis, Napoléon aima mieux leur fournir de l'argent, et il leur fit distribuer des roubles papier"[1].

Это место поражает отдельно своей оглушающей, нельзя сказать безнравственностью, но просто бессмысленностью; но во всей книге оно не поражает, так как вполне соответствует общему выспренному, торжественному и не имеющему никакого прямого смысла тону речи.

Итак, задача художника и историка совершенно различна, и разногласие с историком в описании событий и лиц в моей книге – не должно поражать читателя.

Но художник не должен забывать, что представление об исторических лицах и событиях, составившееся в народе, основано не на фантазии, а на исторических документах, насколько могли их сгруппировать историки; а потому, иначе понимая и представляя эти лица и события, художник должен руководствоваться, как и историк, историческими материалами. *Везде, где в моем романе говорят и действуют исторические лица, я не выдумывал, а пользовался материалами, из которых у меня во время моей работы образовалась целая библиотека книг, заглавия которых я не нахожу надобности выписывать здесь, но на которые всегда могу сослаться.*

1 Возмещая употребление этих средств делом благотворительности достойным его и французской армии, он приказал оказывать пособие погоревшим. Но так как съестные припасы были слишком дороги и не представлялось далее возможности снабжать ими людей чужих, и по большей части неприязненных, то Наполеон предпочел оделять их деньгами, и для того были им выдаваемы бумажные рубли.

6) Наконец, шестое и важнейшее для меня соображение касается того малого значения, которое, по моим понятиям, имеют так называемые великие люди в исторических событиях.

Изучая эпоху столь трагическую, столь богатую громадностью событий и столь близкую к нам, о которой живо столько разнороднейших преданий, я пришел к очевидности того, что нашему уму недоступны причины совершающихся исторических событий. Сказать (что кажется всем весьма простым), что причины событий 12-го года состоят в завоевательном духе Наполеона и в патриотической твердости императора Александра Павловича так же бессмысленно, как сказать, что причины падения Римской империи заключаются в том, что такой-то варвар повел свои народы на запад, а такой-то римский император дурно управлял государством, или что огромная срываемая гора упала оттого, что последний работник ударил лопатой.

Такое событие, где миллионы людей убивали друг друга и убили половину миллиона, не может иметь причиной волю одного человека: как один человек не мог один подкопать гору, так не может один человек заставить умирать 500 тысяч. Но какие же причины? Одни историки говорят, что причиной был завоевательный дух французов, патриотизм России. Другие говорят о демократическом элементе, который разносили полчища Наполеона, и о необходимости России вступить в связь с Европою и т.п. Но как же миллионы людей стали убивать друг друга, кто это велел им? Кажется, ясно для каждого, что от этого никому не могло быть лучше, а всем хуже; зачем же они это делали? Можно сделать и делают бесчисленное количество ретроспективных умозаключений о причинах этого бессмысленного события; но огромное количество этих объяснений и совпадение всех их к одной цели только доказывает то, что причин этих бесчисленное множество и что ни одну из них нельзя назвать причиной.

Зачем миллионы людей убивали друг друга, тогда как с сотворения мира известно, что это и физически и нравственно дурно?

Затем, что это так неизбежно было нужно, что, исполняя это, люди исполняли тот стихийный, зоологический закон, который исполняют пчелы, истребляя друг друга к осени, по которому самцы животных истребляют друг друга. Другого ответа нельзя дать на этот страшный вопрос.

Эта истина не только очевидна, но так прирожденна каждому человеку, что ее не стоило бы доказывать, ежели бы не было другого чувства и сознания в человеке, которое убеждает его, что он свободен во всякий момент, когда он совершает какое-нибудь действие.

Рассматривая историю с общей точки зрения, мы, несомненно, убеждены в предвечном законе, по которому совершаются события. Глядя с точки зрения личной, мы убеждены в противном.

Человек, который убивает другого, Наполеон, который отдает приказание к переходу через Неман, вы и я, подавая прошение об определении на службу, поднимая и опуская руку, мы все, несомненно, убеждены, что каждый поступок наш имеет основанием разумные причины и наш произвол и что от нас зависело поступить так или иначе, и это убеждение до такой степени присуще и дорого каждому из нас, что, несмотря на доводы истории и статистики преступлений, убеждающих нас в непроизвольности действий других людей, мы распространяем сознание нашей свободы на все наши поступки.

Противоречие кажется неразрешимым: совершая поступок, я убежден, что я совершаю его по своему произволу; рассматривая этот поступок в смысле его участия в общей жизни человечества (в его историческом значении), я убеждаюсь, что поступок этот был предопределен и неизбежен. В чем заключается ошибка?

Психологические наблюдения о способности человека ретроспективно подделывать мгновенно под совершившийся факт целый ряд мнимо свободных умозаключений (это я намерен изложить в другом месте более подробно) подтверждают предположение о том, что сознание свободы человека при совершении известного рода поступков ошибочно. Но те же психологические наблюдения доказывают, что есть другой род поступков, в которых сознание свободы не ретроспективно, а мгновенно и несомненно. Я, несомненно, могу, что бы ни говорили материалисты, совершить действие или воздержаться от него, как скоро действие это касается одного меня. Я, несомненно, по одной моей воле сейчас поднял и опустил руку. Я сейчас могу перестать писать. Вы сейчас можете перестать читать. Несомненно, по одной моей воле и вне всех препятствий я сейчас мыслью перенесся в Америку или к любому математическому вопросу. Я могу, испытывая свою свободу, поднять и с силой опустить свою руку в воздухе. Я сделал это. Но подле меня стоит ребенок, я поднимаю над ним руку и с той же силой хочу опустить на ребенка. Я *не могу* этого сделать. На этого ребенка бросается собака, я *не могу* не поднять руку на собаку. Я стою во фронте и не могу не следовать за движениями полка. Я не могу в сражении не идти с своим полком в атаку и не бежать, когда все бегут вокруг меня. Я не могу, когда я стою на суде защитником обвиняемого, перестать говорить или знать то, что я буду говорить. Я не могу не мигнуть глазом против направленного в глаз удара.

Итак, есть два рода поступков. Одни зависящие, другие не зависящие от моей воли. И ошибка, производящая противоречие, происходит только оттого, что сознание свободы, законно сопутствующее всякому поступку, относящемуся до моего я, до самой высшей отвлеченности моего существования, я неправильно переношу на мои поступки, совершаемые в совокупности с другими людьми и зависящие от совпадения других произволов с моим. Определить границу области свободы и зависимости весьма трудно, и определение этой границы составляет существенную и единственную задачу психологии; но, наблюдая за условиями проявления нашей наибольшей свободы и наибольшей зависимости, нельзя не видеть, что чем отвлеченнее и потому чем менее наша деятельность связана с деятельностями других людей, тем она свободнее, и наоборот, чем больше деятельность наша связана с другими людьми, тем она несвободнее.

Самая сильная, неразрываемая, тяжелая и постоянная связь с другими людьми есть так называемая власть над другими людьми, которая в своем истинном значении есть только наибольшая зависимость от них.

Ошибочно или нет, но, вполне убедившись в этом в продолжение моей работы, я, естественно, описывая исторические события 1807 и особенно 1812 года, в котором наиболее выпукло выступает этот закон предопределения[1], я не мог приписывать значения деятельности тех людей, которым казалось, что они управляют событиями, но которые менее всех других участников событий вносили в него свободную человеческую деятельность. Деятельность этих людей была занимательна для меня только в смысле иллюстрации того закона предопределения, который, по моему убеждению, управляет историею, и того психологического закона, который заставляет человека, исполняющего самый несвободный поступок, подделывать в своем воображении целый ряд ретроспективных умозаключений, имеющих целью доказать ему самому его свободу.

1 Достойно замечания, что почти все писатели, писавшие о 12 годе, видели в этом событии что-то особенное и роковое.

Примечания

Том третий

С. 9. *...несоблюдение континентальной системы...* – Экономическая блокада Великобритании рядом европейских государств была предпринята по решению наполеоновской Франции для защиты французской экономики от торговой конкуренции и подрыва военного потенциала Великобритании. Россия обязана была примкнуть к континентальной блокаде по условиям Тильзитского мира в 1807 г. Однако соглашение об экономическом бойкоте часто нарушалось как со стороны России, так и деловыми кругами Франции.

Толстой иронизирует над теми историками, которые не называли, по его мнению, главных причин нового военного столкновения России и Франции (см.: А.И. Михайловский-Данилевский. Описание Отечественной войны в 1812 году, ч. I. СПб., 1839, с. 35).

...стоило только Меттерниху... между выходом и раутом... – Во время неофициальных государственных занятий, между делом. Выход – обычно полуденный перерыв в официальных заседаниях, встречах; раут – вечерний прием. Толстой упоминает известных дипломатов Австрии, России и Франции. *Меттерних* Клеменс (1773–1859) с 1809 г. возглавлял Министерство иностранных дел Австрии. *Талейран* Шарль-Морис Перигор (1754–1838) был министром иностранных дел Франции еще при Директории, заменившей монархию, а затем и при Наполеоне (до августа 1807 г.).

С. 10. *...как он и говорил это на острове Св. Елены...* – Мысли, рассуждения, воспоминания Наполеона были записаны его камергером и писателем Лас-Казом в труде “Мемориал Св. Елены”: “Mémorial de Sainte-Hélène suivi de Napoleon dans l’exil par M.M. et de L’Historique” Tt. I–VIII. Paris, 1822–1824. Толстой во время работы над романом пользовался иллюстрированным изданием “Мемориала...” в серии “Le panthéon populaire (Paris, Gustave Barba, Libraire Editeur), выходившим уже в 1850-е годы. Книга Лас-Каза в этом издании с многочисленными пометами Толстого хранится в Ясной Поляне.

...les bons principes... – Под “хорошими принципами” подразумевалась вынашиваемая тогда идея восстановления во Франции прав, законности королевской династии.

...союз России с Австрией в 1809 году не был достаточно искусно скрыт от Наполеона... – Австрия накануне войны с Францией во время секретных переговоров князя Шварценберга с Александром I в апреле 1809 г. добилась согласия на фактический нейтралитет России. Протокол их беседы, хранившийся в Вене и в Петербурге, заменял официальный договор. Россия все же объявила войну Австрии, но не вела против нее активных военных действий.

С. 13. *...как в последнем письме писал ему Александр...* – Речь идет о письме от 13 июня 1812 г., переданном Наполеону через генерал-лейтенанта А.Д. Балашева. (О Балашеве см. прим. к с. 20.)

...движение войск в Пруссию... чтобы достигнуть вооруженного мира... – В апреле 1812 г. корпуса французской армии перешли за реку Одер, наводнили Пруссию, создав непосредственную военную угрозу России.

...и одурманившие почести в Дрездене... – В начале мая 1812 г., когда Александр I был в Вильне, Наполеон прибыл в столицу Саксонии Дрезден, где встретился с новыми союзниками – императором Австрийским с семейством, королем Прусским с наследным принцем и др. “Эти дрезденские торжества, этот огромный съезд вассальных монархов – все это имело смысл грандиозной антирусской демонстрации” (Е.В. Тарле. Сочинения в 12-ти томах, т. VII. М., Изд-во АН СССР, 1959, с. 471).

С. 14. *29-го мая Наполеон выехал из Дрездена...* – Дата приводится по новому стилю. Толстой нарочито удлиняет время пребывания Наполеона в Дрездене.

С. 15. *...как говорит его историк...* – А. Тьер в “Histoire du Consulat et de L'Empire”, t. XIII. Bruxelles, 1856, p. 593.

...в Париже оставалась другая супруга. – За Жозефиной Богарне по настоянию Наполеона сохранялся титул императрицы.

10-го июня он догнал армию... – Дата приводится по старому стилю.

С. 18. *...подозвав к себе Бертье...* – Маршал Луи Бертье (1753–1815) в 1812–1814 гг. был начальником Главного штаба наполеоновской армии.

...Légion d'honneur – орден Почетного легиона.

С. 19. *В трех армиях был в каждой отдельный главнокомандующий...* – 1-ю Западную армию возглавил Барклай де Толли; ему, как военному министру, подчинялся Багратион, командовавший 2-й Западной армией; 3-я армия, прикрывавшая юго-западные области, была под началом генерала от кавалерии А.П. Тормасова (1752–1819).

С. 20. *...генерал-адъютант Балашев, одно из ближайших лиц к государю...* – В 1810 г. А.Д. Балашев (1770–1837) был назначен министром полиции; в том же году стал членом Государственного совета.

С. 22. ...за *секретарем Шишковым...* – А.С. Шишков (1754–1841), адмирал, писатель, член Российской академии, в апреле 1812 г. занял после М. М. Сперанского пост государственного секретаря. Во время войны составлял рескрипты, обращения к населению.

...рескрипт к фельдмаршалу князю Салтыкову... – Генерал-фельдмаршал Н.И. Салтыков (1736–1816) выполнял обязанности председателя Государственного совета и Комитета министров.

...le comte Lauriston... – граф Лористон (Александр-Жак-Бернар Лоу; 1768–1828), французский государственный и военный деятель, дипломат, с 1811 г. – посол в Петербурге.

...le duc de Bassano... – Герцог Бассано (Гюг Бервар-Маре; 1763–1839), с 1811 г. был министром иностранных дел Франции.

С. 23. *...князь Куракин потребовал свои паспорты.* – В апреле 1812 г. А.Б. Куракин (1752–1818), будучи русским послом в Париже, после неудачных переговоров о выводе французских войск из Пруссии 29 апреля (11 мая) 1812 г. потребовал выдать паспорты ему и всему персоналу посольства для возвращения в Россию. Еще раньше, 25 апреля (7 мая) 1812 г., в ноте французскому министру иностранных дел Куракин предупреждал: "...если в совещании со мною, которое вы назначили завтра утром, я, к прискорбию, узнаю, что вы еще не получили наставлений его величества императора и короля, чтобы отвечать на мои представления и заявить, что они будут приняты без изменений... то в таком случае после отъезда императора и короля, который объявлен на завтра, я позволю себе, не надеясь уже получить никакого ответа на мои предложения, считать это нежелание за решимость начать войну, и тогда, считая мое присутствие в Париже совершенно излишнее... я буду вынужден требовать моих паспортов, чтобы оставить Францию" ("Донесения императору Александру Павловичу князя А.Б. Куракина". – "Сборник императорского русского исторического общества", т. 21. СПб., 1877, с, 345).

С. 25. *...но его называли так, и он сам был убежден в этом...* – Иоахим Мюрат (1767–1815), сын трактирщика был провозглашен неаполитанским королем в 1808 г. В одном из вариантов к этому эпизоду Толстой замечал: "...тот самый Мюрат, который так бойко один взял Венский мост и который за все свои услуги Наполеону теперь уже давно был королем Неаполитанского королевства" (Л.Н. Толстой. Полн. собр. соч. в 90-та томах, т. 14, с. 22)[1]. Жена Мюрата – младшая сестра французского императора, Каролина (1782–1839).

С. 28. *Даву* Луи-Никола (1770–1823) – маршал Франции, участник всех наполеоновских войн, командовал корпусом. "Толстой был несправедлив к Даву, – пишет современный историк, – вернее будет сказать, его ввели в заблуждение односторонне враждебные генералу источники. Даву, друг Бурботта (видного якобинца), имевший немалые заслуги в революции, прямой и честный солдат, был одним из самых талантливых полководцев наполеоновской армии" (А.З. Манфред. Наполеон Бонапарт, М., "Мысль", 1973, с. 499).

1 В дальнейшем ссылки на это издание даются с указанием лишь тома и страницы.

...лично выдиравший усы гренадерам... – Факты о зверствах Аракчеева засвидетельствованы многими современниками. Ф.Ф. Вигель, например, так характеризует Аракчеева: "На просторе разъяренный бульдог, как бы сорвавшись с цепи, пустился рвать и терзать все ему подчиненное: офицеров убивал поносными, обидными для них словами, а с нижними чинами поступал совершенно по-собачьи: у одного гренадера укусил нос, у другого вырвал ус, а дворянчиков унтер-офицеров из своих рук бил палкою" (Ф.Ф. Вигель. Записки, ч. 3. М., 1892, с. 14).

Однако эта часть мемуаров не была пропущена цензурой при их первой публикации, совпадающей с периодом работы Толстого над "Войной и миром" (см. журн. "Русский вестник", 1864, № 6, с. 563–564, и первое отдельное издание: Ф.Ф. Вигель. Воспоминания. М., 1864–1865). Толстой мог быть знаком с полным текстом мемуаров или почерпнул эти факты из других источников.

С. 30. *...мамелюка Рустана.* – Телохранитель Наполеона, вывезенный им из Египта. Мамлюки – гвардейцы египетской конницы, разбитой Наполеоном в 1798 г.

С. 31. *Дюрок* Жерар (1772–1813) – первый адъютант Наполеона. Позже – министр французского двора.

Он был в синем мундире... – По замечанию военного историка, Наполеон в официальной обстановке носил мундир гренадера старой гвардии (см: Г.С. Габаев. "Война и мир" с военно-исторической точки зрения. – Отдел рукописей Государственной Публичной библиотеки им. М.Е. Салтыкова-Щедрина, ф. 1001, ед. хр. 269, л. 128). Ср. в вариантах романа: "В коляске сидел император Наполеон, в своей шляпе и мундире старой гвардии..." (т. 14, с. 15).

С. 34. *...говорил он впоследствии.* – Имеются в виду беседы Наполеона с Лас-Казом в ссылке на острове Св. Елены (см. прим. к с. 10). В 1890 г. Толстой писал, что и в последние годы своей жизни Наполеон "играет в величие и сам видит, что не выходит – и... он оказывается совершенным нравственным банкротом..." (т. 65, с. 5).

Говорят, вы заключили мир с турками? – Длительная русско-турецкая война 1806–1812 гг. после решающей победы русской армии, возглавляемой Кутузовым под Рущуком (1811 г.) и благодаря его дипломатическому искусству, завершилась в мае 1812 г. подписанием Бухарестского мирного договора. По договору к России присоединялись Западная Грузия и Бессарабия; Молдавия (Молдова) и Валахия оставались в зависимости от Турции. Наполеон, конечно, был недоволен этой акцией, рассчитывая на продолжение войны между Россией и Турцией.

С. 35. *...окружить себя моими врагами, и кем же?.. Он призвал к себе Штейнов, Армфельдов, Винцингероде, Бенигсенов...* – Прусский министр Генрих Штейн (1757–1831) вместе с Клаузевицем и другими молодыми офицерами строил планы обновления немецкой армии после ее поражения в 1806 г. В 1807 г., будучи главой прусского правительства, провел ряд прогрессивных буржуазных преобразований. В 1808 г. по настоянию Наполеона был уволен в отставку. В мае 1812 г. по приглашению Александра I приехал в Россию. В первоначальных вариантах романа размышления Наполеона о Штейне были пространнее, с психологическими оттенками: “Воспоминание о Штейне потому особенно сильно оскорбило его, что он начал с того, что ошибся в Штейне, – сам считал его за ничтожного человека, рекомендовав его прусскому королю”. “Prenez Stem c'est un homme d'esprit” <“Возьмите Штейна, он человек умный”>, и потом, узнав ненависть Штейна к Франции, подписал в Мадриде декрет, конфискующий все имения Штейна и требующий его выдачи. Оскорбительнее же всего было для Наполеона связанное с именем Штейна воспоминание о том, как он велел взять безвинно сестру Штейна и привезти ее судить в Париж” (т. 14, с. 30). Густав Мориц Армфельт (1757–1814) – шведский генерал и государственный деятель, в 1810 г. ушел со шведской службы и получил русское подданство, вошел в ближайшее окружение Александра I, стал влиятельным советником по скандинавским вопросам, был сторонником русско-шведского союза. Русский и австрийский военный деятель Ф.Ф. Винценгероде на русской службе находился с 1797 г., участвовал в австро-французской войне 1809 г. Л.Л. Бенигсен состоял на службе в русской армии с 1773 г.; он участвовал в дворцовом перевороте 1801 г. (убийство Павла I), его корпус в 1807 г. был разбит под Фридландом, военную карьеру строил на интригах.

С. 36. *Пфуль предлагает...* — Прусский генерал и военный теоретик Карл Людвиг Август Фуль (Phul; 1757–1826). После сражения при Йене, оставив Пруссию, служил в русской армии. По поручению Александра I в 1812 г. разработал первоначальный план военных действий против Наполеона.

Вы разрезаны надвое... — 1-я и 2-я Западные армии были разъединены. Они соединились после отступления к Смоленску.

С. 37. *Их король был безумный; они переменили его...* — В 1810 г. престолонаследником бездетного и престарелого короля Карла XIII шведский риксдаг избрал французского маршала *Бернадота* Жан-Батиста (1763–1844), выходца из третьего сословия. В том же 1810 г. Карл XIII усыновил его под именем Карла Юхана. Став фактически главой государства, Бернадот проводил проанглийскую и прорусскую политику, что привело в конце концов к заключению союзного договора между Швецией и Россией в апреле 1812 г.

...восстановлю против вас ту преграду, которую Европа... позволила разрушить. — Недвусмысленный намек Наполеона на Польшу, которая в последней трети XVIII в. трижды подвергалась разделам между Россией, Пруссией, Австрией. Последние два раздела (1793, 1795 гг.) были проведены во имя укрепления антифранцузской коалиции. По Петербургской конвенции 1810 г. между Францией и Россией Наполеон обязывался никогда не восстанавливать Польское королевство.

С. 39. *Бессьер* Жан-Батист (1768–1813) — французский маршал, из ближайшего окружения Наполеона. В 1812 г. командовал гвардейской кавалерией.

С. 40. *...дорога на Полтаву, которую избрал Карл XII...* — Шведский король хотел пробиться к Москве через Украину и был разбит под Полтавой в 1709 г.

С. 41. *...кофе в севрской чашке...* — Севрский фарфор изготовлялся в г. Севре близ Парижа.

...выгоню из Германии всех его родных... — Мать Александра I Мария Федоровна до замужества — принцесса Софья Вюртембергская; жена Елизавета Алексеевна до замужества — Луиза-Мария-Августа, дочь Баденского маркграфа; сестра Мария была женой герцога Саксен-Веймарского.

С. 43. *...в Молдавскую армию, куда старый генерал назначался главнокомандующим.* – М.И. Кутузов был назначен главнокомандующим Дунайской армии 7 марта 1811 г. Его штаб находился в районе турецкой крепости Рущук.

С. 44. *...в Дрисском лагере...* – Укрепленная позиция близ г. Дриссы на левом берегу Западной Двины. По плану генерала Фуля армия Барклая де Толли, используя эту позицию, могла задержать войска Наполеона, армия же Багратиона – нанести им фланговый удар. Фуль не учитывал возможность разгрома русских армий по отдельности. Толстой не случайно в ряде мест подчеркивает пагубную разобщенность 1-й и 2-й Западных армий.

С. 46. *...о кампании молодого графа Каменского...* – Младший сын фельдмаршала генерал-лейтенант Н.М. Каменский (1776–1811) командовал Дунайской армией до Кутузова. Каменскому удалось захватить ряд важных опорных пунктов турецкой армии, но он не сумел развить свой успех до победы.

С. 47. *...сказку о Синей Бороде...* – Ее автор Ш. Перро (1628–1703), французский поэт и критик.

С. 51. *...генерал-квартирмейстер князь Волконский...* – П.М. Волконский (1776–1852), русский сановник, занимал упомянутый пост в 1810–1812 гг.

...великий князь цесаревич Константин Павлович... – Второй сын (1779–1831) Павла I, участвовал в войнах с Наполеоном. В 1812–1813 гг. командовал гвардией.

...Паулучи – сардинский выходец... – Генерал-адъютант Ф.-О. Паулуччи сначала служил во французской армии. В 1807 г. перешел на службу в русскую армию. В одном из вариантов романа о нем было сказано: "...смел и решителен в речах" (т. 14, с. 41).

Вольцоген Людвиг (1774–1845) – прусский генерал, с 1807 г. состоял на службе в русской армии.

С. 53. *...известная шутка Ермолова... производства его в немцы.* – А.П. Ермолов (1777–1861), участник войн с Наполеоном в 1805–1807 гг., в 1808 г. был произведен в генерал-майоры. Перед Отечественной войной 1812 г. назначен начальником штаба 1-й Западной армии; в противовес другим мнениям доказал необходимость соединения его армии с армией Багратиона. Отрицательно относился к засилью прусских генералов на русской службе. Бездарный Фуль, по его словам, снискал незаслуженную “доверенность, которой весьма легко предаемся мы в отношении к иноземцам...” (А.П. Ермолов. Записки, ч. 1. М., 1865, с. 124).

С. 54. *...как он показал себя в Финляндии.* – Барклай де Толли в мае 1809 г. был назначен первым генерал-губернатором Финляндии после ее присоединения к России в результате русско-шведской войны 1808–1809 гг. Барклай де Толли поддерживал решения сейма, утвердившего автономное положение Великого княжества Финляндского в составе Российской империи. Обязанности генерал-губернатора и главнокомандующего финляндской армией он выполнял до января 1810 г., когда занял пост военного министра России.

С. 57. *...полковник Мишо...* – А.-Ф. Мишо де Боретур (1771–1841), военный инженер, перешедший в 1805 г. из сардинских войск в русскую армию, в инженерный корпус.

С. 58. *Толь К.Ф.* в апреле 1812 г. представил план ведения войны с Наполеоном, предусматривавший оборонительные действия. В Дрисском лагере был генерал-квартирмейстером (в чине полковника).

С. 69. *...подробности Салтановского сражения...* – Произошло 11 (23) июля 1812 г. у деревни Салтановка близ Могилева между отрядом корпуса генерала Н.Н. Раевского (1771–1829) и корпусами Даву и Мортье. Сражение было кровопролитным. Однако Раевскому не удалось пробить брешь в неприятельских войсках для соединения 1-й и 2-й Западных армий.

С. 70. *...Салтановская плотина была Фермопилами русских...* – В битве при Фермопилах (480 г. до н. э.) небольшой отряд спартанцев (триста человек) во главе с царем Леонидом сдерживал в горном проходе натиск многотысячной армии персидского царя Ксеркса. Весь отряд погиб.

...поступок Раевского, который вывел на плотину своих двух сыновей под страшный огонь... – Александра и Николая Раевских. Молва о таком исключительном поступке получила широкое распространение. В.А. Жуковский откликнулся на него в своем знаменитом “Певце во стане русских воинов” (1812). Академия художеств в 1813 г. задала на этот сюжет тему для

исторической картины. Однако сам генерал Н.Н. Раевский отрицал этот факт. К.Н. Батюшков, служивший в 1813 г. адъютантом у Раевского, вспоминает свой разговор с ним "о кампании 1812 года". Раевский уверял Батюшкова, что он не приносил "в жертву" детей своих. "Правда, я был впереди, – говорил Раевский Батюшкову. – Солдаты пятились, я ободрял их. Со мною были адъютанты, ординарцы. По левую сторону всех перебило и переранило, на мне остановилась картечь. Но детей моих не было в эту минуту. Младший сын сбирал в лесу ягоды (он был тогда сущий ребенок, и пуля ему прострелила панталоны); вот и все тут, весь анекдот сочинен в Петербурге. Твой приятель (Жуковский) воспел в стихах. Граверы, журналисты, нувеллисты воспользовались удобным случаем, и я пожалован Римлянином" (К.Н. Батюшков. Сочинения, т. II СПб., 1885, с. 328). Это свидетельство из "Записной книжки" Батюшкова не было известно Толстому в годы работы над "Войной и миром". Но он, не отрицая героизма Н. Н. Раевского и его сыновей, относил рассказанный эпизод к числу малоправдоподобных или безрассудных. Об этом же свидетельствует сохранившийся черновой набросок этой сцены: "Ростов понимал, что у Салтановской Раевский с сыновьями – фарс, но молчал. Лгание Муция Сцеволы до сих пор не обличено" (т. 13, с. 37).

С. 76. *...адъютант графа Остермана-Толстого...* – Генерал А.И. Остерман-Толстой (1770–1857) командовал дивизией в войне с Францией в 1805–1807 гг. В 1812 г. он возглавлял пехотный корпус 1-й Западной армии. В бою под Островной задержал продвижение корпуса Мюрата.

С. 78. *...Ростов, как на травлю, смотрел...* – В одном из вариантов этой сцены Толстой писал, что Ростов находился в "охотничьем состоянии" (т. 14, с. 45).

С. 83. *...Метивье и Феллер не поняли, а Фриз понял, и Мудров...* – По-видимому, имена врачей, из которых особенно известным был М.Я. Мудров (1776–1831) – профессор кафедры патологии и терапии, директор Московского клинического института.

С. 86. *В конце Петровского поста...* – Петров пост заканчивается 28 июня, накануне дня Петра и Павла.

С. 89. *...у графа Растопчина.* – Ф.В. Ростопчин в мае 1812 г. был назначен генерал-губернатором (с правом главнокомандующего) Москвы.

...в домовую церковъ Разумовских. – Разумовские – графская семья, возвысившаяся при Елизавете Петровне. Алексей и Андрей Разумовские при Александре I принимали активное участие в государственных делах.

С. 90. *...из-под стихаря...* – парчовой одежды священнослужителей.

“Миром, – все вместе...” – общиной, обществом. В одном из черновых вариантов романа Толстой, передавая ощущения Наташи, писал: “Она любила слышать: “Миром господу помолимся”, думая, как она соединяет себя в одно с миром кучеров и прачек...” (т. 14, с. 52).

С. 91. *Орарь* – дьяконское облачение, перевязь с крестами по левому плечу.

С. 92. *“Господи боже сил, боже спасения нашего, – начал священник...”* – Начало и далее продолжение “Молитвы об изгнании врагов”, сочиненной Ф.В. Ростопчиным (см.: “Ростопчинские афиши”. СПб., 1889, с. 28).

...Моисею на Амалика... – По библейской легенде, пророк Моисей завещал евреям по приобретении оседлости пойти войною на хищническое племя амалекитян, потомков Амалека (Амалика), совершавших набеги на Палестину.

...Гедеону на Мадиама... – По библейской Книге Судей, судья израильтян “отважный воин” Гедеон освободил их из-под ига мадианитян, потомков Мидиана (Мидиама).

...Давиду на Голиафа. – По библейскому преданию, в XI в. до н. э. иудейский царь Давид убил в единоборстве великана Голиафа.

С. 95. *...из Апокалипсиса Иоанна Богослова...* – “Откровение апостола Иоанна Богослова” – древний памятник раннехристианской литературы (середина 68 – начало 69 г. н.э.). “Откровение”, якобы полученное Иоанном Богословом от бога, – предвестие о “конце света”, когда Христос, победив Антихриста, свершив суд над “злыми и грешными”, установит “царство божие” на земле.

С. 96. *Предсказание это...* – Это “пророческое предсказание” действительно бытовало в среде дворянского общества в предвоенный период: “В самом имени Наполеона, переложенном в цифры по еврейскому счислению, мнили отыскать зверя (Антихриста), означенного в Апокалипсисе числом 666; а так как в другом месте Апокалипсиса определен был предел славы этого зверя числом 42, то надеялись, что 1812 год, в котором Наполеон имел от рода 43 года, будет временем его падения” (М.И. Богданович. История Отечественной войны 1812 года, по достоверным источникам, т. I. СПб., 1859, с. 92).

С. 97. *...и свою последнюю афишу.* – Обращения к народу Ростопчина печатались в “Московских ведомостях”, вывешивались в людных местах города и разносились, подобно театральным афишам, по домам городской знати. Эти афиши, рассчитанные на малограмотного обывателя, носили демагогический характер (см. об этом: А.Г. Тартаковский. Военная публицистика 1812 года. М., “Мысль”, 1967, с. 58).

С. 101. *...это шампиньон...* – Здесь – каламбур: шпион – шампиньон.

Князь Голицын... по-русски учится... – вероятно, генерал-лейтенант Б.В. Голицын (1769–1813). Накануне Отечественной войны находился в отставке, затем вновь вернулся в армию. Именно о нем пишет в своих “Записках” С. Глинка: “...Борис Владимирович приступил к переучению самого себя!.. Князь убедил профессора *Мерзлякова* преподавать ему русскую словесность, а студента *Калайдовича* русскую историю; а меня просил как можно более помещать в *“Русском вестнике”* статей о древней и новой России... Кроме учения русской словесности и истории Отечественной, *Русский ученик* завел у себя *Русские вечера.* Съезжались; читали все русское... Борис Владимирович настоятельно просил, чтобы останавливали его, когда к русскому примешает французское” (“Записки о 1812 годе Сергея Глинки, первого ратника Московского ополчения”. СПб., 1836, с. 322–323).

С. 109. *...Валуев сказал...* – Сенатор, камергер П.С. Валуев (1743–1814), главноначальствующий экспедицией Кремля.

...государь велел подать себе тарелку бисквитов и стал кидать бисквиты с балкона. – Князь П.А. Вяземский выступил с опровер-

жением этого эпизода в статье "Воспоминания о 1812 годе" ("Русский архив", 1869, № 1). Толстой просил редактора "Русского архива" П.И. Бартенева напечатать и его "объяснение", в котором писал: "Князь Вяземский в № "Русского архива" обвиняет меня в клевете на характер и<мператора> А<лександра> и в несправедливости моего показания. Анекдот о бросании бисквитов народу почерпнут мною из книги Глинки..." (т. 61, с. 212). Бартенев этого эпизода в "Записках о 1812 годе Сергея Глинки, первого ратника Московского ополчения" не нашел и "объяснение" Толстого не напечатал. Однако Толстой в новом письме Бартеневу настаивал на истинности эпизода (т. 61, с. 214). Б.М. Эйхенбаум нашел схожий эпизод в книге А. Рязанцева "Воспоминания очевидца о пребывании французов в Москве в 1812 г." (М., 1862): "...император, заметив собравшийся народ, с дворцового парапета смотревший в растворенные окна на царскую трапезу, приказал камер-лакеям принести несколько корзин фруктов и своими руками с благосклонностью начал их раздавать народу". Исследователь считает, что Толстой "описывал эту сцену на память и: заменил фрукты бисквитом" (см. коммент. Б.М. Эйхенбаума. – Л.Н. Толстой. Война и мир, т. III–IV. Л., 1935, с. 692).

С. 110. *...у Слободского дворца...* – Один из дворцов в Лефортове в Москве.

С. 115. *Глинка* С.Н. (1776–1847) – издавал "Русский вестник" 1808–1820, 1824 гг. В период наполеоновского нашествия журнал поддерживал патриотическое воодушевление русских, хотя в то же время отстаивал монархические позиции. Четверть подписчиков "Русского вестника" накануне 1812 г. падала на долю жителей Москвы.

С. 117. Дмитриев-*Мамонов* М.А. (1790–1863) – сын фаворита Екатерины II. Поэт, публицист; был близок к масонским кругам. Полк Мамонова под его командованием участвовал в 1812 г. в ряде сражений.

С. 119. *...все усилия со стороны русских... что одно могло спасти Россию...* – Имеются в виду стратегические просчеты русского командования накануне войны. В вариантах романа мысль эта была выражена в более прямой форме: "Мы раздробляем на маленькие кусочки свою вдвое слабейшую армию и держимся плана Пфуля. Армии наши разрезаны. Мы стремимся соединить их и для соединения принуждены отступать" (т. 14, с. 61–62).

...авторы французы... – Речь идет о сочинениях А. Тьера, дневниках генерала Раппа, дипломата Жозефа де Местра и др.

...а авторы русские... план скифской войны заманивания Наполеона в глубь России... – М. Богданович в главе "Первоначальный план действия русских войск" своей "Истории Отечественной войны 1912 года..." излагает планы ведения "оборонительной" войны различных военных теоретиков, бывших на русской службе: французского эмигранта графа д'Алонваля, генерала Толя, Фуля, Барклая де Толли. Историк войны 1812 г. подтверждает, что "идеи "скифской войны" были широко распространены в России еще до 1812 года" (В. В. Пугачев. Толстой об отступлении русской армии в 1812 году и историческая действительность. – Сб.: "Л.Н. Толстой. Статьи и материалы", V. Горький, 1963, с. 197).

С. 121. *...не может даже представиться воображению императора...* – Это суждение Толстого, по всей видимости, было подсказано письмом Александра I Барклаю де Толли. "Я не могу умолчать, – писал император, – что хотя по многим причинам и обстоятельствам при начатии военных действий нужно было оставить пределы *Нашей* земли, однако же не иначе, как с прискорбием должен был видеть, что сии отступательные движения продолжались до Смоленска... Я с нетерпением ожидаю известий о ваших наступательных движениях..." (М. И. Богданович. История Отечественной войны 1812 года..., т. 1, с. 224–225).

...Барклай де Толли, непопулярный немец... – Барклай де Толли происходил из старинного шотландского рода, переселившегося в Ригу в XVII в. Однако в русском обществе его, как человека иноземного происхождения, причисляли к "немцам". Пушкин, например, вспоминал вражду Константина Павловича, великого князя, "с немцем Барклаем" (А. С. Пушкин. Собр. соч. в 10-ти томах, т. 9. М., 1977, с. 205). К тому же Барклай де Толли проводил непопулярную, но верную стратегию отступления.

С. 123. *Любомирский, Браницкий, Влоцкий...* – Князь К.К. Любомирский (1786–1870) – в 1812 г. флигель-адъютант Александра I; В.К. Браницкий (1782–1843) – офицер из свиты Александра I; Влоцкий – генерал-адъютант Александра I.

Он пишет Аракчееву... – Имеется в виду письмо Багратиона от 29 июля 1812 г. (см.: М.И. Богданович. История Отечественной войны 1812 года..., т. II, с. 502–503).

...дивизию Неверовского... – русского генерала Д.П. Неверовского (1771–1813).

С. 131. *И ему представился Дунай... в расписной шатер Потемкина...* – Князь Болконский мог вспоминать свое участие в русско-турецкой воине 1768–1774 гг. в пору, когда Г.А. Потемкин, получивший чин генерала, покровительствовал молодым офицерам.

Матушка-императрица – Екатерина II (1729–1796).

Зубов П.А. (1767–1822) – последний из могущественных фаворитов Екатерины II.

С. 132. *Земский* – старший писарь при вотчинной конторе.

С. 133. *...у дворника Ферапонтова...* – содержателя постоялого двора.

С. 135. *...барону Ашу...* – К.И. Аш в 1807–1822 гг. был смоленским губернатором.

С. 136. *Предписание Барклая де Толли...* – от 19 июля 1812 г. (см.: М.И. Богданович. История Отечественной войны 1812 года..., т. I, с. 530).

С. 137. *...их в реку Марину загнал, тысяч осьмнадцать...* – Имеется в виду успешная атака казачьих полков Платова 7 июля 1812 г. у реки Мерейки в Смоленской губернии.

С. 141. *...во фризовой шинели...* – Фриз – дешевый сорт толстого сукна или байки с ворсом.

С. 144. *...по английскому парку.* – Тип парка, в котором деревья посажены свободными группами, не по геометрическим линиям.

С. 148. *...князь Багратион... писал следующее...* – Толстой использует с сокращениями письмо Багратиона, опубликованное М.И. Богдановичем в “Истории Отечественной войны...” (т. II. СПб., 1859, с. 504–505).

С. 149. *Ретирадою.* – См. прим. к с. 456, т. I–II.

С. 151. *...императрицы-матери.* – Марии Федоровны.

...как говорит Плутарх о древних. – Плутарх (ок. 46–ок. 127 гг.) – греческий философ, автор сочинения "Сравнительные жизнеописания", в котором даются образцы характеров греков и римлян, достойных подражания.

Один из гостей, известный под именем... – Б.М. Эйхенбаум высказал предположение, что нижеследующий диалог "гостя" с князем Василием воссоздан на материале дипломатического донесения французского дипломата и писателя Жозефа де Местра от 2(14) сентября 1812 г. (см.: Л.Н. Толстой. Война и мир, т. III–IV. Л., 1935, с. 695).

С. 152. *Но 8 августа был собран комитет из генерал-фельдмаршала Салтыкова, Аракчеева, Вязьмитинова, Лопухина и Кочубея...* – Чрезвычайный комитет по избранию главнокомандующего заседал 5 августа 1812 г. под руководством председателя Государственного совета и Комитета министров Н.И. Салтыкова. С.К. Вязмитинов в 1812 г. был управляющим Министерства полиции; П.В. Лопухин (1744–1827) – бывший председатель Государственного совета и Комитета министров.

С. 153. *Кутузов – фельдмаршал.* – 8 августа 1812 г. Кутузов был назначен главнокомандующим русской армией; чин фельдмаршала он получил после Бородинского сражения.

Joconde – "Жоконда", стихотворная сказка Ж. Лафонтена (1621–1695), вольного содержания.

С. 155. *...у Царева-Займища...* – Село, находящееся недалеко от Гжатска, на реках Сеже и Любигости.

...в форме китайских пагод!.. – то есть буддийских храмов.

...Наполеон верхом ехал на своем соловом англизированном иноходчике... – желтоватой масти с светлыми подрезанными хвостом и гривой.

С. 156. *...говорит Тьер, рассказывая этот эпизод.* – См. его "Histoire du Consulat et de L'Empire", t. XIV, p. 321.
Этот же эпизод впоследствии расшифровал Н.Н. Гусев. Он писал: "Случай с поимкой двух русских солдат на переходе из Вязьмы к Цареву-Займищу был взят Тьером из не опубликованных в то время записок французского посла в Петербурге

Коленкура... Оказалось, что у Коленкура нет ни слова о том изумлении, которое будто бы почувствовал русский казак при виде Наполеона. Коленкур рассказывает, что были взяты в плен двое: повар Платова, негр, и казак, отбившийся от русского арьергарда... О впечатлении, которое произвел Наполеон на казака, Коленкур не упоминает" (Н. Н. Гусев. Историческая правда "Войны и мира". – "Литературная газета", 1938, 10 сентября).

С. 160. *...разбитый параличом, старый князь три недели лежал в Богучарове...* – Сопоставление дат кончины князя (15 августа) и случившегося с ним удара (около 10 августа) обнаруживает неточность в отмеченной фразе. Это объясняется тем, что Толстой, считаясь с фактами движения в глубь России французских войск, был поставлен в жесткие рамки исторических событий. С другой стороны, для характеристики окружения умирающего князя, особенно княжны Марьи, требовалась большая протяженность во времени. В первоначальной редакции романа кончина князя после паралича была мгновенной, его хоронили 11 августа (т. 14, с. 82, 168); затем был промежуточный вариант: "Князь в Богучарове, несмотря на помощь доктора, оставался более двух недель все в том же положении" (там же, с. 165); в окончательном тексте появляются "три недели".

С. 168. *...заглазное именье...* – Так назывались имения, в которых помещик не жил.

...Петре Федоровиче, при котором все будет вольно... – Речь идет о Петре III (1728–1762). Дворцовый переворот 1762 г., который привел к власти Екатерину II, породил необоснованные слухи о том, что Петр III был свергнут дворянами за стремление освободить крестьян.

С. 169. *...к переселению на какие-то теплые реки.* – По-видимому, имеются в виду факты массового бегства крепостных на "свободные" земли Северного Кавказа, Молдавии.

С. 170. *...ни одной копны ужина хлеба...* – Хлеб сжатый, еще не обмолоченный.

С. 171. *...двести тридцать тягол...* – Тягло – рабочая единица в крестьянстве, состоявшая обычно из мужа и жены. Большая семья состояла из нескольких тягол.

С. 174. *Плерезы* – траурные нашивки на платье.

С. 180. *Месячина* – ежемесячное продовольственное содержание дворовых, не имевших своего полевого хозяйства.

С. 185. *...лошадей в изволок...* – то есть на пригорок.

С. 190. *...гладуха своего...* – упитанного дородного детину.

С. 191. *Рундук* (или ларь) – см. прим. к с. 424 т. I–II.

С. 198. *Коновницын* П.П. (1764–1822) – в 1812 г. командовал 3-й пехотной дивизией, после Бородинского сражения выполнял обязанности дежурного генерала штаба армии (то есть начальника штаба армии).

С. 201. *..."Рыцари Лебедя", сочинение madame de Genlis...* – Речь идет о нравоучительном романе, или "исторической сказке", как значилось на титуле при первой его публикации (Гамбург, 1795), французской писательницы Жанлис.

С. 202. *Если бы Каменский не умер...* – В марте 1811 г. Кутузов был назначен главнокомандующим Дунайской армией вместо заболевшего и вскоре умершего Н.М. Каменского.

...на Рущук солдат послал... – Турецкая крепость, которую безуспешно осаждал Н.М. Каменский в июле 1810 г. была занята русскими в сентябре того же года.

С. 205. *...целовальника и московского мещанина Карпушки Чигирина... на тычке...* – Героем афиш Ф.В. Ростопчина был продавец вина (целовальник) Карнюшка Чихирин. Толстой цитирует текст лубочной картины от 1 июля 1812 г. Тычек – сибирское название кабака.

...буриме Василия Львовича Пушкина. – Дядя А.С. Пушкина, поэт карамзинского направления В.Л. Пушкин (1770–1830) славился искусством писать шутливые стихотворения на заданные, неожиданные, не связанные по смыслу рифмы.

...лодкой Харона. – По древнегреческой мифологии, перевозчик Харон переправлял через реки подземного царства души умерших.

...нащипанной корпии... – Нащипанные из тряпок нитки употреблялись при перевязках.

С. 207. *...я не Иоанна д'Арк и не амазонка.* – Жанна д'Арк (ок. 1412–1431 гг.) возглавила патриотическую борьбу французов против англичан в годы Столетней войны. Церковные власти объявили ее еретичкой, колдуньей, и она была сожжена на костре на площади в Руане. Амазонки – в греческой мифологии женщины-воительницы.

С. 209. *...граф Витгенштейн победил французов...* – П. Х. Витгенштейн (1768–1842) в 1812 г. командовал 1-м отдельным корпусом, прикрывавшим Петербург; нанес ряд чувствительных ударов французской армии в июле 1812 г. в сражении у Клястиц, в августе – под Полоцком. Эти успехи накануне решающих боев сделали имя Витгенштейна популярным в России, Пушкин в первом своем печатном стихотворном послании "К другу стихотворцу" (1814) писал:

Хорошие стихи не так легко писать,
Как Витгенштейну французов побеждать.

С. 211. *...на съезжую...* – здесь – полицейский участок.

...Пьер... поехал в село Воронцово смотреть большой воздушный шар... – Эпизод этот описан многими современниками; более полно – М. Богдановичем: "Еще в то время, когда Наполеонова Большая армия подходила к Смоленску, явился к московскому главнокомандующему уроженец голландский, Смид (Франц Леппих), предложивший построить огромный воздушный шар, который, по уверению изобретателя, мог быть вооружен огнестрельными снарядами, вроде боевых ракет, и послужить к истреблению неприятеля; сотрудником его в этом предприятии был доктор медицины Шефлер из Вюрцбурга.

...Множество рабочих и работниц занимались этим делом под руководством Смида в селе Воронцове, в шести верстах от Москвы, по Калужской дороге, где находилась команда из 160 человек пехоты и нескольких драгун, для недопущения любопытных и для охранения Смида от злонамеренных покушений. Сам *государь*, в письме к Московскому военному губернатору, повелел оказывать Леппиху все нужные пособия, составить для шара экипаж из способных и усердных людей и войти в сношения с князем Кутузовым насчет употребления летучей машины. Но, по-видимому, полиция не весьма заботилась о сохранении в тайне замысловатого предприятия. Вся Москва заговорила о нем; многие обращали его в шутку...

Небольшой шар действительно поднялся, что не удивило никого из присутствующих при опыте; самая же машина упорно оставалась на месте, но Смид, не теряя самоуверенности, продолжал работы. Наконец, когда неприятель уже подходил к Москве, большой шар со всеми принадлежавшими к нему снадобьями и рабочими был перевезен на ста тридцати подводах в Нижний Новгород" (М.И. Богданович. История Отечественной войны 1812 года..., т. II, с. 284–265).

С. 216. *...не подошел еще Милорадович с ополчением...* – В начале Отечественной войны М.А. Милорадович руководил формированием резервных войск в районе Калуги, Волоколамска, Москвы. Присоединился к главным силам около Гжатска 19 августа 1812 г.

С. 217. *...Кутузов в донесении своем... называет Шевардинский редут левым флангом позиции.* – Кутузов, действительно, писал 27 августа 1812 г.: "После донесения моего о том, что неприятель 24-го числа производил атаку важными силами на левый фланг нашей армии..." (М.И. Богданович. История Отечественной войны 1812 года..., т. II, с. 229).

...позиция была избрана по реке Колоче... – Это утверждение Толстого показалось убедительным ряду историков войны 1812 г. Так М.И. Драгомиров писал: "Мнение автора, что позицию предполагалось сначала занять по Колоче, до самого Шевардина, заслуживает весьма серьезного внимания: там, где дело идет о верности взгляда (но не вывода), гр. Толстой редко ошибается. Мы положительно склоняемся в пользу мнения его о том, что первоначально в мысли верховных руководителей нашей армии было принять бой, прикрывая позицию Колочей на всем протяжении: склоняемся потому в особенности, что с принятием его многое, не разъясненное до сих пор в нашем расположении, совершенно осмысливается... Донесения некоторых деятелей, прямо называвших Шевардино левым флангом позиции, свидетельствуют также в пользу предположения гр. Толстого" (М.И. Драгомиров. Очерки. Киев, 1898, с. 73, 75).

С. 218. *...и заняли новую позицию, которая была не предвидена и не укреплена.* – К этой мысли склонялся и М.И. Богданович (см.: "История Отечественной войны 1812 года...", т. II, с. 140, 226).

...план предполагаемого сражения и происшедшего сражения будет следующий... – Для наброска "плана" Толстой не ограничился критическим анализом исторических источников. В сентябре 1867 г. он выезжал осматривать поле Бородинского сражения. Его шурин Степан Берс вспоминал: "Два дня Лев Николаевич ходил и ездил по той местности, где за полстолетий до того пало более ста тысяч человек, а теперь красуется великолепный памятник с золотыми надписями. Он делал свои заметки и рисовал план сражения, напечатанный впоследствии в романе "Война и мир". Хотя он и рассказывал мне кой-что и объяснял, где стоял во время сражения Наполеон, а где Кутузов, я не сознавал тогда всей важности его работы... Я помню, что на месте и в пути мы разыскивали стариков, еще живших в эпоху Отечественной войны и бывших свидетелями сражения. По дороге в Бородино нам сообщили, что сторож памятника на Бородинском поле был участником Бородинской битвы и как заслуженный солдат получил это место. Оказалось, что старик скончался за несколько месяцев до нашего приезда. Лев Николаевич досадовал" ("Л.Н. Толстой в воспоминаниях современников", т. I М., 1978, с. 192).

С. 219. *Действия Понятовского против Утицы и Уварова на правом фланге...* – Военные историки полагают, что действия польского корпуса генерала Юзефа Понятовского (1763–1813), союзника Наполеона, племянника короля Станислава-Августа, и кавалерийского корпуса генерала Ф.П. Уварова были связаны с общим ходом сражения. Понятовский на короткое время занял Утицу, оттеснив корпус Н.А. Тучкова. Полки Уварова и Платова по приказу Кутузова нанесли удар по левому флангу французской армии (см.: М.И. Богданович. История Отечественной войны 1812 года..., т. II, с. 193–194, 206–208).

С. 222. *...одно слово – Москва.* – В севастопольских рассказах Толстой пояснял, что во многих армейских полках офицеры называют солдата *Москва* или еще присяга.

Здесь же слово *Москва* имеет более широкий, многозначный смысл: и солдаты, и ополченцы, весь народ, вся Россия.

В таком же значении слово *Москва* употребляется в солдатских толках накануне Аустерлицкого сражения.

С. 226. *За турами ехать надо...* – Круглые корзины без дна, применявшиеся для земляных укреплений.

С. 227. *Матушку несут!.. Иверскую!..* – Икона по имени Иверского монастыря на Афоне. В 1648 г. в Москву была доставлена ее копия и помещена в часовне у Воскресенских ворот Китай-города.

С. 230. *Кайсаров* П.С. (1783–1844) – участник войн с Наполеоном. В 1812 г. в звании полковника был дежурным генералом 1-й и 2-й армий.

С. 232. *Андрея Сергеича Кайсарова...* – А.С. Кайсаров (1782–1813) – публицист, писатель, филолог. В 1811–1812 гг. состоял профессором Дерптского университета. В начале Отечественной войны создал в действующей армии полевую типографию, составлял тексты листовок, выпустил газету "Россиянин", всячески популяризируя деятельность Кутузова.

...как стихи-то Марина?.. Что на Геракова написал... – Кутузов в романе вспоминает шуточные стихи С.Н. Марина, придворного поэта, флигель-адъютанта Александра I, на Г.В. Геракова – преподавателя истории в Сухопутно-шляхетском кадетском корпусе, плодовитого, но бездарного сочинителя. Кутузов в 1795–1797 гг. был директором этого кадетского корпуса и знал Геракова. В стихотворении "На рождение молодого грека", написанном в подражание оде Г.Р. Державина "На рождение в Севере порфирородного отрока" (в честь Александра I), Марин писал, имея в виду Геракова:

Будешь, будешь, сочинитель,
Век писать ты будешь вздор;
Будешь в корпусе учитель,
А потом будешь майор!
Будешь – и судьбы гласили
Ростом двух аршин с вершком.

Стихотворение ходило во многих списках, имело другие варианты. Один из них:

Будешь, будешь, сочинитель
И читателей тиран,
Будешь в корпусе учитель,
Будешь вечный капитан.

По всей вероятности, Толстой использует пародию Марина

для того, чтобы намекнуть на свое отношение не столько к Гуракову, сколько к Александру I. "Стихи Марина косвенным образом напоминают читателю о взаимоотношениях императора Александра I и Кутузова, о их различном отношении к предстоящему сражению... Происходит своеобразная перерисовка пародийной направленности оды Марина. Возникает ситуация, которая возвращает оде ее первоначальный державинский адрес, сохраняя при этом пародийный характер марийской оды" (Т.П. Герасимова. Стихи С.Н. Марина в романе "Война и мир". – Сб.: "Лев Толстой и русская литература". Горький, 1976, с. 85–86).

С. 242. *Клаузевиц* Карл (1780–1831) – немецкий военный теоретик, прусский генерал. Участвовал в войне с Францией в 1806–1807 гг., принимал активное участие в подготовке реорганизации армии. Весной 1812 г. уехал из Пруссии и поступил на русскую службу. Во время Отечественной войны был квартирмейстером кавалерийского корпуса П.П. Палена, затем – Ф.П. Уварова. В военно-исторических трудах большое внимание обращал на соотношение наступления и обороны, материальные, географические, моральные факторы.

С. 243. *Он понял ту скрытую (latente), как говорится в физике, теплоту...* – Толстой имеет в виду понятие, которое позже получило определение внутренней энергии тела, зависящей только от его внутреннего состояния. На эту тему во "Второй русской книге для чтения" он написал рассуждение "Тепло" (т. 21, с. 173–174). Это физическое определение переводится Толстым в сферу общественных отношений. "Скрытая теплота патриотизма" является, по мысли писателя, неотъемлемой чертой русского национального характера и объясняет в конечном итоге причины победы России над Наполеоном.

С. 244. *...эти вестфальцы и гессенцы, которых ведет Наполеон...* – В 1807 г. Наполеон на территории Германии образовал Вестфальское королевство, включив в него, кроме собственно Вестфалии, территории Гессена и других земель. Королевство находилось под управлением его младшего брата Жерома Бонапарта. В армии Наполеона числилось 27 000 вестфальских солдат.

С. 246. *Beausset... Fabvier...* – Луи Боссе (1770–1835) – писатель и камергер Наполеона; Чарльз Фабвье (1783–1855) – адъютант при главной квартире французской армии.

С. 248. *...дравшихся при Саламанке...* – Город в Испании, где 22 июля 1812 г. французские войска потерпели поражение.

С. 249. *...написанный Жераром портрет мальчика...* – Франсуа Жерар (1779–1837) – художник, портретист, близкий к придворным кругам Франции. Его кисти принадлежит портрет Жозефа-Франсуа Шарля (1811–1832), сына Наполеона, которому при его рождении был дан титул короля Рима.

...в Сикстинской мадонне... – Знаменитая картина итальянского художника Рафаэля (1483–1520), написанная в 1515–1519 гг.

...в бильбоке. – Игрушка: чашечкой на палочке ловят шарик, подбрасывая его.

С. 250. *В приказе было...* – Эта же часть приказа воспроизведена М.И. Богдановичем в “Истории Отечественной войны 1812 года...”, т. II, с. 173.

С. 252. *...генерала Компана...* – Граф Жан-Доминик Компан (1769–1845) командовал 5-й пехотной дивизией в корпусе Даву.

Герцог Эльхингенский, то есть Ней... – Мишель Ней (1769–1815) получил названный титул после успешных действий под Ульмом (1805 г.). В Бородинском сражении командовал центром наполеоновской армии, атаковавшей Семеновские флеши.

Диспозиция... была следующая... – Далее приводится текст из книги М.И. Богдановича (“История Отечественной войны 1812 года...”, т. II, с. 166–168).

Пернетти Жозеф (1766–1856) – в Бородинском сражении командовал артиллерией 1-го корпуса.

...дивизии Десcе и Фриана... – Граф Жозеф Дессе (1764–1831), граф Лук Фриан (1758–1829) – французские генералы, оба они участвовали в наполеоновских войнах 1805–1807, 1809 гг.

С. 253. *...генерал Фуше...* – де Карейль-Луи-Франсуа Фуше (1762–1835).

...с дивизиями Морана и Жерара... – Дивизия Луи-Шарля Мора-

на (1771–1835) при переправе через Неман, в начале нашествия, первой вступила на территорию Российской империи. Морис-Этьенн Жерар (1773–1852) – французский маршал.

...6-го сентября, 1812 года. – Дата дается по новому стилю.

С. 254. *...сто два орудия стреляли по-пустому...* – Этот факт приводится в "Истории Отечественной войны 1812 года..." М.И. Богдановича: "Действие этих ста двух орудий по значительному их расстоянию от наших укреплений оказалось ничтожно, и потому все батареи были поданы вперед..." (т. II, с. 177).

С. 256. *...Варфоломеевская ночь произошла от расстройства желудка Карла IX.* – Этот кровавый эпизод произошел в период религиозных войн во Франции. По инициативе Екатерины Медичи и ее сына, французского короля Карла IX (1550–1574), в ночь с 23 на 24 августа 1572 г. (накануне дня святого Варфоломея) католики учинили расправу над гугенотами (протестантами). Вольтер с иронией пишет об этом в философской повести "Уши графа Честерфильда и капеллан Гудман" (1775). Ее герой, "великий анатомист" Сидрак, уверял, что Карл IX был "чрезвычайно подвержен" кишечным расстройствам. "Весьма то известно, – доказывал он, – что сие воспламенение в его сложении было главнейшею причиною бесчеловечья, учиненного в день Св. Варфоломея" ("Полное собрание всех доныне переведенных на российский язык и в печать изданных Сочинений г. Вольтера", ч. I. М., 1802, с, 164–165).

С. 259. *Дежурный адъютант* – генерал Жан *Рапп* (1771–1821), военный соратник Наполеона, участник многих войн.

С. 260. *Корвизар дал...* – Барон Жан-Никола Корвизар (1775–1821) – первый медик Наполеона, известный своими научными трудами.

С. 262. *Игра началась.* – Деятельность отдельных личностей, не связанная, по мнению Толстого, с истинными потребностями жизни, нередко сравнивалась им с игрой как выражением чистого умственного расчета. В начале работы над "Войной и миром" Толстой писал, что "шахматная игра ума идет независимо от жизни, а жизнь от нее" (т. 48, с. 53).

С. 270. *Чиненка* – снаряд, граната, начиненные порохом.

С. 274. *...та атака, которую себе приписывал Ермолов... кидал на курган Георгиевские кресты...* – В своих “Записках” А.П. Ермолов так описывал этот эпизод: “Приближаясь ко 2-й армии, увидел я правое крыло ее на возвышении, которое входило в расположение корпуса Раевского. Оно было покрыто дымом и охранявшие его войска рассеянные... Я немедленно туда обратился. Гибельна была потеря времени, и я приказал из ближайшего VI-го корпуса Уфимского пехотного полка 3-му батальону майора Демидова идти за мною развернутым фронтом, думая остановить отступающих... Несмотря на крутизну всхода, приказал я егерским полкам и 3-му батальону Уфимского полка атаковать штыками... Бой яростный и ужасный не продолжался более получаса...” А.П. Ермолов сделал следующее примечание к описываемому эпизоду: “Сверх того я имел в руке пук георгиевских лент со знаками отличия военного ордена, бросал вперед по нескольку из них, а множество стремилось за ними. Являлись примеры изумляющей неустрашимости” (А.П. Ермолов. Записки, ч. I. М., 1865, с. 197–198).

С. 280. *...дивизию Клапареда?..* – Мишель Клапаред (1774–1841) – французский генерал.

С. 282. *Так было под Лоди, Маренго... Ваграмом...* – Перечисляются главные военные победы Наполеона. 10 мая 1796 г. в Италии в сражении под городом Лоди Наполеон овладел, казалось, неприступным мостом через реку Адду и разгромил арьергард австрийской армии. 14 июня 1800 г. у деревни Маренго в Италии проигранное поначалу сражение с австрийской армией Меласа после перегруппировки французов закончилось их победой. 5–6 июля 1809 г, около австрийской деревни Баграм таранным ударом Наполеон прорвал фронт неприятельской армии и добился победы. Австрия предложила перемирие.

С. 283. *...страшное чувство, подобное чувству, испытываемому в сновидениях, охватывало его...* – Психологический рисунок этого особенного состояния Толстой воспроизвел в “Записной книжке” 1865 г. еще вне связи с образом Наполеона: “То, известное каждому чувство, испытываемое в сновидении, чувство сознания бессилия и вместе сознания возможности силы, когда во сне хочешь бежать или ударить, и ноги подгибаются, и бьется бессильно и мягко, – это чувство *плененности* – (как я лучше не умею назвать его), это чувство ни на мгновение не оставляет и наяву лучших из нас. – В самые сильные, счастливые и поэтические минуты, в минуты счастливой, удовлетворенной любви, еще сильнее чувствуется, как недостает чего-то многого, и как подкашиваются и не бегут мои ноги и мягки и не цепки мои удары" (т. 48, с. 106). О совпадении мотивов "Записной книжки" Толстого и данной сцены романа см.: Н. Фортунатов. Пути исканий, М., 1974, с. 35–36.

С. 285. *...принцу Виртембергскому...* – Герцог А.-Ф. Вюртембергский (1771–1833), брат русской императрицы Марии Федоровны, состоял в свите Кутузова.

...и послал Дохтурову приказание принять командование первой армией... – В этом и предшествующем эпизоде речь идет не о 1-й, а 2-й армии, которой прежде командовал получивший смертельное ранение Багратион.

С. 286. *...известие о взятии в плен Мюрата...* – Известие это оказалось ошибочным. В плен был взят бригадный генерал Бонами. Ложный слух о взятии в плен Мюрата, по свидетельству очевидца, пустил некий картавящий майор Т. Елецкого полка, который восторженно кричал "Бьятцы! Мюата взяли!" (И. Радожицкий. Походные записки артиллериста, т. I. М., 1835, с. 144).

...прискакал Щербинин... – А.А. Щербинин (1791–1876), офицер квартирмейстерской части, адъютант К.Ф. Толя; принимал участие в работе походной типографии А.С. Кайсарова (см. прим. к с. 232).

С. 288. *...Барклай де Толли желал бы иметь письменное подтверждение того приказа...* – Весь эпизод с Вольцогеном восходит к описанию, данному М.И. Богдановичем в "Истории Отечественной войны 1812 года..." (т. II, с. 219–220). Кутузов намеревался на следующее утро предпринять наступление против неприятельской армии. "Я, – писал Кутузов Барклаю де Толли и Дохтурову 26 августа 1812 г., – из всех движений неприятельских вижу, что он не менее нас ослабел в сие сражение, и потому, завязавши уже дело с ним, решился я в сегодняшнюю ночь устроить все войско в порядок, снабдить артиллерию новыми зарядами и завтра возобновить сражение с неприятелем" ("М.И. Кутузов. Сборник документов", т. IV, ч. I, с. 150–151). В ночь с 26 на 27 августа в штабе Кутузова была составлена диспозиция на предполагавшееся сражение.

С. 291. *...то ошмурыгивал...* – то есть сдирал.

С. 293. *Лошади в хребтугах ели овес...* – Хребтуги – специальные дорожные кормушки, сделанные из мешков, привязанных к оглоблям.

С. 300. *...и на острове Св. Елены... он писал...* – Записи бесед Лас-Каза с Наполеоном от 24 августа и далее от 25 октября 1816 г. цитируются Толстым по книге, бывшей в его Яснополянской библиотеке (см. прим. к с. 10).

С. 301. *...свой конгресс и свой священный союз.* – Венский конгресс 1814–1815 гг. продиктовал наполеоновской Франции условия союзников – России, Австрии, Великобритании, Пруссии. Священный союз – союз монархов – был подписан 26 сентября 1815 г. в Париже Александром I, австрийским императором Францем I, прусским королем Фридрихом-Вильгельмом III, а затем поддержан другими монархами европейских стран.

С. 302. *...господам Давыдовым...* – Известная дворянская семья, владевшая имениями в Московской губернии.

С. 304. *...они потеряли только одну четверть людей...* – Свыше 28 000.

С. 307. *Новая отрасль математики... дает теперь ответы на вопросы, казавшиеся неразрешимыми.* – Толстой выделял тогда еще новую отрасль математики – математический анализ как науку, отражающую реальное бытие, ее физические данные, пространственные и количественные. Продолжая свою мысль о "шахматной игре ума" (см. прим. к с. 262), Толстой писал: "Единственное влияние есть только склад, который от такого упражнения получает натура. *Воспитывать можно только физически.* Математика есть физическое воспитание" (т. 48, с. 53).

С. 308. *...дифференциал истории...* – Этот термин означает неделимый элемент, своего рода "математический атом". Историк Я.С. Лурье считает, что "дифференциал истории" у Толстого аналогичен именно "неделимой" древних атомистов, это – бесконечно-малая единица исторического движения” (см.: Я.С. Лурье. Дифференциал истории в “Войне и мире”. – “Русская литература”, 1978, № 3, с. 43–60).

...в одном из зданий города Парижа... – Вероятно, имеется в виду Якобинский клуб, который обосновался в здании бывшей библиотеки доминиканцев и в период французской буржуазной революции стал политическим центром якобинской власти.

С. 311. *...Кутузов так и писал государю.* – Имеется в виду та часть донесения Кутузова от 27 августа 1812 г., где говорилось, что сражение “кончилось тем, что неприятель нигде не выиграл ни на шаг земли с превосходными своими силами”. В то же время Кутузов предупреждал Александра I о необходимости нового отвода русских войск: “...когда дело идет не о славе выигранных только баталий, но вся цель будучи устремлена на истребление французской армии, ночевав на месте сражения, я взял намерение отступить 6 верст...” (М.И. Богданович. История Отечественной войны 1812 года..., т. II, с. 229–230). См. также: “М.И. Кутузов. Сборник документов”, т. IV, ч. I, с. 154–155.

С. 315. *...француз Кросар...* – один из офицеров-эмигрантов, часто менявших место службы. Во время французской революции служил в Австрии, затем – на стороне испанцев, с 1812 г. – в России.

...осаду Сарагоссы... – Сарагоса в 1808–1809 гг. дважды осаждалась французскими войсками, была взята в феврале 1809 г. после более двухмесячного героического сопротивления.

С. 317. *...теснились в черной избе...* – там, где изба отапливалась почерному, без трубы; дым сначала застилал избу, а затем выходил в волоковое окно.

...с бледным болезненным лицом и с своим высоким лбом, сливающимся с голой головой, Барклай де Толли. – Таким он изображен на портрете художника Дж. Доу, написанном для Военной галереи Зимнего дворца. А.С. Пушкин в стихотворении “Полководец” (1835) писал об этом портрете:

> Он писан во весь рост. Чело, как череп голый,
> Высоко лоснится, и мнится, залегла
> Там грусть великая.

С. 322. *Растопчин в своих афишках внушал им, что уезжать из Москвы было позорно.* – Так, в афише, выпущенной Ростопчиным накануне Бородинского сражения, говорилось: "А я рад, что барыни и купеческие жены едут из Москвы для своего спокойствия. Меньше страха, меньше новостей; но нельзя похвалить и мужей, и братьев, и родню, которые при женщинах в будущих отправились, без возврату. Если по их есть опасность, то не пристойно; а если нет ее, то стыдно" ("Ростопчинские афиши". СПб., 1889, с. 33).

...то с барышнями и дворовыми людьми нельзя идти на Три Горы воевать с Наполеоном... – Ростопчин в своих афишках призывал жителей Москвы встретить неприятеля с оружием в руках в районе Трехгорной заставы, южной части города. "Истребление злодея" Ростопчиным назначалось на 1 сентября 1812 г.

С. 323. *...то запрещал Августину вывозить мощи и иконы...* – Августин – А.В. Виноградский (1766–1819), носивший сан епископа Дмитровского, был известным в то время духовным писателем и проповедником. В 1812 г. фактически управлял (вместо 75-летнего митрополита Платона) Московской епархией. Факт о запрещении Ростопчиным вывозить мощи и иконы заимствован Толстым, по всей вероятности, у Богдановича (см. "История Отечественной войны 1812 года...", т. II, с. 268–269).

...где торжественно упрекал их, что они разорили его детский приют... – В имении Ростопчина в с. Воронове (по Калужской дороге) к церковной двери была приклеена его записка на французском языке: "Восемь лет украшал я это село, в котором наслаждался счастием среди моей семьи. При вашем приближении обыватели, в числе 1720, покидают жилища, а я предаю огню дом свой, чтобы он не был осквернен вашим присутствием. Французы! В Москве оставил я вам два моих дома и движимости на полмиллиона рублей: здесь вы найдете только пепел" (Ф.В. Ростопчин. Сочинения. СПб., 1853, с. 197–198).

...г-жу Обер-Шальме... – См. прим. к с. 776, т. I–II.

...в ссылку старого почтенного почт-директора Ключарева... – Федор Петрович Ключарев (1754–1820) был московским почт-директором еще при предшественнике Ростопчина,

графе И.В. Гудовиче. Ростопчин невзлюбил Ключарева еще и потому, что тот был членом масонской ложи. В черновиках романа Толстой указывал на принадлежность его к масонству: “Ключарев старик, старый масон и потому близкий человек Пьеру...” (т. 14, с. 292). Поводом же для ссылки Ключарева стал проступок его сына, который передавал своему приятелю, купеческому сыну Верещагину, запрещенные к распространению иностранные газеты, поступавшие в ведомство отца.

...Жоржем Данденом. – По имени главного героя комедии Мольера “Жорж Данден, или Одураченный муж” (1668).

С. 325. *Общества Иисусова...* – Монашеский орден иезуитов, основанный в 1534 г. для распространения католицизма, укрепления его позиций. Система морали, проповедовавшаяся орденом, произвольно толковала основные религиозно нравственные требования и служила наиболее реакционным церковным и политическим кругам Западной Европы. В 1812 г. в Петербурге была влиятельная католическая община.

...иезуит в коротком платье... – то есть еще не принявший священный сан; монахи, принявшие сан, облачались в длиннополое платье.

С. 328. *...Колумбовым яйцом.* – По преданию, Христофор Колумб догадался, что можно поставить яйцо на стол, расплющив его кончик.

С. 332. *Saint Pére* – святой отец, Папа.

С. 339. *Васильчиков* Иларион Васильевич (1777–1847) – в Бородинском сражении в звании генерал-майора командовал пехотной дивизией под началом Н.Н. Раевского.

С. 341. *...в... синей чуйке...* – в длинном суконном кафтане.

...сидит в яме... – в долговой тюрьме.

...”Гамбургскую газету”. – Имеются в виду “Гамбургские известия”, французская газета, выходившая в Гамбурге.

С. 342. *И отдали под суд, и приговорили, кажется, к каторжной работе.* – Михаил Верещагин (1790–1812) был обвинен в переводе из “Гамбургских известий” и распространении “Письма Наполеона к прусскому королю” и “Речи Наполеона к князьям Рейнского союза в Дрездене". Магистрат приговорил его к бессрочным работам в Нерчинске. 19 августа 1812 г. Сенат утвердил приговор с дополнением, по предложению Ростопчина, – наказанием плетью. См. далее гл. XXV.

...Сперанский и Магницкий отправлены куда следует... – См. прим. к с. 605, 834, т. I–II.

С. 353. *Gobelins* – гобелены, ковры с рисунком на мифологические, литературные сюжеты. Ткались во Франции.

С. 356. *...дорогие товары, как сукна, извозчики вывозили исполу...* – Половина перевозимых ценностей шла в пользу извозчика.

С. 366. *...два гайдука...* – выездные лакеи.

С. 367. *Правый дышловой...* – лошадь, правая от оглобли, укрепленной для поворота кареты при парной запряжке.

С. 371. *...шотландские акты с примечаниями и объяснениями...* – Шотландские ложи наряду с прусскими были наиболее авторитетными для русских масонов. Толстой упоминает, что Пьер посетил и те и другие в 1809 г. В своем дневнике того времени он отмечал наиболее характерное в жизни больного Баздеева: "...работает над наукой".

С. 374. *...переводчика Lelorgne d'Ideville.* – Лелорн д'Идевиль – один из секретарей Наполеона.

...как он и говорил это Тучкову в Смоленске. – Речь идет о брате Н.А. Тучкова, героя Бородинского сражения – русском генерале П.А. Тучкове (1775–1858), тяжело раненном 7 августа 1812 г. в бою после оставления русскими Смоленска и попавшем в плен. Из плена был освобожден в 1814 г.

И с этой точки зрения он смотрел на лежавшую перед ним, невиданную еще им восточную красавицу. – В наборной рукописи романа осталось любопытное авторское рассуждение о Москве в сравнении с другими европейскими столицами и с родовым определением самого слова "город" на разных языках: "Москва – *она*, это чувствует всякий человек, который чувствует ее. Париж, Берлин, Лондон, в особенности Петербург – *он*. Несмотря на то, что la ville <*фр.*>, die Stadt <*нем.*> – женского рода, а *город* – мужеского рода, Москва – женщина, она – мать, она страдалица и мученица. Она страдала и будет страдать, она – неграциозна, нескладна, не девственна, она рожала, она – мать, и потому она кротка и величественна. Всякий русский человек чувствует, что она – мать, всякий иностранец (и Наполеон чувствовал это) чувствует, что она – женщина и что можно оскорбить ее" (т. 14, с. 370).

С. 375. *...в бурнусе...* – Накидка с капюшоном из белой шерстяной ткани.

С. 377. *...пятидесятая часть всех бывших прежде жителей...* – Накануне вторжения Наполеона, на 1 июня 1812 г., в Москве было 198 914 жителей. Ростопчин докладывал Кутузову, что в начале пребывания Наполеона в Москве число жителей составило до десяти тысяч, в конце пребывания – "не более трех тысяч" (М.И. Богданович. История Отечественной войны 1812 года..., т. II, с, 273).

...как пуст бывает домирающий обезматочивший улей. – Аналогичное метафорическое сравнение использовал И.А. Крылов в басне "Ворона и курица" (1812):

Тогда все жители, и малый и большой,
Часа не тратя, собралися
И вон из стен московских поднялися,
Как из улья пчелиный рой.

С. 380. *...и сидельцы...* – приказчики, торговцы.

С. 387. *Высокий малый... не переставал говорить, обращая тем на себя общее внимание.* – В вариантах этого эпизода Толстой пояснял причины движения людской стихии: "Подобно физическому закону притяжения капельных жидкостей, другие толпы, собравшиеся на Петровке, на Кузнецком, на Софийке вокруг своих отдельных центров, увидав друг друга, соединились между собой, и к толпам присоединялись отдельные личности. По мере увеличения толпы уничтожались отдельные интересы и возникал общий, хотя и не высказываемый интерес настоящей минуты" (т. 14, с. 289).

С. 389. *...полицеймейстера...* – Вероятно, имеется в виду А.Ф. Брокер (1771–1848).

С. 390. *...граф Растопчин в своих записках несколько раз писал...* – В частности, Ростопчин писал об этом в специальной статье "Правда о пожаре Москвы", изданной в Париже на французском языке в 1823 г.

С. 393. *Из консистории...* – Церковно-административное учреждение с судебными функциями.

...викарный... – то есть викарий (*лат.*), в православной церкви епископ, не имеющий своей епархии, подчиненный епархиальному архиерею.

С. 394. *Мешков* П.А. (род. в 1780 г.) – в 1812 г. – частный поверенный; был замешан в деле Верещагина (см. прим. к с. 342). Он списал у Верещагина "прокламации" Наполеона. Суд приговорил Мешкова к лишению чинов, дворянства и отдаче в солдаты.

С. 398. *Руби его! Я приказываю!..* – По поводу этой сцены известный юрист – общественный деятель А.Ф. Кони пишет: "Описание этого события у Л.Н. Толстого в "Войне и мире" является одной из гениальнейших страниц современной литературы. Проверяя это описание по показаниям свидетелей, приходится заметить, что сцена указания толпе "на изменника, погубившего Москву", и затем расправа с ним – всеми рассказывается совершенно одинаково, а предшествовавшее ей приказание *рубить* Верещагина передается совершенно различно. В рассказе М.А. Дмитриева <писателя, переводчика> – Ростопчин дает знак рукой *казаку*, и тот ударяет несчастного саблей; по словам Обрезкова – адъютант Ростопчина приказывает *драгунам* рубить, но те не сразу повинуются, и приказание было повторено; по запискам <А.Д.> Бестужева-Рюмина – ординарец Бердяев, следуя приказу графа, ударяет Верещагина в лицо; по воспоминаниям <К.К.> Павловой (слышавшей от очевидца) – Ростопчин со словами: "Вот изменник", толкнул Верещагина в толпу, и чернь тотчас же бросилась его душить и терзать. Таким образом... из их <очевидцев> памяти изгладилось точное воспоминание о том, что, несомненно, должно было ранее привлечь к себе их внимание" (А.Ф. Кони. Психология и свидетельские показания. – "Новые, идеи в философии", сб. 9. СПб., 1913, с. 93–94). Толстой, конечно, знал многие книжные источники об убийстве Верещагина, но, как и в поездке на Бородинское поле, более всего дорожил впечатлениями непосредственных свидетелей событий (см.: "Л.Н. Толстой в воспоминаниях современников", т. I, с. 125–126, а также т. 61, с. 193–194).

С. 404. *Думал ли Кутузов совершенно о другом, говоря эти слова, или...* – К реплике Кутузова Толстой возвратится в четвертом томе романа (т. 4, гл. V).

С. 406. *...несколько красноречивых строк...* – Цитируется "Histoire de Consulat et de L'Empirie", t. XIV. 1856, p. 414.

С. 410. *...нельзя не видеть, что такой непосредственной причины пожара не могло быть...* – Толстой полемичен к утверждениям тех, кто приписывал пожар Москвы или французам, или русским, выполнявшим якобы распоряжения Ростопчина. "О французской оккупации и о пожаре Москвы Толстой всегда рассказывал в одинаковых, более строгих выражениях, чем те, которые впоследствии употребил в своем романе, приписывая пожар единственно случайности, – вспоминает Е. Скайлер. – Он показал мне большую библиотеку, состоящую из избранных им для его исследований книг, и указал на некоторые интересные записки и памфлеты, весьма редкие и мало известные. О Ростопчине он говорил с большим презрением. Ростопчин всегда отрицал, чтобы он был причастен к пожару Москвы, до тех пор, когда нашел нужным оправдать себя. Французы приписывали пожар ему, и впоследствии, во время пребывания его во Франции, после Реставрации, это считалось славным актом патриотизма. Сперва он принял это с скромностью, а после бесстыдно хвастался этим. Легенда образовалась живо, частью благодаря шовинизму французских историков, частью благодаря влиянию Сегюров (один из них был женат на его дочери) и их многочисленных родственников и последователей" ("Л.Н. Толстой в воспоминаниях современников", т. I, М., 1978, с. 202).

С. 411. *...о кабалистическом...* – то есть таинственном, загадочном.

С. 412. *...подробности покушения немецкого студента на жизнь Бонапарта в Вене...* – 12 октября 1809 г. ученик Коммерческой школы Фридрих Штапс (1792–1809) во время смотра гвардии перед Шенбруннским дворцом пытался совершить покушение на Наполеона. Штапс был задержан, и у него был обнаружен кухонный нож. Свои действия он объяснил намерением выполнить долг перед отечеством и Европой. Когда его освободили, он заявил, что вновь совершит покушение; по приговору военной комиссии был расстрелян (см. прим. Г. Дудека к немецкому изданию романа: Lew Tolstoi. Gesammelte Werke in zwanzig Bänden, Bd. 5. Berlin, 1967, s. 855).

Охотник-рекрут – подставной рекрут, пошедший на военную службу вместо другого.

С. 419. *...за дело седьмого сентября...* – то есть за участие в Бородинском сражении.

С. 422. *...Taima, la Duschénois, Potier, la Sorbonne...* – Ф. Тальма (1763–1826) – трагический актер; К. Дюшенуа (1777–1835) – трагическая актриса; Ш. Потье (1775–1838) – французский комик. Сорбонна – Парижский университет.

С. 428. *...трогательную историю своей любви к одной обворожительной тридцатипятилетней маркизе... дочери обворожительной маркизы.* – Эта ситуация напоминает любовные история Жюльена Сореля из романа Стендаля “Красное и черное” (1831). К тому же Сорель, как и Рамбаль, поклонник Наполеона; он был воспитан на реляциях “великой армии”. Одна из его любимых книг – “Мемориал Св. Елены” Лас-Каза.

С. 433. *Он пошел вперед с своим полком, шедшим к Троице* – к Троице-Сергиевой лавре, монастырю в шестидесяти шести верстах от Москвы по Ярославской дороге.

С. 443. *Как сомнамбулка...* – лунатичка.

С. 446. *...у зеленого ящика...* – у ящика с порохом или снарядами.

С. 452. *На прежнем месте ни чиновника, ни его жены уже не было.* – Толстой позже пояснял: “Чтобы представить суматоху, надо, чтоб Пьер не нашел ее родителей” (И.М. Ивакин. Из воспоминаний о Ясной Поляне, 1880–1885. – “Л.Н. Толстой в воспоминаниях современников, т. I. М., 1978, с. 342).

С. 456. *...по распоряжению Дюронеля...* – Генерал Антуан Дюронель (1771–1849) при французской оккупации Москвы выполнял обязанности коменданта города.

Том четвертый

С. 459. *...обе императрицы.* – Мария Федоровна (1759–1828), мать Александра I, вдовствующая императрица; Елизавета Алексеевна (1779–1826), жена Александра I.

...об отправке всех институтов в Казань... – По распоряжению Марии Федоровны из Московского воспитательного дома в Казань были отправлены дети старше одиннадцатилетнего возраста (см.: М.И. Богданович. История Отечественной войны 1812 года, по достоверным источникам, т. II. СПб., 1859, с. 318).

С. 460. *...чтение письма преосвященного... образа преподобного угодника Сергия.* – Московский митрополит Платон (Петр Георгиевич Левшин; 1737–1812) направил Александру I вместе с посланием образ причисленного к лику святых Сергия Радонежского (1314–1392), основателя Троице-Сергиевой лавры.

С. 462. *...отосланы были в Вену австрийские знамена, взятые Витгенштейном...* – Речь идет о сражении под Клястицами (см. прим. к с. 209), в котором Витгенштейн разгромил недавних союзников русских – австрийцев, сражавшихся теперь под началом Наполеона.

С. 463. *"Осанна..."* ("Слава...") – хвалебное восклицание в христианском богослужении.

...в день рождения государя... – Александр I родился 12 декабря, следовательно, речь могла идти о его именинах – 30 августа, но и в этом случае Толстым нарушена хронология событий. На такие нарушения писатель шел сознательно, исходя из своих художественных принципов.

С. 464. *Это было донесение Кутузова, писанное в день сражения из Татариновой.* – Далее пересказывается донесение Кутузова Александру I от 27 августа 1812 г., отправленное с "позиции при Бородине" (см. об этом донесении прим. к с. 311). Татариново – деревня в тылу Бородина.

Кутайсов. – Граф Александр Иванович Кутайсов (1784–1812), генерал, начальник артиллерии 1-й армии. В упомянутом донесении Кутузова о его гибели еще не было сказано, так как о ней стало известно несколько позже: "...по окровавленному седлу его лошади, прибежавшей к войскам, узнали о его смерти" (М.И. Богданович. История Отечественной войны 1812 года..., т. II, с. 199). В первой редакции романа образ этого даровитого, образованного генерала занимал большее место. Пьер Безухов во время своей поездки по Бородинскому полю встречался не с Кайсаровым, а с Кутайсовым. Пьер был поражен, когда услышал, что "Кутайсов убит, Багратион убит, Болконский убит... хотел заговорить с знакомым адъютантом, проехавшим мимо, и слезы помешали ему говорить" (т. 14, с. 263).

С. 466. *...пришло от графа Растопчина следующее донесение...* – Далее приводится донесение Ростопчина от 1 сентября 1812 г. Взято из книги М.И. Богдановича "История Отечественной войны 1812 года...", т. II, с. 287–288.

...государь послал... следующий рескрипт Кутузову... – Рескрипт от 7 сентября 1812 г. Цитируется по книге: М.И. Богданович. История Отечественной войны 1812 года..., т. II, с. 288.

С. 467. *...как он писал...* – Не совсем точная цитата из письма Мишо де Беретура (о нем см. прим. к с. 57, т. III) бывшему флигель-адъютанту, историку Михайловскому-Данилевскому (1819 г.). У Мишо: "...notre Souverain", то есть "нашим повелителем" (см.: М.И. Богданович. История Отечественной войны 1812 года..., т. II, с. 597–598).

С. 471. *Только одна бессознательная деятельность приносит плоды...* – С этим утверждением полемизировал И.С. Тургенев, когда работал над статьей "По поводу "Отцов и детей" (1869). В черновом варианте ее он писал: "...и человек, который, подобно графу Толстому, мог написать: [что] только одна бессознательная деятельность приносит плоды, – сам начертал свой [собственный] приговор" (И.С. Тургенев. Полн. собр. соч. и писем в 28-ми томах. Сочинения, т. XIV. М.–Л., 1967, с. 355). В окончательном тексте статьи осталась скрытая полемика с Толстым и другими писателями, которые якобы не обладают "свободой" "в обширнейшем смысле – в отношении к самому себе, к своим предвзятым идеям и системам, даже к своему народу, к своей истории..." (там же, с. 108). Истоки этой полемики – в различном истолковании смысла исторического процесса, участия в нем отдельных личностей, в различных общественных симпатиях того и другого художника (см.: А.И. Батюто. Полемика Тургене-

позволили бы мне в настоящих обстоятельствах оставаться в армии..." (М.И. Богданович. История Отечественной войны 1812 года..., т. II, с. 355).

С. 539. *...Кутузов, приняв во внимание записку Бенигсена...* – Речь идет о записке, поданной Кутузову Беннигсеном 3 октября 1812 г. В ней Беннигсен доказывал возможность военной операции против авангарда войск Мюрата малочисленностью французской артиллерии и сравнительно небольшим количеством кавалерии (см.: М.И. Богданович. История Отечественной войны 1812 года..., т. II, с. 648).

С. 540. *Кикин* П.А. (1772–1834) – в 1812 г. был дежурным генералом. В набросках этой сцены Толстой писал: "4-го октября были именины генерала Кикина" (т. 15, с. 79).

С. 541. *Это штуки, это все нарочно. Коновницына подкатить.* – Одним из источников этого эпизода для Толстого была "История Отечественной войны 1812 г. ..." М. Богдановича, который, ссылаясь на "Записки" А.А. Щербинина, писал, что П.П. Коновницыным был послан к генералу Ермолову офицер с диспозицией (Коновницын был тогда также дежурным генералом при главной квартире Кутузова).

С. 542. *Эйхен* – подполковник, офицер квартирмейстерской части.

С. 543. *...Ермолов сам не являлся к нему до другого дня...* – Инцидент не был сразу исчерпан. Кутузов 5 октября 1812 г. приказал Ермолову срочно расследовать случившееся. "Ваше превосходительство известны были, – писал он, – о намерении нашем атаковать сегодня на рассвете неприятеля. На сей конец я сам приехал в Тарутино в 8-м часу в вечеру, но, к удивлению моему, узнал от корпусных там собравшихся господ начальников, что никто из них приказа даже и в 8 часов вечера не получал, кроме тех войск, к коим сам г. генерал от кавалерии барон Беннигсен прибыл...

Сии причины, к прискорбию моему, понудили отложить намерение наше атаковать сего числа неприятеля, что должно было быть произведено на рассвете, и все сие произошло от того, что приказ весьма поздно доставлен был к войскам... Я не могу оставить без розыскания причины сего, каковое упущение вам исследовать предписывая, ожидать буду немедленно вашего о сем донесения" ("М.И. Кутузов. Сб. документов", т. IV, ч. 2. М., 1955, с. 12).

Граф Орлов-Денисов с казаками (самый незначительный отряд из всех других)... — Под командованием генерал-адъютанта В.В. Орлова-Денисова (1775–1844) в Тарутинском сражении было десять казачьих полков с ротою Донской конной артиллерии и четыре конных полка с полуротой конной артиллерии.

С. 544. *...колонн этих не было видно.* — Войска под началом Орлова-Денисова по диспозиции были на самом правом фланге. Левее их должен был еще до рассвета расположиться второй корпус под командой генерала К.Ф. Багговута. Однако он прибыл в назначенное место только около семи часов утра (см.: М.И. Богданович. История Отечественной войны 1812 года..., т. II, с. 477–478).

С. 545. *Взято было тут же тысяча пятьсот человек пленных...* — Это общее число пленных французов, взятых в Тарутинском сражении.

...которыми командовал Бенигсен... — Беннигсен командовал всем правым флангом русских войск.

С. 546. *Толь, который в этом сражении играл роль Вейротера в Аустерлицком...* — то есть руководил движением колонн.

С. 547. *Он не двигался.* — Действительно, войска левого фланга, где находился Кутузов, приблизившись к реке Чернишне за Тарутином, получили приказание остановиться. “Напрасно, — пишет историк, — Милорадович и Ермолов умоляли фельдмаршала о позволении атаковать неприятеля. Кутузов решительно отказал в сей просьбе” (М.И. Богданович. История Отечественной войны 1812 года..., т. II, с. 482). М. Богданович предполагает, что относительная неудача наступления на правом фланге заставила Кутузова “избегать решительных действий” (там же, с. 483).

С. 548. *...Кутузов получил алмазный знак, Бенигсен тоже алмазы...* — Кутузову была пожалована золотая шпага с алмазами и лавровым венком, Беннигсен был награжден алмазными знаками ордена св. Андрея.

С. 550. *...подойти к Кутузову...* — то есть к русской армии, стоявшей у Тарутина.

С. 551. *...где сорок веков смотрели на его величие...* — Из фразы Наполеона, обращенной к французским солдатам накануне сражения в Египте, между селением Эмбабе и пирамидами, 20 июля 1798 г.: "Солдаты! Сорок веков смотрят на вас сегодня с высоты этих пирамид!"

Деятельность его в Москве так же изумительна и гениальна, как и везде. – Эта ироническая характеристика Наполеона направлена также против концепции М. Богдановича, книгу которого Толстой широко использовал как один из исторических источников. Богданович, не сомневавшийся в прозорливости Наполеона, писал: "Напрасно упрекают Наполеона в бездействии, в продолжение пребывания его в Москве. Время, проведенное им там, было эпохою величайшей его деятельности..." (М.И. Богданович. История Отечественной войны 1812 года..., т. II, с. 364).

С. 552. ...*потом делает гениальный план будущей кампании...* – Речь идет о распоряжениях Наполеона, касающихся сохранения коммуникаций и боеспособности его Большой армии, обеспечения ее тылов от действий русских партизан и русских армий.

...*ограбленного и оборванного капитана Яковлева... подробно излагает ему всю свою политику и свое великодушие и, написав письмо к императору Александру...* – Толстой мог узнать об этом эпизоде из книги М. Богдановича "История Отечественной войны 1812 года..." (т. II, с. 320–325), а также из "Полярной звезды на 1856 год", в которой Герцен опубликовал первые главы "Былого и дум", где описана аудиенция, данная Наполеоном капитану И.А. Яковлеву (1767–1846) – отцу Герцена. Герцен там писал: "После обыкновенных фраз, отрывистых слов и лаконических отметок, которым лет тридцать пять приписывали глубокий смысл, пока не догадались, что смысл их очень часто был пошл, Наполеон разбранил Ростопчина за пожар, говорил, что это вандализм, уверял, как всегда, в своей непреодолимой любви к миру, толковал, что его война в Англии, а не в России, хвастался тем, что поставил караул к Воспитательному дому и к Успенскому собору, жаловался на Александра, говорил, что он дурно окружен, что мирные расположения его не известны императору.

Отец мой заметил, что предложить мир скорее дело победителя.

– Я сделал, что мог, я посылал к Кутузову, он не вступает ни в какие переговоры и не доводит до сведения государя моих предложений. Хотят войны, не моя вина – будет им война.

После всей этой комедии отец мой попросил у него пропуск для выезда из Москвы.

– Я пропусков не велел никому давать. Зачем вы едете? Чего вы боитесь? Я велел открыть рынки.

Император французов в это время, кажется, забыл, что, сверх открытых рынков, не мешает иметь покрытый дом и что жизнь на Тверской площади средь неприятельских солдат не из самых приятных.

Отец мой заметил это ему; Наполеон подумал и вдруг спросил:

– Возьметесь ли вы доставить императору письмо от меня? На этом условии я велю вам дать пропуск со всеми вашими.

– Я принял бы предложение в. в., – заметил ему мой отец, – но мне трудно ручаться.

– Даете ли вы честное слово, что употребите все средства лично доставить письмо?

– Je m'engage sur mon honneur, Sire <Ручаюсь честью, государь>.

– Этого довольно. Я пришлю за вами. Имеете вы в чем-нибудь нужду?

– В крыше для моего семейства, пока я здесь, больше ни в чем.

– Герцог Тревизский сделает, что может.

Мортье, действительно, дал комнату в генерал-губернаторском доме и велел нас снабдить съестными припасами; его метрдотель прислал даже вина. Так прошло несколько дней, после которых, в четыре часа утра, Мортье прислал за моим отцом адъютанта и отправил его в Кремль.

Пожар достиг в эти дни страшных размеров; накалившийся воздух, непрозрачный от дыма, становился невыносим от жара. Наполеон был одет и ходил по комнате озабоченный, сердитый, он начинал чувствовать, что опаленные лавры его скоро замерзнут и что тут не отделаешься такою шуткою, как в Египте. План войны был нелеп, это знали все, кроме Наполеона: Ней и Нарбон, Бертье и простые офицеры; на все возражения он отвечал кабалистическим словом: "Москва"; в Москве догадался и он.

Когда мой отец взошел, Наполеон взял запечатанное письмо, лежавшее на столе, подал ему и сказал, откланиваясь: "Я полагаюсь на ваше честное слово". На конверте было написано: "A mon frère L'Empereur Alexandre" ("Моему брату императору Александру") (А.И. Герцен. Собр. соч. в 30-ти томах, т. VIII. М., 1956, с. 18–19). В письме Наполеона было тоже немало демагогии: "Прекрасная, великолепная Москва уже не существует! Ростопчин сжег ее; 400 человек зажигателей схвачены на месте преступления. Все они показали, что действовали по приказанию губернатора и обер-полицеймейстера. Преступники расстреляны. Кажется, наконец, пожар прекратился... Поступок ужасный и бессознательный! Для того ли зажгли город, чтобы лишить нас способов продовольствия? Но запасы находились в погребах, куда огонь не достиг. Стоило ли для достижения столь маловажной цели истреблять один из прекраснейших городов в свете..." (М.И. Богданович. История Отечественной войны 1812 года..., т. II, с. 324).

Изложив так же подробно свои виды и великодушие перед Тутолминым... – 6 сентября 1812 г. Наполеон принял в Кремле генерал-майора И.В. Тутолмина (1751–1815), директора Московского Воспитательного дома, спасенного от пожара его же заботами. По окончании аудиенции Наполеон сказал: "Напишите вашему государю, что я желаю мира, и отправьте с донесением своего чиновника. Я прикажу провести его чрез форпосты" (из донесения И.В. Тутолмина Александру I от 7 сентября 1812 г. – См.: М.И. Богданович. История Отечественной войны 1812 года..., т. II, с. 320).

...и обнародовано следующее... – Далее идут два обращения к жителям Москвы, взятые из книги: А.И. Михайловский-Данилевский. Описание Отечественной войны в 1812 году, ч. III, СПб., 1839, с. 74–76 и 157–159.

...градской голова... – Им был назначен московский интендант Лессепс.

С. 555. *Потом, по красноречивому изложению Тьера... фальшивыми деньгами.* – Далее идет изложение аргументации А. Тьера из его книги "Histoire de L'Empire. Nouvelle édition illustrée", t. 3. Paris, 1867, p. 168. Эта книга с пометами Толстого сохранилась в Яснополянской библиотеке. К оценке этого суждения Тьера, как и всего его сочинения, Толстой возвратился в статье "Несколько слов по поводу книги "Война и мир".

С. 556. *...и относительно которого Тьер, вступая в полемику с г-м Феном, доказывает...* – Полемика с секретарем Наполеона I

А.-Ж.-Ф. Феном (1778–1837), автором двухтомного труда "Рукопись о 1812 годе, содержащая краткий обзор событий этого года для воссоздания истории императора Наполеона" (1827), содержится в вышеназванном издании книги А. Тьера "История Империи" на с. 174–175.

...так легко устроенное в Египте дело посредством посещения мечети... – Наполеон, надеясь привлечь на свою сторону египтян, провозглашал уважение к магометанской вере, Корану, обещал неприкосновенность мечетям.

С. 557. *...и в доме Познякова...* – Позняковы – купеческий род, идущий от известного купца и путешественника Василия Познякова (XVI в.).

С. 559. *...вызвало в нем желание наказать русских, как говорит Тьер...* - – Именно так Тьер и писал в своей "Истории Империи" (с. 184). К этой формулировке Тьера у Толстого в первой редакции романа был комментарий: "...слова без малейшего смысла. Тьер решил это, так как все объяснения не имеют никакого смысла" (т. 15, с. 54).

С. 564. *Швальня* – портняжная мастерская в роте, в полку.

С. 568. *...из цибика...* – из сыромятной кожи, которой обшивались ящики (цибики) для перевозки китайского чая.

...с застегнутыми чешуями... – двумя подбородными ремнями с медными бляхами.

С. 570. *...комиссариатской форме...* – форме интендантских войск.

С. 571. *...к провиантским магазинам...* – к складам. Эти помещения и сейчас сохранились около Крымского моста.

С. 573. *Палубы* – повозки с лубяным защитным верхом.

С. 576. *...приезжал еще парламентер с письмом от Наполеона и предложением мира...* – 8 октября 1812 г. в Леташевку (близ Тарутина), где стоял Кутузов, приезжал полковник Бертеми с письмом начальника штаба французской армии Луи Бертье.

...из партизанского отряда Дорохова... – После отступления русской армии из Москвы генерал-лейтенант И.С. Дорохов (1762–1815), по распоряжению Кутузова, возглавил большой партизанский отряд (около двух тысяч человек). Отряд совершил ряд удачных операций по уничтожению непри-

ятельских частей, транспортов. 28 сентября 1812 г. отряд Дорохова захватил в тылу французских войск город Верею.

...из дивизии Брусье... – Генерал Жан Брусье (1766–1814), участник ряда войн, в 1812 г. командовал дивизией в корпусе Богарне.

...кидающим кресты на батареи... – См. прим. к с. 274.

С. 578. *...два небольших отряда Фигнера и Сеславина.* – Отряды штабс-капитана артиллерии А.С. Фигнера (1787–1813) и капитана А.Н. Сеславина (1780–1858) действовали в окрестностях Москвы. Еще в первые дни занятия французами Москвы капитан Фигнер собирал в городе разведывательные данные, выдавая себя то за мужика, то за француза. Он искал случая убить Наполеона. Отчасти Фигнер был прототипом Долохова (см. прим. к с. 60, т. I–II).

...толковый офицер, Болховитинов... – К Кутузову был послан Д.Н. Болговский (1775–1852), дежурный штаб-офицер при генерале Д.С. Дохтурове.

С. 579. *...от Алексея Петровича* – от Ермолова.

Денщик рубил огонь... – то есть высекал искры о кремень.

С. 580. *...серники...* – лучины с серой.

С. 581. *...Бенигсен, после Тарутина бывший на ножах с Кутузовым...* – Между Кутузовым и Беннигсеном были давние расхождения, касавшиеся тактики и стратегии войны 1812 года. Их отношения обострились во время Тарутинского сражения. Беннигсен послал Александру I письмо, в котором, "обвинял Кутузова не только в умышленном неподдержании его войсками левого крыла в деле при Тарутине, но и вообще пагубном бездействии армии... Не довольствуясь этими обвинениями, Беннигсен вошел в подробности домашней жизни Кутузова, выставлял его сибаритом, утопавшим в неге и наслаждениях" (М.И. Богданович. История Отечественной войны 1812 года..., т. II, с. 489).

С. 583. *...письма к m-me Staël...* – Жермена де Сталь (1766–1817), французская писательница, была в давних неприязненных отношениях с Наполеоном, с 1802 г. – в изгнании. В 1812 г. жила в России. Переписывалась с Кутузовым, одобрительно встретила его назначение главнокомандующим русской армией. Ее пребывание в России Пушкин сочувственно показал в незавершенном романе "Рославлев" (1831).

С. 585. *Дохтуров идет к Малоярославцу, но Кутузов медлит со всей армией...* – Стратегический план Кутузова заключался в прикрытии дороги на Калугу. На помощь Дохтурову, защищавшему 12 октября Малоярославец, Кутузов послал корпус Раевского, затем сам подошел со своей армией, а 14 октября, опасаясь быть обойденным через Медынь, отвел главные силы к Детчино. Он объяснял в рапорте Александру I 16 октября 1812 г.: "Легкие войска наши, простиравшиеся до дороги, ведущей к Медыни, по которой неприятель мог еще пробраться в Калугу, стали единогласно уведомляться, что корпуса его стремятся по сей дороге. Сие тем вероятнее, что на оной происходили уже сражения между нашими легкими войсками и неприятельскими отрядами. Очевидно было и то, что неприятельское намерение клонилось к тому, чтобы всеми способами обойти нас к Калуге, и потому армия, оставя сильный авангард под командою ген. Милорадовича, 14 числа пошла к д. Детчину" ("Материалы военно-учетного архива. Отечественная война 1812 года", т. XIX. СПб., 1912, с. 135).

...полуденные губернии... – южные губернии.

С. 586. *...последнее мнение простодушного солдата Мутона, сказавшего то, что все думали...* – Так Толстой называет одного из сподвижников Наполеона барона Мутона-Деверне-Реже Бартелеми (1779–1816), имевшего еще титул графа Лобау. По свидетельству генерала Гурго, на военном совете 13 октября Наполеон спросил Мутона последним. Тот без колебаний отвечал, что надо скорее отступать из России по кратчайшей и известнейшей дороге (см.: М.И. Богданович. История Отечественной войны 1812 года..., т. III. М., 1860, с. 41).

С. 588. *...он говорил им про золотой мост* – от *фр.* "Pont d'or" – французская поговорка: облегчить противнику отступление. По описанию М. Богдановича, это было одно из любимых выражений Кутузова (см.: М.И. Богданович. История Отечественной войны 1812 года..., т. III, с. 81).

С. 589. *Кутузову... они прислали в конверте, вместо донесения, лист белой бумаги.* – Этот эпизод иначе объяснял А.И. Михайловский-Данилевский: "Решась, 21-го вечером, атаковать на следующее утро французов, Милорадович донес о намерении своем фельдмаршалу, описал ему, в каком разброде идут неприятели, и, зная его осторожность, присовокупил в окончании: "Уверяю вашу светлость, что нам не предстоит опасности". – "Будь Суворов на месте Кутузова, – сказал Милорадович, – то, не прибавляя этих слов, я написал бы просто: "Иду атаковать". Суворов отвечал бы: "С богом". Но с Кутузовым надо поступать иначе". Конверт, где должно было находиться донесение, отослали в главную квартиру. Распечатав его, дежурный генерал Коновницын нашел его пустым, ибо ошибкою донесение забыли вложить в него" (А.И. Михайловский-Данилевский. Описание Отечественной войны в 1812 году, ч. III. СПб., 1839, с. 342).

С. 590. *Все историки согласны в том... выражается войнами...* – Этот взгляд особенно характерен для немецкого военного теоретика Клаузевица, давшего известное определение войны как "продолжения политики иными средствами" (см. также с. 242.).

С. 593. *...он не переставал жаловаться Кутузову и императору Александру на то, что война велась противно всем правилам...* – Такого рода заявления Наполеон передавал через своих парламентеров – Лористона (23 сентября 1812 г.) и полковника Бертеми (8 октября 1812 г.). В письме начальника Главного штаба наполеоновской армии Бертье, адресованном Кутузову, например, говорилось о необходимости "принять меры для придания войне характера, сообразного с общепринятыми правилами, и прекратить напрасное опустошение страны, столь же вредное для России, сколько прискорбное для императора Наполеона" (М.И. Богданович. История Отечественной войны 1812 года..., т. III, с. 3). Кутузов отвечал Бертье 9 октября 1812 г.: "...мне остается только сослаться на сказанное мною генералу Лористону... При всем том я повторю истину, коей всю силу и великость, без сомнения, вы сами уважите: что хотя бы я и желал, но весьма трудно удержать в пределах умеренности народ, уже 300 лет не знавший внутренней войны, готовый жертвовать собою за Отечество и неспособный различать, что принято или воспрещается в войнах обыкновенных" ("Состояние армий во время пребывания Наполеона в Москве, а россиян при с. Тарутине". – "Журнал для чтения воспитанникам военно-учебных заведений", 1837, т. VI, № 22, с. 170).

...стать в позицию en quarte или en tierce, сделать искусное выпадение в prime... – Положение тела, поза в фехтовании.

С. 594. *Это делали гверильясы в Испании...* – Испанские партизаны, боровшиеся в 1808–1814 гг. против наполеоновской армии. Об их патриотическом движении часто упоминала русская пресса. Профессор Царскосельского лицея А.П. Куницын в "Послании русским", говоря об испанских гверильясах, писал: "Рассеянные дружины патриотов истребили стройные галльские легионы" ("Сын отечества", 1812, № 5, с. 178).

Сила (количество движения) есть произведение из массы на скорость. – Второй закон И. Ньютона, сформулированный им в 1687 г. и вместе с другими его законами положенный в основу классической механики.

С. 596. *Прежде чем партизанская война была официально принята нашим правительством...* – Имеется в виду манифест Александра I от 6 июля 1812 г. о всеобщем вооружении, разрешавший крестьянам взяться за оружие.

Денис Давыдов своим русским чутьем первый понял значение той страшной дубины... – Д.В. Давыдов (1784–1839), будучи подполковником Ахтырского гусарского полка, обратился к Багратиону, у которого состоял в течение пяти лет адъютантом, с планом партизанских действий и "объяснил ему выгоды партизанской войны, при обстоятельствах того времени" ("Сочинения Дениса Васильевича Давыдова", ч. I, изд. 4-е. М., 1860, с. 7). Это происходило за несколько дней до Бородинского сражения.

С. 597. *...старостиха Василиса...* – Василиса Кожина из Сычевского уезда Смоленской губернии.

С. 598. *...один поляк, другой немец – почти в одно и то же время прислали Денисову приглашение...* – Д.В. Давыдов, послуживший прототипом для образа Денисова, в своем "Дневнике партизанских действий 1812 года" называет не "немца", а графа В.В. Орлова-Денисова, генерал-адъютанта, командовавшего партизанскими казачьими отрядами (см.: "Сочинения Дениса Васильевича Давыдова", ч. I, с. 67–68). "Поляк" – граф А.П. Ожаровский (1776–1855), генерал от кавалерии, в октябре 1812 г. был назначен начальником отдельного партизанского отряда.

С. 606. *Мушкетон* — старинное кавалерийское ружье с коротким стволом.

С. 612. *Vincent Bosse его зовут.* — Лицо исторически достоверное. Д. Давыдов в "Дневнике" писал, что среди французских пленных "находился барабанщик молодой гвардии, именем Викентий Бод (Vincent Bode), пятнадцатилетний мальчик, оторванный от родительского дома и, как ранний цвет, перенесенный за три тысячи верст под русское лезвие и на русские морозы. При виде сего... сердце мое облилось кровью..." (там же, с. 61).

С. 614. *Денисов одевался в чекмень...* — Чекмень (*тюрк.*) — мужская верхняя кавказская одежда вроде казакина.

С. 627. *...обозом маршала Жюно, конвоируемого вестфальцами.* — Жюно, герцог д'Абрантес (1771–1813), маршал Франции, в 1812 г. командовал Вестфальским корпусом.

С. 628. *...кавалерийское депо, депо пленных...* — Депо (от *фр.* dépôt) — нестроевая воинская часть, команда.

С. 632. *История эта была о старом купце...* — Этот сюжет интересовал Толстого и после завершения романа. Он был обработан им в рассказе "Бог правду видит, да не скоро скажет" (1872), включенном в "Третью русскую книгу для чтения".

С. 638. *С 28-го октября, когда начались морозы...* — 28 октября 1812 г. после ряда активных действий русской армии Наполеон, отступая на запад, перенес свою главную квартиру в Смоленск. Мороз в то время достигал 12 градусов, а к 1 ноября усилился до 17 градусов.

С. 639. *Бертье писал своему государю...* — Письмо от 9 ноября 1812 г. по новому стилю (28 октября по ст. ст.). Взято из "Описания Отечественной войны в 1812 году" А.И. Михайловского-Данилевского (ч. III, с. 413–414).

С. 642. *...шедший последним. Ней, с своим десятитысячным корпусом, прибежал в Оршу к Наполеону только с тысячью человеками, побросав и всех людей, и все пушки...* — Ней, действительно, привел в Оршу около тысячи человек из своего корпуса, потеряв остальных в большом бою при местечке Лосмина 6 ноября 1812 г.

С. 643. *...последний отъезд великого императора...* — Наполеон уехал в Париж 5 декабря 1812 г., оставив свою армию на Мюрата.

С. 644. *От величественного до смешного только один шаг...* – Слова, сказанные Наполеоном в Варшаве в разговоре с французским посланником при короле саксонском аббатом Прадтом в декабре 1812 г.

С. 645. *Чичагов* Павел Васильевич (1767–1849) – адмирал, в 1802–1811 гг. морской министр, в 1812 г. командовал Дунайской, а затем 3-й Западной армией.

...как то делают русские военные историки... – Толстой в первую очередь упрекал в этом М.И. Богдановича. В одном из вариантов этой части романа Толстой писал: "В истории Богдановича, писанной по высочайшему повелению, прямо сказано, что Кутузов виноват в неуспехе дела под Красным" (т. 15, с. 180).

С. 647. *J. Maistre* – Жозеф де Местр (см. о нем прим. к с. 24, т. I–II).

С. 648. *...Чичагов должен был передвинуться туда-то...* – Адмирал Чичагов историками 1812 г. особенно подвергался критике за медлительность, "бездействие" (см.: М.И. Богданович. История Отечественной войны 1812 года..., т. III, с. 269–270). Такой же точки зрения придерживались и некоторые современники событий 1812 г. Это нашло свое отражение в басне И.А. Крылова "Щука и кот" (1812). Современный историк прошлой войны замечает: "...допускались, разумеется, ошибки, неизбежны была и недочеты. Особенно они проявились, как мы знаем, при планировании и осуществлении взаимодействия между армиями. Наступление таких масштабов требовало строгой координации действий и целеустремленного использования всех сил, в том числе и армии адмирала Чичагова. Несогласованность в действиях армий в значительной степени объяснялась несовершенством средств управления войсками. Большие недочеты имелись в работе тыла" (П.А. Жилин. Гибель наполеоновской армии в России. М., "Наука", 1974, с. 312).

С. 662. *...которую называли маршальским жезлом...* – Жезл маршала Даву был найден в захваченных обозах в первый день сражения под Красным.

С. 663. *...не хотел выходить из Полотняных Заводов...* – Село в Калужской губернии, где стоял Кутузов с главными силами русской армии.

...что он находится в заговоре с Наполеоном, что он подкуплен им... – Ссылка Л.Н. Толстого при этом на "Записки" Вильсона не случайна. Генерал Р. Вильсон (1777–1849) представлял в русском штабе союзную английскую армию и был одновременно негласным осведомителем Александра I и английского посла в Петербурге лорда Каткара. В письмах к ним Р. Вильсон упрекал Кутузова в бездействии и даже в противодействии каким-либо планам "нападения на неприятеля" (см.: Н. Дубровин. Отечественная война в письмах современников (1812–1815 гг.). СПб., 1882, с. 326). Те же самые обвинения остались и в его "Записках о событиях во время нашествия на Россию Наполеона Бонапарта и отступления французской армии в 1812 году" ("Narrative of events the invasion of Russia by Napoleon Bonaparte and the retreat of the French army. 1812". London, 1860). Изложение "Записок" Вильсона было также опубликовано в "Русском вестнике" (1862, № 1).

С. 664. *Кутузов никогда не говорил о сорока веках, которые смотрят с пирамид...* – Слова Наполеона во время Египетского похода (см. прим. к с. 551).

С. 665. *...он один говорил, что Бородинское сражение есть победа... он один во время отступления французов говорил...* – Эта итоговая оценка Кутузова и по смыслу и по стилю перекликается с пушкинской, данной им в "Объяснении" ("Современник", 1836, кн. 4) по поводу своего стихотворения "Полководец" (1835). Пушкин в "Объяснении", не умаляя роли Барклая де Толли, полностью отдавал предпочтение Кутузову: "И мог ли Барклай де Толли совершить им начатое поприще? Мог ли он остановиться и предложить сражение у курганов Бородина? Мог ли он после ужасной битвы, *где равен был неравный спор,* отдать Москву Наполеону и стать в бездействие на равнинах Тарутинских? Нет!.. Один Кутузов мог предложить Бородинское сражение; один Кутузов мог отдать Москву неприятелю, один Кутузов мог оставаться в этом мудром деятельном бездействии, усыпляя Наполеона на пожарище Москвы и выжидая роковой минуты: ибо Кутузов один облечен был в народную доверенность, которую так чудно он оправдал!" (А.С. Пушкин. Собр. соч. в 10-ти томах, т. 6. М., 1976, с. 181–182).

С. 667. *5 ноября был первый день так называемого Краснейского сражения.* – Это был уже пик сражения, начавшегося двумя днями раньше, когда корпус генерала Милорадовича атаковал французов при селении Ржавка. 5 ноября русские войска овладели городом Красным, вынудив Наполеона отступить к Орше.

С. 668. *А, знамена! – сказал Кутузов, видимо с трудом отрываясь от предмета, занимавшего его мысли.* – В исторических работах этот эпизод часто воспроизводится по А.И. Михайловскому-Данилевскому, в описании которого речь Кутузова к солдатам, со слов очевидца, содержала пересказ басни Крылова "Волк на псарне": "Крылов сочинил басенку и рассказывает, как волк попал не в овчарню, а на псарню. Увидя беду, пустился он в переговоры и стал умолять о пощаде, но псарь сказал ему: "Ты сер..." При сих словах князь Кутузов снял свою белую фуражку и, потрясая наклоненною головой, продолжал: "А я, приятель, сед!" Воздух потрясался от восклицаний гвардии" (А.И. Михайловский-Данилевский. Описание Отечественной войны в 1812 году, ч. IV, с. 35). Толстой же показывает Кутузова раздумывающим о нравственно-исторических итогах всей кампании, переломом которой он считал Бородинское сражение. В вариантах романа это подчеркивалось еще и внутренним монологом Кутузова: "Вот они, трофеи Бородинского сражения", – думал Кутузов, глядя на пушки и знамена; промежуток времени от 26-го августа до 2-го ноября для него, 70-летнего человека, не казался велик, и причины и следствия для него ясно связывались между собой. Но он никому не мог сказать этого. Никто бы не понял его. Он знал, что не только не поняли бы его, если бы он сказал это, но объяснили бы эти слова тем, что он хочет оправдать этими словами ту слабость, которую он, по их мнению, выказал нынешний день. Он чувствовал за собой насмешливые и недоброжелательные лица, но, несмотря на то, вид оживленных солдатских лиц и этих трофеев, которых значение он понимал совершенно иначе, чем все его генералы, радовал его. Все эти споры, неудовольствия, страсти окружающих его генералов не занимали его – это было их неизбежное призвание, и оно в своей мере было полезно, думал он.
Он сам был молод, сам вбегал первый на штурмы и осуждал в нерешительности и слабости своих начальников. Он не имел к ним ни досады, ни озлобления. Он радовался своей

одинокой радостью, глядя на трофеи и на солдатские лица" (т. 15, с. 181).

С. 670. *Мушкатерский полк* – полк, вооруженный крупнокалиберными фитильными ружьями – мушкетами.

С. 672. *Предполагалось сделать фланговый марш влево, отрезать вице-короля...* – 4 ноября французские войска, возглавляемые Е. Богарне, оказались в окружении. С боем ему удалось с остатками его корпуса пробиться к Красному.

С. 674. *...тогда всем по двойному товару.* – Выкроенная кожа на две пары сапог.

С. 679. *...а вовсе не решительный эпизод кампании.* – Толстой полемизирует с рядом русских историков, особенно с М.И. Богдановичем, который писал: "На берегах Березины настал предел существованию "Великой армии". Последующее отступление ее остатков было не что иное, как бегство" ("История Отечественной войны 1812 года...", т. III, с. 281). Переход через Березину, действительно, не сопровождался тяжелыми боями, какие были в предыдущих сражениях. Однако потери французской армии при Березине были большими: пленных, убитых, раненых – около тридцати тысяч из сорока, подошедших к Березине.

С. 680. *Когда мосты были прорваны...* – Утром 17 ноября 1812 г. мосты, наведенные через Березину, после переправы остатков французской армии были подожжены командой французского генерала Эбле.

С. 681. *...после соединения армий блестящего адмирала и героя Петербурга Витгенштейна...* – Соединение Дунайской армии под командованием адмирала Чичагова и корпуса под началом графа П.Х. Витгенштейна произошло у местечка Борисова 15 ноября 1812 г. О Витгенштейне см. также прим. к с. 301.

...следующее письмо... – письмо Кутузова Беннигсену от 15 ноября 1812 г., в разгар преследования противника по пути к Березине.

С. 682. *...к армии приехал великий князь Константин Павлович...* – Кутузов вынужден был приказом по армиям от 15 ноября 1812 г. передать под командование великого князя "гвардию, гренадерский корпус, обе кирасирские дивизии" (см.: М.И. Богданович. История Отечественной войны 1812 года..., т. III, с. 285).

...о неудовольствии государя императора за слабые успехи наших войск и за медленность движения. – Александр I вмешивался в военные распоряжения, планы Кутузова многократно. См. например, его рескрипт от 25 ноября 1812 г. (М.И. Богданович. История Отечественной войны 1812 года..., т. III, с. 331–332) и др.

Два раза в свою службу Кутузов был в Вильне губернатором. – В 1799–1801 и затем в 1809–1811 гг., перед назначением в Дунайскую армию Кутузов выполнял обязанности литовского военного губернатора.

С. 683. *...Чичагову который хотел сначала сделать диверсию в Грецию, а потом в Варшаву...* – Имеются в виду планы Чичагова, стоявшего с Дунайской армией в Валахии, а затем рейды его легкоконного отряда под командованием генерал-майора А.И. Чернышева в Варшавское герцогство уже в то время, когда армия Чичагова была под Брестом.

С. 686. *Толь, Коновницын, Ермолов – получили другие назначения.* – Генерал-майор Толь был назначен в Главный штаб, начальником которого стал генерал-адъютант князь Волконский. Генерал-лейтенант Коновницын был определен командиром пехотного корпуса. Генерал-лейтенант Ермолов – начальником артиллерии всех действующих армий.

С. 687. *И он умер.* – М.И. Кутузов умер 16(28) апреля 1813 г. во время заграничного похода русской армии в немецком городке Бунцлау.

С. 689. *...в признаваемом масонами Архитектоне вселенной.* – Глава, главный строитель вселенной.

С. 697. *...число это к осени 1813 года дошло до цифры...* – Накануне 1814 г. в Москве было около 160 тысяч жителей.

...казаки отряда Винцингероде... – Сам генерал Ф.Ф. Винценгероде 10 октября 1812 г. был взят в плен в Москве, еще занятой французами. 11 октября после ухода отряда Мортье в Москву с казачьими полками вошел замещавший Винценгероде генерал-майор Иловайский 4-й (И.Д. Иловайский).

С. 713. *...живописно напоминая Рейн и Колизей...* – Берега Рейна сохранили остатки средневековых замков. Колизей – здание в Древнем Риме для зрелищ. От него сохранились наружные стены и части внутренних конструкций.

С. 714. *Я заеду за комиссиями...* – то есть за поручениями.

С. 721. *...историки называют реакцией.* – Имеется в виду начало деятельности Священного союза, заключенного Австрией, Россией, Пруссией после крушения наполеоновской империи в 1815 г. В ноябре 1815 г. к нему присоединились и Бурбоны (см. также прим. к с. 301).

С. 722. *...m-me Staël, Фотия, Шеллинга, Фихте, Шатобриана и проч.* – Толстой выделяет ряд исторических лиц, противоречивых по своим убеждениям и по оценкам историков. О мадам де Сталь см. прим. к с. 583. Фотий, до монашества П.Н. Спасский (1792–1838) – русский церковный деятель. Не одобрял увлечение мистицизмом высших кругов русского общества, был удален из Петербурга, а затем вновь возвращен в столицу и назначен настоятелем Юрьевского монастыря. Был связан с Аракчеевым, влиял на политику Александра I. Ханжество Фотия высмеял в известной эпиграмме "Полуфанатик, полуплут..." (1824) А.С. Пушкин. Фридрих Шеллинг (1775–1854) – один из классиков немецкой идеалистической философии, профессор Мюнхенского университета, член Баварской Академии наук. Оказал влияние на русских любомудров, на П.Я. Чаадаева и славянофилов. В молодости Шеллинг сочувствовал идеям Великой французской революции, перевел на немецкий язык "Марсельезу". Впоследствии занял консервативные позиции. Иоганн Фихте (1762–1814) – немецкий философ-идеалист. До начала 1800-х годов сочувственно относился к французской революции и Просвещению XVIII в., затем его взгляды изменились. В "Речах к немецкой нации" (1808) призывал к освобождению немецких земель от наполеоновских войск, в то же время отрицательно судил об идеях революции. Франсуа Шатобриан (1768–1848) – французский писатель, активно участвовавший в политической жизни страны. Выступал в 1792 г. в армии роялистов против республики, а затем в "Опыте о революциях" (1797) оправдывал Великую французскую революцию. Стал приверженцем Бурбонов, легитимистом, приветствовал гибель наполеоновской империи в памфлете “О Бонапарте. О Бурбонах” (1814).

...дав конституцию Польше... – После Венского конгресса (см. прим. к с. 301) произошел новый раздел Польши между Австрией, Пруссией и Россией, возникло Королевство (Царство) Польское, подчиненное России. В ноябре 1815 г. Александр I подписал конституцию королевства Польского, которое получило статус конституционной монархии, связанной с Российской империей. Относительно либеральная конституция, данная Польше, постоянно ограничивалась царизмом.

...дав власть Аракчееву... – А.А. Аракчеев, будучи председателем Департамента военных дел Государственного совета, после 1815 г. сосредоточил в своих руках руководство Государственным советом в целом, а также Комитетом министров и высшим в то время государственным учреждением России – Собственной его императорского величества канцелярией.

...поощряя Голицына и мистицизм... – Наряду с А.А. Аракчеевым, ближайшим помощником Александра I в проведении им реакционной политики стал А.Н. Голицын, обер-прокурор Синода, президент Библейского общества, а с 1817 г. министр духовных дел и народного просвещения. В одном из вариантов начала “Эпилога” Толстой, хотя и в полемическом плане, более подробно характеризовал настроения высшего русского общества спустя семь лет после 1812 г.: “В 1819 году Россия, высшее управление Россией находилось в полном разгаре реакции, мистицизма, обскурантизма и т.п., как нам говорят историки того времени, вероятно полагая сказать что-нибудь этими словами, и те же историки говорят нам, что виною тому было мистическое настроение императора” (т. 15, с. 194).

...потом поощряя Шишкова... – Адмирал А.С. Шишков (см. прим. к с. 22) в упоминаемое время был президентом Российской академии, поощрял консервативные тенденции в науке, политике и культуре.

...раскассировав Семеновский полк... – В октябре 1820 г. произошло восстание в старейшем лейб-гвардейском Семеновском полку, вызванное жестоким обращением с солдатами. Зачинщики восстания были строго наказаны, а полк расформиро-

ван. Семеновцы были отправлены в полки и батальоны Сибири, Оренбурга, на Кавказ. Александр I был шефом полка.

С. 724. *...которые профессируют знание...* – то есть самоуверенно, безапелляционно судят о спорных вопросах.

С. 725. *Слова эти только обозначают известную степень понимания явлений.* – В вариантах этой части "Эпилога" Толстой относил определение понятий "случай", "гений" к перифразе, то есть замене термина описательным оборотом речи (см. т. 15, с. 322–323).

С. 727. *...без преданий, без имени, даже не француз...* – Наполеон – уроженец города Аяччо на острове Корсика, сын мелкопоместного дворянина.

Блестящий состав солдат итальянской армии, нежелание драться противников... приобретают ему военную славу. – Речь идет о начале политической карьеры Наполеона. Весной 1796 г. он возглавил итальянскую армию, воодушевленную идеями революции. "По своим политическим настроениям, – пишет историк, – она считалась одной из наиболее республиканских армий. Здесь сохранялись некоторые традиции якобинской эпохи, от которых в других армиях уже отошли... Но в целом и в солдатском, и в офицерском составе явственно чувствовалось недовольство, и оно проявлялось порой весьма резко. Бонапарт учитывал эти настроения и считался с ними..." (А.З. Манфред. Наполеон Бонапарт. М., 1972, с. 138). Военная слава Наполеона была добыта им в ряде сражений с пьемонтской и австрийской армиями при Мондови, Лоди, Риволи, Арколе, которые упоминаются Толстым в предшествующих частях романа.

Немилость, в которую он впадает у правителей Франции... – После переворота 9 термидора (27 июля 1794 г.), казни Робеспьера и его политических единомышленников Наполеон оказался в опале и около двух недель пробыл под арестом.

...не удается ему определение в Турцию. – Оставшись в момент опалы не у дел, Наполеон в конце августа 1794 г. обращается в военный комитет республики с просьбой отправить его военным советником в Турцию.

С. 728. *...экспедиции в Африку.* – Бонапарт считал необходимым для сокрушения Англии овладеть Египтом. В мае 1798 г. началась экспедиция в Африку. Читая в 1865 г. "Воспоминания" французского маршала О. Мармона, Толстой замечал в Дневнике: "Вся Египетская экспедиция французское тщеславное злодейство ложь всех bulletins <реляций Наполеона>, сознательная" (т. 48, с. 60).

Неприятельский флот... пропускает целую армию. – Английская эскадра в Средиземном море под командованием адмирала Нельсона во время бури пропустила выход флотилии Бонапарта из Тулона. Затем Наполеону снова повезло: эскадра обогнала флотилию, не заметив ее.

...это похоже на Кесаря и Александра Македонского... – Наполеон старался подражать знаменитым политическим деятелям, полководцам, в частности, древнеримскому государственному деятелю и полководцу Юлию Цезарю (Кесарю) (102 или 100–44 гг. до н.э.) и прославленному завоевателю, проведшему всю свою сознательную жизнь в войнах, – Александру Македонскому (356–323 гг. до н.э.).

Чума не пристает к нему. – По некоторым версиям, Бонапарт во время похода в Египет посещал чумной госпиталь. Эта версия отразилась в стихотворении А.С. Пушкина "Герой" (1830):

...он,
Не бранной смертью окружен,
Нахмурясь ходит меж одрами
И хладно руку жмет чуме
И в погибающем уме
Рождает бодрость...

Жестокость убийства пленных... – См. прим. к с. 45, т. I–II.

...и неблагородный отъезд его из Африки... – В августе 1799 г. без приказа Директории Бонапарт покинул свою армию, находившуюся в очень тяжелом положении.

С. 729. *...он втягивается в заговор... и заговор увенчивается успехом.* – Речь идет о перевороте, совершенном 9–10 ноября 1799 г., когда Франция перешла от режима Директории к Консульству. Консулами стали Сийес, Роже-Дюко, Бонапарт. В начале 1800 г. первым консулом стал Бонапарт.

Его вталкивают в заседание правителей. – 10 ноября Бонапарт, пользуясь только что обретенными правами командующего вооруженными силами Парижа, явился в Сен-Клу, парижское предместье, где проходили заседания Совета старейшин и Совета пятисот. Однако депутаты обоих Советов отказались сформировать ожидаемое консулами новое правительство. Совет пятисот присягнул республиканской конституции. Бонапарта вытолкали из зала заседания. Растерявшийся поначалу консул прибегнул к помощи войск. Депутаты были разогнаны.

...характер Павла I, признающего его власть... – Павел I (1754–1801), надеясь, что завоевания французской революции будут ликвидированы самим Наполеоном, пошел в 1800 г. на сближение с ним, нарушая союз с Англией и Пруссией.

...заговор, не только не вредящий ему, но утверждающий его власть. – Речь идет о заговоре 1803 г., который возглавляли вождь роялистски настроенных крестьян провинции Вандеи Ж. Кадудаль, генералы Моро и Пишегрю. Цель заговора, инспирированного Англией, – восстановление династии Бурбонов. Наполеон использовал подавление заговора для упрочения своей власти и в 1804 г. стал императором.

Случайность посылает ему в руки Энгиенского... – См. прим. к с. 23, т. I–II.

С. 731. *...посылают в два дня переезда от Франции на остров...* – После вступления союзных войск в Париж Наполеон вынужден был в апреле 1814 г. отречься от престола. Союзники-победители сохранили Наполеону титул императора и отдали ему во владение остров Эльбу.

С. 732. *...один, без заговора, без солдат, приходит во Францию.* – Имеется в виду высадка Наполеона 1 марта 1815 г. во Франции и "завоевание" ее без единого выстрела, начало его второго царствования в течение ста дней до поражения при Ватерлоо 22 июля 1815 г.

С. 733. *Не нам, не нам, а имени твоему!* – Изречение из Псалтири: "Не нам, Господи, не нам, но имени Твоему дай славу, ради милости Твоей, ради истины Твоей" (Псалом 113, ст. 9). Оно, по желанию Александра I, было вычеканено на памятной медали в честь 1812 г.

С. 743. *...не любил нововведений, в особенности английских, которые входили тогда в моду...* – Имеется в виду перевод деревенского хозяйства на промышленную основу (машины, минеральные удобрения и др.), получивший распространение особенно в 60-е годы.

Толстой сочувственно относился к новшествам, которые вводил английский социалист-утопист Роберт Оуэн (1771–1858). Это видно из высокой оценки Толстым статьи Герцена "Роберт Оуэн" (1861): "Ваша статья об Овене, увы! слишком, слишком близка моему сердцу" (т. 60, с. 373). Кроме того, хозяйство Николая Ростова напоминает промышленную общину Оуэна в Нью-Ланарке (Шотландия), созданную им в 1800–1829 гг.: выборный бурмистр, староста, забота о нравственности, осуждение праздности и дармоедства.

С. 745. ...*стояли одонья.* – Круглая кладь хлеба в снопах.

С. 747. ...*разбил камэ...* – Камея – драгоценный камень с рельефным изображением.

С. 749. *"Имущему дастся, а у неимущего отнимется"...* – Из притчи Христа о "человеке высокого рода", жаждавшем наживы, несправедливом в распределении благ среди своих рабов. Тот человек утверждал: "Сказываю вам, что всякому имеющему дано будет; а у неимеющего отнимется и то, что имеет" (Евангелие от Луки, XIX, 26). Толстой переосмысливает это изречение для оценки человеческой судьбы "неимущих".

С. 757. ...*надевать роброны...* – широкие платья с округленным шлейфом.

С. 760. ...*мысли Руссо, о неестественности и вреде кормилиц.* – Эти мысли Руссо были выражены особенно явно в романе "Эмиль, или О воспитании" (1760). Толстой пользовался французским изданием: J.J. Rousseau. Oeuvres, t. VIII, p. 1. Paris, 1822, t 2, p. 19–29.

Толстой был согласен с мыслями Руссо. В 1889 г., редактируя брошюру доктора Е.А. Покровского "Об уходе за малыми детьми" (издание для народа), он так поправил текст: "При материнском кормлении ребенок правильно возрастает и редко болеет и редко умирает... Меньше всего мрут дети, когда их кормит мать" (т. 27, с. 684).

С. 761. ...*письмо от князя Федора...* – Историческое это лицо или вымышленное – не установлено. Возможно, что здесь реминисценция из Грибоедова (на это указал Б.И. Кандиев: "Роман-эпопея Л.Н. Толстого "Война и мир". Комментарий. М., 1967, с. 345). В "Горе от ума" княгиня Тугоуховская говорит о воспитаннике вольнодумных профессоров Главного педагогического института в Петербурге:

От женщин бегает, и даже от меня!
Чинов не хочет знать! Он химик, он ботаник,
Князь Федор, мой племянник.

С. 772. *...и Госнер и Татаринова...* – И. Госснер (1773–1858) – баварский пастор, мистик, был избран в 1820 г. директором Библейского общества. Е.Ф. Татаринова (1783–1856), сектантка, основала в 1817 г. в Петербурге "духовный союз" – религиозно-мистическую секту, близкую к скопцам-хлыстовцам. Собрания секты проходили в форме радений – "духовного веселья", сопровождаемого групповыми и одиночными плясками; участники встреч доводили себя до религиозного экстаза. Личность Е.Ф. Татариновой интересовала Толстого и в 1878 г., во время его работы над романом о декабристах (см. т. 48, с. 193).

Библейское общество – это теперь все правительство. – Помимо самых влиятельных лиц – А.А. Аракчеева, А.Н. Голицына – членами Библейского общества состояли или были близки к нему министр внутренних дел граф В.П. Кочубей, М.Л. Магницкий, петербургский генерал-губернатор М.А. Милорадович, попечитель Петербургского учебного округа Д.П. Рунич и др.

С. 774. *Денисов, недовольный правительством за свои неудачи по службе...* – Здесь нашла отражение судьба Дениса Давыдова, прототипа Денисова. За свои вольнолюбивые мысли он был не в почете у русского правительства. Его заслуги во время Отечественной войны не получили должного официального признания. Оказались бесполезными его просьбы о переводе на Кавказ в действующую армию под командование А.П. Ермолова. В конце концов в 1823 г. Д. Давыдов вынужденно уходит в отставку.

Прежде немцем, надо было быть, теперь надо плясать с Татаг'иновой и madame Кг'юднег', читать... Экаг'стгаузена... – Денисов намекает на засилье немцев в русском генералитете во время войны 1812 г., а теперь – на слепое поклонение фанатикам немецкого происхождения, представителям высших кругов России. Татаринова (см. прим. к с. 762) – урожденная Буксгевден; писательница-проповедница Варвара Крюднер (1764–1825) – урожденная Фитингоф; Карл Эккартсгаузен (1752–1803) – немецкий писатель-мистик.

...солдату Шваг'цу дать Семеновский полк? – В марте 1820 г. командиром Семеновского полка стал полковник Ф. Е. Шварц, отличавшийся своими солдафонскими замашками.

С. 776. *Соревновать просвещению и благотворительности...* – Ведущий девиз "Вольного общества любителей российской словесности" (1818–1825) (его ежемесячный журнал "Соревнователь просвещения и благотворения"), связанного с тайным обществом декабристов "Союзом благоденствия" (1818–1821). Журнал печатал стихи Ф. Глинки, К. Рылеева, В. Кюхельбекера, А. Пушкина.

С. 777. *Разве тугендбунд, который спас Европу... это то, что на кресте проповедовал Христос.* – "Тугендбунд" (*нем.* "Tugendbund") – "Союз добродетели" – тайное политическое общество, основанное в 1808 г. в Кенигсберге для возрождения немецкого "национального духа" в борьбе с захватившими Пруссию французами. Полное его название: "Общество развития общественных добродетелей, или Нравственно-научный союз". Имел отделения в провинции, насчитывал свыше 700 членов – представителей либерального дворянства, буржуазной интеллигенции. Обществом издавалась газета "Друг народа" ("Volksfreund"). К обществу близко стоял немецкий государственный деятель Г. Штейн (о нем см. прим. к с. 35). По указанию французских властей общество в январе 1810 г. было официально распущено, но по-прежнему имело немало сторонников. Члены первой тайной декабристской организации "Союза спасения" использовали устав "Тугендбунда" для выработки собственной политической программы и тактики.

Толстой, по-видимому, имеет в виду те новые заповеди, которые Христос изрекает перед своей казнью: "Нет больше той любви, как если кто положит душу свою за друзей своих", "Вы друзья мои, если исполняете то, что Я заповедую вам", "Я уже не называю вас рабами; ибо раб не знает, что делает господин его" (Евангелие от Иоанна, XV, 13–15).

С. 785. *Сисмонди* Жан-Шарль-Леонард (1773–1842) – швейцарский экономист и историк, автор труда “Новые начала политической экономки, или О богатстве в его отношении к народонаселению” (1819). Сисмонди осуждал крупное капиталистическое производство.

С. 788. *...таких, которые были нарисованы в издании Плутарха.* – Вероятно, речь идет об издании: “Les Vies des hommes illustrés de Plutarque”, tt. 1–15. Paris, 1811, в котором воспроизведены рисунки античных скульптур, изображавших военачальников, полководцев (Пирра, Перикла, Камилла и др.) в касках. Это издание имелось в Яснополянской библиотеке (см. также с. 151).

С. 789. *Муций Сцевола сжег свою руку.* – Герой древней римской легенды юноша Гай Муций, пробравшись в лагерь этрусков, осаждавших Рим, должен был убить их царя Порсену. Оказавшись в руках врагов, пренебрегая угрозами пыток, сам опустил правую руку в огонь. Порсена, пораженный мужеством Муция, отпустил его на свободу и снял осаду Рима. Сцевола – буквально “левша”.

С. 791. *Во всех сочинениях новейших историков от Гиббона до Бокля...* – Эдуард Гиббон (1737–1794) – английский историк-просветитель, автор шеститомного труда “История упадка и разрушения Римской империи” (1776–1788), в котором падение Римской империи объясняется произволом и деспотизмом императоров, насилием имперской бюрократии. Генри Томас Бокль (1821–1862) – английский социолог-позитивист, автор “Истории цивилизации в Англии” (т. 1–2, 1861), утверждавший, что причина изменений в политическом и экономическом строе лежит в накоплении знаний. Об отношении Толстого к Боклю см.: Я. С. Лурье. “Дифференциация истории” в “Войне и мире”. – “Русская литература”, 1978, № 3, с. 51–53.

С. 796. *...Lanfrey, республиканец...* – Пьер Ланфрэ (1828–1877) – французский публицист, историк, автор “Истории Наполеона I”, доведенной до 1811 г. Эта книга (P. Lanfrey. Histoire de Napoléon I-er, tt. 1–3. Paris, 1867–1869) с пометами Толстого сохранилась в Яснополянской библиотеке.

Гервинус, Шлоссер... доказывают, что Наполеон есть произведение революции... – Фридрих Шлоссер (1776–1861) – немецкий историк, профессор Гейдельбергского университета, основоположник гейдельбергской школы историков либерально-буржуазного направления, противодействовавших прусскому милитаризму. Основные труды Шлоссера – "История XVIII столетия" (1823), "Всемирная история" в 19-ти томах (1844–1857) – переводились в 50-60-е годы Н.Г. Чернышевским. Защищая идеи Просвещения, Шлоссер в то же время отрицательно относился к крестьянским и плебейским движениям, оставался сторонником "просвещенного абсолютизма". Георг Гервинус (1805–1871) – немецкий историк, историк литературы, ученик Шлоссера, автор большого труда "История девятнадцатого века от времени Венского конгресса" (1855–1866). Русский перевод с сокращениями, по цензурным соображениям, осуществлен был под ред. М. Антоновича в 1863–1888 гг. Гервинус считал, что прогресс в обществе совершается постепенно, начиная с привилегированных слоев, в направлении "свободы духовной и гражданской". Толстого не удовлетворяла непоследовательность, противоречивость выводов Гервинуса. "...Как только я признал, – писал Толстой в одном из вариантов "Эпилога", – что известное событие произведено не по воле одного человека, а по воле нескольких людей, воздействующих друг на друга, я не могу признать, чтобы событие, относящееся до миллионов, могло совершиться только по воздействию нескольких человек друг на друга. Если из взаимодействия Людовика XVIII, Александра, Фуше, Талейрана, Меттерниха и т.д., связанных между собой единовременным действием, произошло восстановление Бурбонов, я не могу предположить, чтобы это взаимодействие прекращалось на тех лицах, которые мне описывает Гервинус: писателей, дам, министров и т.д. Если я раз вижу связь верхних слоев между собою и связь эта нигде не прерывается, то я не имею никакого права предположить, что связь эта прерывается на тех лицах, которые мне известны" (т. 15, с. 213).

С. 799. ...*книга Contrat Social* – "Общественный договор" Руссо (см. о ней прим. к с. 44, т. I–II).

С. 801. ...*будь они Кесари, Александры или Лютеры...* – Речь идет о Цезаре, Александре Македонском. Мартин Лютер (1483–1546) – видный деятель Реформации в Германии, движения, носившего антифеодальный характер, основатель немецкого протестантизма.

С. 804. *...Наполеон III, когда его поймали в Булони...* – Племянник Наполеона I Шарль-Луи-Наполеон Бонапарт (1808–1873) в 1840 г. предпринял вторую попытку захватить власть во Франции. Он был арестован в Булонском лесу, осужден на пожизненное заключение в крепость, но бежал в Бельгию. После контрреволюционного переворота 2 декабря 1851 г. был провозглашен французским императором. Во время пребывания в Париже в 1857 г. Толстой очень неодобрительно высказывался о Наполеоне III (см. т. 47, с. 114).

...воля Рейнского Союза была ли перенесена на Наполеона? – Речь идет о конфедерации германских государств (Баден, Бавария, Вюртемберг, Гессен-Дармштадт и др.) под протекторатом Наполеона. Союз был оформлен договором с Францией в 1806 г.

С. 805. *Конвент* – Национальный Конвент – высший законодательный и исполнительный орган первой французской революции. Существовал с сентября 1792 по октябрь 1795 г.

С. 808. *...Дидерота, Бомарше...* – Толстой наряду с именами монархов называет имена противников абсолютизма, выдающихся деятелей Просвещения, иногда вынужденно пользовавшихся услугами всесильных правителей. Екатерина II окружила внешними почестями своего гостя, французского философа Дени Дидро (Дидерота) (1713–1784), взяла на себя расходы по содержанию его библиотеки. Бывший сын часовщика, знаменитый драматург Пьер Бомарше (1732–1799) достиг дворянского звания, приблизился ко двору Людовика XV.

С. 809. *...Иоанна IV-го и его переписки с Курбским?* – А.М. Курбский (1528–1583) – русский политический деятель, писатель-публицист. В 40–50-е годы XVI в. был сподвижником Ивана IV (Грозного). Был назначен воеводой в Юрьеве (Дерпте), в 1564 г. бежал из Юрьева в Литву и стал членом польской королевской рады. В 1564–1579 гг. направил Ивану IV три послания, положившие начало переписке между ними, обвинял царя в жестокости и неоправданных казнях.

Готфрид Бульонский (ок. 1060–1100 гг.) – один из предводителей первого крестового похода на Восток (1096–1099).

После завоевания Палестины стал правителем Иерусалимского королевства.

Петр Пустынник (Петр Амьенский) (ок. 1050–1115 гг.) – французский монах, предводительствовавший отрядом бедноты в первом крестовом походе.

...*миннезенгеров.* – Миннезингеры – рыцарские поэты-певцы в германских землях в средние века, поэтизировали военную жизнь рыцарей и крестовые походы.

С. 811. *Наполеон III предписывает, и французы идут в Мексику.* – Наполеон III вел захватнические войны. В 1862–1867 гг. Франция участвовала в интервенции в Мексику, которая закончилась неудачей.

Прусский король и Бисмарк предписывают, и войска идут в Богемию. – Речь идет о прусско-австрийской войне 1866 г., одной из захватнических войн, которые вело прусское правительство, возглавлявшееся с 1862 г. О. Бисмарком (1815–1898).

С. 814. *Если Наполеон... отдает приказания об экспедиции в Англию...* – Речь идет о плане вторжения на Британские острова (см. прим. к с. 90, т. I–II).

С. 825. *...они стремятся доказать теперь физиологией и сравнительной зоологией.* – В вариантах этой части "Эпилога" Толстой выражал менее критический взгляд на достижения современных ему естественных наук. Он писал: "...в наше время истина подвижности личности должна взять свое. С разных сторон идет сложная упорная работа в пользу новой истины. *Все* науки работают в ее пользу. Зоология (Дарвин), физиология (Сеченов), психология (Вунт)..." (т. 15, с. 233).

С. 831. *Аттила* (ум. в 453 г.) – предводитель союза племен гуннов. Покорил Восточную Римскую империю, опустошал многие земли Европы.

С. 839. *Кеплер* Иоганн (1571–1630) – немецкий астроном, открывший законы движения планет.

С. 841. *...птоломеевы миры...* – См. прим. к с. 530.

С. 842. *...в чудо Иисуса Навина.* – По библейской легенде, Иисус Навин, соратник и преемник учителя израильтян Моисея, в длительных войнах снискал славу храброго военачальника;

его победы сопровождались чудесами. В Книге Иисуса Навина Ветхого завета описывается три его чуда: как при переходе Иордана были остановлены воды, как неожиданно обрушились стены осаждаемого израильтянами Иерихона, как Иисус затем остановил солнце и луну, чтобы враги не скрылись под покровом ночи.

Несколько слов по поводу книги "Война и мир"

Опубликовано в журнале "Русский архив", 1868, март, еще до появления в печати заключительных, V и VI томов романа (по первоначальной разбивке). Толстой предполагал написать предисловие к своему произведению. Сохранилось несколько его черновых набросков: см. т. 13, с. 56–57 и т. 15, с. 240–243. По мере создания и публикации романа, в связи с первыми откликами, возникла необходимость написать не предисловие, а скорее – послесловие или "объяснение", как назвал свою статью Толстой в письме к П.И. Бартеневу от 6 февраля 1869 г. (см. т. 61, с. 212). Шестой пункт статьи предваряет рассуждения о роли "великих людей" в исторических событиях в "Эпилоге" романа.

С. 845. *Салтычиха* – Д.Н. Салтыкова (1730–1801), помещица, отличавшаяся жестоким обращением с крепостными крестьянами.

С. 847. *Вороновский дом* – собственный дом Ф.В. Ростопчина под Москвой (см. прим. к с. 323).

С. 848. *Муравьев-Карский* Н.Н. (1794–1866) – генерал, участник войны 1812 г., в 1854–1855 гг. был наместником Кавказа.

С. 849. *...по Глинке...* – О нем см. прим. к с. 115.

С. 850. *Это место поражает...* – Толстой его воспроизводит и в тексте романа (см. прим. к с. 555).

...образовалась целая библиотека книг... – См. "Список книг, которыми пользовался Л.Н. Толстой во время писания "Войны и мира", составленный Э.Е. Зайденшнур (т. 16, с. 141–145).

Библиотека Всемирной Литературы

Лев Николаевич Толстой

Война и мир

Книга 2

Том III—IV

Литературно-художественное издание

Ответственный редактор Н. Холодова

Художественный редактор М. Суворова

Компьютерная верстка К. Москалев

Корректоры О. Щербакова, М. Лугачева

ООО «Издательство «Эксмо»
127299, Москва, ул. Клары Цеткин, д. 18/5. Тел. 411-68-86, 956-39-21.
Home page: **www.eksmo.ru** E-mail: **info@eksmo.ru**

Өндіруші: «ЭКСМО» АҚБ Баспасы, 127299, Мәскеу, Клара Цеткин көшесі, 18/5 үй.
Тел. 8 (495) 411-68-86, 8 (495) 956-39-21.
Home page: www.eksmo.ru . E-mail: info@eksmo.ru.
Қазақстан Республикасындағы Өкілдігі: «РДЦ-Алматы» ЖШС, Алматы қаласы,
Домбровский көшесі, 3«а», Б литері, 1 кеңсе. Тел.: 8(727) 2 51 59 89,90,91,92,
факс: 8 (727) 251 58 12 ішкі 107; E-mail: RDC-Almaty@eksmo.kz
Қазақстан Республикасының аумағында өнімдер бойынша шағымды Қазақстан
Республикасындағы Өкілдігі қабылдайды: «РДЦ-Алматы» ЖШС,
Алматы қаласы, Домбровский көшесі, 3«а», Б литері, 1 кеңсе.
Өнімдердің жарамдылық мерзімі шектелмеген.

Подписано в печать 11.01.2013. Формат 84x108 1/32.
Гарнитура «Нью-Баскервиль». Печать офсетная. Усл. печ. л. 48,72.
Доп. тираж 3000 экз. Заказ № 4765.
Отпечатано с электронных носителей издательства.
ОАО "Тверской полиграфический комбинат". 170024, г. Тверь, пр-т Ленина, 5.
Телефон: (4822) 44-52-03, 44-50-34, Телефон/факс: (4822)44-42-15
Home page - www.tverpk.ru Электронная почта (E-mail) - sales@tverpk.ru

ISBN 978-5-699-30784-5